18개월 만에 회계사 단기 합격
회계사·세무사 1위
해커스 경영아카데미

해커스 회계사 **300% 환급반**

◀ 환급반 수강신청하기

X 3배

최종 합격 시
최대 777만원 환급!

* 777만원: 정가 결제 후 제세공과금 제외 전 금액 /
환급 가능 연도 페이지 필수 확인
* 환급: 미션 달성 시, 유의사항 필독

+ 추가 12개월!

넉넉한 수강기간
12개월 연장 가능!

* 기본 수강기간 내 불합격 인증 시 /
기본 수강기간 페이지 필수 확인 /
연장방법 유의사항 필수 확인 /
연장 시 300% 환급 불가

COUPON
해커스 회계사 [학원]
객관식/2차(동차) 종합반
무료 수강권

학원 종합반
강의 수강 무료!

* 각 종합반 개강 1주일 전 신청 문자 발송
* 신청기간: 유의사항 필수 확인

해커스 세무사 **200% 환급반**

◀ 환급반 수강신청하기

최대
200%

최종 합격 시
최대 419만원 환급!

* 419만원: 정가 결제 후 제세공과금 제외한 금액
* 환급: 미션 달성 시, 유의사항 필독

기본 24개월
+ 추가 12개월!

최대 3년 수강
12개월 연장 가능!

* 기본 수강기간 내 불합격 인증 시 /
연장방법 유의사항 필수 확인

입문 교재
7종 무료!

* 비매품, 일부 교재 PDF
* 최초 1회 제공

회계사·세무사·경영지도사 단번에 합격! **해커스 경영아카데미 cpa.Hackers.com**

해커스 회계사
IFRS 김원종 고급회계

해커스 경영아카데미

▌이 책의 저자

김원종

학력
연세대학교 경영학과(경영학사)
성균관대학교 경영대학원(석사과정 수료)

경력
현 | 해커스 경영아카데미 교수
　　해커스금융 교수

전 | 한화케미칼 회계팀
　　삼일회계법인
　　웅지세무대학교 교수(회계학)
　　웅지 경영아카데미 재무회계 강사(회계사, 세무사)
　　삼일아카데미 IFRS 실무 강사
　　송원세무회계 대표 회계사
　　경기도학교 안전공제회 감사

자격증
한국공인회계사, 세무사

저서
해커스 IFRS 김원종 중급회계 상/하
해커스 세무사 IFRS 元고급회계
해커스 회계사 IFRS 김원종 고급회계
해커스 IFRS 김원종 POINT 중급회계
해커스 IFRS 김원종 POINT 고급회계
해커스 IFRS 김원종 객관식 중급회계
해커스 IFRS 김원종 객관식 고급회계
해커스 회계사 IFRS 김원종 재무회계 1차 기출문제집
해커스 세무사 IFRS 김원종 재무회계연습
해커스 회계사 IFRS 김원종 재무회계연습 1/2
IFRS 회계원리

머리말

본서는 공인회계사 시험을 준비하는 수험생들이 응용능력을 향상시켜 원하는 시험에 효과적으로 대비하여 합격할 수 있도록 쓰여진 고급회계 기본서이다. 과거 우리나라의 경우 개별재무제표가 주된 재무제표였으나, 국제회계기준은 연결재무제표를 주된 재무제표로 규정하여 연결실체의 회계정보를 강조하고 있으며, 국제회계기준의 도입 이후 회계사 1차 시험과 2차 시험에서의 고급회계 출제비중이 2010년 이후 크게 증가하였다. 이러한 취지에서 본서는 고급회계를 처음 접하는 수험생들이 단기간에 회계학의 기본개념을 올바로 정립하는 동시에 다양한 연습문제 풀이를 통하여 공인회계사 시험에 철저하게 대비하도록 하는 데 그 목적을 두었다. 본서의 특징은 다음과 같다.

첫째, 최근까지 개정된 한국채택국제회계기준의 내용을 충실히 반영하였다. 최근까지 발표된 국제회계기준에 관한 내용 중 고급회계에서 반드시 학습해야 할 주요 내용을 알기 쉽게 설명하였다.

둘째, 수험생의 입장에서 한국채택국제회계기준을 쉽게 이해할 수 있도록 본문을 구성하였으며, 아울러 공인회계사 및 세무사 시험에 기출되었던 문제를 변형하여 수록함으로써 수험생들의 응용능력을 배양할 수 있도록 하였다.

셋째, 각 챕터별로 본문의 주제별 핵심내용을 [POINT]로 요약 및 정리하여 수험생들이 보다 효율적으로 공부할 수 있도록 세심하게 배려하였다. 이러한 배려는, 다수의 회계학 서적들의 본문은 서술식으로만 구성되어 있어, 고급회계를 처음 접하는 학생들이 중요한 부분과 중요하지 않은 부분을 구별하는 것이 쉽지 않은 현실을 반영한 것이다.

넷째, 주제별로 일관된 접근방법과 문제풀이방법을 제시하여 수험생들의 혼란을 최소화하고자 노력하였다. 본서의 [예제], [사례], [O, X 연습문제], [객관식 연습문제] 및 [주관식 연습문제]는 회계학의 기본인 회계처리를 시작으로 각 주제별로 산식, 그림, 표 등으로 시각화하여 올바른 접근방법을 쉽게 익힐 수 있도록 하였다.

본서가 완성되어 출간되기까지 많은 분의 도움을 받았다. 교재의 출간을 허락하시고 많은 격려를 보내주신 (주)챔프스터디의 전재윤 대표님과 책의 완성도를 높이기 위해 최선을 다해 노력하시는 해커스 경영아카데미에도 감사의 뜻을 전한다. 마지막으로 본서가 완성되기까지 항상 옆에서 자리를 지키며 기다려준 가족들에게도 감사의 마음을 전하고 싶다.

2018년 6월 저자가 본서의 집필을 계획하였다. 회계법인에서의 실무경험과 대학 등에서의 강의경험을 이 책에 담기 위해 부단한 노력으로 달려왔지만, 여전히 아쉬움이 많이 남는 책이다. 본서에 포함된 어떠한 오류도 저자의 책임이며 본서와 관련된 독자 여러분들의 비평과 건설적인 의견에 항상 귀를 기울일 것이다. 또한 사랑받는 교재가 되기 위하여 개정판마다 더욱 발전할 수 있도록 최선을 다할 것을 약속드린다.

공인회계사 김원종

목차

Chapter 04 /
연결회계: 내부거래와 미실현손익

Chapter 05 /
연결회계: 소유지분의 변동

Chapter 06 /

연결회계: 기타사항

Chapter 07 /

관계기업과 공동기업에 대한 투자

Chapter 08

환율변동효과

Chapter 09

파생상품

해커스 회계사 IFRS 김원종 고급회계

Chapter 01

사업결합

01 사업결합의 의의

현대 자본주의 경제체제에서 기업은 여러 가지 방법으로 성장하기 위하여 노력하고 있다. 기업이 설립되어 성장하고 유지하기 위해서는 기업 간의 경쟁이 불가피하며, 이러한 경쟁사회에서 기업은 살아남기 위하여 다양한 성장전략을 사용하고 있다. 기업의 성장전략을 구분하면 크게 두 가지 방식으로 구분할 수 있다. 첫째, 내부성장전략(Internal Growth Strategy)은 새로운 제품을 자사의 연구 및 개발 부문에서 개발하고 기업의 기존 판매채널과 경영진을 이용하여 다변화를 통하여 성장하는 전략을 말한다. 이 전략을 사용하여 기업의 수익 및 이익을 증가시키고 자본을 축적하여 기업의 외형을 키우는 방법이다. 내부성장전략은 신기술과 신제품에 대한 노하우가 기업에 축적되며, 기업 내부의 연구 및 개발의 의욕이 증가된다는 장점이 있다. 그러나 신제품의 개발에 오랜 시간이 필요하며, 투자비용이 클 경우에 기업의 위험부담이 커지는 단점이 있다.

둘째, 외부성장전략(External Growth Strategy)은 내부성장전략에 대응되는 말로서 다른 기업과의 기술제휴, 다른 기업의 합병 및 다른 기업의 주식을 인수하는 방법 등을 사용하는 전략을 말한다. 이러한 성장전략은 신제품 개발과 신규사업 진출에 시간을 단축시킬 수 있고, 투자위험을 감소시켜 기업의 기존사업과 관련이 없는 성장부문에 진출이 가능하다는 장점이 있다. 즉, 외부성장전략은 한 기업이 다른 기업을 인위적으로 결합하여 확장하는 전략을 말하며, 대표적인 예로 합병과 주식취득이 있다.

합병(Merger)은 둘 이상의 기업이나 사업이 법률적 및 경제적으로 하나의 기업으로 통합되는 사업결합을 말하며, 취득(Acquisition)은 주식을 취득하여 다른 기업이나 사업의 지배력을 획득하는 거래를 말한다. 우리나라의 자본시장도 성장함에 따라 합병과 취득과 같은 사업결합은 실무에서 빈번하게 일어나는 거래 및 사건이며, 국제회계기준이 도입됨에 따라 연결재무제표가 주 재무제표가 되어 사업결합의 회계처리는 더욱 중요시되고 있다. 따라서 본 장에서는 취득법을 사용하는 사업결합의 회계처리와 사업결합의 한 유형인 합병의 회계처리에 대해서 자세하게 살펴보기로 한다.

(1) 사업결합의 정의

사업결합(Business Combination)[1]은 취득자가 하나 이상의 사업에 대한 지배력을 획득하는 거래나 그 밖의 사건을 말한다. 위의 사업결합 정의에서 핵심용어는 사업결합의 주체인 취득자(Acquirer)와 피취득자(Acquiree), 사업결합의 대상인 사업(Business) 및 사업결합의 판단기준인 지배력(Control)이다. 사업결합과 관련된 핵심용어의 정의는 다음과 같다.

(2) 취득자와 피취득자의 정의

사업결합거래의 당사자 중 취득자(Acquirer)는 피취득자에 대한 지배력을 획득한 기업을 말하며, 피취득자(Acquiree)는 취득자가 사업결합으로 지배력을 획득한 대상 사업이나 사업들을 말한다. 사업결합거래의 당사자 중 취득자를 식별하는 방법은 후술하기로 한다.

---

1) '진정한 합병' 또는 '대등합병'으로 불리기도 하는 거래도 역시 사업결합에 해당한다.

POINT	**사업결합, 취득자 및 피취득자의 정의**
사업결합	취득자가 하나 이상의 사업에 대한 지배력을 획득하는 거래나 그 밖의 사건
취득자	피취득자에 대한 지배력을 획득한 기업
피취득자	취득자가 사업결합으로 지배력을 획득한 대상 사업이나 사업들

(3) 사업의 정의

사업(Business)은 투자자나 그 밖의 소유주, 조합원이나 참여자에게 배당, 원가절감, 그 밖의 경제적 효익의 형태로 수익을 직접 제공할 목적으로 수행되고 관리될 수 있는 활동과 자산의 통합된 집합을 말한다. 사업은 투입물(Input) 그리고 그 투입물에 적용하여 산출물(Output)을 창출할 수 있는 과정(Process)으로 구성하며, 이를 사업의 3가지 요소라고 말한다. 사업은 보통 산출물이 있지만, 산출물은 사업의 정의를 충족하기 위한 통합된 집합에 반드시 필요한 요소는 아니다. 사업의 3가지 요소는 다음과 같이 정의된다.

① 투입물: 하나 이상의 과정이 적용될 때 산출물을 창출하거나 창출할 능력이 있는 모든 경제적 자원을 말한다.
  예 비유동자산, 지적 재산, 필요한 재료나 권리에의 접근을 획득할 수 있는 능력과 종업원 등
② 과정: 투입물에 적용할 때 산출물을 창출하거나 창출할 능력이 있는 모든 시스템, 표준, 규약, 협정, 규칙을 말한다. 예 전략적 경영과정, 운영과정, 자원관리과정 등
③ 산출물: 투입물과 그 투입물에 적용하는 과정의 결과물로 투자자나 그 밖의 소유주, 조합원, 참여자에게 배당, 원가감소 또는 그 밖의 경제적 효익의 형태로 직접 수익을 제공하거나 제공할 능력이 있는 것을 말한다.

[그림 1-1] 사업의 3가지 요소

사업의 구성요소와 관련된 내용은 다음과 같다.

① 특정 목적을 위하여 실행하고 운영하려면 활동과 자산의 통합된 집합에는 두 가지 필수요소, 즉 투입물과 그 투입물에 적용하는 과정이 필요하다. 그러나 시장참여자가 그 사업을 취득할 능력이 있고, 자신의 투입물과 과정에 그 사업을 통합하는 방식으로 계속하여 산출물을 생산할 수 있다면, 그 사업에는 매도자가 해당 사업을 운영하면서 사용한 모든 투입물과 과정 둘 모두를 포함할 필요는 없다.
② 거의 대부분의 사업은 부채도 보유하고 있으나 부채가 반드시 필요한 것은 아니다.
③ 자산과 활동의 특정 집합이 사업인지 여부는 시장참여자가 그 통합된 집합을 사업으로 수행하고 운영할 수 있는지에 기초하여 결정한다. 그러므로 특정 집합이 사업인지의 여부를 파악할 때, 매도자가 그 집합을 사업으로 운영하였는지 또는 취득자가 그 집합을 사업으로 운영할 의도가 있는지와는 관련이 없다.
④ 특별한 반증이 없다면 영업권이 존재하는 자산과 활동의 특정 집합은 사업으로 간주한다. 그러나 사업에 영업권이 반드시 필요한 것은 아니다. 만약 사업을 구성하지 않는 자산이나 자산집단의 취득의 경우 자산집단의 원가는 일괄구입으로 간주하여 매수일의 상대적 공정가치에 기초하여 각각의 식별할 수 있는 자산과 부채에 배분한다.

사업	투자자나 그 밖의 소유주, 조합원이나 참여자에게 배당, 원가절감, 그 밖의 경제적 효익의 형태로 수익을 직접 제공할 목적으로 수행되고 관리될 수 있는 활동과 자산의 통합된 집합
사업의 3가지 요소	① 투입물: 하나 이상의 과정이 적용될 때 산출물을 창출하거나 창출할 능력이 있는 모든 경제적 자원 ② 과정: 투입물에 적용할 때 산출물을 창출하거나 창출할 능력이 있는 모든 시스템, 표준, 규약, 협정, 규칙 ③ 산출물: 투입물과 그 투입물에 적용하는 과정의 결과물로 투자자나 그 밖의 소유주, 조합원, 참여자에게 배당, 원가감소 또는 그 밖의 경제적 효익의 형태로 직접 수익을 제공하거나 제공할 능력이 있는 것
유의사항	① 산출물은 사업의 정의를 충족하기 위한 통합된 집합에 반드시 필요한 요소는 아님 ② 사업에 영업권이 반드시 필요한 것은 아니지만, 특별한 반증이 없다면 영업권이 존재하는 자산과 활동의 특정 집합은 사업으로 간주함 ③ 만약 사업을 구성하지 않는 자산이나 자산집단의 취득의 경우 **자산집단의 원가는 일괄구입**으로 간주하여 매수일의 상대적 공정가치에 기초하여 각각의 식별할 수 있는 자산과 부채에 배분함

(4) 지배력의 정의

사업결합의 회계처리를 적용하려면 하나 이상의 사업에 대한 지배력을 획득하여야 한다. 일반적으로 지배력은 기업의 경영활동에서 영업정책과 재무정책을 결정할 수 있는 능력을 의미한다. K-IFRS에 의하면 지배력(Control)은 투자자가 피투자자에 관여함에 따라 변동이익에 노출되거나 변동이익에 대한 권리가 있고, 피투자자에 대한 자신의 힘으로 변동이익에 영향을 미치는 능력이 있는 것을 의미한다. 따라서 지배력 원칙은 다음 3가지 지배력의 요소로 이루어진다.

① 힘: 피투자자에 대한 힘
② 이익: 피투자자에 관여함에 따른 변동이익에 대한 노출이나 권리
③ 힘과 이익의 연관: 투자자의 이익금액에 영향을 미치기 위하여 피투자자에 대한 자신의 힘을 사용하는 능력

지배력은 K-IFRS 제1103호 '사업결합'에서 규정하고 있지 않고, K-IFRS 제1110호 '연결재무제표'에 규정하고 있으며 이를 준용해야 한다. 따라서 자세한 설명은 [Ch02 연결회계 일반론]에서 지배력의 3가지 요소에 대하여 자세하게 설명하기로 한다.

⚡ POINT 지배력의 정의

지배력	투자자가 피투자자에 관여함에 따라 변동이익에 노출되거나 변동이익에 대한 권리가 있고, 피투자자에 대한 자신의 힘으로 변동이익에 영향을 미치는 능력이 있는 것
지배력의 3요소	① 힘: 피투자자에 대한 힘 ② 이익: 피투자자에 관여함에 따른 변동이익에 대한 노출이나 권리 ③ 힘과 이익의 연관: 투자자의 이익금액에 영향을 미치기 위하여 피투자자에 대한 자신의 힘을 사용하는 능력

02 사업결합의 식별

(1) 사업결합의 식별

사업결합은 취득자가 하나 이상의 사업에 대한 지배력을 획득하는 거래나 그 밖의 사건으로 정의하며, 취득자는 다음과 같이 다양한 방법으로 피취득자에 대한 지배력을 획득할 수 있다.

> ① 현금, 현금성 자산이나 그 밖의 자산(사업을 구성하는 순자산 포함)의 이전
> ② 부채의 부담
> ③ 지분의 발행
> ④ 두 가지 형태 이상의 대가의 제공
> ⑤ 계약만으로 이루어지는 경우를 포함하여 대가의 이전이 없는 방식

(2) 사업결합의 적용배제

K-IFRS 제1103호 '사업결합'은 사업결합의 정의를 충족하는 거래나 그 밖의 사건에 적용한다. 따라서 다음의 경우에는 적용하지 아니한다.

> ① 공동약정 자체의 재무제표에서 공동약정의 구성에 대한 회계처리
> ② 사업을 구성하지 않는 자산이나 자산집단의 취득
> ③ 동일 지배하에 있는 기업이나 사업 간의 결합

만약 사업을 구성하지 않는 자산이나 자산집단의 취득의 경우에는 취득자는 각각의 식별할 수 있는 취득자산과 인수부채를 식별하고 인식한다. 이러한 경우 자산집단의 원가는 일괄구입으로 간주하여 매수일의 상대적 공정가치에 기초하여 각각의 식별할 수 있는 자산과 부채에 배분하며, 이러한 거래나 사건에서는 영업권이 발생하지 않는다.

[그림 1-2] 자산과 활동의 특정 집합의 취득

03 사업결합의 유형

사업결합은 법률상, 세무상 또는 그 밖의 이유로 다양한 방법으로 이루어질 수 있다. 가장 대표적인 예는 합병과 주식취득을 들 수 있다. K-IFRS에 의하면 사업결합의 유형을 다음과 같은 경우를 포함하도록 규정하고 있으며, 이에 한정하고 있지는 않다.

> ① 하나 이상의 사업이 취득자의 종속기업이 되거나, 하나 이상의 사업의 순자산이 취득자에게 법적으로 합병된다.
> ② 하나의 결합참여기업이 자신의 순자산을, 또는 결합참여기업의 소유주가 자신의 지분을 다른 결합참여기업이나 다른 결합참여기업의 소유주에게 이전한다.
> ③ 결합참여기업 모두가 자신의 순자산을 또는 모든 결합참여기업의 소유주가 자신의 지분을 신설 기업에 이전한다. (롤업(Roll-up), 병합거래(Put-together Transaction)라고도 한다)
> ④ 결합참여기업 중 한 기업의 이전 소유주 집단이 결합기업에 대한 지배력을 획득한다.

위의 사업결합의 유형은 예시에 불과하며 일반적으로 사업결합은 합병과 주식취득으로 구분되며 그 내용은 다음과 같다.

(1) 합병

합병(Merger)이란 둘 이상의 기업이나 사업이 법률적 및 경제적으로 하나의 기업으로 통합되는 사업결합을 말한다. 이러한 합병의 방법은 「상법」의 규정에 따라 흡수합병과 신설합병으로 구분된다.

흡수합병[2]은 한 기업(취득자)이 다른 기업(피취득자)의 순자산을 취득하고 다른 기업을 법률적으로 소멸시키고 기존의 기업에 통합하여 흡수하는 형태의 합병을 말한다. 신설합병[3]은 둘 이상의 기업(피취득자)을 모두 법률적으로 소멸시키고 새로운 기업(취득자)을 법률적으로 설립시키는 형태의 합병을 말한다. 합병회계에서는 취득자를 보통 합병법인이라고 하며, 피취득자를 피합병법인이라고 한다.

신설합병을 하게 되면 「상법」의 규정에 따라 법인의 설립절차를 진행하여야 하기 때문에 시간이 오래걸리고 절차가 복잡하며 세법상 불이익이 존재할 수 있다. 따라서 실무에서는 신설합병보다 흡수합병이 일반적으로 많이 사용되는 방식이다.

(2) 취득

취득(Acquisition)은 주식을 취득하여 다른 기업이나 사업의 지배력을 획득하는 거래를 말한다. 그러나 합병과는 달리 피취득자가 소멸되지 않고 법률적으로 독립된 실체로 존속한다. 그러나 일반적으로 취득자가 피취득자의 의결권이 있는 지분을 다수 보유하고 있어 피취득자의 영업 및 재무정책을 결정할 수 있으므로 경제적 실질로 보면 하나의 실체로 볼 수 있다. 주식취득의 경우 취득자를 보통 지배기업이라고 하며, 피취득자를 종속기업이라고 한다. 지배기업과 종속기업은 법률적으로는 독립된 실체이므로 각각의 회계시스템을 통하여 재무제표를 작성하지만, 회계적 관점에서는 실질적으로 하나의 실체이므로 재무제표를 통합하여 연결재무제표를 작성해야 한다.

---

2) 흡수합병을 진정한 합병이라고도 한다.
3) 신설합병을 대등합병이라고도 한다.

[그림 1-3] 사업결합의 유형

04 지분통합법과 취득법

이론적으로 사업결합을 회계처리하는 방법은 지분통합법과 취득법이 있다. K-IFRS가 도입되기 이전에는 두 방법을 모두 인정하였으나 K-IFRS가 도입된 이후에는 모든 사업결합은 취득법을 적용하여 회계처리를 수행하도록 규정하고 있다.

(1) 지분통합법

지분통합법(Pooling of Interest Method)은 사업결합의 참여기업을 대등한 주체로 보고 참여기업 중 어느 일방도 취득자가 되지 아니하는 형태로 이해하는 것을 말한다. 따라서 사업결합을 사업결합의 참여기업이 자산과 부채를 결합하고 그 결합에서 발생하는 위험과 경제적 효익을 지분비율에 따라 분담하는 것으로 본다. 지분통합법은 취득을 가정하지 않기 때문에 취득자산과 인수부채를 장부금액으로 측정하여야 한다.

(2) 취득법

취득법(Acquisition Method)이란 사업결합을 취득자가 피취득자의 순자산 및 영업활동을 지배하는 대가로 자산의 이전, 채무의 부담 또는 주식을 발행하는 것으로 이해하는 것을 말한다. 따라서 사업결합을 취득자가 피취득자의 자산과 부채를 개별적으로 관련된 시장에서 취득하는 행위로 가정하므로 취득자산과 인수부채를 공정가치로 측정하여야 한다. K-IFRS에서는 모든 사업결합은 취득법을 적용하여 회계처리를 수행하도록 규정하고 있으며, 지분통합법과 새출발법은 인정하고 있지 않다.

> ⊘참고 **사업결합 시 취득법 채택의 이유**
>
> 어떤 기업이 하나 이상의 사업에 대하여 지배력을 획득하는 모든 사업결합을 회계처리할 때, 취득법이 일반적으로 자산을 취득하고 부채를 인수하거나 부담하는 거래에 대한 회계처리와 일관된다. 따라서 취득법은 그 밖의 회계정보와 비교할 수 있는 정보를 생산할 수 있다. 즉, 재무제표 이용자는 처음 투자와 그 투자의 후속 성과를 더 잘 평가할 수 있고 이를 다른 기업의 성과와 더 잘 비교할 수 있다. 또한 거의 모든 취득자산과 인수부채를 처음에 공정가치로 인식함으로써, 취득법은 그 자산, 부채와 관련한 미래현금흐름의 가치에 대한 시장의 기대에 대해 더 많은 정보를 재무제표에 포함하며, 이는 그러한 정보의 목적적합성을 제고하게 된다. 이러한 이유로 K-IFRS에서는 모든 사업결합에 대하여 취득법을 적용하여 회계처리를 수행하도록 규정하고 있다.

Ⅱ | 사업결합의 회계처리

01 취득법 적용의 4단계

K-IFRS 제1103호 '사업결합'에서는 각 사업결합은 취득법을 적용하여 회계처리를 수행하도록 규정하고 있다. 취득법은 다음의 4단계 절차에 의하여 수행된다.

[그림 1-4] 취득법 적용의 4단계

1단계	취득자의 식별
2단계	취득일의 결정
3단계	식별할 수 있는 취득자산, 인수부채, 피취득자에 대한 비지배지분의 인식과 측정
4단계	영업권 또는 염가매수차익의 인식과 측정

(1) [1단계] 취득자의 식별

사업결합거래가 발생하는 경우 각 사업결합에서 결합참여기업 중 한 기업을 취득자로 식별한다. 피취득자에 대한 지배력을 획득하는 기업인 취득자를 식별하기 위해서는 K-IFRS 제1110호 '연결재무제표'의 지침을 사용하도록 규정하고 있다. 만약 K-IFRS 제1110호 '연결재무제표'의 지침을 적용하여도 결합참여기업 중 취득자를 명확히 파악하지 못한다면 다음의 요소를 고려하여 결정해야 한다.

취득자는 보통 다른 결합참여기업이나 결합참여기업들보다 상대적 크기(예 자산, 수익, 이익으로 측정)가 유의적으로 큰 결합참여기업이다. 기업이 셋 이상 포함된 사업결합에서, 결합참여기업의 상대적 크기뿐만 아니라 특히 결합참여기업 중 어느 기업이 결합을 제안하였는지도 고려하여 취득자를 결정한다.

[현금이나 그 밖의 자산을 이전하거나 부채를 부담하여 이루어지는 사업결합]

주로 현금이나 그 밖의 자산을 이전하거나 부채를 부담하여 이루어지는 사업결합의 경우에 취득자는 보통 현금이나 그 밖의 자산을 이전한 기업 또는 부채를 부담하는 기업이다.

[지분을 교환하여 이루어지는 사업결합]

① 주로 지분을 교환하여 이루어지는 사업결합의 경우에 취득자는 보통 지분을 발행하는 기업이다. 그러나 보통 '역취득'이라고 말하는 일부 사업결합에서는 지분을 발행하는 기업이 피취득자이다.

A회사의 발행주식수는 100주이고, B회사의 발행주식수는 60주이다. A회사는 B회사의 보통주 각 1주와 교환하여 2.5주를 발행하고, B회사 주주 모두 자신들이 보유하고 있는 B회사 주식을 교환하였다. 따라서 A회사는 B회사의 보통주 60주 모두에 대해 150주를 발행하여 사업결합을 하였다고 가정하면 다음과 같이 분석된다.

A회사(법적 지배기업)가 150주를 발행한 결과 B회사(법적 종속기업)의 주주는 A회사 주식의 60%[150주/(100주 + 150주)]를 소유하게 된다. 나머지 40%는 A회사의 기존 주주가 소유하고 있다. 따라서 지분을 교환하여 이루어지는 사업결합의 경우 취득자는 사업결합 후 결합기업에 대한 상대적인 의결권에 의하여 결정되므로 B회사의 주주가 상대적인 의결권이 크기 때문에 법적 지배기업인 A회사가 피취득자이며, 법적 종속기업인 B회사가 취득자인 역취득으로 판단한다. 이를 요약하면 다음과 같다.

구분	A회사	B회사
법률적 관점	법적 지배기업	법적 종속기업
사업결합 후 결합기업에 대한 상대적인 의결권	A사 주주: 40% 100주/(100주 + 150주) = 40%	B사 주주: 60% 150주/(100주 + 150주) = 60%
회계적 실질에 의한 취득자의 판단	피취득자 (∵ 사업결합 후 상대적인 의결권이 적음)	취득자 (∵ 사업결합 후 상대적인 의결권이 큼)

② 지분교환으로 이루어진 사업결합에서 취득자를 식별하기 위하여 참고할 그 밖의 관련 사실이나 상황의 예는 다음과 같다.

a. 사업결합 후 결합기업에 대한 상대적 의결권

취득자는 보통 결합참여기업의 소유주 중 결합기업에 대한 의결권의 가장 큰 부분을 보유하거나 받은 소유주가 속한 결합참여기업이다. 의결권의 가장 큰 부분을 보유하거나 받은 소유주 집단이 속한 기업을 결정하기 위하여, 비정상적이거나 특별한 의결약정과 옵션, 주식매입권이나 전환증권의 존재 여부를 고려한다.

b. 특정 소유주나 조직화된 소유주 집단이 중요한 의결지분을 갖지 않은 경우에 결합기업에 대하여 상대적으로 큰 소수의결지분의 존재

취득자는 보통 결합기업에 대하여 가장 큰 소수의결지분을 보유하고 있는 단일 소유주나 소유주의 조직화된 집단이 속한 결합참여기업이다.

c. 결합기업 의사결정기구의 구성

취득자는 보통 결합기업 의사결정기구의 구성원 과반수를 지명하거나 임명하거나 해임할 수 있는 능력을 보유하고 있는 소유주가 속한 결합참여기업이다.

d. 결합기업 경영진의 구성

결합기업 경영진 대부분이 결합참여기업의 이전 경영진으로 구성되는 경우에 취득자는 보통 그 경영진이 속한 결합참여기업이다.

e. 지분교환의 조건

취득자는 보통 다른 결합참여기업(들)의 지분에 대하여 결합 전 공정가치를 초과하는 할증금을 지급해야 하는 결합참여기업이다.

[신설사업결합]

사업결합을 위하여 새로운 기업이 설립된 경우에는 새로운 기업이 반드시 취득자가 되는 것은 아니며, 다음과 같이 취득자를 식별해야 한다.

① 사업결합을 이루기 위하여 새로운 기업을 지분을 발행하여 설립한 경우
   사업결합 전에 존재하였던 결합참여기업 중 한 기업을 취득자로 식별한다.
② 사업결합을 이루기 위하여 그 대가로 현금이나 그 밖의 자산을 이전하거나 부채를 부담하는 경우
   새로운 기업이 취득자이다.

🔆 POINT 취득자의 식별

현금이나 그 밖의 자산을 이전하거나 부채를 부담하여 이루어지는 사업결합	보통 현금이나 그 밖의 자산을 이전한 기업 또는 부채를 부담하는 기업
지분을 교환하여 이루어지는 사업결합	① 원칙: 취득자는 보통 지분을 발행하는 기업 ② 예외: '역취득'에서는 지분을 발행하는 기업이 피취득자
신설사업결합	① 사업결합을 이루기 위하여 새로운 기업을 지분을 발행하여 설립한 경우: 사업결합 전에 존재하였던 결합참여기업 중 한 기업이 취득자 ② 사업결합을 이루기 위하여 그 대가로 현금이나 그 밖의 자산을 이전하거나 부채를 부담하는 경우: 새로운 기업이 취득자

(2) [2단계] 취득일의 결정

사업결합거래에서 취득자는 취득일과 관련된 모든 사실과 상황을 고려하여 취득일을 식별해야 하며, 취득일은 피취득자에 대한 지배력을 획득한 날이다. 일반적으로 취득자가 피취득자에 대한 지배력을 획득한 날은 취득자가 법적으로 대가를 이전하여, 피취득자의 자산을 취득하고 부채를 인수한 날인 종료일이다. 그러나 취득자는 종료일보다 이른 날 또는 늦은 날에 지배력을 획득하는 경우도 있다. 예를 들어 서면합의로 취득자가 종료일 전에 피취득자에 대한 지배력을 획득한다면 취득일은 종료일보다 이른 날이 된다.

🔆 POINT 취득일의 결정

취득일의 정의	피취득자에 대한 지배력을 획득한 날
원칙	일반적으로 취득자가 법적으로 대가를 이전하여, 피취득자의 자산을 취득하고 부채를 인수한 날인 종료일
예외	취득자는 종료일보다 이른 날 또는 늦은 날에 지배력을 획득하는 경우도 있음 예 서면합의

(3) [3단계] 식별할 수 있는 취득자산, 인수부채, 피취득자에 대한 비지배지분의 인식과 측정

식별할 수 있는 취득자산, 인수부채, 피취득자에 대한 비지배지분의 인식과 측정은 합병회계에서 설명하기로 한다.

(4) [4단계] 영업권 또는 염가매수차익의 인식과 측정

영업권 또는 염가매수차익의 인식과 측정은 합병회계에서 논의하기로 한다.

Ⅲ | 합병회계

합병(Merger)이란 둘 이상의 기업이나 사업이 법률적 및 경제적으로 하나의 기업으로 통합되는 사업결합을 말한다. 이러한 합병의 방법은 「상법」의 규정에 따라 흡수합병과 신설합병으로 구분된다. K-IFRS에서는 합병은 취득법을 적용하여 회계처리하도록 규정하고 있다. 따라서 취득법 적용의 4단계 절차에 따라 회계처리해야 하는데, 취득자의 식별과 취득일의 결정은 앞에서 설명하였으므로 식별할 수 있는 ① 취득자산, 인수부채의 인식과 측정, ② 이전대가의 측정 그리고 ③ 영업권 또는 염가매수차익의 인식과 측정에 대해서 자세히 살펴보기로 한다.

[그림 1-5] 합병회계의 4단계

1단계	취득자의 식별
2단계	취득일의 결정
3단계	식별할 수 있는 취득자산, 인수부채(①)의 인식과 측정 및 이전대가(②)의 측정
4단계	영업권 또는 염가매수차익의 인식과 측정(③ = ② - ①)

01 식별할 수 있는 취득자산과 인수부채의 인식과 측정

(1) 인식원칙

취득일 현재, 취득자는 영업권과 분리하여 식별할 수 있는 취득자산, 인수부채를 인식해야 한다. 식별할 수 있는 취득자산과 인수부채의 인식은 다음의 인식조건을 충족해야 한다.

> ① 자산과 부채의 정의를 충족: 식별할 수 있는 취득자산과 인수부채는 취득일에 '재무제표의 작성과 표시를 위한 개념체계'의 자산과 부채의 정의를 충족하여야 한다. 예를 들어 피취득자의 영업활동 종료, 피취득자의 고용관계 종료, 피취득자의 종업원 재배치와 같은 계획의 실행에 따라 미래에 생길 것으로 예상하지만 의무가 아닌 원가는 취득일의 부채가 아니다. 그러므로 취득자는 취득법을 적용하면서 그러한 원가는 인식하지 않는다.
> ② 사업결합거래에서 교환한 자산과 부채: 취득법 적용의 일환으로 인식요건을 충족하려면, 식별할 수 있는 취득자산과 인수부채는 별도 거래의 결과가 아니라 사업결합거래에서 취득자와 피취득자 사이에서 교환한 항목의 일부이어야 한다.

> ⊘ 참고 **취득자산과 인수부채의 인식조건**
>
> 한국채택국제회계기준 제1103호 '사업결합'의 전면개정 심의과정에서, 국제회계기준위원회는 포괄적인 기준으로서 측정의 신뢰성은 개념체계의 포괄적인 인식기준의 일부이기 때문에 불필요하다고 보아 삭제하기로 결정하였다. 또한 한국채택국제회계기준 제1103호 '사업결합'에서는 발생가능성 인식기준을 포함하지 않으며 따라서 취득자에게 경제적 효익의 유입이나 유출의 발생가능성 정도와는 상관없이 취득자산과 인수부채를 인식하도록 요구하고 있다. 왜냐하면 국제회계기준위원회는 무조건적인 권리나 의무는 발생가능성 기준을 항상 충족할 것이기 때문에 그 기준을 포함하는 것이 불필요하다고 결정하였기 때문이다.

취득자가 인식의 원칙과 조건을 적용하면 피취득자의 이전 재무제표에서 자산과 부채로 인식하지 않았던 자산과 부채를 일부 인식할 수 있다. 예를 들면 취득자는 피취득자가 내부에서 개발하고 관련 원가를 비용으로 처리하였기 때문에 피취득자 자신의 재무제표에 자산으로 인식하지 않았던 브랜드명, 특허권, 고객관계와 같은 식별할 수 있는 무형자산의 취득을 인식한다.

⚡ POINT 인식원칙

인식원칙	① 자산과 부채의 정의를 충족 ② 사업결합거래에서 교환한 자산과 부채
유의사항	① 피취득자의 이전 재무제표에서 자산과 부채로 인식하지 않았던 자산과 부채를 일부 인식할 수 있음 ② 피취득자 자신의 재무제표에 자산으로 인식하지 않았던 브랜드명, 특허권, 고객관계와 같은 식별할 수 있는 무형자산의 취득을 인식할 수 있음

(2) 리스와 무형자산의 인식지침

[피취득자가 리스이용자인 경우]

취득자는 피취득자가 리스이용자인 경우, K-IFRS 제1116호 '리스'에 따라 식별되는 리스에 대하여 사용권자산과 리스부채를 인식한다. 단, 예외적으로 취득자는 취득일로부터 12개월 이내에 종료되는 단기리스이거나, 기초자산이 소액인 리스인 경우에는 사용권자산이나 리스부채를 인식하지 않아도 된다. 여기서 유의할 점은 다음과 같다.

① 취득자는 취득한 리스가 취득일에 새로운 리스인 것처럼, 나머지 리스료의 현재가치로 리스부채를 측정한다.
② 취득자는 피취득자의 사용권자산을 리스부채와 같은 금액으로 측정한다.
③ 시장 조건과 비교하여 유리하거나 불리한 리스 조건이 있다면 이를 반영하기 위하여 다음과 같이 사용권자산을 조정한다. 즉, 리스에 존재하는 시장 조건에서 벗어난 모든 조건에 대하여 조정해야 한다.
  a. 시장 조건보다 유리한 조건: 리스 조건이 시장 조건보다 유리하다면 사용권자산에서 가산해야 한다.
  b. 시장 조건보다 불리한 조건: 리스 조건이 시장 조건보다 불리하다면 사용권자산에서 차감해야 한다.

[식별할 수 있는 무형자산]

취득자는 사업결합에서 취득한 식별할 수 있는 무형자산을 영업권과 분리하여 인식한다. 무형자산은 분리가능성 기준 또는 계약적·법적 기준을 충족하는 경우에 식별할 수 있다고 본다.

① 분리가능성 기준

분리가능성 기준은 취득한 무형자산이 피취득자에게서 분리되거나 분할될 수 있고, 개별적으로 또는 관련된 계약, 식별할 수 있는 자산이나 부채와 함께 매각, 이전, 라이선스, 임대, 교환을 할 수 있음을 의미한다.

a. 고객과 구독자 목록

고객과 구독자 목록은 자주 라이선스되므로 분리가능성 기준을 충족한다. 그러나 사업결합에서 취득한 고객목록이 비밀유지조건이나 그 밖의 약정 조건에서 고객에 관한 정보를 매각, 리스, 그 밖의 교환을 할 수 없도록 금지한 경우에는 분리가능성 기준은 충족되지 않는다.

b. 기술적 전문지식

피취득자는 등록 상표와 그 상표를 붙인 제품의 제조에 사용하고 문서화하였지만 특허를 얻지 않은 기술적 전문지식을 보유할 수 있다. 특허를 얻지 않은 기술적 전문지식은 피취득자나 결합기업과 분리되어 있음이 분명하고 관련 상표를 매각할 경우에 팔리기 때문에 분리가능성 기준을 충족하고 무형자산으로 인식해야 한다.

c. 예금부채 및 관련 예금자관계 무형자산

시장참여자가 예금부채와 관련 예금자관계 무형자산을 관찰할 수 있는 교환거래에서 교환한다. 그러므로 취득자는 예금자관계 무형자산을 영업권과 분리하여 인식한다.

② 계약적·법적 기준

계약적·법적 기준을 충족하는 무형자산은 피취득자에게서 또는 그 밖의 권리와 의무에서 이전하거나 분리할 수 없더라도 식별할 수 있다.

a. 운영라이선스

피취득자는 원자력 발전소를 소유하여 운영한다. 그 발전소를 운영하는 라이선스는 취득자가 그 발전소에서 분리하여 매각하거나 이전할 수 없더라도 영업권과 분리하여 인식하는 계약적·법적 기준을 충족하는 무형자산이다. 취득자는 운영라이선스와 발전소의 내용연수가 비슷할 경우에, 라이선스의 공정가치와 발전소의 공정가치를 재무보고 목적상 하나의 자산으로 인식할 수 있다.

b. 기술특허권

피취득자가 기술특허권을 소유한다. 그 특허권을 국내시장 밖에서 독점적으로 사용할 수 있도록 라이선스하고, 그 대가로 미래 해외 수익의 일정 비율을 수취한다. 기술특허권과 관련 라이선스 약정은 서로 분리하여 실무적으로 매각하거나 교환할 수 없더라도, 각각 영업권과 분리하여 인식하는 계약적·법적 기준을 충족한다.

c. 다시 취득한 권리(재취득한 권리)

취득자가 사업결합 이전에 자신이 인식했거나 인식하지 않았던 하나 이상의 자산을 사용하도록 피취득자에게 부여했던 권리를 사업결합의 일부로서 다시 취득할 수 있다. 그러한 권리의 예로는 프랜차이즈 약정에 따라 취득자의 상표명을 사용할 권리나 기술라이선스 약정에 따라 취득자의 기술을 사용할 수 있는 권리가 있다. 다시 취득한 권리는 취득자가 영업권과 분리하여 인식하는 식별할 수 있는 무형자산이다.

[식별할 수 없는 집합적 노동력과 그 밖의 항목]

취득일 현재 식별할 수 없는 취득한 무형자산의 가치는 별도로 인식하지 않고 영업권에 포함한다.

① 집합적 노동력

취득자는 취득한 사업의 운영을 취득한 날부터 계속할 수 있게 해주는 현존하는 집합적 노동력인, 종업원 집단의 존재에 가치가 존재한다고 볼 수 있다. 집합적 노동력은 숙련된 종업원의 지적 자본 즉, 피취득자의 종업원이 자신의 업무에서 보유하고 있는 지식과 경험을 나타내지는 않는다. 집합적 노동력은 영업권과 분리하여 인식하는 식별할 수 있는 자산이 아니기 때문에 그에 귀속될 만한 가치가 있다면 그 가치를 영업권에 포함한다.

② 잠재적 계약

취득자는 취득일에 피취득자가 미래의 새로운 고객과 협상 중인 잠재적 계약에 가치가 있다고 볼 수 있다. 취득일에 그러한 잠재적 계약 그 자체는 자산이 아니기 때문에 영업권과 분리하여 인식하지 않는다. 그러한 계약의 가치는 취득일 후에 일어나는 사건에 따라 후속적으로도 영업권에서 재분류하지 않는다.

⚡POINT 리스와 무형자산의 인식지침

피취득자가 리스이용자인 경우	① 취득한 리스가 취득일에 새로운 리스인 것처럼, 나머지 리스료의 현재가치로 리스부채를 측정 ② 피취득자의 사용권자산을 리스부채와 같은 금액으로 측정 ③ 시장 조건과 비교하여 유리하거나 불리한 리스 조건이 있다면 이를 반영하기 위하여 사용권자산을 조정 　　a. 시장 조건보다 유리한 조건: 사용권자산에 가산 　　b. 시장 조건보다 불리한 조건: 사용권자산에서 차감
식별할 수 있는 무형자산	분리가능성 기준 또는 계약적·법적 기준을 충족하는 경우에 식별할 수 있음 ① 분리가능성 기준(고객과 구독자 목록, 기술적 전문지식, 예금부채 및 관련 예금 자관계 무형자산) ② 계약적·법적 기준(운영라이선스, 기술특허권, 다시 취득한 권리)
식별할 수 없는 집합적 노동력과 그 밖의 항목	취득일 현재 식별할 수 없는 취득한 무형자산의 가치는 별도로 인식하지 않고 영업권에 포함함 ① 집합적 노동력 ② 잠재적 계약

(3) 측정원칙

사업결합거래에서 취득자는 식별할 수 있는 취득자산과 인수부채를 취득일의 공정가치로 측정한다. 여기서 공정가치는 측정일에 시장참여자 사이의 정상거래에서 자산을 매도할 때 받거나 부채를 이전할 때 지급하게 될 가격을 말한다.

⚡POINT 측정원칙

취득자는 식별할 수 있는 취득자산과 인수부채를 취득일의 공정가치로 측정

(4) 특정 식별할 수 있는 자산의 공정가치 측정

① 현금흐름이 불확실한 자산(평가충당금)

취득일 현재 사업결합에서 취득일의 공정가치로 측정된 취득자산에 대하여 별도의 평가충당금은 인식하지 않는다. 왜냐하면 이미 미래현금흐름의 불확실성의 영향을 공정가치 측정에 포함하였기 때문이다. 예를 들어 이 기준서에서는 취득한 수취채권(대여금 포함)을 취득일의 공정가치로 측정하도록 규정하고 있으므로, 취득일에 회수 불가능하다고 보는 계약상 현금흐름에 대하여 별도의 평가충당금 또는 기대신용손실에 대한 손실충당금은 인식하지 않는다.

② 피취득자가 리스제공자인 경우 운용리스 대상 자산

피취득자가 리스제공자인 경우에 취득자는 그 운용리스의 대상인 건물이나 특허권과 같은 자산을 취득일의 공정가치로 측정할 때 해당 리스 조건을 고려한다. 즉, 취득자는 시장조건과 비교할 때 그 운용리스의 조건이 유리하든 불리하든, 별도의 자산이나 부채를 인식하지 않는다.

③ 취득자가 사용할 의도가 없거나 그 밖의 시장참여자가 사용하는 방법과 다른 방법으로 사용할 의도가 있는 자산

경쟁력 있는 지위를 보호하기 위하여, 또는 그 밖의 이유로 취득자가 취득한 비금융자산을 활발히 사용하지 않으려 하거나, 최고 최선으로 자산을 사용하지는 않으려 할 수 있다. 그렇지만 취득자는 처음에 그리고 후속 손상검사를 위하여 처분부대원가를 차감한 공정가치를 측정할 때에도 비금융자산의 공정가치를 적절한 평가 전제에 따라 시장참여자가 최고 최선으로 사용함을 가정하여 측정한다.

> **⚡POINT 특정 식별할 수 있는 자산의 공정가치 측정**

현금흐름이 불확실한 자산 (평가충당금)	취득일의 공정가치로 측정된 취득자산에 대하여 별도의 평가충당금은 인식하지 않음
피취득자가 리스제공자인 경우 운용리스 대상 자산	피취득자가 리스제공자인 경우에 운용리스의 조건이 유리하든 불리하든, 별도의 자산이나 부채를 인식하지 않음
취득자가 사용할 의도가 없거나 다른 방법으로 사용할 의도가 있는 자산	시장참여자가 최고 최선으로 사용함을 가정하여 측정함

(5) 인식원칙 또는 측정원칙의 예외

인식원칙과 측정원칙에 대하여 일부 제한적인 예외들이 존재한다. 인식원칙의 예외는 추가 인식조건을 적용하거나 다른 한국채택국제회계기준서의 요구사항을 적용하여 인식한다. 또한, 측정원칙의 예외는 취득일의 공정가치가 아닌 금액으로 측정해야 한다.

[인식원칙의 예외]

① 우발부채

과거사건에서 생긴 현재의무이고 그 공정가치를 신뢰성 있게 측정할 수 있다면, 취득자는 취득일 현재 사업결합에서 인수한 우발부채를 인식한다. 그러므로 K-IFRS 제1037호 '충당부채, 우발부채, 우발자산'과는 달리 해당 의무를 이행하기 위하여 경제적 효익이 있는 자원이 유출될 가능성이 높지 않더라도 취득자는 취득일에 사업결합으로 인수한 우발부채를 인식한다.

[인식원칙과 측정원칙 모두의 예외]

① 법인세

취득자는 사업결합으로 취득자산과 인수부채에서 생기는 이연법인세자산이나 부채를 K-IFRS 제 1012호 '법인세'에 따라 인식하고 측정한다. 취득자는 취득일에 존재하거나 취득의 결과로 생기는 일시적 차이와 피취득자의 이월금액이 잠재적으로 법인세에 미치는 영향을 K-IFRS 제1012호 '법인세'에 따라 회계처리한다.

② 종업원급여

취득자는 피취득자의 종업원급여 약정과 관련된 부채(자산인 경우에는 그 자산)를 K-IFRS 제1019호 '종업원급여'에 따라 인식하고 측정한다.

③ 보상자산

사업결합에서 매도자는 취득자에게 특정 자산이나 부채의 전부 또는 일부와 관련한 우발상황이나 불확실성의 결과에 대하여 계약상 보상을 할 수 있다. 예를 들어 매도자는 특정한 우발상황에서 생기는 부채에 대해 일정 금액을 초과하는 손실을 취득자에게 보상할 수 있다. 다시 말하면, 매도자는 취득자의 부채가 일정 금액을 초과하지 않을 것임을 보증한 것이다. 그러므로 취득일에 인식하고 공정가치로 측정한 자산이나 부채가 보상과 관련된 경우에 취득자는 보상자산을 취득일의 공정가치로 측정하여 취득일에 인식한다.

[측정원칙의 예외]

① 다시 취득한 권리

시장참여자가 공정가치를 측정할 때 계약의 잠재적 갱신을 고려하는지와 무관하게, 취득자는 무형자산으로 인식하는, 다시 취득한 권리의 가치를 관련 계약의 남은 계약기간에 기초하여 측정한다.

② 주식기준보상거래

취득자는 피취득자의 주식기준보상거래와 관련한 또는 피취득자의 주식기준보상을 취득자 자신의 주식기준보상으로 대체하는 경우와 관련한 부채나 지분상품을 취득일에 K-IFRS 제1102호 '주식기준보상'의 방법에 따라 측정한다.

③ 매각예정자산

취득자는 K-IFRS 제1105호 '매각예정비유동자산과 중단영업'에 따라 취득일에 매각예정자산으로 분류한 취득 비유동자산(또는 처분자산집단)을 순공정가치로 측정한다.

⚡POINT 인식원칙 또는 측정원칙의 예외

구분	인식원칙의 예외	측정원칙의 예외
우발부채	현재의무이고 그 공정가치를 신뢰성 있게 측정할 수 있다면 우발부채를 인식	N/A
다시 취득한 권리		관련 계약의 남은 계약기간에 기초하여 측정
주식기준보상거래	N/A	취득일에 K-IFRS 제1102호 '주식기준보상'의 방법에 따라 측정
매각예정자산		취득일에 매각예정자산으로 분류한 비유동자산(또는 처분자산집단)을 순공정가치로 측정
법인세	사업결합으로 취득자산과 인수부채에서 생기는 이연법인세자산이나 부채를 K-IFRS 제1012호 '법인세'에 따라 인식하고 측정	
종업원급여	피취득자의 종업원급여 약정과 관련된 부채(자산)를 K-IFRS 제1019호 '종업원급여'에 따라 인식하고 측정	
보상자산	보상자산을 취득일의 공정가치로 측정하여 취득일에 인식	

예제 1 식별할 수 있는 취득자산과 인수부채의 인식과 측정

A회사는 20×1년 1월 1일에 B회사의 자산과 부채를 모두 취득·인수하였으며, 이는 사업결합에 해당한다. 두 회사는 모두 12월 말 결산법인이다. 취득일 현재 B회사의 자산 및 부채의 장부금액과 공정가치는 다음과 같다.

과목	장부금액	공정가치
현금	₩200,000	₩200,000
재고자산	₩200,000	₩230,000
유형자산	₩400,000	₩520,000
무형자산	₩200,000	₩250,000
자산총계	₩1,000,000	
유동부채	₩200,000	₩200,000
비유동부채	₩400,000	₩350,000
자본	₩400,000	
부채와 자본총계	₩1,000,000	

A회사는 취득일 현재 B회사에 대해 다음과 같은 사실을 추가로 확인하였다.

(1) B회사의 자산으로 인식하지 않았던 고객목록과 브랜드를 파악하였으며, 각각의 공정가치는 ₩100,000과 ₩250,000이다. A회사는 동 고객목록과 브랜드가 무형자산의 정의를 충족한다고 판단하였다.

(2) B회사가 리스이용자인 리스계약에서 리스 조건이 시장 조건에 비해서 유리한 금액은 ₩30,000이 며, 이는 무형자산(사용권자산)의 공정가치에는 포함되어 있지 않다.

(3) B회사가 리스제공자인 운용리스계약에서 리스 조건이 시장 조건에 비해서 유리한 금액은 ₩30,000 이며, 이 금액은 유형자산의 공정가치에 이미 반영되어 있다.

(4) 무형자산의 정의를 충족시키는 B회사의 취득일 현재 진행 중인 연구개발 프로젝트는 ₩20,000이다.

(5) B회사는 취득일 현재 계류 중인 소송사건과 관련하여 패소할 가능성이 높지 않은 우발부채를 보유 하고 있다. 당해 우발부채의 공정가치는 ₩60,000으로 신뢰성 있게 측정되었으며, 자원의 유출가 능성이 높지 않아 충당부채로 인식하지는 않고 있다.

(6) B회사는 위의 소송사건과 관련하여 보상기준금액을 초과할 경우 차액을 A회사에 보상해주기로 합 의하였는데, 보상대상부채와 동일한 기준으로 측정한 보상자산의 공정가치는 ₩10,000이다.

(7) B회사는 취득일 현재 신제품을 5년 동안 공급하는 계약을 신규고객과 협상 중이다. 동 잠재적 계약 의 체결가능성은 매우 높으며 공정가치는 ₩200,000으로 추정된다.

(8) B회사는 교육시스템을 잘 갖추고 있어 우수한 인적자원을 많이 보유하고 있다. 특히 제품 개발부서 의 인력은 미래 현금을 창출할 능력을 가지고 있으며, B회사는 이러한 개발부서의 인적자원의 공정 가치를 ₩30,000으로 추정하고 있다.

물음 1 취득일 현재 A회사가 사업결합과 관련하여 식별할 수 있는 취득자산의 공정가치에서 인수부채의 공정가치를 차감한 순 자산공정가치를 계산하시오.

물음 2 A회사가 이전대가로 현금 ₩1,230,000을 지급하였다고 가정하면 사업결합에서 인식될 영업권을 계산하고, 관련 회계 처리를 수행하시오.

해답 물음 1

1. 취득자산의 공정가치

현금	₩200,000
재고자산	₩230,000
유형자산	₩520,000
무형자산	₩250,000
(1) 무형자산(고객목록)	₩100,000
(1) 무형자산(브랜드)	₩250,000
(2) 무형자산(리스이용자 유리한 조건)	₩30,000
(3) 무형자산(리스제공자 유리한 조건)[1]	-
(4) 무형자산(연구개발 프로젝트)	₩20,000
(6) 보상자산	₩10,000
(7) 잠재적 계약[2]	-
(8) 집합적 노동력[3]	-
합계	₩1,610,000

2. 인수부채의 공정가치

유동부채	₩200,000
비유동부채	₩350,000
(5) 충당부채	₩60,000
합계	₩610,000

3. 식별할 수 있는 순자산공정가치

1. 취득자산 - 2. 인수부채 = ₩1,610,000 - ₩610,000 = ₩1,000,000

물음 2

이전대가	₩1,230,000
순자산공정가치	₩(1,000,000)
영업권	₩230,000

일자	회계처리				
	(차) 현금	200,000	(대) 유동부채	200,000
	재고자산	230,000	비유동부채	350,000
	유형자산	520,000	충당부채	60,000
	무형자산	250,000	현금	1,230,000
20×1. 1. 1.	무형자산(고객목록)	100,000		
	무형자산(브랜드)	250,000		
	무형자산(유리한 리스)	30,000		
	무형자산(연구개발)	20,000		
	미수금(보상자산)	10,000		
	영업권	230,000		

02 이전대가의 측정

이전대가(Transferred Consideration)는 피취득자의 순자산을 인수하거나 영업활동을 지배하기 위하여 취득자가 피취득자의 소유주에게 제공한 대가를 말한다. 대가가 될 수 있는 형태의 예로는 현금, 그 밖의 자산, 취득자의 사업 또는 종속기업, 조건부대가, 보통주 또는 우선주와 같은 지분상품, 옵션, 주식매입권, 상호실체의 조합원 지분을 들 수 있다.

(1) 측정원칙

사업결합에서 이전대가는 공정가치로 측정하며, 그 공정가치는 취득자가 이전하는 자산, 취득자가 피취득자의 이전 소유주에 대하여 부담하는 부채와 취득자가 발행한 지분의 취득일의 공정가치 합계로 산정한다.

취득일에 공정가치와 장부금액이 다른 취득자의 자산과 부채(예 취득자의 비화폐성자산 또는 사업)를 이전대가에 포함할 수 있다. 이 경우, 취득자는 이전한 자산이나 부채를 취득일 현재 공정가치로 재측정하고, 그 결과 차손익이 있다면 당기손익으로 인식한다. 그러나 때로는 이전한 자산이나 부채가 사업결합을 한 후에도 결합기업에 여전히 남아있고(예 자산이나 부채가 피취득자의 이전 소유주가 아니라 피취득자에게 이전됨), 따라서 취득자가 그 자산이나 부채를 계속 통제하는 경우가 있다. 이러한 상황에서 취득자는 그 자산과 부채를 취득일 직전의 장부금액으로 측정하고, 사업결합 전이나 후에도 여전히 통제하고 있는 자산과 부채에 대한 차손익을 당기손익으로 인식하지 않는다.

(2) 주식기준보상

사업결합의 이전대가에 포함된, 피취득자의 종업원이 보유하고 있는 보상과 교환하여 취득자가 부여한 주식기준보상은 공정가치로 측정하지 않고 K-IFRS 제1102호 '주식기준보상'에 따라 측정한다.

(3) 조건부대가

조건부대가(Contingent Consideration)는 보통 특정 미래 사건이 일어나거나 특정 조건이 충족되는 경우에, 피취득자에 대한 지배력과 교환된 부분으로 피취득자의 이전 소유주에게 자산이나 지분을 추가적으로 이전하여야 하는 취득자의 의무를 말한다.

취득자가 피취득자에 대한 교환으로 이전한 대가에는 조건부대가 약정으로 생긴 자산이나 부채를 모두 포함한다. 취득자는 피취득자에 대한 교환으로 이전한 대가의 일부로서 조건부대가를 취득일의 공정가치로 인식한다.

취득자는 금융상품의 정의를 충족하는 조건부대가의 지급 의무를 K-IFRS 제1032호 '금융상품 표시'의 지분상품과 금융부채의 정의에 기초하여 금융부채 또는 자본으로 분류한다. 반면에 취득자는 특정 조건을 충족하는 경우에는 과거의 '이전대가를 회수할 수 있는 권리'를 자산으로 분류한다.

(4) 대가의 이전 없이 이루어지는 사업결합

취득자는 때로 대가를 이전하지 않고 피취득자에 대한 지배력을 획득한다. 이러한 결합의 경우에는 사업결합 회계처리방법인 취득법을 적용한다. 이러한 상황에는 다음과 같은 경우 등이 있다.

---

① 기존 투자자(취득자)가 지배력을 획득할 수 있도록, 피취득자가 충분한 수량의 자기주식을 다시 사는 경우
② 피취득자 의결권의 과반수를 보유하고 있는 취득자가 피취득자를 지배하는 것을 막고 있던 소수거부권이 소멸한 경우
③ 취득자와 피취득자가 계약만으로 사업결합하기로 약정한 경우. 취득자는 피취득자에 대한 지배력과 교환하여 대가를 이전하지 않으며, 취득일이나 그 이전에도 피취득자의 지분을 보유하지 않는다. 계약만으로 이루어지는 사업결합의 예로는 단일화 약정으로 두 개의 사업을 통합하거나 이중 상장기업을 설립하는 경우 등을 들 수 있다.

계약만으로 이루어지는 사업결합에서, 취득자는 인식하는 피취득자의 순자산 금액을 피취득자의 소유주에게 귀속시킨다. 즉, 피취득자에 대한 지분 모두가 비지배지분에 속하게 되더라도 취득자가 아닌 그 밖의 참여자들이 가지고 있는 피취득자의 지분은 사업결합 후 취득자의 재무제표에서 비지배지분으로 표시된다. 대가의 이전이 없는 사업결합에서 영업권 금액을 산정하는 경우에는 취득자는 이전대가의 취득일 공정가치 대신에 피취득자에 대한 취득자 지분의 취득일 공정가치를 산정하여 사용한다.

이전대가	피취득자의 순자산을 인수하거나 영업활동을 지배하기 위하여 취득자가 피취득자의 소유주에게 제공한 대가
측정원칙	이전대가는 공정가치로 측정
주식기준보상	주식기준보상은 공정가치로 측정하지 않고 K-IFRS 제1102호 '주식기준보상'에 따라 측정
조건부대가	① 금융상품의 정의를 충족하는 조건부대가의 지급 의무를 지분상품과 금융부채의 정의에 기초하여 금융부채 또는 자본으로 분류 ② 취득자는 특정 조건을 충족하는 경우에는 과거의 '이전대가를 회수할 수 있는 권리'를 자산으로 분류
대가의 이전 없이 이루어지는 사업결합	취득자는 때로 대가를 이전하지 않고 피취득자에 대한 지배력을 획득함

03 영업권 또는 염가매수차익의 인식과 측정

(1) 영업권

[그림 1-6] 영업권

순자산공정가치 < 이전대가의 공정가치			
취득자산(공정가치)	×××	인수부채(공정가치)	×××
영업권	×××	이전대가(공정가치)	×××

영업권(Goodwill)이란 개별적으로 식별하여 별도로 인식할 수 없으나, 사업결합에서 획득한 그 밖의 자산에서 생기는 미래경제적효익을 나타내는 자산을 말한다. 즉, 지급한 이전대가가 사업결합에 따라 인식한 취득일의 식별할 수 있는 취득자산에서 인수부채를 차감한 순액을 초과하는 금액을 의미한다.

영업권: 이전대가 - 식별할 수 있는 취득자산에서 인수부채를 차감한 순액

예를 들어, 20×1년 초 사업결합에서 이전대가가 ₩8,000이고 피취득자의 취득자산의 공정가치가 ₩10,000, 인수부채의 공정가치가 ₩5,000이라면 영업권은 ₩3,000이다. 관련 회계처리는 다음과 같다.

일자	회계처리				
20×1년 초	(차) 자산	10,000	(대) 부채	5,000
	영업권	3,000	현금	8,000

취득자는 이전대가가 사업결합에 따라 인식한 취득일의 식별할 수 있는 취득자산과 인수부채의 순액을 초과하는 경우에 영업권(Goodwill)을 자산으로 인식한다. 최초 인식 후에는 영업권은 원가에서 손상차손누계액을 차감하여 측정한다.

① 사업결합으로 취득한 영업권은 상각하지 않는다. 그 대신 K-IFRS 제1036호 '자산손상'에 따라 매 보고기간마다 손상검사를 해야 한다.

② 영업권에 대해 인식한 손상차손은 후속기간에 환입할 수 없다. 왜냐하면, 영업권에 대해 손상차손을 인식하고 난 후속기간에 증가된 회수가능액은 사업결합으로 취득한 영업권의 손상차손환입액이 아니라 내부적으로 창출된 영업권으로 간주하기 때문이다.

⚡ POINT 영업권의 인식과 측정

영업권	개별적으로 식별하여 별도로 인식할 수 없으나, 사업결합에서 획득한 그 밖의 자산에서 생기는 미래경제적효익을 나타내는 자산
영업권의 발생	이전대가 > 식별할 수 있는 취득자산과 인수부채의 순액
계산방법	이전대가 - 식별할 수 있는 순자산공정가치
후속측정	① 사업결합으로 취득한 영업권은 상각하지 않으며, 매 보고기간마다 손상검사를 수행 ② 영업권에 대해 인식한 손상차손은 후속기간에 환입할 수 없음(∵ 내부적으로 창출된 영업권으로 간주함)

(2) 염가매수차익

[그림 1-7] 염가매수차익

순자산공정가치 > 이전대가의 공정가치			
취득자산(공정가치)	×××	인수부채(공정가치)	×××
		이전대가(공정가치)	×××
		염가매수차익	×××

염가매수차익(Gain from Bargain Purchase)이란 사업결합에 따라 인식한 취득일의 식별할 수 있는 취득자산과 인수부채의 순액이 이전대가를 초과하는 금액을 말한다.

> 염가매수차익: 식별할 수 있는 취득자산에서 인수부채를 차감한 순액 - 이전대가

예를 들어, 20×1년 초 사업결합에서 이전대가가 ₩4,000이고 피취득자의 취득자산의 공정가치가 ₩10,000, 인수부채의 공정가치가 ₩5,000이라면 염가매수차익은 ₩1,000이다.

일자	회계처리			
20×1년 초	(차) 자산	10,000	(대) 부채	5,000
			현금	4,000
			염가매수차익	1,000

① 염가매수차익을 인식하기 전에, 취득자는 모든 취득자산과 인수부채를 정확하게 식별하였는지 재검토하고, 이러한 재검토에서 식별한 추가 자산이나 부채가 있다면 이를 인식한다. 이때 취득자는 취득일에 이 기준서에서 인식하도록 요구한 다음의 모든 사항에 대해, 그 금액을 측정할 때 사용한 절차를 재검토한다. 재검토하는 목적은 취득일 현재 사용할 수 있는 모든 정보를 고려하여 관련 측정치에 적절히 반영하였는지 확인하기 위해서이다. 재검토 이후에도 염가매수차익이 계속 남는다면, 취득자는 취득일에 그 차익을 당기손익으로 인식한다.

② 염가매수는 일반적으로 자주 발생하는 일은 아니다. 염가매수는 소유주가 신속히 사업을 매각할 필요가 있는(예 설립자나 핵심 경영자의 사망 후) 강제청산이나 투매에서 발생하며, 이 경우 공정가치보다 낮은 가격이 발생할 수 있다.

🔑 POINT | 염가매수차익의 인식과 측정

염가매수차익의 발생	이전대가 < 식별할 수 있는 취득자산과 인수부채의 순액
계산방법	식별할 수 있는 순자산공정가치 - 이전대가
측정	① 모든 취득자산과 인수부채를 정확하게 식별하였는지 재검토 ② 재검토 이후에도 염가매수차익이 계속 남는다면, 취득자는 취득일에 그 차익을 당기손익으로 인식

예제 2 영업권과 염가매수차익

A회사는 20×1년 초에 B회사의 모든 자산과 부채를 취득·인수하는 사업결합을 하였으며, B회사의 취득일 현재 식별할 수 있는 취득자산과 인수부채의 장부금액과 공정가치는 다음과 같다.

재무상태표

B회사   20×1년 1월 1일 현재   (단위: 원)

	장부금액	공정가치		장부금액	공정가치
유동자산	₩20,000	₩22,000	부채	₩25,000	₩25,000
유형자산	₩30,000	₩35,000	자본금	₩10,000	
무형자산	₩10,000	₩13,000	이익잉여금	₩25,000	
합계	₩60,000		합계	₩60,000	

[이전대가 추가자료]

(1) A회사는 이전대가로 B회사 주주에게 현금 ₩10,000을 지급하였다.

(2) A회사는 추가 이전대가로 B회사의 주주에게 A회사의 보통주 100주를 발행하였으며, A회사 보통주의 1주당 공정가치는 ₩500이며, 액면금액은 ₩100이다.

(3) A회사는 사업결합 이후에 시장점유율이 10%를 초과하면 B회사 기존 주주들에게 추가로 일정 금액을 지급하기로 하였으며, 취득일에 측정한 조건부대가의 공정가치는 ₩20,000이다.

물음 1 취득일에 A회사가 인식할 영업권의 금액을 계산하고, 관련 회계처리를 나타내시오.

물음 2 **물음 1** 과 관련 없이 이전대가로 보통주 50주만을 지급했다고 가정한다면 영업권 또는 염가매수차익으로 인식할 금액을 계산하고, 관련 회계처리를 나타내시오.

해답 **물음 1**

1. 식별할 수 있는 순자산공정가치

(1) 취득자산의 공정가치: ₩22,000 + ₩35,000 + ₩13,000 =	₩70,000
(2) 인수부채의 공정가치	₩(25,000)
(3) 식별할 수 있는 순자산공정가치	₩45,000

2. 이전대가

(1) 현금	₩10,000
(2) A사 보통주: 100주 × ₩500 =	₩50,000
(3) 조건부대가(부채)	₩20,000
합계	₩80,000

3. 영업권

(1) 이전대가: ₩10,000 + 100주 × ₩500 + ₩20,000 =	₩80,000
(2) 식별할 수 있는 순자산공정가치: ₩70,000 - ₩25,000 =	₩(45,000)
(3) 영업권	₩35,000

4. 회계처리

일자	회계처리			
	(차) 유동자산	22,000	(대) 부채	25,000
	유형자산	35,000	현금	10,000
20×1년 초	무형자산	13,000	자본금	10,000[1]
	영업권	35,000	주식발행초과금	40,000[2]
			조건부대가(부채)	20,000

[1] 100주 × ₩100 = ₩10,000
[2] 100주 × (₩500 - ₩100) = ₩40,000

물음 2

1. 염가매수차익

(1) 식별할 수 있는 순자산공정가치: ₩70,000 - ₩25,000 =	₩45,000
(2) 이전대가: 50주 × ₩500 =	₩(25,000)
(3) 염가매수차익	₩20,000

2. 회계처리

일자	회계처리			
	(차) 유동자산	22,000	(대) 부채	25,000
20×1년 초	유형자산	35,000	자본금	5,000[1]
	무형자산	13,000	주식발행초과금	20,000[2]
			염가매수차익	20,000

[1] 50주 × ₩100 = ₩5,000
[2] 50주 × (₩500 - ₩100) = ₩20,000

04 취득관련원가

취득관련원가(Acquisition Related Costs)는 취득자가 사업결합을 이루기 위해 사용한 원가를 말한다. 그러한 원가에는 ① 중개수수료, ② 자문·법률·회계·가치평가·그 밖의 전문가나 컨설팅 수수료, ③ 일반관리원가(예 내부 취득 부서의 유지원가), ④ 채무증권과 지분증권의 등록·발행원가 등을 예로 들 수 있다. 취득자는 취득관련원가에 대하여 원가를 사용하고 용역을 제공받은 기간에 비용으로 회계처리한다. 단, 채무증권과 지분증권의 발행원가는 이전대가에 포함하지 않고 채무증권의 발행금액과 지분증권의 발행금액에서 직접 차감한다.

사업결합거래에서 법률적으로도 결합되는 합병의 경우 피취득자가 가지고 있는 토지, 건물 등의 유형자산에서 취득세 및 등록세 등의 소유권이전비용이 발생할 수 있다. 이러한 소유권이전비용에 대해서는 K-IFRS 제1103호 '사업결합'에서는 명확한 규정이 없으나 사업결합거래 이후에 발생하는 자본적지출로 보아 유형자산의 취득원가에 가산하여 인식하는 것이 이론적으로 타당하다고 판단된다.

> ⊘ **참고 취득관련원가**
>
> 취득관련원가가 사업에 대한 매입자와 매도자 간 공정가치 교환의 일부가 아니고, 취득관련원가는 매입자가 제공받은 용역의 공정가치에 대해 지급하는 별도의 거래이다. 그러한 용역을 외부 당사자가 제공하든지 취득자의 내부직원이 제공하든지 간에 획득한 효익은 용역을 제공받는 때에 소모되기 때문에 그 원가는 일반적으로 취득일에 취득자의 자산을 나타내지 않으므로 취득관련원가는 비용으로 회계처리해야 한다.
>
> 따라서 취득관련원가의 회계처리는 영업권과 염가매수차익에 영향을 미치지 않으므로 영업권과 염가매수차익을 계산하는 문제에서 취득관련원가를 무시하고 풀이해도 답안은 동일하다.

⚡ POINT 취득관련원가

취득관련원가의 회계처리	내용
비용으로 인식	① 중개수수료 ② 자문·법률·회계·가치평가·그 밖의 전문가나 컨설팅 수수료 ③ 일반관리원가(예 내부 취득 부서의 유지원가)
발행금액 차감	채무증권과 지분증권의 등록·발행원가
자산의 취득원가에 가산	유형자산 소유권이전비용

예제 3 취득관련원가

A회사는 20×1년 초에 B회사의 모든 자산과 부채를 취득·인수하는 사업결합을 하였으며, B회사의 취득일 현재 식별할 수 있는 취득자산과 인수부채의 장부금액과 공정가치는 다음과 같다.

재무상태표

B회사   20×1년 1월 1일 현재   (단위: 원)

	장부금액	공정가치		장부금액	공정가치
유동자산	₩20,000	₩22,000	부채	₩25,000	₩25,000
유형자산	₩30,000	₩35,000	자본금	₩10,000	
무형자산	₩10,000	₩13,000	이익잉여금	₩25,000	
합계	₩60,000		합계	₩60,000	

[이전대가 추가자료]

(1) A회사는 이전대가로 B회사 주주에게 현금 ₩10,000을 지급하였다.

(2) A회사는 추가 이전대가로 B회사의 주주에게 A회사의 보통주 100주를 발행하였으며, A회사 보통주의 1주당 공정가치는 ₩500이며, 액면금액은 ₩100이다.

(3) A회사는 사업결합 이후에 시장점유율이 10%를 초과하면 B회사 기존 주주들에게 추가로 일정 금액을 지급하기로 하였으며, 취득일에 측정한 조건부대가의 공정가치는 ₩20,000이다.

[취득관련원가 추가자료]

(1) A회사는 합병과 관련된 내부 취득 부서의 관리비용을 ₩1,000, 합병과 직접 관련된 회계사 수수료로 ₩10,000을 지출하였다.

(2) A회사는 신주를 발행하기 위하여 ₩500의 비용이 발생하였으며, 개별 유형자산의 소유권이전비용으로 ₩2,000을 지출하였다.

물음 1 취득일에 A회사가 인식할 영업권의 금액을 계산하고, 관련 회계처리를 나타내시오.

물음 2 **물음 1** 과 관련 없이 이전대가로 보통주 50주만을 지급했다고 가정한다면 영업권 또는 염가매수차익으로 인식할 금액을 계산하고, 관련 회계처리를 나타내시오.

해답 **물음 1**

1. 영업권

(1) 이전대가: ₩10,000 + 100주 × ₩500 + ₩20,000 =		₩80,000
(2) 식별할 수 있는 순자산공정가치: ₩70,000 - ₩25,000 =		₩(45,000)
(3) 영업권		₩35,000

2. 회계처리

일자	회계처리				
20×1년 초	(차) 유동자산	22,000	(대) 부채	25,000
	유형자산	35,000	현금	10,000
	무형자산	13,000	자본금	10,000[1]
	영업권	35,000	주식발행초과금	40,000[2]
			조건부대가(부채)	20,000
	(차) 기타비용	11,000	(대) 현금	13,500
	주식발행초과금	500		
	유형자산	2,000		

[1] 100주 × ₩100 = ₩10,000
[2] 100주 × (₩500 - ₩100) = ₩40,000

물음 2

1. 염가매수차익

(1) 식별할 수 있는 순자산공정가치: ₩70,000 - ₩25,000 =	₩45,000
(2) 이전대가: 50주 × ₩500 =	₩(25,000)
(3) 염가매수차익	₩20,000

2. 회계처리

일자	회계처리				
20×1년 초	(차) 유동자산	22,000	(대) 부채	25,000
	유형자산	35,000	자본금	5,000[1]
	무형자산	13,000	주식발행초과금	20,000[2]
			염가매수차익	20,000
	(차) 기타비용	11,000	(대) 현금	13,500
	주식발행초과금	500		
	유형자산	2,000		

[1] 50주 × ₩100 = ₩5,000
[2] 50주 × (₩500 - ₩100) = ₩20,000

Ⅳ | 사업결합의 기타주제

01 단계적으로 이루어지는 사업결합

(1) 정의

취득자는 때때로 취득일 직전에 지분을 보유하고 있던 피취득자에 대한 지배력을 획득한다. 예를 들어 20×1년 12월 31일에 기업 A는 기업 B에 대한 비지배지분 10%를 보유하고 있다. 같은 날에 기업 B의 지분 90%를 추가로 매수하여 기업 B를 소멸시키고 기업 B의 자산을 취득하고 부채를 인수하여 합병하였다면, 이러한 거래를 단계적으로 이루어지는 사업결합(Business Combination Achieved in Stages) 또는 단계적 취득(Step Acquisition)이라고 한다.

[그림 1-8] 단계적으로 이루어지는 사업결합

(2) 측정

단계적으로 이루어지는 사업결합의 이전대가는 다음 항목의 합계액으로 측정된다.

> 단계적으로 이루어지는 사업결합의 이전대가: ① + ②
> ① 취득자가 이전에 보유하고 있던 피취득자에 대한 지분의 취득일의 공정가치
> ② 취득일에 추가로 지분을 취득하기 위한 이전대가의 취득일의 공정가치

단계적으로 이루어지는 사업결합에서, 취득자는 이전에 보유하고 있던 피취득자에 대한 지분을 취득일의 공정가치로 재측정하고 그 결과 차손익이 있다면 당기손익 또는 기타포괄손익으로 인식해야 한다. 만일 이전의 보고기간에 취득자가 피취득자 지분의 가치변동을 기타포괄손익으로 인식하였다면, 기타포괄손익으로 인식한 금액은 취득자가 이전에 보유하던 지분을 직접 처분하였다면 적용할 기준과 동일하게 인식한다. 즉, 취득자의 기존 피취득자 지분의 가치변동을 기타포괄손익으로 인식한 금액은 취득일에 후속적으로 당기손익으로 재분류하지 않는다.

(3) 회계처리

취득일 전에 보유 중인 피취득자의 지분이 당기손익공정가치측정금융자산인 경우와 기타포괄손익공정가치측정금융자산인 경우를 구분하여 회계처리를 예시하면 다음과 같다.

① 추가로 지분을 취득하기 위한 이전대가로 현금을 지급한 경우

일자	회계처리				
[기존 지분 취득 시]	(차) 당기손익공정가치측정금융자산 or 기타포괄손익공정가치측정금융자산	×××	(대) 현금		×××
[합병 시]					
① 공정가치재측정	(차) 당기손익공정가치측정금융자산 or 기타포괄손익공정가치측정금융자산	×××	(대) 당기손익공정가치측정금융자산평가이익(NI) or 기타포괄손익공정가치측정금융자산평가이익(OCI)		×××
② 사업결합	(차) 자산	×××	(대) 부채		×××
	영업권	×××	현금		×××
			당기손익공정가치측정금융자산 or 기타포괄손익공정가치측정금융자산		×××

② 추가로 지분을 취득하기 위한 이전대가로 취득자의 신주를 발행하여 교부한 경우(취득자의 기존 지분에 대하여 신주를 교부하지 않은 경우)

일자	회계처리				
[기존 지분 취득 시]	(차) 당기손익공정가치측정금융자산 or 기타포괄손익공정가치측정금융자산	×××	(대) 현금		×××
[합병 시]					
① 공정가치재측정	(차) 당기손익공정가치측정금융자산 or 기타포괄손익공정가치측정금융자산	×××	(대) 당기손익공정가치측정금융자산평가이익(NI) or 기타포괄손익공정가치측정금융자산평가이익(OCI)		×××
② 사업결합	(차) 자산	×××	(대) 부채		×××
	영업권	×××	자본금		×××
			주식발행초과금		×××
			당기손익공정가치측정금융자산 or 기타포괄손익공정가치측정금융자산		×××

③ 추가로 지분을 취득하기 위한 이전대가로 취득자의 신주를 발행하여 교부한 경우(취득자의 기존 지분에 대하여 신주를 교부한 경우)

일자	회계처리			
[기존 지분 취득 시]	(차) 당기손익공정가치측정금융자산 or 　　기타포괄손익공정가치측정금융자산	×××	(대) 현금	×××
[합병 시] ① 공정가치재측정	(차) 당기손익공정가치측정금융자산 or 　　기타포괄손익공정가치측정금융자산	×××	(대) 당기손익공정가치측정금융자산평가이익(NI) or 　　기타포괄손익공정가치측정금융자산평가이익(OCI)	×××
② 사업결합	(차) 자산 　　영업권	××× ×××	(대) 부채 　　자본금 　　주식발행초과금	××× ××× ×××
③ 자기주식재분류	(차) 자기주식	×××	(대) 당기손익공정가치측정금융자산 or 　　기타포괄손익공정가치측정금융자산	×××

🔅 POINT 단계적으로 이루어지는 사업결합

정의	취득일 직전에 지분을 보유하고 있던 피취득자에 대한 지배력을 획득하는 거래
이전대가의 측정	단계적으로 이루어지는 사업결합의 이전대가: ① + ② ① 취득자가 이전에 보유하고 있던 피취득자에 대한 지분의 취득일의 공정가치 ② 취득일에 추가로 지분을 취득하기 위한 이전대가의 취득일의 공정가치
회계처리	① 취득자는 이전에 보유하고 있던 피취득자에 대한 지분을 취득일의 공정가치로 재측정하고 그 결과 차손익이 있다면 당기손익 또는 기타포괄손익으로 인식 ② 기존 피취득자 지분의 가치변동을 기타포괄손익으로 인식한 금액은 취득일에 후속적으로 당기 손익으로 재분류하지 않음

> ⊘ 참고 **공동기업 또는 관계기업의 단계적으로 이루어지는 사업결합**
>
> 공동약정의 한 당사자가 공동영업인 사업에 대한 지배력을 획득하고, 그 취득일 직전에 해당 공동영업과 관련된 자산에 대한 권리와 부채에 대한 의무를 보유하고 있었다면, 이 거래는 단계적으로 이루어지는 사업결합이다. 따라서 취득자는 단계적으로 이루어지는 사업결합에 대한 요구사항을 적용한다. 이때, 취득자는 공동영업에 대하여 이전에 보유하고 있던 지분 전부를 재측정하여 그 결과 차손익이 있다면 당기손익으로 인식해야 한다.
>
> 또한 피취득자가 관계기업인 사업에 대한 지배력을 획득하고, 그 취득일 직전에 해당 관계기업과 관련된 지분을 보유하고 있었다면, 이 거래도 단계적으로 이루어지는 사업결합이다. 따라서 취득자는 단계적으로 이루어지는 사업결합에 대한 요구사항을 적용한다. 이때, 취득자는 관계기업에 대해서 이전에 보유하고 있던 지분 전부를 재측정하여 그 결과 차손익이 있다면 당기손익으로 인식해야 한다.
>
> 이와 관련된 회계처리는 회계사 2차 시험의 유형이므로 IFRS 재무회계연습에서 관련된 문제를 소개하기로 한다.

A회사는 20×0년 중 B회사의 보통주 1,000주를 ₩10,000(10%)에 취득하여 이를 기타포괄손익공정가치측정금융자산으로 분류하고 있다. 20×0년 말 A회사가 보유한 B회사 보통주의 공정가치는 ₩15,000이며, 20×1년 초의 공정가치는 ₩20,000으로 상승하였다.
B회사의 20×1년 초 현재 식별할 수 있는 취득자산과 인수부채의 장부금액과 공정가치는 다음과 같다.

		재무상태표			
B회사		20×1년 1월 1일 현재			(단위: 원)
	장부금액	공정가치		장부금액	공정가치
유동자산	₩20,000	₩22,000	부채	₩25,000	₩25,000
유형자산	₩30,000	₩35,000	자본금	₩10,000	
무형자산	₩10,000	₩13,000	이익잉여금	₩25,000	
합계	₩60,000		합계	₩60,000	

〈추가자료〉
A회사의 20×1년 초 보통주 주당 공정가치는 ₩20이며, 액면금액은 주당 ₩10이다.

물음 1 A회사가 20×1년 초에 B회사의 나머지 주주(90%)에게 현금 ₩180,000을 지급하고 흡수합병을 하였다. A회사가 수행할 일련의 회계처리를 나타내시오.

물음 2 A회사가 20×1년 초에 A회사가 소유한 B회사 보통주에는 신주를 교부하지 않고, B회사의 나머지 주주(90%)에게 A회사 주식 9,000주를 발행하여 흡수합병을 하였다. A회사가 수행할 일련의 회계처리를 나타내시오.

물음 3 A회사가 20×1년 초에 A회사가 소유한 B회사 보통주에는 신주를 교부하고, A회사 주식 총 10,000주를 발행하여 흡수합병을 하였다. A회사가 수행할 일련의 회계처리를 나타내시오.

해답 | **물음1**

1. 영업권

(1) 이전대가: ₩20,000 + ₩180,000 =		₩200,000
(2) 식별할 수 있는 순자산공정가치: ₩70,000 - ₩25,000 =		₩(45,000)
(3) 영업권		₩155,000

2. 회계처리

일자	회계처리				
20×0년 중	(차) 기타포괄손익공정가치측정금융자산	10,000	(대) 현금	10,000	
20×0년 말	(차) 기타포괄손익공정가치측정금융자산	5,000	(대) 기타포괄손익공정가치측정금융자산산평가이익(OCI)	5,000	
20×1년 초	(차) 기타포괄손익공정가치측정금융자산	5,000	(대) 기타포괄손익공정가치측정금융자산산평가이익(OCI)	5,000	
	(차) 유동자산	22,000	(대) 부채	25,000	
	유형자산	35,000	현금	180,000	
	무형자산	13,000	기타포괄손익공정가치측정금융자산	20,000	
	영업권	155,000			

물음2

1. 영업권

(1) 이전대가: ₩20,000 + 9,000주 × ₩20 =		₩200,000
(2) 식별할 수 있는 순자산공정가치: ₩70,000 - ₩25,000 =		₩(45,000)
(3) 영업권		₩155,000

2. 회계처리

일자	회계처리				
20×0년 중	(차) 기타포괄손익공정가치측정금융자산	10,000	(대) 현금	10,000	
20×0년 말	(차) 기타포괄손익공정가치측정금융자산	5,000	(대) 기타포괄손익공정가치측정금융자산산평가이익(OCI)	5,000	
20×1년 초	(차) 기타포괄손익공정가치측정금융자산	5,000	(대) 기타포괄손익공정가치측정금융자산산평가이익(OCI)	5,000	
	(차) 유동자산	22,000	(대) 부채	25,000	
	유형자산	35,000	자본금	90,000[1]	
	무형자산	13,000	주식발행초과금	90,000[2]	
	영업권	155,000	기타포괄손익공정가치측정금융자산	20,000	

[1] 9,000주 × ₩10 = ₩90,000
[2] 9,000주 × (₩20 - ₩10) = ₩90,000

물음3

1. 영업권

(1) 이전대가: 10,000주 × ₩20 =		₩200,000
(2) 식별할 수 있는 순자산공정가치: ₩70,000 - ₩25,000 =		₩(45,000)
(3) 영업권		₩155,000

2. 회계처리

일자	회계처리						
20×0년 중	(차) 기타포괄손익공정가치측정금융자산	10,000		(대) 현금		10,000	
20×0년 말	(차) 기타포괄손익공정가치측정금융자산	5,000		(대) 기타포괄손익공정가치측정금융자산평가이익(OCI)		5,000	
20×1년 초	(차) 기타포괄손익공정가치측정금융자산	5,000		(대) 기타포괄손익공정가치측정금융자산평가이익(OCI)		5,000	
	(차) 유동자산	22,000		(대) 부채		25,000	
	유형자산	35,000		자본금		100,000[1]	
	무형자산	13,000		주식발행초과금		100,000[2]	
	영업권	155,000					
	(차) 자기주식	20,000		(대) 기타포괄손익공정가치측정금융자산		20,000	

[1] 10,000주 × ₩10 = ₩100,000
[2] 10,000주 × (₩20 - ₩10) = ₩100,000

02 측정기간

(1) 정의

측정기간(Measurement Period)은 사업결합에서 인식한 잠정금액을 사업결합 후 조정할 수 있는 기간을 말한다. 측정기간은 취득자에게 취득일 현재 다음 사항을 식별하고 측정하기 위하여 필요한 정보를 획득하는 데에 소요되는 합리적인 시간을 제공한다.

> ① 식별할 수 있는 취득자산, 인수부채, 피취득자에 대한 비지배지분
> ② 피취득자에 대한 이전대가(또는 영업권 측정에 사용한 그 밖의 금액)
> ③ 단계적으로 이루어지는 사업결합에서 취득자가 이전에 보유하고 있던 피취득자에 대한 지분
> ④ 결과적으로 생긴 영업권 또는 염가매수차익

취득자가 취득일 현재 존재하던 사실과 상황에 대하여 찾으려는 정보를 얻게 되거나 더는 정보를 얻을 수 없다는 것을 알게 된 시점에 측정기간은 종료된다. 그러나 측정기간은 취득한 날부터 1년을 초과할 수 없다. 사업결합에 대한 첫 회계처리를 사업결합이 생긴 보고기간 말까지 완료하지 못한다면, 취득자는 회계처리를 완료하지 못한 항목의 금액으로 재무제표에 보고되는데 이를 잠정금액(Provisional Amounts)이라고 한다. 잠정금액의 회계처리를 구체적으로 살펴보면 다음과 같다.

💡POINT 측정기간과 잠정금액의 정의

측정기간	① 사업결합에서 인식한 잠정금액을 사업결합 후 조정할 수 있는 기간 ② 측정기간은 취득한 날부터 1년을 초과할 수 없음
잠정금액	사업결합에 대한 첫 회계처리를 사업결합이 생긴 보고기간 말까지 완료하지 못한다면, 취득자는 회계처리를 완료하지 못한 항목의 금액으로 재무제표에 보고되는데 이때의 금액

(2) 잠정금액의 회계처리

사업결합에 대한 첫 회계처리를 사업결합이 생긴 보고기간 말까지 완료하지 못한다면, 취득자는 회계처리를 완료하지 못한 항목의 잠정금액을 재무제표에 보고한다. 측정기간에, 취득일 현재 존재하던 사실과 상황에 대하여 새롭게 입수한 정보가 있는 경우에 취득자는 취득일에 이미 알고 있었다면 취득일에 인식

한 금액의 측정에 영향을 주었을 그 정보를 반영하기 위하여 취득일에 인식한 잠정금액을 소급하여 조정한다. 측정기간에, 취득일 현재 존재하던 사실과 상황에 대해 새로 입수한 정보가 있는 경우에 취득자는 취득일에 이미 알고 있었다면 인식하였을 추가 자산과 부채를 인식한다.

측정기간에, 취득일 현재 존재하던 사실과 상황에 대해 새로 입수한 정보가 있는 경우에 취득자는 식별할 수 있는 자산(부채)으로 인식한 잠정금액의 증감을 영업권의 증감으로 인식한다. 측정기간에 취득자는 마치 사업결합의 회계처리가 취득일에 완료된 것처럼 잠정금액의 조정을 인식한다. 그러므로 취득자는 재무제표에 표시한 과거 기간의 비교 정보를 필요한 경우에 수정하며, 이러한 수정에는 처음 회계처리를 완료하면서 이미 인식한 감가상각, 상각, 그 밖의 수익 영향의 변경을 포함한다.

측정기간이 종료된 후, K-IFRS 제1008호 '회계정책, 회계추정치 변경과 오류'에 따른 오류수정의 경우에만 사업결합의 회계처리를 수정한다.

🔋 POINT | 잠정금액의 회계처리

구분	측정기간(1년) 이내	측정기간(1년)이 종료된 후
상황	측정기간 동안에, 취득일 현재 존재하던 사실과 상황에 대하여 새롭게 입수한 정보가 있는 경우	오류수정의 경우에만 사업결합의 회계처리를 수정
회계처리	① 자산 및 부채를 소급수정 ② 영업권을 소급수정 ③ 수익 및 비용을 소급수정	

예제 5 | 측정기간

20×1년 7월 1일 A회사는 B회사를 흡수합병하였다. 취득일의 B회사 순자산공정가치는 ₩800,000(자산 ₩2,000,000, 부채 ₩1,200,000)으로 평가되었으며, 관련자료는 다음과 같다.

(1) A회사는 B회사를 합병하기 위하여 B회사의 주주에게 A회사의 신주 500주와 합병교부금으로 ₩490,000을 지급하였다. 합병 당시 A회사 주식의 1주당 액면금액은 ₩1,000, 공정가치는 ₩2,000이었다.

(2) A회사는 사업결합으로 취득한 B회사의 유형자산에 대하여 독립적인 평가자를 찾지 못하여 합병시점에서는 잠정금액 ₩600,000으로 측정하였다. 그러나 A회사는 20×2년 초에 유형자산의 공정가치가 ₩650,000이라는 독립적인 평가액을 받았다. 취득일에 유형자산의 잔존내용연수는 5년이고 잔존가치는 없으며, 정액법으로 감가상각한다.

(3) A회사는 취득일에 B회사가 소유한 금융자산을 취득일의 공정가치인 ₩300,000으로 측정하였으나 취득일 이후에 발생한 사건으로 20×1년 말 금융자산의 공정가치는 ₩450,000으로 상승하였다.

물음 1 A회사가 20×2년 초 재무상태표에 계상할 영업권은 각각 얼마인가? 단, 합병 이후 영업권은 손상되지 않았다.

물음 2 A회사가 사업결합과 관련하여 수행할 일련의 회계처리를 나타내시오.

물음 3 위의 자료와 달리 A회사는 20×2년 말에 유형자산의 공정가치가 ₩650,000이라는 독립적인 평가액을 받았다. 잠정금액의 조정사항은 중요한 오류가 아니라고 가정하고, A회사가 사업결합과 관련하여 수행할 일련의 회계처리를 나타내시오.

해답　물음1

1. 취득일에 인식할 영업권

(1) 이전대가 　　　　　　　　　　　　　　　　　　　　　　　　₩1,490,000

　　　보통주: 500주 × ₩2,000 = 　　　　　　　　　₩1,000,000

　　　현금 　　　　　　　　　　　　　　　　　　　₩490,000

(2) 취득자산과 인수부채의 순액 　　　　　　　　　　　　　₩(800,000)

(3) 영업권 　　　　　　　　　　　　　　　　　　　　　　₩690,000

2. 20×2년 초 영업권

(1) 취득일에 인식한 영업권 　　　　　　　　　　　　　　　₩690,000

(2) 유형자산 잠정금액의 수정 　　　　　　　　　　　　　　₩(50,000)

(3) 영업권 　　　　　　　　　　　　　　　　　　　　　　₩640,000

물음2

일자	회계처리				
20×1. 7. 1.	(차) 자산	2,000,000	(대) 부채	1,200,000
	영업권	690,000	현금	490,000
			자본금	500,000[1]
			주식발행초과금	500,000[2]
	[1] 500주 × ₩1,000 = ₩500,000			
	[2] 500주 × (₩2,000 - ₩1,000) = ₩500,000			
20×1년 말	(차) 감가상각비	60,000	(대) 감가상각누계액	60,000[1]
	[1] ₩600,000 ÷ 5년 × 6/12 = ₩60,000			
20×2년 초	(차) 유형자산	50,000	(대) 영업권	50,000
	(차) 이익잉여금	5,000	(대) 감가상각누계액	5,000[1]
	[1] (₩650,000 - ₩600,000) ÷ 5년 × 6/12 = ₩5,000			

물음3

일자	회계처리				
20×1. 7. 1.	(차) 자산	2,000,000	(대) 부채	1,200,000
	영업권	690,000	현금	490,000
			자본금	500,000[1]
			주식발행초과금	500,000[2]
	[1] 500주 × ₩1,000 = ₩500,000			
	[2] 500주 × (₩2,000 - ₩1,000) = ₩500,000			
20×1년 말	(차) 감가상각비	60,000	(대) 감가상각누계액	60,000[1]
	[1] ₩600,000 ÷ 5년 × 6/12 = ₩60,000			
20×2년 초	N/A			
20×2년 말	(차) 감가상각비	120,000	(대) 감가상각누계액	120,000[1]
	[1] ₩600,000 ÷ 5년 = ₩120,000			

해설　측정기간 내에 취득자는 식별할 수 있는 자산으로 인식한 잠정금액의 증가를 영업권의 감소로 인식한다.

03 후속측정

일반적으로, 취득자는 사업결합으로 취득한 자산, 인수하거나 부담한 부채, 발행한 지분상품에 대하여 해당 항목의 성격에 따라 적용할 수 있는 다른 K-IFRS에 따라 후속측정하고 회계처리한다. 그러나 사업결합으로 취득한 자산, 인수하거나 부담한 부채, 발행한 지분상품 중 다음의 항목에 대해서는 K-IFRS 제1103호 '사업결합'에 따라 후속적으로 측정해야 한다.

> (1) 다시 취득한 권리(재취득한 권리)
> (2) 취득일 현재 인식한 우발부채
> (3) 보상자산
> (4) 조건부대가

(1) 다시 취득한 권리

무형자산으로 인식한 다시 취득한 권리는 그 권리가 부여된 계약의 남은 계약기간에 걸쳐 상각한다. 후속적으로 다시 취득한 권리를 제3자에게 매각하는 경우에는, 무형자산의 매각차손익을 산정할 때 장부금액을 포함한다.

(2) 우발부채

취득자는 사업결합에서 인식한 우발부채를 처음 인식한 이후 정산, 취소, 소멸하기 전까지 다음 중 큰 금액으로 측정한다.

① K-IFRS 제1037호 '충당부채, 우발부채 및 우발자산'에 따라 인식하여야 할 금액
② 처음 인식금액에서, 적절하다면 K-IFRS 제1115호 '고객과의 계약에서 생기는 수익'의 원칙에 따라 누적 수익 금액을 차감한 금액

(3) 보상자산

각 후속 보고기간 말에, 취득자는 취득일에 보상대상부채나 보상대상자산과 동일한 근거로 인식한 보상자산을 측정한다. 이때 보상금액에 대한 계약상 제약과 보상자산의 회수가능성에 대한 경영진의 검토(보상자산을 후속적으로 공정가치로 측정하지 않는 경우)를 반영한다. 취득자는 보상자산을 회수하거나 팔거나 그 밖에 보상자산에 대한 권리를 상실하는 경우에만 그 보상자산을 제거한다.

(4) 조건부대가

조건부대가(Contingent Consideration)는 보통 특정 미래 사건이 일어나거나 특정 조건이 충족되는 경우에, 피취득자에 대한 지배력과 교환된 부분으로 피취득자의 이전 소유주에게 자산이나 지분을 추가적으로 이전하여야 하는 취득자의 의무를 말한다. 조건부대가의 후속측정은 취득일 현재 존재한 사실과 상황으로 인한 조건부대가의 변동인지 혹은 취득일 이후에 발생한 사건으로 인한 조건부대가의 변동인지에 따라 다음과 같이 구분된다.

[취득일 현재 존재한 사실과 상황]

취득자가 취득일 후에 인식하는 조건부대가의 공정가치 변동 중 취득일에 존재한 사실과 상황에 대하여 취득일 후에 추가로 입수한 정보일 경우에는 측정기간의 조정 사항으로 보고 회계처리한다.

[취득일 이후에 발생한 사건]

목표수익을 달성하거나, 특정 주가에 도달하거나, 연구개발 프로젝트의 주요 과제를 완료하는 등 취득일 이후에 발생한 사건에서 발생한 변동은 측정기간의 조정 사항이 아니다. 취득자는 측정기간의 조정 사항이 아닌 조건부대가의 공정가치 변동을 다음과 같이 회계처리한다.

① 자본으로 분류한 조건부대가: 재측정하지 않으며, 그 후속 정산은 자본 내에서 회계처리한다.
② 부채 또는 자산으로 분류한 조건부대가: 각 보고기간 말에 공정가치로 재측정하며, 공정가치의 변동은 당기손익으로 인식한다.

⚡POINT 조건부대가의 후속측정

구분	자본으로 분류한 조건부대가	자산이나 부채로 분류한 조건부대가
취득일 현재 존재한 사실과 상황	측정기간의 조정 사항으로 보고 회계처리	
취득일 이후에 발생한 사건	측정기간의 조정 사항이 아님	
	재측정하지 않으며, 그 후속 정산은 자본 내에서 회계처리	각 보고기간 말에 공정가치로 재측정하며, 공정가치의 변동은 당기손익으로 인식

예제 6 후속측정

20×1년 7월 1일 A회사는 B회사를 흡수합병하였다. 취득일의 B회사 순자산공정가치는 ₩800,000(자산 ₩2,000,000, 부채 ₩1,200,000)으로 평가되었으며, 관련자료는 다음과 같다.

(1) A회사는 B회사를 합병하기 위하여 B회사의 주주에게 A회사의 신주 500주와 합병교부금으로 ₩200,000을 지급하였다. 합병 당시 A회사 주식의 1주당 액면금액은 ₩1,000, 공정가치는 ₩2,000이었다.
(2) 합병계약서에 약정된 조건부대가와 관련된 내용은 다음과 같다.
  ① A회사는 20×2년 말에 시장점유율이 15%를 초과하면 B회사의 기존 주주들에게 추가로 ₩100,000을 지급하기로 하였다. 20×1년 7월 1일 현재 이러한 조건부대가의 공정가치는 ₩50,000으로 추정되었다. 그러나 B회사는 20×1년 12월 31일에 동 조건부대가의 추정된 공정가치를 ₩80,000으로 변경하였다. 이러한 공정가치 변동은 20×1년 7월 1일에 존재한 사실과 상황에 대하여 추가로 입수한 정보에 기초한 것이다. 20×2년 말 A회사의 시장점유율이 18%가 되어 B회사의 기존 주주들에게 ₩100,000을 지급하였다.

② A회사는 합병 이후 순이익의 달성정도에 따라 B회사의 주주들에게 추가로 일정 금액을 지급하기로 약정하였는데, 취득일에 A회사가 예측한 금액은 ₩80,000이었으나, 20×1년 말에 A회사가 B회사의 주주들에게 지급한 금액은 ₩100,000이었다. 이 조건부대가의 변동은 취득일 이후에 발생한 사건으로 인한 사항이다.

③ 20×1년 말에 A회사 주식이 취득일의 공정가치에 미달할 경우 이전대가를 보전할 목적으로 추가로 주식을 교부하기로 되어 있는데, A회사는 20×1년 말 주식가격이 ₩1,500으로 하락함에 따라 B회사의 주주들에게 추가로 150주를 교부하였다. 취득일에 A회사가 측정한 조건부대가의 공정가치는 ₩160,000이었다. 이 조건부대가의 변동은 취득일 이후에 발생한 사건으로 인한 사항이다.

물음 1 A회사가 20×2년 초 재무상태표에 계상할 영업권은 각각 얼마인가? 단, 합병 이후 영업권은 손상되지 않았다.

물음 2 A회사가 사업결합과 관련하여 수행할 일련의 회계처리를 나타내시오.

해답

물음 1

1. 취득일에 인식할 영업권

(1) 이전대가		₩1,490,000
보통주: 500주 × ₩2,000 =	₩1,000,000	
현금	₩200,000	
조건부대가(부채)	₩50,000	
조건부대가(부채)	₩80,000	
조건부대가(자본)	₩160,000	
(2) 취득자산과 인수부채의 순액		₩(800,000)
(3) 영업권		₩690,000

2. 20×2년 초 영업권

(1) 취득일에 인식한 영업권	₩690,000
(2) 조건부대가(부채) 잠정금액의 수정	₩30,000
(3) 영업권	₩720,000

물음 2

일자	회계처리			
20×1. 7. 1.	(차) 자산	2,000,000	(대) 부채	1,200,000
	영업권	690,000	현금	200,000
			자본금	500,000[1]
			주식발행초과금	500,000[2]
			조건부대가(부채)	50,000
			조건부대가(부채)	80,000
			조건부대가(자본)	160,000

[1] 500주 × ₩1,000 = ₩500,000
[2] 500주 × (₩2,000 - ₩1,000) = ₩500,000

	(차) 영업권	30,000	(대) 조건부대가(부채)	30,000[1]
	(차) 조건부대가(부채)	80,000	(대) 현금	100,000
	부채상환손실(NI)	20,000		
20×1년 말	(차) 조건부대가(자본)	160,000	(대) 자본금	150,000[2]
			주식발행초과금	10,000
	[1] ₩80,000 - ₩50,000 = ₩30,000(측정기간 동안의 조정이므로 영업권 수정)				
	[2] 150주 × ₩1,000 = ₩150,000				
20×2년 말	(차) 조건부대가(부채)	80,000	(대) 현금	100,000
	부채상환손실(NI)	20,000		

해설

1. 취득자가 취득일 후에 인식하는 조건부대가의 공정가치 변동 중 취득일에 존재한 사실과 상황에 대하여 취득일 후에 추가로 입수한 정보일 경우에는 측정기간의 조정 사항으로 보고 회계처리한다.
2. 목표수익을 달성하거나, 특정 주가에 도달하거나, 연구개발 프로젝트의 주요 과제를 완료하는 등 취득일 이후에 발생한 사건에서 발생한 변동은 측정기간의 조정 사항이 아니다. 취득자는 측정기간의 조정 사항이 아닌 조건부대가의 공정가치 변동을 다음과 같이 회계처리한다.
   ① 자본으로 분류한 조건부대가: 재측정하지 않으며, 그 후속 정산은 자본 내에서 회계처리한다.
   ② 부채 또는 자산으로 분류한 조건부대가: 각 보고기간 말에 공정가치로 재측정하며, 공정가치의 변동은 당기손익으로 인식한다.

04 신설합병

사업결합을 이루기 위하여 새로운 기업을 지분을 발행하여 설립한 경우에 사업결합 전에 존재하였던 결합참여기업 중 한 기업을 취득자로 식별한다.

① 사업결합을 이루기 위하여 새로운 기업을 지분을 발행하여 설립한 경우에 사업결합 전에 존재하였던 결합참여기업 중 한 기업을 취득자로 식별한다.
② 새로운 기업을 설립하고 사업결합을 위하여 대가로 현금이나 그 밖의 자산을 이전하거나 부채를 부담하는 경우에는 새로운 기업이 취득자이다.

POINT 신설합병의 취득자

새로운 기업을 지분을 발행하여 설립한 경우	결합참여기업 중 한 기업
현금이나 그 밖의 자산을 이전하거나 부채를 부담하는 경우	새로운 기업

보론 1 | 사업결합거래 시 법인세기간배분

01. 식별할 수 있는 취득자산과 인수부채의 일시적차이

일부 제한적인 예외는 있지만, 사업결합에서 식별할 수 있는 취득자산과 인수부채는 취득일의 공정가치로 인식한다. 사업결합이 식별할 수 있는 취득자산과 인수부채의 세무기준액에 영향을 미치지 않거나 다르게 영향을 미치는 경우 일시적차이가 발생할 수 있다. 예를 들어 자산의 장부금액은 공정가치로 증가하였으나 자산의 세무기준액은 이전 소유자의 원가로 남아있는 경우 이연법인세부채를 초래하는 가산할 일시적차이가 발생하는 경우 이연법인세부채는 영업권의 금액에 영향을 미친다. 따라서 사업결합을 하는 과정에서 식별가능한 취득자산과 인수부채의 일시적차이는 영업권 또는 염가매수차익에 반영하여 회계처리한다.

02. 영업권의 일시적차이

많은 과세당국은 영업권 장부금액의 감소를 과세소득에서 차감하는 것을 인정하지 않고 있다. 더욱이 이러한 국가에서는 종종 종속기업이 당해 사업을 처분할 때에도 영업권의 원가가 공제되지 아니한다. 이 경우 영업권의 세무기준액은 영(0)이고, 당해 영업권의 장부금액과의 차이는 가산할 일시적차이이다. 그러나 K-IFRS에서는 영업권의 일시적차이로 인한 이연법인세부채를 인식하지 않도록 규정하고 있다.

> ⊘ **참고 영업권의 일시적차이로 인한 이연법인세부채를 인정하지 않는 이유**
>
> 영업권은 이전대가와 식별할 수 있는 취득자산에서 인수부채를 차감한 잔액의 차이의 잔여금액으로 측정되므로 이연법인세부채의 인식은 영업권의 장부금액을 증가시키게 된다. 영업권의 장부금액의 증가분만큼 이연법인세부채를 인식하면 다시 영업권의 장부금액을 증가시킬 것이므로 영업권 계산의 순환에 빠지기 때문이다.

03. 세무상 결손금

(1) 취득자의 세무상 결손금

사업결합에서 취득일 현재 취득자가 미래 실현가능성이 높지 않다는 판단하에 이연법인세자산을 인식하지 않은 세무상 결손금을 보유할 수도 있다. 그러나 사업결합 이후 미래의 과세소득의 예상액이 증가하여 미래 실현가능성이 높아졌다고 판단할 수 있다. 사업결합에서는 취득자는 영업권과 분리하여 피취득자의 식별가능한 취득자산, 인수부채를 인식해야 하므로 취득자의 세무상 결손금은 피취득자의 취득 자산을 구성하지 않으므로 사업결합거래의 일부로 회계처리하지 않고 취득자의 재무제표에 별도로 반영해야 한다.

(2) 피취득자의 세무상 결손금

취득법에서는 피취득자의 자산과 부채를 개별적으로 취득하는 것으로 가정하기 때문에 피취득자의 자본항목은 취득자에게 이전되지 않는다. 따라서 피취득자의 세무상 결손금은 취득자에게 이전되지 않는다. 그러나 「법인세법」상 적격합병에 해당하는 경우에는 피취득자의 세무상 결손금이 승계되는 등의 세제지원 혜택을 받을 수 있다. 따라서 이러한 결손금의 경우에는 피취득자의 식별할 수 있는 취득자산에 해당하므로 이연법인세자산을 인식하고 영업권 또는 염가매수차익에 반영하여 회계처리한다.

1. **세무상 결손금**

   사업결합에서는 취득자는 영업권과 분리하여 피취득자의 식별가능한 취득자산, 인수부채를 인식해야 한다. 따라서 피취득자의 세무상 결손금은 피취득자의 식별가능한 취득자산이지만, 취득자의 세무상 결손금은 피취득자와 무관하다. 따라서 취득자의 세무상 결손금은 사업결합거래로 회계처리해서는 아니 된다.

2. **「법인세법」상 적격합병**

   적격합병은 「법인세법」에 따라 기업 구조조정 촉진과 경쟁력 제고를 위해 세금 납부 연기 등 세제지원 혜택을 받을 수 있는 합병을 말한다. 적격합병으로 인정되기 위해서는 ① 사업목적의 합병, ② 지분의 연속성, ③ 사업의 계속성, ④ 고용승계 요건 등 4가지 요건을 모두 갖추어야 한다.

   ① 사업목적의 합병: 합병등기일 현재 1년 이상 사업을 계속하던 내국법인 간 합병이어야 한다.

   ② 지분의 연속성: 피합병법인의 주주가 합병으로 인하여 받은 합병대가의 총합계액 중 합병법인의 주식 또는 합병법인의 모회사의 주식의 가액(시가)이 100분의 80 이상으로서 그 주식이 대통령령으로 정하는 바에 따라 배정되어야 하고, 피합병법인의 일정 지배주주 등이 합병등기일이 속하는 사업연도 종료일까지 그 주식을 보유하여야 한다.

   ③ 사업의 계속성: 합병법인은 합병등기일이 속하는 사업연도의 종료일까지 피합병법인으로부터 승계받은 사업을 계속하여야 한다.

   ④ 고용승계 요건: 합병등기일 1개월 전 당기 피합병법인에 종사하는 내국인 근로자 중 합병법인이 승계한 근로자의 비율이 80% 이상이고, 합병등기일이 속하는 사업연도의 종료일까지 그 비율을 유지하여야 한다.

04. 적용세율

사업결합에서 발생한 일시적차이에 대한 이연법인세자산·부채를 측정할 때 취득자와 피취득자의 과세당국이 상이한 경우에는 이연법인세자산·부채와 관련된 자산과 부채를 보유하고 있는 기업에 적용할 세율로 이연법인세자산·부채를 측정한다.

⚡ POINT **사업결합거래 시 법인세기간배분**

식별가능한 취득자산과 인수부채의 일시적차이	사업결합을 하는 과정에서 식별할 수 있는 취득자산과 인수부채의 일시적차이는 영업권 또는 염가매수차익에 반영하여 회계처리
영업권의 일시적차이	K-IFRS에서는 영업권의 일시적차이로 인한 이연법인세부채를 인식하지 않음
세무상 결손금	① 취득자의 세무상 결손금: 피취득자의 취득자산을 구성하지 않으므로 사업결합거래의 일부로 회계처리하지 않고 취득자의 재무제표에 별도로 반영 ② 피취득자의 세무상 결손금: 피취득자의 식별가능한 취득자산에 해당하므로 이연법인세자산을 인식하고 영업권 또는 염가매수차익에 반영하여 회계처리
적용세율	이연법인세자산·부채와 관련된 자산과 부채를 보유하고 있는 기업에 적용할 세율로 이연법인세자산·부채를 측정

예제 7 | 사업결합거래 시 법인세기간배분

A회사는 20×1년 초에 B회사의 모든 자산과 부채를 취득·인수하는 사업결합을 하였으며, 관련 자료는 다음과 같다.

(1) 취득일 현재 B회사 자산의 장부금액 ₩400,000(공정가치 ₩450,000)
(2) 취득일 현재 B회사 부채의 장부금액 ₩320,000(공정가치 ₩320,000)
(3) A회사는 취득일에 이전대가로 A회사의 주식(공정가치 ₩200,000)을 발행·교부하였다.
(4) 취득일 현재 A회사는 미래 실현가능성이 높지 않다는 판단하에 이연법인세자산을 인식하지 않은 세무상 결손금 ₩70,000을 가지고 있는데, 사업결합으로 인하여 세무상 결손금의 미래 실현가능성이 높아졌다고 판단하였다.
(5) 20×1년 및 20×2년 이후 A회사에 적용할 법인세율은 모두 20%이다.

법인세효과를 고려하여 사업결합 회계처리를 할 때, A회사가 취득일에 인식할 영업권은 얼마인가? (단, B회사의 자산 및 부채의 세무기준액은 장부금액과 동일하다)   [2013 공인회계사 1차 수정]

해답 1. 이전대가: ₩200,000

2. 순자산공정가치: ₩450,000 - ₩320,000 - ₩10,000[1](이연법인세부채) = ₩120,000
   [1] (₩450,000 - ₩400,000) × 20% = ₩10,000

3. 영업권: ₩200,000 - ₩120,000 = ₩80,000

4. 회계처리

일자	회계처리			
20×1. 1. 1.	(차) 자산	450,000	(대) 부채	320,000
	영업권	80,000	이연법인세부채	10,000[1]
			자본	200,000

[1] (₩450,000 - ₩400,000) × 20% = ₩10,000

해설 1. 사업결합을 하는 과정에서 식별할 수 있는 취득자산과 인수부채의 일시적차이는 영업권 또는 염가매수차익에 반영하여 회계처리한다.

2. 사업결합에서는 취득자는 영업권과 분리하여 피취득자의 식별할 수 있는 취득자산, 인수부채를 인식해야 하므로 취득자의 세무상 결손금은 피취득자의 취득자산을 구성하지 않으므로 사업결합거래의 일부로 회계처리하지 않는다.

01. 정의

주로 지분을 교환하여 이루어지는 사업결합의 경우에 취득자는 보통 지분을 발행하는 기업이다. 그러나 역취득 (Reverse Acquisition)은 일부 사업결합에서 지분을 발행하는 기업이 피취득자가 되는 사업결합을 말한다. 그 예로는 비상장기업이 상장하기 위해 비상장기업보다 작은 기업에 의하여 법적으로 취득되는 것으로 약정한 합병이 있다. 법적으로는 작은 상장기업이 취득자이고 비상장기업이 피취득자이나 거래의 실질로 판단해보면 큰 비상장기업이 취득자이고 작은 상장기업이 피취득자가 되는 경우 이를 실무에서는 역합병 (Reverse Merger) 또는 우회상장(Back-Door Listing)이라는 용어로 표현하기도 한다.

> ⊘ 참고 **우회상장**
>
> 우회상장(Back-Door Listing)은 비상장기업이 합병, 주식교환, 제3자 배정 유상증자 등을 통해 상장기업 경영권을 인수해 사실상 상장 효과를 누리는 행위를 말한다. 증권거래법에 의한 상장요건을 통과하기 어려운 상황에서 신속한 상장을 하기 위하여 실무에서 자주 이용되는 방법이다. 우리나라에서 우회상장으로 대표적으로 성공한 기업은 셀트리온(당시 비상장기업)이다. 2008년 코스닥 기업인 오알켐(당시 상장기업)을 이용한 우회상장을 통하여 기업공개를 하고 시가총액 4천억으로 시작하여 기업을 성장시켜 왔다. 최근 2017년 코스피로 이전 상장에도 성공해 2018년 1월 시가총액 32조를 기록하였으며, 현재 전 세계에 대표적인 바이오시밀러 기업이 되었다.

역취득은 증권을 발행한 기업(법적 취득자)을 회계목적상 피취득자로 식별할 때 발생한다. 지분을 취득당한 기업(법적 피취득자)은 역취득으로 보는 거래에서 회계목적상 취득자이다. 예를 들어 역취득은 때로 비상장 기업이 상장하기를 원하지만 자신의 지분이 등록되는 것은 원하지 않을 때 발생한다. 이를 위하여 비상장기 업은 상장기업이 자신의 지분과 교환하여 비상장기업의 지분을 취득하도록 상장기업과 약정을 할 것이다. 이 예에서 상장기업은 지분을 발행하기 때문에 법적 취득자이고, 비상장기업은 지분을 취득당하기 때문에 법적 피취득자이다. 그러나 거래의 실질로 판단해보면 다음과 같이 식별하게 된다.

> ① 회계목적상 피취득자(회계상 피취득자)로서 상장기업
> ② 회계목적상 취득자(회계상 취득자)로서 비상장기업

사례

예를 들어, A회사의 발행주식수는 100주이고, B회사의 발행주식수는 60주이다. A회사는 B회사의 보통주 각 1주와 교환하여 2.5주를 발행하고, B회사 주주 모두 자신들이 보유하고 있는 B회사 주식을 교환하였다. 따라서 A회사는 B회사의 보통주 60주 모두에 대해 150주를 발행하여 사업결합을 하였다고 가정하면 다음과 같이 분석된다.

A회사(법적 지배기업)가 150주를 발행한 결과 B회사(법적 종속기업)의 주주는 A회사 주식의 60%[150주/(100주 + 150주)]를 소유하게 된다. 나머지 40%는 A회사의 기존 주주가 소유하고 있다. 따라서 지분을 교환하여 이루어지는 사업결합의 경우 취득자는 사업결합 후 결합기업에 대한 상대적인 의결권에 의하여 결정되므로 B회사의 주주가 상대적인 의결권이 크기 때문에 법적 지배기업인 A회사가 피취득자이며, 법적 종속기업인 B회사가 취득자인 역취득으로 판단한다. 이를 요약하면 다음과 같다.

구분	A회사	B회사
법률적 관점	법적 지배기업	법적 종속기업
사업결합 후 결합기업에 대한 상대적인 의결권	A사 주주: 40% 100주/(100주 + 150주) = 40%	B사 주주: 60% 150주/(100주 + 150주) = 60%
회계적 실질에 의한 취득자의 판단	피취득자 (∵ 사업결합 후 상대적인 의결권이 적음)	취득자 (∵ 사업결합 후 상대적인 의결권이 큼)

거래를 역취득으로 회계처리하기 위하여 회계상 피취득자는 사업의 정의를 충족해야 하며, 영업권 인식 요구사항을 포함한 K-IFRS 제1103호 '사업결합'의 모든 인식원칙과 측정원칙을 적용해야 한다.

02. 이전대가의 측정

역취득에서 회계상 취득자는 보통 피취득자에게 대가를 발행하지 않는다. 그 대신에 회계상 피취득자가 보통 회계상 취득자의 소유주에게 자신의 지분을 발행한다. 따라서 회계상 피취득자의 지분에 대하여 회계상 취득자가 이전한 대가의 취득일 공정가치는, 법적 지배기업의 소유주가 역취득의 결과로 결합기업에 대하여 보유하는 지분과 같은 비율이 유지되도록, 법적 종속기업이 법적 지배기업의 소유주에게 교부하였어야 할 법적 종속기업 지분의 수량에 기초한다. 이러한 방식으로 산정한 지분 수량의 공정가치를 피취득자와의 교환으로 이전한 대가의 공정가치로 사용한다.

03. 연결재무제표의 작성과 표시

역취득에 따라 작성한 연결재무제표는 법적 지배기업(회계상 피취득자)의 이름으로 발행하지만 법적 종속기업(회계상 취득자)의 재무제표가 지속되는 것으로 주석에 기재하되, 회계상 피취득자의 법적 자본을 반영하기 위하여 회계상 취득자의 법적 자본을 소급하여 수정한다. 이러한 수정은 법적 지배기업(회계상 피취득자)의 자본을 반영하기 위해 필요하다. 또 연결재무제표에 표시한 비교 정보도 법적 지배기업(회계상 피취득자)의 자본을 반영하기 위하여 소급하여 수정한다.

연결재무제표는 자본구조를 제외하고 법적 종속기업의 재무제표가 지속되는 것을 나타내기 때문에 다음 사항을 반영한다.

① 법적 종속기업(회계상 취득자)의 자산과 부채는 사업결합 전의 장부금액으로 인식하고 측정

② 법적 지배기업(회계상 피취득자)의 자산과 부채는 이 기준서에 따라 인식하고 측정

③ 사업결합 직전 법적 종속기업(회계상 취득자)의 이익잉여금과 그 밖의 자본의 잔액

④ 법적 지배기업(회계상 피취득자)의 공정가치에 사업결합 직전에 유통되던 법적 종속기업(회계상 취득자)의 발행 지분을 더하여 결정한 연결재무제표상 발행 지분의 인식금액. 그러나 자본구조(발행한 지분의 수량과 종류)는 사업결합을 이루기 위해 법적 지배기업이 발행한 지분을 포함한 법적 지배기업(회계상 피취득자)의 자본구조를 반영. 따라서 법적 종속기업(회계상 취득자)의 자본구조는 역취득에서 발행한 법적 지배기업(회계상 피취득자)의 지분 수량을 반영하기 위하여 취득 약정에서 정한 교환비율을 사용하여 조정

⑤ 법적 종속기업(회계상 취득자)의 사업결합 전 이익잉여금과 그 밖의 자본의 장부금액에 대한 비지배지분의 비례적 몫

20×1년 9월 30일에 법적 종속기업인 B회사가 지분상품을 발행하는 법적 지배기업인 A회사를 역취득하였다. 관련자료는 다음과 같고, 법인세 영향에 대한 회계처리는 무시한다.

(1) 사업결합 직전 A사와 B사의 재무상태표는 다음과 같다.

재무상태표

자산	A회사	B회사	부채 및 자본	A회사	B회사
유동자산	₩500	₩700	유동부채	₩300	₩600
비유동자산	₩1,300	₩3,000	비유동부채	₩400	₩1,100
			납입자본	₩300	₩600
			이익잉여금	₩800	₩1,400
	₩1,800	₩3,700		₩1,800	₩3,700

(2) 역취득 직전 A회사의 발행주식수는 100주이고, B회사의 발행주식수는 60주이다.

(3) 20×1년 9월 30일에 A회사는 B회사의 보통주 각 1주와 교환하여 2.5주를 발행하고, B회사 주주 모두 자신들이 보유하고 있는 B회사 주식을 교환하였다. 따라서 A회사는 B회사의 보통주 60주 모두에 대해 150주를 발행하였다.

(4) 20×1년 9월 30일에 B사의 보통주 1주의 공정가치는 ₩40이다. 같은 날에 A사 보통주의 공시되는 시장가격은 ₩16이다.

(5) 20×1년 9월 30일에 A사의 비유동자산의 공정가치는 ₩1,500이며 이를 제외하고 20×1년 9월 30일에 A사의 식별할 수 있는 자산과 부채의 공정가치는 장부금액과 동일하다.

물음1 A회사가 B회사에 역취득됨에 따라 인식할 영업권을 계산하시오.

물음2 위의 사업결합이 합병거래에 해당한다면 합병 관련 회계처리를 수행하고 합병재무상태표를 작성하시오.

물음3 위의 사업결합이 주식취득을 통한 지배력 획득이라고 가정하고 연결조정분개를 수행하고 연결재무상태표를 작성하시오.

해답 **물음1**

1. 역취득의 판단

A회사(법적 지배기업)가 150주를 발행한 결과 B회사(법적 종속기업)의 주주는 A회사 주식의 60%[150주/(100주 + 150주)]를 소유하게 된다. 나머지 40%는 A회사의 기존 주주가 소유하고 있다. 따라서 지분을 교환하여 이루어지는 사업결합의 경우 취득자는 사업결합 후 결합기업에 대한 상대적인 의결권에 의하여 결정되므로 B회사의 주주가 상대적인 의결권이 크기 때문에 법적 지배기업인 A회사가 피취득자이며, 법적 종속기업인 B회사가 취득자인 역취득으로 판단한다. 이를 요약하면 다음과 같다.

구분	A회사	B회사
법률적 관점	법적 지배기업	법적 종속기업
사업결합 후 결합기업에 대한 상대적인 의결권	A사 주주: 40% 100주/(100주 + 150주) = 40%	B사 주주: 60% 150주/(100주 + 150주) = 60%
회계적 실질에 의한 취득자의 판단	피취득자 (∵ 사업결합 후 상대적인 의결권이 적음)	취득자 (∵ 사업결합 후 상대적인 의결권이 큼)

2. 이전대가의 측정

역취득의 경우 이전대가는 법적 지배기업의 소유주가 역취득의 결과로 결합기업에 대하여 보유하는 지분과 같은 비율이 유지되도록, 법적 종속기업(B회사)이 법적 지배기업(A회사)의 소유주에게 교부하였어야 할 법적 종속기업(B회사) 지분의 수량에 기초하여야 한다. 따라서 다음과 같이 계산할 수 있다.

구분	A회사가 주식을 발행하였을 경우(법적형식)		B회사가 주식을 발행하였을 경우(경제적실질)	
	A회사 주주	B회사 주주	A회사 주주	B회사 주주
발행주식수	100주 :	150주 =	x주 :	60주
지분율	40% :	60% =	40% :	60%

① B회사가 주식을 발행하였을 주식수: (60주 × 100주) ÷ 150주 = 40주
② 이전대가: 40주 × ₩40 = ₩1,600

3. 영업권의 측정

① 이전대가   ₩1,600
② A회사의 순자산공정가치: (₩500 + ₩1,500) - (₩300 + ₩400) =   ₩(1,300)
③ 영업권   ₩300

물음 2

1. 회계처리

일자	회계처리				
20×1. 9. 30.	(차) 유동자산(A)	500	(대) 유동부채(A)	300
	비유동자산(A)	1,500	비유동부채(A)	400
	영업권	300	납입자본	1,600

2. 합병재무상태표

합병재무상태표

A회사   20×1년 9월 30일

유동자산	1,200	유동부채	900
비유동자산	4,500	비유동부채	1,500
영업권	300	납입자본	2,200
		이익잉여금	1,400
	6,000		6,000

1. 회계처리

일자	회계처리				
20×1. 9. 30.					
① B회사	(차) 투자주식(A)	1,600	(대) 납입자본		1,600
② 연결조정분개	(차) 납입자본(A)	300	(대) 투자주식(A)		1,600
	이익잉여금(A)	800			
	비유동자산	200			
	영업권	300			

2. 연결재무상태표

연결재무상태표

A회사 + B회사		20×1년 9월 30일	
유동자산	1,200	유동부채	900
비유동자산	4,500	비유동부채	1,500
영업권	300	납입자본	2,200
		이익잉여금	1,400
	6,000		6,000

04. 비지배지분

역취득에서 법적 피취득자(회계상 취득자)의 소유주 중 일부는 자신이 보유하고 있는 지분을 법적 취득자(회계상 피취득자)의 지분과 교환하지 않을 수 있다. 그 예로서 [예제 8]에서 B회사의 보통주 60주 중 56주만 교환하는 경우를 들 수 있다.

> ① 역취득에서, 법적 피취득자(회계상 취득자)의 소유주 중 일부는 자신이 보유하고 있는 지분을 법적 취득자(회계상 피취득자)의 지분과 교환하지 않을 수 있다. 그러한 소유주는 역취득 후 연결재무제표에서 비지배지분으로 처리된다. 이는 법적 피취득자의 소유주가 자신의 지분을 법적 취득자의 지분으로 교환하지 않는 경우에 결과적으로 결합기업의 영업성과나 순자산이 아닌 법적 피취득자의 영업성과나 순자산에 대한 지분만을 갖게 하기 때문이다. 이와 반대로 법적 취득자가 회계목적상 피취득자라도, 법적 취득자의 소유주는 결합기업의 영업성과와 순자산에 대한 지분을 갖는다.
> ② 법적 피취득자의 자산과 부채는 연결재무제표에서 사업결합 전 장부금액으로 측정하고 인식한다. 그러므로 일반적인 취득에서 비지배지분을 취득일의 공정가치로 측정하더라도, 역취득에서 비지배지분은 법적 피취득자 순자산의 사업결합 전 장부금액에 대한 비지배주주의 비례적 지분으로 반영한다.

예제 9 | 역취득(비지배지분)

만일 [예제 8]에서 B회사의 보통주 60주 중 56주만 교환한다고 가정하여 비지배지분을 계산하시오.

해답 1. 역취득의 판단

A회사는 B회사의 보통주 1주당 2.5주를 교환하였기 때문에 A사는 150주가 아닌 140주(56주 × 2.5주)만을 발행한다. 결과적으로 B사의 주주는 결합기업 발행주식의 58.3%를 소유한다(발행주식 240주 중 140주). 이를 요약하면 다음과 같다.

구분	A회사	B회사
법률적 관점	법적 지배기업	법적 종속기업
사업결합 후 결합기업에 대한 상대적인 의결권	A사 주주: 41.7% 100주/(100주 + 140주) = 41.7%	B사 주주: 58.3% 140주/(100주 + 140주) = 58.3%
회계적 실질에 의한 취득자의 판단	피취득자 (∵ 사업결합 후 상대적인 의결권이 적음)	취득자 (∵ 사업결합 후 상대적인 의결권이 큼)

2. 이전대가의 측정

역취득의 경우 이전대가는 법적 지배기업의 소유주가 역취득의 결과로 결합기업에 대하여 보유하는 지분과 같은 비율이 유지되도록, 법적 종속기업(B회사)이 법적 지배기업(A회사)의 소유주에게 교부하였어야 할 법적 종속기업(B회사) 지분의 수량에 기초하여야 한다. 따라서 다음과 같이 계산할 수 있다.

구분	A회사가 주식을 발행하였을 경우(법적형식)		B회사가 주식을 발행하였을 경우(경제적실질)	
	A회사 주주	B회사 주주	A회사 주주	B회사 주주
발행주식수	100주 :	140주 =	x주 :	56주
지분율	41.7% :	58.3% =	41.7% :	58.3%

① B회사가 주식을 발행하였을 주식수: (56주 × 100주) ÷ 140주 = 40주
② 이전대가: 40주 × ₩40 = ₩1,600

3. 영업권의 측정

① 이전대가	₩1,600
② A회사의 순자산공정가치: (₩500 + ₩1,500) - (₩300 + ₩400) =	₩(1,300)
③ 영업권	₩300

4. 연결조정분개

일자	회계처리			
20×1. 9. 30.				
① B회사	(차) 투자주식(A)	1,600	(대) 납입자본	1,600
② 연결조정분개	(차) 납입자본(A)	300	(대) 투자주식(A)	1,600
	이익잉여금(A)	800		
	비유동자산	200		
	영업권	300		
	(차) 납입자본(B)	600[1]	(대) 납입자본(A)	560
			비지배지분	40[2]
	(차) 이익잉여금(B)	1,400[3]	(대) 이익잉여금(A)	1,306
			비지배지분	94[4]

[1] 사업결합 직전 법적 종속기업인 B회사의 순자산장부금액 중 납입자본 금액
[2] B회사 납입자본 × 비지배지분율 = ₩600 × 6.7%(4주/60주) = ₩40(비지배지분으로 재분류)
[3] 사업결합 직전 법적 종속기업인 B회사의 순자산장부금액 중 이익잉여금 금액
[4] B회사 이익잉여금 × 비지배지분율 = ₩1,400 × 6.7%(4주/60주) = ₩94(비지배지분으로 재분류)

5. 연결재무상태표

연결재무상태표

A회사 + B회사		20×1년 9월 30일	
유동자산	1,200	유동부채	900
비유동자산	4,500	비유동부채	1,500
영업권	300	납입자본	2,160
		이익잉여금	1,306
		비지배지분	134
	6,000		6,000

해설   다음과 같이 비지배지분을 간단하게 계산할 수 있다.
      (1) A회사의 주식과 교환되지 않은 B회사의 주식 4주는 비지배지분이다.
      (2) 비지배지분의 지분율: 4주 ÷ 60주 = 6.7%
      (3) 비지배지분: ₩2,000(B회사 순자산장부금액) × 6.7% = ₩134

⚡ POINT   역취득

정의	일부 사업결합에서 지분을 발행하는 기업이 피취득자가 되는 사업결합
이전대가의 측정	법적 지배기업의 소유주가 역취득의 결과로 결합기업에 대하여 보유하는 지분과 같은 비율이 유지되도록, 법적 종속기업이 법적 지배기업의 소유주에게 교부하였어야 할 법적 종속기업 지분의 수량에 기초함
연결재무제표의 작성과 표시	법적 종속기업(회계상 취득자)의 재무제표가 지속되는 것으로 주석에 기재하되, 회계상 피취득자의 법적 자본을 반영하기 위하여 회계상 취득자의 법적 자본을 소급하여 수정
비지배지분	비지배지분은 법적 피취득자 순자산의 사업결합 전 장부금액에 대한 비지배주주의 비례적 지분으로 반영

취득자는 식별할 수 있는 무형자산을 영업권과 분리하며 인식하며, 취득일의 공정가치로 측정하여야 한다. 계약적 기준으로 식별한 무형자산은 계약이나 그 밖의 법적 권리에서 생긴다. 비계약적 기준으로 지정한 무형자산은 계약이나 그 밖의 법적 권리에서 생기지 않지만 분리할 수 있다. 계약적 기준으로 식별한 무형자산은 분리할 수 있지만, 분리가능성이 자산의 계약적·법적 기준을 충족하기 위한 필수조건은 아니다. 다음은 사업결합에서 취득한 식별할 수 있는 무형자산에 대한 사례이다. 이 사례 가운데 일부는 무형자산이 아닌 자산의 특성이 있을 수 있다. 취득자는 자산의 실질에 따라 이러한 자산을 회계처리해야 한다.

01. 마케팅 관련 무형자산

마케팅 관련 무형자산은 주로 제품이나 용역의 마케팅 또는 촉진에 사용한다. 마케팅 관련 무형자산의 예는 다음과 같다.

종류	기준
등록상표, 상표명, 서비스마크, 단체마크(Collective Marks) 및 인증마크	계약적
거래표식[Trade Dress(독특한 색, 모양 또는 포장 디자인)]	계약적
신문 제호	계약적
인터넷 도메인명	계약적
비경쟁 합의	계약적

(1) 등록상표, 상표명, 서비스마크, 단체마크 및 인증마크

등록상표는 제품의 원천을 나타내고 다른 제품과 구분하기 위하여 거래에서 사용하는 단어, 이름, 상징 또는 그 밖의 도안을 말한다. 서비스마크는 제품보다는 용역의 원천을 식별하고 구분한다. 단체마크는 단체 구성원들의 제품과 용역을 식별한다. 인증마크는 제품과 용역의 원산지나 그 밖의 특성을 증명한다.

등록상표, 상표명, 서비스마크, 단체마크, 인증마크는 정부기관에 등록하거나 상업적으로 계속 사용하거나 그 밖의 방법에 따라 법적으로 보호받을 수 있다. 등록이나 그 밖의 방법에 따라 법적으로 보호받는 경우에 사업결합에서 취득한 등록상표나 그 밖의 마크는 계약적·법적 기준을 충족하는 무형자산이다. 그렇지 않다면 사업결합에서 취득한 등록상표나 그 밖의 마크는 일반적으로 그렇듯이 분리가능성 기준을 충족한다면 영업권과 별도로 인식할 수 있다.

등록상표 그리고 그 밖의 마크와 동의어로 종종 사용되는 '브랜드'나 '브랜드 명'이라는 용어는 등록상표(또는 서비스마크), 이와 관련된 상표명, 공식, 조리법 그리고 기술적 전문지식과 같이 서로 보완적인 자산 집합을 전형적으로 나타내는 일반적인 마케팅 용어이다. K-IFRS 제1103호 '사업결합'은 집합을 구성하는 자산들이 유사한 내용연수를 갖는 경우 일반적으로 브랜드로 불려지는 서로 보완적인 무형자산 집합을 영업권과 분리하여 단일 자산으로 인식하는 것을 배제하지 않는다.

(2) 인터넷 도메인명

인터넷 도메인명은 특정 숫자로 나타낸 인터넷 주소를 식별할 때 사용하는 문자와 숫자를 조합한 독특한 이름이다. 도메인명을 등록하면 등록기간에 그 이름과 인터넷상의 지정한 컴퓨터 간의 관계가 생성된다. 이러한 등록은 갱신할 수 있다. 사업결합에서 취득한 등록한 도메인명은 계약적·법적 기준을 충족한다.

02. 고객 관련 무형자산

고객 관련 무형자산의 예는 다음과 같다.

종류	기준
고객목록	비계약적
주문잔고나 생산잔고	계약적
고객계약 및 관련 고객관계	계약적
비계약적 고객관계	비계약적

(1) 고객목록

고객목록은 고객명단과 계약정보와 같은 고객에 관한 정보로 구성된다. 또 고객목록은 고객의 주문내역과 인구통계학적 정보와 같은 고객에 관한 그 밖의 정보를 포함한 데이터베이스의 형태로 존재할 수도 있을 것이다. 고객목록은 일반적으로 계약이나 그 밖의 법적 권리에서 발생하는 것이 아니다. 그러나 고객목록은 종종 리스되거나 교환된다. 따라서 사업결합에서 취득한 고객목록은 분리가능성 기준을 일반적으로 충족한다.

(2) 주문잔고나 생산잔고

주문잔고나 생산잔고는 매입주문이나 판매주문과 같은 계약에서 생긴다. 사업결합에서 취득한 주문잔고나 생산잔고는 매입주문이나 판매주문이 취소될 수 있는 경우에도 계약적·법적 기준을 충족한다.

(3) 고객계약과 관련 고객관계

기업이 계약으로 고객과의 관계를 형성하는 경우에 그 고객관계는 계약적 권리에서 생긴다. 따라서 비밀유지 조건이나 그 밖의 계약적 조건으로 피취득자와 분리하여 계약의 판매나 이전을 금지하는 경우에도 사업결합에서 취득한 고객계약과 관련 고객관계는 계약적·법적 기준을 충족한다.

(4) 비계약적 고객관계

사업결합에서 취득한 고객관계가 계약에서 생기지 않은 경우라 할지라도 그 관계를 분리할 수 있기 때문에 식별가능할 수도 있다. 다른 기업이 특정 유형의 비계약적 고객관계를 팔거나 이전하였다는 것을 나타내는 같은 자산이나 비슷한 자산의 교환거래가 있다면 그러한 거래는 그 관계를 분리할 수 있다는 증거가 될 것이다.

03. 예술 관련 무형자산

예술 관련 무형자산의 예는 다음과 같다.

종류	기준
연극, 오페라 및 발레	계약적
책, 잡지, 신문 및 그 밖의 저술 작품	계약적
작곡, 노래 가사 및 광고용 노래 등과 같은 음악 작품	계약적
그림, 사진	계약적
동영상이나 필름, 뮤직비디오 및 텔레비전 프로그램 등 시각 및 시청각 자료	계약적

사업결합에서 취득한 예술 관련 자산이 저작권에 따라서 제공하는 자산과 같이 계약적 또는 법적 권리에 따라 발생하는 경우에는 식별가능하다. 그 보유자는 양도로 저작권 전체를 이전하거나 라이선스 약정으로 부분적으로 이전할 수 있다. 저작권 무형자산과 관련 양도나 라이선스 약정의 내용연수가 유사하다면, 취득자가 그러한 자산들을 하나의 자산으로 인식하는 것이 금지되지는 않는다.

04. 계약에 기초한 무형자산

계약에 기초한 무형자산은 계약상 약정에서 생기는 권리의 가치를 나타낸다. 고객계약은 계약에 기초한 무형자산의 한 형태이다. 계약조건상 부채가 생기는 경우(예 운용리스나 고객계약의 조건이 시장조건에 비하여 불리한 경우)에 취득자는 이를 사업결합에서 인수부채로 인식한다. 계약에 기초한 무형자산의 예는 다음과 같다.

종류	기준
라이선스, 로열티 및 불가침약정	계약적
광고, 건설, 경영, 용역 또는 공급 계약	계약적
리스 약정(피취득자가 리스이용자나 리스제공자인 경우)	계약적
건축 허가	계약적
프랜차이즈 합의	계약적
운영권 및 방송권	계약적
관리용역계약(예 모기지 관리용역계약)	계약적
고용계약	계약적
시추, 물, 공기, 벌목 및 노선 등에 대한 사용 권리	계약적

(1) 관리용역계약(예 모기지 관리용역계약)

금융자산을 관리하는 계약은 계약에 기초한 무형자산의 한 유형이다. 관리용역은 모든 금융자산에 내재되어 있지만 다음 중 하나에 따라 별개의 자산(또는 부채)이 된다.

> ① 관리용역은 보유하면서 자산을 팔거나 증권화하여 대상이 되는 기초 금융자산과 계약적으로 분리하는 경우
> ② 관리용역을 별도로 사거나 넘겨받는 경우

모기지대여금, 신용카드 수취채권, 그 밖의 금융자산과 관련된 보유하고 있는 관리용역과 함께 사업결합에서 취득하는 경우에 내재한 관리용역에 대한 권리의 공정가치는 취득한 금융자산의 공정가치 측정치에 포함되므로 그 내재한 관리용역에 대한 권리는 별도의 무형자산이 아니다.

(2) 고용계약

계약의 가격이 시장조건에 비하여 유리하기 때문에 고용자의 관점에서 유리한 고용계약은 계약에 기초한 무형자산의 한 유형이다.

(3) 사용권

사용권은 시추, 물, 공기, 벌목, 노선에 대한 권리를 포함한다. 일부 사용권은 계약에 기초한 무형자산으로서 영업권과 분리하여 회계처리한다. 그 밖의 사용권은 무형자산보다는 유형자산의 특성을 가질 수도 있다. 취득자는 그러한 자산의 특성에 기초하여 사용권에 대해 회계처리해야 한다.

05. 기술에 기초한 무형자산

기술에 기초한 무형자산의 예는 다음과 같다.

종류	기준
특허기술	계약적
컴퓨터 소프트웨어와 마스크 작업물	계약적
특허받지 않은 기술	비계약적
권원기록부(Title Plants)를 포함한 데이터베이스	비계약적
비밀 공식, 공정 및 조리법 등과 같은 거래상의 비밀	계약적

(1) 컴퓨터 소프트웨어와 마스크 작업물

법적으로 보호받는 특허권이나 저작권과 같이 사업결합에서 취득한 컴퓨터 소프트웨어와 프로그램 포맷은 무형자산으로 식별하기 위한 계약적·법적 기준을 충족한다.
마스크 작업물은 일련의 스텐실이나 통합한 회로로서 읽기전용 기억장치칩에 영구히 저장한 소프트웨어를 말한다. 마스크 작업물은 법적으로 보호받을 수 있다. 따라서 사업결합에서 취득한 법적으로 보호받는 마스크 작업물은 무형자산으로 식별하기 위한 계약적·법적 기준을 충족한다.

(2) 권원기록부를 포함한 데이터베이스

데이터베이스는 컴퓨터 디스크나 파일과 같은 전자 형태로 저장하기도 하는 정보의 집합이다. 원작자의 원저작물을 포함하고 있는 데이터베이스는 저작권을 보호받을 권리가 있다. 사업결합에서 취득하고 저작권에 따라 보호받는 데이터베이스는 계약적·법적 기준을 충족한다. 그리고 데이터베이스는 고객목록과 같은 기업의 일상적인 영업에서 생성한 정보나 또는 과학적 정보나 신용정보와 같은 전문화한 정보를 일반적으로 포함하고 있다. 저작권으로 보호하지 않는 데이터베이스는 그 전부나 일부를 외부와 교환하거나 라이선스하거나 리스할 수 있으며 그렇게 하기도 한다. 따라서 데이터베이스에 따른 미래 경제적 효익이 법적 권리에서 생기지 않더라도, 사업결합에서 취득한 데이터베이스는 분리가능성 기준을 충족한다.

권원기록부는 특정 지역에 있는 토지의 필지에 대한 소유권에 영향을 주는 모든 사항들의 역사적 기록으로 구성된다. 권원기록부 자산은 교환거래로 전부나 부분적으로 매매되거나 라이선스될 수 있다. 따라서 사업결합에서 취득한 권원기록부 자산은 분리가능성 기준을 충족한다.

(3) 비밀 공식, 공정, 조리법 등과 같은 거래상의 비밀

거래상의 비밀은 ① 일반적으로 알려지지 않기에 독립적인 경제적 가치(실질적인 가치나 잠재적인 가치)를 유발하며 ② 비밀을 유지하기 위한 상황에 따른 합리적인 노력의 대상이 되는 정보로서 공식, 유형, 조리법, 편집, 프로그램, 고안, 방법, 기술, 공정을 포함한다.[4] 사업결합에서 취득한 거래상의 비밀에서 나오는 미래 경제적 효익이 법적으로 보호되는 경우에 그러한 자산은 계약적·법적 기준을 충족한다. 그렇지 않다면 사업결합에서 취득한 거래상 비밀은 통상 그러하듯이 분리가능성 기준을 충족하는 경우에만 식별할 수 있다.

---

4) Melvin Simensky and Lanning Bryer, '상업거래에서 지적 재산의 새로운 역할(The New Role of Intellectual Property in Commercial Transactions' (뉴욕: John Wiley & Sons, 1998년), 293쪽

보론 4 | 기타주제

(1) 사업결합 전에 취득자나 취득자의 대리인이 체결하거나 피취득자(또는 피취득자의 이전 소유주)의 효익보다는 주로 취득자나 결합기업의 효익을 위하여 체결한 거래는 별도 거래일 가능성이 높다. 다음은 취득법을 적용하지 않는 별도 거래의 예이다.

① 취득자와 피취득자 사이의 기존 관계를 사실상 정산하는 거래

② 미래 용역에 대하여 종업원이나 피취득자의 이전 소유주에게 보상하는 거래

③ 피취득자나 피취득자의 이전 소유주가 대신 지급한 취득자의 취득관련 원가를 피취득자나 피취득자의 이전 소유주에게 변제하는 거래

(2) 사업결합으로 기존 관계를 사실상 정산하는 경우에 취득자는 다음과 같이 측정한 차손익을 인식한다.

① 기존의 비계약관계(예 소송)는 공정가치

② 기존의 계약관계는 다음 ㉠과 ㉡ 중 적은 금액

㉠ 계약이 같거나 비슷한 항목의 현행 시장거래조건과 비교하여 취득자의 관점에서 유리하거나 불리한 경우에 그 금액(불리한 계약은 현행 시장 조건에서 불리한 계약이다. 이 계약은 계약상의 의무이행에서 생기는 회피불가능한 원가가 그 계약에서 받을 것으로 기대하는 경제적 효익을 초과하는 손실부담계약일 필요는 없다)

㉡ 거래상대방에게 불리한 조건으로 사용될 수 있는 계약에서 거래상대방에게 정산 규정을 분명하게 밝힌 경우의 그 금액

만약 ㉡이 ㉠보다 적을 경우, 그 차이는 사업결합 회계처리의 일부로 포함한다.

Chapter 01
O, X 연습문제

01 취득자는 취득일을 식별하며, 취득일은 피취득자에 대한 지배력을 획득한 날이다. (O, X)

02 사업결합의 이전대가는 취득자가 이전하는 자산, 취득자가 피취득자의 이전 소유주에 대하여 부 (O, X) 담하는 부채 및 취득자가 발행하는 지분의 취득일의 공정가치의 합계로 산정한다.

03 취득자가 피취득자에 대한 교환으로 이전한 대가에는 조건부대가 약정으로 인한 자산이나 부채 (O, X) 는 포함하지 않는다.

04 지배력을 획득한 날은 항상 종료일이며, 종료일은 취득자가 법적으로 대가를 이전하여 피취득자 (O, X) 의 자산을 취득하고 부채를 인수한 날이다.

05 취득자와 피취득자가 지분만을 교환하여 사업결합을 하는 경우 취득일에 피취득자 지분의 공정 (O, X) 가치가 취득자 지분의 공정가치보다 더 신뢰성 있게 측정되는 경우가 있다.

06 이전한 자산이나 부채가 사업결합을 한 후에도 결합기업에 여전히 남아있고, 취득자가 그 자산이 (O, X) 나 부채를 계속 통제하는 경우에는, 취득자는 그 자산과 부채를 취득일의 공정가치로 측정하고, 그 자산과 부채에 대한 차손익을 당기손익으로 인식한다.

정답 및 해설

01 O

02 O

03 X 취득자가 피취득자에 대한 교환으로 이전한 대가에는 조건부대가 약정으로 인한 자산이나 부채를 포함한다.

04 X 취득자가 피취득자에 대한 지배력을 획득한 날은 일반적으로 취득자가 법적으로 대가를 이전하여 피취득자의 자산을 취득하고 부채를 인수한 날인 종료일이다. 그러나 취득자는 종료일보다 이른 날 또는 늦은 날에 지배력을 획득하는 경우도 있다. 예를 들어, 서면합의를 통하여 취득자가 종료일 전에 피취득자에 대한 지배력을 획득한다면 취득일은 종료일보다 이른 날이 된다.

05 O

06 X 이전한 자산이나 부채가 사업결합을 한 후에도 결합기업에 여전히 남아있고, 취득자가 그 자산이나 부채를 계속 통제하는 경우에는, 취득자는 그 자산과 부채를 취득일의 장부금액으로 측정하고, 사업결합 전과 후에 여전히 통제하고 있는 자산과 부채에 대한 차손익을 당기손익으로 인식하지 않는다.

07 과거사건에서 생긴 현재의무이고 그 공정가치를 신뢰성 있게 측정할 수 있다면, 해당 의무를 이 (O, X)
행하기 위하여 경제적 효익이 있는 자원이 유출될 가능성이 높지 않더라도 취득자는 취득일에
사업결합으로 인수한 우발부채를 인식한다.

08 공정가치로 측정한 보상자산의 경우에 회수 가능성으로 인한 미래현금흐름의 불확실성 영향을 (O, X)
공정가치 측정에 포함하였으므로 별도의 평가충당금은 필요하지 않다.

09 취득자는 식별가능한 취득자산과 인수부채를 취득일의 공정가치로 측정하며, 이러한 공정가치 (O, X)
측정에 예외는 인정되지 않는다.

10 취득자가 사업결합을 통해 취득한 식별가능한 무형자산은 영업권과 분리하여 인식하지만, 집합적 (O, X)
노동력과 같이 식별가능하지 않은 무형자산의 가치는 영업권에 포함한다.

11 단계적으로 이루어지는 사업결합에서, 취득자는 이전에 보유하고 있던 피취득자에 대한 지분을 (O, X)
취득일의 공정가치로 재측정하고 그 결과 차손익이 있다면 기타포괄손익으로 인식한다.

12 사업결합을 하는 과정에서 발생한 취득관련원가(중개수수료, 일반관리원가, 지분증권의 발행원가 (O, X)
등)는 원가가 발생한 기간에 비용으로 회계처리한다.

13 사업결합을 통해 취득한 영업권은 적정한 내용연수에 걸쳐 상각하며, 상각 후 장부금액에 대해서는 (O, X)
매 보고기간마다 손상검사를 수행한다.

정답 및 해설

07 O

08 O

09 X 취득자는 식별가능한 취득자산과 인수부채를 취득일의 공정가치로 측정하지만 법인세, 종업원급여, 재취득한 권리, 보상자산, 주식
기준보상, 매각예정자산의 경우에는 공정가치로 측정하는 측정원칙의 예외이다.

10 O

11 X 단계적으로 이루어지는 사업결합에서, 취득자는 이전에 보유하고 있던 피취득자에 대한 지분을 취득일의 공정가치로 재측정하고
그 결과 차손익이 있다면 당기손익공정가치측정금융자산은 당기손익으로 인식하고, 기타포괄손익공정가치측정금융자산은 기타포
괄손익으로 인식한다.

12 X 사업결합을 하는 과정에서 발생한 취득관련원가(중개수수료, 일반관리원가, 지분증권의 발행원가 등)는 중개수수료, 일반관리원가
는 원가가 발생한 기간에 비용으로 회계처리하나 지분증권의 발행원가는 주식발행가액에서 차감한다.

13 X 사업결합을 통해 취득한 영업권은 적정한 내용연수에 걸쳐 상각하지 않고 취득일에 인식한 금액에서 손상차손누계액을 차감하여
측정한다.

Chapter 01
객관식 연습문제

[2014 공인회계사 1차 수정]

※ 다음의 자료를 이용하여 **01 ~ 02**에 답하시오.

- (주)갑은 20×1년 중에 (주)을의 보통주 10주(지분율 10%)를 ₩3,000에 취득하고, 이를 기타포괄손익
  공정가치측정금융자산으로 분류하였다.
- (주)갑은 20×2년 초에 (주)을의 나머지 지분 90%를 취득하여 합병하였다. 그 대가로 (주)갑은 보유
  하고 있던 보통주 자기주식 18주(주당 장부금액 ₩1,800)를 (주)을의 다른 주주에게 교부하였다.
- 합병일 현재 (주)갑의 보통주 공정가치는 주당 ₩2,000, 액면금액은 주당 ₩1,000이며, (주)갑이
  보유하고 있던 (주)을의 보통주 공정가치는 주당 ₩350이다.
- 합병일 현재 (주)을의 순자산장부금액과 공정가치는 다음과 같다.

재무상태표

(주)을   20×2년 1월 1일 현재   (단위: 원)

계정과목	장부금액	공정가치	계정과목	장부금액	공정가치
유동자산	₩20,000	₩22,000	부채	₩25,000	₩25,000
유형자산	₩30,000	₩35,000	자본금	₩10,000	
무형자산	₩10,000	₩13,000	이익잉여금	₩25,000	
합계	₩60,000		합계	₩60,000	

- 위 재무상태표에 추가적으로 다음과 같은 사실이 발견되었다.
  - (주)을은 리스계약에서 리스이용자인데, 당해 리스의 조건이 시장조건에 비하여 ₩500만큼 유리한
    것으로 추정되며, 사용권자산에 이 금액이 반영되지 않은 공정가치이다.
  - 합병일 현재 (주)을은 새로운 고객과 협상 중인 계약이 있으며, 잠재적 계약의 가치는 ₩2,000으
    로 추정된다.
  - 합병일 현재 (주)을은 손해배상소송사건에 피소되어 있으며, 손해배상손실금액의 공정가치는
    ₩1,500으로 추정된다. 그러나 패소할 가능성은 50% 미만으로 평가된다.
  - (주)을의 연구개발부서는 우수한 인적자원을 보유하고 있으며, 이로 인한 합병 후의 시너지효과는
    상당할 것으로 예상된다. (주)을이 측정한 인적자원의 공정가치는 ₩1,000이다.

01 (주)갑이 (주)을의 합병과 관련하여 합병일에 인식할 취득자산과 인수부채의 순액은 얼마인가? 단, 법인
세효과는 고려하지 않는다.

① ₩43,500 ② ₩44,000 ③ ₩44,750

④ ₩45,500 ⑤ ₩46,000

02 위 **01**의 결과와 관계없이, (주)갑이 (주)을의 합병과 관련하여 합병일에 인식할 취득자산과 인수부채의 순액을 ₩30,000으로 가정한다. (주)갑이 합병일에 인식할 영업권의 금액은 얼마인가? 단, 법인세효과는 고려하지 않는다.

① ₩5,400　　　　　② ₩5,900　　　　　③ ₩6,000

④ ₩9,000　　　　　⑤ ₩9,500

※ 다음의 자료를 이용하여 **03 ~ 04**에 답하시오.　　　　　　　　　[2011 공인회계사 1차]

(주)증식은 20×1년 5월 1일에 (주)소멸의 보통주 5%를 ₩25,000에 취득하여 당기손익공정가치측정금융자산으로 분류하였다. (주)소멸은 유통업을 운영하고 있으며, (주)증식은 새로이 유통업에 진출하기 위해 20×2년 4월 1일 (주)소멸의 자산과 부채를 모두 취득·인수하여 사업결합을 하였다.

(1) 20×2년 4월 1일 현재 (주)소멸의 요약재무상태표상 장부금액과 공정가치는 다음과 같다.

요약재무상태표

(주)소멸　　　　　　　　　　　20×2. 4. 1. 현재　　　　　　　　　　　(단위: ₩)

계정과목	장부금액	공정가치	계정과목	장부금액	공정가치
현금 등	₩160,000	₩160,000	부채	₩120,000	₩120,000
재고자산	₩180,000	₩150,000	자본금	₩500,000	–
유형자산	₩320,000	₩380,000	이익잉여금	₩40,000	–
자산총계	₩660,000		부채·자본총계	₩660,000	

(2) 취득일 현재 (주)소멸의 재무상태표에 제시되어 있는 자산과 부채 이외에 추가적으로 식별가능한 자산과 부채는 없다.

(3) 20×1년 12월 31일에 (주)증식이 보유하고 있는 (주)소멸의 주식의 공정가치는 ₩27,000이며, 20×2년 4월 1일의 공정가치는 ₩30,000이다. (단, 법인세 효과는 고려하지 않으며, 아래의 각 물음은 독립적이다)

03 (주)증식은 사업결합의 이전대가로 (주)소멸의 주주들에게 (주)증식의 보통주 100주(주당 액면금액 ₩5,000, 주당 공정가치 ₩5,700)를 발행·교부하였으며, 보통주 발행과 직접 관련된 비용 ₩10,000과 기타 수수료 ₩20,000을 현금으로 지급하였다. 20×2년 4월 1일에 (주)증식이 인식해야 하는 영업권(혹은 염가매수차익)과 주식발행초과금은 각각 얼마인가? (단, (주)증식이 보유하고 있는 (주)소멸의 주식에 대해서는 (주)증식의 주식을 교부하지 않고 소각하였다)

	영업권 또는 염가매수차익		주식발행초과금
①	영업권	₩30,000	₩60,000
②	염가매수차익	₩30,000	₩60,000
③	영업권	₩60,000	₩70,000
④	염가매수차익	₩60,000	₩70,000
⑤	영업권	₩90,000	₩70,000

04 (주)증식은 사업결합의 이전대가로 (주)소멸에게 현금 ₩500,000과 신축건물(장부금액 ₩250,000, 공정가치 ₩330,000)을 이전하였으며, 동 건물은 사업결합 이후에도 (주)증식에 남아있고, 동 건물에 대한 통제도 (주)증식이 계속 보유한다. 20×2년 4월 1일에 (주)증식이 인식해야 하는 영업권(혹은 염가매수차익)은 얼마인가? (단, (주)증식이 보유하고 있는 (주)소멸의 주식에 대해서는 대가를 지불하지 않고 소각하였다)

① 영업권 ₩10,000   ② 영업권 ₩30,000   ③ 영업권 ₩90,000

④ 염가매수차익 ₩40,000   ⑤ 염가매수차익 ₩70,000

05 (주)대한은 20×1년 10월 1일에 (주)민국의 모든 자산과 부채를 ₩450,000에 취득·인수하는 사업결합을 하였다. 20×1년 10월 1일 현재 (주)민국의 요약재무상태표는 다음과 같다.

요약재무상태표

(주)민국   20×1. 10. 1. 현재   (단위: ₩)

계정과목	장부금액	공정가치	계정과목	장부금액	공정가치
자산	500,000	600,000	부채	100,000	100,000
			자본금	100,000	
			자본잉여금	200,000	
			이익잉여금	100,000	
	500,000			500,000	

(주)대한은 20×2년 말에 시장점유율이 15%를 초과하면 (주)민국의 기존 주주들에게 추가로 ₩100,000을 지급하기로 하였다. 20×1년 10월 1일 현재 이러한 조건부대가의 공정가치는 ₩60,000으로 추정되었다. 그러나 (주)대한은 20×1년 12월 31일에 동 조건부대가의 추정된 공정가치를 ₩80,000으로 변경하였다. 이러한 공정가치 변동은 20×1년 10월 1일에 존재한 사실과 상황에 대하여 추가로 입수한 정보에 기초한 것이다. 20×2년 말 (주)대한의 시장점유율이 18%가 되어 (주)민국의 기존 주주들에게 ₩100,000을 지급하였다. (주)대한의 20×1년 말 재무상태표에 계상되는 영업권과 20×2년도에 조건부대가 지급으로 (주)대한이 인식할 당기손익은?   [2017 공인회계사 1차]

	영업권	당기손익
①	₩10,000	₩20,000 손실
②	₩10,000	₩40,000 손실
③	₩30,000	₩20,000 손실
④	₩30,000	₩40,000 손실
⑤	₩50,000	₩0

※ 다음의 자료를 이용하여 **06 ~ 07**에 답하시오.

[2012 공인회계사 1차]

법적 취득자인 (주)갑은 20×1년 9월 30일에 법적 피취득자인 (주)을 보통주 1주당 (주)갑의 보통주 2주를 발행하여 취득하고, (을)의 주주는 자신들이 보유하고 있는 (주)을의 주식을 모두 (주)갑의 주식으로 교환한다. 20×1년 9월 30일 현재 (주)갑과 (주)을의 요약재무상태표는 다음과 같다.

요약재무상태표
20×1. 9. 30. 현재   (단위 : ₩)

계정과목	(주)갑	(주)을	계정과목	(주)갑	(주)을
재고자산	1,000	1,400	부채	1,400	3,400
유형자산	2,600	6,000	자본금	600	1,200
			이익잉여금	1,600	2,800
자산총계	3,600	7,400	부채·자본총계	3,600	7,400

(1) 취득 직전일 현재 두 회사의 발행주식은 다음과 같다.

구분	(주)갑	(주)을
발행주식수	100주	60주
주당 액면금액	₩6	₩20
주당 공정가치	₩30	₩60

(2) 취득일 현재 (주)갑의 유형자산의 공정가치는 ₩3,000이고, 유형자산을 제외한 자산과 부채의 공정가치는 장부금액과 동일하다. 관련 회계처리에서 법인세효과는 고려하지 않는다.

06 회계상 취득자가 (주)을이라면 사업결합 직후 연결재무제표에 표시될 발행자본(자본금과 주식발행초과금의 합계)은 얼마인가?

① ₩2,200   ② ₩2,800   ③ ₩4,200

④ ₩4,300   ⑤ ₩7,000

07 회계상 취득자가 (주)을이라면 사업결합 직후 연결재무제표에 표시될 영업권 또는 염가매수차익은 얼마인가?

① 영업권 ₩7,000   ② 염가매수차익 ₩1,000   ③ 영업권 ₩1,000

④ 염가매수차익 ₩400   ⑤ 영업권 ₩400

〈자료〉

- (주)대한은 20×1년 중에 (주)민국의 의결권 있는 보통주 150주(지분율 15%)를 ₩150,000에 취득하고, 이를 기타포괄손익–공정가치 측정 금융자산(FVOCI 금융자산)으로 분류하였다.
- (주)대한은 20×2년 초에 추가로 (주)민국의 나머지 의결권 있는 보통주 850주(지분율 85%)를 취득하여 합병하였다. 이 주식의 취득을 위해 (주)대한은 ₩200,000의 현금과 함께 보통주 500주(액면총액 ₩500,000, 공정가치 ₩800,000)를 발행하여 (주)민국의 주주들에게 지급하였다. 합병일 현재 (주)민국의 의결권 있는 보통주 공정가치는 주당 ₩1,200, 액면가는 주당 ₩1,000이다. (주)대한은 신주 발행과 관련하여 ₩10,000의 신주발행비용을 지출하였다.
- 취득일 현재 (주)민국의 요약재무상태표는 다음과 같다.

요약재무상태표

20×2년 1월 1일 현재

	장부금액	공정가치
유동자산	₩150,000	₩200,000
유형자산(순액)	1,050,000	1,280,000
자산	₩1,200,000	
부채	₩600,000	₩600,000
자본금	200,000	
이익잉여금	400,000	
부채와 자본	₩1,200,000	

- (주)대한은 합병과 관련하여 만세회계법인에게 (주)민국의 재무상태 실사 용역을 의뢰하였고, ₩30,000의 용역수수료를 지급하였다. 그리고 (주)대한은 합병업무 전담팀을 구성하였는데, 이 팀 유지 원가로 ₩20,000을 지출하였다.
- 합병일 현재 (주)민국의 종업원들은 회사 경영권의 변동에도 불구하고 대부분 이직하지 않았다. 이 때문에 (주)대한은 합병일 이후 즉시 (주)민국이 영위하던 사업을 계속 진행할 수 있었으며, (주)대한의 경영진은 이러한 (주)민국의 종업원들의 가치를 ₩80,000으로 추정하였다.
- 합병일 현재 (주)민국의 상표명 'K-World'는 상표권 등록이 되어 있지 않아 법적으로 보호받을 수 없는 것으로 밝혀졌다. 그러나 (주)민국이 해당 상표를 오랫동안 사용해왔다는 것을 업계 및 고객들이 인지하고 있어, 합병 이후 (주)대한이 이 상표를 제3자에게 매각하거나 라이선스 계약을 체결할 수 있을 것으로 확인되었다. (주)대한은 이 상표권의 가치를 ₩30,000으로 추정하였다.

08　(주)대한이 합병일(20×2년 1월 1일)에 수행한 사업결합 관련 회계처리를 통해 인식한 영업권은 얼마인가?

① ₩240,000　　　　　② ₩270,000　　　　　③ ₩290,000

④ ₩300,000　　　　　⑤ ₩330,000

09 다음은 (주)대한과 (주)민국에 대한 <추가자료>이다.

> 〈추가자료〉
> 합병일 현재 (주)대한은 (주)민국이 제기한 손해배상청구소송에 피소된 상태이다. 합병일 현재 (주)대한과 (주)민국 간에 계류 중인 소송사건의 배상금의 공정가치는 ₩20,000으로 추정되고, 합병에 의해 이 소송관계는 정산되었다. (주)대한은 이와 관련하여 충당부채를 설정하지 않았다.

위 <자료>와 <추가자료>가 (주)대한의 20×2년도 당기순이익에 미치는 영향은 얼마인가?

① ₩0(영향 없음) 　② ₩20,000 감소 　③ ₩30,000 감소
④ ₩50,000 감소 　⑤ ₩70,000 감소

정답 및 해설

정답

01 ②   02 ⑤   03 ①   04 ④   05 ③   06 ③   07 ⑤   08 ②   09 ⑤

해설

01   ②   1. 취득자산

장부상 자산(공정가치): ₩22,000 + ₩35,000 + ₩13,000 =	₩70,000
유리한 조건의 리스(사용권자산)	₩500
계	₩70,500

2. 인수부채

장부상 부채(공정가치)	₩25,000
손해배상손실충당부채[1]	₩1,500
계	₩26,500

[1] 현재의무이고 공정가치를 신뢰성 있게 측정할 수 있는 우발부채는 인수부채에 포함됨

∴ 취득자산과 인수부채의 순액: ₩70,500 - ₩26,500 = ₩44,000

02   ⑤   1. 이전대가: 18주 × ₩2,000 + 10주 × ₩350 = ₩39,500
2. 취득자산과 인수부채의 순액   ₩(30,000)
3. 영업권   ₩9,500
4. 회계처리

일자	회계처리			
20×2. 1. 1.	(차) 기타포괄손익공정가치측정금융자산	500	(대) 기타포괄손익공정가치측정금융자산평가이익(OCI)	500
	(차) 순자산	30,000	(대) 자기주식	32,400
	영업권	9,500	자기주식처분이익	3,600
			기타포괄손익공정가치측정금융자산	3,500

03 ① 1. 이전대가: 100주 × ₩5,700 + ₩30,000 = ₩600,000
2. (주)소멸의 순자산공정가치: ₩690,000 − ₩120,000 = ₩(570,000)
3. 영업권 ₩30,000
4. 주식발행초과금: (₩5,700 − ₩5,000) × 100주 − ₩10,000 = ₩60,000
5. 회계처리

일자	회계처리			
20×2. 4. 1.	(차) 당기손익공정가치측정금융자산	3,000	(대) 당기손익공정가치측정금융자산평가이익(NI)	3,000
	(차) 현금 등	160,000	(대) 부채	120,000
	재고자산	150,000	자본금	500,000
	유형자산	380,000	주식발행초과금	70,000
	영업권	30,000	당기손익공정가치측정금융자산	30,000
	(차) 주식발행초과금	10,000	(대) 현금	30,000
	수수료비용	20,000		

04 ④ 1. 이전대가: ₩500,000 + ₩30,000 = ₩530,000
2. (주)소멸의 순자산공정가치: ₩690,000 − ₩120,000 = ₩(570,000)
3. 염가매수차익 ₩40,000
4. 회계처리

일자	회계처리			
20×2. 4. 1.	(차) 당기손익공정가치측정금융자산	3,000	(대) 당기손익공정가치측정금융자산평가이익(NI)	3,000
	(차) 현금 등	160,000	(대) 부채	120,000
	재고자산	150,000	현금	500,000
	유형자산	380,000	당기손익공정가치측정금융자산	30,000
			염가매수차익	40,000

해설

이전한 자산이나 부채가 사업결합을 한 후에도 결합기업에 여전히 남아있고, 취득자가 그 자산이나 부채를 계속 통제하는 경우에는, 취득자는 그 자산과 부채를 취득일의 장부금액으로 측정하고, 사업결합 전과 후에 여전히 통제하고 있는 자산과 부채에 대한 차손익을 당기손익으로 인식하지 않는다.

05 ③

일자	회계처리			
20×1. 10. 1.	(차) 자산	600,000	(대) 부채	100,000
	영업권	10,000	현금	450,000
			조건부대가(부채)	60,000
20×1. 12. 31.	(차) 영업권	20,000[1]	(대) 조건부대가(부채)	20,000
	[1] ₩80,000 − ₩60,000 = ₩20,000(측정기간 동안의 조정이므로 영업권 수정)			
20×2. 12. 31.	(차) 조건부대가(부채)	80,000	(대) 현금	100,000
	부채상환손실	20,000		

06 ③ **1. 역취득의 판단**

(주)갑은 (주)을의 보통주 1주당 2주를 교환하였기 때문에 (주)갑은 120주(60주 × 2주)를 발행한다. 결과적으로 (주)을의 주주는 결합기업 발행주식의 54.55%를 소유(발행주식 220주 중 120주)한다. 이를 요약하면 다음과 같다.

구분	(주)갑	(주)을
법률적 관점	법적 지배기업	법적 종속기업
사업결합 후 결합기업에 대한 상대적인 의결권	(주)갑 주주: 45.45% 100주/(100주 + 120주) = 45.45%	(주)을 주주: 54.55% 120주/(100주 + 120주) = 54.55%
회계적 실질에 의한 취득자의 판단	피취득자 (∵ 사업결합 후 상대적인 의결권이 적음)	취득자 (∵ 사업결합 후 상대적인 의결권이 큼)

2. 이전대가의 측정

역취득의 경우 이전대가는 법적 지배기업의 소유주가 역취득의 결과로 결합기업에 대하여 보유하는 지분과 같은 비율이 유지되도록, 법적 종속기업((주)을)이 법적 지배기업((주)갑)의 소유주에게 교부하였어야 할 법적 종속기업((주)을) 지분의 수량에 기초하여야 한다. 따라서 다음과 같이 계산할 수 있다.

구분	(주)갑이 주식을 발행하였을 경우(법적형식)		(주)을이 주식을 발행하였을 경우(경제적실질)	
	(주)갑 주주	(주)을 주주	(주)갑 주주	(주)을 주주
발행주식수	100주 :	120주 =	x주 :	60주
지분율	45.45% :	54.55% =	45.45% :	54.55%

① (주)을이 주식을 발행하였을 주식수: (60주 × 100주) ÷ 120주 = 50주
② 이전대가: 50주 × ₩60 = ₩3,000

3. 영업권의 측정

① 이전대가: 50주 × ₩60 =   ₩3,000
② (주)갑의 순자산공정가치: (₩1,000 + ₩3,000 − ₩1,400) =   ₩(2,600)
③ 영업권   ₩400

4. 역취득에 따라 작성된 연결재무제표상 납입자본은 사업결합 직전 법적 종속기업(취득자)의 발행자본과 이전대가를 합한 금액이다.

∴ 연결재무제표상 납입자본 = ₩1,200 + 50주 × ₩60 = ₩4,200

5. 회계처리

일자	회계처리				
20×1. 9. 30.	(차) 재고자산	1,000	(대) 부채		1,400
	유형자산	3,000	자본금		1,000
	영업권	400	주식발행초과금		2,000

07 ⑤ 1. 이전대가: 50주 × ₩60 =   ₩3,000
2. (주)갑의 순자산공정가치: (₩1,000 + ₩3,000 − ₩1,400) =   ₩(2,600)
3. 영업권   ₩400

08 ② 1. 이전대가: 150주 × ₩1,200 + ₩200,000 + ₩800,000 =   ₩1,180,000
2. (주)민국의 순자산공정가치: ₩200,000 + ₩1,280,000 + ₩30,000 − ₩600,000 =   (910,000)
3. 영업권   ₩270,000

4. 회계처리

일자	회계처리			
20×2. 1. 1.	(차) 기타포괄손익공정가치측정금융자산	30,000	(대) 기타포괄손익공정가치측정금융자산평가이익(OCI)	30,000
	(차) 유동자산	200,000	(대) 부채	600,000
	유형자산(순액)	1,280,000	현금	200,000
	무형자산(상표권)	30,000	자본금	500,000
	영업권	270,000	주식발행초과금	300,000
			기타포괄손익공정가치측정금융자산	180,000
	(차) 주식발행초과금	10,000	(대) 현금	60,000
	수수료비용	50,000		

09 ⑤ 1. 20×2년도 당기순이익에 미치는 영향: ₩30,000 + ₩20,000 + ₩20,000 = ₩(70,000) 감소

2. 회계처리

일자	회계처리			
20×2. 1. 1.	(차) 기타포괄손익공정가치측정금융자산	30,000	(대) 기타포괄손익공정가치측정금융자산평가이익(OCI)	30,000
	(차) 유동자산	200,000	(대) 부채	600,000
	유형자산(순액)	1,280,000	현금	180,000
	무형자산(상표권)	30,000	자본금	500,000
	영업권	250,000	주식발행초과금	300,000
			기타포괄손익공정가치측정금융자산	180,000
	(차) 주식발행초과금	10,000	(대) 현금	60,000
	수수료비용	50,000		
	(차) 비용	20,000	(대) 현금	20,000

3. 사업결합 전에 취득자나 취득자의 대리인이 체결하거나 피취득자(또는 피취득자의 이전 소유주)의 효익보다는 주로 취득자나 결합기업의 효익을 위하여 체결한 거래는 별도 거래일 가능성이 높다. 다음은 취득법을 적용하지 않는 별도 거래의 예이다.
   (1) 취득자와 피취득자 사이의 기존 관계를 사실상 정산하는 거래
   (2) 미래 용역에 대하여 종업원이나 피취득자의 이전 소유주에게 보상하는 거래
   (3) 피취득자나 피취득자의 이전 소유주가 대신 지급한 취득자의 취득관련 원가를 피취득자나 피취득자의 이전 소유주에게 변제하는 거래

4. 사업결합으로 기존 관계를 사실상 정산하는 경우에 취득자는 다음과 같이 측정한 차손익을 인식한다.
   (1) 기존의 비계약관계(예 소송)는 공정가치
   (2) 기존의 계약관계는 다음 (가)와 (나) 중 적은 금액
      (가) 계약이 같거나 비슷한 항목의 현행 시장거래조건과 비교하여 취득자의 관점에서 유리하거나 불리한 경우에 그 금액(불리한 계약은 현행 시장 조건에서 불리한 계약이다. 이 계약은 계약상의 의무 이행에서 생기는 회피불가능한 원가가 그 계약에서 받을 것으로 기대하는 경제적 효익을 초과하는 손실부담계약일 필요는 없다)
      (나) 거래상대방에게 불리한 조건으로 사용될 수 있는 계약에서 거래상대방에게 정산 규정을 분명하게 밝힌 경우의 그 금액
      만약 (나)가 (가)보다 적을 경우, 그 차이는 사업결합 회계처리의 일부로 포함한다.

Chapter 01
주관식 연습문제

사업결합과 영업권

01 (주)대한은 20×1년 1월 1일에 현금 ₩10,000,000을 지급하고 (주)민국의 자산과 부채를 모두 취득·인수하였으며, 이는 사업결합에 해당한다. 두 회사는 모두 12월 말 결산법인이다. 취득일 현재 (주)민국의 자산 및 부채의 장부금액과 공정가치는 다음과 같다. [2011 공인회계사 2차]

과목	장부금액	공정가치
현금	₩900,000	₩900,000
매출채권	₩1,200,000	₩1,100,000
재고자산	₩1,000,000	₩2,000,000
유형자산	₩1,500,000	₩2,200,000
자산총계	₩4,600,000	
매입채무	₩1,850,000	₩2,300,000
충당부채	₩150,000	?
자본	₩2,600,000	
부채와 자본총계	₩4,600,000	

(주)대한은 취득일 현재 (주)민국에 대해 다음과 같은 사실을 추가로 확인하였다.

1. (주)민국의 자산으로 인식하지 않았던 고객목록과 브랜드를 파악하였으며, 각각의 공정가치는 ₩1,000,000과 ₩2,500,000이다. (주)대한은 동 고객목록과 브랜드가 무형자산의 정의를 충족한다고 판단하였다.

2. (주)민국은 차세대 통신기술을 연구·개발하기 위하여 다음과 같이 지출하였다. (주)대한은 이러한 지출이 식별가능하고 신뢰성 있게 측정가능하다고 판단하였다.

항목	지출금액	공정가치
연구원 교육비	₩400,000	
외부전문가 수수료	₩200,000	
부품 검사비용	₩300,000	
원재료 사용액	₩500,000	
합계	₩1,400,000	₩1,500,000

3. (주)대한은 (주)민국의 충당부채의 공정가치를 잠정금액 ₩200,000으로 추정하였다.

물음 1 사업결합을 통하여 취득일에 (주)대한이 인식해야 할 ① 무형자산과 ② 영업권을 각각 계산하시오.

물음 2 20×1년 8월 1일에 (주)대한은 사업결합 시 잠정금액으로 인식했던 충당부채의 공정가치가 ₩300,000임을 확인하였다. 또한, 20×1년 말 (주)대한은 영업권의 회수가능액을 ₩1,300,000으로 추정하였다.

(1) (주)대한이 20×1년 말에 인식할 영업권의 손상차손을 계산하시오.

(2) (주)대한은 20×2년 말에 영업권의 회수가능액을 ₩1,600,000으로 추정하였다. 20×2년 말에 인식해야 할 영업권의 손상차손환입액을 계산하시오.

해답 **물음 1** 1. **무형자산**: (1) + (2) + (3) = ₩5,000,000

　(1) 고객목록: ₩1,000,000

　(2) 브랜드: ₩2,500,000

　(3) 식별가능한 연구개발비: ₩1,500,000

2. **영업권**: (1) − (2) = ₩1,300,000

　(1) 이전대가: ₩10,000,000

　(2) 순자산공정가치: ① − ② = ₩8,700,000

　　① 자산: ₩900,000 + ₩1,100,000 + ₩2,000,000 + ₩2,200,000 + ₩5,000,000 = ₩11,200,000

　　② 부채: ₩2,300,000 + ₩200,000 = ₩2,500,000

3. **회계처리**

일자	회계처리			
	(차) 현금	900,000	(대) 매입채무	2,300,000
	매출채권	1,100,000	충당부채	200,000
	재고자산	2,000,000	현금	10,000,000
20×1. 1. 1.	유형자산	2,200,000		
	무형자산(고객목록)	1,000,000		
	무형자산(브랜드)	2,500,000		
	무형자산(연구비)	1,500,000		
	영업권	1,300,000		

물음 2 1. **회계처리**

일자	회계처리			
20×1. 8. 1.	(차) 영업권	100,000	(대) 충당부채	100,000
20×1. 12. 31.	(차) 영업권손상차손	100,000	(대) 영업권	100,000

2. **20×1년 말 영업권손상차손**: (₩1,300,000 + ₩100,000) − ₩1,300,000 = ₩100,000

3. **20×2년 말 영업권손상차손환입액**: ₩0(영업권은 손상차손환입을 인정하지 않음)

해설 1. 사업결합에 대한 첫 회계처리를 사업결합이 생긴 보고기간 말까지 완료하지 못한다면, 취득자는 회계처리를 완료하지 못한 항목의 잠정금액을 재무제표에 보고한다. 측정기간에, 취득일 현재 존재하던 사실과 상황에 대하여 새롭게 입수한 정보가 있는 경우에 취득자는 취득일에 이미 알고 있었다면 취득일에 인식한 금액의 측정에 영향을 주었을 그 정보를 반영하기 위하여 취득일에 인식한 잠정금액을 소급하여 조정한다. 측정기간에, 취득일 현재 존재하던 사실과 상황에 대해 새로 입수한 정보가 있는 경우에 취득자는 취득일에 이미 알고 있었다면 인식하였을 추가 자산과 부채를 인식한다. 그러나 측정기간은 취득한 날부터 1년을 초과할 수 없다.

2. 측정기간에, 취득일 현재 존재하던 사실과 상황에 대해 새로 입수한 정보가 있는 경우에 취득자는 식별할 수 있는 자산(부채)으로 인식한 잠정금액의 증감을 영업권의 증감으로 인식한다. 측정기간에 취득자는 마치 사업결합의 회계처리가 취득일에 완료된 것처럼 잠정금액의 조정을 인식한다. 그러므로 취득자는 재무제표에 표시한 과거 기간의 비교 정보를 필요한 경우에 수정하며, 이러한 수정에는 처음 회계처리를 완료하면서 이미 인식한 감가상각, 상각, 그 밖의 수익 영향의 변경을 포함한다.

3. 사업결합으로 취득한 영업권은 상각하지 않는다. 그 대신 K-IFRS 제1036호 '자산손상'에 따라 매 보고기간마다 손상검사를 해야 한다.

4. 영업권에 대해 인식한 손상차손은 후속기간에 환입할 수 없다. 왜냐하면, 영업권에 대해 손상차손을 인식하고 난 후속기간에 증가된 회수가능액은 사업결합으로 취득한 영업권의 손상차손환입액이 아니라 내부적으로 창출된 영업권으로 간주하기 때문이다.

합병회계와 조건부대가

02 (주)대한은 20×1년 1월 1일에 (주)민국의 주식 100%를 취득함으로써 (주)민국을 흡수합병하였다. (주)대한은 합병대가로 (주)민국의 주주에게 자사 보통주 300주(1주당 액면금액 ₩1,000, 1주당 공정가치 ₩1,500)를 발행·교부하고, 현금 ₩100,000을 지급하였다. 단, (주)대한과 (주)민국은 동일지배하에 있는 기업이 아니다. 합병 직전 (주)대한과 (주)민국의 재무상태표는 다음과 같다.

[2014 공인회계사 2차]

〈합병 직전 양사의 재무상태표〉

항목	(주)대한	(주)민국
유동자산	₩300,000	₩200,000
유형자산	₩500,000	₩150,000
무형자산	₩100,000	₩150,000
자산 계	₩900,000	₩500,000
부채	₩300,000	₩100,000
납입자본	₩400,000	₩250,000
기타자본	₩200,000	₩150,000
부채 및 자본 계	₩900,000	₩500,000

주) 납입자본을 제외한 나머지 자본요소는 모두 '기타자본'으로 보고한다.

합병 직전에 (주)민국의 자산과 부채에 대해 '예비실사를 통해 (주)대한이 산정한 공정가치(이하 예비실사가액)' 자료는 다음과 같다. 단, 아래 '2. 취득자산·부채의 공정가치 관련 추가자료'에 제시되는 사항을 제외하고는 (주)대한이 공정가치를 적정하게 산정한 것으로 가정한다.

항목	예비실사가액
유동자산	₩220,000
유형자산	₩200,000
무형자산	₩160,000
부채	₩100,000

〈합병과 관련한 추가자료〉

1. 조건부대가 계약
   (1) 합병 후 1년간 시장점유율이 25%를 초과하면 20주를 발행하여 추가 교부한다. 합병일 현재 동 '주식교부 조건부대가'는 자본으로 분류되고, 공정가치는 ₩25,000이다.
   (2) 20×1년의 이익실적에 따라 일정 금액의 현금을 추가 지급한다. 합병일 현재 동 '현금지급 조건부대가'는 부채로 분류되고, 공정가치는 ₩7,000이다.
2. 취득자산·부채의 공정가치 관련 추가자료
   (1) (주)민국의 유동자산에는 수취채권(장부금액 ₩10,000)이 포함되어 있다. (주)대한은 예비실사 시 동 수취채권 중 ₩3,000만큼은 회수가 어려울 것으로 판단하여, 동 수취채권을 ₩7,000으로 산정하였다. 취득일에 동 수취채권의 공정가치는 ₩8,000이다.

(2) (주)민국의 유형자산에는 운용리스자산이 포함되어 있다. (주)대한은 동 운용리스계약이 시장조건에 비해 ₩5,000만큼 유리한 것으로 판단하여 예비실사가액에 해당 계약에 대한 무형자산 ₩5,000을 포함하였다.

(3) (주)민국의 무형자산에는 (주)한국으로부터 취득한 라이선스계약(장부금액 ₩5,000 및 취득일의 공정가치 ₩6,000)이 포함되어 있는데, (주)대한도 이미 동일한 라이선스계약을 보유하고 있다. (주)대한은 동 라이선스계약을 중복 보유하게 됨에 따라 사용가치가 없는 것으로 판단하여 예비실사가액 산정 시 반영하지 않았다.

물음 1 제시된 <합병과 관련한 추가자료>를 반영하여 합병일에 (주)대한이 작성하는 재무상태표상 아래 항목에 해당하는 금액을 구하시오. 해당 금액이 없는 경우에는 "0"으로 표시하시오.

영업권	(1)
무형자산(영업권 제외)	(2)
부채	(3)
납입자본	(4)
기타자본	(5)

물음 2 20×1년 12월 31일 현재 <합병과 관련한 추가자료>에 따른 2개의 조건부대가 계약에 대한 조건이 모두 충족되었다. 이와 관련하여 (주)대한은 (주)민국의 주주에게 (주)대한의 주식 20주와 현금 ₩5,000을 지급하였다. 20×1년 12월 31일 현재 (주)대한 주식의 공정가치는 1주당 ₩2,000이다. 조건부대가에 대한 지급이 ① 납입자본에 영향을 미치는 금액과 ② 당기손익에 영향을 미치는 금액을 각각 구하시오. 단, 감소의 경우에는 금액 앞에 (-)를 표시하시오.

해답　**물음 1**　1. 재무상태표에 해당하는 금액

영업권	(1) ₩95,000
무형자산(영업권 제외)	(2) ₩261,000
부채	(3) ₩407,000
납입자본	(4) ₩850,000
기타자본	(5) ₩225,000

(1) 영업권: ① - ② = ₩95,000
　　① 이전대가: 300주 × ₩1,500 + ₩100,000 + ₩25,000 + ₩7,000 = ₩582,000
　　② 순자산공정가치: a. - b. = ₩487,000
　　　　a. 자산: ₩220,000 + ₩1,000 + ₩200,000 + ₩5,000 + ₩160,000 - ₩5,000 + ₩6,000 = ₩587,000
　　　　b. 부채: ₩100,000
(2) 무형자산: ₩100,000 + ₩160,000 - ₩5,000 + ₩6,000 = ₩261,000
(3) 부채: ₩300,000 + ₩100,000 + ₩7,000 = ₩407,000
(4) 납입자본: ₩400,000 + ₩450,000 = ₩850,000
(5) 기타자본: ₩200,000 + ₩25,000 = ₩225,000

2. 회계처리

일자	회계처리			
20×1. 1. 1.	(차) 유동자산	220,000	(대) 부채	100,000
	유형자산	200,000	자본금	300,000
	무형자산	160,000	주식발행초과금	150,000
	유동자산(수취채권)	1,000	현금	100,000
	무형자산(유리한 조건)	(5,000)	조건부대가(자본)	25,000
	유형자산(유리한 조건)	5,000	조건부대가(부채)	7,000
	무형자산(라이선스)	6,000		
	영업권	95,000		

물음 2　① 납입자본에 영향을 미치는 금액: ₩25,000
② 당기손익에 영향을 미치는 금액: ₩2,000

1. 조건부대가(자본) 회계처리

일자	회계처리			
20×1. 12. 31.	(차) 조건부대가(자본)	25,000	(대) 자본금	20,000
			주식발행초과금	5,000

2. 조건부대가(부채) 회계처리

일자	회계처리			
20×1. 12. 31.	(차) 조건부대가(부채)	2,000	(대) 부채상환이익(NI)	2,000
	(차) 조건부대가(부채)	5,000	(대) 현금	5,000

해설　1. 취득자가 취득일 후에 인식하는 조건부대가의 공정가치 변동 중 취득일에 존재한 사실과 상황에 대하여 취득일 후에 추가로 입수한 정보일 경우에는 측정기간의 조정 사항으로 보고 회계처리한다.
2. 목표수익을 달성하거나, 특정 주가에 도달하거나, 연구개발 프로젝트의 주요 과제를 완료하는 등 취득일 이후에 발생한 사건에서 발생한 변동은 측정기간의 조정 사항이 아니다. 취득자는 측정기간의 조정 사항이 아닌 조건부대가의 공정가치 변동을 다음과 같이 회계처리한다.
　① 자본으로 분류한 조건부대가: 재측정하지 않으며, 그 후속 정산은 자본 내에서 회계처리한다.
　② 부채 또는 자산으로 분류한 조건부대가: 각 보고기간 말에 공정가치로 재측정하며, 공정가치의 변동은 당기손익으로 인식한다.

03 20×1년 1월 1일 (주)갑은 (주)을과 사업결합을 하였으며, 취득자는 (주)갑이다. 취득일 현재 (주)을의 자산과 부채의 장부금액과 공정가치가 다음과 같을 때, 아래의 독립적인 각각의 물음에 답하시오.

[2010 공인회계사 2차]

재무상태표
20×1년 1월 1일 현재

과목	장부금액	공정가치
유동자산	₩30,000	₩35,000
유형자산	₩50,000	₩56,000
무형자산	₩20,000	₩23,000
기타자산	₩20,000	₩25,000
자산총계	₩120,000	
부채	₩40,000	₩43,000
자본금	₩50,000	
자본잉여금	₩10,000	
이익잉여금	₩20,000	
부채·자본총계	₩120,000	

물음1 사업결합과 관련하여 (주)갑은 상기 (주)을의 자산과 부채의 공정가치 결정에서 고려되지 않은 아래의 추가항목들을 발견하였다. 이러한 추가항목들 중 인식가능 항목을 사업결합에 반영할 경우 (주)을의 공정가치에 미치는 영향을 평가하시오. 단, 추가항목들의 장부금액은 세무기준액과 동일하다고 가정하고, 아래의 영향평가에서 과목(항목)은 유동자산, 유형자산, 무형자산, 기타자산, 부채 및 영향 없음으로 구분하며, 해당 금액 감소 시 금액 앞에 (-)표시한다.

추가항목	영향평가
[예시] 무형자산의 정의를 충족시키는 (주)을의 취득일 현재 진행 중인 고객관계 개선 프로젝트는 ₩1,000임	무형자산 ₩1,000
무형자산의 정의를 충족시키는 (주)을의 취득일 현재 진행 중인 연구개발 프로젝트는 ₩2,000임	①
이연법인세자산으로 인식하지 않은 (주)을의 세무상 결손금 ₩15,000에 대하여 (주)갑은 법인세효익을 얻을 수 있음. (주)갑의 당기 및 차기 이후 법인세율은 20%임	②
(주)을이 리스이용자인 리스계약에서 리스의 조건이 시장조건에 비하여 불리한 금액은 ₩1,000임	③
(주)을이 리스이용자인 리스계약에서 리스의 조건이 시장조건에 비하여 유리한 금액은 ₩3,000임	④
(주)을이 충당부채로 인식하지 않고 주석으로 공시한 우발채무의 신뢰성 있는 공정가치는 ₩4,000임	⑤

(주)을이 취득일 현재 미래의 새로운 고객과 협상 중인 잠재적 계약의 가치는 ₩4,000임	⑥
사업결합의 결과 미래에 발생할 것으로 예상되는 손실은 ₩9,000임	⑦
(주)갑이 (주)을로부터 재취득한 기술라이선스의 권리는 잔여계약기간에 기초하여 ₩5,000으로 추정됨	⑧

물음 2 20×1년 1월 1일 (주)을의 취득일 현재 공정가치는 **물음 1** 의 추가정보를 반영한 후의 금액으로 가정한다. 20×1년 1월 1일의 사업결합에서 (주)갑은 (주)을의 지분 100%에 대한 취득대가로 (주)갑의 주식 100주(액면총액 ₩20,000, 공정가치 ₩40,000)를 발행·교부하였다. 또한, (주)갑은 조건부대가로 20×1년 12월 31일에 시장점유율이 특정 비율을 초과하면 (주)갑의 10주를 발행·교부하며, (주)을이 취득일 전부터 진행해 온 신제품개발을 완료하면 ₩30,000을 지급하기로 약정하였다. 지분발행·교부(시장점유율조건)와 현금지급(신제품개발조건) 약정의 취득일 현재 공정가치가 각각 ₩10,000과 ₩20,000일 때, (주)갑이 사업결합에서 인식할 자본과 영업권(또는 염가매수차익)을 각각 계산하시오.

물음 3 20×1년 1월 1일 (주)을의 취득일 현재 공정가치는 **물음 1** 의 추가정보를 반영한 후의 금액으로 가정한다. (주)갑은 20×1년 1월 1일의 사업결합에서 (주)을의 지분 100%에 대한 취득대가로 현금 ₩100,000을 지급하였고, (주)을의 부채의 공정가치는 충당부채의 잠정금액 ₩2,000을 포함하고 있다. 20×1년 9월 30일(3분기 보고기간 말)에 취득일 현재 존재했던 상황에 대해 추가정보가 입수됨에 따라 (주)갑은 사업결합 시 인식하였던 충당부채의 잠정금액 ₩2,000을 ₩3,000으로 조정하였다. 20×1년 9월 30일에 (주)갑이 잠정금액의 조정과 관련하여 행할 회계처리를 제시하시오. 단, 사업결합 후 잠정금액을 조정할 수 있는 측정기간은 20×1년 9월 30일까지 종료하지 않았다.

물음 4 **물음 3** 에서 (주)갑은 사업결합 시 인식하였던 충당부채의 잠정금액 ₩2,000을 20×2년 3월 31일(차년도 1분기 보고기간 말)에 ₩1,000으로 조정하였다. 이러한 조정이 오류수정에 해당한다면, (주)갑이 20×2년 3월 31일에 잠정금액의 조정과 관련하여 행할 회계처리를 제시하시오. 단, 사업결합 후부터 20×2년 3월 30일까지 충당부채의 잠정금액 ₩2,000의 조정이나 영업권의 변동은 없다고 가정한다.

해답

물음 1

추가항목	영향평가
무형자산의 정의를 충족시키는 (주)을의 취득일 현재 진행 중인 연구개발 프로젝트는 ₩2,000임	① 무형자산: ₩2,000
이연법인세자산으로 인식하지 않은 (주)을의 세무상 결손금 ₩15,000에 대하여 (주)갑은 법인세효익을 얻을 수 있음. (주)갑의 당기 및 차기 이후 법인세율은 20%임	② 기타자산: ₩3,000[1]
(주)을이 리스이용자인 리스계약에서 리스의 조건이 시장조건에 비하여 불리한 금액은 ₩1,000임	③ 유형자산: (-)₩1,000[2]
(주)을이 리스이용자인 리스계약에서 리스의 조건이 시장조건에 비하여 유리한 금액은 ₩3,000임	④ 유형자산: ₩3,000[2]
(주)을이 충당부채로 인식하지 않고 주석으로 공시한 우발채무의 신뢰성 있는 공정가치는 ₩4,000임	⑤ 부채: ₩4,000
(주)을이 취득일 현재 미래의 새로운 고객과 협상 중인 잠재적 계약의 가치는 ₩4,000임	⑥ 영향 없음
사업결합의 결과 미래에 발생할 것으로 예상되는 손실은 ₩9,000임	⑦ 영향 없음
(주)갑이 (주)을로부터 재취득한 기술라이선스의 권리는 잔여계약기간에 기초하여 ₩5,000으로 추정됨	⑧ 무형자산: ₩5,000

[1] ₩15,000 × 20% = ₩3,000
[2] 운용리스의 조건이 시장조건보다 유리하다면 유형자산(사용권자산)으로 인식하며, 운용리스의 조건이 시장조건보다 불리하다면 이를 반영하여 유형자산(사용권자산)의 금액을 차감하여 조정한다.

물음 2

1. **순자산공정가치**: ₩139,000 - ₩43,000 = ₩96,000
2. **이전대가**: ₩40,000(100주 × ₩400) + ₩10,000(조건부대가 자본) + ₩20,000(조건부대가 부채) = ₩70,000
3. **사업결합에서 인식할 자본**
   ₩40,000(100주 × ₩400) + ₩10,000(조건부대가 자본) + ₩26,000(염가매수차익) = ₩76,000
4. **염가매수차익**: ₩96,000 - ₩70,000 = ₩26,000
5. **회계처리**

일자	회계처리			
20×1. 1. 1.	(차) 유동자산	35,000	(대) 부채	43,000
	유형자산	56,000	자본금	20,000
	무형자산	23,000	주식발행초과금	20,000
	기타자산	25,000	조건부대가(자본)	10,000
			조건부대가(부채)	20,000
			염가매수차익	26,000

> **✍ 저자 견해 사업결합에서 인식할 자본에 대한 출제의도에 대한 견해**
>
> 사업결합에서 인식할 자본은 위의 회계처리에서 자본으로 분류된 자본금과 주식발행초과금 및 조건부대가(자본)의 합계액인 ₩50,000으로 생각할 수 있다. 그러나 염가매수차익은 당기이익으로 이익잉여금을 증가시키므로 자본을 ₩26,000만큼 증가시키게 되어 해답을 ₩76,000으로 제시하였다. 출제자의 정확한 출제의도는 파악할 수 없으나 당기손익은 언제나 이익잉여금의 증감을 동반하므로 사업결합에서 인식된 자본의 증가액은 ₩76,000이 정확한 해답이라 판단된다.

물음 3

1. **취득일의 영업권**: ₩100,000 - ₩96,000 = ₩4,000
2. **측정기간 내의 충당부채 조정금액**: ₩1,000
3. **수정된 영업권**: ₩4,000 + ₩1,000 = ₩5,000
4. **회계처리**

일자	회계처리			
20×1. 9. 30.	(차) 영업권	1,000	(대) 충당부채	1,000

물음 4	일자	회계처리			
	20×2. 3. 31.	(차) 충당부채	1,000[1]	(대) 영업권	1,000

[1] 측정기간이 종료된 후에 오류수정에 해당하는 경우에는 영업권을 수정한다.

해설 1. 측정기간은 사업결합에서 인식한 잠정금액을 사업결합 후 조정할 수 있는 기간을 말한다. 측정기간은 취득일로부터 1년을 초과할 수 없다.
2. 측정기간이 종료된 후에는 기업회계기준서(회계정책, 회계추정치 변경과 오류)에 따른 오류수정의 경우에만 사업결합의 회계처리를 소급수정한다.

04 **20×1년 7월 1일에 (주)대한은 (주)민국의 주식 100%를 취득하여 사업결합하고, 다음과 같은 대가를 지급하였다.**

[2017 공인회계사 2차]

> (1) (주)대한은 (주)민국의 기존 주주들에게 보통주 100주(주당 액면가액 ₩1,000, 주당 공정 가치 ₩2,000)를 발행·교부하였으며, 주식발행비용으로 ₩4,000을 지출하였다.
>
> (2) (주)대한은 (주)민국의 기존 주주들에게 장부금액 ₩50,000(공정가치 ₩60,000)인 토지를 이전하였다.
>
> (3) (주)대한은 (주)민국의 주식기준보상(주식결제형)을 자신의 주식기준보상(주식결제형)으로 대체하기로 하였다. (주)민국이 종업원에게 주식기준보상을 부여한 시점에서의 공정가치는 ₩25,000이며, 취득일에 기업회계기준서(주식기준보상)에 의하여 측정한 금액은 ₩30,000이다.
>
> (4) (주)대한은 20×2년 초에 시장점유율이 특정 비율을 초과하게 되면 (주)민국의 기존 주주들에게 보통주 10주를 추가 발행·교부하기로 하였으며, 취득일 현재 이러한 대가의 공정가치는 ₩18,000으로 추정된다.

취득일 현재, (주)민국 자산의 공정가치는 ₩300,000, 부채의 공정가치는 ₩100,000이다. 취득한 자산과 인수한 부채의 공정가치와 관련된 추가자료는 다음과 같다.

> 1. (주)민국은 취득일 현재 새로운 고객과 제품공급계약을 협상하고 있는데, 동 계약의 체결가 능성은 매우 높다. 동 계약의 공정가치는 ₩5,000으로 추정된다.
>
> 2. (주)민국의 무형자산 중에는 인터넷 도메인 등 홈페이지와 관련된 무형자산이 ₩50,000 계상되어 있다. 그러나 (주)대한은 자체적인 홈페이지를 운영하고 있으므로, (주)민국의 홈페이지를 폐쇄하기로 결정하고 사업결합 시 (주)민국의 순자산공정가치에 포함시키지 않았다. 이러한 인터넷 도메인 등의 홈페이지와 관련된 공정가치는 ₩25,000이다. 또한 (주)민국은 고객목록 정보를 데이터베이스 형태로 관리하고 있다. (주)민국은 이러한 데이터베이스를 구축하는 데 ₩40,000을 지출하였으며, 이를 경상개발비로 처리하였다. 동 고객목록 정보의 공정가치는 ₩20,000이다.
>
> 3. 사업결합 후 (주)민국의 일부 사업 중단계획에 따라 취득일에 매각예정비유동자산으로 분류한 처분자산집단의 장부금액은 ₩2,000이지만, 동 자산집단의 공정가치는 ₩3,000이고, 처분부대원가는 ₩500이다. 매각예정비유동자산은 취득일의 (주)민국의 순자산에 포함되지 않았다.
>
> 4. (주)민국은 취득일 현재 소송의 피고로 계류 중인 사건과 관련하여 패소할 가능성이 높지 않아 충당부채를 인식하지 않았으나, 이의 공정가치는 ₩13,000으로 측정되었다. (주)민국은 이 소송에 패소하여 손해배상액이 ₩13,000을 초과할 경우 차액을 (주)대한에게 보상해 주기로 하였는데, 보상대상 부채와 동일한 근거로 측정한 보상금액의 공정가치는 ₩2,000으로 측정되었다.
>
> 5. (주)대한은 취득일에 인수한 (주)민국의 금융부채 공정가치가 확실하지 않아, 잠정적으로 ₩15,000으로 측정하였으나, 20×2년 중에 동 금융부채의 공정가치가 ₩12,000인 것으로 확인되었다.

물음 1 (주)대한이 (주)민국에게 지급한 이전대가 중 (주)민국에게 이전한 토지를 (주)대한이 사업결합 후에도 ① 계속 통제하고 있는 경우와 ② 통제하지 못하는 경우로 나누어 (주)대한이 취득일에 사업결합과 관련하여 지급한 이전대가를 계산하시오.

물음 2 (주)대한이 취득일에 사업결합과 관련한 회계처리를 할 때, 추가자료 1 ~ 4 항목들이 (주)대한이 취득한 순자산공정가치에 미치는 영향을 계산하시오. 단, 영향이 없는 경우에는 '0'으로 표시하고, 순자산공정가치가 감소하는 경우에는 금액 앞에 '(-)'를 표시하시오.

항목	순자산공정가치에 미치는 영향
추가자료 1	①
추가자료 2	②
추가자료 3	③
추가자료 4	④

물음 3 추가자료 5와 같이 잠정금액의 수정이 이루어지는 경우 수정이 이루어지는 시기에 따라 회계 처리가 어떻게 달라지는지 간략히 설명하시오.

해답 **물음 1** ① 계속 통제하고 있는 경우
100주 × ₩2,000 + ₩50,000(장부금액) + ₩30,000 + ₩18,000 = ₩298,000
② 통제하지 못하는 경우
100주 × ₩2,000 + ₩60,000(공정가치) + ₩30,000 + ₩18,000 = ₩308,000

물음 2

항목	순자산공정가치에 미치는 영향
추가자료 1	① ₩0
추가자료 2	② ₩45,000
추가자료 3	③ ₩2,500
추가자료 4	④ (-)₩11,000

1. **추가자료 1:** ₩0[1)]

   [1)] 취득자는 취득일에 피취득자가 미래의 새로운 고객과 협상 중인 잠재적 계약의 가치를 귀속시킬 수 있다. 그러나 취득 일에 그러한 잠재적 계약은 그 자체로 자산이 아니기 때문에 별도의 자산으로 인식하지 않고 영업권에 포함한다. 그러 한 계약의 가치는 취득일 후에 발생하는 사건에 따라 후속적으로 영업권에서 재분류하지 않는다.

2. **추가자료 2:** ₩25,000 + ₩20,000 = ₩45,000

3. **추가자료 3:** ₩3,000 - ₩500 = ₩2,500

4. **추가자료 4:** (-)₩13,000(충당부채) + ₩2,000(보상자산) = (-)₩11,000

물음 3 취득일로부터 1년 이내 잠정금액이 조정되는 경우에는 취득자는 식별할 수 있는 자산(부채)으로 인식한 잠정금액의 증가(감소)를 영업권의 감소(증가)로 인식한다. 그러나 측정기간이 종료된 후에는, 기업회계기준서 제1008호 '회계 정책, 회계추정치 변경과 오류'에 따른 오류수정의 경우에만 사업결합의 회계처리를 수정한다.

해설 1. 취득일에 공정가치와 장부금액이 다른 취득자의 자산과 부채(예 취득자의 비화폐성자산 또는 사업)를 이전대가에 포함할 수 있다. 이 경우, 취득자는 이전한 자산이나 부채를 취득일 현재 공정가치로 재측정하고, 그 결과 차손익이 있다면 당기손익으 로 인식한다.

2. 때로는 이전한 자산이나 부채가 사업결합을 한 후에도 결합기업에 여전히 남아있고(예 자산이나 부채가 피취득자의 이전 소 유주가 아니라 피취득자에게 이전됨), 따라서 취득자가 그 자산이나 부채를 계속 통제하는 경우가 있다. 이러한 상황에서 취 득자는 그 자산과 부채를 취득일 직전의 장부금액으로 측정하고, 사업결합 전이나 후에도 여전히 통제하고 있는 자산과 부채 에 대한 차손익을 당기손익으로 인식하지 않는다.

05 갑회사(상장기업)는 20×1년 4월 1일에 을회사(비상장기업) 주식과 교환하여 갑회사 주식을 발행함으로써 을회사를 취득하였다. 이와 같은 사업결합을 통하여 갑회사와 을회사는 각각 법적 지배기업과 법적 종속기업이 되었다. 취득일 현재 갑회사와 을회사의 재무상태표 및 추가정보는 다음과 같다.

[2011 공인회계사 2차]

〈재무상태표〉

과목	갑회사	을회사
자산총계	₩55,000	₩110,000
부채총계	₩30,000	₩60,000
자본총계	₩25,000	₩50,000
납입자본(보통주)	₩10,000	₩30,000
이익잉여금	₩15,000	₩20,000

〈추가정보〉

1. 취득 직전일 현재 두 회사의 발행주식은 다음과 같다.

구분	갑회사	을회사
발행주식수	100주	150주
주당 액면금액	₩100	₩200
주당 공정가치	₩200	₩800

2. 취득일 현재 두 회사의 자산 및 부채의 공정가치는 다음과 같다.

구분	갑회사	을회사
자산의 공정가치	₩70,000	₩120,000
부채의 공정가치	₩33,000	₩70,000

3. 갑회사는 사업결합 과정에서 을회사 주식 1주와 교환하여 갑회사 주식 2주를 발행하기로 하고 총 300주를 발행하였다.

4. 관련 회계처리에서 법인세 효과는 고려하지 않는다.

물음1 갑회사의 경영자는 갑회사가 취득자라고 주장하는데 반해, 회계전문가는 이를 역취득으로 보고 을회사가 회계상 취득자라고 판단하고 있다. 역취득이라고 판단하는 이유를 제시하시오.

물음2 상기 사업결합에서 회계상 취득자가 갑회사인 경우와 회계상 취득자가 을회사인 경우(역취득)로 구분하여 사업결합 직후 다음과 같이 연결재무상태표를 작성하였다. 공란에 들어갈 금액(①부터 ⑧까지)을 모두 계산하시오.

과목	회계상 취득자가 갑회사인 경우	회계상 취득자가 을회사인 경우
자산총계(영업권 포함)	①	⑤
부채총계	②	⑥
자본총계		
납입자본	③	⑦
이익잉여금	④	⑧

물음3 갑회사가 사업결합 과정에서 을회사의 발행주식 150주 중 135주와 교환하여 갑회사의 주식을 발행하기로 하고 총 270주를 발행하였으며, 이를 제외한 다른 모든 사실은 위와 동일하다고 가정한다. 이러한 사업결합이 역취득에 해당될 때 사업결합 직후 연결재무상태표에 표시될 비지배지분을 계산하시오.

해답 **물음1**

1. 역취득의 판단

갑회사(법적 지배기업)가 300주를 발행한 결과 을회사(법적 종속기업)의 주주는 갑회사 주식의 75%[300주/(100주 + 300주)]를 소유하게 된다. 나머지 25%는 갑회사의 기존 주주가 소유하고 있다. 따라서 지분을 교환하여 이루어지는 사업결합의 경우 취득자는 사업결합 후 결합기업에 대한 상대적인 의결권에 의하여 결정되므로 을회사의 주주가 상대적인 의결권이 크기 때문에 법적 지배기업인 갑회사가 피취득자이며, 법적 종속기업인 을회사가 취득자인 역취득으로 판단한다. 이를 요약하면 다음과 같다.

구분	갑회사	을회사
법률적 관점	법적 지배기업	법적 종속기업
사업결합 후 결합기업에 대한 상대적인 의결권	갑회사 주주: 25% 100주/(100주 + 300주) = 25%	을회사 주주: 75% 300주/(100주 + 300주) = 75%
회계적 실질에 의한 취득자의 판단	피취득자 (∵ 사업결합 후 상대적인 의결권이 적음)	취득자 (∵ 사업결합 후 상대적인 의결권이 큼)

2. 이전대가의 측정

역취득의 경우 이전대가는 법적 지배기업의 소유주가 역취득의 결과로 결합기업에 대하여 보유하는 지분과 같은 비율이 유지되도록, 법적 종속기업(을회사)이 법적 지배기업(갑회사)의 소유주에게 교부하였어야 할 법적 종속기업(을회사) 지분의 수량에 기초하여야 한다. 따라서 다음과 같이 계산할 수 있다.

구분	갑회사가 주식을 발행하였을 경우(법적형식)		을회사가 주식을 발행하였을 경우(경제적실질)	
	갑회사 주주	을회사 주주	갑회사 주주	을회사 주주
발행주식수	100주 :	300주 =	x주 :	150주
지분율	25% :	75% =	25% :	75%

① 을회사가 주식을 발행하였을 주식수: (150주 × 100주) ÷ 300주 = 50주
② 이전대가: 50주 × ₩800 = ₩40,000

3. 영업권의 측정

① 이전대가: 50주 × ₩800 =		₩40,000
② 갑회사의 순자산공정가치: (₩70,000 - ₩33,000) =	₩(37,000)	
③ 영업권		₩3,000

물음 2

1. 연결재무제표

과목	회계상 취득자가 갑회사인 경우	회계상 취득자가 을회사인 경우
자산총계(영업권 포함)	① ₩185,000	⑤ ₩183,000
부채총계	② ₩100,000	⑥ ₩93,000
자본총계		
납입자본	③ ₩70,000	⑦ ₩70,000
이익잉여금	④ ₩15,000	⑧ ₩20,000

① ₩55,000 + ₩120,000 + ₩10,000 = ₩185,000
② ₩30,000 + ₩70,000 = ₩100,000
③ ₩10,000 + ₩60,000 = ₩70,000
④ ₩15,000
⑤ ₩110,000 + ₩70,000 + ₩3,000 = ₩183,000
⑥ ₩60,000 + ₩33,000 = ₩93,000
⑦ ₩30,000 + ₩40,000 = ₩70,000
⑧ ₩20,000

2. 회계상 취득자가 갑회사인 경우 회계처리

(1) 을회사 주식취득 회계처리

일자	회계처리				
20×1. 4. 1.	(차) 투자주식(을)	60,000	(대) 자본금(갑)	30,000
			주식발행초과금	30,000

(2) 연결조정분개

일자	회계처리				
20×1. 4. 1.	(차) 자본금(을)	30,000	(대) 투자주식(을)	60,000
	이익잉여금(을)	20,000	부채(을)	10,000
	자산(을)	10,000		
	영업권	10,000		

3. 회계상 취득자가 을회사인 경우 회계처리

(1) 갑회사 주식취득 회계처리

일자	회계처리				
20×1. 4. 1.	(차) 투자주식(갑)	40,000	(대) 자본금(을)	10,000
			주식발행초과금	30,000

(2) 연결조정분개

일자	회계처리				
20×1. 4. 1.	(차) 자본금(갑)	10,000	(대) 투자주식(갑)	40,000
	이익잉여금(갑)	15,000	부채(갑)	3,000
	자산(갑)	15,000		
	영업권	3,000		

물음 3

1. 갑회사의 주식과 교환되지 않은 을회사의 주식 15주는 비지배지분이다.
2. **비지배지분의 지분율:** 15주 ÷ 150주 = 10%
3. **비지배지분:** ₩50,000(을회사 순자산장부금액) × 10% = ₩5,000

해설 1. 이전대가는 법적 종속기업(취득자)이 법적 지배기업(피취득자)의 소유주에게 지분상품을 발행하는 것으로 간주하여 이전대가를 측정한다.

2. 역취득의 비지배지분은 사업결합 직전 법적 종속기업의 순자산장부금액에 대한 비지배주주의 비례적 지분이다.

06 아래의 <공통자료>를 이용하여 각 물음에 답하시오.　　　　　　　[2023 공인회계사 2차]

〈공통자료〉

1. 20×1년 1월 1일에 (주)대한은 (주)민국의 발행 주식 중 15%(1,500주)를 ₩2,250,000에 취득하고, 이를 FVOCI금융자산으로 분류하였다. 20×1년 12월 31일 현재 (주)민국의 발행 주식의 공정가치는 주당 ₩1,700이다.

2. (주)대한은 20×2년 3월 1일에 (주)민국의 나머지 주식(총 발행주식 중 85%, 8,500주)을 취득하여 (주)민국을 흡수합병하였다. 20×2년 3월 1일 현재 (주)민국의 발행 주식의 공정가치는 주당 ₩1,800이다.

3. (주)대한은 인수대가로 (주)대한을 제외한 나머지 (주)민국의 주주들에게 현금 ₩3,000,000과 보유하고 있던 (주)서울의 주식 3,000주(FVPL금융자산으로 분류, 장부가액 ₩2,000,000, 공정가치 ₩2,500,000)를 지급하고, (주)대한의 주식 800주(액면총액 ₩4,000,000, 공정가치 ₩5,000,000)를 발행·교부하였다.

물음1 사업결합에서 영업권이 발생한다고 가정할 때, <공통자료> 및 <추가자료>를 이용하여 각 <요구사항>에 답하시오. 단, <요구사항>은 독립적이다.

〈추가자료 1〉
(주)대한이 인수한 (주)민국의 토지는 사업결합 시 매각예정으로 분류되었다. 20×2년 1월 1일 및 3월 1일 현재 이 토지의 장부금액 및 순공정가치는 다음과 같다. 이 금액은 (주)민국의 자산 및 부채 금액에 포함되어 있지 않다.

(단위: ₩)

일자	장부금액	순공정가치
20×2년 1월 1일	2,000,000	3,000,000
20×2년 3월 1일	2,000,000	2,500,000

<요구사항 1> 상기 <추가자료 1>의 사항이 20×2년 사업결합 시 (주)대한의 당기순이익에 미치는 영향을 계산하고, 그 이유를 기술하시오. 단, 영향이 없는 경우에는 '0'으로 표시하고 감소하는 경우 금액 앞에 (-)를 표시하시오.

당기순이익에 미치는 영향	①
이유	②

〈추가자료 2〉
(주)민국은 20×1년 1월 1일에 개발부서 담당 임원 A를 외부에서 영입하였다. 해당 임원 A 영입 당시 사업결합에 대한 협상은 시작되지 않았으며, 고용계약에 따르면 총 계약기간은 3년이고 계약기간 중 회사가 매각되는 경우 ₩200,000을 임원 A가 지급받기로 되어 있다. 이 금액은 (주)민국의 자산 및 부채 금액에 포함되어 있지 않다.

<요구사항 2> 상기 <추가자료 2>의 사항이 20×2년 사업결합 시 (주)대한의 당기순이익에 미치는 영향을 계산하고, 그 이유를 기술하시오. 단, 영향이 없는 경우에는 '0' 으로 표시하고 감소하는 경우 금액 앞에 (-)를 표시하시오.

당기순이익에 미치는 영향	①
이유	②

〈추가자료 3〉

(주)대한이 인수대가로 지급한 현금 중 ₩1,875,000은 사업결합 과정에서 (주)민국 의 자산과 부채를 실사한 회계법인에게 지급할 수수료를 (주)민국에서 대신 지급한 것 을 (주)대한이 변제한 것이다.

<요구사항 3> 상기 <추가자료 3>의 사항이 20×2년 사업결합 시 (주)대한의 당기순이익에 미치는 영향을 계산하고, 그 이유를 기술하시오. 단, 영향이 없는 경우에는 '0' 으로 표시하고 감소하는 경우 금액 앞에 (-)를 표시하시오.

당기순이익에 미치는 영향	①
이유	②

물음 2 20×2년 1월 1일 및 3월 1일 현재 (주)민국의 식별할 수 있는 자산과 부채의 장부금액 및 공정 가치는 다음과 같다. 단, 상기 <추가자료 1, 2, 3>에서 제시된 자료는 포함되어 있지 않다.

〈20×2년 1월 1일〉 (단위: ₩)

항목	장부금액	공정가치
유동자산	2,000,000	2,000,000
비유동자산	3,000,000	4,500,000
유동부채	1,500,000	1,500,000
비유동부채	2,000,000	2,000,000

〈20×2년 3월 1일〉 (단위: ₩)

항목	장부금액	공정가치
유동자산	3,000,000	3,000,000
비유동자산	2,500,000	4,000,000
유동부채	1,200,000	1,200,000
비유동부채	2,500,000	2,500,000

상기 <공통자료> 및 <추가자료 1, 2, 3>의 영향을 고려할 때, 사업결합으로 (주)대한이 인식할 영업권 또는 염가매수차익을 계산하시오. 단, 영업권이 발생하는 경우에는 '영업권'을, 염가매 수차익이 발생하는 경우에는 '염가매수차익'을 금액 앞에 표시하시오.

영업권(또는 염가매수차익)	①

해답 **물음1** **<요구사항 1>**

1. 정답

당기순이익에 미치는 영향	① ₩0
이유	② 취득자는 기업회계기준서 제1105호 '매각예정비유동자산과 중단영업'에 따라 취득일에 매각예정자산으로 분류한 비유동자산을 순공정가치로 측정하므로 당기순이익에 미치는 영향은 없다.

<요구사항 2>

1. 정답

당기순이익에 미치는 영향	① ₩0
이유	② 취득자는 피취득자의 종업원급여 약정과 관련된 부채를 기업회계기준서 제1019호 '종업원급여'에 따라 인식하고 측정하여 추가적인 부채(미지급급여)를 인식해야 하므로 당기순이익에 미치는 영향은 없다.

<요구사항 3>

1. 정답

당기순이익에 미치는 영향	① (-)₩1,875,000
이유	② 피취득자나 피취득자의 이전 소유주가 대신 지급한 취득자의 취득관련 원가를 피취득자나 피취득자의 이전 소유주에게 변제하는 거래는 취득법을 적용하지 않는 별도 거래의 예이므로 해당 금액을 비용(수수료비용)으로 회계처리한다.

2. 사업결합 전에 취득자나 취득자의 대리인이 체결하거나 피취득자(또는 피취득자의 이전 소유주)의 효익보다는 주로 취득자나 결합기업의 효익을 위하여 체결한 거래는 별도 거래일 가능성이 높다. 다음은 취득법을 적용하지 않는 별도 거래의 예이다.

(1) 취득자와 피취득자 사이의 기존 관계를 사실상 정산하는 거래

(2) 미래 용역에 대하여 종업원이나 피취득자의 이전 소유주에게 보상하는 거래

(3) 피취득자나 피취득자의 이전 소유주가 대신 지급한 취득자의 취득관련 원가를 피취득자나 피취득자의 이전 소유주에게 변제하는 거래

물음2 1. 정답

영업권(또는 염가매수차익)	① ₩5,725,000

2. 회계처리

일자	회계처리					
20×1. 1. 1.	(차)	기타포괄손익공정가치측정금융자산	2,250,000	(대)	현금	2,250,000
20×1년 말	(차)	기타포괄손익공정가치측정금융자산	300,000	(대)	기타포괄손익공정가치측정금융자산평가이익(OCI)	300,000
20×2. 3. 1.	(차)	기타포괄손익공정가치측정금융자산	150,000	(대)	기타포괄손익공정가치측정금융자산평가이익(OCI)	150,000
	(차)	유동자산	3,000,000	(대)	유동부채	1,200,000
		비유동자산	4,000,000		비유동부채	2,500,000
		매각예정비유동자산	2,500,000		미지급급여	200,000
		영업권	5,725,000		기타포괄손익공정가치측정금융자산	2,700,000
					당기손익공정가치측정금융자산	2,000,000
					금융자산처분이익	500,000
					현금	1,125,000
					자본금	4,000,000
					주식발행초과금	1,000,000
	(차)	수수료비용	1,875,000	(대)	현금	1,875,000

해커스 회계사 IFRS 김원종 고급회계

Chapter 02

연결회계 일반론

Ⅰ | 연결재무제표의 의의

01 사업결합과 연결회계

사업결합(Business Combination)은 취득자가 하나 이상의 사업에 대한 지배력을 획득하는 거래나 그 밖의 사건을 말한다. 사업결합거래의 당사자 중 취득자(Acquirer)는 피취득자에 대한 지배력을 획득한 기업을 말하며, 피취득자(Acquiree)는 취득자가 사업결합으로 지배력을 획득한 대상 사업이나 사업들을 말한다. 사업결합은 법률상, 세무상 또는 그 밖의 이유로 다양한 방법으로 이루어질 수 있다. 가장 대표적인 예는 합병과 주식취득을 들 수 있다.

⚡ POINT 사업결합, 취득자 및 피취득자의 정의

사업결합	취득자가 하나 이상의 사업에 대한 지배력을 획득하는 거래나 그 밖의 사건
취득자	피취득자에 대한 지배력을 획득한 기업
피취득자	취득자가 사업결합으로 지배력을 획득한 대상 사업이나 사업들

(1) 합병

합병(Merger)이란 둘 이상의 기업이나 사업이 법률적 및 경제적으로 하나의 기업으로 통합되는 사업결합을 말한다. 이러한 합병의 방법은 「상법」의 규정에 따라 흡수합병과 신설합병으로 구분된다.
흡수합병[1]은 한 기업(취득자)이 다른 기업(피취득자)의 순자산을 취득하고 다른 기업을 법률적으로 소멸시키고 기존의 기업에 통합하여 흡수하는 형태의 합병을 말한다. 신설합병[2]은 둘 이상의 기업(피취득자)을 모두 법률적으로 소멸시키고 새로운 기업(취득자)을 법률적으로 설립시키는 형태의 합병을 말한다. 합병회계에서는 취득자를 보통 합병법인이라고 하며, 피취득자를 피합병법인이라고 한다.

(2) 취득

취득(Acquisition)은 주식을 취득하여 다른 기업이나 사업의 지배력을 획득하는 거래를 말한다. 그러나 합병과는 달리 피취득자가 소멸되지 않고 법률적으로 독립된 실체로 존속한다. 그러나 일반적으로 취득자가 피취득자의 의결권이 있는 지분을 다수 보유하고 있어 피취득자의 영업 및 재무정책을 결정할 수 있으므로 경제적 실질로 보면 하나의 실체로 볼 수 있다. 주식취득의 경우 취득자를 보통 지배기업이라고 하며, 피취득자를 종속기업이라고 한다. 지배기업과 종속기업은 법률적으로는 독립된 실체이므로 각각의 회계시스템을 통하여 재무제표를 작성하지만, 회계적 관점에서는 실질적으로 하나의 실체이므로 재무제표를 통합하여 연결재무제표를 작성해야 한다.

---

1) 흡수합병을 진정한 합병이라고도 한다.
2) 신설합병을 대등합병이라고도 한다.

[그림 2-1] 사업결합의 유형

02 연결재무제표의 정의와 작성목적

주식을 취득하여 다른 기업이나 사업의 지배력을 획득하게 되면, 지배기업과 종속기업은 법적으로 독립된 기업이므로 각각 개별기업의 재무제표를 작성하게 된다. 그러나 경제적 실질로는 단일의 경제적 실체이므로 이들의 개별기업 재무제표를 통합하여 연결실체 전체의 재무상태와 재무성과를 제공할 필요성이 있다. 이러한 필요에 따라 지배기업과 종속기업을 단일의 경제적 실체로 보고 이들의 개별기업 재무제표를 통합하여 작성한 재무제표를 연결재무제표라고 말한다. 즉, 연결재무제표(Consolidated Financial Statements)란 지배기업과 그 지배기업의 모든 종속기업을 하나의 경제적 실체로 간주하여 작성된 재무제표를 의미한다. 따라서 연결재무제표는 법률적 형식보다는 경제적 실질을 우선시하는 대표적 사례라고 할 수 있다.

연결재무제표를 작성하는 목적은 연결실체의 투자자, 대여자와 그 밖의 채권자들에게 연결실체 전체의 재무상태나 재무성과에 관한 정보를 제공하기 위한 것이다. 즉, 연결실체의 투자자, 대여자와 그 밖의 채권자들은 법률적 형식에 입각한 개별기업의 재무상태와 재무성과뿐만 아니라 연결실체 전체의 재무상태나 재무성과를 파악하고자 하기 때문에 이를 위하여 개별재무제표를 통합하여 연결재무제표를 작성하는 것이다.

POINT 연결재무제표의 정의와 작성목적

연결재무제표의 정의	지배기업과 그 지배기업의 모든 종속기업을 하나의 경제적 실체로 간주하여 작성된 재무제표
연결재무제표의 작성목적	연결실체의 투자자, 대여자와 그 밖의 채권자들에게 연결실체 전체의 재무상태나 재무성과에 관한 정보를 제공하기 위한 것

03 연결재무제표의 유용성과 한계점

연결재무제표를 작성하는 것은 개별재무제표를 작성하는 것보다 복잡하기 때문에 추가적인 시간과 비용이 발생하지만 개별재무제표가 제공하는 정보에 비하여 유용한 정보를 제공한다. 연결재무제표가 제공하는 정보의 유용성과 한계점은 다음과 같다.

POINT 연결재무제표의 유용성 및 한계점

연결재무제표의 유용성	① 지배기업과 종속기업은 경제적으로 단일실체이므로 지배기업의 경영자가 연결실체를 총체적으로 파악하고 경영자원을 활용하기 위해서는 연결대상 전체의 재무상태와 재무성과에 대한 정보인 연결재무제표가 유용할 수 있음 ② 지배기업은 종속기업의 재무정책과 영업정책을 결정할 수 있으므로 지배기업만의 재무상태와 경영성과를 표시한 재무보고는 이해관계자가 지배기업을 평가하는 데 한계가 있을 수 있으므로 연결재무제표는 연결 전체의 재무상태와 재무성과를 평가하는 데 유용할 수 있음 ③ 연결재무제표를 작성하면 지배기업과 종속기업의 내부거래와 상호출자 등이 제거되기 때문에 개별재무제표의 왜곡을 방지하고 이익을 조작할 가능성을 감소시킴 ④ 전 세계 대부분의 국가에서는 연결재무제표를 주된 재무제표로 규정하고 있으므로 자본시장의 국제화에 따라 다국적 기업의 재무제표에 국제적 비교가능성을 증진시킴
연결재무제표의 한계점	① 연결대상 기업의 범위를 경제적 실질에 맞게 규정하지 못한 경우에는 연결재무제표의 유용성이 저하될 수 있음 ② 연결대상이 되는 개별기업들의 업종이나 회계처리방법 등이 서로 다른 경우 연결재무제표가 제공하는 정보는 왜곡될 수 있음 ③ 채권자나 법적인 계약당사자, 과세당국 등 개별기업의 이해관계자들에게 연결재무제표만을 제공하는 경우에는 정보의 유용성에 한계가 있음

Ⅱ | 연결재무제표 작성기업과 별도재무제표

01 연결재무제표 작성기업

K-IFRS 제1110호 '연결재무제표'에서는 하나 이상의 다른 기업(종속기업)을 지배하는 기업(지배기업)은 연결재무제표를 표시하도록 규정하고 있다. 따라서 사업결합거래로 종속기업에 대한 지배력을 획득한 모든 지배기업은 연결재무제표를 작성하여 공시하여야 한다.

⚡ POINT 연결재무제표 작성기업

> 하나 이상의 다른 기업(종속기업)을 지배하는 기업(지배기업)은 연결재무제표를 표시함

02 연결재무제표 작성의무의 면제

(1) 다음의 조건을 모두 충족하는 지배기업은 연결재무제표를 표시하지 아니할 수 있다.

> ① 지배기업이 그 자체의 지분을 모두 소유한 다른 기업의 종속기업이거나, 지배기업이 그 자체의 지분 일부를 소유한 다른 기업의 종속기업이면서 그 지배기업이 연결재무제표를 작성하지 않는다는 사실을 그 지배기업의 다른 소유주들(의결권이 없는 소유주 포함)에게 알리고 그 다른 소유주들이 그것을 반대하지 않는 경우
> ② 지배기업의 채무상품이나 지분상품이 공개시장(국내·국외 증권거래소나 장외시장, 지역시장 포함)에서 거래되지 않는 경우
> ③ 지배기업이 공개시장에서 증권을 발행하기 위하여 증권감독기구나 그 밖의 감독기관에 재무제표를 제출한 적이 없으며 제출하는 과정에 있지도 않은 경우
> ④ 지배기업의 최상위 지배기업이나 중간 지배기업이 한국채택국제회계기준을 적용하여 작성한 공개적으로 사용할 수 있는 재무제표에 이 기준서에 따라 종속기업을 연결하거나 종속기업을 공정가치로 측정하여 당기손익에 반영한 경우

(2) 투자기업인 지배기업이 모든 종속기업을 공정가치로 측정하여 당기손익에 반영하여야 한다면, 연결재무제표를 작성하지 않는다.

⚡ POINT 연결재무제표 작성의무의 면제

연결재무제표 작성의무의 면제	다음의 조건을 모두 충족하는 지배기업은 연결재무제표를 표시하지 아니할 수 있음 ① 지배기업이 그 자체의 지분을 모두 소유한 다른 기업의 종속기업이거나, 지배기업이 그 자체의 지분 일부를 소유한 다른 기업의 종속기업이면서 그 지배기업이 연결재무제표를 작성하지 않는다는 사실을 그 지배기업의 다른 소유주들(의결권이 없는 소유주 포함)에게 알리고 그 다른 소유주들이 그것을 반대하지 않는 경우

	② 지배기업의 채무상품이나 지분상품이 공개시장(국내·국외 증권거래소나 장외시장, 지역시장 포함)에서 거래되지 않는 경우
	③ 지배기업이 공개시장에서 증권을 발행하기 위하여 증권감독기구나 그 밖의 감독기관에 재무제표를 제출한 적이 없으며 제출하는 과정에 있지도 않은 경우
	④ 지배기업의 최상위 지배기업이나 중간 지배기업이 한국채택국제회계기준을 적용하여 작성한 공개적으로 사용할 수 있는 재무제표에 이 기준서에 따라 종속기업을 연결하거나 종속기업을 공정가치로 측정하여 당기손익에 반영한 경우
투자기업	투자기업인 지배기업이 모든 종속기업을 공정가치로 측정하여 당기손익에 반영하여야 한다면, 연결재무제표를 작성하지 않음

03 투자기업

투자기업(Investment Entities)이란 다음을 모두 충족하는 기업을 말한다.

---
① 투자관리용역을 제공할 목적으로 하나 이상의 투자자에게서 자금을 얻는다.
② 사업 목적이 시세차익, 투자수익이나 둘 다를 위해서 자금을 투자하는 것임을 투자자에게 확약한다.
③ 실질적으로 모든 투자자산의 성과를 공정가치로 측정하고 평가한다.

즉, 투자기업은 시세차익, 투자수익이나 둘 다를 위해서 이익을 얻는 것을 목적으로 투자자산을 보유하는 기업을 말하므로 정보이용자는 연결재무제표의 정보보다는 보유하고 있는 투자자산의 공정가치와 공정가치의 평가방법이 매우 중요한 정보가 된다. 따라서, 투자기업은 다른 기업에 대한 지배력을 획득할 때 그 종속기업을 연결하거나 K-IFRS 제1103호 '사업결합'을 적용해서는 안 된다. 대신에 투자기업은 종속기업에 대한 투자자산을 K-IFRS 제1109호 '금융상품'에 따라 공정가치로 측정하여 당기손익에 반영해야 한다.

위의 규정에도 불구하고, 그 자체가 투자기업이 아닌 종속기업을 투자기업이 소유하며 그 투자기업의 투자활동과 관련된 용역을 제공하는 것이 그 종속기업의 주요 목적과 활동인 경우, 그 투자기업은 그 종속기업을 연결하고, 그러한 종속기업을 취득하면 K-IFRS 제1103호 '사업결합'을 적용한다.

⚡ POINT 투자기업

투자기업의 정의	다음을 모두 충족하는 기업 ① 투자관리용역을 제공할 목적으로 하나 이상의 투자자에게서 자금을 얻음 ② 사업 목적이 시세차익, 투자수익이나 둘 다를 위해서 자금을 투자하는 것임을 투자자에게 확약함 ③ 실질적으로 모든 투자자산의 성과를 공정가치로 측정하고 평가함
투자기업의 회계처리	투자기업은 종속기업에 대한 투자자산을 K-IFRS 제1109호 '금융상품'에 따라 공정가치로 측정하여 당기손익에 반영해야 함

04 별도재무제표

(1) 별도재무제표의 정의

별도재무제표(Separate Financial Statement)는 기업이 종속기업, 공동기업 및 관계기업에 대한 투자를 원가법, K-IFRS 제1109호 '금융상품'에 따른 방법(공정가치법), K-IFRS 제1028호 '관계기업과 공동기업에 대한 투자'에서 규정하고 있는 지분법 중 어느 하나를 적용하여 표시한 재무제표를 말한다.

① 별도재무제표는 연결재무제표에 추가하여 표시하거나 종속기업에 대한 투자자산을 보유하고 있지 않지만 관계기업이나 공동기업에 대한 투자자산을 지분법으로 회계처리해야 하는 투자자의 재무제표에 추가하여 표시하는 재무제표이다. 그러나 종속기업, 관계기업, 공동기업 참여자로서 투자지분을 소유하지 않은 기업의 재무제표는 별도재무제표가 아니다.

② 연결이 면제되거나 지분법 적용이 면제되는 경우, 그 기업의 유일한 재무제표로서 별도재무제표만을 재무제표로 작성할 수 있다.

③ 투자기업은 당기와 비교 표시되는 모든 기간에 모든 종속기업에 대해 연결 예외를 적용하고 유일한 재무제표로서 별도재무제표를 표시한다.

(2) 별도재무제표의 작성

별도재무제표를 작성할 때, 종속기업, 공동기업, 관계기업에 대한 투자자산은 다음 중 어느 하나를 선택하여 회계처리하며, 투자자산의 각 범주별로 동일한 회계처리방법을 적용하여야 한다.

> ① 원가법
> ② K-IFRS 제1109호 '금융상품'에 따른 방법(공정가치법)
> ③ K-IFRS 제1028호 '관계기업과 공동기업에 대한 투자'에서 규정하고 있는 지분법

종속기업, 공동기업, 관계기업에서 받는 배당금은 기업이 배당을 받을 권리가 확정되는 시점에 그 기업의 별도재무제표에 인식한다. 기업이 배당금을 투자자산의 장부금액에서 차감하는 지분법을 사용하지 않는다면 배당금은 당기손익으로 인식한다.

🔋 POINT 별도재무제표

별도재무제표의 정의	기업이 종속기업, 공동기업 및 관계기업에 대한 투자를 원가법, K-IFRS 제1109호 '금융상품'에 따른 방법, K-IFRS 제1028호 '관계기업과 공동기업에 대한 투자'에서 규정하고 있는 지분법 중 어느 하나를 적용하여 표시한 재무제표를 말함
유의사항	① 종속기업, 관계기업, 공동기업 참여자로서 투자지분을 소유하지 않은 기업의 재무제표는 별도재무제표가 아님 ② 연결이 면제되거나 지분법 적용이 면제되는 경우, 그 기업의 유일한 재무제표로서 별도재무제표만을 재무제표로 작성할 수 있음 ③ 투자기업은 당기와 비교 표시되는 모든 기간에 모든 종속기업에 대해 연결 예외를 적용하고 유일한 재무제표로서 별도재무제표를 표시함
별도재무제표의 작성	별도재무제표를 작성할 때, 종속기업, 공동기업, 관계기업에 대한 투자자산은 다음 중 어느 하나를 선택하여 회계처리함 ① 원가법 ② K-IFRS 제1109호 '금융상품'에 따른 방법(공정가치법) ③ K-IFRS 제1028호 '관계기업과 공동기업에 대한 투자'에서 규정하고 있는 지분법
종속기업, 공동기업, 관계기업에서 받는 배당금	① 종속기업, 공동기업, 관계기업에서 받는 배당금은 기업이 배당을 받을 권리가 확정되는 시점에 그 기업의 별도재무제표에 인식함 ② 기업이 배당금을 투자자산의 장부금액에서 차감하는 지분법을 사용하지 않는다면 배당금은 당기손익으로 인식함

Ⅲ | 지배력

K-IFRS 제1110호 '연결재무제표'에서는 하나 이상의 다른 기업(종속기업)을 지배하는 기업(지배기업)은 연결재무제표를 표시하도록 규정하고 있다. 즉, 사업결합거래로 종속기업에 대한 지배력을 획득한 모든 지배기업은 연결재무제표를 작성하여 공시해야 하므로 투자자는 기업(피투자자)에 관여하는 성격과 관계없이 피투자자를 지배하는지 평가하여 자신이 지배기업인지를 결정해야 한다.

01 지배력의 의의

사업결합의 회계처리를 적용하려면 하나 이상의 사업에 대한 지배력을 획득하여야 한다. 일반적으로 지배력은 기업의 경영활동에서 영업정책과 재무정책을 결정할 수 있는 능력을 의미한다. K-IFRS에 의하면 지배력(Control)은 투자자가 피투자자에 관여함에 따라 변동이익에 노출되거나 변동이익에 대한 권리가 있고, 피투자자에 대한 자신의 힘으로 변동이익에 영향을 미치는 능력이 있는 것을 의미한다. 따라서 지배력 원칙은 다음 3가지 지배력의 요소로 이루어진다.

---

① 힘: 피투자자에 대한 힘
② 이익: 피투자자에 관여함에 따른 변동이익에 대한 노출이나 권리
③ 힘과 이익의 연관: 투자자의 이익금액에 영향을 미치기 위하여 피투자자에 대한 자신의 힘을 사용하는 능력

[그림 2-2] 지배력의 3요소

투자자는 자신이 피투자자를 지배하는지 평가할 때 모든 사실과 상황을 고려한다. 지배력의 세 가지 요소 중 하나 이상이 달라진 사실이 있거나 그러한 상황이 벌어진 경우 투자자는 자신이 피투자자를 지배하는지를 다시 평가해야 한다.

둘 이상의 투자자가 관련 활동을 지시하기 위해 함께 행동해야 하는 경우 그들은 피투자자를 집합적으로 지배하는 것으로 간주한다. 그러한 경우에는 어떠한 투자자도 다른 투자자의 협력 없이 관련 활동을 지시할 수 없으므로 어느 누구도 개별적으로 피투자자를 지배하지 못하므로 연결재무제표를 작성할 필요가 없다. 이러한 경우에는 각 투자자는 K-IFRS 제1111호 '공동약정', 제1028호 '관계기업과 공동기업에 대한 투자', 제1109호 '금융상품'과 같은 관련 K-IFRS에 따라 피투자자에 대한 자신의 투자지분을 회계처리한다.

⚡POINT 지배력의 의의

지배력의 정의	투자자가 피투자자에 관여함에 따라 변동이익에 노출되거나 변동이익에 대한 권리가 있고, 피투자자에 대한 자신의 힘으로 변동이익에 영향을 미치는 능력이 있는 것
지배력의 3요소	① 힘: 피투자자에 대한 힘 ② 이익: 피투자자에 관여함에 따른 변동이익에 대한 노출이나 권리 ③ 힘과 이익의 연관: 투자자의 이익금액에 영향을 미치기 위하여 피투자자에 대한 자신의 힘을 사용하는 능력

02 지배력의 평가

투자자가 피투자자를 지배하는지 결정할 때 다음 요소를 고려하는 것이 도움이 될 수 있다.

① 피투자자의 목적과 설계
② 관련 활동이 무엇인지와 그러한 관련 활동이 어떻게 결정되는지
③ 투자자의 권리로 인해 관련 활동을 지시하는 현재의 능력을 투자자가 갖게 되는지
④ 투자자가 피투자자에 관여함에 따라 변동이익에 노출되거나 변동이익에 대한 권리가 있는지
⑤ 투자자가 자신의 이익 금액에 영향을 미치기 위하여 피투자자에 대한 자신의 힘을 사용하는 능력이 있는지

(1) 피투자자의 목적과 설계

피투자자에 대한 지배력을 평가할 때, 투자자는 관련 활동이 무엇인지, 관련 활동이 어떻게 결정되는지, 누가 관련 활동을 지시하는 현재의 능력을 가지고 있는지, 누가 관련 활동에서 이익을 얻는지를 알아내기 위하여 피투자자의 목적과 설계를 고려해야 한다.

① 피투자자의 목적과 설계를 고려할 때, 피투자자의 보통주와 같이 보유자에게 비례 의결권을 제공하는 지분상품으로 피투자자를 지배하는 것은 명백할 수 있다. 이 경우 의사결정을 바꾸는 추가 약정이 없다면, 지배력을 평가할 때 누가 피투자자의 영업정책과 재무정책을 결정하는 충분한 의결권을 행사할 수 있는지에 중점을 둔다. 가장 단순한 경우, 다른 요소가 없다면 의결권의 과반수를 보유하는 투자자가 피투자자를 지배한다.

② 의결권이 관리 업무에만 관련되어 있고 관련 활동은 계약상 약정으로 지시되는 경우와 같이, 누가 피투자자를 지배하는지를 결정할 때 의결권이 가장 주된 요소가 되지 않도록 피투자자를 설계할 수 있다. 그러한 경우, 투자자가 피투자자의 목적과 설계를 고려할 때 피투자자에게 노출되도록 설계된 위험, 피투자자와 관련된 당사자들에게 전가되도록 설계된 위험, 그리고 이러한 위험의 일부나 전부에 투자자가 노출되어 있는지를 고려해야 한다. 이러한 위험을 고려할 때 하방 위험뿐만 아니라 상방 위험의 가능성도 포함한다.

피투자자의 목적과 설계	피투자자에 대한 지배력을 평가할 때, 투자자는 관련 활동이 무엇인지, 관련 활동이 어떻게 결정되는지, 누가 관련 활동을 지시하는 현재의 능력을 가지고 있는지, 누가 관련 활동에서 이익을 얻는지를 알아내기 위하여 피투자자의 목적과 설계를 고려해야 함
유의사항	① 피투자자의 목적과 설계를 고려할 때, 피투자자의 보통주와 같이 보유자에게 비례 의결권을 제공하는 지분상품으로 피투자자를 지배하는 것은 명백할 수 있음 ② 가장 단순한 경우, 다른 요소가 없다면 의결권의 과반수를 보유하는 투자자가 피투자자를 지배함

(2) 관련 활동과 관련 활동의 지시

투자자가 힘을 가지고 있는지는 관련 활동, 관련 활동에 대한 의사결정 방법, 투자자와 다른 당사자들이 피투자자에 대하여 갖는 권리에 따라 결정된다. 여기서 관련 활동(Relevant Activities)은 피투자자의 이익에 유의적으로 영향을 미치는 피투자자의 활동을 말한다.

① 다양한 영업활동과 재무활동은 많은 피투자자의 이익에 유의적으로 영향을 미친다. 상황에 따라 관련 활동에 포함될 수 있는 활동의 예는 다음과 같고, 이에 한정되는 것은 아니다.
   a. 재화나 용역의 판매와 구매
   b. 존속 기간의 금융자산 관리(채무불이행된 때를 포함)
   c. 자산의 선택, 취득, 처분
   d. 새로운 제품이나 공정의 연구와 개발
   e. 자금을 조달하는 구조(Funding Structure)의 결정이나 자금의 조달
② 관련 활동에 대한 의사결정의 예는 다음과 같으며, 이에 한정되는 것은 아니다.
   a. 예산을 포함하여 피투자자에 대한 영업의사결정과 자본의사결정을 수립
   b. 피투자자의 주요 경영진이나 용역 제공자를 임명하고 보상하며, 그들의 용역 제공이나 고용을 중지
③ 경우에 따라, 일련의 특별한 상황이나 사건 발생 전후의 활동은 관련 활동일 수 있다. 둘 이상의 투자자들이 관련 활동을 지시하는 현재의 능력을 가지고 있으며 관련 활동이 다른 시점에 발생할 경우, 투자자들은 동시에 발생하는 의사결정권의 처리와 일관되게 이익에 가장 유의적으로 영향을 미치는 활동을 지시할 수 있는 투자자를 결정한다. 투자자는 관련 사실이나 상황이 변하는 경우 시간이 지남에 따라 이러한 평가를 다시 고려한다.

POINT 관련 활동과 관련 활동의 지시

관련 활동의 정의	피투자자의 이익에 유의적으로 영향을 미치는 피투자자의 활동
관련 활동과 관련 활동의 지시	투자자가 힘을 가지고 있는지는 관련 활동, 관련 활동에 대한 의사결정 방법, 투자자와 다른 당사자들이 피투자자에 대하여 갖는 권리에 따라 결정됨

(3) 피투자자에 대한 힘

투자자가 관련 활동(즉, 피투자자의 이익에 유의적으로 영향을 미치는 활동)을 지시하는 현재의 능력을 갖게 하는 현존 권리를 보유하고 있을 때, 투자자는 피투자자에 대한 힘이 있다. 관련 활동을 지시하는 현재의 능력이 있는 투자자는 지시하는 권리를 행사하기 전일지라도 힘을 가진다. 투자자가 관련 활동을

지시하고 있다는 증거는 투자자가 힘을 가지는지 결정하는 데 도움을 줄 수 있다. 그러나 그러한 증거 자체만으로는 투자자가 피투자자에 대한 힘을 가지고 있는지 결정할 때 확실한 증거가 되지 않는다. 한편, 둘 이상의 투자자 각각이 다른 관련 활동을 지시하는 일방적인 능력을 갖게 하는 현존 권리를 보유하는 경우, 피투자자의 이익에 가장 유의적으로 영향을 미치는 활동을 지시하는 현재의 능력이 있는 투자자는 피투자자에 대한 힘이 있다. 다른 기업들이 관련 활동의 지시에 참여하는 현재의 능력을 갖게 하는 현존 권리(예 유의적인 영향력)를 보유하고 있다 하더라도, 투자자는 피투자자에 대한 힘이 있을 수 있다. 그러나 방어권만을 보유하는 투자자는 피투자자에 대한 힘이 없으며, 따라서 피투자자를 지배하는 것이 아니다.

[투자자가 피투자자에 대한 힘을 갖게 하는 권리]

힘은 권리에서 발생한다. 피투자자에 대한 힘을 갖기 위하여, 투자자는 관련 활동을 지시하는 현재의 능력을 갖게 하는 현존 권리를 보유하고 있어야 한다. 투자자에게 힘을 갖게 하는 권리는 피투자자마다 다를 수 있다.

① 개별적으로 또는 결합하여 투자자가 힘을 가질 수 있게 하는 권리의 예는 다음과 같으며, 이에 한정되는 것은 아니다.
  a. 피투자자에 대한 의결권(또는 잠재적 의결권) 형태의 권리
  b. 관련 활동을 지시하는 능력이 있는 피투자자의 주요 경영진 구성원을 선임, 재배치, 해임할 권리
  c. 관련 활동을 지시하는 다른 기업을 선임하거나 해임할 권리
  d. 투자자의 효익을 위하여 거래를 체결하거나 거래의 변경을 거부하도록 피투자자를 지시하는 권리
  e. 관련 활동을 지시하는 능력을 권리의 보유자가 갖게 하는 그 밖의 권리
     예 경영관리계약에 규정된 의사결정권
② 일반적으로 피투자자가 자신의 이익에 유의적으로 영향을 미치는 다양한 영업활동과 재무활동을 하고 있고 이러한 활동의 실질적인 의사결정이 지속적으로 필요한 경우, 의결권(Voting Rights)이나 이와 비슷한 권리가 개별적으로 또는 다른 약정과 결합하여 투자자에게 힘을 갖게 할 것이다.

[실질적인 권리]

투자자는 힘을 갖고 있는지를 평가할 때, 피투자자와 관련된 실질적인 권리(투자자와 그 밖의 투자자들이 보유한)만을 고려한다. 권리가 실질적이려면, 보유자는 그 권리를 행사할 실제 능력을 가져야 한다.

[방어권]

권리가 투자자에게 피투자자에 대한 힘을 갖게 하는지를 평가할 때, 투자자는 자신의 권리와 다른 투자자들이 갖는 권리가 방어권인지를 평가해야 한다.

① 방어권은 그 권리와 관련된 피투자자에 대한 힘을 갖게 하지 않으면서 권리 보유자의 이익을 보호하기 위해 설계되었기 때문에, 방어권만을 보유한 투자자는 피투자자에 대한 힘을 가질 수 없거나, 다른 당사자가 그러한 힘을 갖지 못하게 할 수 없다.
② 방어권의 예는 다음과 같으며, 이에 한정되지는 않는다.
  a. 차입자의 신용위험을 대여자의 손실로 유의적으로 전환되게 할 수 있는 차입자의 행위를 제한하는 대여자의 권리

b. 통상적인 영업수행 과정에 필요한 것보다 훨씬 큰 규모의 자본적 지출을 승인하거나 지분상품이나 채무상품의 발행을 승인하는 피투자자의 비지배지분 보유자의 권리

c. 차입자가 특정 대출 상환 조건을 충족하지 못하는 경우에 차입자의 자산을 압류하는 대여자의 권리

⚡ POINT 피투자자에 대한 힘

정의	투자자가 관련 활동을 지시하는 현재의 능력을 갖게 하는 현존 권리를 보유하고 있을 때, 투자자는 피투자자에 대한 힘이 있음 ① 둘 이상의 투자자 각각이 다른 관련 활동을 지시하는 일방적인 능력을 갖게 하는 현존 권리를 보유하는 경우, 피투자자의 이익에 가장 유의적으로 영향을 미치는 활동을 지시하는 현재의 능력이 있는 투자자는 피투자자에 대한 힘이 있음 ② 방어권만을 보유하는 투자자는 피투자자에 대한 힘이 없으며, 따라서 피투자자를 지배하는 것이 아님
투자자가 피투자자에 대한 힘을 갖게 하는 권리	힘은 권리에서 발생하며, 피투자자에 대한 힘을 갖기 위하여, 투자자는 관련 활동을 지시하는 현재의 능력을 갖게 하는 현존 권리를 보유하고 있어야 함
실질적인 권리	권리가 실질적이려면, 보유자는 그 권리를 행사할 실제 능력을 가져야 함
방어권	① 권리가 투자자에게 피투자자에 대한 힘을 갖게 하는지를 평가할 때, 투자자는 자신의 권리와 다른 투자자들이 갖는 권리가 방어권인지를 평가해야 함 ② 방어권은 그 권리와 관련된 피투자자에 대한 힘을 갖게 하지 않으면서 권리 보유자의 이익을 보호하기 위해 설계되었기 때문에, 방어권만을 보유한 투자자는 피투자자에 대한 힘을 가질 수 없거나, 다른 당사자가 그러한 힘을 갖지 못하게 할 수 없음

[의결권]

종종 투자자들은 의결권이나 비슷한 권리로 관련 활동을 지시하는 현재의 능력을 가진다. 피투자자의 관련 활동을 의결권을 이용하여 지시하는 경우 투자자는 다음의 사항을 고려해야 한다.

① 의결권의 과반수 보유로 힘을 가지는 경우: 피투자자의 의결권 과반수를 보유하는 투자자가 다른 요소가 없다면 다음의 상황에서 힘을 가진다.

> a. 의결권 과반수 보유자의 결의로 관련 활동을 지시하거나,
> b. 관련 활동을 지시하는 의사결정기구 구성원의 과반수를 의결권 과반수 보유자의 결의로 선임한다.

② 의결권의 과반수를 보유하나 힘을 가지지 않는 경우: 피투자자의 의결권 과반수를 보유하는 투자자가 피투자자에 대한 힘을 보유하기 위해서는 투자자의 의결권이 실질적이어야 하고, 관련 활동을 지시하는 현재의 능력을 투자자에게 부여해야 한다. 즉, 투자자는 피투자자의 의결권 과반수를 보유하고 있더라도 그러한 권리가 실질적이지 않다면 피투자자에 대한 힘을 가지지 못한다. 예를 들어 정부, 법원, 관재인, 채권자, 청산인, 감독당국이 관련 활동을 지시한다면, 피투자자의 의결권 과반수를 보유하는 투자자는 힘을 가질 수 없다.

③ 의결권의 과반수를 보유하지 않고도 힘을 가지는 경우: 투자자는 피투자자 의결권의 과반수 미만을 보유하더라도 힘을 가질 수 있다. 피투자자 의결권의 과반수 미만을 보유하는 투자자는 다음 예에 따라 힘을 가질 수 있다.

a. 투자자와 다른 의결권 보유자 사이의 계약상 약정: 투자자가 계약상 약정이 없으면 자신에게 힘을 부여할 충분한 의결권이 없더라도, 투자자와 다른 의결권 보유자 사이의 계약상 약정으로 투자자에게 힘을 부여하기에 충분한 의결권을 행사할 권리를 갖게 할 수 있다. 그러나 어떤 계약상 약정은 투자자가 관련 활동에 대한 의사결정을 할 수 있도록 의결할 때 다른 의결권 보유자를 지시할 수 있도록 충분히 보장할 수 있다.

b. 그 밖의 계약상 약정에서 발생하는 권리: 그 밖의 의사결정권은 의결권과 결합하여 투자자에게 관련 활동을 지시하는 현재의 능력을 부여할 수 있다. 예를 들면 계약상 약정에 정한 권리는 의결권과 결합하여, 투자자에게 피투자자의 이익에 유의적으로 영향을 미치는 피투자자의 제조 공정이나 그 밖의 영업활동 또는 재무활동을 지시하는 현재의 능력을 부여하기에 충분할 수 있다. 그러나 다른 권리가 없다면 피투자자가 투자자에게 경제적으로 의존(예 공급자와 주요 고객의 관계)하고 있다고 해서 투자자가 피투자자에 대한 힘을 가지게 되는 것은 아니다.

c. 투자자의 의결권: 의결권의 과반수 미만을 보유한 투자자는 일방적으로 관련 활동을 지시하는 실질적 능력을 가진 경우 자신에게 힘을 부여하는 충분한 권리를 가진다. 투자자의 의결권이 자신에게 힘을 부여하기에 충분한지 평가할 때, 투자자는 다음 사항을 포함하는 모든 사실과 상황을 고려한다.

- 투자자가 보유한 의결권의 상대적 규모와 다른 의결권 보유자의 주식 분산 정도
  다음 사항을 염두에 두어야 한다.
  - 투자자가 보유한 의결권이 많을수록, 투자자는 관련 활동을 지시하는 현재의 능력을 부여하는 권리를 가질 가능성이 높다.
  - 다른 의결권 보유자에 비하여 투자자가 보유한 의결권이 많을수록, 투자자는 관련 활동을 지시하는 현재의 능력을 부여하는 권리를 가질 가능성이 높다.
  - 투표에서 투자자를 이기기 위해 함께 활동할 필요가 있는 당사자들이 많을수록, 투자자는 관련 활동을 지시하는 현재의 능력을 부여하는 권리를 가질 가능성이 높다.
- 투자자, 다른 의결권 보유자나 다른 당사자가 보유한 잠재적 의결권
- 그 밖의 계약상 약정에서 발생하는 권리
- 과거 주주총회에서 의결된 양상을 포함하여, 결정해야 하는 시점에 투자자가 관련 활동을 지시하는 현재의 능력을 가지고 있는지를 나타내는 추가 사실과 상황

d. 잠재적 의결권: 지배력을 평가할 때 투자자는 자신이 힘을 갖는지 결정하기 위하여 다른 당사자가 보유한 잠재적 의결권뿐만 아니라 자신이 보유한 잠재적 의결권도 고려한다. 잠재적 의결권은 선도계약을 포함하는 전환상품이나 옵션에서 발생하는 권리와 같이 피투자자의 의결권을 획득하는 권리이다. 잠재적 의결권은 권리가 실질적일 경우에만 고려한다. 실질적인 잠재적 의결권은 단독으로 또는 다른 권리와 결합하여 투자자에게 관련 활동을 지시하는 현재의 능력을 부여할 수 있다. 예를 들면, 투자자가 피투자자의 의결권을 40% 보유하고 있고 추가로 의결권의 20%를 취득할 수 있는 옵션에서 발생하는 실질적인 권리를 갖고 있을 때, 이러한 경우가 될 가능성이 높다. 연결재무제표를 작성할 때 잠재적 의결권이나 잠재적 의결권을 포함하는 그 밖의 파생상품이 있는 경우에 당기순손익과 자본변동을 지배기업지분과 비지배기업지분에 배분하는 비율은 현재의 소유지분에만 기초하여 결정하고 잠재적 의결권과 그 밖의 파생상품의 행사 가능성이나 전환 가능성은 반영하지 아니한다.

어떤 상황에서는 기업이 소유지분과 연계된 이익에 접근할 수 있도록 하는 거래의 결과로 현재의 소유지분을 실질적으로 보유한다. 그러한 상황에서는 연결재무제표를 작성할 때 기업이 이익에 접근할 수 있도록 하는 잠재적 의결권과 그 밖의 파생상품의 궁극적인 행사를 고려하여 지배기업지분과 비지배기업지분의 배분비율을 결정한다.

e. 위 a~d의 조합

⚡ POINT 피투자자에 대한 힘 - 의결권

의결권의 과반수 보유로 힘을 가지는 경우	피투자자의 의결권 과반수를 보유하는 투자자가 다른 요소가 없다면 다음의 상황에서 힘을 가짐 a. 의결권 과반수 보유자의 결의로 관련 활동을 지시하거나, b. 관련 활동을 지시하는 의사결정기구 구성원의 과반수를 의결권 과반수 보유자의 결의로 선임한다.
의결권의 과반수를 보유하나 힘을 가지지 않는 경우	투자자는 피투자자의 의결권 과반수를 보유하고 있더라도 그러한 권리가 실질적이지 않다면 피투자자에 대한 힘을 가지지 못함. 예를 들어 정부, 법원, 관재인, 채권자, 청산인, 감독당국이 관련 활동을 지시한다면, 피투자자의 의결권 과반수를 보유하는 투자자는 힘을 가질 수 없음
의결권의 과반수를 보유하지 않고도 힘을 가지는 경우	투자자는 피투자자 의결권의 과반수 미만을 보유하더라도 힘을 가질 수 있는데 그 예는 다음과 같음 a. 투자자와 다른 의결권 보유자 사이의 계약상 약정 b. 그 밖의 계약상 약정에서 발생하는 권리 c. 투자자의 의결권 d. 잠재적 의결권 e. 위 a~d의 조합

예제 1 피투자자에 대한 힘 - 의결권(K-IFRS 사례)

다음의 독립된 상황별로 투자자가 피투자자에 대하여 힘을 보유하고 있는지 판단하시오. 각각의 사례는 독립적이다.

[상황 1]
투자자는 피투자자의 의결권 48%를 취득하였으며, 나머지 의결권은 수천 명의 주주가 보유하고 있으며, 어느 누구도 개별적으로 의결권의 1%를 초과하여 보유하고 있지 않다. 주주들은 상의하거나 집합적으로 의사결정을 하는 어떠한 약정도 갖고 있지 않다.

[상황 2]
투자자 A는 피투자자의 의결권 40%를 보유하고 있으며 다른 투자자 12명이 각 5%씩 피투자자의 의결권을 보유하고 있다. 주주 사이의 합의에서 투자자 A는 관련 활동을 지시할 책임이 있는 경영진을 선임하고 해임하며 경영진의 보수를 결정할 수 있는 권리를 부여받았다. 이 합의를 변경하려면 주주의 3분의 2에 해당하는 다수 표결이 필요하다.

[상황 3]

투자자 A는 피투자자의 의결권 45%를 보유하고 있다. 다른 투자자 2명은 피투자자의 의결권을 각각 26%씩 보유하고 있다. 그 밖의 주주 3명이 나머지 의결권을 각각 1%씩 보유하고 있다. 의사결정에 영향을 미치는 다른 약정은 없다.

[상황 4]

투자자는 피투자자의 의결권 45%를 보유하고 있다. 다른 주주 11명은 피투자자의 의결권을 각각 5%씩 보유하고 있다. 주주들은 상의하거나 집합적으로 의사결정을 하는 어떠한 약정도 갖고 있지 않다.

[상황 5]

투자자는 피투자자의 의결권 35%를 보유하고 있다. 다른 주주 3명은 피투자자의 의결권을 각각 5%씩 보유하고 있다. 나머지 의결권은 수많은 그 밖의 주주들이 보유하고 있으며, 어느 누구도 개별적으로 의결권의 1%를 초과하여 보유하고 있지 않다. 주주들은 상의하거나 집합적으로 의사결정을 하는 어떠한 약정도 갖고 있지 않다. 피투자자의 관련 활동을 결정하는 것은 관련 주주총회에서 의결권 과반수의 승인이 필요하다. 최근 관련 주주총회에서 피투자자의 의결권 75%가 투표하였다.

[상황 6]

투자자 A는 피투자자의 의결권 70%를 보유하고 있다. 투자자 B는 피투자자의 의결권 30%와 투자자 A가 갖고 있는 의결권 절반을 취득할 수 있는 옵션을 보유하고 있다. 옵션은 앞으로 2년 동안 깊은 외가격 상태인 고정 가격으로 행사될 수 있고, 그 2년 동안 깊은 외가격 상태로 있을 것으로 예상된다. 투자자 A는 자신의 의결권을 행사하고 있으며 피투자자의 관련 활동을 적극적으로 지시하고 있다.

[상황 7]

투자자 A와 다른 투자자 2명이 피투자자의 의결권을 각각 3분의 1씩 보유하고 있다. 피투자자의 사업 활동은 투자자 A와 밀접하게 관련되어 있다. 지분상품 외에도 투자자 A는 언제라도 고정 가격(현재 외가격 상태이나 깊은 외가격 상태는 아님)으로 피투자자의 보통주로 전환할 수 있는 채무상품을 보유하고 있다. 채무상품이 전환된다면, 투자자 A는 피투자자의 의결권 60%를 보유하게 된다. 채무상품이 보통주로 전환된다면, 투자자 A는 시너지의 실현으로 효익을 얻을 수 있다.

해답 [상황 1]

다른 주주 보유 지분과의 상대적 규모에 근거하여 투자자가 취득한 의결권의 비율을 평가할 때, 투자자는 48% 지분이 피투자자를 지배하기에 충분할 것이다. 이 경우에 투자자가 보유한 의결권의 절대적 규모와 다른 주주 보유 지분과의 상대적 규모에 근거하여, 투자자는 힘의 다른 증거를 고려할 필요 없이 힘의 기준을 충족하는 데 충분히 지배적인 의결권을 지닌다는 결론을 내릴 수 있다.

[상황 2]

이 경우에 투자자 A는 자신이 보유한 의결권의 절대적 규모와 다른 주주 보유 지분과의 상대적 규모만으로 자신에게 힘을 부여하는 충분한 권리가 있는지 결정하기에는 확실하지 않다는 결론을 내릴 수 있다. 그러나 투자자 A는 경영진의 선임·해임과 경영진의 보수를 결정할 자신의 계약상 권리가 피투자자에 대한 힘을 갖고 있다는 결론을 내리기에 충분하다고 판단할 수 있다. 여기서 유의할 점은 투자자 A가 힘을 갖고 있는지 평가할 때, 투자자 A가 계약상 권리를 행사하지 않을 수 있다는 사실이나 경영진을 선택하거나 선임·해임할 수 있는 권리의 행사 가능성을 고려하지 않는다는 것이다.

(4) 피투자자의 변동이익에 대한 노출이나 권리

투자자가 피투자자에 관여하여 투자자의 이익이 피투자자의 성과에 따라 달라질 가능성이 있는 경우 투자자는 변동이익에 노출되거나 변동이익에 대한 권리를 가진다. 투자자의 이익은 양(+)의 금액이거나, 부(−)의 금액이거나, 둘 모두에 해당할 수 있다.

① 이익의 예는 다음을 포함한다.

   a. 배당금, 피투자자가 분배한 경제적 효익(예 피투자자가 발행한 채무증권의 이자), 투자자가 피투자자에게 투자한 투자자산 가치의 변동

   b. 피투자자의 자산이나 부채의 관리용역에 대한 보상, 신용 지원이나 유동성 지원에서 생긴 손실에 대한 수수료와 노출 정도, 피투자자가 청산할 때 피투자자의 자산과 부채의 잔여지분, 법인세 혜택, 투자자가 피투자자에 관여하여 얻은 미래 유동성의 활용

   c. 다른 지분 보유자들이 이용할 수 없는 이익, 예를 들면 투자자는 자신의 다른 자산의 가치를 높이기 위하여 규모의 경제, 원가 절감, 부족한 제품을 외부에서 구매하기 위해 영업 기능들을 결합하거나, 독점적 지식의 접근을 확보하거나, 일부 영업이나 자산을 제약하는 것과 같이 피투자자의 자산과 결합하여 자신의 자산을 이용할 수 있다.

② 투자자는 피투자자의 이익이 변동되는지와 이익의 법적 형식과 관계없이 약정의 실질에 근거하여 이익이 변동되는 정도를 평가한다. 예를 들면, 투자자는 고정금리를 지급하는 채권을 보유하고 있다. 고정금리 지급은 채무불이행 위험의 대상이 되고 투자자가 채권 발행자의 신용위험에 노출되기 때문에 고정금리 지급은 변동이익에 포함된다.

⚡POINT **피투자자의 변동이익에 대한 노출이나 권리**

① 투자자가 피투자자에 관여하여 투자자의 이익이 피투자자의 성과에 따라 달라질 가능성이 있는 경우 투자자
는 변동이익에 노출되거나 변동이익에 대한 권리를 가짐
② 투자자의 이익은 양(+)의 금액이거나, 부(-)의 금액이거나, 둘 모두에 해당할 수 있음

(5) 힘과 이익의 연관

투자자가 피투자자에 대한 힘이 있고 피투자자에 관여함에 따라 변동이익에 노출되거나 변동이익에 대한
권리가 있을 뿐만 아니라, 자신의 이익금액에 영향을 미치도록 자신의 힘을 사용하는 능력이 있다면 투자
자는 피투자자를 지배한다. 따라서, 의사결정권이 있는 투자자는 자신이 본인인지 또는 대리인인지를 결
정해야 한다. 즉, 대리인인 투자자가 자신에게 위임된 의사결정권을 행사하는 경우에는 피투자자를 지배
하는 것이 아니다.

① 대리인은 주로 다른 당사자나 당사자들(본인들)을 대신하거나 그들의 이익을 위해 활동하도록 고용
된 당사자이므로 대리인이 의사결정 권한을 행사할 때 피투자자에 대한 지배력을 가지지 않는다.
② 의사결정자는 자신이 대리인인지를 결정할 때 특히 아래의 모든 요소에 대한 의사결정자 자신, 관리
되고 있는 피투자자, 피투자자에 관여하는 다른 당사자 사이의 전체적인 관계를 고려한다.
  a. 피투자자에 대한 의사결정자의 의사결정 권한의 범위
  b. 다른 당사자들이 갖는 권리
  c. 보상 약정에 따라 받을 권리가 있는 보상
  d. 피투자자에 투자한 다른 지분의 이익 변동에 의사결정자가 노출되는 정도

⚡POINT **힘과 이익의 연관**

① 투자자가 피투자자에 대한 힘이 있고 피투자자에 관여함에 따라 변동이익에 노출되거나 변동이익에 대한 권
리가 있을 뿐만 아니라, 자신의 이익금액에 영향을 미치도록 자신의 힘을 사용하는 능력이 있다면 투자자는
피투자자를 지배함
② 의사결정권이 있는 투자자는 자신이 본인인지 또는 대리인인지를 결정해야 하며, 대리인인 투자자가 자신에
게 위임된 의사결정권을 행사하는 경우에는 피투자자를 지배하는 것이 아님

Ⅳ | 연결재무제표의 종류와 작성원칙

01 연결재무제표의 종류 및 양식

K-IFRS에 의하면 연결재무제표는 연결재무상태표, 연결포괄손익계산서, 연결자본변동표, 연결현금흐름표의 4가지로 구성되며, 연결재무제표에 대한 주석을 포함한다.

(1) 연결재무상태표

연결재무상태표는 일정시점의 연결실체의 경제적 자원(자산)과 보고기업에 대한 청구권(부채 및 자본)에 관한 정보를 제공하는 재무제표를 말한다. K-IFRS에서는 연결재무제표에 비지배지분을 자본의 구성항목으로 표시하되, 지배기업 소유주지분과는 구분하여 별도로 표시하도록 규정하고 있다. 연결재무제표의 양식은 다음과 같다.

[그림 2-3] 연결재무상태표 양식(K-IFRS 사례 수정)

연결재무상태표
20×1년 12월 31일 현재

A회사 (단위: 원)

과목	20×1년 12월 31일	20×0년 12월 31일
자산		
유동자산		
현금및현금성자산	×××	×××
매출채권	×××	×××
재고자산	×××	×××
기타유동자산	×××	×××
유동자산합계	×××	×××
비유동자산		
지분상품에 대한 투자	×××	×××
관계기업투자	×××	×××
유형자산	×××	×××
영업권	×××	×××
기타무형자산	×××	×××
비유동자산합계	×××	×××
자산총계	×××	×××

부채 및 자본

유동부채

매입채무와 기타미지급금	×××	×××
단기차입금	×××	×××
유동성장기차입금	×××	×××
당기법인세부채	×××	×××
단기충당부채	×××	×××
유동부채합계	×××	×××

비유동부채

장기차입금	×××	×××
이연법인세	×××	×××
장기충당부채	×××	×××
비유동부채합계	×××	×××
부채총계	×××	×××

지배기업의 소유주에게 귀속되는 자본

납입자본	×××	×××
이익잉여금	×××	×××
기타자본구성요소	×××	×××
	×××	×××
비지배지분	×××	×××
자본총계	×××	×××
부채 및 자본총계	×××	×××

(2) 연결포괄손익계산서

연결포괄손익계산서는 일정기간 동안의 지분참여자에 의한 출연과 관련된 것은 제외한 순자산의 증감에 의하여 발생하는 연결실체의 재무성과에 관한 정보를 제공하는 재무제표를 말한다. 연결포괄손익계산서의 하단에 당기순이익과 총포괄손익을 지배기업소유주귀속이익와 비지배지분순이익으로 구분하여 손익의 귀속을 표시해야 한다. 또한 주당이익에 대한 정보는 연결실체의 당기순이익 중 지배기업의 소유주에게 귀속되는 주당이익만을 보고해야 한다.

[그림 2-4] 연결포괄손익계산서의 양식(K-IFRS 사례 수정)

연결포괄손익계산서(기능별 분류방법)

당기: 20×1년 1월 1일부터 20×1년 12월 31일까지

전기: 20×0년 1월 1일부터 20×0년 12월 31일까지

A회사 (단위: 원)

구분	당기	전기
수익	×××	×××
매출원가	(×××)	(×××)
매출총이익	×××	×××
기타수익	×××	×××
물류원가	(×××)	(×××)
관리비	(×××)	(×××)
기타비용	(×××)	(×××)
영업이익	×××	×××
영업외수익	×××	×××
영업외비용	(×××)	(×××)
법인세비용차감전순이익	×××	×××
법인세비용	(×××)	(×××)
계속영업손익	×××	×××
중단영업손익	×××	×××
당기순이익	×××	×××
기타포괄손익		
당기손익으로 재분류되는 항목	×××	×××
당기손익으로 재분류되지 않는 항목	×××	×××
기타포괄손익과 관련된 법인세	(×××)	(×××)
총포괄손익	×××	×××
당기순이익의 귀속		
지배기업의 소유주	×××	×××
비지배지분	×××	×××
	×××	×××
총포괄손익의 귀속		
지배기업의 소유주	×××	×××
비지배지분	×××	×××
	×××	×××
주당이익		
기본 및 희석	×××	×××

(3) 연결자본변동표

연결자본변동표는 연결실체의 일정시점의 자본의 잔액과 일정기간 동안 자본의 변동에 관한 정보를 제공하는 재무제표를 말한다. 연결자본변동표의 양식은 개별회계상 자본변동표의 양식과 동일한데, 한 가지 차이가 있다면 비지배지분의 변동사항이 추가된다는 점이다. 즉, 연결실체의 자본의 변동을 지배기업 소유주지분과 비지배지분으로 구분하여 표시하도록 규정하고 있다.

K-IFRS 제1001호 '재무제표 표시'에 의하면 자본변동표에는 다음의 정보를 포함해야 한다.

① 지배기업의 소유주와 비지배지분에게 각각 귀속되는 금액으로 구분하여 표시한 해당 기간의 총포괄손익
② 자본의 각 구성요소별로, K-IFRS 제1008호에 따라 인식된 소급적용이나 소급재작성의 영향
③ 자본의 각 구성요소별로 다음의 각 항목에 따른 변동액을 구분하여 표시한, 기초시점과 기말시점의 장부금액 조정내역
   a. 당기순손익
   b. 기타포괄손익
   c. 소유주로서의 자격을 행사하는 소유주와의 거래(소유주에 의한 출자와 소유주에 대한 배분, 그리고 지배력을 상실하지 않는 종속기업에 대한 소유지분의 변동을 구분하여 표시)

[그림 2-5] 연결자본변동표의 양식

연결자본변동표
20×1년 1월 1일부터 20×1년 12월 31일까지

A회사 (단위: 원)

구분	납입자본	이익잉여금	기타자본요소	지배기업지분합계	비지배지분	자본총계
20×1년 1월 1일	×××	×××	×××	×××	×××	×××
회계변경누적효과		×××		×××	×××	×××
전기오류수정		×××		×××	×××	×××
재작성된 금액	×××	×××	×××	×××	×××	×××
연차배당		(×××)		(×××)		(×××)
유상증자	×××			×××		×××
재평가잉여금의 대체		×××	(×××)	–		–
총포괄손익		×××	×××	×××	×××	×××
20×1년 12월 31일	×××	×××	×××	×××	×××	×××

(4) 연결현금흐름표

연결현금흐름표는 일정기간 동안 재무제표이용자에게 연결실체의 현금및현금성자산의 창출능력과 현금흐름의 사용 용도를 평가하는 데 유용한 기초를 제공하는 재무제표를 말한다. 개별회계상 현금흐름표와의 차이점은 종속기업과 기타 사업부문의 취득과 처분에 따른 총현금흐름은 별도로 표시하고 투자활동으로 분류한다는 것이다. 자세한 설명은 후술하기로 한다.

[그림 2-6] 연결현금흐름표의 양식

연결현금흐름표

20×1년 1월 1일부터 20×1년 12월 31일까지

A회사		(단위: 원)
1. 영업활동현금흐름		×××
영업활동현금흐름은 간접법 또는 직접법으로 표시할 수 있음		
2. 투자활동현금흐름		×××
투자활동현금유입액	×××	
투자활동현금유출액	(×××)	
3. 재무활동현금흐름		×××
재무활동현금유입액	×××	
재무활동현금유출액	(×××)	
4. 현금및현금성자산의 환율변동효과		×××
5. 현금및현금성자산의 증감		×××
6. 기초의 현금및현금성자산		×××
7. 기말의 현금및현금성자산		×××

⚡ POINT 연결재무제표의 종류

> 연결재무제표는 연결재무상태표, 연결포괄손익계산서, 연결자본변동표, 연결현금흐름표의 4가지로 구성되며, 연결재무제표에 대한 주석을 포함함

02 연결재무제표 작성원칙

(1) 보고기간 종료일

연결재무제표를 작성할 때 사용하는 지배기업과 종속기업의 재무제표는 보고기간 종료일이 같아야 한다. 지배기업의 보고기간 종료일과 종속기업의 보고기간 종료일이 다른 경우에 종속기업은 연결재무제표를 작성하기 위하여 지배기업이 종속기업의 재무정보를 연결할 수 있도록 지배기업의 재무제표와 같은 보고기간 종료일의 추가 재무정보를 작성한다. 다만 실무적으로 적용할 수 없는 경우에는 작성하지 않는다.

종속기업이 실무적으로 적용할 수 없다면, 지배기업은 종속기업의 재무제표일과 연결재무제표일 사이에 발생한 유의적인 거래나 사건의 영향을 조정한 종속기업의 가장 최근 재무제표를 사용하여 종속기업의 재무정보를 연결한다. 어떠한 경우라도 종속기업의 재무제표일과 연결재무제표일의 차이는 3개월을 초과해서는 안 된다. 보고기간의 길이와 재무제표일의 차이는 기간마다 같아야 한다.

(2) 동일한 회계정책

지배기업은 비슷한 상황에서 발생한 거래와 그 밖의 사건에 동일한 회계정책을 적용하여 연결재무제표를 작성한다. 즉, 연결실체를 구성하는 기업이 비슷한 상황에서 발생한 비슷한 거래와 사건에 연결재무제표에서 채택한 회계정책과 다른 회계정책을 사용한 경우에는 연결실체의 회계정책과 일치하도록 그 재무제표를 적절히 수정하여 연결재무제표를 작성한다.

⚡POINT 연결재무제표 작성원칙

보고기간 종료일	① 지배기업의 보고기간 종료일과 종속기업의 보고기간 종료일이 다른 경우에 종속기업은 연결재무제표를 작성하기 위하여 지배기업이 종속기업의 재무정보를 연결할 수 있도록 지배기업의 재무제표와 같은 보고기간 종료일의 추가 재무정보를 작성함 ② 종속기업이 실무적으로 적용할 수 없다면, 지배기업은 종속기업의 재무제표일과 연결재무제표일 사이에 발생한 유의적인 거래나 사건의 영향을 조정한 종속기업의 가장 최근 재무제표를 사용하여 종속기업의 재무정보를 연결함 ③ 어떠한 경우라도 종속기업의 재무제표일과 연결재무제표일의 차이는 3개월을 초과해서는 안 됨
동일한 회계정책	지배기업은 비슷한 상황에서 발생한 거래와 그 밖의 사건에 동일한 회계정책을 적용하여 연결재무제표를 작성함

Ⅴ | 연결회계이론

연결재무제표를 작성하는 경우 연결실체의 주체를 누구로 보느냐에 따라 실체이론(Entity Theory)과 지배기업이론(Parent Company Theory)으로 구분되며, 구체적인 회계처리도 상이하게 된다. 여기서는 실체이론과 지배기업이론 간에 어떠한 차이가 있는지를 살펴보기로 한다.

01 실체이론

실체이론에서는 연결실체의 주주와 채권자를 연결재무제표의 주된 이용자로 간주하므로 지배기업은 물론 종속기업을 포함한 모든 연결실체의 주주와 채권자로 규정하고 있다. 즉, 실체이론에서는 종속기업의 비지배주주를 지배기업의 소유주와 동등한 지위를 갖는 주주로 간주한다. 따라서 연결재무상태표에 표시된 비지배지분은 연결주주지분의 일부로 자본항목으로 별도로 표시되며, 비지배지분순이익도 연결당기순이익에 포함하여 인식한다.

실체이론에서는 지배기업 소유주지분과 비지배지분이 모두 자본으로 인식되기 때문에 종속기업의 모든 식별가능한 순자산을 순자산공정가치 기준으로 연결하며, 비지배지분도 순자산공정가치를 기준으로 인식해야 한다. 한편, 종속기업의 결손이 누적되어 종속기업의 순자산이 부(−)의 금액일 경우 부(−)의 비지배지분이 발생하기도 한다. 실체이론에서는 비지배지분을 연결실체의 주주로 간주하므로 부(−)의 비지배지분을 연결재무상태표의 자본에서 차감하는 형식으로 표시한다. 또한, 실체이론에서는 비지배주주도 연결실체의 주주로 간주되기 때문에 지배기업 소유주뿐만 아니라 비지배주주에 대한 영업권도 인식한다.

실체이론에서는 내부거래로 인한 미실현손익을 제거할 때 하향거래로 인한 내부미실현손익은 전액제거하며 지배기업에 부담시키며, 상향거래로 인한 내부미실현손익을 전부 제거하여 지배기업과 비지배지분에 배분한다.

02 지배기업이론

지배기업이론에서는 지배기업의 주주와 채권자만을 연결재무제표의 주된 이용자로 간주하며, 종속기업의 비지배주주를 연결실체의 외부에 있는 채권자로 본다. 따라서 연결재무상태표에 표시된 비지배지분은 부채로 인식되며, 비지배지분순이익도 연결당기순이익에 포함하지 아니한다.

지배기업이론에서는 지배기업 소유주지분은 자본으로 인식되나 비지배지분은 부채로 인식되기 때문에 종속기업의 모든 식별가능한 순자산을 지배기업 소유주지분은 순자산공정가치 기준으로 연결하며, 비지배지분은 순자산장부금액을 기준으로 인식해야 한다. 한편, 종속기업의 결손이 누적되어 종속기업의 순자산이 부(−)의 금액이어서 부(−)의 비지배지분이 발생하는 경우 지배기업이론에서는 비지배지분을 연결실체의 채권자로 간주하므로 부(−)의 비지배지분을 지배기업의 이익잉여금과 상계한다. 또한, 지배기업이론에서는 비지배주주는 연결실체의 채권자로 간주되기 때문에 비지배주주에 대한 영업권도 인식하지 아니한다.

지배기업이론에서는 내부거래로 인한 미실현손익을 제거할 때 하향거래로 인한 내부미실현손익은 전액제거하며 지배기업에 부담시키며, 상향거래로 인한 내부미실현손익은 종속기업에 대한 지배기업의 소유비율만큼만 제거하여 지배기업에 부담하도록 하고 있으나 비지배주주에 대한 미실현손익은 지배기업 관점에서 보면 비지배주주에 대해 실현된 것이므로 제거하지 않는다.

⚡ POINT 연결회계이론

구분	실체이론	지배기업이론
비지배주주	연결실체 내의 주주	연결실체 외부의 채권자
비지배지분	자본	부채
영업권	지배기업 소유주와 비지배주주에 대한 영업권을 모두 인식	지배기업 소유주에 대한 영업권만을 인식
종속기업의 순자산	지배기업 소유주지분과 비지배지분 모두 종속기업 순자산공정가치를 기준으로 배분	지배기업 소유주지분은 종속기업 순자산공정가치를 기준으로 배분되며, 비지배지분은 종속기업 순자산장부금액을 기준으로 배분
부(-)의 비지배지분	부(-)의 비지배지분을 자본에서 차감함	부(-)의 비지배지분을 인식하지 않고 지배기업의 이익잉여금과 상계함
하향내부거래	전액제거	전액제거
상향내부거래	전액제거 후 지배기업 소유주지분과 비지배지분으로 배분	지배기업 소유주지분만 제거
연결당기순이익	지배기업 소유주 귀속 이익과 비지배지분순이익을 모두 포함	지배기업 소유주 귀속 이익으로만 구성

⊘ 참고 K-IFRS에 반영된 연결회계이론

K-IFRS에서는 실체이론에 기반하여 연결재무제표를 작성하도록 규정하고 있으나, 실무적으로 적용하기 힘든 비지배지분영업권의 인식의 회계처리에서 실체이론과 지배기업이론을 선택할 수 있도록 규정하고 있다. K-IFRS에 반영된 연결회계이론은 다음과 같다.

구분	K-IFRS	관련 이론
비지배주주	연결실체 내의 주주	실체이론
비지배지분	자본	실체이론
영업권	[방법 1] 지배기업 소유주와 비지배주주에 대한 영업권을 모두 인식 또는	실체이론
	[방법 2] 지배기업 소유주에 대한 영업권만을 인식	지배기업이론
종속기업의 순자산	지배기업 소유주지분과 비지배지분 모두 종속기업 순자산공정가치를 기준으로 배분	실체이론
부(-)의 비지배지분	부(-)의 비지배지분을 자본에서 차감함	실체이론
하향내부거래	전액제거	실체이론
상향내부거래	전액제거 후 지배기업 소유주지분과 비지배지분으로 배분	실체이론
연결당기순이익	지배기업 소유주 귀속 이익과 비지배지분순이익을 모두 포함	실체이론

Ⅵ | 연결회계의 기본원리

01 연결재무제표의 작성절차

주식을 취득하여 다른 기업이나 사업의 지배력을 획득하게 되면, 지배기업과 종속기업은 법적으로 독립된 기업이므로 각각 개별기업의 재무제표를 작성하게 된다. 그러나 경제적 실질로는 단일의 경제적 실체이므로 이들의 개별기업 재무제표를 통합하여 지배기업과 종속기업을 단일의 경제적 실체로 보고 개별기업의 재무제표를 통합하여 연결재무제표를 작성하게 된다.

연결재무제표를 작성하기 위해서는 먼저 지배기업의 별도재무제표와 종속기업의 별도재무제표를 계정과목별로 단순 합산한다. 다음 추가로 연결실체 간의 내부거래제거 등의 연결조정분개를 수행하며, 연결정산표상에 연결조정분개를 반영하여 연결재무상태표와 연결포괄손익계산서 등의 연결재무제표를 작성하게 된다.

[그림 2-7] 연결재무제표의 작성방법

주식을 취득하여 지배력을 획득한 사업결합의 경우 지배력을 획득한 시점부터 연결실체의 재무상태와 재무성과에 대한 정보를 제공해야 한다. 따라서 연결재무제표는 지배력을 획득한 시점뿐만 아니라 지배력획득연도 이후에도 계속적으로 작성해야 한다.

지배력획득일에 연결재무제표를 작성하는 경우에는 아직 연결실체가 성립한 후 재무성과가 발생하지 않았으므로 연결실체의 재무상태만을 나타내는 연결재무상태표만을 작성하면 된다. 그러나 지배력획득일 이후에는 연결실체가 성립한 후 영업활동을 통하여 재무성과가 발생하였기 때문에 연결재무상태표뿐만 아니라 연결포괄손익계산서, 연결자본변동표 및 연결현금흐름표도 작성해야 한다.

여기서 유의할 점은 연결실체는 법률적으로 독립된 실체가 아니므로 연결조정분개는 개별기업의 장부에 직접 반영되지 않는다는 것이다. 따라서 연결조정분개는 연결재무제표를 작성하기 위하여 개별기업 재무제표의 각 계정과목을 합산하고 연결조정분개를 반영하여 연결재무제표의 각 계정과목의 잔액을 보여주는 연결정산표(Consolidation Worksheet)에서만 나타난다. 실무에서는 회계시스템이 정교하게 구축된 회사의 경우 연결회계시스템을 통하여 자동으로 지배회사와 종속회사의 거래가 입력되어 추가적으로 연결조정분개만 반영하면 되기 때문에 연결정산표를 작성하지 않아도 된다. 그러나 대다수의 소규모 회사들은 지배회사의 별도재무제표와 종속회사의 개별재무제표를 엑셀 또는 한셀 등의 컴퓨터 소프트웨어를 통하여 연결정산표를 작성하며, 이를 통하여 연결재무제표가 작성된다. 따라서 연결재무제표를 작성하기 위하여 가장 대표적으로 사용되는 수단이 연결정산표이므로 연결정산표를 작성하는 방법에 대해서 구체적으로 살펴보기로 한다.

⚡ POINT 연결재무제표의 작성절차

연결재무제표의 작성방법	• 1단계: A회사 + B회사 = F/S 단순합산 • 2단계: 연결조정분개 • 3단계: 연결재무제표 작성
지배력획득일에 연결재무제표를 작성하는 경우	연결재무상태표만 작성
지배력획득일 이후에 연결재무제표를 작성하는 경우	연결재무상태표, 연결포괄손익계산서, 연결자본변동표 및 연결현금흐름표를 작성함
연결정산표	연결재무제표를 작성하기 위하여 개별기업의 재무제표의 각 계정과목을 합산하고 연결조정분개를 반영하여 연결재무제표의 각 계정과목의 잔액을 보여주는 정산표

02 연결정산표

연결정산표(Consolidation Worksheet)는 연결재무제표를 작성하기 위하여 개별기업 재무제표의 각 계정과목을 합산하고 연결조정분개를 반영하여 연결재무제표의 각 계정과목의 잔액을 보여주는 정산표를 말한다. 연결정산표의 가장 왼쪽란에는 개별기업의 각 계정과목들의 명칭을 기입하며, 그 다음란에는 지배기업과 종속기업의 해당 계정과목의 금액을 각각 기입한다. 합계란에는 지배기업과 종속기업의 해당 계정과목의 합계를 기입한다. 합계란의 오른쪽에 있는 연결조정분개란에는 개별기업의 재무제표를 단순합산한 금액에 연결재무제표 작성 시 제거되어야 할 투자주식과 자본계정의 상계제거, 채권·채무 상계제거, 내부거래제거, 비지배지분순이익 계상의 연결조정분개를 기입한다. 마지막 연결재무제표란에는 합계란에 연결조정분개를 가감한 연결조정 후 잔액을 기입하며, 이 연결조정 후 잔액 중 자산, 부채, 자본 계정과목으로 연결재무상태표를 작성하고 수익, 비용 계정과목으로 연결포괄손익계산서를 작성한다.

[그림 2-8] 연결정산표

연결정산표

구분	A회사 (지배기업)	B회사 (종속기업)	합계	연결조정분개		연결 재무제표
				차변	대변	
<차변: 자산, 비용>						
자산						
비용						
차변합계						
<대변: 부채, 자본, 수익>						
부채						
자본						
수익						
대변합계						

03 지배력획득일의 연결재무제표 작성: 비지배지분이 없는 경우

지배력획득일의 연결재무제표를 작성하는 경우 아직 연결실체가 성립한 후 재무성과가 발생하지 않았으므로 연결실체의 재무상태만을 나타내는 연결재무상태표만을 작성하면 된다. 비지배지분이 없는 경우에 지배력 획득일의 연결재무제표를 작성하는 방법은 다음과 같다.

(1) 영업권과 염가매수차익이 발생하지 않는 경우

① 지배기업과 종속기업은 법률적으로 독립된 실체이므로 지배기업과 종속기업의 자산, 부채 및 자본은 별도로 작성된 연결정산표상에서만 합산된다. 즉, 연결실체는 법률적으로 독립된 실체가 아니므로 연결조정분개는 개별기업의 장부에 직접 반영되는 것이 아니다.

② 지배기업은 종속기업의 지분을 취득하면서 투자주식으로 회계처리했을 것이다. 또한 연결정산표상에서는 종속기업의 자산, 부채 및 자본이 모두 합산된 상태이다. 그러나 K-IFRS 제1103호 '사업결합'에서는 주식을 취득하여 다른 기업이나 사업의 지배력을 획득하는 거래는 취득법을 적용하여 회계처리하도록 규정하고 있으므로 연결재무제표에서는 지배기업은 종속기업의 자산과 부채를 취득한 것으로 조정해야 한다. 따라서 이전대가에 해당하는 지배기업의 투자주식계정과 종속기업의 자본계정을 서로 상계제거해야 하며, 이를 투자주식과 자본계정의 상계제거라고 말한다.

③ 연결정산표상에서는 종속기업의 자산, 부채 및 자본이 모두 합산된 상태이므로 연결조정분개를 통하여 지배기업의 투자주식계정과 종속기업의 자본계정을 상계제거한다면 연결재무제표에서는 종속기업의 자산과 부채만이 합산된다. 따라서 비지배지분이 없는 경우에는 합병회계와 동일한 결론에 도달하게 된다.

예제 2 | 지배력획득일의 연결재무제표 작성: 비지배지분이 없는 경우(1)

20×1년 초에 A회사는 B회사의 의결권이 있는 보통주 100%를 ₩10,000에 취득하여 지배력을 획득하였다. 지배력획득일 현재 식별할 수 있는 자산·부채의 장부금액과 공정가치는 동일하였으며, 20×1년 초 현재 B회사의 순자산은 ₩10,000이었다.

(1) 20×1년 초에 A회사와 B회사의 재무상태표는 다음과 같다.

재무상태표
20×1년 1월 1일 현재 (단위: ₩)

	A회사	B회사		A회사	B회사
자산	90,000	20,000	부채	50,000	10,000
투자주식(B회사)	10,000	–	자본	50,000	10,000
	100,000	20,000		100,000	20,000

(2) A회사는 B회사의 투자주식을 원가법으로 회계처리하고 있다.

물음1 20×1년 초에 연결재무제표를 작성하는 경우 연결조정분개를 나타내시오.

물음2 20×1년 초에 지배기업인 A회사와 종속기업인 B회사로 구성된 연결재무상태표를 작성하시오.

물음 3 위의 물음과 상관없이 20×1년 초에 A회사가 B회사의 보통주 100%를 ₩10,000에 취득하여 B회사를 소멸시키고 흡수합병하였다고 가정할 경우에 A회사가 수행할 20×1년 초의 합병분개와 20×1년 초의 합병 후 재무상태표를 나타내시오.

해답   **물음 1**

① 투자주식과 자본계정의 상계	(차) 자본(B)	10,000	(대) 투자주식	10,000

물음 2

1. 연결정산표

연결정산표

구분	A회사	B회사	합계	연결조정분개 차변	연결조정분개 대변	연결재무제표
<차변: 자산, 비용>						
자산	90,000	20,000	110,000			110,000
투자주식	10,000	-	10,000		① 10,000	0
차변합계	100,000	20,000	120,000			110,000
<대변: 부채, 자본, 수익>						
부채	50,000	10,000	60,000			60,000
자본	50,000	10,000	60,000	① 10,000		50,000
대변합계	100,000	20,000	120,000	10,000	10,000	110,000

2. 연결재무상태표

연결재무상태표
20×1년 1월 1일 현재

자산	110,000	부채	60,000
		자본	50,000
	110,000		110,000

물음 3

1. 20×1. 1. 1. A회사의 합병분개

20×1. 1. 1.	(차) 자산	20,000	(대) 부채	10,000
			투자주식	10,000

2. 합병 후 재무상태표

재무상태표

A회사   20×1년 1월 1일 현재

자산	110,000	부채	60,000
		자본	50,000
	110,000		110,000

해설   **물음 2** 와 **물음 3** 에서 연결재무상태표와 합병 후 재무상태표가 동일함을 알 수 있다. 즉, 종속기업의 지분을 100% 취득한 비지배지분이 없는 연결의 경우 법률적 형식은 다르지만 경제적 실질로는 동일한 실체이므로 연결재무상태표는 합병재무상태표와 동일하게 작성된다.

(2) 영업권과 염가매수차익이 발생하는 경우

[예제 2]에서는 지배기업이 종속기업의 지분을 취득하면서 이전한 대가와 종속기업의 순자산금액이 일치한다고 가정하였다. 그러나 취득시점에는 종속기업의 순자산장부금액과 투자주식의 취득원가가 일치하지 않는 경우가 일반적이다. 이러한 투자차액은 자산·부채의 장부금액과 공정가치의 차이 중 투자자의 지분과 영업권 또는 염가매수차익으로 구성된다. 논의를 단순화하기 위하여 자산·부채의 장부금액과 공정가치의 차이가 발생하지 않는다고 하면 투자차액은 전액 영업권 또는 염가매수차익으로 구성되며, 취득시점에 영업권과 염가매수차익이 발생하게 된다. 영업권과 염가매수차익의 회계처리는 다음과 같다.

① 취득자는 투자주식의 취득원가가 사업결합에 따라 인식한 취득일에 식별할 수 있는 취득자산과 인수부채의 순액을 초과하는 경우에 영업권(Goodwill)을 자산으로 인식한다.
② 취득자는 사업결합에 따라 인식한 취득일에 식별할 수 있는 취득자산과 인수부채의 순액이 투자주식의 취득원가를 초과하는 경우에 염가매수차익(Gain from Bargain Purchase)을 당기손익으로 인식한다.
③ 영업권과 염가매수차익의 인식과 측정은 [Ch01 사업결합]의 내용과 동일하므로 이를 참조하기 바란다.

예제 3 지배력획득일의 연결재무제표 작성: 비지배지분이 없는 경우(2)

20×1년 초에 A회사는 B회사의 의결권 있는 보통주 100%를 ₩12,000에 취득하여 지배력을 획득하였다. 지배력획득일 현재 식별할 수 있는 자산·부채의 장부금액과 공정가치는 동일하였으며, 20×1년 초 현재 B회사의 순자산은 ₩10,000이었다.

---

(1) 20×1년 초에 A회사와 B회사의 재무상태표는 다음과 같다.

재무상태표
20×1년 1월 1일 현재 (단위: ₩)

	A회사	B회사		A회사	B회사
자산	90,000	20,000	부채	50,000	10,000
투자주식(B회사)	12,000	–	자본	52,000	10,000
	102,000	20,000		102,000	20,000

(2) A회사는 B회사의 투자주식을 원가법으로 회계처리하고 있다.

물음 1 20×1년 초에 연결재무제표를 작성하는 경우 연결조정분개를 나타내고, 20×1년 초에 지배기업인 A회사와 종속기업인 B회사로 구성된 연결재무상태표를 작성하시오.

물음 2 **물음 1** 과 관계없이 20×1년 초에 A회사는 B회사의 보통주 100%를 ₩8,000에 취득하여 지배력을 획득하였다고 가정한다. 20×1년 초에 연결재무제표를 작성하는 경우 연결조정분개를 제시하고, 연결재무상태표를 작성하시오. 단, 20×1년 초에 A회사와 B회사의 재무상태표는 다음과 같다.

재무상태표

20×1년 1월 1일 현재

	A회사	B회사			A회사	B회사
자산	90,000	20,000	부채		50,000	10,000
투자주식(B회사)	8,000	-	자본		48,000	10,000
	98,000	20,000			98,000	20,000

해답 **물음 1**

1. 20×1. 1. 1. 연결조정분개

① 투자주식과 자본계정의 상계	(차) 자본(B) 영업권	10,000 2,000	(대) 투자주식	12,000

2. 연결정산표

연결정산표

구분	A회사	B회사	합계	연결조정분개		연결재무제표
				차변	대변	
<차변: 자산, 비용>						
자산	90,000	20,000	110,000			110,000
투자주식	12,000	-	12,000		① 12,000	0
영업권	-	-	-	① 2,000		2,000
차변합계	102,000	20,000	122,000			112,000
<대변: 부채, 자본, 수익>						
부채	50,000	10,000	60,000			60,000
자본	52,000	10,000	62,000	① 10,000		52,000
대변합계	102,000	20,000	122,000	12,000	12,000	112,000

3. 연결재무상태표

연결재무상태표

20×1년 1월 1일 현재

자산	110,000	부채	60,000
영업권	2,000	자본	52,000
	112,000		112,000

물음 2

1. 20×1. 1. 1. 연결조정분개

| ① 투자주식과 자본계정의
상계 | (차) 자본(B) | 10,000 | (대) 투자주식 | 8,000 |
| | | | 염가매수차익 | 2,000 |

2. 연결정산표

연결정산표

구분	A회사	B회사	합계	연결조정분개 차변	연결조정분개 대변	연결재무제표
<차변: 자산, 비용>						
자산	90,000	20,000	110,000			110,000
투자주식	8,000	-	8,000		① 8,000	0
차변합계	98,000	20,000	118,000			110,000
<대변: 부채, 자본, 수익>						
부채	50,000	10,000	60,000			60,000
자본	48,000	10,000	58,000	① 10,000	① 2,000[1]	50,000
대변합계	98,000	20,000	118,000	10,000	10,000	110,000

[1] 염가매수차익 ₩2,000은 당기이익으로 인식되므로 이익잉여금에 반영되어야 한다. 본 문제에서는 납입자본, 이익잉여금, 기타자본요소를 별도로 표시하지 않고 자본으로 통합하여 표시하고 있으므로 자본에 반영하였다.

3. 연결재무상태표

연결재무상태표
20×1년 1월 1일 현재

자산	110,000	부채	60,000
		자본	50,000
	110,000		110,000

04 지배력획득일의 연결재무제표 작성: 비지배지분이 있는 경우

주식취득으로 인한 사업결합은 종속기업의 의결권 과반수를 보유하는 투자자가 다른 요소가 없다면 의결권 과반수 보유자의 결의로 관련 활동을 지시하거나, 관련 활동을 지시하는 의사결정기구 구성원의 과반수를 의결권 과반수 보유자의 결의로 선임함으로써 힘을 가지며 지배력을 획득한다. 따라서 지배기업이 종속기업의 100% 지분을 취득하지 않은 경우에는 지배기업 소유주지분을 제외한 나머지 지분을 연결재무상태표에 표시해야 한다. 여기서 비지배지분(Non-Controlling Interests)이란 종속기업에 대한 지분 중 지배기업에 직접이나 간접으로 귀속되지 않는 지분을 말하며, 지배기업을 제외한 종속기업의 주주를 비지배주주(Non-Controlling Shareholders)라고 말한다.

K-IFRS에서 종속기업의 비지배주주를 지배기업의 소유주와 동등한 지위를 갖는 주주로 간주하는 실체이론을 따르고 있다. 따라서 K-IFRS 제1110호 '연결재무제표'에서는 지배기업은 비지배지분을 연결재무상태표에서 자본에 포함하되 지배기업의 소유주지분과는 구분하여 별도로 표시하도록 규정하고 있다. 즉, 비지배지분이 있는 경우에는 연결재무상태표의 자본항목은 지배기업 소유주지분과 비지배지분으로 구분하여 표시해야 한다.

⊘ **참고 비지배지분이 부채가 아닌 이유**

국제회계기준위원회는 비지배지분이 '재무보고를 위한 개념체계'에서 부채의 정의를 충족하지 못하기 때문에 부채가 아니라고 결론지었다. 개념체계에서 부채는 과거 사건에 의하여 발생하였으며 경제적 효익을 갖는 자원이 기업으로부터 유출됨으로써 이행될 것으로 기대되는 현재의무라고 기술하고 있다. 따라서 부채의 본질적 특성은 기업이 현재의무를 갖고 있다는 것이며 의무란 특정 방법으로 실행하거나 수행할 책무(Duty) 또는 책임(Responsibility)이라고 설명하고 있다. 그러나 종속기업 순자산에 대한 비지배지분의 존재는 현재의무(결제하게 되면 연결실체로부터 경제적 효익이 유출될 것이 예상되는)를 발생시키지 않기 때문에 부채의 정의를 충족하지 못한다. 대신에, 국제회계기준위원회는 비지배지분이 연결실체 내 종속기업의 일부 주주가 보유하는 해당 종속기업 순자산에 대한 잔여지분을 나타내므로 개념체계의 자본 정의를 충족한다고 보아 연결재무상태표에서 자본에 포함하되 지배기업의 소유주지분과는 구분하여 별도로 표시하도록 규정하고 있다.

⚡POINT 비지배지분

비지배지분	종속기업에 대한 지분 중 지배기업에 직접이나 간접으로 귀속되지 않는 지분
비지배주주	지배기업을 제외한 종속기업의 주주
비지배지분의 회계처리	① 종속기업의 비지배주주를 지배기업의 소유주와 동등한 지위를 갖는 주주로 간주하는 실체이론을 따르고 있음 ② 지배기업은 비지배지분을 연결재무상태표에서 자본에 포함하되 지배기업의 소유주지분과는 구분하여 별도로 표시함

예제 4 지배력획득일의 연결재무제표 작성: 비지배지분이 있는 경우

20×1년 초에 A회사는 B회사의 의결권이 있는 보통주 60%를 ₩8,000에 취득하여 지배력을 획득하였다. 지배력획득일 현재 식별할 수 있는 자산·부채의 장부금액과 공정가치는 동일하였으며, 20×1년 초 현재 B회사의 순자산은 ₩10,000이었다.

(1) 20×1년 초에 A회사와 B회사의 재무상태표는 다음과 같다.

재무상태표

20×1년 1월 1일 현재 (단위: ₩)

	A회사	B회사		A회사	B회사
자산	92,000	20,000	부채	50,000	10,000
투자주식(B회사)	8,000	–	자본금	50,000	10,000
	100,000	20,000		100,000	20,000

(2) A회사는 B회사의 투자주식을 원가법으로 회계처리하고 있다.

물음 1 20×1년 초에 연결재무제표를 작성하는 경우 연결조정분개를 나타내시오.

물음 2 20×1년 초에 지배기업인 A회사와 종속기업인 B회사로 구성된 연결재무상태표를 작성하시오.

해답 | 물음 1

| ① 투자주식과 자본계정의 상계 | (차) 자본금(B) | 10,000 | (대) 투자주식 | 8,000 |
| | 영업권 | 2,000[1] | 비지배지분 | 4,000[2] |

[1] 영업권: ₩8,000 - ₩10,000 × 60% = ₩2,000
[2] B회사 순자산공정가치 × 비지배지분율: ₩10,000 × 40% = ₩4,000

물음 2

1. 연결정산표

연결정산표

구분	A회사	B회사	합계	연결조정분개 차변	연결조정분개 대변	연결재무제표
<차변: 자산, 비용>						
자산	92,000	20,000	112,000			112,000
투자주식	8,000	–	8,000		① 8,000	0
영업권	–	–	–	① 2,000		2,000
차변합계	100,000	20,000	120,000			114,000
<대변: 부채, 자본, 수익>						
부채	50,000	10,000	60,000			60,000
자본금	50,000	10,000	60,000	① 10,000		50,000
비지배지분	–	–	–		① 4,000	4,000
대변합계	100,000	20,000	120,000	12,000	12,000	114,000

2. 연결재무상태표

연결재무상태표
20×1년 1월 1일 현재

자산	112,000	부채	60,000
영업권	2,000	자본	
		지배기업 소유주지분	
		자본금	50,000
		비지배지분	4,000
	114,000		114,000

해설 1. **영업권**: 투자주식의 취득원가 - 종속기업 순자산공정가치 × 지배기업지분율 = ₩8,000 - ₩10,000 × 60% = ₩2,000

2. **비지배지분**: 종속기업 순자산공정가치 × 비지배지분율 = ₩10,000 × 40% = ₩4,000

3. A회사는 B회사의 발행주식의 60%를 취득하였으므로 40%는 비지배지분의 과목으로 연결재무상태표에서 자본에 포함하되 지배기업의 소유주지분과는 별도로 표시해야 한다. 즉, 연결정산표상에서 B회사의 자본금 계정은 소멸되고 B회사의 자산 ₩20,000과 부채 ₩10,000이 A회사의 자산과 부채에 합산되는데, 이 중 40%는 지배기업이 취득하지 않은 부분이므로 이에 대한 청구권 ₩4,000은 연결재무상태표상 자본에 포함하여 비지배지분의 과목으로 표시한다.

05 지배력획득일 이후의 연결재무제표 작성: 비지배지분이 있는 경우

(1) 연결정산표의 이해

연결정산표(Consolidation Worksheet)는 연결재무제표를 작성하기 위하여 개별기업의 재무제표의 각 계정과목을 합산하고 연결조정분개를 반영하여 연결재무제표의 각 계정과목의 잔액을 보여주는 정산표를 말한다. 앞에서도 언급했지만 모든 연결조정분개는 연결정산표상에서만 이루어지므로 어떠한 연결정산표를 사용하느냐에 따라 연결조정분개는 달라질 수 있다. 연결재무제표를 작성하기 위한 연결정산표는 다양한 방법이 존재하나 본서에서는 잔액시산표를 이용한 연결정산표를 이용하기로 한다.

① 잔액시산표를 통하여 재무상태표와 포괄손익계산서의 작성

잔액시산표를 사용하여 재무상태표와 포괄손익계산서를 작성할 경우 잔액시산표의 차변에는 자산과 비용이, 잔액시산표에 대변에는 부채와 자본 및 수익이 표시된다. 당기순이익은 수익에서 비용을 차감하여 산출하므로 잔액시산표상의 이익잉여금은 당기순이익을 제외한 금액으로 표시되어 있으며, 결산분개를 추가로 반영해야 재무상태표의 이익잉여금이 정확한 기말잔액으로 산출되어 표시된다. 잔액시산표를 통하여 재무상태표와 포괄손익계산서를 작성하는 과정의 사례는 다음과 같다.

[잔액시산표]

잔액시산표

20×1년 12월 31일 현재 (단위: ₩)

자산	2,000	부채	1,000
		자본금	700
		이익잉여금	200[1]
비용	400	수익	500
	2,400		2,400

[1] 기말이익잉여금 − 당기순이익 = ₩300 − ₩100 = ₩200

[결산분개]

	(차)	수익	500	(대)	집합손익		500
20×1. 12. 31.	(차)	집합손익	400	(대)	비용		400
	(차)	집합손익(당기순이익)	100	(대)	이익잉여금		100

[포괄손익계산서]

포괄손익계산서

20×1년 1월 1일부터 12월 31일까지 (단위: ₩)

비용	400	수익	500
당기순이익	100		
	500		500

[재무상태표]

재무상태표
20×1년 12월 31일 현재 (단위: ₩)

자산	2,000	부채	1,000
		자본금	700
		이익잉여금	300[1]
	2,000		2,000

[1] 기말이익잉여금 = ₩300

② 재무상태표와 포괄손익계산서를 통하여 잔액시산표를 작성

연결재무제표를 작성할 때 지배회사와 종속회사의 재무상태표와 포괄손익계산서는 단순합산을 잔액시산표를 이용한 연결정산표상에서 수행해야 하므로 회계원리에서 공부한 내용과 반대로 재무상태표와 포괄손익계산서를 이용하여 잔액시산표를 작성하여야 한다. 이때 재무상태표에 이익잉여금은 기말이익잉여금 잔액으로 표시되어 있기 때문에 수익과 비용을 추가로 반영하면 잔액시산표의 차변과 대변합계가 일치하지 않는 문제가 발생하므로 잔액시산표에 이익잉여금은 당기순이익을 제외한 금액으로 표시하는 것에 유의해야 한다. 재무상태표와 포괄손익계산서를 통하여 잔액시산표를 작성하는 사례는 다음과 같다.

[포괄손익계산서]

포괄손익계산서
20×1년 1월 1일부터 12월 31일까지 (단위: ₩)

비용	400	수익	500
당기순이익	100		
	500		500

[재무상태표]

재무상태표
20×1년 12월 31일 현재 (단위: ₩)

자산	2,000	부채	1,000
		자본금	700
		이익잉여금	300[1]
	2,000		2,000

[1] 기말이익잉여금 = ₩300

[잔액시산표]

잔액시산표
20×1년 12월 31일 현재 (단위: ₩)

자산	2,000	부채	1,000
		자본금	700
		이익잉여금	200[1]
비용	400	수익	500
	2,400		2,400

[1] 기말이익잉여금 - 당기순이익 = ₩300 - ₩100 = ₩200

(2) 연결조정분개

지배력획득일의 연결재무제표를 작성하는 경우에는 아직 연결실체가 성립한 후 재무성과가 발생하지 않았으므로 연결실체의 재무상태만을 나타내는 연결재무상태표만을 작성하면 된다. 그러나 지배력획득일 이후에는 연결실체가 성립한 후 영업활동을 통하여 재무성과가 발생하였기 때문에 연결재무상태표뿐만 아니라 연결포괄손익계산서, 연결자본변동표 및 연결현금흐름표도 작성해야 한다. 연결자본변동표와 연결현금흐름표는 별도로 논의하도록 하고 여기서는 연결재무상태표와 연결포괄손익계산서를 중점적으로 다루기로 한다.

연결포괄손익계산서를 단순합산한 연결정산표상에는 지배기업의 재무성과뿐만 아니라 종속기업의 재무성과까지 포함되어 있다. 지배기업이 종속기업주식의 100% 취득한 경우에는 종속기업의 수익·비용이 지배기업의 수익·비용과 연결정산표상 합산되어 있으므로 추가적인 문제가 발생하지 않는다. 그러나 지배기업이 종속기업주식의 100% 취득한 경우가 아니라면 종속기업의 당기순이익 중 비지배주주에 대한 당기순이익을 연결이익잉여금에서 차감하고 비지배지분으로 계상하여 비지배지분을 증가시켜야 한다. 만약 지배기업이 종속기업주식의 100% 취득한 경우가 아니라면 다음과 같은 연결조정분개를 하여 종속기업의 당기순이익 중 비지배지분에 대한 몫을 연결이익잉여금에서 차감하고 비지배지분으로 계상하여야 하는데 이를 비지배지분순이익 계상이라고 말한다.

[비지배지분순이익 계상]

(차) 이익잉여금	×××[1]	(대) 비지배지분	×××

[1] 종속기업의 당기순이익 × 비지배지분율

위의 회계처리는 연결정산표상에서는 지배기업과 종속기업의 수익·비용은 단순합산되어 연결실체의 이익잉여금(연결당기순이익)으로 포함되어 있는데, 종속기업의 당기순이익 중 비지배주주에 해당하는 부분을 이익잉여금(비지배지분순이익)계정에서 차감하고 이를 비지배지분에 속하는 이익잉여금에 대해 비지배지분계정으로 대체하여 비지배지분을 증가시키는 회계처리이다.

지배력획득일 이후의 연결조정분개 시에 지배기업의 투자주식계정과 종속기업의 자본계정의 상계제거 시 종속기업의 이익잉여금은 당기순이익을 차감한 금액으로 수행해야 한다. 이때 종속기업의 당기순이익을 지배기업소유주 귀속분과 비지배지분순이익으로 배분하는 것은 비지배지분순이익 계상의 추가분개를 통하여 반영한다는 것이다. 왜냐하면 지배력획득일 이후의 연결은 연결재무상태표와 연결포괄손익계산서를 동시에 작성해야 한다. 따라서 종속기업의 기초순자산을 비지배지분에 배분하는 분개는 연결재무상태표에만 반영되며, 당기에 증가한 종속기업의 순자산 중 당기순이익을 비지배지분에 배분하는 분개는 연결재무상태표와 연결포괄손익계산서에 동시에 반영해야 정확한 연결재무상태표와 연결포괄손익계산서가 작성되기 때문이다.

예제 5 지배력획득일 이후의 연결재무제표 작성: 비지배지분이 있는 경우

20×1년 초에 A회사는 B회사의 의결권이 있는 보통주 60%를 ₩8,000에 취득하여 지배력을 획득하였다. 지배력획득일 현재 식별할 수 있는 자산·부채의 장부금액과 공정가치는 동일하였으며, 20×1년 초현재 B회사의 순자산은 ₩10,000이었다.

(1) 20×1년 말에 A회사와 B회사의 재무상태표와 20×1년의 포괄손익계산서는 다음과 같다.

재무상태표
20×1년 12월 31일 현재 (단위: ₩)

	A회사	B회사		A회사	B회사
자산	96,000	22,000	부채	50,000	10,000
투자주식(B회사)	8,000	–	자본금	50,000	10,000
			이익잉여금	4,000	2,000
	104,000	22,000		104,000	22,000

포괄손익계산서
20×1년 1월 1일부터 20×1년 12월 31일까지 (단위: ₩)

	A회사	B회사
수익	10,000	6,000
비용	(6,000)	(4,000)
당기순이익	4,000	2,000

(2) A회사는 B회사의 투자주식을 원가법으로 회계처리하고 있다. 단, 영업권은 손상되지 않았다.

물음 1 20×1년 말에 연결재무제표를 작성하는 경우 연결조정분개를 나타내시오.

물음 2 20×1년 말에 지배기업인 A회사와 종속기업인 B회사로 구성된 연결재무상태표와 연결포괄손익계산서를 작성하시오.

해답 **물음 1**

[투자주식과 자본계정의 상계제거]

① 투자주식과 자본계정의 상계	(차) 자본금(B)	10,000	(대) 투자주식	8,000
	영업권	2,000[1]	비지배지분	4,000[2]

[1] 영업권: ₩8,000 - ₩10,000 × 60% = ₩2,000
[2] B회사 순자산공정가치 × 비지배지분율: ₩10,000 × 40% = ₩4,000

[비지배지분순이익 계상]

② 비지배지분순이익 계상	(차) 이익잉여금	800[1]	(대) 비지배지분	800

[1] 종속기업의 당기순이익 × 비지배지분율: ₩2,000 × 40% = ₩800

물음 2

1. 연결정산표

연결정산표

구분	A회사	B회사	합계	연결조정분개 차변	연결조정분개 대변	연결재무제표
<차변: 자산, 비용>						
자산	96,000	22,000	118,000			118,000
투자주식	8,000	-	8,000		① 8,000	0
영업권	-	-	-	① 2,000		2,000
비용	6,000	4,000	10,000			10,000
차변합계	110,000	26,000	136,000			130,000
<대변: 부채, 자본, 수익>						
부채	50,000	10,000	60,000			60,000
자본금	50,000	10,000	60,000	① 10,000		50,000
이익잉여금	0[1]	0[1]	0	② 800		(800)
수익	10,000	6,000	16,000			16,000
비지배지분	-	-	-		① 4,000 ② 800	4,800
대변합계	110,000	26,000	136,000	12,800	12,800	130,000

[1] 재무상태표에 이익잉여금은 기말이익잉여금 잔액으로 표시되어 있기 때문에 수익과 비용을 추가로 반영하면 잔액시산표의 차변과 대변합계가 일치하지 않는 문제가 발생하므로 잔액시산표에 이익잉여금은 당기순이익을 제외한 금액으로 표시해야 한다.

2. 연결재무상태표

연결재무상태표
20×1년 12월 31일 현재

자산	118,000	부채	60,000
영업권	2,000	자본	
		지배기업소유지분	
		자본금	50,000
		이익잉여금	5,200[1]
		비지배지분	4,800
	120,000		120,000

[1] 이익잉여금: 연결당기순이익 - 비지배지분순이익 = ₩6,000 - ₩800 = ₩5,200

3. 연결포괄손익계산서

연결포괄손익계산서
20×1년 1월 1일부터 20×1년 12월 31일까지

수익	16,000
비용	(10,000)
당기순이익	6,000
당기순이익의 귀속	
지배기업 소유주	5,200
비지배지분	800

해설 1. K-IFRS 제1110호 '연결재무제표'에서는 연결포괄손익계산서상의 연결당기순이익(지배기업 소유주귀속분과 비지배주주순이익)을 표시하고 그 하단에 연결당기순이익을 지배기업 소유주귀속분과 비지배지분순이익으로 구분하도록 규정하고 있다. 즉, 연결당기순이익 ₩6,000은 지배기업 소유주귀속분 ₩5,200과 비지배지분순이익 ₩800으로 구성되어 있음을 알 수 있다.
2. 비지배지분: 종속기업 순자산공정가치 × 비지배지분율 = ₩12,000 × 40% = ₩4,800
3. 연결재무상태표의 자본을 지배기업 소유주지분과 비지배지분으로 구분하고 지배기업 소유주지분은 납입자본, 이익잉여금 및 기타자본요소로 구분하여 표시해야 한다.

(3) 연결조정사항

앞서 언급했듯이 연결재무제표를 작성하기 위해서는 먼저 지배기업의 별도재무제표와 종속기업의 별도재무제표를 계정과목별로 단순 합산한다. 다음 추가로 연결실체 간의 내부거래제거 등의 연결조정분개를 수행하며, 연결정산표상에 연결조정분개를 반영하여 연결재무상태표와 연결포괄손익계산서 등의 연결재무제표를 작성하게 된다.

[그림 2-9] 연결재무제표의 작성방법

여기서 가장 핵심적인 사항은 연결조정분개이므로 연결재무제표를 작성할 경우 행할 조정사항을 요약하면 다음과 같다.

• 예비 1단계: 종속기업의 투자주식 원가법 환원 분개
• 예비 2단계: 지배기업이 종속기업으로부터 수취한 배당금수익 취소 분개
• 1단계: 투자주식과 자본계정의 상계제거
• 2단계: 채권·채무 상계제거
• 3단계: 내부거래제거
• 4단계: 비지배지분순이익 계상

이러한 연결조정사항 중 투자주식과 자본계정의 상계제거, 채권·채무 상계제거는 제3장에서 살펴보도록 하고, 내부거래제거는 제4장에서 살펴보기로 한다. 비지배지분순이익 계상은 제3장과 제4장에 공통적으로 적용되는 사항임을 부언해 둔다.

연결재무제표의 작성방법	• 1단계: A회사 + B회사 = F/S 단순합산 • 2단계: 연결조정분개 • 3단계: 연결재무제표 작성
연결조정분개	• 예비 1단계: 종속기업의 투자주식 원가법 환원 분개 • 예비 2단계: 지배기업이 종속기업으로부터 수취한 배당금수익 취소 분개 • 1단계: 투자주식과 자본계정의 상계제거 • 2단계: 채권·채무 상계제거 • 3단계: 내부거래제거 • 4단계: 비지배지분순이익 계상

O, X 연습문제

01 투자자가 피투자자에 대한 힘, 피투자자에 대한 관여로 인한 변동이익에 대한 노출 또는 권리 (O, X)
및 투자자의 이익금액에 영향을 미치기 위하여 피투자자에 대하여 자신의 힘을 사용하는 능력을
모두 갖는 경우에만 투자자는 피투자자를 지배한다.

02 관련활동을 지시하는 잠재적 능력을 갖게 하는 잠재적 권리를 투자자가 보유하고 있을 때, 투자 (O, X)
자는 피투자자에 대한 힘이 있다.

03 대리인인 투자자가 자신에게 위임된 의사결정권을 행사하는 경우에 대리인인 투자자가 피투자자 (O, X)
를 지배하는 것으로 본다.

04 투자자는 피투자자에 대한 의결권 과반수를 보유하고 있더라도 그러한 권리가 실질적이지 않다 (O, X)
면 피투자자에 대한 힘을 가지지 않는다. 예를 들어 관련활동이 정부, 법원, 관재인, 채권자, 청산
인 또는 감독당국의 지시 대상이 된다면, 피투자자에 대한 의결권 과반수를 보유하는 투자자는
힘을 가질 수 없다.

05 연결재무제표를 작성할 때 잠재적 의결권이나 잠재적 의결권을 포함하는 그 밖의 파생상품이 있 (O, X)
는 경우, 당기순손익과 자본변동을 지배기업지분과 비지배기업지분에 배분하는 비율은 현재의 소
유지분에 잠재적 의결권과 그 밖의 파생상품의 행사가능성이나 전환가능성을 반영하여 결정한다.

정답 및 해설

01 O

02 X 관련활동을 지시하는 현재의 능력을 갖게 하는 현존 권리를 투자자가 보유하고 있을 때, 투자자는 피투자자에 대한 힘이 있다.

03 X 대리인인 투자자는 자신에게 위임된 의사결정권을 행사하는 경우에는 피투자자를 지배하는 것이 아니다.

04 O

05 X 연결재무제표를 작성할 때 잠재적 의결권이나 잠재적 의결권을 포함하는 그 밖의 파생상품이 있는 경우, 당기순손익과 자본변동을
지배기업지분과 비지배기업지분에 배분하는 비율은 현재의 소유지분에만 기초하여 결정하고 잠재적 의결권과 그 밖의 파생상품의
행사가능성이나 전환가능성은 반영하지 아니한다. 다만, 이익에 접근할 수 있게 하는 거래의 결과로 실질적으로는 현재의 소유지분
을 보유하게 되는 경우에는 연결재무제표를 작성할 때 이익에 접근할 수 있게 하는 잠재적 의결권과 그 밖의 파생상품의 궁극적인
행사를 고려하여 지배기업지분과 비지배기업지분의 배분비율을 결정한다.

06 별도재무제표에서는 종속기업에 대한 투자자산을 원가법, 기업회계기준서(금융상품: 인식과 측정)에 따라 공정가치법 또는 지분법으로 회계처리한다.   (O, X)

07 연결재무제표를 작성하기 위하여 사용되는 종속기업 재무제표의 보고기간 종료일이 지배기업 재무제표의 보고기간 종료일과 다른 경우에는 지배기업 재무제표의 보고기간 종료일과 종속기업 재무제표의 보고기간 종료일 사이에 발생한 유의적인 거래나 사건의 영향을 반영한다. 그러나 어떠한 경우라도 종속기업의 보고기간 종료일과 지배기업의 보고기간 종료일의 차이는 3개월을 초과해서는 안 된다.   (O, X)

08 연결재무제표는 연결대상이 되는 기업들을 하나의 경제적 실체로 파악하므로, 지배기업만의 재무상태와 경영성과를 표시한 재무제표를 작성할 때보다 종속기업을 이용한 지배기업의 이익조정이 용이해진다는 한계점이 있을 수 있다.   (O, X)

09 채권자나 법적인 계약당사자, 과세당국 등 개별기업의 이해관계자들에게 연결재무제표만을 제공하는 경우에는 정보의 유용성에 한계가 있을 수 있다.   (O, X)

10 연결재무제표 작성에 있어서 영업권 또는 염가매수차익이 지배력획득일의 지배기업의 투자액과 종속기업의 식별가능한 순자산공정가치 중 지배지분에 속하는 금액과의 차이로 계산되는 것은 실체이론이 주장하는 내용과 일치한다.   (O, X)

정답 및 해설

06 O

07 O

08 X   연결재무제표를 작성하면 지배기업과 종속기업의 내부거래와 상호출자 등이 제거되기 때문에 개별재무제표의 왜곡을 방지하고 이익을 조작할 가능성을 감소시킨다.

09 O

10 X   실체이론은 연결재무제표의 주된 이용자를 지배기업은 물론 종속기업을 포함한 모든 연결실체의 주주와 채권자로 본다. 즉, 실체이론에서는 지배기업 주주와 종속기업의 비지배주주를 동등한 지위를 갖는 연결실체의 주주로 간주한다. 따라서, 실체이론에 의할 경우 영업권 또는 염가매수차익은 지배력획득일의 지배기업의 투자액과 종속기업의 식별가능한 순자산공정가치 중 지배기업 소유주지분에 속하는 금액과의 차이뿐만 아니라 비지배주주의 영업권(또는 염가매수차익)도 함께 포함하여 계산한다.

01 연결재무제표의 유용성과 한계점에 관한 설명들이다. 내용이 가장 적절하지 않은 것은?

[2010 공인회계사 1차]

① 연결재무제표는 연결대상이 되는 기업들을 하나의 경제적 실체로 파악하므로, 지배기업만의 재무상태와 경영성과를 표시한 재무제표를 작성할 때보다 종속기업을 이용한 지배기업의 이익조정이 용이해진다는 한계점이 있을 수 있다.

② 지배기업과 종속기업은 경제적으로 단일실체이다. 따라서 지배기업의 경영자가 연결실체를 총체적으로 파악하고 경영자원을 활용하기 위해서는 연결대상 전체의 재무상태와 경영성과에 대한 정보인 연결재무제표가 유용할 수 있다.

③ 연결대상 기업의 범위를 경제적 실질에 맞게 규정하지 못한 경우 또는 연결대상이 되는 개별기업들의 업종이나 회계처리방법 등이 서로 다른 경우 연결재무제표가 제공하는 정보는 왜곡될 수 있다.

④ 채권자나 법적인 계약당사자, 과세당국 등 개별기업의 이해관계자들에게 연결재무제표만을 제공하는 경우에는 정보의 유용성에 한계가 있을 수 있다.

⑤ 지배기업은 종속기업의 재무정책과 영업정책을 결정할 수 있으므로 지배기업만의 재무상태와 경영성과를 표시한 재무보고는 이해관계자가 지배기업을 평가하는 데 한계가 있을 수 있다. 따라서 연결재무제표는 지배기업과 종속기업으로 구성된 경제적 실체의 재무상태와 경영성과를 평가하는 데 유용할 수 있다.

02 다음은 투자자의 피투자자에 대한 지배력에 관한 설명이다. 옳지 않은 것은? [2014 공인회계사 1차]

① 투자자가 피투자자에 대한 지배력을 갖기 위해서는 지배력의 세 가지 요소인 피투자자에 대한 힘, 피투자자에 대한 관여로 인한 변동이익에 대한 노출 또는 권리, 그리고 투자자의 이익금액에 영향을 미치기 위하여 피투자자에 대하여 자신의 힘을 사용하는 능력을 모두 가져야 한다.

② 둘 이상의 투자자들이 각각에게 다른 관련활동을 지시하는 일방적인 능력을 갖게 하는 현존 권리를 보유하는 경우, 투자자 어느 누구도 개별적으로 피투자자를 지배하지 못한다.

③ 투자자가 피투자자에 대한 의결권 과반수를 보유하고 있더라도 그러한 권리가 실질적이지 않다면 피투자자에 대한 힘을 가지지 않는다.

④ 투자자가 피투자자 의결권의 과반수 미만을 보유하더라도 일방적으로 관련활동을 지시하는 실질적 능력을 가진 경우에는 힘을 가질 수 있다.

⑤ 대리인인 투자자가 자신에게 위임된 의사결정권을 행사하는 경우에는 의결권의 과반수를 행사하더라도 피투자자를 지배하는 것으로 볼 수 없다.

03 연결재무제표의 주체를 보는 관점에 따라 다양한 연결이론이 있으며, 연결과정에서 각각의 연결이론에 바탕을 둔 회계처리가 가능하다. 다음 중 실체(연결실체 또는 기업실체)이론이 주장하는 내용과 가장 차이가 있는 것은? [2010 공인회계사 1차]

① 주주의 지위에 있어서 비지배주주는 지배기업과 종속기업으로 구성되는 연결실체의 주주로서 지배주주와 동등한 지위를 갖는 것으로 본다.

② 연결재무제표 작성에 있어서 영업권 또는 염가매수차익은 지배력획득일의 지배기업의 투자액과 종속기업의 식별가능한 순자산공정가치 중 지배지분에 속하는 금액과의 차이로 계산된다.

③ 연결대상 기업들 사이의 거래는 모두 연결실체 내의 거래로 보고, 하향판매와 상향판매에 관계없이 모든 내부거래에서 발생한 미실현손익은 전액 제거되어야 한다.

④ 연결재무제표는 연결대상이 되는 기업들로 구성된 경제적 단일실체에 대한 정보제공이 주요 목적이므로, 종속기업의 당기순손익 중 비지배주주에 귀속되는 부분도 모두 연결당기순손익에 포함된다.

⑤ 종속기업의 손실 등으로 비지배지분이 '0' 미만이 될 경우에는 연결재무제표상에 부(-)의 비지배지분이 표시된다.

정답 및 해설

정답

01 ①   02 ②   03 ②

해설

01 ① 연결재무제표를 작성하면 지배기업과 종속기업의 내부거래와 상호출자 등이 제거되기 때문에 개별재무제표의 왜곡을 방지하고 이익을 조작할 가능성을 감소시킨다.

02 ② 둘 이상의 투자자들이 각각에게 다른 관련활동을 지시하는 일방적인 능력을 갖게 하는 현존 권리를 보유하는 경우, 피투자자의 이익에 가장 유의적으로 영향을 미치는 활동을 지시하는 현재의 능력이 있는 투자자가 피투자자에 대한 힘을 갖는다.

03 ② 실체이론은 연결재무제표의 주된 이용자를 지배기업은 물론 종속기업을 포함한 모든 연결실체의 주주와 채권자로 본다. 즉, 실체이론에서는 지배기업 주주와 종속기업의 비지배주주를 동등한 지위를 갖는 연결실체의 주주로 간주한다. 따라서, 실체이론에 의할 경우 영업권 또는 염가매수차익은 지배력획득일의 지배기업의 투자액과 종속기업의 식별가능한 순자산공정가치 중 지배기업 소유주지분에 속하는 금액과의 차이뿐만 아니라 비지배주주의 영업권(또는 염가매수차익)도 함께 포함하여 계산한다.

Chapter 02
주관식 연습문제

지배력획득일 이후의 연결재무제표 작성: 비지배지분이 있는 경우

20×1년 초에 A회사는 B회사의 의결권이 있는 보통주 60%를 ₩800에 취득하여 지배력을 획득하였다. 지배력 획득일 현재 식별할 수 있는 자산·부채의 장부금액과 공정가치는 동일하였으며, 20×1년 초 현재 B회사의 순자산은 ₩1,000이었다.

(1) 20×1년 말에 A회사와 B회사의 재무상태표와 20×1년의 포괄손익계산서는 다음과 같다.

재무상태표
20×1년 12월 31일 현재 (단위: ₩)

	A회사	B회사		A회사	B회사
자산	3,600	2,200	부채	2,000	1,000
투자주식(B회사)	800	–	자본금	2,000	1,000
			이익잉여금	400	200
	4,400	2,200		4,400	2,200

포괄손익계산서
20×1년 1월 1일부터 20×1년 12월 31일까지 (단위: ₩)

	A회사	B회사
수익	1,000	600
비용	(600)	(400)
당기순이익	400	200

(2) A회사는 B회사의 투자주식을 원가법으로 회계처리하고 있다. 단, 영업권은 손상되지 않았다.

물음 1 20×1년 말에 연결재무제표를 작성하는 경우 연결조정분개를 나타내시오.

물음 2 20×1년 말에 지배기업인 A회사와 종속기업인 B회사로 구성된 연결재무상태표와 연결포괄손익계산서를 작성하시오.

해답 물음1

[투자주식과 자본계정의 상계제거]

① 투자주식과 자본계정의 상계	(차) 자본금(B)	1,000	(대) 투자주식	800
	영업권	200[1]	비지배지분	400[2]

[1] 영업권: ₩800 - ₩1,000 × 60% = ₩200
[2] B회사 취득시점의 순자산공정가치 × 비지배지분율: ₩1,000 × 40% = ₩400

[비지배지분순이익 계상]

② 비지배지분순이익 계상	(차) 이익잉여금	80[1]	(대) 비지배지분	80

[1] 종속기업의 당기순이익 × 비지배지분율: ₩200 × 40% = ₩80

물음2

1. 연결정산표

연결정산표

구분	A회사	B회사	합계	연결조정분개 차변	연결조정분개 대변	연결재무제표
<차변: 자산, 비용>						
자산	3,600	2,200	5,800			5,800
투자주식	800	-	800		① 800	0
영업권	-	-	-	① 200		200
비용	600	400	1,000			1,000
차변합계	5,000	2,600	7,600			7,000
<대변: 부채, 자본, 수익>						
부채	2,000	1,000	3,000			3,000
자본금	2,000	1,000	3,000	① 1,000		2,000
이익잉여금	0[1]	0[1]	0	② 80		(80)
수익	1,000	600	1,600			1,600
비지배지분	-	-	-		① 400	480
					② 80	
대변합계	5,000	2,600	7,600	1,280	1,280	7,000

[1] 재무상태표에 이익잉여금은 기말이익잉여금 잔액으로 표시되어 있기 때문에 수익과 비용을 추가로 반영하면 잔액시산표의 차변과 대변합계가 일치하지 않는 문제가 발생하므로 잔액시산표에 이익잉여금은 당기순이익을 제외한 금액으로 표시해야 한다.

2. 연결재무상태표

연결재무상태표
20×1년 12월 31일 현재

자산	5,800	부채	3,000
영업권	200	자본	
		지배기업소유지분	
		자본금	2,000
		이익잉여금	520[1]
		비지배지분	480
	6,000		6,000

[1] 이익잉여금: 연결당기순이익 - 비지배지분순이익 = ₩600 - ₩80 = ₩520

3. 연결포괄손익계산서

연결포괄손익계산서

20×1년 1월 1일부터 20×1년 12월 31일까지

수익	1,600
비용	(1,000)
당기순이익	600
당기순이익의 귀속	
지배기업 소유주	520
비지배지분	80

해설 1. K-IFRS 제1110호 '연결재무제표'에서는 연결포괄손익계산서상의 연결당기순이익(지배기업 소유주귀속분과 비지배주주순이익)을 표시하고 그 하단에 연결당기순이익을 지배기업 소유주귀속분과 비지배지분순이익으로 구분하도록 규정하고 있다. 즉, 연결당기순이익 ₩600은 지배기업 소유주귀속분 ₩520과 비지배지분순이익 ₩80으로 구성되어 있음을 알 수 있다.

2. **비지배지분**: 종속기업 순자산공정가치 × 비지배지분율 = ₩1,200 × 40% = ₩480

3. 연결재무상태표의 자본을 지배기업 소유주지분과 비지배지분으로 구분하고 지배기업 소유주지분은 납입자본, 이익잉여금 및 기타자본요소로 구분하여 표시해야 한다.

해커스 회계사 IFRS 김원종 고급회계

Chapter 03

연결회계:
투자주식과 자본계정의 상계제거

I | 비지배지분이 없는 경우의 연결

연결재무제표를 작성하기 위한 연결조정분개에서 가장 먼저 수행되어야 할 것은 지배기업의 투자주식계정과 종속기업의 자본계정을 상계제거하는 것이다. 여기서 지배력획득일의 투자주식계정과 종속기업의 자본계정을 상계제거하는 것은 단순하지만 지배력획득일 이후에 이를 상계제거하는 것은 매우 복잡한 문제를 발생시킨다.

지배기업의 소유지분은 주식 100%를 취득하여 비지배지분이 없는 경우와 주식 100% 미만을 취득하여 비지배지분이 있는 경우로 구분할 수 있다. 또한 종속기업의 순자산장부금액과 종속기업의 순자산공정가치가 일치하는 경우와 종속기업의 순자산장부금액과 종속기업의 순자산공정가치가 일치하지 않는 경우로도 구분된다. 따라서 투자주식과 자본계정의 상계제거를 순차적으로 이해하기 위하여 가장 단순한 비지배지분이 없으며, 종속기업의 순자산장부금액과 종속기업의 순자산공정가치가 일치하는 경우를 살펴본 후 비지배지분이 없으며, 종속기업의 순자산장부금액과 종속기업의 순자산공정가치가 일치하지 않는 경우의 연결을 살펴본 후 절을 달리하여 비지배지분이 있는 경우의 연결회계를 살펴보기로 한다.

01 종속기업 순자산장부금액과 순자산공정가치가 일치하는 경우

지배기업이 종속기업주식의 100%를 취득하여 비지배지분이 없는 경우 지배력획득일에 종속기업의 순자산장부금액과 순자산공정가치가 일치한다면 연결조정분개는 비교적 간단하게 해결할 수 있다. 그러나 이러한 상황은 종속기업의 식별할 수 있는 자산과 부채의 장부금액과 공정가치가 일치하며, 종속기업의 순자산공정가치 이상으로 지급한 이전대가도 없어야 하므로 실무에서는 거의 발생할 수 없는 상황이다. 그러나 연결회계를 순차적으로 이해하기 위하여 지배기업이 종속기업주식의 100%를 취득하였으며, 종속기업의 식별할 수 있는 자산과 부채의 장부금액과 공정가치가 일치하며 추가적인 이전대가도 없다고 가정하여 설명하기로 한다.

(1) 지배력획득일의 연결

지배력획득일의 연결재무제표를 작성하는 경우 아직 연결실체가 성립한 후 재무성과가 발생하지 않았으므로 연결실체의 재무상태만을 나타내는 연결재무상태표만을 작성하면 된다.

① 지배기업과 종속기업은 법률적으로 독립된 실체이므로 지배기업과 종속기업의 자산과 부채 및 자본은 별도로 작성된 연결정산표상에서만 합산된다.

② 지배기업은 종속기업의 지분을 취득하면서 투자주식으로 회계처리했을 것이다. 또한 연결정산표상에서는 종속기업의 자산, 부채 및 자본이 모두 합산된 상태이다. 그러나 K-IFRS 제1103호 '사업결합'에서는 주식을 취득하여 다른 기업이나 사업의 지배력을 획득하는 거래는 취득법을 적용하여 회계처리하도록 규정하고 있으므로 연결재무제표에서는 지배기업이 종속기업의 자산과 부채를 취득한 것으로 조정해야 한다. 따라서 이전대가에 해당하는 투자주식계정과 종속기업의 자본계정을 서로 상계해야 하며, 이를 투자주식과 자본계정의 상계제거라고 말한다.

③ 연결정산표상에서는 종속기업의 자산, 부채 및 자본이 모두 합산된 상태이므로 연결조정분개를 통하여 투자주식계정과 자본계정을 상계제거한다면 연결재무제표에서 지배기업은 종속기업의 자산과 부채만을 합산하는 결과가 도출된다. 만약 종속기업의 식별할 수 있는 자산과 부채의 장부금액과 공정가치가 일치하며, 종속기업의 순자산공정가치 이상으로 지급한 이전대가가 없는 경우의 투자주식과 자본계정의 상계제거에 대한 지배력획득일의 회계처리를 예시하면 다음과 같다.

[투자주식과 자본계정의 상계제거]

① 투자주식과 자본계정의 상계	(차) 자본금(B)	×××	(대) 투자주식	×××
	자본잉여금(B)	×××		
	이익잉여금(B)	×××		

예제 1 비지배지분이 없는 경우: 지배력획득일의 연결

20×1년 초에 A회사는 B회사의 보통주 100%를 ₩1,000,000에 취득하여 지배력을 획득하였다. 지배력획득일 현재 식별할 수 있는 자산과 부채의 장부금액과 공정가치는 동일하였으며, 20×1년 초 현재 B회사의 순자산은 ₩1,000,000(자본금 ₩700,000, 자본잉여금 ₩200,000, 이익잉여금 ₩100,000)이었다.

(1) 20×1년 초에 A회사와 B회사의 재무상태표는 다음과 같다.

재무상태표

20×1년 1월 1일 현재 (단위: ₩)

	A회사	B회사		A회사	B회사
현금및현금성자산	500,000	300,000	부채	2,000,000	1,000,000
투자주식(B회사)	1,000,000	–	자본금	1,400,000	700,000
재고자산	500,000	400,000	자본잉여금	400,000	200,000
토지	1,000,000	800,000	이익잉여금	200,000	100,000
건물(순액)	1,000,000	500,000			
	4,000,000	2,000,000		4,000,000	2,000,000

(2) A회사는 B회사의 투자주식을 원가법으로 회계처리하고 있다.

물음1 20×1년 초에 연결재무제표를 작성하는 경우 연결조정분개를 나타내시오.

물음2 20×1년 초에 지배기업인 A회사와 종속기업인 B회사로 구성된 연결재무상태표를 작성하시오.

물음3 위의 물음과 상관없이 20×1년 초에 A회사가 B회사의 보통주 100%를 ₩1,000,000에 취득하여 B회사를 소멸시키고 흡수합병하였다고 가정할 경우에 A회사가 수행할 20×1년 초의 합병분개와 20×1년 초의 합병 후 재무상태표를 나타내시오.

물음 1

[투자주식과 자본계정의 상계제거]

① 투자주식과 자본계정의 상계	(차) 자본금(B)	700,000	(대) 투자주식	1,000,000
	자본잉여금(B)	200,000		
	이익잉여금(B)	100,000		

물음 2

1. 연결정산표

연결정산표

구분	A회사	B회사	합계	연결조정분개 차변	연결조정분개 대변	연결 재무제표
<차변: 자산, 비용>						
현금및현금성자산	500,000	300,000	800,000			800,000
투자주식	1,000,000	-	1,000,000	① 1,000,000		0
재고자산	500,000	400,000	900,000			900,000
토지	1,000,000	800,000	1,800,000			1,800,000
건물(순액)	1,000,000	500,000	1,500,000			1,500,000
차변합계	4,000,000	2,000,000	6,000,000			5,000,000
<대변: 부채, 자본, 수익>						
부채	2,000,000	1,000,000	3,000,000			3,000,000
자본금	1,400,000	700,000	2,100,000	① 700,000		1,400,000
자본잉여금	400,000	200,000	600,000	① 200,000		400,000
이익잉여금	200,000	100,000	300,000	① 100,000		200,000
대변합계	4,000,000	2,000,000	6,000,000	1,000,000	1,000,000	5,000,000

2. 연결재무상태표

연결재무상태표

20×1년 1월 1일 현재

현금및현금성자산	800,000	부채	3,000,000
재고자산	900,000	자본금	1,400,000
토지	1,800,000	자본잉여금	400,000
건물(순액)	1,500,000	이익잉여금	200,000
	5,000,000		5,000,000

물음 3

1. 20×1. 1. 1. A회사의 합병분개

20×1. 1. 1.	(차) 현금및현금성자산	300,000	(대) 부채	1,000,000
	재고자산	400,000	투자주식	1,000,000
	토지	800,000		
	건물	500,000		

2. 합병 후 재무상태표

합병재무상태표

A회사   20×1년 1월 1일 현재

현금및현금성자산	800,000	부채	3,000,000
재고자산	900,000	자본금	1,400,000
토지	1,800,000	자본잉여금	400,000
건물(순액)	1,500,000	이익잉여금	200,000
	5,000,000		5,000,000

해설 물음2 와 물음3 에서 연결재무상태표와 합병 후 재무상태표가 동일함을 알 수 있다. 즉, 종속기업의 지분을 100% 취득한 비지배지분이 없는 연결의 경우 법률적 형식은 다르지만 경제적 실질로는 동일한 실체이므로 연결재무상태표는 합병재무상태표와 동일하게 작성된다.

(2) 지배력획득연도의 연결

지배력획득일의 연결재무제표를 작성하는 경우 아직 연결실체가 성립한 후 재무성과가 발생하지 않았으므로 연결실체의 재무상태만을 나타내는 연결재무상태표만을 작성하면 된다. 그러나 지배력획득일 이후에는 연결실체가 성립한 후 영업활동을 통하여 재무성과가 발생하였기 때문에 연결재무상태표뿐만 아니라 연결포괄손익계산서도 작성해야 한다.

① 지배력획득일 이후의 연결조정 시에 지배기업의 투자주식과 종속기업의 자본계정의 상계제거 시 종속기업의 이익잉여금은 당기순이익을 차감한 금액으로 해야 한다. 왜냐하면 지배력획득일 이후에는 재무성과가 발생하였기 때문에 연결재무상태표뿐만 아니라 연결포괄손익계산서도 작성해야 하기 때문이다.

② 지배기업이 종속기업의 투자주식을 공정가치법 혹은 지배기업이 종속기업의 투자주식을 지분법으로 회계처리한 경우라면 원가법으로 환원한 후에 연결조정분개를 수행해야 한다. 왜냐하면 후술하겠지만 영업권(염가매수차익)은 취득시점에 발생하는 것이므로 취득 이후에 투자주식의 장부금액의 증감을 제거하여야 정확한 영업권(염가매수차익)을 계산할 수 있기 때문이다.

20×1년 초에 A회사는 B회사의 보통주 100%를 ₩1,000,000에 취득하여 지배력을 획득하였다. 지배력 획득일 현재 식별할 수 있는 자산과 부채의 장부금액과 공정가치는 동일하였으며, 20×1년 초 현재 B회사의 순자산은 ₩1,000,000(자본금 ₩700,000, 자본잉여금 ₩200,000, 이익잉여금 ₩100,000)이었다.

(1) 20×1년 말에 A회사와 B회사의 재무상태표와 20×1년의 포괄손익계산서는 다음과 같다.

재무상태표

20×1년 12월 31일 현재 (단위: ₩)

	A회사	B회사		A회사	B회사
현금및현금성자산	900,000	500,000	부채	2,200,000	1,100,000
투자주식(B회사)	1,000,000	–	자본금	1,400,000	700,000
재고자산	800,000	600,000	자본잉여금	400,000	200,000
토지	1,000,000	800,000	이익잉여금	500,000	300,000
건물(순액)	800,000	400,000			
	4,500,000	2,300,000		4,500,000	2,300,000

포괄손익계산서

20×1년 1월 1일부터 20×1년 12월 31일까지 (단위: ₩)

	A회사	B회사
수익	1,000,000	500,000
비용	(700,000)	(300,000)
당기순이익	300,000	200,000

(2) A회사는 B회사의 투자주식을 원가법으로 회계처리하고 있다.

물음 1 20×1년 말에 연결재무제표를 작성하는 경우 연결조정분개를 나타내시오.

물음 2 20×1년 말에 지배기업인 A회사와 종속기업인 B회사로 구성된 연결재무상태표와 연결포괄손익계산서를 작성하시오.

해답 **물음 1**

[투자주식과 자본계정의 상계제거]

① 투자주식과 자본계정의 상계	(차) 자본금(B)	700,000	(대) 투자주식	1,000,000
	자본잉여금(B)	200,000		
	이익잉여금(B)	100,000[1]		

[1] 20×1년 초 이익잉여금

물음 2

1. 연결정산표

연결정산표

구분	A회사	B회사	합계	연결조정분개 차변	연결조정분개 대변	연결재무제표
<차변: 자산, 비용>						
현금및현금성자산	900,000	500,000	1,400,000			1,400,000
투자주식	1,000,000	-	1,000,000	① 1,000,000		0
재고자산	800,000	600,000	1,400,000			1,400,000
토지	1,000,000	800,000	1,800,000			1,800,000
건물(순액)	800,000	400,000	1,200,000			1,200,000
비용	700,000	300,000	1,000,000			1,000,000
차변합계	5,200,000	2,600,000	7,800,000			6,800,000
<대변: 부채, 자본, 수익>						
부채	2,200,000	1,100,000	3,300,000			3,300,000
자본금	1,400,000	700,000	2,100,000	① 700,000		1,400,000
자본잉여금	400,000	200,000	600,000	① 200,000		400,000
이익잉여금	200,000[1]	100,000[1]	300,000	① 100,000		200,000
수익	1,000,000	500,000	1,500,000			1,500,000
대변합계	5,200,000	2,600,000	7,800,000	1,000,000	1,000,000	6,800,000

[1] 재무상태표에 이익잉여금은 기말이익잉여금 잔액으로 표시되어 있기 때문에 수익과 비용을 추가로 반영하면 잔액시산표의 차변과 대변합계가 일치하지 않는 문제가 발생하므로 잔액시산표에 이익잉여금은 당기순이익을 제외한 금액으로 표시해야 한다.

2. 연결재무상태표

연결재무상태표
20×1년 12월 31일 현재

현금및현금성자산	1,400,000	부채	3,300,000
재고자산	1,400,000	자본금	1,400,000
토지	1,800,000	자본잉여금	400,000
건물(순액)	1,200,000	이익잉여금	700,000[1]
	5,800,000		5,800,000

[1] 정산표상 이익잉여금 ₩200,000 + 연결당기순이익 ₩500,000 = ₩700,000

3. 연결포괄손익계산서

연결포괄손익계산서
20×1년 1월 1일부터 20×1년 12월 31일까지

수익	1,500,000
비용	(1,000,000)
당기순이익	500,000

(3) 지배력획득연도 이후의 연결

지배력획득연도 이후의 보고기간부터 연결재무제표를 작성하는 경우 지배력획득일 이후에 발생한 종속기업의 이익잉여금과 기타자본요소의 변동분을 연결재무제표에 반영하는 추가적인 연결조정분개를 수행해야 한다.

① 연결조정분개는 연결정산표에만 반영되고 지배회사와 종속회사의 재무제표에 반영하지 않기 때문에 지배력획득연도 이후의 연결재무제표를 작성할 때에는 먼저 지배력획득일 기준으로 종속기업투자주식과 자본계정을 상계제거하는 연결조정분개를 해야 한다.

② 지배력획득일 이후 종속기업의 이익잉여금과 기타자본요소 변동분 중 지배기업의 해당분은 연결조정분개상 지배기업의 이익잉여금과 기타자본요소에 가감해야 하며, 비지배지분 해당액은 비지배지분으로 대체해야 한다. 여기서 유의할 점은 이익잉여금은 연결포괄손익계산서를 작성해야 하므로 당기순이익을 제외한 금액이라는 것이다.

③ 당기에 지배기업이 종속기업으로부터 배당금을 수취하는 경우에는 지배기업과 종속기업 간의 배당거래는 연결실체 입장에서는 내부거래에 해당한다. 따라서 연결재무제표 작성 시 지배기업의 포괄손익계산서에 계상된 배당금수익을 종속기업의 이익잉여금으로 대체해야 한다.

예제 3 비지배지분이 없는 경우: 지배력획득연도 이후의 연결

20×1년 초에 A회사는 B회사의 보통주 100%를 ₩1,000,000에 취득하여 지배력을 획득하였다. 지배력획득일 현재 식별할 수 있는 자산과 부채의 장부금액과 공정가치는 동일하였으며, 20×1년 초 현재 B회사의 순자산은 ₩1,000,000(자본금 ₩700,000, 자본잉여금 ₩200,000, 이익잉여금 ₩100,000)이었다.

(1) 20×2년 말에 A회사와 B회사의 재무상태표와 20×2년의 포괄손익계산서는 다음과 같다.

재무상태표

20×2년 12월 31일 현재 (단위: ₩)

	A회사	B회사		A회사	B회사
현금및현금성자산	1,100,000	700,000	부채	2,400,000	1,300,000
투자주식(B회사)	1,000,000	–	자본금	1,400,000	700,000
재고자산	1,300,000	800,000	자본잉여금	400,000	200,000
토지	1,000,000	800,000	이익잉여금	800,000	400,000
건물(순액)	600,000	300,000			
	5,000,000	2,600,000		5,000,000	2,600,000

포괄손익계산서

20×2년 1월 1일부터 20×2년 12월 31일까지 (단위: ₩)

	A회사	B회사
수익	900,000	700,000
비용	(700,000)	(500,000)
배당금수익	100,000	
당기순이익	300,000	200,000

(2) A회사는 B회사의 투자주식을 원가법으로 회계처리하고 있다.

(3) B회사는 20×1년에 ₩200,000의 당기순이익을 보고하였으며, 20×2년에 ₩100,000의 현금 배당을 실시하였다.

물음 1 20×2년 말에 연결재무제표를 작성하는 경우 연결조정분개를 나타내시오.

물음 2 20×2년 말에 지배기업인 A회사와 종속기업인 B회사로 구성된 연결재무상태표와 연결포괄손익계산서를 작성하시오.

해답 **물음 1**

[배당금수익 취소 분개]

① 배당금 취소 분개	(차) 배당금수익	100,000	(대) 이익잉여금(B)	100,000

[투자주식과 자본계정의 상계제거]

② 취득시점의 투자 · 자본 상계	(차) 자본금(B)	700,000	(대) 투자주식	1,000,000
	자본잉여금(B)	200,000		
	이익잉여금(B)	100,000[1]		

[1] 20×1년 초 이익잉여금

③ 취득시점 이후 자본변동	(차) 이익잉여금(B)	200,000[1]	(대) 이익잉여금(A)	200,000

[1] 20×1년 이익잉여금의 증가분(당기순이익)

물음 2

1. 연결정산표

연결정산표

구분	A회사	B회사	합계	연결조정분개 차변	연결조정분개 대변	연결 재무제표
<차변: 자산, 비용>						
현금및현금성자산	1,100,000	700,000	1,800,000			1,800,000
투자주식	1,000,000	–	1,000,000		② 1,000,000	0
재고자산	1,300,000	800,000	2,100,000			2,100,000
토지	1,000,000	800,000	1,800,000			1,800,000
건물(순액)	600,000	300,000	900,000			900,000
비용	700,000	500,000	1,200,000			1,200,000
차변합계	5,700,000	3,100,000	8,800,000			7,800,000
<대변: 부채, 자본, 수익>						
부채	2,400,000	1,300,000	3,700,000			3,700,000
자본금	1,400,000	700,000	2,100,000	② 700,000		1,400,000
자본잉여금	400,000	200,000	600,000	② 200,000		400,000
이익잉여금	500,000[1]	200,000[1]	700,000	② 100,000	① 100,000	700,000
				③ 200,000	③ 200,000	
수익	900,000	700,000	1,600,000			1,600,000
배당금수익	100,000	–	100,000	① 100,000		0
대변합계	5,700,000	3,100,000	8,800,000	1,300,000	1,300,000	7,800,000

2. 연결재무상태표

연결재무상태표

20×2년 12월 31일 현재

현금및현금성자산	1,800,000	부채	3,700,000
재고자산	2,100,000	자본금	1,400,000
토지	1,800,000	자본잉여금	400,000
건물(순액)	900,000	이익잉여금	1,100,000[1)
	6,600,000		6,600,000

1) 정산표상 이익잉여금 ₩700,000 + 연결당기순이익 ₩400,000 = ₩1,100,000

3. 연결포괄손익계산서

연결포괄손익계산서

20×2년 1월 1일부터 20×2년 12월 31일까지

수익	1,600,000
비용	(1,200,000)
당기순이익	400,000

02 종속기업 순자산장부금액과 순자산공정가치가 일치하지 않는 경우

지배기업이 종속기업주식의 100%를 취득하여 비지배지분이 없으며, 지배력획득일에 종속기업의 순자산장부금액과 순자산공정가치가 일치하는 경우는 위에서 살펴보았다. 그러나 종속기업의 식별할 수 있는 자산과 부채의 장부금액과 공정가치가 일치하는 상황은 실무에서 거의 발생하지 않는다. 따라서 지배기업이 종속기업주식의 100%를 취득하였으며, 종속기업의 식별할 수 있는 자산과 부채의 장부금액과 공정가치가 일치하지 않는 경우의 사례를 설명하기로 한다.

(1) 투자차액의 성격

종속기업의 투자주식계정은 취득시점에서 종속기업의 순자산장부금액에 대한 지배기업의 지분(몫)과 투자주식의 취득원가가 일치하지 않는 경우가 일반적이다. 이러한 투자차액은 자산 및 부채의 장부금액과 공정가치의 차이 중 지배기업의 지분(몫)과 영업권 또는 염가매수차익으로 구성된다.

① 투자차액 = 투자주식의 취득원가 - 종속기업의 순자산장부금액 × 지배기업지분율
② 영업권 = 투자주식의 취득원가 - 종속기업의 순자산공정가치 × 지배기업지분율
③ 염가매수차익 = 종속기업의 순자산공정가치 × 지배기업지분율 - 투자주식의 취득원가

예를 들어 20×1년 초에 A회사가 B회사의 의결권이 있는 보통주 100%를 ₩3,600에 취득하였는데, 20×1년 초의 B회사의 순자산장부금액은 ₩2,000이고 순자산공정가치는 ₩3,000이었다. 상기 사례에서 자산 및 부채의 장부금액과 공정가치의 차이 중 지배기업의 지분과 영업권을 구해보면 다음과 같다.

만약 20×1년 초에 A회사가 B회사의 의결권이 있는 보통주 100%를 ₩2,400에 취득하였으며, 기타사항이 위와 동일한 경우 자산 및 부채의 장부금액과 공정가치의 차이 중 지배기업의 지분과 염가매수차익을 구해보면 다음과 같다.

(2) 지배력획득일의 투자차액의 회계처리

투자차액은 자산 및 부채의 장부금액과 공정가치의 차이 중 지배기업의 지분(몫)과 영업권 또는 염가매수 차익으로 구성되므로 먼저 투자차액의 구성요소를 파악한 후에 다음과 같이 연결조정분개에 반영한다.

① 종속기업의 자산·부채 장부금액이 이미 연결정산표상에서 지배기업의 자산·부채와 단순합산된 상태이므로 종속기업의 순자산장부금액 중 지배기업의 지분은 별도의 조정을 할 필요가 없다.

② 자산 및 부채의 장부금액과 공정가치의 차이는 연결조정분개 시 해당 자산과 부채에 가감하여 종속기업의 자산과 부채를 공정가치로 조정한 후 투자주식과 상계해야 한다. 왜냐하면 K-IFRS 제1103호 '사업결합'에서는 주식을 취득하여 다른 기업이나 사업의 지배력을 획득하는 거래는 취득법을 적용하여 회계처리하도록 규정하고 있으므로 연결재무제표에서는 지배기업은 종속기업의 자산과 부채를 공정가치로 취득한 것으로 조정해야 하기 때문이다.

③ 사업결합으로 발생한 영업권은 별도의 자산으로 인식한다. 영업권의 상각은 허용되지 않으며, 대신 K-IFRS 제1036호 '자산손상'에 따라 매 보고기간마다 손상검사를 해야 한다. 한편, 영업권에 대하여 인식한 손상차손은 후속기간에 환입을 인정하지 아니한다.

④ 염가매수차익은 모든 취득자산과 인수부채를 정확하게 식별하였는지 재검토하고 재검토 이후에도 염가매수차익이 계속 남는다면, 취득일에 그 차익을 당기손익으로 인식한다.

⑤ 종속기업의 식별할 수 있는 자산과 부채의 장부금액과 공정가치가 일치하지 않는 경우 투자주식과 자본계정의 상계제거에 대한 지배력획득일의 회계처리를 예시하면 다음과 같다.

[투자주식과 자본계정의 상계제거] - 영업권이 발생하는 경우

① 투자주식과 자본계정의 상계	(차) 자본금(B)	×××	(대) 투자주식	×××
	자본잉여금(B)	×××		
	이익잉여금(B)	×××		
	재고자산	×××		
	토지	×××		
	건물	×××		
	영업권	×××		

[투자주식과 자본계정의 상계제거] - 염가매수차익이 발생하는 경우

① 투자주식과 자본계정의 상계	(차) 자본금(B)	×××	(대) 투자주식	×××
	자본잉여금(B)	×××	염가매수차익	×××
	이익잉여금(B)	×××		
	재고자산	×××		
	토지	×××		
	건물	×××		

예제 4 비지배지분이 없는 경우: 지배력획득일의 연결

20×1년 초에 A회사는 B회사의 보통주 100%를 ₩1,400,000에 취득하여 지배력을 획득하였다. 20×1년 초 현재 B회사의 순자산은 ₩1,000,000(자본금 ₩700,000, 자본잉여금 ₩200,000, 이익잉여금 ₩100,000)이었다.

(1) 20×1년 초에 A회사와 B회사의 재무상태표는 다음과 같다.

재무상태표
20×1년 1월 1일 현재   (단위: ₩)

	A회사	B회사		A회사	B회사
현금및현금성자산	100,000	300,000	부채	2,000,000	1,000,000
투자주식(B회사)	1,400,000	–	자본금	1,400,000	700,000
재고자산	500,000	400,000	자본잉여금	400,000	200,000
토지	1,000,000	800,000	이익잉여금	200,000	100,000
건물(순액)	1,000,000	500,000			
	4,000,000	2,000,000		4,000,000	2,000,000

(2) 20×1년 초 현재 B회사의 장부금액과 공정가치가 다른 자산과 부채는 다음과 같다.

구분	장부금액	공정가치
재고자산	₩400,000	₩450,000
토지	₩800,000	₩850,000
건물	₩500,000	₩600,000

(3) A회사는 B회사의 투자주식을 원가법으로 회계처리하고 있다.

물음1   20×1년 초에 연결재무제표를 작성하는 경우 연결재무상태표에 계상될 영업권은 얼마인가?

물음2   20×1년 초에 연결재무제표를 작성하는 경우 연결조정분개를 나타내시오.

물음3   20×1년 초에 지배기업인 A회사와 종속기업인 B회사로 구성된 연결재무상태표를 작성하시오.

물음4   위의 물음과 상관없이 20×1년 초에 A회사가 B회사의 보통주 100%를 ₩1,400,000에 취득하여 B회사를 소멸시키고 흡수합병하였다고 가정할 경우에 A회사가 수행할 20×1년 초의 합병분개와 20×1년 초의 합병 후 재무상태표를 나타내시오.

해답 물음 1

투자주식의 취득원가		₩1,400,000
B회사의 순자산장부금액	₩1,000,000	
재고자산 과소평가	₩50,000	
토지 과소평가	₩50,000	
건물 과소평가	₩100,000	
계	₩1,200,000	
지배기업지분율	× 100%	₩(1,200,000)
영업권		₩200,000

물음 2

[투자주식과 자본계정의 상계제거]

① 투자주식과 자본계정의 상계	(차) 자본금(B)	700,000	(대) 투자주식	1,400,000
	자본잉여금(B)	200,000		
	이익잉여금(B)	100,000		
	재고자산	50,000		
	토지	50,000		
	건물	100,000		
	영업권	200,000		

물음 3

1. 연결정산표

연결정산표

구분	A회사	B회사	합계	연결조정분개 차변	연결조정분개 대변	연결 재무제표
<차변: 자산, 비용>						
현금및현금성자산	100,000	300,000	400,000			400,000
투자주식	1,400,000	–	1,400,000		① 1,400,000	0
재고자산	500,000	400,000	900,000	① 50,000		950,000
토지	1,000,000	800,000	1,800,000	① 50,000		1,850,000
건물(순액)	1,000,000	500,000	1,500,000	① 100,000		1,600,000
영업권	–	–	–	① 200,000		200,000
차변합계	4,000,000	2,000,000	6,000,000			5,000,000
<대변: 부채, 자본, 수익>						
부채	2,000,000	1,000,000	3,000,000			3,000,000
자본금	1,400,000	700,000	2,100,000	① 700,000		1,400,000
자본잉여금	400,000	200,000	600,000	① 200,000		400,000
이익잉여금	200,000	100,000	300,000	① 100,000		200,000
대변합계	4,000,000	2,000,000	6,000,000	1,400,000	1,400,000	5,000,000

2. 연결재무상태표

연결재무상태표

20×1년 1월 1일 현재

현금및현금성자산	400,000	부채	3,000,000
재고자산	950,000	자본금	1,400,000
토지	1,850,000	자본잉여금	400,000
건물(순액)	1,600,000	이익잉여금	200,000
영업권	200,000		
	5,000,000		5,000,000

物음 4

1. 20×1. 1. 1. A회사의 합병분개
[투자주식과 자본계정의 상계제거]

	(차) 현금및현금성자산	300,000	(대) 부채	1,000,000
	재고자산	450,000	투자주식	1,400,000
20×1. 1. 1.	토지	850,000		
	건물	600,000		
	영업권	200,000		

2. 합병 후 재무상태표

합병재무상태표

A회사   20×1년 1월 1일 현재

현금및현금성자산	400,000	부채	3,000,000
재고자산	950,000	자본금	1,400,000
토지	1,850,000	자본잉여금	400,000
건물(순액)	1,600,000	이익잉여금	200,000
영업권	200,000		
	5,000,000		5,000,000

해설   物음3 과 物음4 에서 연결재무상태표와 합병 후 재무상태표가 동일함을 알 수 있다. 즉, 종속기업의 지분을 100% 취득한 비지배지분이 없는 연결의 경우 법률적 형식은 다르지만 경제적 실질로는 동일한 실체이므로 연결재무상태표는 합병재무상태표와 동일하게 작성된다.

(3) 지배력획득연도의 투자차액의 회계처리

투자차액 중 자산 및 부채의 장부금액과 공정가치의 차이는 연결조정분개 시 해당 자산과 부채에 가감하여 종속기업의 자산과 부채를 공정가치로 조정하였으며, 나머지 차액은 영업권이나 염가매수차익으로 인식하였다. 그런데 지배력획득일 이후에는 연결포괄손익계산서도 작성해야 하므로 단순합산된 포괄손익계산서에는 순자산장부금액 기준으로 수익과 비용계정이 합산되어 있으므로 다음과 같은 조정을 해야 한다.

① 취득시점 기준으로 자산 및 부채의 장부금액과 공정가치의 차이를 연결조정분개 시 해당 자산과 부채에 가감하여 종속기업의 자산과 부채를 공정가치로 수정한 후 투자주식과 상계하여 영업권과 염가매수차익을 계상한다.

② 단순합산된 포괄손익계산서에는 순자산장부금액 기준으로 수익과 비용계정이 합산되어 있으므로 종속기업의 장부금액과 공정가치가 다른 자산과 부채 중 재고자산은 외부로 판매된 경우 매출원가에 재고자산에 대한 장부금액과 공정가치의 차액을 추가로 조정해 주어야 한다.

③ 종속기업의 장부금액과 공정가치가 다른 자산과 부채 중 감가성 자산이 있을 경우 이 차액에 대한 추가적인 감가상각 효과를 인식해야 한다. 왜냐하면 사업결합은 취득법을 적용하여 회계처리하도록 규정하고 있으므로 연결재무제표에서는 지배기업은 종속기업의 자산과 부채를 공정가치로 취득한 것으로 조정해야 하므로 관련 비용도 공정가치 기준으로 인식해야 하기 때문이다.

예제 5 비지배지분이 없는 경우: 지배력획득연도의 연결

20×1년 초에 A회사는 B회사의 보통주 100%를 ₩1,400,000에 취득하여 지배력을 획득하였다. 20×1년 초 현재 B회사의 순자산은 ₩1,000,000(자본금 ₩700,000, 자본잉여금 ₩200,000, 이익잉여금 ₩100,000)이었다.

(1) 20×1년 말에 A회사와 B회사의 재무상태표와 20×1년의 포괄손익계산서는 다음과 같다.

재무상태표
20×1년 12월 31일 현재 (단위: ₩)

	A회사	B회사		A회사	B회사
현금및현금성자산	500,000	500,000	부채	2,200,000	1,100,000
투자주식(B회사)	1,400,000	–	자본금	1,400,000	700,000
재고자산	800,000	600,000	자본잉여금	400,000	200,000
토지	1,000,000	800,000	이익잉여금	500,000	300,000
건물(순액)	800,000	400,000			
	4,500,000	2,300,000		4,500,000	2,300,000

포괄손익계산서
20×1년 1월 1일부터 20×1년 12월 31일까지 (단위: ₩)

	A회사	B회사
매출액	1,000,000	500,000
매출원가	(500,000)	(200,000)
매출총이익	500,000	300,000
감가상각비	(200,000)	(100,000)
당기순이익	300,000	200,000

(2) 20×1년 초 현재 B회사의 장부금액과 공정가치가 다른 자산과 부채는 다음과 같다.

구분	장부금액	공정가치
재고자산	₩400,000	₩450,000
토지	₩800,000	₩850,000
건물	₩500,000	₩600,000

재고자산은 선입선출법을 적용하여 20×1년 중 전액 외부로 판매되었으며, 토지는 20×1년 말 현재 보유 중이다. 건물은 20×1년 초 현재 잔존내용연수는 5년이며, 잔존가치는 없고 정액법으로 감가상각한다.

(3) A회사는 B회사의 투자주식을 원가법으로 회계처리하고 있으며, 영업권은 20×1년 말까지 손상되지 않았다.

물음1 20×1년 말에 연결재무제표를 작성하는 경우 연결조정분개를 나타내시오.

물음2 20×1년 말에 지배기업인 A회사와 종속기업인 B회사로 구성된 연결재무상태표와 연결포괄손익계산서를 작성하시오.

해답 물음1

[투자주식과 자본계정의 상계제거]

	(차) 자본금(B)	700,000	(대) 투자주식	1,400,000
	자본잉여금(B)	200,000		
	이익잉여금(B)	100,000[1]		
① 투자주식과 자본계정의 상계	재고자산	50,000		
	토지	50,000		
	건물	100,000		
	영업권	200,000		

[1] 20×1년 초 이익잉여금

② 투자차액의 상각	(차) 매출원가	50,000[1]	(대) 재고자산	50,000
	(차) 감가상각비	20,000[2]	(대) 감가상각누계액(건물)	20,000

[1] 장부금액과 공정가치가 다른 재고자산은 외부로 판매된 경우 매출원가에 재고자산에 대한 장부금액과 공정가치의 차액을 추가로 조정해 주어야 함
[2] 종속기업의 장부금액과 공정가치가 다른 감가성 유형자산인 건물은 이 차액(₩20,000 = ₩100,000/5년)에 대한 추가적인 감가상각 효과를 인식해야 함

1. 연결정산표

연결정산표

구분	A회사	B회사	합계	연결조정분개 차변	연결조정분개 대변	연결 재무제표
<차변: 자산, 비용>						
현금및현금성자산	500,000	500,000	1,000,000			1,000,000
투자주식	1,400,000	-	1,400,000		① 1,400,000	0
재고자산	800,000	600,000	1,400,000	① 50,000	② 50,000	1,400,000
토지	1,000,000	800,000	1,800,000	① 50,000		1,850,000
건물(순액)	800,000	400,000	1,200,000	① 100,000	② 20,000	1,280,000
영업권	-	-	-	① 200,000		200,000
매출원가	500,000	200,000	700,000	② 50,000		750,000
감가상각비	200,000	100,000	300,000	② 20,000		320,000
차변합계	5,200,000	2,600,000	7,800,000			6,800,000
<대변: 부채, 자본, 수익>						
부채	2,200,000	1,100,000	3,300,000			3,300,000
자본금	1,400,000	700,000	2,100,000	① 700,000		1,400,000
자본잉여금	400,000	200,000	600,000	① 200,000		400,000
이익잉여금	200,000[1]	100,000[1]	300,000	① 100,000		200,000
매출액	1,000,000	500,000	1,500,000			1,500,000
대변합계	5,200,000	2,600,000	7,800,000	1,470,000	1,470,000	6,800,000

[1] 재무상태표에 이익잉여금은 기말이익잉여금 잔액으로 표시되어 있기 때문에 수익과 비용을 추가로 반영하면 잔액시산표의 차변과 대변합계가 일치하지 않는 문제가 발생하므로 잔액시산표에 이익잉여금은 당기순이익을 제외한 금액으로 표시해야 한다.

2. 연결재무상태표

연결재무상태표
20×1년 12월 31일 현재

현금및현금성자산	1,000,000	부채	3,300,000
재고자산	1,400,000	자본금	1,400,000
토지	1,850,000	자본잉여금	400,000
건물(순액)	1,280,000	이익잉여금	630,000[1]
영업권	200,000		
	5,730,000		5,730,000

[1] 정산표상 이익잉여금 ₩200,000 + 연결당기순이익 ₩430,000 = ₩630,000

3. 연결포괄손익계산서

연결포괄손익계산서
20×1년 1월 1일부터 20×1년 12월 31일까지

매출액	1,500,000
매출원가	(750,000)
매출총이익	750,000
감가상각비	(320,000)
당기순이익	430,000

(4) 지배력획득연도 이후의 투자차액의 회계처리

위에서 설명했듯이 과거에 연결재무제표 작성을 위해 수행한 연결조정분개는 연결정산표상에서만 행해지며 지배기업의 장부에는 반영되지 않는다. 따라서 지배력획득연도 이후에 연결재무제표를 작성하는 경우에도 새롭게 투자주식과 자본계정의 상계제거, 투자차액의 배분 등 모든 연결조정분개를 하여야 한다.

① 취득시점 기준으로 자산 및 부채의 장부금액과 공정가치의 차이를 연결조정분개 시 해당 자산과 부채에 가감하여 종속기업의 자산과 부채를 공정가치로 수정한 후 투자주식과 상계하여 영업권과 염가매수차익을 계상한다.

② 전기 이전의 장부금액과 공정가치 차액에 대한 상각분이 있는 경우 전기이월이익잉여금에 직접 반영하여 조정한다. 과거에 연결재무제표 작성을 위해 수행한 연결조정분개는 연결정산표상에서만 행해지며 지배기업의 장부에는 반영되지 않기 때문이며, 전기 이전의 장부금액과 공정가치 차액에 대한 상각분은 당기 연결포괄손익계산서에는 반영되어야 할 것이 아니라 전기 연결포괄손익계산서에 반영된 부분이므로 전기이월이익잉여금에 직접 반영해야 한다.

③ 종속기업의 장부금액과 공정가치가 다른 자산과 부채 중 감가성 자산이 있을 경우 이 차액에 대한 추가적인 당기분 감가상각 효과를 인식해야 한다.

예제 6 | 비지배지분이 없는 경우: 지배력획득연도 이후의 연결

20×1년 초에 A회사는 B회사의 보통주 100%를 ₩1,400,000에 취득하여 지배력을 획득하였다. 20×1년 초 현재 B회사의 순자산은 ₩1,000,000(자본금 ₩700,000, 자본잉여금 ₩200,000, 이익잉여금 ₩100,000)이었다.

---

(1) 20×2년 말에 A회사와 B회사의 재무상태표와 20×2년의 포괄손익계산서는 다음과 같다.

재무상태표
20×2년 12월 31일 현재 (단위: ₩)

	A회사	B회사		A회사	B회사
현금및현금성자산	700,000	700,000	부채	2,400,000	1,300,000
투자주식(B회사)	1,400,000	–	자본금	1,400,000	700,000
재고자산	1,300,000	800,000	자본잉여금	400,000	200,000
토지	1,000,000	800,000	이익잉여금	800,000	400,000
건물(순액)	600,000	300,000			
	5,000,000	2,600,000		5,000,000	2,600,000

포괄손익계산서

20×2년 1월 1일부터 20×2년 12월 31일까지 　　(단위: ₩)

	A회사	B회사
매출액	900,000	700,000
매출원가	(500,000)	(400,000)
매출총이익	400,000	300,000
배당금수익	100,000	–
감가상각비	(200,000)	(100,000)
당기순이익	300,000	200,000

(2) 20×1년 초 현재 B회사의 장부금액과 공정가치가 다른 자산과 부채는 다음과 같다.

구분	장부금액	공정가치
재고자산	₩400,000	₩450,000
토지	₩800,000	₩850,000
건물	₩500,000	₩600,000

　재고자산은 선입선출법을 적용하여 20×1년 중 전액 외부로 판매되었으며, 토지는 20×2년 말 현재 보유 중이다. 건물은 20×1년 초 현재 잔존내용연수는 5년이며, 잔존가치는 없고 정액법으로 감가상각한다.

(3) A회사는 B회사의 투자주식을 원가법으로 회계처리하고 있으며, 영업권은 20×2년 말까지 손상되지 않았다.

(4) B회사는 20×1년에 ₩200,000의 당기순이익을 보고하였으며, 20×2년에 ₩100,000의 현금배당을 실시하였다.

물음 1 20×2년 말에 연결재무제표를 작성하는 경우 연결조정분개를 나타내시오.

물음 2 20×2년 말에 지배기업인 A회사와 종속기업인 B회사로 구성된 연결재무상태표와 연결포괄손익계산서를 작성하시오.

해답 **물음 1**

[배당금수익 취소 분개]

① 배당금 취소 분개	(차) 배당금수익	100,000	(대) 이익잉여금(B)	100,000

[투자주식과 자본계정의 상계제거]

② 취득시점의 투자 · 자본 상계	(차) 자본금(B)	700,000	(대) 투자주식	1,400,000
	자본잉여금(B)	200,000		
	이익잉여금(B)	100,000[1]		
	재고자산	50,000		
	토지	50,000		
	건물	100,000		
	영업권	200,000		

[1] 20×1년 초 이익잉여금

③ 취득시점 이후 자본변동	(차) 이익잉여금(B)	200,000[1]		(대) 이익잉여금(A)		200,000

[1] 20×1년 이익잉여금의 증가분(당기순이익)

④ 전기 투자차액의 상각	(차) 이익잉여금(A)	70,000		(대) 재고자산 감가상각누계액(건물)		50,000 20,000
⑤ 당기 투자차액의 상각	(차) 감가상각비	20,000[1]		(대) 감가상각누계액(건물)		20,000

[1] 종속기업의 장부금액과 공정가치가 다른 감가성 유형자산인 건물은 이 차액(₩20,000 = ₩100,000/5년)에 대한 추가적인 당기 감가상각 효과를 인식해야 함

물음 2

1. 연결정산표

연결정산표

구분	A회사	B회사	합계	연결조정분개 차변	연결조정분개 대변	연결 재무제표
<차변: 자산, 비용>						
현금및현금성자산	700,000	700,000	1,400,000			1,400,000
투자주식	1,400,000	-	1,400,000		② 1,400,000	0
재고자산	1,300,000	800,000	2,100,000	② 50,000	④ 50,000	2,100,000
토지	1,000,000	800,000	1,800,000	② 50,000		1,850,000
건물(순액)	600,000	300,000	900,000	② 100,000	④ 20,000 ⑤ 20,000	960,000
영업권	-	-	-	② 200,000		200,000
매출원가	500,000	400,000	900,000			900,000
감가상각비	200,000	100,000	300,000	⑤ 20,000		320,000
차변합계	5,700,000	3,100,000	8,800,000			7,730,000
<대변: 부채, 자본, 수익>						
부채	2,400,000	1,300,000	3,700,000			3,700,000
자본금	1,400,000	700,000	2,100,000	② 700,000		1,400,000
자본잉여금	400,000	200,000	600,000	② 200,000		400,000
이익잉여금	500,000[1]	200,000[1]	700,000	② 100,000 ③ 200,000 ④ 70,000	① 100,000 ③ 200,000	630,000
매출액	900,000	700,000	1,600,000			1,600,000
배당금수익	100,000	-	100,000	① 100,000		0
대변합계	5,700,000	3,100,000	8,800,000	1,790,000	1,790,000	7,730,000

[1] 재무상태표에 이익잉여금은 기말이익잉여금 잔액으로 표시되어 있기 때문에 수익과 비용을 추가로 반영하면 잔액시산표의 차변과 대변합계가 일치하지 않는 문제가 발생하므로 잔액시산표에 이익잉여금은 당기순이익을 제외한 금액으로 표시해야 한다.

2. 연결재무상태표

연결재무상태표

20×2년 12월 31일 현재

현금및현금성자산	1,400,000	부채	3,700,000
재고자산	2,100,000	자본금	1,400,000
토지	1,850,000	자본잉여금	400,000
건물(순액)	960,000	이익잉여금	1,010,000[1]
영업권	200,000		
	6,510,000		6,510,000

[1] 정산표상 이익잉여금 ₩630,000 + 연결당기순이익 ₩380,000 = ₩1,010,000

3. 연결포괄손익계산서

연결포괄손익계산서

20×2년 1월 1일부터 20×2년 12월 31일까지

매출액	1,600,000
매출원가	(900,000)
매출총이익	700,000
배당금수익	-
감가상각비	(320,000)
당기순이익	380,000

Ⅱ | 비지배지분이 있는 경우의 연결

제1절에서 지배기업이 종속기업주식 100%를 취득하여 비지배지분이 없는 경우의 연결재무제표의 작성방법을 살펴보았다. 각각의 예제에서 설명했듯이 지배기업이 종속기업 지분을 100% 취득한 경우에는 법률적 형식만 다르고 경제적 실질이 합병과 동일하므로 지배력획득일의 연결재무상태표와 합병재무상태표가 동일하게 작성됨을 확인하였다. 그러나 주식취득에 의한 사업결합은 종속기업주식 100% 미만을 취득하여 비지배지분이 있는 경우가 일반적이다. 또한 종속기업주식 100% 미만을 취득하여 비지배지분이 있을 때 종속기업의 순자산장부금액과 종속기업의 순자산공정가치가 일치하는 경우와 종속기업의 순자산장부금액과 종속기업의 순자산공정가치가 일치하는 않는 경우로도 구분된다.

본 절에서는 투자주식과 자본계정의 상계제거를 순차적으로 이해하기 위하여 비지배지분이 있으며 종속기업의 순자산장부금액과 종속기업의 순자산공정가치가 일치하는 경우를 살펴본 후 비지배지분이 있으며 종속기업의 순자산장부금액과 종속기업의 순자산공정가치가 일치하지 않는 경우의 연결을 순차적으로 살펴보기로 한다.

01 종속기업 순자산장부금액과 순자산공정가치가 일치하는 경우

지배기업이 종속기업주식 100% 미만을 취득하여 비지배지분이 있는 경우 지배력획득일에 종속기업의 순자산장부금액과 순자산공정가치가 일치한다면 연결조정분개는 비교적 간단하게 해결할 수 있다. 그러나 이러한 상황은 종속기업의 식별할 수 있는 자산과 부채의 장부금액과 공정가치가 일치하며, 종속기업의 순자산공정가치의 지배회사 지분 이상으로 지급한 이전대가도 없어야 하므로 실무에서는 거의 발생할 수 없는 상황이나 순차적인 학습을 위하여 지배기업이 종속기업주식의 100% 미만을 취득하여 비지배지분이 있는 경우에 지배력획득일에 종속기업의 순자산장부금액과 순자산공정가치가 일치한다고 가정하고 설명하기로 한다.

(1) 지배력획득일의 연결

지배력획득일의 연결재무제표를 작성하는 경우 아직 연결실체가 성립한 후 재무성과가 발생하지 않았으므로 연결실체의 재무상태만을 나타내는 연결재무상태표만을 작성하면 된다.

① 지배기업과 종속기업은 법률적으로 독립된 실체이므로 지배기업과 종속기업의 자산과 부채 및 자본은 별도로 작성된 연결정산표상에서만 합산된다.

② 지배기업은 종속기업의 지분을 취득하면서 투자주식으로 회계처리했을 것이다. 또한 연결정산표상에서는 종속기업의 자산, 부채 및 자본이 모두 합산된 상태이므로 연결조정분개를 통하여 투자주식계정과 자본계정을 상계제거한다면 연결재무제표에서는 지배기업은 종속기업의 자산과 부채만을 합산하는 결과가 도출된다. 그러나 지배기업 지분이 60%라고 한다면 지배기업의 투자주식은 종속기업 자본의 60%만이 상계제거된다. 따라서 나머지 종속기업의 자본 40%의 해당액을 비지배지분 과목으로 대체해야 한다. 만약 종속기업의 식별할 수 있는 자산과 부채의 장부금액과 공정가치가 일치하며, 종속기업의 순자산공정가치 이상으로 지급한 이전대가가 없는 경우의 투자주식과 자본계정의 상계제거에 대한 지배력획득일의 회계처리를 예시하면 다음과 같다.

[투자주식과 자본계정의 상계제거]

① 투자주식과 자본계정의 상계	(차) 자본금(B)	×××	(대) 투자주식	×××
	자본잉여금(B)	×××	비지배지분	×××
	이익잉여금(B)	×××		

예제 7 비지배지분이 있는 경우: 지배력획득일의 연결

20×1년 초에 A회사는 B회사의 보통주 60%를 ₩600,000에 취득하여 지배력을 획득하였다. 지배력획득일 현재 식별할 수 있는 자산과 부채의 장부금액과 공정가치는 동일하였으며, 20×1년 초 현재 B회사의 순자산은 ₩1,000,000(자본금 ₩700,000, 자본잉여금 ₩200,000, 이익잉여금 ₩100,000)이었다.

(1) 20×1년 초에 A회사와 B회사의 재무상태표는 다음과 같다.

재무상태표
20×1년 1월 1일 현재 (단위: ₩)

	A회사	B회사		A회사	B회사
현금및현금성자산	900,000	300,000	부채	2,000,000	1,000,000
투자주식(B회사)	600,000	–	자본금	1,400,000	700,000
재고자산	500,000	400,000	자본잉여금	400,000	200,000
토지	1,000,000	800,000	이익잉여금	200,000	100,000
건물(순액)	1,000,000	500,000			
	4,000,000	2,000,000		4,000,000	2,000,000

(2) A회사는 B회사의 투자주식을 원가법으로 회계처리하고 있다.

물음1 20×1년 초에 연결재무제표를 작성하는 경우 연결조정분개를 나타내시오.

물음2 20×1년 초에 지배기업인 A회사와 종속기업인 B회사로 구성된 연결재무상태표를 작성하시오.

해답 물음1

[투자주식과 자본계정의 상계제거]

① 투자주식과 자본계정의 상계	(차) 자본금(B)	700,000	(대) 투자주식	600,000
	자본잉여금(B)	200,000	비지배지분	400,000[1]
	이익잉여금(B)	100,000		

[1] 비지배지분: ₩1,000,000 × 40% = ₩400,000

물음 2

1. 연결정산표

연결정산표

구분	A회사	B회사	합계	연결조정분개 차변	연결조정분개 대변	연결재무제표
<차변: 자산, 비용>						
현금및현금성자산	900,000	300,000	1,200,000			1,200,000
투자주식	600,000	-	600,000		① 600,000	0
재고자산	500,000	400,000	900,000			900,000
토지	1,000,000	800,000	1,800,000			1,800,000
건물(순액)	1,000,000	500,000	1,500,000			1,500,000
차변합계	4,000,000	2,000,000	6,000,000			5,400,000
<대변: 부채, 자본, 수익>						
부채	2,000,000	1,000,000	3,000,000			3,000,000
자본금	1,400,000	700,000	2,100,000	① 700,000		1,400,000
자본잉여금	400,000	200,000	600,000	① 200,000		400,000
이익잉여금	200,000	100,000	300,000	① 100,000		200,000
비지배지분	-	-	-		① 400,000	400,000
대변합계	4,000,000	2,000,000	6,000,000	1,000,000	1,000,000	5,400,000

2. 연결재무상태표

연결재무상태표

20×1년 1월 1일 현재

현금및현금성자산	1,200,000	부채	3,000,000
재고자산	900,000	자본	
토지	1,800,000	지배기업소유주지분	
건물(순액)	1,500,000	자본금	1,400,000
		자본잉여금	400,000
		이익잉여금	200,000
		비지배지분	400,000
	5,400,000		5,400,000

(2) 지배력획득연도의 연결

지배력획득일의 연결재무제표를 작성하는 경우에는 아직 연결실체가 성립한 후 재무성과가 발생하지 않았으므로 연결실체의 재무상태만을 나타내는 연결재무상태표만을 작성하면 된다. 그러나 지배력획득일 이후에는 연결실체가 성립한 후 영업활동을 통하여 재무성과가 발생하였기 때문에 연결재무상태표뿐만 아니라 연결포괄손익계산서도 작성해야 한다.

① 지배력획득일 이후의 연결조정 시에 지배기업의 투자주식과 종속기업의 자본계정의 상계제거 시 종속기업의 이익잉여금은 당기순이익을 차감한 금액으로 해야 한다. 종속기업의 당기순이익을 지배기업 소유주지분과 비지배지분으로 배분하는 것은 비지배지분순이익 계상의 추가분개로 해결해야 한다.

② 지배기업이 종속기업의 투자주식을 공정가치법 혹은 지배기업이 종속기업의 투자주식을 지분법으로 회계처리한 경우라면 원가법으로 환원한 후에 연결조정분개를 수행해야 한다. 왜냐하면 후술하겠지만 영업권(염가매수차익)은 취득시점에 발생하는 것이므로 취득 이후에 투자주식의 장부금액의 증감을 제거하여야 정확한 영업권(염가매수차익)을 계산할 수 있기 때문이다.

예제 8 ㅣ 비지배지분이 있는 경우: 지배력획득연도의 연결

20×1년 초에 A회사는 B회사의 보통주 60%를 ₩600,000에 취득하여 지배력을 획득하였다. 지배력획득일 현재 식별할 수 있는 자산과 부채의 장부금액과 공정가치는 동일하였으며, 20×1년 초 현재 B회사의 순자산은 ₩1,000,000(자본금 ₩700,000, 자본잉여금 ₩200,000, 이익잉여금 ₩100,000)이었다.

(1) 20×1년 말에 A회사와 B회사의 재무상태표와 20×1년의 포괄손익계산서는 다음과 같다.

재무상태표
20×1년 12월 31일 현재 (단위: ₩)

	A회사	B회사		A회사	B회사
현금및현금성자산	1,300,000	500,000	부채	2,200,000	1,100,000
투자주식(B회사)	600,000	–	자본금	1,400,000	700,000
재고자산	800,000	600,000	자본잉여금	400,000	200,000
토지	1,000,000	800,000	이익잉여금	500,000	300,000
건물(순액)	800,000	400,000			
	4,500,000	2,300,000		4,500,000	2,300,000

포괄손익계산서
20×1년 1월 1일부터 20×1년 12월 31일까지 (단위: ₩)

	A회사	B회사
수익	1,000,000	500,000
비용	(700,000)	(300,000)
당기순이익	300,000	200,000

(2) A회사는 B회사의 투자주식을 원가법으로 회계처리하고 있다.

물음1 20×1년 말에 연결재무제표를 작성하는 경우 연결조정분개를 나타내시오.

물음2 20×1년 말에 지배기업인 A회사와 종속기업인 B회사로 구성된 연결재무상태표와 연결포괄손익계산서를 작성하시오.

물음3 A회사가 투자주식(B회사)을 기타포괄손익공정가치측정금융자산으로 분류하여 측정한 경우 **물음1** 과 **물음2** 에 답하시오. 단, 투자주식(B회사)의 20×1년 말 공정가치는 ₩700,000이다.

해답 물음1

[투자주식과 자본계정의 상계제거]

① 투자주식과 자본계정의 상계	(차) 자본금(B)	700,000	(대) 투자주식	600,000
	자본잉여금(B)	200,000	비지배지분	400,000[2]
	이익잉여금(B)	100,000[1]		

[1] 20×1년 초 이익잉여금
[2] 비지배지분: (₩700,000 + ₩200,000 + ₩100,000) × 40% = ₩400,000

[비지배지분순이익 계상]

② 비지배지분순이익 계상	(차) 이익잉여금	80,000	(대) 비지배지분	80,000[1]

[1] 비지배지분순이익: ₩200,000 × 40% = ₩80,000

물음2

1. 연결정산표

연결정산표

구분	A회사	B회사	합계	연결조정분개 차변	연결조정분개 대변	연결재무제표
<차변: 자산, 비용>						
현금및현금성자산	1,300,000	500,000	1,800,000			1,800,000
투자주식	600,000	-	600,000		① 600,000	0
재고자산	800,000	600,000	1,400,000			1,400,000
토지	1,000,000	800,000	1,800,000			1,800,000
건물(순액)	800,000	400,000	1,200,000			1,200,000
비용	700,000	300,000	1,000,000			1,000,000
차변합계	5,200,000	2,600,000	7,800,000			7,200,000
<대변: 부채, 자본, 수익>						
부채	2,200,000	1,100,000	3,300,000			3,300,000
자본금	1,400,000	700,000	2,100,000	① 700,000		1,400,000
자본잉여금	400,000	200,000	600,000	① 200,000		400,000
이익잉여금	200,000[1]	100,000[1]	300,000	① 100,000 ② 80,000		120,000
비지배지분	-	-	-		① 400,000 ② 80,000	480,000
수익	1,000,000	500,000	1,500,000			1,500,000
대변합계	5,200,000	2,600,000	7,800,000	1,080,000	1,080,000	7,200,000

[1] 재무상태표에 이익잉여금은 기말이익잉여금 잔액으로 표시되어 있기 때문에 수익과 비용을 추가로 반영하면 잔액시산표의 차변과 대변합계가 일치하지 않는 문제가 발생하므로 잔액시산표에 이익잉여금은 당기순이익을 제외한 금액으로 표시해야 한다.

2. 연결재무상태표

연결재무상태표
20×1년 12월 31일 현재

현금및현금성자산	1,800,000	부채	3,300,000
재고자산	1,400,000	자본	
토지	1,800,000	지배기업소유주지분	
건물(순액)	1,200,000	자본금	1,400,000
		자본잉여금	400,000
		이익잉여금	620,000[1]
		비지배지분	480,000
	6,200,000		6,200,000

[1] 정산표상 이익잉여금 ₩120,000 + 연결당기순이익 ₩500,000 = ₩620,000

3. 연결포괄손익계산서

연결포괄손익계산서
20×1년 1월 1일부터 20×1년 12월 31일까지

수익	1,500,000
비용	(1,000,000)
당기순이익	500,000
당기순이익의 귀속	
지배기업소유주	420,000
비지배지분	80,000

물음 3

1. 20×1. 12. 31. 연결조정분개

[원가법 환원 분개]

① 원가법 환원 분개	(차) 기타포괄손익공정가치측정금융자산평가이익 100,000	(대) 투자주식	100,000[1]

[1] 투자주식을 원가법으로 환원하는 분개임(₩700,000 - ₩600,000 = ₩100,000)

[투자주식과 자본계정의 상계제거]

	(차) 자본금(B)	700,000	(대) 투자주식	600,000
② 투자주식과 자본계정의 상계	자본잉여금(B)	200,000	비지배지분	400,000[2]
	이익잉여금(B)	100,000[1]		

[1] 20×1년 초 이익잉여금
[2] 비지배지분: (₩700,000 + ₩200,000 + ₩100,000) × 40% = ₩400,000

[비지배지분순이익 계상]

③ 비지배지분순이익 계상	(차) 이익잉여금	80,000	(대) 비지배지분	80,000[1]

[1] 비지배지분순이익: ₩200,000 × 40% = ₩80,000

2. 연결재무상태표와 연결포괄손익계산서: 물음 2 와 동일함

(3) 지배력획득연도 이후의 연결

지배력을 획득한 이후의 보고기간부터 연결재무제표를 작성하는 경우 지배력획득일 이후에 발생한 종속기업의 이익잉여금과 기타자본요소의 변동분을 연결재무제표에 반영하는 추가 연결조정분개가 필요하다.

① 연결조정분개는 연결정산표에만 반영되고 지배회사와 종속회사의 재무제표에 반영하지 않기 때문에 지배력획득연도 이후의 연결재무제표를 작성할 때에는 먼저 지배력획득일 기준으로 종속기업투자주식과 자본계정을 상계제거하는 연결조정분개를 해야 한다.
② 지배력획득일 이후 종속기업의 이익잉여금과 기타자본요소 변동분 중 지배기업의 해당분은 연결조정분개상 지배기업의 이익잉여금과 기타자본요소에 가감해야 하며, 비지배분 해당액은 비지배지분으로 대체해야 한다. 여기서 유의할 점은 이익잉여금은 연결포괄손익계산서를 작성해야 하므로 당기순이익을 제외한 금액이라는 것이다.
③ 당기에 지배기업이 종속기업으로부터 배당금을 수취하는 경우에는 지배기업과 종속기업 간의 배당거래는 연결실체 입장에서는 내부거래에 해당한다. 따라서 연결재무제표 작성 시 지배기업의 포괄손익계산서에 계상된 배당금수익과 비지배지분을 종속기업의 이익잉여금으로 대체해야 한다.

예제 9 | 비지배지분이 있는 경우: 지배력획득연도 이후의 연결

20×1년 초에 A회사는 B회사의 보통주 60%를 ₩600,000에 취득하여 지배력을 획득하였다. 지배력획득일 현재 식별할 수 있는 자산과 부채의 장부금액과 공정가치는 동일하였으며, 20×1년 초 현재 B회사의 순자산은 ₩1,000,000(자본금 ₩700,000, 자본잉여금 ₩200,000, 이익잉여금 ₩100,000)이었다.

(1) 20×2년 말에 A회사와 B회사의 재무상태표와 20×2년의 포괄손익계산서는 다음과 같다.

재무상태표
20×2년 12월 31일 현재 (단위: ₩)

	A회사	B회사		A회사	B회사
현금및현금성자산	1,500,000	700,000	부채	2,400,000	1,300,000
투자주식(B회사)	600,000	–	자본금	1,400,000	700,000
재고자산	1,300,000	800,000	자본잉여금	400,000	200,000
토지	1,000,000	800,000	이익잉여금	800,000	400,000
건물(순액)	600,000	300,000			
	5,000,000	2,600,000		5,000,000	2,600,000

포괄손익계산서
20×2년 1월 1일부터 20×2년 12월 31일까지 (단위: ₩)

	A회사	B회사
수익	940,000	700,000
비용	(700,000)	(500,000)
배당금수익	60,000	–
당기순이익	300,000	200,000

(2) A회사는 B회사의 투자주식을 원가법으로 회계처리하고 있다.

(3) B회사는 20×1년에 ₩200,000의 당기순이익을 보고하였으며, 20×2년에 ₩100,000의 현금 배당을 실시하였고 A회사가 수령한 금액은 ₩60,000이다.

물음 1 20×2년 말에 연결재무제표를 작성하는 경우 연결조정분개를 나타내시오.

물음 2 20×2년 말에 지배기업인 A회사와 종속기업인 B회사로 구성된 연결재무상태표와 연결포괄손익계산서를 작성하시오.

해답 **물음 1**

[배당금수익 취소 분개]

| ① 배당금 취소 분개 | (차) 배당금수익 | 60,000 | (대) 이익잉여금(B) | 100,000 |
| | 비지배지분 | 40,000 | | |

[투자주식과 자본계정의 상계제거]

② 취득시점의 투자·자본 상계	(차) 자본금(B)	700,000	(대) 투자주식	600,000
	자본잉여금(B)	200,000	비지배지분	400,000[2]
	이익잉여금(B)	100,000[1]		

[1] 20×1년 초 이익잉여금
[2] 비지배지분: (₩700,000 + ₩200,000 + ₩100,000) × 40% = ₩400,000

| ③ 취득시점 이후 자본변동 | (차) 이익잉여금(B) | 200,000[1] | (대) 이익잉여금(A) | 120,000 |
| | | | 비지배지분 | 80,000 |

[1] 20×1년 이익잉여금의 증가분(당기순이익)

[비지배지분순이익 계상]

| ④ 비지배지분순이익 계상 | (차) 이익잉여금 | 80,000 | (대) 비지배지분 | 80,000[1] |

[1] 비지배지분순이익: ₩200,000 × 40% = ₩80,000

1. 연결정산표

연결정산표

구분	A회사	B회사	합계	연결조정분개 차변	연결조정분개 대변	연결재무제표
<차변: 자산, 비용>						
현금및현금성자산	1,500,000	700,000	2,200,000			2,200,000
투자주식	600,000	-	600,000		② 600,000	0
재고자산	1,300,000	800,000	2,100,000			2,100,000
토지	1,000,000	800,000	1,800,000			1,800,000
건물(순액)	600,000	300,000	900,000			900,000
비용	700,000	500,000	1,200,000			1,200,000
차변합계	5,700,000	3,100,000	8,800,000			8,200,000
<대변: 부채, 자본, 수익>						
부채	2,400,000	1,300,000	3,700,000			3,700,000
자본금	1,400,000	700,000	2,100,000	② 700,000		1,400,000
자본잉여금	400,000	200,000	600,000	② 200,000		400,000
이익잉여금	500,000[1]	200,000[1]	700,000	② 100,000 ③ 200,000 ④ 80,000	① 100,000 ③ 120,000	540,000
비지배지분	-	-	-	① 40,000	② 400,000 ③ 80,000 ④ 80,000	520,000
수익	940,000	700,000	1,640,000			1,640,000
배당금수익	60,000	-	60,000	① 60,000		0
대변합계	5,700,000	3,100,000	8,800,000	1,380,000	1,380,000	8,200,000

[1] 재무상태표에 이익잉여금은 기말이익잉여금 잔액으로 표시되어 있기 때문에 수익과 비용을 추가로 반영하면 잔액시산표의 차변과 대변합계가 일치하지 않는 문제가 발생하므로 잔액시산표에 이익잉여금은 당기순이익을 제외한 금액으로 표시해야 한다.

2. 연결재무상태표

연결재무상태표
20×2년 12월 31일 현재

현금및현금성자산	2,200,000	부채	3,700,000
재고자산	2,100,000	자본	
토지	1,800,000	지배기업소유주지분	
건물(순액)	900,000	자본금	1,400,000
		자본잉여금	400,000
		이익잉여금	980,000[1]
		비지배지분	520,000
	7,000,000		7,000,000

[1] 정산표상 이익잉여금 ₩540,000 + 연결당기순이익 ₩440,000 = ₩980,000

3. 연결포괄손익계산서

연결포괄손익계산서
20×2년 1월 1일부터 20×2년 12월 31일까지

수익	1,640,000
비용	(1,200,000)
당기순이익	440,000
당기순이익의 귀속	
지배기업소유주	360,000
비지배지분	80,000

해설 배당금수익의 취소 분개는 물음1 과 같이 비지배주주가 수취한 배당에 대해서 비지배지분을 차감하여 분개하는 방법과 비지배주주가 수취한 배당에 대해서 비지배지분을 차감하지 아니하고 취득시점 이후의 자본(이익잉여금)의 변동에서 배당금의 효과를 제거하여 조정하는 방법이 있다. 고급회계 교재에서 일반적으로 해답에 제시된 방법을 많이 사용하므로 본 교재에서는 비지배주주가 수취한 배당에 대해서 비지배지분을 차감하여 분개하는 방법으로 설명하기로 한다. 만약에 비지배주주가 수취한 배당에 대해서 비지배지분을 차감하지 않는 방법으로 연결조정분개를 수행하면 다음과 같으며, 연결재무상태표와 연결포괄손익계산서는 동일하게 작성된다.

[비지배지분순이익 계상]

① 배당금 취소 분개	(차) 배당금수익	60,000	(대) 이익잉여금(B)	60,000

[투자주식과 자본계정의 상계제거]

② 취득시점의 투자·자본 상계	(차) 자본금(B)	700,000	(대) 투자주식	600,000
	자본잉여금(B)	200,000	비지배지분	400,000
	이익잉여금(B)	100,000[1]		

[1] 20×1년 초 이익잉여금

③ 취득시점 이후 자본변동	(차) 이익잉여금(B)	100,000[1]	(대) 이익잉여금(A)	60,000
			비지배지분	40,000

[1] 20×1년 이익잉여금의 증가분(당기순이익) ₩200,000 − 20×2년 배당금지급액 ₩100,000 = ₩100,000

[비지배지분순이익 계상]

④ 비지배지분순이익 계상	(차) 이익잉여금	80,000	(대) 비지배지분	80,000[1]

[1] 비지배지분순이익: ₩200,000 × 40% = ₩80,000

(4) 종속기업 순자산장부금액과 순자산공정가치가 일치하는 경우의 연결조정분개

비지배지분이 있으며, 종속기업 순자산장부금액과 순자산공정가치가 일치하는 경우의 연결조정분개를 요약하면 다음과 같다.

[예비 1단계: 종속기업의 투자주식 원가법 환원 분개]

① 원가법 환원 분개	(차) 투자주식평가이익	×××	(대) 투자주식	×××

[예비 2단계: 배당금수익 취소 분개]

② 배당금 취소 분개	(차) 배당금수익	×××	(대) 이익잉여금(B)	×××
	비지배지분	×××		

[1단계: 투자주식과 자본계정의 상계제거]

③ 취득시점의 투자·자본 상계	(차)	자본금(B)	×××[1]	(대)	투자주식	×××[4]
		자본잉여금(B)	×××[2]		비지배지분	×××[5]
		이익잉여금(B)	×××[3]			

[1] 취득 시 자본금
[2] 취득 시 자본잉여금
[3] 취득 시 이익잉여금
[4] 취득 시 자본총계 × 지배기업지분율
[5] 취득 시 자본총계 × 비지배지분율

④ 취득시점 이후 자본변동	(차)	이익잉여금(B)	×××[1]	(대)	이익잉여금(A)	×××[2]
					비지배지분	×××[3]

[1] 전기 이전 이익잉여금의 증가분
[2] 전기 이전 이익잉여금의 증가분 × 지배기업지분율
[3] 전기 이전 이익잉여금의 증가분 × 비지배지분율

[2단계: 채권·채무 상계제거]

[3단계: 내부거래제거]

[4단계: 비지배지분순이익 계상]

⑤ 비지배지분순이익 계상	(차)	이익잉여금	×××	(대)	비지배지분	×××[1]

[1] 비지배지분순이익: 종속기업 연결조정 후 당기순이익 × 비지배지분율

02 종속기업 순자산장부금액과 순자산공정가치가 일치하지 않는 경우

지배기업이 종속기업주식의 100% 미만을 취득하여 비지배지분이 있으며, 지배력획득일에 종속기업의 순자산장부금액과 순자산공정가치가 일치하는 경우는 위에서 살펴보았다. 그러나 종속기업의 식별할 수 있는 자산과 부채의 장부금액과 공정가치가 일치하는 상황은 실무에서 거의 발생하지 않는다. 따라서 지배기업이 종속기업주식의 100% 미만을 취득하였으며, 종속기업의 식별할 수 있는 자산과 부채의 장부금액과 공정가치가 일치하지 않는 경우의 사례를 설명하기로 한다.

(1) 투자차액의 성격

앞서 설명했듯이 종속기업의 투자주식계정은 취득시점에서 종속기업의 순자산장부금액에 대한 지배기업의 지분(몫)과 투자주식의 취득원가가 일치하지 않는 경우가 일반적이다. 이러한 투자차액은 자산 및 부채의 장부금액과 공정가치의 차이 중 지배기업의 지분(몫)과 영업권 또는 염가매수차익으로 구성된다.

① 투자차액 = 투자주식의 취득원가 - 종속기업의 순자산장부금액 × 지배기업지분율
② 영업권 = 투자주식의 취득원가 - 종속기업의 순자산공정가치 × 지배기업지분율
③ 염가매수차익 = 종속기업의 순자산공정가치 × 지배기업지분율 - 투자주식의 취득원가

예를 들어 20×1년 초에 A회사가 B회사의 의결권이 있는 보통주 60%를 ₩2,000에 취득하였는데, 20×1년 초의 B회사의 순자산장부금액은 ₩2,000이고 순자산공정가치는 ₩3,000이었다. 상기 사례에서 자산 및 부채의 장부금액과 공정가치의 차이 중 지배기업의 지분과 영업권을 구해보면 다음과 같다.

구분	사례	투자차액
① 투자자산의 취득원가	① ₩2,000	영업권: ① - ② = ₩200
② 종속기업의 순자산공정가치 중 지배기업의 지분	② ₩3,000 × 60% = ₩1,800	자산 및 부채의 장부금액과 공정가치의 차이 중 지배기업의 지분: ② - ③ = ₩600
③ 종속기업의 순자산장부금액 중 지배기업의 지분	③ ₩2,000 × 60% = ₩1,200	

만약 20×1년 초에 A회사가 B회사의 의결권이 있는 보통주 60%를 ₩1,500에 취득하였으며, 기타 사항이 위와 동일한 경우 자산 및 부채의 장부금액과 공정가치의 차이 중 지배기업의 지분과 염가매수차익을 구해보면 다음과 같다.

구분	사례	투자차액
① 투자자산의 취득원가	① ₩1,500	염가매수차익: ① - ② = ₩(300)
② 종속기업의 순자산공정가치 중 지배기업의 지분	② ₩3,000 × 60% = ₩1,800	자산 및 부채의 장부금액과 공정가치의 차이 중 지배기업의 지분: ② - ③ = ₩600
③ 종속기업의 순자산장부금액 중 지배기업의 지분	③ ₩2,000 × 60% = ₩1,200	

(2) 지배력획득일의 투자차액의 회계처리

투자차액은 자산 및 부채의 장부금액과 공정가치의 차이 중 지배기업의 지분(몫)과 영업권 또는 염가매수차익으로 구성되므로 먼저 투자차액의 구성요소를 파악한 후에 다음과 같이 연결조정분개에 반영한다.

① 종속기업의 자산·부채 장부금액이 이미 연결정산표상에서 지배기업의 자산·부채와 단순합산된 상태이므로 종속기업의 순자산장부금액 중 지배기업의 지분은 별도의 조정을 할 필요가 없다.

② 자산 및 부채의 장부금액과 공정가치의 차이는 연결조정분개 시 해당 자산과 부채에 가감하여 종속기업의 자산과 부채를 공정가치로 조정한 후 투자주식과 상계해야 한다. 이때 비지배지분은 〈방법 ①〉 종속기업의 순자산공정가치에 비지배지분율을 곱하여 계산하거나 〈방법 ②〉 비지배지분의 공정가치로 측정할 수 있다. 본 교재에서는 별도의 언급이 없는 경우를 제외하고는 〈방법 ①〉로 측정하기로 하고 두 방법의 차이는 후술하기로 한다.

③ 사업결합으로 발생한 영업권은 별도의 자산으로 인식한다. 영업권의 상각은 허용되지 않으며, 대신 K-IFRS 제1036호 '자산손상'에 따라 매 보고기간마다 손상검사를 해야 한다. 한편, 영업권에 대하여 인식한 손상차손은 후속기간에 환입을 인정하지 아니한다.

④ 염가매수차익은 모든 취득자산과 인수부채를 정확하게 식별하였는지 재검토하고 재검토 이후에도 염가매수차익이 계속 남는다면, 취득일에 그 차익을 당기손익으로 인식한다.

⑤ 만약 종속기업의 식별할 수 있는 자산과 부채의 장부금액과 공정가치가 일치하지 않는 경우 투자주식과 자본계정의 상계제거에 대한 지배력획득일의 회계처리를 예시하면 다음과 같다.

[투자주식과 자본계정의 상계제거] - 영업권이 발생하는 경우

	(차) 자본금(B)	×××	(대) 투자주식	×××
① 투자주식과 자본계정의 상계	자본잉여금(B)	×××	비지배지분	×××
	이익잉여금(B)	×××		
	재고자산	×××		
	토지	×××		
	건물	×××		
	영업권	×××		

[투자주식과 자본계정의 상계제거] - 염가매수차익이 발생하는 경우

	(차) 자본금(B)	×××	(대) 투자주식	×××
① 투자주식과 자본계정의 상계	자본잉여금(B)	×××	비지배지분	×××
	이익잉여금(B)	×××	염가매수차익	×××
	재고자산	×××		
	토지	×××		
	건물	×××		

⚡ POINT 지배력획득일의 투자차액의 회계처리

정의	① 자산 및 부채의 장부금액과 공정가치의 차이 중 지배기업의 지분(몫) ② 영업권 또는 염가매수차익
회계처리	① 종속기업의 순자산장부금액 중 지배기업의 지분: 별도의 조정이 필요 없음 ② 자산 및 부채의 장부금액과 공정가치의 차이: 연결조정분개 시 해당 자산과 부채에 가감하여 종속기업의 자산과 부채를 공정가치로 조정한 후 투자주식과 상계함 ③ 영업권: 영업권의 상각은 허용되지 않으며, 대신 매 보고기간마다 손상검사를 수행하며, 영업권에 대하여 인식한 손상차손은 후속기간에 환입을 인정하지 아니함 ④ 염가매수차익: 모든 취득자산과 인수부채를 정확하게 식별하였는지 재검토하고 재검토 이후의 잔액은 취득일에 그 차익을 당기손익으로 인식함

예제 10 │ 비지배지분이 있는 경우: 지배력획득일의 연결

20×1년 초에 A회사는 B회사의 보통주 60%를 ₩800,000에 취득하여 지배력을 획득하였다. 20×1년 초 현재 B회사의 순자산은 ₩1,000,000(자본금 ₩700,000, 자본잉여금 ₩200,000, 이익잉여금 ₩100,000)이었다.

(1) 20×1년 초에 A회사와 B회사의 재무상태표는 다음과 같다.

재무상태표

20×1년 1월 1일 현재　　　　　　　　　　　　　(단위: ₩)

	A회사	B회사		A회사	B회사
현금및현금성자산	700,000	300,000	부채	2,000,000	1,000,000
투자주식(B회사)	800,000	–	자본금	1,400,000	700,000
재고자산	500,000	400,000	자본잉여금	400,000	200,000
토지	1,000,000	800,000	이익잉여금	200,000	100,000
건물(순액)	1,000,000	500,000			
	4,000,000	2,000,000		4,000,000	2,000,000

(2) 20×1년 초 현재 B회사의 장부금액과 공정가치가 다른 자산과 부채는 다음과 같다.

구분	장부금액	공정가치
재고자산	₩400,000	₩450,000
토지	₩800,000	₩850,000
건물	₩500,000	₩600,000

(3) A회사는 B회사의 투자주식을 원가법으로 회계처리하고 있다.

물음1 20×1년 초에 연결재무제표를 작성하는 경우 연결재무상태표에 계상될 영업권은 얼마인가?

물음2 20×1년 초에 연결재무제표를 작성하는 경우 연결조정분개를 나타내시오.

물음3 20×1년 초에 지배기업인 A회사와 종속기업인 B회사로 구성된 연결재무상태표를 작성하시오.

해답 **물음1**

투자주식의 취득원가		₩800,000
B회사의 순자산장부금액	₩1,000,000	
재고자산 과소평가	₩50,000	
토지 과소평가	₩50,000	
건물 과소평가	₩100,000	
계	₩1,200,000	
지배기업지분율	× 60%	₩(720,000)
영업권		₩80,000

물음 2

[투자주식과 자본계정의 상계제거]

① 투자주식과 자본계정의 상계	(차) 자본금(B)	700,000	(대) 투자주식	800,000
	자본잉여금(B)	200,000	비지배지분	480,000[1]
	이익잉여금(B)	100,000		
	재고자산	50,000		
	토지	50,000		
	건물	100,000		
	영업권	80,000		

[1] 비지배지분: (₩1,000,000 + ₩50,000 + ₩50,000 + ₩100,000) × 40% = ₩480,000

물음 3

1. 연결정산표

연결정산표

구분	A회사	B회사	합계	연결조정분개 차변	연결조정분개 대변	연결재무제표
<차변: 자산, 비용>						
현금및현금성자산	700,000	300,000	1,000,000			1,000,000
투자주식	800,000	–	800,000		① 800,000	0
재고자산	500,000	400,000	900,000	① 50,000		950,000
토지	1,000,000	800,000	1,800,000	① 50,000		1,850,000
건물(순액)	1,000,000	500,000	1,500,000	① 100,000		1,600,000
영업권	–	–	–	① 80,000		80,000
차변합계	4,000,000	2,000,000	6,000,000			5,480,000
<대변: 부채, 자본, 수익>						
부채	2,000,000	1,000,000	3,000,000			3,000,000
자본금	1,400,000	700,000	2,100,000	① 700,000		1,400,000
자본잉여금	400,000	200,000	600,000	① 200,000		400,000
이익잉여금	200,000	100,000	300,000	① 100,000		200,000
비지배지분	–	–	–		① 480,000	480,000
대변합계	4,000,000	2,000,000	6,000,000	1,280,000	1,280,000	5,480,000

2. 연결재무상태표

연결재무상태표

20×1년 1월 1일 현재

현금및현금성자산	1,000,000	부채	3,000,000
재고자산	950,000	자본	
토지	1,850,000	지배기업소유주지분	
건물(순액)	1,600,000	자본금	1,400,000
영업권	80,000	자본잉여금	400,000
		이익잉여금	200,000
		비지배지분	480,000
	5,480,000		5,480,000

(3) 지배력획득연도의 투자차액의 회계처리

투자차액 중 자산 및 부채의 장부금액과 공정가치의 차이는 연결조정분개 시 해당 자산과 부채에 가감하여 종속기업의 자산과 부채를 공정가치로 조정하였으며, 나머지 차액은 영업권이나 염가매수차익으로 인식하였다. 그런데 지배력획득일 이후에는 연결포괄손익계산서도 작성해야 하므로 단순합산된 포괄손익계산서에는 순자산장부금액 기준으로 수익과 비용계정이 합산되어 있으므로 다음과 같은 조정을 해야 한다.

① 취득시점 기준으로 자산 및 부채의 장부금액과 공정가치의 차이를 연결조정분개 시 해당 자산과 부채에 가감하여 종속기업의 자산과 부채를 공정가치로 수정한 후 종속기업의 취득시점 순자산공정가치에 지배기업지분율을 곱하여 산출한 금액과 투자주식과 상계하여 차액은 영업권과 염가매수차익을 계상하며, 비지배지분은 종속기업의 취득시점 순자산공정가치에 비지배지분율을 곱하여 계상한다.

② 단순합산된 포괄손익계산서에는 순자산장부금액 기준으로 수익과 비용계정이 합산되어 있으므로 종속기업의 장부금액과 공정가치가 다른 자산과 부채 중 재고자산은 외부로 판매된 경우 매출원가에 재고자산에 대한 장부금액과 공정가치의 차액을 추가로 조정해 주어야 한다.

③ 종속기업의 장부금액과 공정가치가 다른 자산과 부채 중 감가성 자산이 있을 경우 이 차액에 대한 추가적인 감가상각 효과를 인식해야 한다. 왜냐하면 사업결합은 취득법을 적용하여 회계처리하도록 규정하고 있으므로 연결재무제표에서는 지배기업은 종속기업의 자산과 부채를 공정가치로 취득한 것으로 조정해야 하므로 관련 비용도 공정가치 기준으로 인식해야 하기 때문이다.

④ 종속기업의 장부금액과 공정가치가 다른 자산과 부채와 관련된 추가계상된 수익과 비용은 지배기업지분율과 비지배지분율에 따라 각각 지배기업 소유주와 비지배지분에 배분한다.

⚡ POINT 지배력획득연도의 투자차액의 회계처리

① 취득시점 기준으로 자산 및 부채의 장부금액과 공정가치의 차이를 연결조정분개 시 해당 자산과 부채에 가감하여 종속기업의 자산과 부채를 공정가치로 수정한 후 종속기업의 취득시점 순자산공정가치에 지배기업지분율을 곱하여 산출한 금액과 투자주식과 상계하여 차액은 영업권과 염가매수차익을 계상하며, 비지배지분은 종속기업의 취득시점 순자산공정가치에 비지배지분율을 곱하여 계상함

② 종속기업의 장부금액과 공정가치가 다른 자산과 부채 중 재고자산은 외부로 판매된 경우 매출원가에 재고자산에 대한 장부금액과 공정가치의 차액을 추가로 조정함

③ 종속기업의 장부금액과 공정가치가 다른 자산과 부채 중 감가성 자산이 있을 경우 이 차액에 대한 추가적인 감가상각 효과를 인식함

④ 종속기업의 장부금액과 공정가치가 다른 자산과 부채와 관련된 추가계상된 수익과 비용은 지배기업지분율과 비지배지분율에 따라 각각 지배기업 소유주와 비지배지분에 배분함

20×1년 초에 A회사는 B회사의 보통주 60%를 ₩800,000에 취득하여 지배력을 획득하였다. 20×1년 초 현재 B회사의 순자산은 ₩1,000,000(자본금 ₩700,000, 자본잉여금 ₩200,000, 이익잉여금 ₩100,000) 이었다.

(1) 20×1년 말에 A회사와 B회사의 재무상태표와 20×1년의 포괄손익계산서는 다음과 같다.

재무상태표

20×1년 12월 31일 현재 (단위: ₩)

	A회사	B회사		A회사	B회사
현금및현금성자산	1,100,000	500,000	부채	2,200,000	1,100,000
투자주식(B회사)	800,000	–	자본금	1,400,000	700,000
재고자산	800,000	600,000	자본잉여금	400,000	200,000
토지	1,000,000	800,000	이익잉여금	500,000	300,000
건물(순액)	800,000	400,000			
	4,500,000	2,300,000		4,500,000	2,300,000

포괄손익계산서

20×1년 1월 1일부터 20×1년 12월 31일까지 (단위: ₩)

	A회사	B회사
매출액	1,000,000	500,000
매출원가	(500,000)	(200,000)
매출총이익	500,000	300,000
감가상각비	(200,000)	(100,000)
당기순이익	300,000	200,000

(2) 20×1년 초 현재 B회사의 장부금액과 공정가치가 다른 자산과 부채는 다음과 같다.

구분	장부금액	공정가치
재고자산	₩400,000	₩450,000
토지	₩800,000	₩850,000
건물	₩500,000	₩600,000

재고자산은 선입선출법을 적용하여 20×1년 중 전액 외부로 판매되었으며, 토지는 20×1년 말 현재 보유 중이다. 건물은 20×1년 초 현재 잔존내용연수는 5년이며, 잔존가치는 없고 정액법으로 감가상각한다.

(3) A회사는 B회사의 투자주식을 원가법으로 회계처리하고 있으며, 영업권은 20×1년 말까지 손상되지 않았다.

(4) 20×1년 초 현재 A회사의 순자산은 ₩2,000,000(자본금 ₩1,400,000, 자본잉여금 ₩400,000, 이익잉여금 ₩200,000)이었다.

20×1년 말에 연결재무제표를 작성하는 경우 연결조정분개를 나타내시오.

20×1년 말에 지배기업인 A회사와 종속기업인 B회사로 구성된 연결재무상태표와 연결포괄손익계산서를 작성하시오.

해답 **물음1**

[투자주식과 자본계정의 상계제거]

① 취득시점의 투자·자본 상계	(차) 자본금(B)	700,000	(대) 투자주식	800,000
	자본잉여금(B)	200,000	비지배지분	480,000[3]
	이익잉여금(B)	100,000[1]		
	재고자산	50,000		
	토지	50,000		
	건물	100,000		
	영업권	80,000[2]		

[1] 20×1년 초 이익잉여금
[2] 영업권: ₩800,000 - (₩1,000,000 + ₩200,000) × 60% = ₩80,000
[3] 비지배지분: (₩1,000,000 + ₩200,000) × 40% = ₩480,000

② 투자차액의 상각	(차) 매출원가	50,000[1]	(대) 재고자산	50,000
	(차) 감가상각비	20,000[2]	(대) 감가상각누계액(건물)	20,000

[1] 장부금액과 공정가치가 다른 재고자산은 외부로 판매된 경우 매출원가에 재고자산에 대한 장부금액과 공정가치의 차액을 추가로 조정해 주어야 함
[2] 종속기업의 장부금액과 공정가치가 다른 감가성 유형자산인 건물은 이 차액(₩20,000 = ₩100,000/5년)에 대한 추가적인 감가상각 효과를 인식해야 함

[비지배지분순이익 계상]

③ 비지배지분순이익 계상	(차) 이익잉여금	52,000	(대) 비지배지분	52,000[1]

[1]
B회사 보고된 당기순이익	₩200,000
매출원가	₩(50,000)
감가상각비	₩(20,000)
B회사 연결조정 후 당기순이익	₩130,000
비지배지분율	× 40%
비지배지분순이익	₩52,000

물음 2

1. 연결정산표

연결정산표

구분	A회사	B회사	합계	연결조정분개 차변	연결조정분개 대변	연결재무제표
<차변: 자산, 비용>						
현금및현금성자산	1,100,000	500,000	1,600,000			1,600,000
투자주식	800,000	-	800,000		① 800,000	0
재고자산	800,000	600,000	1,400,000	① 50,000	② 50,000	1,400,000
토지	1,000,000	800,000	1,800,000	① 50,000		1,850,000
건물(순액)	800,000	400,000	1,200,000	① 100,000	② 20,000	1,280,000
영업권	-	-	-	① 80,000		80,000
매출원가	500,000	200,000	700,000	② 50,000		750,000
감가상각비	200,000	100,000	300,000	② 20,000		320,000
차변합계	5,200,000	2,600,000	7,800,000			7,280,000
<대변: 부채, 자본, 수익>						
부채	2,200,000	1,100,000	3,300,000			3,300,000
자본금	1,400,000	700,000	2,100,000	① 700,000		1,400,000
자본잉여금	400,000	200,000	600,000	① 200,000		400,000
이익잉여금	200,000[1]	100,000[1]	300,000	① 100,000 ③ 52,000		148,000
비지배지분	-	-	-		① 480,000 ③ 52,000	532,000
매출액	1,000,000	500,000	1,500,000			1,500,000
대변합계	5,200,000	2,600,000	7,800,000	1,402,000	1,402,000	7,280,000

[1] 재무상태표에 이익잉여금은 기말이익잉여금 잔액으로 표시되어 있기 때문에 수익과 비용을 추가로 반영하면 잔액시산표의 차변과 대변합계가 일치하지 않는 문제가 발생하므로 잔액시산표에 이익잉여금은 당기순이익을 제외한 금액으로 표시해야 한다.

2. 연결재무상태표

연결재무상태표
20×1년 12월 31일 현재

현금및현금성자산	1,600,000	부채	3,300,000
재고자산	1,400,000	자본	
토지	1,850,000	지배기업소유주지분	
건물(순액)	1,280,000	자본금	1,400,000
영업권	80,000	자본잉여금	400,000
		이익잉여금	578,000[1]
		비지배지분	532,000
	6,210,000		6,210,000

[1] 정산표상 이익잉여금 ₩148,000 + 연결당기순이익 ₩430,000 = ₩578,000

3. 연결포괄손익계산서

연결포괄손익계산서

20×1년 1월 1일부터 20×1년 12월 31일까지

매출액	1,500,000
매출원가	(750,000)
매출총이익	750,000
감가상각비	(320,000)
당기순이익	430,000
당기순이익의 귀속	
지배기업소유주	378,000
비지배지분	52,000

해설 1. 연결당기순이익

	A회사	B회사	합계
보고된 당기순이익	₩300,000	₩200,000	₩500,000
투자차액의 상각			
재고자산	-	₩(50,000)	₩(50,000)
건물	-	₩(20,000)	₩(20,000)
연결조정 후 당기순이익	₩300,000	₩130,000	₩430,000

∴ 연결당기순이익: ₩300,000 + ₩130,000 = ₩430,000

지배기업소유주 귀속 당기순이익: ₩300,000 + ₩130,000 × 60% = ₩378,000

비지배지분순이익: ₩130,000 × 40% = ₩52,000

2. 연결자본: (1) + (2) = ₩2,378,000 + ₩532,000 = ₩2,910,000

(1) 지배기업소유주지분: ① + ② + ③ = ₩2,378,000

① 자본금: 지배기업 자본금 ₩1,400,000

② 자본잉여금: 지배기업 자본잉여금 ₩400,000

③ 이익잉여금: 지배력획득 시 지배기업 이익잉여금 ₩200,000 + 20×1년 지배기업소유주 귀속 당기순이익 ₩378,000 = ₩578,000

(2) 비지배지분

① 20×1년 말 B회사 순자산장부금액: ₩1,000,000 + ₩200,000 =	₩1,200,000
20×1년 말 투자차액 미상각잔액	
토지	₩50,000
건물: ₩100,000 × 4년/5년 =	₩80,000
② 20×1년 말 B회사 순자산공정가치	₩1,330,000
③ 비지배지분율	× 40%
④ 20×1년 말 비지배지분	₩532,000

(4) 지배력획득연도 이후의 투자차액의 회계처리

위에서 설명했듯이 과거에 연결재무제표 작성을 위해 수행한 연결조정분개는 연결정산표상에서만 행해지며 지배기업의 장부에는 반영되지 않는다. 따라서 지배력획득연도 이후에 연결재무제표를 작성하는 경우에도 새롭게 투자주식과 자본계정의 상계제거, 투자차액의 배분 등 모든 연결조정분개를 하여야 한다.

① 취득시점 기준으로 자산 및 부채의 장부금액과 공정가치의 차이를 연결조정분개 시 해당 자산과 부채에 가감하여 종속기업의 자산과 부채를 공정가치로 수정한 후 종속기업의 취득시점 순자산공정가치에 지배기업지분율을 곱하여 산출한 금액과 투자주식과 상계하여 차액은 영업권과 염가매수차익을 계상하며, 비지배지분은 종속기업의 취득시점 순자산공정가치에 비지배지분율을 곱하여 계상한다.

② 전기 이전의 장부금액과 공정가치 차액에 대한 상각분이 있는 경우 전기이월이익잉여금에 직접 반영하여 조정하며, 지배기업지분율에 해당분은 전기이월이익잉여금에 가감하고 비지배지분율에 해당분은 비지배지분에 부담시킨다. 과거에 연결재무제표 작성을 위해 수행한 연결조정분개는 연결정산표상에서만 행해지며 지배기업의 장부에는 반영되지 않기 때문이며, 전기 이전의 장부금액과 공정가치 차액에 대한 상각분은 당기 연결포괄손익계산서에는 반영되어야 할 것이 아니라 전기 연결포괄손익계산서에 반영된 부분이므로 전기이월이익잉여금과 비지배지분에 직접 반영해야 한다.

③ 종속기업의 장부금액과 공정가치가 다른 자산과 부채 중 감가성 자산이 있을 경우 이 차액에 대한 추가적인 당기분 감가상각 효과를 인식해야 한다.

④ 종속기업의 장부금액과 공정가치가 다른 자산과 부채와 관련된 당기에 추가계상된 수익과 비용은 지배기업지분율과 비지배지분율에 따라 각각 지배기업과 비지배지분에 부담시킨다.

🔆 POINT 지배력획득연도 이후의 투자차액의 회계처리

① 취득시점 기준으로 자산 및 부채의 장부금액과 공정가치의 차이를 연결조정분개 시 해당 자산과 부채에 가감하여 종속기업의 자산과 부채를 공정가치로 수정한 후 투자주식과 상계하여 영업권과 염가매수차익을 계상함

② 전기 이전의 장부금액과 공정가치 차액에 대한 상각분이 있는 경우 전기이월이익잉여금에 직접 반영하여 조정하며, 지배기업지분율에 해당분은 전기이월이익잉여금에 가감하고 비지배지분율에 해당분은 비지배지분에 부담시킴

③ 종속기업의 장부금액과 공정가치가 다른 자산과 부채 중 감가성 자산이 있을 경우 이 차액에 대한 추가적인 감가상각 효과를 인식함

④ 종속기업의 장부금액과 공정가치가 다른 자산과 부채와 관련된 당기에 추가계상된 수익과 비용은 지배기업지분율과 비지배지분율에 따라 각각 지배기업과 비지배지분에 부담시킴

20×1년 초에 A회사는 B회사의 보통주 60%를 ₩800,000에 취득하여 지배력을 획득하였다. 20×1년 초 현재 B회사의 순자산은 ₩1,000,000(자본금 ₩700,000, 자본잉여금 ₩200,000, 이익잉여금 ₩100,000)이었다.

---

(1) 20×2년 말에 A회사와 B회사의 재무상태표와 20×2년의 포괄손익계산서는 다음과 같다.

재무상태표

20×2년 12월 31일 현재 (단위: ₩)

	A회사	B회사		A회사	B회사
현금및현금성자산	1,300,000	700,000	부채	2,400,000	1,300,000
투자주식(B회사)	800,000	–	자본금	1,400,000	700,000
재고자산	1,300,000	800,000	자본잉여금	400,000	200,000
토지	1,000,000	800,000	이익잉여금	800,000	400,000
건물(순액)	600,000	300,000			
	5,000,000	2,600,000		5,000,000	2,600,000

포괄손익계산서

20×2년 1월 1일부터 20×2년 12월 31일까지 (단위: ₩)

	A회사	B회사
매출액	940,000	700,000
매출원가	(500,000)	(400,000)
매출총이익	440,000	300,000
배당금수익	60,000	–
감가상각비	(200,000)	(100,000)
당기순이익	300,000	200,000

(2) 20×1년 초 현재 B회사의 장부금액과 공정가치가 다른 자산과 부채는 다음과 같다.

구분	장부금액	공정가치
재고자산	₩400,000	₩450,000
토지	₩800,000	₩850,000
건물	₩500,000	₩600,000

재고자산은 선입선출법을 적용하여 20×1년 중 전액 외부로 판매되었으며, 토지는 20×2년 말 현재 보유 중이다. 건물은 20×1년 초 현재 잔존내용연수는 5년이며, 잔존가치는 없고 정액법으로 감가상각한다.

(3) A회사는 B회사의 투자주식을 원가법으로 회계처리하고 있으며, 영업권은 20×2년 말까지 손상되지 않았다.

(4) B회사는 20×1년에 ₩200,000의 당기순이익을 보고하였으며, 20×2년에 ₩100,000의 현금 배당을 실시하여 A회사가 수령한 금액은 ₩60,000이다.

(5) 20×1년 초 현재 A회사의 순자산은 ₩2,000,000(자본금 ₩1,400,000, 자본잉여금 ₩400,000, 이익잉여금 ₩200,000)이었으며, 20×1년에 ₩300,000의 당기순이익을 보고하였다.

물음 1 20×2년 말에 연결재무제표를 작성하는 경우 연결조정분개를 나타내시오.

물음 2 20×2년 말에 지배기업인 A회사와 종속기업인 B회사로 구성된 연결재무상태표와 연결포괄손익계산서를 작성하시오.

해답

물음 1

[배당금수익 취소 분개]

① 배당금 취소 분개	(차) 배당금수익	60,000	(대) 이익잉여금(B)	100,000
	비지배지분	40,000		

[투자주식과 자본계정의 상계제거]

	(차) 자본금(B)	700,000	(대) 투자주식	800,000
② 취득시점의 투자·자본 상계	자본잉여금(B)	200,000	비지배지분	480,000[3]
	이익잉여금(B)	100,000[1]		
	재고자산	50,000		
	토지	50,000		
	건물	100,000		
	영업권	80,000[2]		

[1] 20×1년 초 이익잉여금
[2] 영업권: ₩800,000 - (₩1,000,000 + ₩200,000) × 60% = ₩80,000
[3] 비지배지분: (₩1,000,000 + ₩200,000) × 40% = ₩480,000

③ 취득시점 이후 자본변동	(차) 이익잉여금(B)	200,000[1]	(대) 이익잉여금(A)	120,000
			비지배지분	80,000

[1] 20×1년 이익잉여금의 증가분(당기순이익)

④ 전기 투자차액의 상각	(차) 이익잉여금(A)	42,000	(대) 재고자산	50,000
	비지배지분	28,000	감가상각누계액(건물)	20,000

⑤ 당기 투자차액의 상각	(차) 감가상각비	20,000[1]	(대) 감가상각누계액(건물)	20,000

[1] 종속기업의 장부금액과 공정가치가 다른 감가성 유형자산인 건물은 이 차액(₩20,000 = ₩100,000/5년)에 대한 추가적인 당기 감가상각 효과를 인식해야 함

[비지배지분순이익 계상]

⑥ 비지배지분순이익 계상	(차) 이익잉여금	72,000	(대) 비지배지분	72,000[1]

[1]

B회사 보고된 당기순이익	₩200,000
감가상각비	₩(20,000)
B회사 연결조정 후 당기순이익	₩180,000
비지배지분율	× 40%
비지배지분순이익	₩72,000

1. 연결정산표

연결정산표

구분	A회사	B회사	합계	연결조정분개		연결 재무제표
				차변	대변	
<차변: 자산, 비용>						
현금및현금성자산	1,300,000	700,000	2,000,000			2,000,000
투자주식	800,000	-	800,000		② 800,000	0
재고자산	1,300,000	800,000	2,100,000	② 50,000	④ 50,000	2,100,000
토지	1,000,000	800,000	1,800,000	② 50,000		1,850,000
건물(순액)	600,000	300,000	900,000	② 100,000	④ 20,000 ⑤ 20,000	960,000
영업권	-	-	-	② 80,000		80,000
매출원가	500,000	400,000	900,000			900,000
감가상각비	200,000	100,000	300,000	⑤ 20,000		320,000
차변합계	5,700,000	3,100,000	8,800,000			8,210,000
<대변: 부채, 자본, 수익>						
부채	2,400,000	1,300,000	3,700,000			3,700,000
자본금	1,400,000	700,000	2,100,000	② 700,000		1,400,000
자본잉여금	400,000	200,000	600,000	② 200,000		400,000
이익잉여금	500,000[1]	200,000[1]	700,000	② 100,000 ③ 200,000 ④ 42,000 ⑥ 72,000	① 100,000 ③ 120,000	506,000
비지배지분	-	-	-	① 40,000 ④ 28,000	② 480,000 ③ 80,000 ⑥ 72,000	564,000
매출액	940,000	700,000	1,640,000			1,640,000
배당금수익	60,000	-	60,000	① 60,000		0
대변합계	5,700,000	3,100,000	8,800,000	1,742,000	1,742,000	8,210,000

[1] 재무상태표에 이익잉여금은 기말이익잉여금 잔액으로 표시되어 있기 때문에 수익과 비용을 추가로 반영하면 잔액시산표의 차변과 대변합계가 일치하지 않는 문제가 발생하므로 잔액시산표에 이익잉여금은 당기순이익을 제외한 금액으로 표시해야 한다.

2. 연결재무상태표

연결재무상태표
20×2년 12월 31일 현재

현금및현금성자산	2,000,000	부채	3,700,000
재고자산	2,100,000	자본	
토지	1,850,000	지배기업소유주지분	
건물(순액)	960,000	자본금	1,400,000
영업권	80,000	자본잉여금	400,000
		이익잉여금	926,000[1]
		비지배지분	564,000
	6,990,000		6,990,000

[1] 정산표상 이익잉여금 ₩506,000 + 연결당기순이익 ₩420,000 = ₩926,000

3. 연결포괄손익계산서

연결포괄손익계산서

20×2년 1월 1일부터 20×2년 12월 31일까지

매출액	1,640,000
매출원가	(900,000)
매출총이익	740,000
배당금수익	–
감가상각비	(320,000)
당기순이익	420,000
당기순이익의 귀속	
지배기업소유주	348,000
비지배지분	72,000

해설　1. 연결당기순이익

	A회사	B회사	합계
보고된 당기순이익	₩300,000	₩200,000	₩500,000
투자차액의 상각			
건물	–	₩(20,000)	₩(20,000)
내부거래제거			
배당금수익	₩(60,000)	–	₩(60,000)
연결조정 후 당기순이익	₩240,000	₩180,000	₩420,000

∴ 연결당기순이익: ₩240,000 + ₩180,000 = ₩420,000

　지배기업소유주 귀속 당기순이익: ₩240,000 + ₩180,000 × 60% = ₩348,000

　비지배지분순이익: ₩180,000 × 40% = ₩72,000

2. 연결자본: (1) + (2) = ₩2,726,000 + ₩564,000 = ₩3,290,000
   (1) 지배기업소유주지분: ① + ② + ③ = ₩2,726,000
   　① 자본금: 지배기업 자본금 ₩1,400,000
   　② 자본잉여금: 지배기업 자본잉여금 ₩400,000
   　③ 이익잉여금: 지배력획득 시 지배기업 이익잉여금 ₩200,000 + 20×1년 지배기업소유주 귀속 당기순
   　　　　　　　이익 ₩378,000 + 20×2년 지배기업소유주 귀속 당기순이익 ₩348,000 = ₩926,000
   (2) 비지배지분

① 20×2년 말 B회사 순자산장부금액:	
₩1,000,000 + ₩200,000 + ₩200,000 – ₩100,000 =	₩1,300,000
20×2년 말 투자차액 미상각잔액	
토지	50,000
건물: ₩100,000 × 3년/5년 =	60,000
② 20×1년 말 B회사 순자산공정가치	₩1,410,000
③ 비지배지분율	× 40%
④ 20×2년 말 비지배지분	₩564,000

[그림 3-1] 연결재무제표 작성 시 비지배지분

(5) 종속기업이 자산을 처분한 경우

경우에 따라서는 종속기업이 취득일에 과대·과소평가된 자산을 매각할 수도 있는데, 이러한 경우에는 그에 따른 연결조정분개를 추가로 수행하여야 한다. [예제 11, 12]에서는 과소평가된 재고자산이 차기에 판매된 경우에는 매출원가가 과소평가되었을 것이므로 연결조정분개 시 이를 조정해 주었다.

만약 재고자산의 사례와 같이 토지나 감가성유형자산을 조기에 처분한 경우에도 유형자산처분이익이 과대평가되었을 것이므로 연결조정분개 시 이를 조정해 주어야 한다.

예를 들어 [예제 12]에서 20×2년에 B회사가 과소평가된 장부금액 ₩800,000의 토지를 ₩1,000,000에 매각하였다면 유형자산처분이익은 ₩150,000이어야 하므로 20×2년의 연결조정 시에 다음과 같은 분개를 추가로 행하여야 한다.

당기 투자차액의 상각	(차) 유형자산처분이익	50,000[1]	(대) 토지	50,000

[1] ₩850,000 - ₩800,000 = ₩50,000

왜냐하면, B회사는 ₩200,000(= ₩1,000,000 - ₩800,000)의 토지처분이익을 별도재무제표상 보고할 것이나 연결실체의 입장에서 과소평가된 토지가 매각됨에 따라 별도재무제표상 인식하지 못한 차액 ₩50,000을 유형자산처분손익으로 하여 지배기업 소유주지분과 비지배지분에 반영해야 하기 때문이다. 이때 과소평가된 토지의 처분으로 인한 유형자산처분이익 ₩50,000 중 비지배지분율만큼은 비지배지분에 반영해야 하므로 비지배지분순이익 계상 시 종속기업의 당기순이익에 처분이익 ₩50,000을 차감한 연결조정 후 당기순이익을 기초로 하여 비지배지분순이익을 계산해야 한다. [예제 12]의 경우에 위의 사례를 적용한다면 ⑥번 분개는 다음과 같이 수정되어야 한다.

⑥ 비지배지분순이익 계상	(차) 이익잉여금	52,000	(대) 비지배지분	52,000[1]

[1]
B회사 보고된 당기순이익	₩200,000
유형자산처분이익(토지)	₩(50,000)
감가상각비	₩(20,000)
B회사 연결조정 후 당기순이익	₩130,000
비지배지분율	× 40%
비지배지분순이익	₩52,000

(6) 종속기업 순자산장부금액과 순자산공정가치가 일치하지 않는 경우의 연결조정분개

비지배지분이 있으며, 종속기업 순자산장부금액과 순자산공정가치가 일치하지 않는 경우의 연결조정분개를 요약하면 다음과 같다.

[예비 1단계: 종속기업의 투자주식 원가법 환원 분개]

① 원가법 환원 분개	(차) 투자주식평가이익	×××	(대) 투자주식	×××

[예비 2단계: 배당금수익 취소 분개]

② 배당금 취소 분개	(차) 배당금수익	×××	(대) 이익잉여금(B)	×××
	비지배지분	×××		

[1단계: 투자주식과 자본계정의 상계제거]

	(차) 자본금(B)	×××[1]	(대) 투자주식	×××
	자본잉여금(B)	×××[2]	비지배지분	×××[5]
	이익잉여금(B)	×××[3]		
③ 취득시점의 투자·자본 상계	재고자산	×××		
	토지	×××		
	건물	×××		
	영업권	×××[4]		

[1] 취득 시 자본금
[2] 취득 시 자본잉여금
[3] 취득 시 이익잉여금
[4] 투자주식의 취득원가 - 취득시점의 순자산공정가치 × 지배기업지분율
[5] 취득시점의 순자산공정가치 × 비지배지분율

④ 취득시점 이후 자본변동	(차) 이익잉여금(B)	×××[1]	(대) 이익잉여금(A)	×××[2]
			비지배지분	×××[3]

[1] 전기 이전 이익잉여금의 증가분
[2] 전기 이전 이익잉여금의 증가분 × 지배기업지분율
[3] 전기 이전 이익잉여금의 증가분 × 비지배지분율

⑤ 전기 투자차액의 상각	(차) 이익잉여금(A)	×××	(대) 재고자산	×××
	비지배지분	×××	감가상각누계액(건물)	×××

⑥ 당기 투자차액의 상각	(차) 매출원가	×××	(대) 재고자산	×××
	(차) 감가상각비	×××	(대) 감가상각누계액(건물)	×××

[2단계: 채권·채무 상계제거]

[3단계: 내부거래제거]

[4단계: 비지배지분순이익 계상]

⑦ 비지배지분순이익 계상	(차) 이익잉여금	×××	(대) 비지배지분	×××[1]

[1] 비지배지분순이익: 종속기업 연결조정 후 당기순이익 × 비지배지분율

Ⅲ | 비지배지분의 인식과 측정

01 비지배지분의 정의

지배기업이 종속기업의 100% 지분을 취득하지 않은 경우에는 지배기업 소유주지분을 제외한 나머지 지분을 연결재무상태표에 표시해야 한다. 지배기업을 제외한 종속기업의 주주를 비지배주주(Non-Controlling Shareholders)라고 말하며, 비지배지분(Non-Controlling Interests)이란 종속기업에 대한 지분 중 지배기업에 직접이나 간접으로 귀속되지 않는 지분을 말한다.

K-IFRS 제1110호 '연결재무제표'에서는 지배기업은 비지배지분을 연결재무상태표에서 자본에 포함하되 지배기업의 소유주지분과는 구분하여 별도로 표시하도록 규정하고 있다. 즉, 비지배지분이 있는 경우에는 연결재무상태표의 자본항목은 지배기업 소유주지분과 비지배지분으로 구분하여 표시해야 한다.

02 비지배지분의 인식과 측정

각각의 사업결합에서 취득자(지배기업)는 취득일에 피취득자(종속기업)에 대한 비지배지분의 요소가 현재의 지분이며 청산할 때 보유자에게 기업 순자산의 비례적 지분(몫)에 대하여 권리를 부여하고 있는 경우에 그 비지배지분의 요소를 다음 중 하나의 방법으로 측정한다.

> ① 종속기업의 식별가능한 순자산에 대한 비례적 지분(몫): 부분영업권
> ② 공정가치: 전부영업권

(1) 종속기업의 식별가능한 순자산에 대한 비례적 지분(몫): 부분영업권

비지배지분을 피취득자(종속기업)의 식별할 수 있는 순자산에 대해 인식한 금액 중 현재의 지분상품의 비례적 지분(몫)으로 측정하는 방법이다. 이 방법으로 영업권을 측정하게 되면 비지배지분에 대한 영업권은 인식하지 않고 지배기업지분에 대해서만 영업권을 인식하므로 이 방법에 의하여 측정된 영업권을 부분영업권(Partial Goodwill)이라고 한다. 부분영업권은 비지배주주는 연결실체의 채권자로 간주되기 때문에 비지배주주에 대한 영업권도 인식하지 않는 논리에 근거한 지배기업이론에 기초한 회계처리방법이다.

> ① 영업권 = 투자주식의 취득원가 - 종속기업의 순자산공정가치 × 지배기업지분율
> ② 비지배지분 = 종속기업의 순자산공정가치 × 비지배지분율

(2) 공정가치: 전부영업권

비지배지분을 비지배지분의 공정가치로 측정하는 방법이다. 즉, 비지배지분을 비지배주주의 소유주식수에 비지배지분의 주식의 주당 공정가치를 곱하여 비지배지분을 측정한다. 이 방법으로 영업권을 측정하게 되면 지배기업지분에 대한 영업권뿐만 아니라 비지배지분에 대한 영업권도 인식하게 되므로 이 방법으로 측정된 영업권을 전부영업권(Full Goodwill)이라고 한다. 전부영업권은 비지배주주도 연결실체의 주주로 간주되기 때문에 지배기업 소유주뿐만 아니라 비지배주주에 대한 영업권도 인식하므로 실체이론에 기초한 회계처리 방법이다. 여기서 비지배지분에 대한 영업권은 취득일에 비지배지분의 공정가치에서 종속기업의 순자산공정가치에 대한 비지배주주의 지분을 차감한 금액으로 계산한다.

비지배지분을 공정가치로 측정하는 방법은 비지배지분을 종속기업의 식별할 수 있는 순자산에 대한 비례적 지분으로 측정하는 방법에 비하여 시간과 노력이 많이 소요되므로 과거에는 실무적으로 적용하기 어려운 방법이었다. 그러나 K-IFRS가 도입되면서 비지배지분을 공정가치로 측정하는 것을 인정한 이유는 비지배지분의 취득일 공정가치에 대한 정보는 취득일뿐만 아니라 미래에도 지배기업의 주식가치를 추정할 때 유용하며, 비지배지분은 취득자의 연결재무제표에서 자본의 한 구성요소이고 비지배지분을 취득일의 공정가치로 측정하는 것은 자본의 다른 구성요소를 측정하는 방법과 일관성이 있기 때문이다.

① 영업권 = a + b
   a. 지배기업지분에 대한 영업권 = 투자주식의 취득원가 - 종속기업의 순자산공정가치 × 지배기업지분율
   b. 비지배지분에 대한 영업권 = 비지배지분(공정가치) - 종속기업의 순자산공정가치 × 비지배지분율
② 비지배지분 = 종속기업의 순자산공정가치 × 비지배지분율 + 비지배지분에 대한 영업권
            = 비지배지분의 공정가치

⚡POINT 비지배지분의 인식과 측정(전부영업권과 부분영업권)

구분	순자산공정가치의 비례적인 지분(몫)으로 측정	공정가치로 측정
방법	부분영업권	전부영업권
영업권의 인식	• 지배기업지분에 대한 영업권을 인식함 • 비지배지분에 대한 영업권을 인식하지 않음	• 지배기업지분에 대한 영업권을 인식함 • 비지배지분에 대한 영업권을 인식함

영업권의 측정	① 영업권 = 투자주식의 취득원가 - 종속기업의 순자산공정가치 × 지배기업지분율	① 영업권 = a + b
		  a. 지배기업지분에 대한 영업권 = 투자주식의 취득원가 - 종속기업의 순자산공정가치 × 지배기업지분율
		  b. 비지배지분에 대한 영업권 = 비지배지분(공정가치) - 종속기업의 순자산공정가치 × 비지배지분율

비지배지분의 측정	② 비지배지분 = 종속기업의 순자산공정가치 × 비지배지분율	② 비지배지분 = 종속기업의 순자산공정가치 × 비지배지분율 + 비지배지분에 대한 영업권
연결회계이론	지배기업이론	실체이론

예제 13 전부영업권과 부분영업권

20×1년 초에 A회사는 B회사의 보통주 60%를 ₩900에 취득하여 지배력을 획득하였다. 지배력획득일 현재 식별할 수 있는 자산과 부채의 장부금액과 공정가치는 동일하였으며, 20×1년 초 현재 B회사의 순자산은 ₩1,000이었다.

---

(1) 20×1년 초에 A회사와 B회사의 재무상태표는 다음과 같다.

재무상태표

20×1년 1월 1일 현재 (단위: ₩)

	A회사	B회사		A회사	B회사
자산	3,100	2,000	부채	2,000	1,000
투자주식(B회사)	900	–	자본금	2,000	1,000
	4,000	2,000		4,000	2,000

(2) A회사는 B회사의 투자주식을 원가법으로 회계처리하고 있다.

물음 1 비지배지분을 종속기업의 순자산공정가치에 대한 비례적인 지분(몫)으로 측정하는 경우 20×1년 초에 연결재무제표를 작성하는 경우 연결조정분개를 나타내고, 20×1년 초에 지배기업인 A회사와 종속기업인 B회사로 구성된 연결재무상태표를 작성하시오.

물음 2 비지배지분을 공정가치로 측정하는 경우 20×1년 초에 연결재무제표를 작성하는 경우 연결조정분개를 나타내고, 20×1년 초에 지배기업인 A회사와 종속기업인 B회사로 구성된 연결재무상태표를 작성하시오. 단, 비지배지분의 20×1년 초의 공정가치는 ₩600이다.

해답 **물음 1**

1. 비지배지분을 종속기업의 순자산공정가치에 대한 비례적인 지분(몫)으로 측정하는 경우의 20×1. 1. 1. 연결조정분개
   [투자주식과 자본계정의 상계제거]

① 투자주식과 자본계정의 상계	(차) 자본금(B)	1,000	(대) 투자주식	900
	영업권	300[1]	비지배지분	400[2]

[1] ₩900 - ₩1,000 × 60% = ₩300
[2] B회사 순자산공정가치 × 비지배지분율: ₩1,000 × 40% = ₩400

2. 연결정산표

연결정산표

구분	A회사	B회사	합계	연결조정분개 차변	연결조정분개 대변	연결재무제표
<차변: 자산, 비용>						
자산	3,100	2,000	5,100			5,100
투자주식	900	-	900		① 900	0
영업권	-	-	-	① 300		300
차변합계	4,000	2,000	6,000			5,400
<대변: 부채, 자본, 수익>						
부채	2,000	1,000	3,000			3,000
자본금	2,000	1,000	3,000	① 1,000		2,000
비지배지분	-	-	-		① 400	400
대변합계	4,000	2,000	6,000	1,300	1,300	5,400

3. 연결재무상태표

연결재무상태표
20×1년 1월 1일 현재

자산	5,100	부채	3,000
영업권	300	자본	
		지배기업소유주지분	
		자본금	2,000
		비지배지분	400
	5,400		5,400

물음 2

1. 비지배지분을 공정가치로 측정하는 경우의 20×1. 1. 1. 연결조정분개
[투자주식과 자본계정의 상계제거]

① 투자주식과 자본계정의 상계	(차) 자본금(B)	1,000	(대) 투자주식	900
	영업권	500[1]	비지배지분	600[2]

[1] (₩900 - ₩1,000 × 60%) + (₩600 - ₩1,000 × 40%) = ₩500
[2] 취득일의 비지배지분의 공정가치

2. 연결정산표

연결정산표

구분	A회사	B회사	합계	연결조정분개 차변	연결조정분개 대변	연결재무제표
<차변: 자산, 비용>						
자산	3,100	2,000	5,100			5,100
투자주식	900	-	900		① 900	0
영업권	-	-	-	① 500		500
차변합계	4,000	2,000	6,000			5,600
<대변: 부채, 자본, 수익>						
부채	2,000	1,000	3,000			3,000
자본금	2,000	1,000	3,000	① 1,000		2,000
비지배지분	-	-	-		① 600	600
대변합계	4,000	2,000	6,000	1,500	1,500	5,600

3. 연결재무상태표

연결재무상태표

20×1년 1월 1일 현재

자산	5,100	부채	3,000
영업권	500	자본	
		지배기업소유주지분	
		자본금	2,000
		비지배지분	600
	5,600		5,600

해설 　물음1과 물음2의 비지배지분의 차이는 비지배지분에 대한 영업권임을 파악할 수 있다.

① 비지배지분(공정가치로 측정할 경우)	₩600
② 비지배지분(종속기업의 순자산공정가치에 대한 비례적인 지분으로 측정할 경우)	₩(400)
③ 비지배지분의 차이(① - ② = 비지배지분에 대한 영업권)	₩200

Ⅳ | 부(-)의 비지배지분

01 정의

지배기업이 종속기업의 지분을 100% 미만 보유하고 있으며, 종속기업의 영업활동이 악화되어 결손이 누적되어 종속기업의 순자산공정가치가 부(-)의 금액이 되는 경우에는 비지배지분이 대변잔액이 아니라 차변잔액이 되는데, 이를 부(-)의 비지배지분이라고 말한다. K-IFRS는 실체이론에 기반하여 비지배지분을 연결실체의 주주로 간주하므로 부(-)의 비지배지분을 연결재무상태표의 자본에서 차감하여 표시한다.

02 회계처리

(1) 보고기업은 당기순손익과 기타포괄손익의 각 구성요소를 지배기업의 소유주와 비지배지분에 귀속시킨다. 또한 보고기업은 비지배지분이 부(-)의 잔액이 되더라도 총포괄손익을 지배기업의 소유주와 비지배지분에 귀속시킨다.

(2) 부(-)의 비지배지분은 연결재무상태표에서 자본에 포함하되 지배기업 소유주지분과는 구분하여 표시하며, 연결재무상태표의 자본에 차감하여 표시한다.

⚡ POINT 부(-)의 비지배지분

정의	종속기업의 영업활동이 악화되어 결손이 누적되어 종속기업의 순자산공정가치가 부(-)의 금액이 되는 경우에 발생하는 비지배지분이 차변잔액
회계처리	① 보고기업은 비지배지분이 부(-)의 잔액이 되더라도 총포괄손익을 지배기업의 소유주와 비지배지분에 귀속시킴 ② 부(-)의 비지배지분은 연결재무상태표에서 자본에 포함하되 지배기업 소유주지분과는 구분하여 표시하며, 연결재무상태표의 자본에 차감하여 표시함

예제 14 부(-)의 비지배지분

20×1년 1월 1일 A회사는 B회사의 주식 60%를 ₩70,000에 취득하여 지배력을 획득하였다. 관련자료는 다음과 같다.

(1) 20×1년 1월 1일 B회사의 자산과 부채의 장부금액과 공정가치는 일치하였고, 20×1년 이후 B회사의 순자산은 다음과 같으며 이익잉여금의 변동은 전액 당기순손익에 기인한다.

일자	B회사 순자산장부금액		
	자본금	이익잉여금	순자산총계
20×1년 1월 1일	₩60,000	₩40,000	₩100,000
20×1년 12월 31일	₩60,000	₩(40,000)	₩20,000
20×2년 12월 31일	₩60,000	₩(100,000)	₩(40,000)

(2) A회사는 B회사투자주식을 원가법으로 회계처리하며 영업권은 20×2년 말까지 손상되지 않았다.
(3) A회사는 비지배지분을 순자산공정가치에 대한 비례적인 지분으로 측정하고 있다.

물음1 20×1년 말 연결조정분개를 나타내시오.

물음2 20×2년 말 연결조정분개를 나타내시오.

해답 **물음1**

[투자주식과 자본계정의 상계제거]

① 투자주식과 자본계정의 상계	(차) 자본금(B)	60,000	(대) 투자주식	70,000
	이익잉여금(B)	40,000[1]	비지배지분	40,000[3]
	영업권	10,000[2]		

[1] 20×1년 초 이익잉여금
[2] 영업권: ₩70,000 - (₩60,000 + ₩40,000) × 60% = ₩10,000
[3] 비지배지분: (₩60,000 + ₩40,000) × 40% = ₩40,000

[비지배지분순이익 계상]

② 비지배지분순이익 계상	(차) 비지배지분	32,000[1]	(대) 이익잉여금	32,000

[1] 비지배지분순손실: ₩(80,000) × 40% = ₩(32,000)

[투자주식과 자본계정의 상계제거]

① 투자주식과 자본계정의 상계	(차) 자본금(B)	60,000	(대) 투자주식	70,000
	이익잉여금(B)	40,000[1]	비지배지분	40,000[3]
	영업권	10,000[2]		

[1] 20×1년 초 이익잉여금
[2] 영업권: ₩70,000 - (₩60,000 + ₩40,000) × 60% = ₩10,000
[3] 비지배지분: (₩60,000 + ₩40,000) × 40% = ₩40,000

② 취득시점 이후 자본변동	(차) 이익잉여금(A)	48,000	(대) 이익잉여금(B)	80,000[1]
	비지배지분	32,000		

[1] 20×1년 이익잉여금의 감소분(당기순손실)

[비지배지분순이익 계상]

③ 비지배지분순이익 계상	(차) 비지배지분	24,000[1]	(대) 이익잉여금	24,000

[1] 비지배지분: ₩(60,000) × 40% = ₩(24,000)

해설

1. **각 연도별 비지배지분의 잔액**: 종속기업의 순자산공정가치 × 비지배지분율
   (1) 20×1년 말 비지배지분: {₩60,000 + ₩(40,000)} × 40% = ₩8,000
   (2) 20×2년 말 비지배지분: {₩60,000 + ₩(100,000)} × 40% = ₩16,000

2. 20×2년 말 연결재무상태표에 계상될 비지배지분은 종속기업의 기말 순자산공정가치가 ₩(40,000)으로 부(-)의 잔액이므로 이 중 비지배주주의 지분(40%) ₩(16,000)의 부(-)의 금액이 산출된다. 이러한 경우 비지배지분의 차변잔액 ₩16,000을 연결재무상태표에서 자본에 포함하되 지배기업의 소유주지분과는 구분하여 표시하며, 연결재무상태표의 자본에 차감하여 표시한다.

V | 기타포괄손익이 존재하는 경우의 연결

01 의의

국제회계기준이 도입되면서 손익계산서의 명칭이 포괄손익계산서로 변경되었다. 따라서 연결회계에서도 연결포괄손익계산서상의 총포괄손익은 당기순손익과 기타포괄손익의 합계액으로 공시해야 한다. 따라서 종속기업이 보고한 당기순손익뿐만 아니라 기타포괄손익도 지배기업 소유주지분과 비지배지분으로 배분하여 귀속시켜야 한다.

02 회계처리

(1) 보고기업은 당기순손익과 기타포괄손익의 각 구성요소를 지배기업의 소유주와 비지배지분에 귀속시킨다. 또한 보고기업은 비지배지분이 부(-)의 잔액이 되더라도 총포괄손익을 지배기업의 소유주와 비지배지분에 귀속시킨다.

(2) 비지배지분순이익을 계상하는 연결조정분개를 행할 때 종속기업의 기타포괄손익에 대한 비지배지분의 귀속분을 비지배지분으로 대체해야 한다.

(3) 연결포괄손익계산서에 당기순손익과 총포괄손익을 지배기업소유주와 비지배지분에 각각 귀속시킬 금액을 구분하여 총포괄손익 하단에 다음과 같이 표시해야 한다.

[그림 3-2] 당기순손익과 총포괄손익의 귀속

연결포괄손익계산서		
A회사		(단위: 원)
구분	당기	전기
당기순이익	×××	×××
기타포괄손익	×××	×××
총포괄손익	×××	×××
당기순이익의 귀속:		
지배기업소유주	×××	×××
비지배지분	×××	×××
	×××	×××
총포괄손익의 귀속:		
지배기업소유주	×××	×××
비지배지분	×××	×××
	×××	×××

① 보고기업은 당기순손익과 기타포괄손익의 각 구성요소를 지배기업의 소유주와 비지배지분에 귀속시킴
② 연결포괄손익계산서에 당기순손익과 총포괄손익을 지배기업소유주와 비지배지분에 각각 귀속시킬 금액을 구분하여 총포괄손익 하단에 표시함

예제 15 기타포괄손익이 존재하는 경우의 연결

20×1년 초에 A회사는 B회사의 보통주 60%를 ₩800,000에 취득하여 지배력을 획득하였다. 20×1년 초 현재 B회사의 순자산은 ₩1,000,000(자본금 ₩700,000, 자본잉여금 ₩200,000, 이익잉여금 ₩100,000)이었다.

(1) 20×1년 말에 A회사와 B회사의 재무상태표와 20×1년의 포괄손익계산서는 다음과 같다.

재무상태표
20×1년 12월 31일 현재 (단위: ₩)

	A회사	B회사		A회사	B회사
현금및현금성자산	800,000	350,000	부채	2,100,000	1,050,000
투자주식(B회사)	800,000	–	자본금	1,400,000	700,000
기타포괄손익공정가치측정금융자산	300,000	150,000	자본잉여금	400,000	200,000
재고자산	800,000	600,000	이익잉여금	500,000	300,000
토지	1,000,000	800,000	기타포괄손익공정가치측정금융자산평가이익	100,000	50,000
건물(순액)	800,000	400,000			
	4,500,000	2,300,000		4,500,000	2,300,000

포괄손익계산서
20×1년 1월 1일부터 20×1년 12월 31일까지 (단위: ₩)

	A회사	B회사
매출액	1,000,000	500,000
매출원가	(500,000)	(200,000)
매출총이익	500,000	300,000
감가상각비	(200,000)	(100,000)
당기순이익	300,000	200,000
기타포괄이익	100,000	50,000
총포괄이익	400,000	250,000

(2) 20×1년 초 현재 B회사의 장부금액과 공정가치가 다른 자산과 부채는 다음과 같다.

구분	장부금액	공정가치
재고자산	₩400,000	₩450,000
토지	₩800,000	₩850,000
건물	₩500,000	₩600,000

재고자산은 선입선출법을 적용하여 20×1년 중 전액 외부로 판매되었으며, 토지는 20×1년 말 현재 보유 중이다. 건물은 20×1년 초 현재 잔존내용연수는 5년이며, 잔존가치는 없고 정액법으로 감가상각한다.

(3) A회사는 B회사의 투자주식을 원가법으로 회계처리하고 있으며, 영업권은 20×1년 말까지 손상되지 않았다.

물음 1 20×1년 말에 연결재무제표를 작성하는 경우 연결조정분개를 나타내시오.

물음 2 20×1년 말에 지배기업인 A회사와 종속기업인 B회사로 구성된 연결재무상태표와 연결포괄손익계산서를 작성하시오.

해답 **물음 1**

[투자주식과 자본계정의 상계제거]

	(차) 자본금(B)	700,000	(대) 투자주식	800,000
	자본잉여금(B)	200,000	비지배지분	480,000[3]
① 취득시점의 투자·자본 상계	이익잉여금(B)	100,000[1]		
	재고자산	50,000		
	토지	50,000		
	건물	100,000		
	영업권	80,000[2]		

[1] 20×1년 초 이익잉여금
[2] 영업권: ₩800,000 - (₩1,000,000 + ₩200,000) × 60% = ₩80,000
[3] 비지배지분: (₩1,000,000 + ₩200,000) × 40% = ₩480,000

	(차) 매출원가	50,000[1]	(대) 재고자산	50,000
② 투자차액의 상각	(차) 감가상각비	20,000[2]	(대) 감가상각누계액(건물)	20,000

[1] 장부금액과 공정가치가 다른 재고자산은 외부로 판매된 경우 매출원가에 재고자산에 대한 장부금액과 공정가치의 차액을 추가로 조정해 주어야 함
[2] 종속기업의 장부금액과 공정가치가 다른 감가성 유형자산인 건물은 이 차액(₩20,000 = ₩100,000/5년)에 대한 추가적인 감가상각 효과를 인식해야 함

[비지배지분순이익 계상]

③ 비지배지분순이익 계상	(차) 이익잉여금	52,000	(대) 비지배지분	52,000[1]

[1]

B회사 보고된 당기순이익	₩200,000
매출원가	₩(50,000)
감가상각비	₩(20,000)
B회사 연결조정 후 당기순이익	₩130,000
비지배지분율	× 40%
비지배지분순이익	₩52,000

④ 비지배기타포괄손익 계상	(차) 기타포괄손익공정가치측정금융자산평가이익	20,000	(대) 비지배지분	20,000[1]

[1] ₩50,000 × 40% = ₩20,000

1. 연결정산표

연결정산표

구분	A회사	B회사	합계	연결조정분개 차변	연결조정분개 대변	연결 재무제표
<차변: 자산, 비용>						
현금및현금성자산	800,000	350,000	1,150,000			1,150,000
투자주식	800,000	-	800,000		① 800,000	0
기타포괄손익공정가치측정금융자산	300,000	150,000	450,000			450,000
재고자산	800,000	600,000	1,400,000	① 50,000	② 50,000	1,400,000
토지	1,000,000	800,000	1,800,000	① 50,000		1,850,000
건물(순액)	800,000	400,000	1,200,000	① 100,000	② 20,000	1,280,000
영업권	-	-	-	① 80,000		80,000
매출원가	500,000	200,000	700,000	② 50,000		750,000
감가상각비	200,000	100,000	300,000	② 20,000		320,000
차변합계	5,200,000	2,600,000	7,800,000			7,280,000
<대변 : 부채, 자본 수익>						
부채	2,100,000	1,050,000	3,150,000			3,150,000
자본금	1,400,000	700,000	2,100,000	① 700,000		1,400,000
자본잉여금	400,000	200,000	600,000	① 200,000		400,000
이익잉여금	200,000[1]	100,000[1]	300,000	① 100,000 ③ 52,000		148,000
기타포괄손익공정가치측정금융자산평가이익	100,000	50,000	150,000	④ 20,000		130,000
비지배지분	-	-	-		① 480,000 ③ 52,000 ④ 20,000	552,000
매출액	1,000,000	500,000	1,500,000			1,500,000
대변합계	5,200,000	2,600,000	7,800,000	1,422,000	1,422,000	7,280,000

[1] 재무상태표에 이익잉여금은 기말이익잉여금 잔액으로 표시되어 있기 때문에 수익과 비용을 추가로 반영하면 잔액시산표의 차변과 대변합계가 일치하지 않는 문제가 발생하므로 잔액시산표에 이익잉여금은 당기순이익을 제외한 금액으로 표시해야 한다.

2. 연결재무상태표

연결재무상태표
20×1년 12월 31일 현재

현금및현금성자산	1,150,000	부채	3,150,000
기타포괄손익공정가치측정금융자산	450,000	자본	
재고자산	1,400,000	지배기업소유주지분	
토지	1,850,000	자본금	1,400,000
건물(순액)	1,280,000	자본잉여금	400,000
영업권	80,000	이익잉여금	578,000[1]
		기타포괄손익공정가치측정금융자산평가이익	130,000
		비지배지분	552,000
	6,210,000		6,210,000

[1] 정산표상 이익잉여금 ₩148,000 + 연결당기순이익 ₩430,000 = ₩578,000

3. 연결포괄손익계산서

연결포괄손익계산서
20×1년 1월 1일부터 20×1년 12월 31일까지

매출액	1,500,000
매출원가	(750,000)
매출총이익	750,000
감가상각비	(320,000)
당기순이익	430,000
기타포괄이익	150,000
총포괄이익	580,000
당기순이익의 귀속	
지배기업소유주	378,000
비지배지분	52,000
총포괄이익의 귀속	
지배기업소유주	508,000
비지배지분	72,000

해설

1. 당기순이익의 귀속

	A회사	B회사	합계
보고된 당기순이익	₩300,000	₩200,000	₩500,000
투자차액의 상각			
재고자산	-	₩(50,000)	₩(50,000)
건물	-	₩(20,000)	₩(20,000)
연결조정 후 당기순이익	₩300,000	₩130,000	₩430,000

∴ 연결당기순이익: ₩300,000 + ₩130,000 = ₩430,000
지배기업소유주 귀속 당기순이익: ₩300,000 + ₩130,000 × 60% = ₩378,000
비지배지분순이익: ₩130,000 × 40% = ₩52,000

2. 총포괄이익의 귀속
(1) 비지배지분 귀속분: ₩130,000 × 40% + ₩50,000 × 40% = ₩72,000
(2) 지배기업소유주 귀속분: ₩580,000 - ₩72,000 = ₩508,000

---

03 기타포괄손익이 있는 경우의 연결조정분개

기타포괄손익과 비지배지분이 있으며, 종속기업 순자산장부금액과 순자산공정가치가 일치하지 않는 경우의
연결조정분개를 요약하면 다음과 같다.

[예비 1단계: 종속기업의 투자주식 원가법 환원 분개]

① 원가법 환원 분개	(차) 투자주식평가이익	×××	(대) 투자주식	×××

[예비 2단계: 배당금수익 취소 분개]

② 배당금 취소 분개	(차) 배당금수익 비지배지분	××× ×××	(대) 이익잉여금(B)	×××

[1단계: 투자주식과 자본계정의 상계제거]

③ 취득시점의 투자·자본 상계	(차) 자본금(B) 자본잉여금(B) 이익잉여금(B) 재고자산 토지 건물 영업권	×××[1] ×××[2] ×××[3] ××× ××× ××× ×××[4]	(대) 투자주식 비지배지분	××× ×××[5]

[1] 취득 시 자본금
[2] 취득 시 자본잉여금
[3] 취득 시 이익잉여금
[4] 투자주식의 취득원가 – 취득시점의 순자산공정가치 × 지배기업지분율
[5] 취득시점의 순자산공정가치 × 비지배지분율

④ 취득시점 이후 자본변동	(차) 이익잉여금(A) (차) 기타포괄손익누계액(B)	×××[1] ×××[4]	(대) 이익잉여금(A) 비지배지분 (대) 기타포괄손익누계액(A) 비지배지분	×××[2] ×××[3] ××× ×××

[1] 전기 이전 이익잉여금의 증가분
[2] 전기 이전 이익잉여금의 증가분 × 지배기업지분율
[3] 전기 이전 이익잉여금의 증가분 × 비지배지분율
[4] 전기 이전 기타포괄손익누계액의 증가분

⑤ 전기 투자차액의 상각	(차) 이익잉여금(A) 비지배지분	××× ×××	(대) 재고자산 감가상각누계액(건물)	××× ×××
⑥ 당기 투자차액의 상각	(차) 매출원가 (차) 감가상각비	××× ×××	(대) 재고자산 (대) 감가상각누계액(건물)	××× ×××

[2단계: 채권·채무 상계제거]

[3단계: 내부거래제거]

[4단계: 비지배지분순이익 계상]

⑦ 비지배지분순이익 계상	(차) 이익잉여금	×××	(대) 비지배지분	×××[1]

[1] 비지배지분순이익: 종속기업 연결조정 후 당기순이익 × 비지배지분율

⑧ 비지배지분기타포괄이익 계상	(차) 기타포괄손익	×××	(대) 비지배지분	×××[1]

[1] 비지배지분기타포괄이익: 종속기업 연결조정 후 기타포괄이익 × 비지배지분율

VI | 채권·채무 상계제거

보고기간 말 연결실체 간의 거래로 인하여 발생한 지배기업과 종속기업의 별도재무제표에 인식된 채권과 채무는 연결대상회사를 단일의 경제적 실체로 파악하므로 연결조정 시 이를 상계제거하여야 한다. 이러한 채권과 채무의 예로는 매출채권, 매입채무, 선급비용, 미지급비용, 미수수익, 선수수익 등이 있다. 또한 연결실체 간의 채권과 채무와 관련하여 이자수익과 이자비용을 인식한 경우에도 연결조정 시 상계제거해야 한다.

01 일반적인 채권·채무 상계제거

연결실체 간의 채권·채무가 존재하는 경우에는 연결조정분개 시 이를 상계제거해야 한다. 이때 유의할 점은 연결실체 간의 채권·채무와 관련된 이자수익과 이자비용도 상계제거해야 하며, 미수이자와 미지급이자를 계상한 경우라면 미수이자와 미지급이자도 상계제거해야 한다는 것이다.

사례

20×1년 1월 1일 A회사는 B회사의 주식 60%를 취득하여 지배력을 획득하였다. 20×1년 7월 1일 A회사가 B회사에게 연 이자율 12%(이자지급일: 6월 30일)로 ₩100,000을 1년간 대여한 경우에 A회사와 B회사의 별도재무제표상 회계처리와 20×1년 12월 31일 연결재무제표 작성 시 수행할 채권·채무 상계제거에 대한 연결조정분개는 다음과 같다.

[별도재무제표상 회계처리]

구분	지배기업(A회사)		종속기업(B회사)	
20×1. 7. 1.	(차) 대여금	100,000	(차) 현금	100,000
	(대) 현금	100,000	(대) 차입금	100,000
20×1. 12. 31.	(차) 미수이자	6,000	(차) 이자비용	6,000[1]
	(대) 이자수익	6,000[1]	(대) 미지급이자	6,000
	[1] ₩100,000 × 12% × 6/12 = ₩6,000		[1] ₩100,000 × 12% × 6/12 = ₩6,000	

[연결조정분개]

채권·채무 상계제거	(차) 차입금	100,000	(대) 대여금	100,000
	(차) 미지급이자	6,000	(대) 미수이자	6,000
	(차) 이자수익	6,000	(대) 이자비용	6,000

연결실체 간의 채권·채무가 있는 경우에는 지배기업과 종속기업이 재무제표에 동일한 금액의 채권과 채무를 계상하거나, 동일한 금액의 관련 수익과 비용을 계상하기 때문에 연결재무제표에 당기순손익에는 영향이 없다. 따라서 비지배분순이익 계상의 연결조정 시 종속기업의 보고된 당기순이익에 가감할 금액은 없다는 것에 유의해야 한다. 그러나 연결재무제표상 자산, 부채, 수익 및 비용이 과대계상되어 있으므로 연결재무제표에서 반드시 채권·채무를 상계제거하여야 한다.

02 내부거래로 인한 매출채권을 외부로 양도한 경우

연결실체 간의 내부거래로 인하여 매출채권(금융자산)과 매입채무(금융부채)가 발생하였는데, 매출채권을 인식한 기업이 이를 연결실체의 외부에 양도한 경우가 발생할 수 있다. 이때 유의할 점은 이러한 양도가 금융자산의 제거요건을 충족했는지의 여부에 따라 별도재무제표상 회계처리와 연결조정분개가 달라질 수 있다는 것이다. 공통사례를 통하여 금융자산의 제거요건을 충족한 경우와 금융자산의 제거요건을 충족하지 못한 경우의 연결조정분개를 살펴보기로 한다.

> **사례**
>
> 20×1년 1월 1일 A회사는 B회사의 주식 60%를 취득하여 지배력을 획득하였다. B회사가 A회사로부터 ₩100,000의 상품을 매입하여 어음을 발행하여 지급하였다. A회사가 B회사의 받을어음을 은행에서 ₩100,000에 할인하였다.

1. 받을어음의 할인이 제거요건을 충족한 경우

연결대상기업에 대한 매출채권의 양도가 제거요건을 충족한 경우 연결재무제표에는 이를 차입금으로 계상해야 한다. 단순합산된 연결정산표상에서 매출채권은 제거되었지만 매입채무는 제거되지 않아 별도재무제표상 채권과 채무의 금액이 일치하지 않게 되는데, 연결실체 입장에서는 동 금액을 만기일에 은행에 상환해야 하는 부채이므로 매입채무를 차입금으로 대체하는 연결조정분개를 수행해야 한다.

[별도재무제표상 회계처리]

구분	지배기업(A회사)			종속기업(B회사)		
매입, 매출	(차) 매출채권	100,000		(차) 매입	100,000	
	(대) 매출		100,000	(대) 매입채무		100,000
받을어음 할인	(차) 현금	100,000				
	(대) 매출채권		100,000			
재무제표 잔액	매출	100,000		매출원가	100,000	
	매출채권	0		매입채무	100,000	

[연결조정분개]

채권·채무 상계제거	(차) 매출	100,000	(대) 매출원가	100,000
	(차) 매입채무	100,000	(대) 차입금	100,000

2. 받을어음의 할인이 제거요건을 충족하지 못한 경우

연결대상기업에 대한 매출채권의 양도가 제거요건을 충족하지 못한 경우에도 연결재무제표에는 이를 차입금으로 계상해야 한다. 단순합산된 연결정산표상에서 매출채권은 제거되지 않았고 차입금이 추가적으로 계상되어 있으며, 매입채무는 제거되지 않아 별도재무제표상 매출채권과 매입채무의 금액이 일치한다. 따라서 별도재무제표상 이미 차입금으로 계상하였기 때문에 매출채권과 매입채무를 상계제거하면 된다.

[별도재무제표상 회계처리]

구분	지배기업(A회사)		종속기업(B회사)	
매입, 매출	(차) 매출채권	100,000	(차) 매입	100,000
	(대) 매출	100,000	(대) 매입채무	100,000
받을어음 할인	(차) 현금	100,000		
	(대) 차입금	100,000		
재무제표 잔액	매출	100,000	매출원가	100,000
	매출채권	100,000	매입채무	100,000
	차입금	100,000		

[연결조정분개]

채권·채무 상계제거	(차) 매출	100,000	(대) 매출원가	100,000
	(차) 매입채무	100,000	(대) 매출채권	100,000

> ⊘ 참고 **금융자산의 제거요건**
>
> 금융자산의 양도는 금융자산 보유자가 현금흐름을 수취할 권리를 이전하는 것을 말하며, 금융자산의 제거란 금융자산의 보유에 따른 위험과 보상이 이전되어 장부에서 제거하는 것을 말한다. 따라서 양도하였다는 사실만으로는 금융자산을 제거할 수 없으며 제거요건을 충족하는 경우에 금융자산을 제거한다.
>
> 금융자산의 제거요건 및 제거정도는 다음과 같다.
> ① 현금흐름에 대한 수취 권리가 소멸된 경우: 금융자산을 제거함
> ② 양도한 금융자산: 소유에 따른 위험과 보상의 이전 여부에 따라 제거 여부 및 제거정도가 결정됨
>   a. 위험과 보상의 대부분을 이전한 경우: 금융자산을 제거
>   b. 위험과 보상의 대부분을 보유한 경우: 계속 인식
>   c. 위험과 보상을 대부분 이전하지도 아니하고 보유하지도 않은 경우(즉, 일부만 보유하고 있는 경우): 양도자산의 통제 여부에 따라 결정됨
>   • 자산을 통제할 수 없는 경우: 금융자산을 제거
>   • 자산을 통제할 수 있는 경우: 지속적 관여의 정도까지 자산을 계속 인식

03 내부거래로 인한 매출채권의 대손충당금

연결실체 간의 내부거래로 인하여 매출채권과 매입채무가 발생하였는데, 매출채권을 인식한 기업이 대손충당금과 대손상각비를 계상할 수 있다. 이때 유의할 점은 매출채권과 매입채무는 채권·채무 상계제거를 통하여 제거되므로, 관련된 대손충당금과 대손상각비도 함께 제거해야 한다는 것이다. 매출채권의 대손충당금을 제거하게 되면 연결당기순이익에 영향을 미치므로 하향거래라면 지배기업귀속당기순이익에 반영하며, 상향거래라면 지배기업귀속당기순이익과 비지배지분순이익으로 배분하여 귀속시켜야 한다.

20×1년 1월 1일 A회사는 B회사의 주식 60%를 취득하여 지배력을 획득하였다. 20×1년 12월 31일 현재 A회사는 B회사에 대한 매출채권이 ₩100,000이 있으며, A회사는 B회사에 대한 매출채권에 대하여 대손충당금 ₩20,000을 설정하고 있다.

[별도재무제표상 회계처리]

구분	지배기업(A회사)		종속기업(B회사)	
매입, 매출	(차) 매출채권	100,000	(차) 매입	100,000
	(대) 매출	100,000	(대) 매입채무	100,000
대손충당금	(차) 대손상각비	20,000		
	(대) 대손충당금	20,000		
재무제표 잔액	매출	100,000	매출원가	100,000
	매출채권	100,000	매입채무	100,000
	대손상각비	20,000		
	대손충당금	(20,000)		

[연결조정분개]

채권·채무 상계제거	(차) 매출	100,000	(대) 매출원가	100,000
	(차) 매입채무	100,000	(대) 매출채권	100,000
	(차) 대손충당금	20,000	(대) 대손상각비	20,000

01 사업결합으로 발생한 영업권은 별도의 자산으로 인식한다. 영업권의 상각은 허용되지 않으며, 대 (O, X)
신 K-IFRS 제1036호 '자산손상'에 따라 매 보고기간마다 손상검사를 해야 한다. 한편, 영업권에
대하여 인식한 손상차손은 후속기간에 환입할 수 있다.

02 염가매수차익은 모든 취득자산과 인수부채를 정확하게 식별하였는지 재검토하고 재검토 이후에 (O, X)
도 염가매수차익이 계속 남는다면, 취득일에 그 차익을 당기손익으로 인식한다.

03 각각의 사업결합에서 취득자(지배기업)는 취득일에 피취득자(종속기업)에 대한 비지배지분의 요 (O, X)
소가 현재의 지분이며 청산할 때 보유자에게 기업 순자산의 비례적 지분(몫)에 대하여 권리를
부여하고 있는 경우에 그 비지배지분을 종속기업의 식별할 수 있는 순자산에 대한 비례적 지분
으로만 측정한다.

정답 및 해설

01 X 사업결합으로 발생한 영업권은 별도의 자산으로 인식한다. 영업권의 상각은 허용되지 않으며, 대신 K-IFRS 제1036호 '자산손상'에
따라 매 보고기간마다 손상검사를 해야 한다. 한편, 영업권에 대하여 인식한 손상차손은 후속기간에 환입을 인정하지 아니한다.

02 O

03 X 각각의 사업결합에서 취득자(지배기업)는 취득일에 피취득자(종속기업)에 대한 비지배지분의 요소가 현재의 지분이며 청산할 때 보
유자에게 기업 순자산의 비례적 지분(몫)에 대하여 권리를 부여하고 있는 경우에 그 비지배지분을 종속기업의 식별할 수 있는 순자
산에 대한 비례적 지분 또는 공정가치로 측정한다.

04 비지배지분을 비지배지분의 공정가치로 측정하는 방법으로 영업권을 측정하게 되면 지배기업지 (O, X)
분에 대한 영업권뿐만 아니라 비지배지분에 대한 영업권도 인식하게 되므로 이 방법으로 측정된
영업권을 전부영업권이라고 한다.

05 부분영업권은 비지배주주는 연결실체의 채권자로 간주되기 때문에 비지배주주에 대한 영업권도 (O, X)
인식하지 않는 논리에 근거한 실체이론에 기초한 회계처리방법이다.

06 보고기업은 당기순손익과 기타포괄손익의 각 구성요소를 지배기업의 소유주와 비지배지분에 귀 (O, X)
속시킨다. 그러나 보고기업은 비지배지분이 부(-)의 잔액이 되는 경우에는 총포괄손익을 지배기
업의 소유주에 전액 귀속시킨다.

정답 및 해설

04 O

05 X 부분영업권은 비지배주주는 연결실체의 채권자로 간주되기 때문에 비지배주주에 대한 영업권도 인식하지 않는 논리에 근거한 지배
기업이론에 기초한 회계처리방법이다.

06 X 보고기업은 당기순손익과 기타포괄손익의 각 구성요소를 지배기업의 소유주와 비지배지분에 귀속시킨다. 또한 보고기업은 비지배
지분이 부(-)의 잔액이 되더라도 총포괄손익을 지배기업의 소유주와 비지배지분에 귀속시킨다.

01 20×2년 1월 1일에 (주)지배는 (주)종속의 의결권 있는 보통주식 60%를 ₩360,000에 취득하여 지배력을 획득하였다. 20×2년 1월 1일 현재 (주)종속의 요약재무상태표상 장부금액과 공정가치는 다음과 같다.

요약재무상태표

(주)종속		20×2년 1월 1일 현재			(단위: ₩)
계정과목	장부금액	공정가치	계정과목	장부금액	공정가치
현금	180,000	180,000	부채	100,000	100,000
재고자산	140,000	160,000	자본금	300,000	–
유형자산	200,000	300,000	이익잉여금	120,000	–
자산총계	520,000		부채·자본총계	520,000	

20×2년 1월 1일에 (주)종속은 20×1년 말 현재의 주주에게 배당금 ₩20,000을 지급하였다. 위 요약재무상태표상의 이익잉여금은 배당금지급을 반영하기 전의 금액이다. 이 경우 (주)지배가 지배력 획득 시 인식할 영업권의 금액은 얼마인가? 단, 비지배지분은 종속기업의 식별가능한 순자산공정가치에 비례하여 결정한다.

[2015 공인회계사 1차]

① ₩28,000　　　　　② ₩36,000　　　　　③ ₩48,000
④ ₩60,000　　　　　⑤ ₩108,000

02 (주)대한은 20×1년 1월 1일 (주)민국의 지배력을 획득하였다. 지배력 획득시점의 양사의 재무상태표와 연결재무상태표는 다음과 같다.

	(주)대한의 재무상태표	(주)민국의 재무상태표	(주)대한 및 (주)민국의 연결재무상태표
현금	₩400,000	₩60,000	₩460,000
재고자산	₩200,000	₩300,000	₩580,000
투자주식((주)민국)	?	–	–
영업권	–	–	₩30,000
자산총계:	?	₩360,000	₩1,070,000
매입채무	₩70,000	₩40,000	₩110,000
자본금	?	₩150,000	₩250,000
이익잉여금	?	₩170,000	₩550,000
비지배지분	–	–	₩160,000
부채 · 자본총계:	?	₩360,000	₩1,070,000

(주)대한이 지배력 획득을 위해 지급한 대가는 얼마인가? 단, 비지배지분은 종속기업의 식별가능한 순자산공정가치에 비례하여 결정한다. [2015 공인회계사 1차]

① ₩110,000 ② ₩192,000 ③ ₩222,000
④ ₩270,000 ⑤ ₩292,000

03 (주)갑은 20×1년 1월 1일 (주)을의 의결권 있는 보통주식 80%를 ₩400,000에 취득하여 지배기업이 되었으며, 취득일 현재 (주)을의 재무상태표는 다음과 같다.

재무상태표

(주)을　　　　　　　　　　　　　　　20×1년 1월 1일 현재　　　　　　　　　　　　　(단위: ₩)

계정과목	장부금액	공정가치	계정과목	장부금액	공정가치
현금	30,000	30,000	부채	100,000	100,000
재고자산	150,000	180,000	자본금	200,000	–
건물(순액)	200,000	150,000	이익잉여금	80,000	–
자산총계	380,000		부채 및 자본총계	380,000	

- 취득일 현재 (주)을의 재무상태표상 표시된 자산과 부채를 제외하고는 추가적으로 식별가능한 자산과 부채는 존재하지 않는다.
- 건물의 잔존내용연수는 10년이고, 잔존가치는 없으며, 정액법으로 상각한다.
- 재고자산은 20×1년 중에 모두 외부로 판매되었다.
- (주)을의 20×1년 당기순이익은 ₩80,000이며, 20×1년 중 (주)을의 다른 자본변동거래는 없다.
- 비지배지분은 취득일의 공정가치로 측정하며, 취득일 현재 비지배지분의 공정가치는 ₩96,000 이다.
- 20×1년 말 현재 (주)을은 (주)갑의 유일한 종속기업이다.

(주)갑이 20×1년 말 연결재무상태표에 표시할 비지배지분은 얼마인가? 단, 법인세효과는 없는 것으로 가정한다. [2012 공인회계사 1차]

① ₩61,000　　　　　　　② ₩63,000　　　　　　　③ ₩105,000

④ ₩107,000　　　　　　　⑤ ₩110,000

04 (주)국세는 20×1년 1월 1일에 (주)종속의 주식 70%를 ₩1,000,000에 취득하여 지배권을 획득하였다. 주식 취득 당시 (주)종속의 자본은 자본금 ₩700,000과 이익잉여금 ₩300,000으로 구성되어 있었으며 자산과 부채의 장부금액과 공정가치는 차이가 없었다. (주)종속은 20×1년에 ₩1,800,000의 당기순손실을 보고하였으나, 20×2년에는 ₩1,000,000의 당기순이익을 보고하였다. 20×1년 말과 20×2년 말의 연결재무상태표에 표시될 비지배지분은 얼마인가? (단, 비지배지분은 (주)종속의 식별가능한 순자산 중 비지배지분의 비례적 지분으로 계산한다. 또한 (주)종속의 기타포괄손익은 없다고 가정한다)

[2010 세무사 1차]

	20×1년	20×2년
①	(−)₩240,000	₩60,000
②	(−)₩240,000	₩300,000
③	₩0	₩60,000
④	₩0	₩300,000
⑤	₩300,000	₩600,000

05 20×1년 1월 1일 (주)지배는 자본금과 이익잉여금이 각각 ₩100,000과 ₩230,000인 (주)종속의 보통주식 60%(600주)를 ₩270,000에 취득하여 지배력을 획득하였다. 취득시점 (주)종속의 자산 및 부채의 장부금액과 공정가치는 모두 일치하였고 1주당 공정가치는 ₩450이었다. 비지배지분을 종속기업의 식별가능한 순자산공정가치에 대한 비례적지분으로 측정하는 경우(방법 1)와 공정가치로 측정하는 경우(방법 2)에 각각의 방법에 따라 20×1년 말 연결재무제표상 계상될 영업권은 얼마인가?

	방법 1	방법 2
①	₩63,000	₩100,000
②	₩65,000	₩100,000
③	₩72,000	₩100,000
④	₩72,000	₩120,000
⑤	₩72,000	₩140,000

정답 및 해설

정답

01 ③   02 ④   03 ④   04 ①   05 ④

해설

01 ③   (주)종속 지분 취득원가   ₩360,000

           (주)종속 순자산공정가치: (₩640,000 - ₩100,000 - ₩20,000[1]) × 60% = ₩(312,000)

           영업권   ₩48,000

           [1] 배당기준일인 20×1년 말 이후에 투자주식을 취득하여 배당금 ₩20,000에 대한 청구권이 없으므로 취득일의 배당금지급
              이 반영되지 않은 (주)종속의 순자산공정가치에서 배당금을 차감하여야 함

02 ④   1. 20×1년 1월 1일 비지배지분: 순자산공정가치 × 비지배지분율(x) = ₩400,000[1] × x = ₩160,000

              [1] (₩360,000 - ₩40,000) + ₩580,000 - (₩200,000 + ₩300,000) = ₩400,000

           ∴ 비지배지분율(x): 40%, 지배기업지분율: 60%

           2. 20×1년 1월 1일 영업권: 투자주식의 취득원가(y) - 순자산공정가치 × 지배기업지분율

                         y - ₩400,000 × 60% = ₩30,000

           ∴ 투자주식취득원가(y): ₩270,000

03 ④   비지배지분 = (1) 종속기업의 순자산공정가치 × 비지배지분율 + (2) 비지배지분에 대한 영업권

                    = ₩63,000 + ₩44,000 = ₩107,000

           (1) 종속기업의 순자산공정가치 × 비지배지분율

              ① 20×1년 말 (주)을의 순자산장부금액: ₩280,000 + ₩80,000 =   ₩360,000

                 20×1년 말 투자차액 미상각잔액

                 건물 : ₩(50,000) × 9년/10년 =   ₩(45,000)

              ② 20×1년 말 (주)을의 순자산공정가치   ₩315,000

              ③ 비지배지분율   × 20%

              ④ 20×1년 말 비지배지분   ₩63,000

           (2) 비지배지분에 대한 영업권 = ₩96,000 - (₩360,000 - ₩100,000) × 20% = ₩44,000

          별해

          취득 시 비지배지분 공정가치 ₩96,000 + (당기순이익 ₩80,000 - 재고자산투자차액 상각 ₩30,000 + 건물
          투자차액 상각 ₩5,000) × 20% = ₩107,000

04 ① 1. 20×1년 말 비지배지분: (₩700,000 + ₩300,000 − ₩1,800,000) × 30% = ₩(240,000)
2. 20×2년 말 비지배지분: {₩(800,000) + ₩1,000,000} × 30% = ₩60,000

해설

1. 지배기업이 종속기업의 지분을 100% 미만 보유하고 있으며, 종속기업의 영업활동이 악화되어 결손이 누적되어 종속기업의 순자산공정가치가 부(−)의 금액이 되는 경우에는 비지배지분이 대변잔액이 아니라 차변잔액이 되는데, 이를 부(−)의 비지배지분이라고 말한다. K-IFRS는 실체이론에 기반하여 비지배지분을 연결실체의 주주로 간주하므로 부(−)의 비지배지분을 연결재무상태표의 자본에서 차감하는 형식으로 표시해야 한다. 또한 보고기업은 비지배지분이 부(−)의 잔액이 되더라도 총포괄손익을 지배기업의 소유주와 비지배지분에 귀속시킨다.

2. 각 연도별 연결조정분개를 나타내면 다음과 같다.

(1) 20×1년

[투자주식과 자본계정의 상계제거]

(차) 자본금(종속)	700,000	(대) 투자주식	1,000,000
이익잉여금(종속)	300,000[1]	비지배지분	300,000[3]
영업권	300,000[2]		

[1] 20×1년 초 이익잉여금
[2] 영업권: ₩1,000,000 − (₩700,000 + ₩300,000) × 70% = ₩300,000
[3] 비지배지분: (₩700,000 + ₩300,000) × 30% = ₩300,000

[비지배지분순이익 계상]

(차) 비지배지분	540,000[1]	(대) 이익잉여금	540,000

[1] 비지배지분순손실: ₩(1,800,000) × 30% = ₩(540,000)

(2) 20×2년

[투자주식과 자본계정의 상계제거]

① 취득시점의 투자 · 자본 상계	(차) 자본금(종속)	700,000	(대) 투자주식	1,000,000
	이익잉여금(종속)	300,000[1]	비지배지분	300,000[3]
	영업권	300,000[2]		

[1] 20×1년 초 이익잉여금
[2] 영업권: ₩1,000,000 − (₩700,000 + ₩300,000) × 70% = ₩300,000
[3] 비지배지분: (₩700,000 + ₩300,000) × 30% = ₩300,000

② 취득시점 이후 자본변동	(차) 이익잉여금(국세)	1,260,000	(대) 이익잉여금(종속)	1,800,000[1]
	비지배지분	540,000		

[1] 20×1년 이익잉여금의 감소분(당기순손실)

[비지배지분순이익 계상]

(차) 이익잉여금	300,000[1]	(대) 비지배지분	300,000

[1] 비지배지분순이익: ₩1,000,000 × 30% = ₩300,000

05 ④ **1. 종속기업의 식별가능한 순자산공정가치에 대한 비례적지분으로 측정하는 경우(방법 1)**

20×1년 초 투자주식의 취득금액	₩270,000
20×1년 초 (주)종속의 순자산공정가치: (₩100,000 + ₩230,000) × 60% =	₩(198,000)
영업권	₩72,000

2. 공정가치로 측정하는 경우(방법 2): (1) + (2) = ₩72,000 + ₩48,000 = ₩120,000

(1) 지배기업지분에 대한 영업권

20×1년 초 투자주식의 취득금액	₩270,000
20×1년 초 (주)종속의 순자산공정가치: (₩100,000 + ₩230,000) × 60% =	₩(198,000)
영업권	₩72,000

(2) 비지배지분에 대한 영업권

20×1년 초 투자주식의 공정가치: ₩450 × 400주 =	₩180,000
20×1년 초 (주)종속의 순자산공정가치: (₩100,000 + ₩230,000) × 40% =	₩(132,000)
영업권	₩48,000

주관식 연습문제

지배력획득연도의 연결

01 20×1년 초에 A회사는 B회사의 보통주 60%를 ₩1,500,000에 취득하여 지배력을 획득하였다. 20×1년 초 현재 B회사의 순자산은 ₩1,500,000(자본금 ₩1,000,000, 자본잉여금 ₩300,000, 이익잉여금 ₩200,000)이었다.

(1) 20×1년 말에 A회사와 B회사의 재무상태표와 20×1년의 포괄손익계산서는 다음과 같다.

재무상태표
20×1년 12월 31일 현재 (단위: ₩)

	A회사	B회사		A회사	B회사
현금및현금성자산	1,400,000	700,000	차입금	1,200,000	1,100,000
투자주식(B회사)	1,500,000	–	사채	1,000,000	500,000
재고자산	800,000	700,000	자본금	2,000,000	1,000,000
토지	1,000,000	1,000,000	자본잉여금	1,000,000	300,000
건물(순액)	1,800,000	900,000	이익잉여금	1,300,000	400,000
	6,500,000	3,300,000		6,500,000	3,300,000

포괄손익계산서
20×1년 1월 1일부터 20×1년 12월 31일까지 (단위: ₩)

	A회사	B회사
매출액	1,000,000	500,000
매출원가	(400,000)	(150,000)
매출총이익	600,000	350,000
감가상각비	(200,000)	(100,000)
이자비용	(100,000)	(50,000)
당기순이익	300,000	200,000

(2) 20×1년 초 현재 B회사의 장부금액과 공정가치가 다른 자산과 부채는 다음과 같다.

구분	장부금액	공정가치
재고자산	₩500,000	₩600,000
토지	₩1,000,000	₩1,100,000
건물	₩1,000,000	₩1,200,000
사채	₩500,000	₩400,000

재고자산은 선입선출법을 적용하여 20×1년 중 전액 외부로 판매되었으며, 토지는 20×1년 말 현재 보유 중이다. 건물은 20×1년 초 현재 잔존내용연수는 10년이며, 잔존가치는 없고 정액법으로 감가상각한다. 사채의 액면금액은 ₩500,000이고 만기는 20×5년 말이며, 사채할인발행차금은 정액법으로 상각한다.

(3) A회사는 B회사의 투자주식을 원가법으로 회계처리하고 있으며, 20×1년 말 영업권의 회수 가능액은 ₩200,000으로 하락하였다.

(4) A회사는 비지배지분을 종속기업의 식별가능한 순자산의 비례적인 지분(몫)으로 측정하고 있다.

(5) 20×1년 초 현재 A회사의 순자산은 ₩4,000,000(자본금 ₩2,000,000, 자본잉여금 ₩1,000,000, 이익잉여금 ₩1,000,000)이었다.

물음1 20×1년 말에 연결재무제표를 작성하는 경우 연결재무상태표에 계상될 영업권은 얼마인가?

물음2 20×1년 말에 연결재무제표를 작성하는 경우 연결포괄손익계산서에 계상될 (1) 연결당기순이익, (2) 지배기업소유주 귀속 당기순이익, (3) 비지배지분순이익은 얼마인가?

물음3 20×1년 말에 연결재무제표를 작성하는 경우 연결재무상태표에 계상될 (1) 자본금, (2) 자본잉여금, (3) 이익잉여금 및 (4) 비지배지분은 얼마인가?

물음4 20×1년 말에 연결재무제표를 작성하는 경우 연결조정분개를 나타내시오.

물음5 20×1년 말에 지배기업인 A회사와 종속기업인 B회사로 구성된 연결재무상태표와 연결포괄손익계산서를 작성하시오.

해답 **물음1**

1. **20×1년 초 영업권**

투자주식의 취득원가		₩1,500,000
B회사의 순자산장부금액	₩1,500,000	
재고자산 과소평가	₩100,000	
토지 과소평가	₩100,000	
건물 과소평가	₩200,000	
사채 과대평가	₩100,000	
계	₩2,000,000	
지배기업지분율	× 60%	₩(1,200,000)
영업권		₩300,000

2. **20×1년 말 영업권**: Min[₩300,000 장부금액, ₩200,000 회수가능액] = ₩200,000

참고 영업권의 손상차손

손상차손 인식 전 영업권	₩300,000
회수가능액	₩(200,000)
영업권손상차손	₩100,000

물음 2

	A회사	B회사	합계
보고된 당기순이익	₩300,000	₩200,000	₩500,000
투자차액의 상각			
재고자산	-	₩(100,000)	₩(100,000)
건물	-	₩(20,000)	₩(20,000)
사채	-	₩(20,000)	₩(20,000)
영업권손상차손	₩(100,000)	-	₩(100,000)
연결조정 후 당기순이익	₩200,000	₩60,000	₩260,000

∴ 연결당기순이익: ₩200,000 + ₩60,000 = ₩260,000
　지배기업소유주 귀속 당기순이익: ₩200,000 + ₩60,000 × 60% = ₩236,000
　비지배지분순이익: ₩60,000 × 40% = ₩24,000

물음 3

연결자본: (1) + (2) = ₩4,236,000 + ₩824,000 = ₩5,060,000

(1) 지배기업소유주지분: ① + ② + ③ = ₩4,236,000
　① 자본금: 지배기업 자본금 ₩2,000,000
　② 자본잉여금: 지배기업 자본잉여금 ₩1,000,000
　③ 이익잉여금: 지배력획득 시 지배기업 이익잉여금 ₩1,000,000 + 20×1년 지배기업소유주 귀속 당기순이익
　　　₩236,000 = ₩1,236,000

(2) 비지배지분
　① 20×1년 말 B회사 순자산장부금액: ₩1,500,000 + ₩200,000 = ₩1,700,000
　　20×1년 말 투자차액 미상각잔액
　　　토지 ₩100,000
　　　건물: ₩200,000 × 9년/10년 = ₩180,000
　　　사채: ₩100,000 × 4년/5년 = ₩80,000
　② 20×1년 말 B회사 순자산공정가치 ₩2,060,000
　③ 비지배지분율 × 40%
　④ 20×1년 말 비지배지분 ₩824,000

물음 4

[투자주식과 자본계정의 상계제거]

① 취득시점의 투자·자본 상계	(차) 자본금(B)	1,000,000	(대) 투자주식	1,500,000
	자본잉여금(B)	300,000	비지배지분	800,000[3]
	이익잉여금(B)	200,000[1]		
	재고자산	100,000		
	토지	100,000		
	건물	200,000		
	사채할인발행차금(사채)	100,000		
	영업권	300,000[2]		

[1] 20×1년 초 이익잉여금
[2] 영업권: ₩1,500,000 - (₩1,500,000 + ₩500,000) × 60% = ₩300,000
[3] 비지배지분: (₩1,500,000 + ₩500,000) × 40% = ₩800,000

② 투자차액의 상각	(차) 매출원가	100,000[1]	(대) 재고자산	100,000
	(차) 감가상각비	20,000[2]	(대) 감가상각누계액(건물)	20,000
	(차) 이자비용	20,000[3]	(대) 사채할인발행차금(사채)	20,000

[1] 장부금액과 공정가치가 다른 재고자산은 외부로 판매된 경우 매출원가에 재고자산에 대한 장부금액과 공정가치의 차액을 추가로 조정해 주어야 함
[2] 종속기업의 장부금액과 공정가치가 다른 감가성 유형자산인 건물은 이 차액(₩20,000 = ₩200,000/10년)에 대한 추가적인 감가상각 효과를 인식해야 함
[3] 종속기업의 장부금액과 공정가치가 다른 사채는 이 차액(₩20,000 = ₩100,000/5년)에 대한 추가적인 이자비용 효과를 인식해야 함

| ③ 영업권의 손상차손 | (차) 영업권손상차손 | 100,000[1] | (대) 영업권 | 100,000 |

[1] 영업권손상차손

손상차손 인식 전 영업권	₩300,000
회수가능액	₩(200,000)
영업권손상차손	₩100,000

[비지배지분순이익 계상]

| ④ 비지배지분순이익 계상 | (차) 이익잉여금 | 24,000 | (대) 비지배지분 | 24,000[1] |

[1] B회사 보고된 당기순이익

B회사 보고된 당기순이익	₩200,000
매출원가	(100,000)
감가상각비	(20,000)
이자비용	(20,000)
B회사 연결조정 후 당기순이익	₩60,000
비지배지분율	× 40%
비지배지분순이익	₩24,000

물음 5 1. 연결정산표

연결정산표

구분	A회사	B회사	합계	연결조정분개 차변	연결조정분개 대변	연결 재무제표
<차변: 자산, 비용>						
현금및현금성자산	1,400,000	700,000	2,100,000			2,100,000
투자주식	1,500,000	–	1,500,000		① 1,500,000	0
재고자산	800,000	700,000	1,500,000	① 100,000	② 100,000	1,500,000
토지	1,000,000	1,000,000	2,000,000	① 100,000		2,100,000
건물(순액)	1,800,000	900,000	2,700,000	① 200,000	② 20,000	2,880,000
영업권	–	–	–	① 300,000	③ 100,000	200,000
매출원가	400,000	150,000	550,000	② 100,000		650,000
감가상각비	200,000	100,000	300,000	② 20,000		320,000
이자비용	100,000	50,000	150,000	② 20,000		170,000
영업권손상차손	–	–	–	③ 100,000		100,000
차변합계	7,200,000	3,600,000	10,800,000			10,020,000
<대변: 부채, 자본, 수익>						
차입금	1,200,000	1,100,000	2,300,000			2,300,000
사채	1,000,000	500,000	1,500,000			1,500,000
사채할인발행차금	–	–	–	① 100,000	② 20,000	(80,000)
자본금	2,000,000	1,000,000	3,000,000	① 1,000,000		2,000,000
자본잉여금	1,000,000	300,000	1,300,000	① 300,000		1,000,000
이익잉여금	1,000,000[1]	200,000[1]	1,200,000	① 200,000 ④ 24,000		976,000
비지배지분	–	–	–		① 800,000 ④ 24,000	824,000
매출액	1,000,000	500,000	1,500,000			1,500,000
대변합계	7,200,000	3,600,000	10,800,000	2,564,000	2,564,000	10,020,000

[1] 재무상태표에 이익잉여금은 기말이익잉여금 잔액으로 표시되어 있기 때문에 수익과 비용을 추가로 반영하면 잔액시산표의 차변과 대변합계가 일치하지 않는 문제가 발생하므로 잔액시산표에 이익잉여금은 당기순이익을 제외한 금액으로 표시해야 한다.

2. 연결재무상태표

연결재무상태표

20×1년 12월 31일 현재

현금및현금성자산	2,100,000	차입금	2,300,000
재고자산	1,500,000	사채	1,500,000
토지	2,100,000	사채할인발행차금	(80,000)
건물(순액)	2,880,000	자본	
영업권	200,000	지배기업소유지분	
		자본금	2,000,000
		자본잉여금	1,000,000
		이익잉여금	1,236,000[1]
		비지배지분	824,000
	8,780,000		8,780,000

[1] 정산표상 이익잉여금 ₩976,000 + 연결당기순이익 ₩260,000 = ₩1,236,000

3. 연결포괄손익계산서

연결포괄손익계산서

20×1년 1월 1일부터 20×1년 12월 31일까지

매출액	1,500,000
매출원가	(650,000)
매출총이익	850,000
감가상각비	(320,000)
이자비용	(170,000)
영업권손상차손	(100,000)
당기순이익	260,000
당기순이익의 귀속	
지배기업소유주	236,000
비지배지분	24,000

02 20×1년 초에 A회사는 B회사의 보통주 60%를 ₩1,500,000에 취득하여 지배력을 획득하였다. 20×1년 초 현재 B회사의 순자산은 ₩1,500,000(자본금 ₩1,000,000, 자본잉여금 ₩300,000, 이익잉여금 ₩200,000)이었다.

---

(1) 20×2년 말에 A회사와 B회사의 재무상태표와 20×2년의 포괄손익계산서는 다음과 같다.

재무상태표

20×2년 12월 31일 현재 (단위: ₩)

	A회사	B회사		A회사	B회사
현금및현금성자산	1,600,000	800,000	차입금	1,400,000	1,200,000
투자주식(B회사)	1,500,000	–	사채	1,000,000	500,000
재고자산	1,300,000	900,000	자본금	2,000,000	1,000,000
토지	1,000,000	1,000,000	자본잉여금	1,000,000	300,000
건물(순액)	1,600,000	800,000	이익잉여금	1,600,000	500,000
	7,000,000	3,500,000		7,000,000	3,500,000

포괄손익계산서

20×2년 1월 1일부터 20×2년 12월 31일까지 (단위: ₩)

	A회사	B회사
매출액	940,000	700,000
매출원가	(400,000)	(350,000)
매출총이익	540,000	350,000
배당금수익	60,000	–
감가상각비	(200,000)	(100,000)
이자비용	(100,000)	(50,000)
당기순이익	300,000	200,000

(2) 20×1년 초 현재 B회사의 장부금액과 공정가치가 다른 자산과 부채는 다음과 같다.

구분	장부금액	공정가치
재고자산	₩500,000	₩600,000
토지	₩1,000,000	₩1,100,000
건물	₩1,000,000	₩1,200,000
사채	₩500,000	₩400,000

재고자산은 선입선출법을 적용하여 20×1년 중 전액 외부로 판매되었으며, 토지는 20×2년 말 현재 보유 중이다. 건물은 20×1년 초 현재 잔존내용연수는 10년이며, 잔존가치는 없고 정액법으로 감가상각한다. 사채의 액면금액은 ₩500,000이고 만기는 20×5년 말이며, 사채할인발행차금은 정액법으로 상각한다.

---

(3) A회사는 B회사의 투자주식을 원가법으로 회계처리하고 있으며, 20×1년 말 영업권의 회수가능액은 ₩200,000으로 하락하였으나 20×2년 말에는 영업권의 회수가능액이 ₩250,000으로 상승하였다.

(4) B회사는 20×1년에 ₩200,000의 당기순이익을 보고하였으며, 20×2년에 ₩100,000의 현금배당을 실시하여 A회사가 수령한 금액은 ₩60,000이다.

(5) A회사는 비지배지분을 종속기업의 식별할 수 있는 순자산의 비례적인 지분(몫)으로 측정하고 있다.

(6) 20×1년 초 현재 A회사의 순자산은 ₩4,000,000(자본금 ₩2,000,000, 자본잉여금 ₩1,000,000, 이익잉여금 ₩1,000,000)이었으며, 20×1년에 ₩300,000의 당기순이익을 보고하였다.

물음1 20×2년 말에 연결재무제표를 작성하는 경우 연결재무상태표에 계상될 영업권은 얼마인가?

물음2 20×2년 말에 연결재무제표를 작성하는 경우 연결포괄손익계산서에 계상될 (1) 연결당기순이익, (2) 지배기업소유주 귀속 당기순이익, (3) 비지배지분순이익은 얼마인가?

물음3 20×2년 말에 연결재무제표를 작성하는 경우 연결재무상태표에 계상될 (1) 자본금, (2) 자본잉여금, (3) 이익잉여금 및 (4) 비지배지분은 얼마인가?

물음4 20×2년 말에 연결재무제표를 작성하는 경우 연결조정분개를 나타내시오.

물음5 20×2년 말의 지배기업인 A회사와 종속기업인 B회사로 구성된 연결재무상태표와 연결포괄손익계산서를 작성하시오.

해답 **물음1** 1. **20×1년 초 영업권**

투자주식의 취득원가		₩1,500,000
B회사의 순자산장부금액	₩1,500,000	
재고자산 과소평가	₩100,000	
토지 과소평가	₩100,000	
건물 과소평가	₩200,000	
사채 과대평가	₩100,000	
계	₩2,000,000	
지배기업지분율	× 60%	₩(1,200,000)
영업권		₩300,000

2. **20×1년 말 영업권**: Min[₩300,000 장부금액, ₩200,000 회수가능액] = ₩200,000

> 참고 영업권의 손상차손
>
> | | |
> |---|---|
> | 손상차손 인식 전 영업권 | ₩300,000 |
> | 회수가능액 | ₩(200,000) |
> | 영업권손상차손 | ₩100,000 |

3. **20×2년 말 영업권**: ₩200,000(영업권은 손상차손환입을 인정하지 아니함)

물음2

	A회사	B회사	합계
보고된 당기순이익	₩300,000	₩200,000	₩500,000
투자차액의 상각			
건물	-	₩(20,000)	₩(20,000)
사채	-	₩(20,000)	₩(20,000)
내부거래제거			
배당금수익	₩(60,000)	-	₩(60,000)
연결조정 후 당기순이익	₩240,000	₩160,000	₩400,000

∴ 연결당기순이익:	₩240,000	+	₩160,000	=	₩400,000
지배기업소유주 귀속 당기순이익:	₩240,000	+	₩160,000 × 60%	=	₩336,000
비지배지분순이익:			₩160,000 × 40%	=	₩64,000

물음3 **연결자본**: (1) + (2) = ₩4,572,000 + ₩848,000 = ₩5,420,000

(1) 지배기업소유주지분: ① + ② + ③ = ₩4,572,000

　① 자본금: 지배기업 자본금 ₩2,000,000

　② 자본잉여금: 지배기업 자본잉여금 ₩1,000,000

　③ 이익잉여금: 지배력획득 시 지배기업 이익잉여금 ₩1,000,000 + 20×1년 지배기업소유주 귀속 당기순이익 ₩236,000 + 20×2년 지배기업소유주 귀속 당기순이익 ₩336,000 = ₩1,572,000

(2) 비지배지분

　① 20×2년 말 B회사 순자산장부금액

₩1,500,000 + ₩200,000 + ₩200,000 - ₩100,000 =	₩1,800,000
20×2년 말 투자차액 미상각잔액	
토지	₩100,000
건물: ₩200,000 × 8년/10년 =	₩160,000
사채: ₩100,000 × 3년/5년 =	₩60,000
② 20×2년 말 B회사 순자산공정가치	₩2,120,000
③ 비지배지분율	× 40%
④ 20×2년 말 비지배지분	₩848,000

[배당금수익 취소 분개]

① 배당금 취소 분개	(차) 배당금수익	60,000	(대) 이익잉여금(B)	100,000
	비지배지분	40,000		

[투자주식과 자본계정의 상계제거]

	(차) 자본금(B)	1,000,000	(대) 투자주식	1,500,000
	자본잉여금(B)	300,000	비지배지분	800,000[3]
	이익잉여금(B)	200,000[1]		
② 취득시점의 투자·자본 상계	재고자산	100,000		
	토지	100,000		
	건물	200,000		
	사채할인발행차금(사채)	100,000		
	영업권	300,000[2]		

[1] 20×1년 초 이익잉여금
[2] 영업권: ₩1,500,000 - (₩1,500,000 + ₩500,000) × 60% = ₩300,000
[3] 비지배지분: (₩1,500,000 + ₩500,000) × 40% = ₩800,000

③ 취득시점 이후 자본변동	(차) 이익잉여금(B)	200,000[1]	(대) 이익잉여금(A)	120,000
			비지배지분	80,000

[1] 20×1년 이익잉여금의 증가분(당기순이익)

④ 전기 투자차액의 상각	(차) 이익잉여금(A)	84,000	(대) 재고자산	100,000
	비지배지분	56,000	감가상각누계액(건물)	20,000
			사채할인발행차금(사채)	20,000

⑤ 전기 영업권손상차손	(차) 이익잉여금(A)	100,000	(대) 영업권	100,000

⑥ 당기 투자차액의 상각	(차) 감가상각비	20,000[1]	(대) 감가상각누계액(건물)	20,000
	(차) 이자비용	20,000[2]	(대) 사채할인발행차금(사채)	20,000

[1] 종속기업의 장부금액과 공정가치가 다른 감가성 유형자산인 건물은 이 차액(₩20,000 = ₩200,000/10년)에 대한 추가적인 당기 감가상각 효과를 인식해야 함
[2] 종속기업의 장부금액과 공정가치가 다른 사채는 이 차액(₩20,000 = ₩100,000/5년)에 대한 추가적인 당기 이자비용 효과를 인식해야 함

[비지배지분순이익 계상]

⑦ 비지배지분순이익 계상	(차) 이익잉여금	64,000	(대) 비지배지분	64,000[1]

[1]
B회사 보고된 당기순이익	₩200,000
감가상각비	₩(20,000)
이자비용	₩(20,000)
B회사 연결조정 후 당기순이익	₩160,000
비지배지분율	× 40%
비지배지분순이익	₩64,000

연결정산표

구분	A회사	B회사	합계	연결조정분개 차변	연결조정분개 대변	연결재무제표
<차변: 자산, 비용>						
현금및현금성자산	1,600,000	800,000	2,400,000			2,400,000
투자주식	1,500,000	–	1,500,000		② 1,500,000	0
재고자산	1,300,000	900,000	2,200,000	② 100,000	④ 100,000	2,200,000
토지	1,000,000	1,000,000	2,000,000	② 100,000		2,100,000
건물(순액)	1,600,000	800,000	2,400,000	② 200,000	④ 20,000 ⑥ 20,000	2,560,000
영업권	–	–	–	② 300,000	⑤ 100,000	200,000
매출원가	400,000	350,000	750,000			750,000
감가상각비	200,000	100,000	300,000	⑥ 20,000		320,000
이자비용	100,000	50,000	150,000	⑥ 20,000		170,000
차변합계	7,700,000	4,000,000	11,700,000			10,700,000
<대변: 부채, 자본, 수익>						
차입금	1,400,000	1,200,000	2,600,000			2,600,000
사채	1,000,000	500,000	1,500,000			1,500,000
사채할인발행차금	–	–	–	② 100,000	④ 20,000 ⑥ 20,000	(60,000)
자본금	2,000,000	1,000,000	3,000,000	② 1,000,000		2,000,000
자본잉여금	1,000,000	300,000	1,300,000	② 300,000		1,000,000
이익잉여금	1,300,000[1]	300,000[1]	1,600,000	② 200,000 ③ 200,000 ④ 84,000 ⑤ 100,000 ⑦ 64,000	① 100,000 ③ 120,000	1,172,000
비지배지분	–	–	–	① 40,000 ④ 56,000	② 800,000 ③ 80,000 ⑦ 64,000	848,000
매출액	940,000	700,000	1,640,000			1,640,000
배당금수익	60,000	–	60,000	① 60,000		0
대변합계	7,700,000	4,000,000	11,700,000	2,944,000	2,944,000	10,700,000

[1] 재무상태표에 이익잉여금은 기말이익잉여금 잔액으로 표시되어 있기 때문에 수익과 비용을 추가로 반영하면 잔액시산표의 차변과 대변합계가 일치하지 않는 문제가 발생하므로 잔액시산표에 이익잉여금은 당기순이익을 제외한 금액으로 표시해야 한다.

2. 연결재무상태표

연결재무상태표
20×2년 12월 31일 현재

현금및현금성자산	2,400,000	차입금	2,600,000
재고자산	2,200,000	사채	1,500,000
토지	2,100,000	사채할인발행차금	(60,000)
건물(순액)	2,560,000	자본	
영업권	200,000	지배기업소유주귀속	
		자본금	2,000,000
		자본잉여금	1,000,000
		이익잉여금	1,572,000[1]
		비지배지분	848,000
	9,460,000		9,460,000

[1] 정산표상 이익잉여금 ₩1,172,000 + 연결당기순이익 ₩400,000 = ₩1,572,000

3. 연결포괄손익계산서

연결포괄손익계산서
20×2년 1월 1일부터 20×2년 12월 31일까지

매출액	1,640,000
매출원가	(750,000)
매출총이익	890,000
배당금수익	–
감가상각비	(320,000)
이자비용	(170,000)
당기순이익	400,000
당기순이익의 귀속	
지배기업소유주	336,000
비지배지분	64,000

03 20×1년 초에 A회사는 B회사의 의결권이 있는 보통주 60%를 취득하여 지배력을 획득하였다. 다음은 A회사와 그 종속기업인 B회사의 20×2년 12월 31일 연결재무제표를 작성하기 위한 자료 중 일부이다.

---

(1) 20×2년 12월 31일 현재 A회사와 B회사의 별도재무제표에서 발췌한 자료는 다음과 같다.

구분	A회사	B회사
매출채권	₩4,000,000	₩600,000
차입금	₩7,500,000	₩3,400,000
미수이자	₩150,000	₩80,000
이자비용	₩800,000	₩400,000

(2) A회사의 20×2년 매출액 중 ₩1,000,000은 B회사에 대한 것이며, 20×2년 말 A회사의 매출채권 중 B회사에 대한 것은 ₩300,000이다.

(3) 20×2년 말 B회사의 매입채무 중 ₩400,000은 A회사에 대한 것이며, A회사는 당기 중 B회사가 발행한 어음 ₩100,000을 은행에서 할인받았는데, 금융자산의 제거요건을 충족하였다.

(4) A회사는 20×2년 7월 초에 B회사에 ₩1,000,000을 연 10% 이자율(매년 6월 30일 지급조건)로 대여해 주었다.

A회사의 20×2년 말 연결재무상태표에 표시될 (1) 매출채권, (2) 차입금, (3) 미수이자, (4) 이자비용은 각각 얼마인가?

해답 1. 연결조정분개

[채권 · 채무 상계제거]

채권 · 채무 상계제거	(차) 매출	1,000,000	(대) 매출원가	1,000,000
	(차) 매입채무	400,000	(대) 매출채권	300,000
			차입금	100,000
	(차) 차입금	1,000,000	(대) 대여금	1,000,000
	(차) 미지급이자	50,000[1)]	(대) 미수이자	50,000
	(차) 이자수익	50,000[1)]	(대) 이자비용	50,000

1) ₩1,000,000 × 10% × 6/12 = ₩50,000

2. 연결재무상태표상의 계정잔액

(1) 매출채권: ₩4,000,000 + ₩600,000 - ₩300,000 = ₩4,300,000

(2) 차입금: ₩7,500,000 + ₩3,400,000 + ₩100,000 - ₩1,000,000 = ₩10,000,000

(3) 미수이자: ₩150,000 + ₩80,000 - ₩50,000 = ₩180,000

(4) 이자비용: ₩800,000 + ₩400,000 - ₩50,000 = ₩1,150,000

해설 1. 연결대상기업에 대한 매출채권의 양도가 제거요건을 충족한 경우 연결재무제표에는 이를 차입금으로 계상해야 한다.

2. 연결실체 간의 채권 · 채무가 있을 경우에는 연결조정 시 이를 상계제거해야 한다. 이때 유의할 점은 연결실체 간의 채권 · 채무와 관련된 이자수익과 이자비용도 상계제거해야 하며, 미수이자와 미지급이자를 계상한 경우라면 미수이자와 미지급이자도 상계제거해야 한다는 것이다.

해커스 회계사 IFRS 김원종 고급회계

회계사 · 세무사 · 경영지도사 단번에 합격!
해커스 경영아카데미 cpa.Hackers.com

Chapter 04

연결회계:
내부거래와 미실현손익

I | 내부거래의 의의

01 내부거래의 정의

연결재무제표(Consolidated Financial Statements)란 지배기업과 그 지배기업의 모든 종속기업을 하나의 경제적 실체로 간주하여 작성된 재무제표를 의미한다. 즉, 연결재무제표를 작성하는 목적은 연결실체의 투자자, 대여자와 그 밖의 채권자들에게 연결실체 전체의 재무상태나 재무성과에 관한 정보를 제공하기 위한 것이다. 그러나 연결실체에 포함되는 지배기업과 종속기업 간에 다양한 거래가 발생할 수 있다. 예를 들어 재고자산의 판매나 유형자산의 처분 등의 거래들이 발생할 수 있다.

내부거래(Intercompany Transactions)는 연결실체 내의 지배기업과 종속기업 간에 발생한 거래를 말한다. 이러한 연결실체 내에서 발생한 재고자산이나 유형자산 등의 내부거래는 연결재무제표를 작성하는 과정에서 제거되어야 한다. 왜냐하면 지배기업이나 종속기업의 별도재무제표에서는 내부거래를 통하여 이익을 조작할 수 있으므로 연결실체의 내부거래에서 발생한 손익은 반드시 제거되어, 별도재무제표의 왜곡을 방지하고 이익을 조작할 가능성을 감소시켜야 한다. 따라서 K-IFRS 제1110호 '연결재무제표'에서는 연결실체 내 기업 간의 거래와 관련된 연결실체 내의 자산, 부채, 자본, 수익, 비용, 현금흐름은 모두 제거하도록 규정하고 있다. 즉, 내부거래제거의 목적은 내부거래가 발생하지 않았을 경우의 연결실체의 재무상태와 재무성과를 연결재무제표에 표시하도록 하는 데 있다.

⚡ POINT 내부거래의 정의

내부거래의 정의	연결실체 내의 지배기업과 종속기업 간에 발생한 거래
K-IFRS 관련 규정	연결실체 내 기업 간의 거래와 관련된 연결실체 내의 자산, 부채, 자본, 수익, 비용, 현금흐름은 모두 제거하도록 규정함

02 미실현손익과 내부거래의 유형

연결실체 내에서 발생한 내부거래로 인하여 별도재무제표에서 인식한 이익 또는 손실 중 연결실체의 외부에 판매되거나 비용화되어 실현되지 않은 손익을 미실현손익(Unrealized Profits)이라고 한다. 미실현손익은 연결조정분개를 통하여 제거되어야 하며, 동시에 과대 또는 과소표시된 자산 또는 부채도 감소시키는 연결조정분개를 해야 한다. 즉, 미실현손익을 제거하게 되면 별도재무제표의 손익의 합계와 연결재무제표상의 손익은 일치하지 않게 된다.

[그림 4-1] 내부거래의 유형

하향거래	판매 지배기업 ➡ 종속기업
상향거래	판매 종속기업 ➡ 지배기업

내부거래는 이익을 지배기업이 조작한 것인지, 아니면 종속기업이 조작한 것인지에 따라 구분된다. 하향거래(Downstream Transactions)는 지배기업이 종속기업에게 자산 등을 매각하는 거래를 말하며, 하향거래의 미실현손익은 전액 제거하여 지배기업소유주 귀속 당기순이익에 귀속시킨다. 반면에 상향거래(Upstream Transactions)는 종속기업이 지배기업에게 자산 등을 매각하는 거래를 말하며, 상향거래의 미실현손익은 전액 제거하지만 이를 지배기업소유주 귀속 당기순이익과 비지배지분순이익에 배분하여 반영해야 한다.

⚡ POINT 미실현손익과 내부거래의 유형

미실현손익	① 연결실체 내에서 발생한 내부거래로 인하여 별도재무제표에서 인식한 이익 또는 손실 중 연결실체의 외부에 판매되거나 비용화되어 실현되지 않은 손익 ② 미실현손익: 별도재무제표의 손익의 합계 ≠ 연결재무제표상의 손익
하향거래	① 지배기업이 종속기업에게 자산 등을 매각하는 거래 ② 하향거래의 미실현손익은 전액 제거하여 지배기업소유주 귀속 당기순이익에 귀속시킴
상향거래	① 종속기업이 지배기업에게 자산 등을 매각하는 거래 ② 상향거래의 미실현손익은 전액 제거하지만 이를 지배기업소유주 귀속 당기순이익과 비지배지분순이익에 배분하여 반영함

03 내부거래의 종류

내부거래는 연결실체 내의 매각 또는 처분되는 자산의 성격에 따라 상품이나 제품 등의 재고자산 내부거래, 상각하지 않는 토지와 같은 비상각 유형자산의 내부거래, 건물·기계장치·비품 등의 감가성 유형자산의 내부거래 및 사채 관련 내부거래로 구분할 수 있다. 따라서 위의 내부거래의 종류에 따라 각각 절을 달리하여 살펴보기로 한다.

⚡ POINT 내부거래의 종류

① 재고자산의 내부거래
② 비상각 유형자산의 내부거래: 토지
③ 감가성 유형자산의 내부거래: 건물, 기계장치, 비품 등
④ 사채의 내부거래

Ⅱ | 재고자산의 내부거래

01 재고자산의 내부거래제거

연결실체 내의 지배기업과 종속기업 간 재고자산의 내부거래가 발생한 경우 연결포괄손익계산서의 매출액과 매출원가는 내부거래가 발생하지 않았을 경우로 조정하여 연결재무제표에 표시하여야 한다. 따라서 연결포괄손익계산서의 매출액, 매출원가는 연결대상기업이 내부거래를 통해 계상한 매출액과 매출원가를 제거한 연결실체 외부의 제3자에게 판매된 금액과 외부로부터 구입한 금액만이 보고되어야 하며, 연결재무상태표에 표시될 재고자산도 외부로부터 구입한 연결실체 내의 최초 취득원가로 보고되어야 한다.

사례 1

당기에 재고자산의 미실현손익이 모두 실현된 경우

₩80,000 구입		₩100,000 판매 (20×1년)		₩120,000 판매 (20×1년)	
➡	A회사	➡	B회사	➡	제3자

20×1년 1월 1일 A회사는 B회사의 주식 60%를 취득하여 지배력을 획득하였다. 20×1년에 A회사는 종속기업인 B회사에 원가 ₩80,000인 상품을 ₩100,000에 판매하였으며, B회사는 20×1년에 A회사로부터 매입한 모든 상품을 연결실체 외부의 제3자에게 ₩120,000에 판매하였다. [사례 1]과 관련된 연결정산표와 연결조정분개는 아래와 같다.

[연결정산표]

구분	A회사	B회사	연결조정분개 차변	연결조정분개 대변	연결재무제표
<포괄손익계산서>					
매출액	100,000	120,000	100,000		120,000
매출원가	80,000	100,000		100,000	80,000
매출총이익	20,000	20,000			40,000
<재무상태표>					
재고자산	0	0			0

[연결조정분개]

재고자산 내부거래	(차) 매출	100,000	(대) 매출원가	100,000

A회사와 B회사가 계상한 매출액과 매출원가는 단순합산된 연결정산표상 과대계상되어 있으므로 A회사가 계상한 매출액과 B회사가 계상한 매출원가는 제거되어야 한다. 여기서 매출액과 매출원가가 과대계상된 금액은 동일하므로 연결당기순이익에 미치는 영향이 없지만 매출액과 매출원가로 인하여 재무비율에 영향을 미칠 수 있다. A회사가 B회사에 판매한 내부거래와 B회사가 연결실체 외부의 제3자에게 판매한 거래가 모두 20×1년에 발생하였으므로 20×1년 말 현재 미실현손익은 없다. 즉, A회사가 B회사에 판매한 상품이 전부 제3자에게 판매되었으므로 내부거래로 인하여 연결당기순이익이 과대·과소계상된 부분은 없다. 따라서 연결실체 내의 기업 간 거래된 재고자산이 당기에 모두 외부의 제3자에게 판매된다면 연결조정분개 시 구매회사의 매출원가와 판매회사의 매출액을 서로 상계하는 연결조정분개만 수행하면 된다.

사례 2

당기에 재고자산의 미실현손익이 존재하는 경우

20×1년 1월 1일 A회사는 B회사의 주식 60%를 취득하여 지배력을 획득하였다. 20×1년에 A회사는 종속기업인 B회사에 원가 ₩80,000인 상품을 ₩100,000에 판매하였으며, 20×1년에 B회사는 A회사로부터 매입한 상품을 연결실체 외부의 제3자에게 판매하지 못하고 기말재고자산으로 보고하였다. [사례 2]와 관련된 연결정산표와 연결조정분개는 아래와 같다.

[연결정산표]

구분	A회사	B회사	연결조정분개 차변	연결조정분개 대변	연결재무제표
<포괄손익계산서>					
매출액	100,000	0	100,000		0
매출원가	80,000	0		80,000	0
매출총이익	20,000	0			0
<재무상태표>					
재고자산	0	100,000		20,000	80,000

[연결조정분개]

재고자산 내부거래	(차) 매출	100,000	(대) 매출원가	100,000
	매출원가	20,000	재고자산	20,000

A회사가 계상한 매출액과 B회사가 계상한 매출원가는 제거되어야 한다. 왜냐하면, 이러한 내부거래를 제거하지 않으면 연결재무제표상의 매출액과 매출원가는 과대계상되기 때문이다. 또한, 내부거래로 인하여 A회사의 이익이 ₩20,000만큼 과대계상되었으며 이를 미실현이익이라 말한다. B회사의 기말재고자산은 취득원가에 비하여 미실현이익 ₩20,000만큼 과대평가되어 있다. 이 경우 내부거래로 인한 매출액과 매출원가의

제거뿐만 아니라 내부거래로 인하여 미실현이익만큼 과대평가되어 있는 재고자산을 수정하는 연결조정분개를 수행해야 하는데, 위의 연결조정분개에서 ₩20,000만큼 매출원가를 조정하고 재고자산을 ₩20,000만큼 조정하여 미실현이익이 제거됨을 알 수 있다.

여기서 재고자산의 미실현손익은 미판매재고의 매출총이익과 일치함을 알 수 있으며, 다음과 같이 계산할 수 있다.

> 재고자산의 미실현손익 = 미판매재고의 매출총이익
> = 미판매재고의 매출액 − 미판매재고의 매출원가
> = 미판매재고 × 매출총이익률

사례3

차기에 재고자산의 미실현손익이 실현되는 경우

₩80,000 구입	₩100,000 판매 (20×1년)	₩120,000 판매 (20×2년)
➡	A회사 ➡ B회사	➡ 제3자

20×1년 1월 1일 A회사는 B회사의 주식 60%를 취득하여 지배력을 획득하였다. 20×1년에 A회사는 종속기업인 B회사에 원가 ₩80,000인 상품을 ₩100,000에 판매하였으며, 20×2년에 B회사는 A회사로부터 매입한 모든 상품을 연결실체 외부의 제3자에게 ₩120,000에 판매하였다. [사례 3]과 관련된 20×2년의 연결정산표와 연결조정분개는 다음과 같다.

[연결정산표]

구분	A회사	B회사	연결조정분개 차변	연결조정분개 대변	연결 재무제표
<포괄손익계산서>					
매출액	0	120,000			120,000
매출원가	0	100,000		20,000	80,000
매출총이익	0	20,000			40,000
<재무상태표>					
재고자산	0	0			0

[연결조정분개]

재고자산 내부거래	(차) 이익잉여금	20,000	(대) 매출원가	20,000

연결실체 입장에서 보면 B회사의 기초재고가 미실현이익 ₩20,000만큼 과대계상되어 있고 이에 따라 당기 매출원가가 과대계상되어 있다. 따라서 전기에 인식한 미실현이익 ₩20,000만큼 당기 매출원가를 감소시켜야 하며, B회사가 인식한 미실현이익만큼 이익잉여금의 과대계상분도 수정하는 연결조정분개가 필요하다. 위에 수행한 연결조정분개는 B회사의 전기기말재고에 포함된 미실현이익 ₩20,000이 당기에 외부에 판매되어 실현이익으로 인식됨을 보여주고 있다.

02 하향거래

하향거래(Downstream Transactions)는 지배기업이 종속기업에게 재고자산을 매각하는 거래를 말하며, 하향거래의 미실현손익은 전액 제거하여 지배기업소유주 귀속 당기순이익에 귀속시킨다.

예제 1 | 재고자산의 내부거래: 하향거래

20×1년 1월 1일에 A회사는 B회사의 의결권이 있는 주식 60%를 ₩400,000에 취득하여 지배력을 획득하였다. 취득 시 B회사의 순자산장부금액은 ₩500,000(자본금 ₩300,000, 이익잉여금 ₩200,000)이었으며 B회사의 식별할 수 있는 자산·부채의 장부금액과 공정가치는 일치하였다.

> (1) A회사는 20×1년에 ₩400,000과 20×2년에 ₩600,000의 당기순이익을 보고하였다.
> (2) B회사는 20×1년에 ₩200,000과 20×2년에 ₩300,000의 당기순이익을 보고하였으며, 이 기간 중 당기순이익을 제외한 자본의 변동은 없었다.
> (3) 20×1년 중에 A회사는 B회사에 상품을 ₩100,000에 판매하였으며 B회사의 20×1년 말 기말재고자산에 남아있는 A회사의 상품은 ₩50,000이다. B회사의 기말재고자산에 남아있는 상품은 20×2년 초에 전액 외부의 제3자에게 판매되었으며, A회사의 매출총이익률은 20%이다.
> (4) 영업권은 20×2년 말까지 손상되지 않았으며, 비지배지분은 순자산공정가치에 비례적인 지분(몫)으로 측정한다.

[물음1] 20×1년 말과 20×2년 말의 연결재무제표 작성을 위한 연결조정분개를 제시하시오.

[물음2] 20×1년과 20×2년에 연결재무제표를 작성하는 경우 연결포괄손익계산서에 계상될 (1) 연결당기순이익, (2) 지배기업소유주 귀속 당기순이익, (3) 비지배지분순이익은 각각 얼마인가?

[물음3] 20×1년 말과 20×2년 말에 연결재무제표를 작성하는 경우 연결재무상태표에 계상될 비지배지분은 각각 얼마인가?

해답 **물음1**

1. 20×1년 말 연결조정분개

[투자주식과 자본계정의 상계제거]

구분	회계처리			
① 취득시점의 투자·자본 상계	(차) 자본금(B)	300,000	(대) 투자주식	400,000
	이익잉여금(B)	200,000[1]	비지배지분	200,000[3]
	영업권	100,000[2]		

[1] 20×1년 초 이익잉여금
[2] 영업권: ₩400,000 − (₩300,000 + ₩200,000) × 60% = ₩100,000
[3] 비지배지분: (₩300,000 + ₩200,000) × 40% = ₩200,000

[내부거래제거]

구분	회계처리			
② 당기 미실현손익 제거	(차) 매출	100,000	(대) 매출원가	100,000
	(차) 매출원가	10,000[1]	(대) 재고자산	10,000

[1] ₩50,000 × 20% = ₩10,000

[비지배지분순이익 계상]

구분	회계처리			
③ 비지배지분순이익 계상	(차) 이익잉여금	80,000	(대) 비지배지분	80,000[1]

[1] ₩200,000 × 40% = ₩80,000

2. 20×2년 말 연결조정분개

[투자주식과 자본계정의 상계제거]

구분	회계처리			
① 취득시점의 투자·자본 상계	(차) 자본금(B)	300,000	(대) 투자주식	400,000
	이익잉여금(B)	200,000[1]	비지배지분	200,000[3]
	영업권	100,000[2]		
	[1] 20×1년 초 이익잉여금 [2] 영업권: ₩400,000 − (₩300,000 + ₩200,000) × 60% = ₩100,000 [3] 비지배지분: (₩300,000 + ₩200,000) × 40% = ₩200,000			
② 취득시점 이후 자본변동	(차) 이익잉여금(B)	200,000[1]	(대) 이익잉여금(A)	120,000
			비지배지분	80,000
	[1] 20×1년 이익잉여금 증가분(당기순이익)			

[내부거래제거]

구분	회계처리			
③ 당기 실현손익의 인식	(차) 이익잉여금(A)	10,000[1]	(대) 매출원가	10,000

[1] ₩50,000 × 20% = ₩10,000

[비지배지분순이익 계상]

구분	회계처리			
④ 비지배지분순이익 계상	(차) 이익잉여금	120,000	(대) 비지배지분	120,000[1]

[1] ₩300,000 × 40% = ₩120,000

물음 2

1. 20×1년 연결당기순이익

	A회사	B회사	합계
보고된 당기순이익	₩400,000	₩200,000	₩600,000
투자차액의 상각	-	-	-
내부거래제거			
재고자산 미실현손익	₩(10,000)	-	₩(10,000)
연결조정 후 당기순이익	₩390,000	₩200,000	₩590,000
∴ 연결당기순이익:	₩390,000 +	₩200,000 =	₩590,000
지배기업소유주 귀속 당기순이익:	₩390,000 +	₩200,000 × 60% =	₩510,000
비지배지분순이익:		₩200,000 × 40% =	₩80,000

2. 20×2년 연결당기순이익

	A회사	B회사	합계
보고된 당기순이익	₩600,000	₩300,000	₩900,000
투자차액의 상각	-	-	-
내부거래제거			
재고자산 실현손익	₩10,000	-	₩10,000
연결조정 후 당기순이익	₩610,000	₩300,000	₩910,000
∴ 연결당기순이익:	₩610,000 +	₩300,000 =	₩910,000
지배기업소유주 귀속 당기순이익:	₩610,000 +	₩300,000 × 60% =	₩790,000
비지배지분순이익:		₩300,000 × 40% =	₩120,000

물음 3

1. 20×1년 말 비지배지분

① 20×1년 말 B회사 순자산장부금액: ₩500,000 + ₩200,000 =	₩700,000
20×1년 말 투자차액 미상각잔액	-
20×1년 말 상향내부거래 미실현손익 잔액	-
② 20×1년 말 B회사 순자산공정가치	₩700,000
③ 비지배지분율	× 40%
④ 20×1년 말 비지배지분	₩280,000

2. 20×2년 말 비지배지분

① 20×2년 말 B회사 순자산장부금액: ₩500,000 + ₩200,000 + ₩300,000 =	₩1,000,000
20×2년 말 투자차액 미상각잔액	-
20×2년 말 상향내부거래 미실현손익 잔액	-
② 20×2년 말 B회사 순자산공정가치	₩1,000,000
③ 비지배지분율	× 40%
④ 20×2년 말 비지배지분	₩400,000

03 상향거래

상향거래(Upstream Transactions)는 종속기업이 지배기업에게 재고자산을 매각하는 거래를 말하며, 상향거래의 미실현손익은 전액 제거하지만 이를 지배기업소유주 귀속 당기순이익과 비지배지분순이익에 배분하여 반영해야 한다. 종속기업의 보고된 당기순이익이 내부거래가 발생함에 따라 과대계상 또는 과소계상되었을 경우에는 내부거래와 관련된 미실현손익을 제거한 연결조정 후 당기순이익 금액을 기초로 하여 지배기업 소유주지분과 비지배지분에 배분해 주어야 한다.

예제 2 재고자산의 내부거래: 상향거래

20×1년 1월 1일에 A회사는 B회사의 의결권이 있는 주식 60%를 ₩400,000에 취득하여 지배력을 획득하였다. 취득 시 B회사의 순자산장부금액은 ₩500,000(자본금 ₩300,000, 이익잉여금 ₩200,000)이었으며 B회사의 식별할 수 있는 자산·부채의 장부금액과 공정가치는 일치하였다.

(1) A회사는 20×1년에 ₩400,000과 20×2년에 ₩600,000의 당기순이익을 보고하였다.
(2) B회사는 20×1년에 ₩200,000과 20×2년에 ₩300,000의 당기순이익을 보고하였으며, 이 기간 중 당기순이익을 제외한 자본의 변동은 없었다.
(3) 20×1년 중에 B회사는 A회사에 상품을 ₩100,000에 판매하였으며 A회사의 20×1년 말 기말 재고자산에 남아있는 B회사의 상품은 ₩50,000이다. A회사의 기말재고자산에 남아있는 상품은 20×2년 초에 전액 외부의 제3자에게 판매되었으며, B회사의 매출총이익률은 20%이다.
(4) 영업권은 20×2년 말까지 손상되지 않았으며, 비지배지분은 순자산공정가치에 비례적인 지분(몫)으로 측정한다.

물음 1 20×1년 말과 20×2년 말의 연결재무제표 작성을 위한 연결조정분개를 제시하시오.

물음 2 20×1년과 20×2년에 연결재무제표를 작성하는 경우 연결포괄손익계산서에 계상될 (1) 연결당기순이익, (2) 지배기업소유주 귀속 당기순이익, (3) 비지배지분순이익은 각각 얼마인가?

물음 3 20×1년 말과 20×2년 말에 연결재무제표를 작성하는 경우 연결재무상태표에 계상될 비지배지분은 각각 얼마인가?

해답 [물음1]

1. 20×1년 말 연결조정분개

[투자주식과 자본계정의 상계제거]

구분	회계처리				
① 취득시점의 투자 · 자본 상계	(차) 자본금(B)	300,000	(대) 투자주식	400,000	
	이익잉여금(B)	200,000[1]	비지배지분	200,000[3]	
	영업권	100,000[2]			

[1] 20×1년 초 이익잉여금
[2] 영업권: ₩400,000 − (₩300,000 + ₩200,000) × 60% = ₩100,000
[3] 비지배지분: (₩300,000 + ₩200,000) × 40% = ₩200,000

[내부거래제거]

구분	회계처리			
② 당기 미실현손익 제거	(차) 매출	100,000	(대) 매출원가	100,000
	(차) 매출원가	10,000[1]	(대) 재고자산	10,000

[1] ₩50,000 × 20% = ₩10,000

[비지배지분순이익 계상]

구분	회계처리			
③ 비지배지분순이익 계상	(차) 이익잉여금	76,000	(대) 비지배지분	76,000[1]

[1] (₩200,000 − ₩10,000) × 40% = ₩76,000

2. 20×2년 말 연결조정분개

[투자주식과 자본계정의 상계제거]

구분	회계처리				
① 취득시점의 투자 · 자본 상계	(차) 자본금(B)	300,000	(대) 투자주식	400,000	
	이익잉여금(B)	200,000[1]	비지배지분	200,000[3]	
	영업권	100,000[2]			
	[1] 20×1년 초 이익잉여금 [2] 영업권: ₩400,000 − (₩300,000 + ₩200,000) × 60% = ₩100,000 [3] 비지배지분: (₩300,000 + ₩200,000) × 40% = ₩200,000				
② 취득시점 이후 자본변동	(차) 이익잉여금(B)	200,000[1]	(대) 이익잉여금(A)	120,000	
			비지배지분	80,000	
	[1] 20×1년 이익잉여금 증가분(당기순이익)				

[내부거래제거]

구분	회계처리			
③ 당기 실현손익의 인식	(차) 이익잉여금(A)	6,000	(대) 매출원가	10,000[1]
	비지배지분	4,000		

[1] ₩50,000 × 20% = ₩10,000(종속기업의 이익잉여금이 과대계상된 부분은 지배기업의 이익잉여금과 비지배지분으로 배분해 주어야 함)

[비지배지분순이익 계상]

구분	회계처리			
④ 비지배지분순이익 계상	(차) 이익잉여금	124,000	(대) 비지배지분	124,000[1]

[1] (₩300,000 + ₩10,000) × 40% = ₩124,000

물음 2

1. 20×1년 연결당기순이익

	A회사	B회사	합계
보고된 당기순이익	₩400,000	₩200,000	₩600,000
투자차액의 상각	-	-	-
내부거래제거			
재고자산 미실현손익	-	₩(10,000)	₩(10,000)
연결조정 후 당기순이익	₩400,000	₩190,000	₩590,000

∴ 연결당기순이익:　　　　　　　　₩400,000 ＋　　　₩190,000 ＝　　₩590,000
　　지배기업소유주 귀속 당기순이익:　₩400,000 ＋ ₩190,000 × 60% ＝　₩514,000
　　비지배지분순이익:　　　　　　　　　　　　₩190,000 × 40% ＝　₩76,000

2. 20×2년 연결당기순이익

	A회사	B회사	합계
보고된 당기순이익	₩600,000	₩300,000	₩900,000
투자차액의 상각	-	-	-
내부거래제거			
재고자산 실현손익	-	₩10,000	₩10,000
연결조정 후 당기순이익	₩600,000	₩310,000	₩910,000

∴ 연결당기순이익:　　　　　　　　₩600,000 ＋　　　₩310,000 ＝　　₩910,000
　　지배기업소유주 귀속 당기순이익:　₩600,000 ＋ ₩310,000 × 60% ＝　₩786,000
　　비지배지분순이익:　　　　　　　　　　　　₩310,000 × 40% ＝　₩124,000

물음 3

1. 20×1년 말 비지배지분

　① 20×1년 말 B회사 순자산장부금액: ₩500,000 ＋ ₩200,000 ＝　　　　₩700,000
　　　20×1년 말 투자차액 미상각잔액　　　　　　　　　　　　　　　　　　　-
　　　20×1년 말 상향내부거래 미실현손익 잔액: ₩50,000 × 20% ＝　　　(10,000)
　② 20×1년 말 B회사 순자산공정가치　　　　　　　　　　　　　　　　₩690,000
　③ 비지배지분율　　　　　　　　　　　　　　　　　　　　　　　　　× 40%
　④ 20×1년 말 비지배지분　　　　　　　　　　　　　　　　　　　　₩276,000

2. 20×2년 말 비지배지분

　① 20×2년 말 B회사 순자산장부금액: ₩500,000 ＋ ₩200,000 ＋ ₩300,000 ＝　₩1,000,000
　　　20×2년 말 투자차액 미상각잔액　　　　　　　　　　　　　　　　　　　-
　　　20×2년 말 상향내부거래 미실현손익 잔액　　　　　　　　　　　　　　-
　② 20×2년 말 B회사 순자산공정가치　　　　　　　　　　　　　　₩1,000,000
　③ 비지배지분율　　　　　　　　　　　　　　　　　　　　　　　　× 40%
　④ 20×2년 말 비지배지분　　　　　　　　　　　　　　　　　　　₩400,000

04 재고자산의 저가법과 내부거래제거

연결실체 내에서 상품을 구입한 회사가 보고기간 말에 재고자산을 저가법을 적용하여 재고자산평가손실(매출원가)을 인식하는 경우에는 다음과 같이 연결조정분개를 수행한다.

(1) 저가법으로 평가하여 미실현손익이 일부 감소한 경우에는 당기에 발생한 미실현손익이 저가법을 적용하여 일부 실현되었기 때문에 연결조정 시 미실현손익의 감소한 부분은 제거할 필요가 없다.

사례 1

당기에 발생한 미실현손익이 저가법을 적용하여 일부 실현된 경우
20×1년 1월 1일 A회사는 B회사의 주식 60%를 취득하여 지배력을 획득하였다. 20×1년에 A회사는 원가 ₩80,000인 상품을 B회사에 ₩100,000에 판매하였으며, 20×1년 말 현재 모든 상품이 B회사의 기말재고에 남아있다. B회사는 재고자산에 저가법을 적용하여 순실현가능가치 ₩90,000으로 기말재고자산을 평가하였다.

위 사례의 연결조정분개는 다음과 같다.

[연결조정분개]

재고자산 내부거래	(차) 매출	100,000	(대) 매출원가	100,000
	매출원가	20,000	재고자산	20,000
	재고자산	10,000	매출원가	10,000

위의 연결조정분개에서 내부거래의 미실현이익은 ₩20,000이었으나 B회사의 재고자산 저가법 평가로 인하여 ₩10,000의 미실현이익이 감소되어 실현손익화되었다. 따라서 미실현손익의 잔액 ₩10,000만 연결조정분개 시 제거해야 하며, 연결재무제표에 보고될 기말재고자산은 취득원가 ₩80,000으로 표시된다.

위의 연결조정분개는 아래와 같은 간편법으로 수행하여도 된다.

[연결조정분개]: 간편법

재고자산 내부거래	(차) 매출	100,000	(대) 매출원가	100,000
	매출원가	10,000	재고자산	10,000

(2) 저가법으로 평가하여 미실현손익이 전액 감소한 경우에는 당기에 발생한 미실현손익이 저가법을 적용하여 전액 실현되었기 때문에 연결재무제표 작성 시 제거할 미실현손익은 없다.

사례 2

당기에 발생한 미실현손익이 저가법을 적용하여 전액 실현된 경우
20×1년 1월 1일 A회사는 B회사의 주식 60%를 취득하여 지배력을 획득하였다. 20×1년에 A회사는 원가 ₩80,000인 상품을 B회사에 ₩100,000에 판매하였으며, 20×1년 말 현재 모든 상품이 B회사의 기말재고에 남아있다. B회사는 재고자산에 저가법을 적용하여 순실현가능가치 ₩70,000으로 기말재고자산을 평가하였다.

위 사례의 연결조정분개는 다음과 같다.

[연결조정분개]

재고자산 내부거래	(차) 매출	100,000	(대) 매출원가	100,000
	매출원가	20,000	재고자산	20,000
	재고자산	20,000	매출원가	20,000

즉, 내부미실현이익은 ₩20,000이었으나 B회사의 재고자산 저가법 평가로 인하여 ₩30,000만큼 재고자산평가손실을 인식함에 따라 미실현이익이 전액 실현되었다. 따라서 연결재무제표 작성 시 제거할 미실현손익은 없으며, 연결재무제표에 표시되는 기말재고자산은 B회사가 별도재무제표상 보고한 ₩70,000의 순실현가능가치로 표시된다.

위의 연결조정분개는 아래와 같은 간편법으로 수행하여도 된다.

[연결조정분개]: 간편법

재고자산 내부거래	(차) 매출	100,000	(대) 매출원가	100,000

05 재고자산 내부거래제거의 연결조정분개

재고자산은 당기에 미실현손익이 발생하면 일반적으로 선입선출법으로 가정하고 있으므로 특별한 언급이 없는 한 다음 보고기간에 전액 실현된다. 이러한 경우의 재고자산 내부거래제거와 관련된 연결조정분개를 요약하면 다음과 같다.

[내부거래제거]

당기 미실현손익 제거	(차) 매출	×××	(대) 매출원가	×××
	(차) 매출원가	×××	(대) 재고자산	×××
당기 실현손익의 인식(하향)	(차) 이익잉여금(A)	×××	(대) 매출원가	×××
당기 실현손익의 인식(상향)	(차) 이익잉여금(A)	×××	(대) 매출원가	×××
	비지배지분	×××		

Ⅲ | 유형자산의 내부거래(1): 비상각자산

01 토지의 내부거래제거

연결실체 내의 지배기업과 종속기업 간 토지의 내부거래가 발생한 경우 미실현손익의 조정과정은 재고자산의 미실현손익을 제거하는 경우와 유사하다. 그러나 재고자산의 미실현손익은 일반적으로 차기에 실현되어 두 보고기간 동안 조정되지만, 토지의 미실현손익은 토지가 연결실체 외부로 판매될 때까지 연결재무제표에 영향을 미치게 된다.

┌─ 사례1 ─
│ 당기에 토지의 미실현손익이 존재하는 경우

20×1년 1월 1일 A회사는 B회사의 주식 60%를 취득하여 지배력을 획득하였다. A회사는 20×1년에 장부금액 ₩80,000인 토지를 B회사에 ₩100,000에 처분하였으며, B회사는 20×1년 말에 동 토지를 보유 중이다. 이와 관련된 별도재무제표상 회계처리와 연결정산표 및 연결조정분개는 다음과 같다.

[별도재무제표상 회계처리]

구분	A회사	B회사

20×1년	(차) 현금 100,000
	  (대) 토지 80,000
	       유형자산처분이익 20,000
		(차) 토지 100,000
		  (대) 현금 100,000

[연결정산표]

구분	A회사	B회사	연결조정분개 차변	연결조정분개 대변	연결재무제표
<포괄손익계산서>					
유형자산처분이익	20,000	0	20,000		0
<재무상태표>					
토지	0	100,000		20,000	80,000

토지 내부거래	(차) 유형자산처분이익	20,000	(대) 토지	20,000

비상각 유형자산인 토지로 인해 발생한 미실현손익은 연결조정분개 시 전액 제거되어야 하며, 이로 인하여 과대표시된 토지의 장부금액도 조정하는 연결조정분개를 수행하여야 한다. 여기서 토지의 미실현손익은 유형자산처분이익과 일치함을 알 수 있으며, 다음과 같이 계산할 수 있다.

$$\text{토지의 미실현손익 = 처분금액 - 장부금액}$$

─ 사례2 ─

차기에 토지의 미실현손익이 존재하는 경우

20×1년 1월 1일 A회사는 B회사의 주식 60%를 취득하여 지배력을 획득하였다. A회사는 20×1년에 장부금액 ₩80,000인 토지를 B회사에 ₩100,000에 처분하였으며, B회사는 20×2년 말에 동 토지를 보유 중이다. 이와 관련된 20×1년 별도재무제표상 회계처리와 20×2년 말 연결정산표 및 연결조정분개는 다음과 같다.

[별도재무제표상 회계처리]

구분	A회사		B회사	
20×1년	(차) 현금 　(대) 토지 　　유형자산처분이익	100,000 80,000 20,000	(차) 토지 　(대) 현금	100,000 100,000

[연결정산표]

구분	A회사	B회사	연결조정분개		연결 재무제표
			차변	대변	
<포괄손익계산서>					
유형자산처분이익	0	0			0
<재무상태표>					
토지	0	100,000		20,000	80,000

[연결조정분개]

토지 내부거래	(차) 이익잉여금	20,000	(대) 토지	20,000

비상각 유형자산인 토지로 인해 발생한 미실현손익은 20×1년 말 연결정산표상에서만 제거되었고 별도재무제표에는 반영되지 않았기 때문에 20×2년 말 A회사와 B회사의 재무제표를 단순합산하는 경우 토지와 이익잉여금이 ₩20,000만큼 과대계상된 상태이다. 따라서 과대표시된 토지와 이익잉여금을 ₩20,000만큼 제거하는 연결조정분개가 필요하다.

──┤ 사례3 ├──

차기에 토지의 미실현손익이 실현되는 경우

₩80,000 구입	₩100,000 판매 (20×1년)		₩120,000 판매 (20×2년)	
→	A회사	→ B회사	→	제3자

20×1년 1월 1일 A회사는 B회사의 주식 60%를 취득하여 지배력을 획득하였다. A회사는 20×1년에 장부금액 ₩80,000인 토지를 B회사에 ₩100,000에 처분하였으며, B회사는 20×2년 말에 동 토지를 연결실체 외부의 제3자에게 ₩120,000에 판매하였다. 이와 관련된 20×2년 말의 별도재무제표상 회계처리와 연결정산표 및 연결조정분개는 다음과 같다.

[별도재무제표상 회계처리]

구분	A회사	B회사
20×2년		(차) 현금 120,000 (대) 토지 100,000 유형자산처분이익 20,000

[연결정산표]

구분	A회사	B회사	연결조정분개 차변	연결조정분개 대변	연결재무제표
<포괄손익계산서>					
유형자산처분이익	0	20,000		20,000	40,000
<재무상태표>					
토지	0	0			0

[연결조정분개]

토지 내부거래	(차) 이익잉여금	20,000	(대) 유형자산처분이익	20,000

20×1년에 토지의 내부거래로 발생한 미실현손익은 토지가 연결실체의 외부로 판매되는 경우에 실현되므로 20×2년에 과소표시된 유형자산처분이익을 ₩20,000만큼 추가로 계상하고 전기에 과대계상된 이익잉여금 ₩20,000을 제거해야 한다. 즉, 20×1년의 내부거래에 따른 미실현이익 ₩20,000이 토지가 매각됨으로써 실현이익을 인식하는 회계처리이다.

02 하향거래

하향거래(Downstream Transactions)는 지배기업이 종속기업에게 토지를 매각하는 거래를 말하며, 하향거래의 미실현손익은 전액 제거하여 지배기업소유주 귀속 당기순이익에 귀속시킨다.

예제 3 | 토지의 내부거래: 하향거래

20×1년 1월 1일에 A회사는 B회사의 의결권이 있는 주식 60%를 ₩400,000에 취득하여 지배력을 획득하였다. 취득 시 B회사의 순자산장부금액은 ₩500,000(자본금 ₩300,000, 이익잉여금 ₩200,000)이었으며 B회사의 식별할 수 있는 자산·부채의 장부금액과 공정가치는 일치하였다.

(1) A회사는 20×1년에 ₩400,000과 20×2년에 ₩600,000의 당기순이익을 보고하였다.
(2) B회사는 20×1년에 ₩200,000과 20×2년에 ₩300,000의 당기순이익을 보고하였으며, 이 기간 중 당기순이익을 제외한 자본의 변동은 없었다.
(3) 20×1년 중에 A회사는 B회사에 장부금액 ₩80,000의 토지를 ₩100,000에 처분하였으며, B회사는 20×2년 말 현재 동 토지를 보유 중이다.
(4) 영업권은 20×2년 말까지 손상되지 않았으며, 비지배지분은 순자산공정가치에 비례적인 지분(몫)으로 측정한다.

물음 1 20×1년 말과 20×2년 말의 연결재무제표 작성을 위한 연결조정분개를 제시하시오.

물음 2 20×1년과 20×2년에 연결재무제표를 작성하는 경우 연결포괄손익계산서에 계상될 (1) 연결당기순이익, (2) 지배기업소유주 귀속 당기순이익, (3) 비지배지분순이익은 각각 얼마인가?

물음 3 20×1년 말과 20×2년 말에 연결재무제표를 작성하는 경우 연결재무상태표에 계상될 비지배지분은 각각 얼마인가?

해답 | **물음 1**

1. 20×1년 말 연결조정분개

[투자주식과 자본계정의 상계제거]

구분	회계처리			
① 취득시점의 투자·자본 상계	(차) 자본금(B) 이익잉여금(B) 영업권	300,000 200,000[1] 100,000[2]	(대) 투자주식 비지배지분	400,000 200,000[3]

[1] 20×1년 초 이익잉여금
[2] 영업권: ₩400,000 - (₩300,000 + ₩200,000) × 60% = ₩100,000
[3] 비지배지분: (₩300,000 + ₩200,000) × 40% = ₩200,000

[내부거래제거]

구분	회계처리			
② 당기 미실현손익 제거	(차) 유형자산처분이익	20,000[1]	(대) 토지	20,000

[1] ₩100,000 - ₩80,000 = ₩20,000

[비지배지분순이익 계상]

구분	회계처리			
③ 비지배지분순이익 계상	(차) 이익잉여금	80,000	(대) 비지배지분	80,000[1]

[1] ₩200,000 × 40% = ₩80,000

2. 20×2년 말 연결조정분개

[투자주식과 자본계정의 상계제거]

구분	회계처리			
① 취득시점의 투자 · 자본 상계	(차) 자본금(B) 이익잉여금(B) 영업권	300,000 200,000[1] 100,000[2]	(대) 투자주식 비지배지분	400,000 200,000[3]

[1] 20×1년 초 이익잉여금
[2] 영업권: ₩400,000 - (₩300,000 + ₩200,000) × 60% = ₩100,000
[3] 비지배지분: (₩300,000 + ₩200,000) × 40% = ₩200,000

구분	회계처리			
② 취득시점 이후 자본변동	(차) 이익잉여금(B)	200,000[1]	(대) 이익잉여금(A) 비지배지분	120,000 80,000

[1] 20×1년 이익잉여금 증가분(당기순이익)

[내부거래제거]

구분	회계처리			
③ 전기 미실현손익의 인식	(차) 이익잉여금(A)	20,000[1]	(대) 토지	20,000

[1] ₩100,000 - ₩80,000 = ₩20,000

[비지배지분순이익 계상]

구분	회계처리			
④ 비지배지분순이익 계상	(차) 이익잉여금	120,000	(대) 비지배지분	120,000[1]

[1] ₩300,000 × 40% = ₩120,000

물음 2

1. 20×1년 연결당기순이익

	A회사	B회사	합계
보고된 당기순이익	₩400,000	₩200,000	₩600,000
투자차액의 상각	-	-	-
내부거래제거			
토지 미실현손익	₩(20,000)	-	₩(20,000)
연결조정 후 당기순이익	₩380,000	₩200,000	₩580,000

∴ 연결당기순이익: ₩380,000 + ₩200,000 = ₩580,000
지배기업소유주 귀속 당기순이익: ₩380,000 + ₩200,000 × 60% = ₩500,000
비지배지분순이익: ₩200,000 × 40% = ₩80,000

2. 20×2년 연결당기순이익

	A회사		B회사		합계
보고된 당기순이익	₩600,000		₩300,000		₩900,000
투자차액의 상각	-		-		-
내부거래제거	-		-		-
연결조정 후 당기순이익	₩600,000		₩300,000		₩900,000
∴ 연결당기순이익:	₩600,000	+	₩300,000	=	₩900,000
지배기업소유주 귀속 당기순이익:	₩600,000	+	₩300,000 × 60%	=	₩780,000
비지배지분순이익:			₩300,000 × 40%	=	₩120,000

물음 3

1. 20×1년 말 비지배지분

① 20×1년 말 B회사 순자산장부금액: ₩500,000 + ₩200,000 =   ₩700,000

    20×1년 말 투자차액 미상각잔액   -

    20×1년 말 상향내부거래 미실현손익 잔액   -

② 20×1년 말 B회사 순자산공정가치   ₩700,000

③ 비지배지분율   × 40%

④ 20×1년 말 비지배지분   ₩280,000

2. 20×2년 말 비지배지분

① 20×2년 말 B회사 순자산장부금액: ₩500,000 + ₩200,000 + ₩300,000 =   ₩1,000,000

    20×2년 말 투자차액 미상각잔액   -

    20×2년 말 상향내부거래 미실현손익 잔액   -

② 20×2년 말 B회사 순자산공정가치   ₩1,000,000

③ 비지배지분율   × 40%

④ 20×2년 말 비지배지분   ₩400,000

03 상향거래

상향거래(Upstream Transactions)는 종속기업이 지배기업에게 토지를 매각하는 거래를 말하며, 상향거래의 미실현손익은 전액 제거하지만 이를 지배기업소유주 귀속 당기순이익과 비지배지분순이익에 배분하여 반영해야 한다. 종속기업의 보고된 당기순이익이 내부거래가 발생함에 따라 과대계상 또는 과소계상되었을 경우에는 내부거래와 관련된 미실현손익을 제거한 연결조정 후 당기순이익 금액을 기초로 하여 지배기업 소유주지분과 비지배지분에 배분해 주어야 한다.

20×1년 1월 1일에 A회사는 B회사의 의결권이 있는 주식 60%를 ₩400,000에 취득하여 지배력을 획득하였다. 취득 시 B회사의 순자산장부금액은 ₩500,000(자본금 ₩300,000, 이익잉여금 ₩200,000)이었으며 B회사의 식별할 수 있는 자산·부채의 장부금액과 공정가치는 일치하였다.

(1) A회사는 20×1년에 ₩400,000과 20×2년에 ₩600,000의 당기순이익을 보고하였다.
(2) B회사는 20×1년에 ₩200,000과 20×2년에 ₩300,000의 당기순이익을 보고하였으며, 이 기간 중 당기순이익을 제외한 자본의 변동은 없었다.
(3) 20×1년 중에 B회사는 A회사에 장부금액 ₩80,000의 토지를 ₩100,000에 처분하였으며, A회사는 20×2년 말 현재 동 토지를 보유 중이다.
(4) 영업권은 20×2년 말까지 손상되지 않았으며, 비지배지분은 순자산공정가치에 비례적인 지분으로 측정한다.

물음 1 20×1년 말과 20×2년 말의 연결재무제표 작성을 위한 연결조정분개를 제시하시오.

물음 2 20×1년과 20×2년에 연결재무제표를 작성하는 경우 연결포괄손익계산서에 계상될 (1) 연결당기순이익, (2) 지배기업소유주 귀속 당기순이익, (3) 비지배지분순이익은 각각 얼마인가?

물음 3 20×1년 말과 20×2년 말에 연결재무제표를 작성하는 경우 연결재무상태표에 계상될 비지배지분은 각각 얼마인가?

해답 **물음 1**

1. 20×1년 말 연결조정분개

[투자주식과 자본계정의 상계제거]

구분	회계처리			
① 취득시점의 투자·자본 상계	(차) 자본금(B)	300,000	(대) 투자주식	400,000
	이익잉여금(B)	200,000[1]	비지배지분	200,000[3]
	영업권	100,000[2]		

[1] 20×1년 초 이익잉여금
[2] 영업권: ₩400,000 - (₩300,000 + ₩200,000) × 60% = ₩100,000
[3] 비지배지분: (₩300,000 + ₩200,000) × 40% = ₩200,000

[내부거래제거]

구분	회계처리			
② 당기 미실현손익 제거	(차) 유형자산처분이익	20,000[1]	(대) 토지	20,000

[1] ₩100,000 - ₩80,000 = ₩20,000

[비지배지분순이익 계상]

구분	회계처리			
③ 비지배지분순이익 계상	(차) 이익잉여금	72,000	(대) 비지배지분	72,000[1]

[1] (₩200,000 - ₩20,000) × 40% = ₩72,000

2. 20×2년 말 연결조정분개

[투자주식과 자본계정의 상계제거]

구분	회계처리				
① 취득시점의 투자·자본 상계	(차) 자본금(B) 　　 이익잉여금(B) 　　 영업권	300,000 200,000[1] 100,000[2]	(대) 투자주식 　　 비지배지분	400,000 200,000[3]	
	[1] 20×1년 초 이익잉여금 [2] 영업권: ₩400,000 - (₩300,000 + ₩200,000) × 60% = ₩100,000 [3] 비지배지분: (₩300,000 + ₩200,000) × 40% = ₩200,000				
② 취득시점 이후 자본변동	(차) 이익잉여금(B)	200,000[1]	(대) 이익잉여금(A) 　　 비지배지분	120,000 80,000	
	[1] 20×1년 이익잉여금 증가분(당기순이익)				

[내부거래제거]

구분	회계처리				
③ 전기 미실현손익의 인식	(차) 이익잉여금(A) 　　 비지배지분	12,000 8,000	(대) 토지	20,000[1]	

[1] ₩100,000 - ₩80,000 = ₩20,000

[비지배지분순이익 계상]

구분	회계처리				
④ 비지배지분순이익 계상	(차) 이익잉여금	120,000	(대) 비지배지분	120,000[1]	

[1] ₩300,000 × 40% = ₩120,000

물음 2

1. 20×1년 연결당기순이익

	A회사	B회사	합계
보고된 당기순이익	₩400,000	₩200,000	₩600,000
투자차액의 상각	-	-	-
내부거래제거			
토지 미실현손익	-	₩(20,000)	₩(20,000)
연결조정 후 당기순이익	₩400,000	₩180,000	₩580,000

∴ 연결당기순이익:　　　　　　₩400,000　+　　　₩180,000　=　　₩580,000
　　지배기업소유주 귀속 당기순이익:　₩400,000　+　₩180,000 × 60%　=　₩508,000
　　비지배지분순이익:　　　　　　　　　　₩180,000 × 40%　=　₩72,000

2. 20×2년 연결당기순이익

	A회사	B회사	합계
보고된 당기순이익	₩600,000	₩300,000	₩900,000
투자차액의 상각	-	-	-
내부거래제거	-	-	-
연결조정 후 당기순이익	₩600,000	₩300,000	₩900,000

∴ 연결당기순이익:　　　　　　₩600,000　　　　₩300,000　=　　₩900,000
　　지배기업소유주 귀속 당기순이익:　₩600,000　+　₩300,000 × 60%　=　₩780,000
　　비지배지분순이익:　　　　　　　　　　₩300,000 × 40%　=　₩120,000

1. 20×1년 말 비지배지분

   ① 20×1년 말 B회사 순자산장부금액: ₩500,000 + ₩200,000 =   ₩700,000

   　20×1년 말 투자차액 미상각잔액   －

   　20×1년 말 상향내부거래 미실현손익 잔액: ₩100,000 - ₩80,000 =   ₩(20,000)

   ② 20×1년 말 B회사 순자산공정가치   ₩680,000

   ③ 비지배지분율   × 40%

   ④ 20×1년 말 비지배지분   ₩272,000

2. 20×2년 말 비지배지분

   ① 20×2년 말 B회사 순자산장부금액: ₩500,000 + ₩200,000 + ₩300,000 =   ₩1,000,000

   　20×2년 말 투자차액 미상각잔액   －

   　20×2년 말 상향내부거래 미실현손익 잔액: ₩100,000 - ₩80,000 =   ₩(20,000)

   ② 20×2년 말 B회사 순자산공정가치   ₩980,000

   ③ 비지배지분율   × 40%

   ④ 20×2년 말 비지배지분   ₩392,000

04 토지의 조기처분

연결실체 내에서 토지를 매입한 회사가 토지를 조기에 처분하는 경우가 있는데, 이러한 경우에는 재고자산의 내부거래와 동일하게 미실현손익을 일시에 실현손익으로 인식한다.

예제 5 토지의 조기처분: 상향거래

20×1년 1월 1일에 A회사는 B회사의 의결권이 있는 주식 60%를 ₩400,000에 취득하여 지배력을 획득하였다. 취득 시 B회사의 순자산장부금액은 ₩500,000(자본금 ₩300,000, 이익잉여금 ₩200,000)이었으며 B회사의 식별할 수 있는 자산·부채의 장부금액과 공정가치는 일치하였다.

(1) A회사는 20×1년에 ₩400,000과 20×2년에 ₩600,000의 당기순이익을 보고하였다.

(2) B회사는 20×1년에 ₩200,000과 20×2년에 ₩300,000의 당기순이익을 보고하였으며, 이 기간 중 당기순이익을 제외한 자본의 변동은 없었다.

(3) 20×1년 중에 B회사는 A회사에 장부금액 ₩80,000의 토지를 ₩100,000에 처분하였으며, A회사는 20×2년 말에 동 토지를 외부의 제3자에게 ₩120,000에 처분하였다.

(4) 영업권은 20×2년 말까지 손상되지 않았으며, 비지배지분은 순자산공정가치에 비례적인 지분으로 측정한다.

물음1 20×2년 말의 연결재무제표 작성을 위한 연결조정분개를 제시하시오.

물음2 20×2년에 연결재무제표를 작성하는 경우 연결포괄손익계산서에 계상될 (1) 연결당기순이익, (2) 지배기업소유주 귀속 당기순이익, (3) 비지배지분순이익은 각각 얼마인가?

물음3 20×2년 말에 연결재무제표를 작성하는 경우 연결재무상태표에 계상될 비지배지분은 얼마인가?

해답　**물음1**

[투자주식과 자본계정의 상계제거]

구분	회계처리			
① 취득시점의 투자 · 자본 상계	(차) 자본금(B) 이익잉여금(B)[1] 영업권[2]	300,000 200,000 100,000	(대) 투자주식 비지배지분[3]	400,000 200,000[3]

[1] 20×1년 초 이익잉여금
[2] 영업권: ₩400,000 - (₩300,000 + ₩200,000) × 60% = ₩100,000
[3] 비지배지분: (₩300,000 + ₩200,000) × 40% = ₩200,000

구분	회계처리			
② 취득시점 이후 자본변동	(차) 이익잉여금(B)[1]	200,000	(대) 이익잉여금(A) 비지배지분	120,000 80,000

[1] 20×1년 이익잉여금 증가분(당기순이익)

[내부거래제거]

구분	회계처리			
③ 전기 미실현손익의 실현	(차) 이익잉여금(A) 비지배지분	12,000 8,000	(대) 유형자산처분이익	20,000[1]

[1] ₩100,000 - ₩80,000 = ₩20,000

[비지배지분순이익 계상]

구분	회계처리			
④ 비지배지분순이익 계상	(차) 이익잉여금	128,000	(대) 비지배지분	128,000[1]

[1] (₩300,000 + ₩20,000) × 40% = ₩128,000

물음2

	A회사	B회사	합계
보고된 당기순이익	₩600,000	₩300,000	₩900,000
투자차액의 상각	-	-	-
내부거래제거			
토지 실현손익	-	₩20,000	₩20,000
연결조정 후 당기순이익	₩600,000	₩320,000	₩920,000
∴ 연결당기순이익:	₩600,000 +	₩320,000 =	₩920,000
지배기업소유주 귀속 당기순이익:	₩600,000 +	₩320,000 × 60% =	₩792,000
비지배지분순이익:		₩320,000 × 40% =	₩128,000

물음 3

① 20×2년 말 B회사 순자산장부금액: ₩500,000 + ₩200,000 + ₩300,000 =		₩1,000,000
20×2년 말 투자차액 미상각잔액		-
20×2년 말 상향내부거래 미실현손익 잔액		-
② 20×2년 말 B회사 순자산공정가치		₩1,000,000
③ 비지배지분율		× 40%
④ 20×2년 말 비지배지분		₩400,000

05 토지 내부거래제거의 연결조정분개

토지는 당기에 미실현손익이 발생하면 외부의 제3자에게 처분하기 전까지 미실현손익이 고려되어야 하며, 외부의 제3자에게 처분하는 보고기간에 전액 실현된다. 이러한 경우의 토지 내부거래제거와 관련된 연결조정분개를 요약하면 다음과 같다.

[내부거래제거]

<당기미실현손익>

당기 미실현손익 제거	(차) 유형자산처분이익	×××	(대) 토지	×××

<전기 이전 미실현손익이 실현되지 않은 경우>

전기 미실현손익의 인식(하향)	(차) 이익잉여금(A)	×××	(대) 토지	×××
전기 미실현손익의 인식(상향)	(차) 이익잉여금(A)	×××	(대) 토지	×××
	비지배지분	×××		

<전기 이전 미실현손익이 실현된 경우>

당기 실현손익의 인식(하향)	(차) 이익잉여금(A)	×××	(대) 유형자산처분이익	×××
당기 실현손익의 인식(상향)	(차) 이익잉여금(A)	×××	(대) 유형자산처분이익	×××
	비지배지분	×××		

Ⅳ | 유형자산의 내부거래(2): 감가성 유형자산

01 감가성 유형자산의 내부거래제거

연결실체 내의 지배기업과 종속기업 간 건물, 기계장치 등의 감가성 유형자산의 내부거래가 발생한 경우 미실현손익의 조정과정은 재고자산과 토지의 미실현손익을 제거하는 경우와 거의 유사하다. 그러나 재고자산의 경우 미실현손익은 일반적으로 차기에 실현되어 두 보고기간에 걸쳐 조정되고, 토지의 미실현손익은 토지가 연결실체 외부로 판매될 때 조정되지만, 감가성 유형자산의 경우에는 내용연수에 걸쳐 사용하면서 감가상각이 종료되는 시점 또는 연결실체 외부로 판매되는 시점까지 연결재무제표에 영향을 미치게 된다.

사례 1

당기에 건물의 미실현손익이 존재하는 경우
20×1년 1월 1일 A회사는 B회사의 주식을 60% 취득하여 지배력을 획득하였다. A회사는 20×1년 초에 장부금액 ₩80,000인 건물을 B회사에 ₩100,000에 처분하였으며, B회사는 20×1년 말에 동 건물을 보유 중이다. A회사와 B회사는 모두 잔존내용연수 10년, 잔존가치는 없으며 정액법으로 감가상각한다. 이와 관련된 별도재무제표상 회계처리와 연결조정분개는 다음과 같다.

[별도재무제표상 회계처리]

구분	A회사		B회사	
20×1년 초	(차) 현금　　　　　　　 100,000 　(대) 건물　　　　　　　　 80,000　　　　 유형자산처분이익　　 20,000		(차) 건물　　　　　　　 100,000 　(대) 현금　　　　　　　　 100,000	
20×1년 말			(차) 감가상각비　　　　 10,000 　(대) 감가상각누계액　　 10,000	

구분	연결재무제표		별도재무제표	
20×1년 초	건물	₩80,000	건물	₩100,000
	감가상각누계액	₩0	감가상각누계액	₩0
	계	₩80,000	계	₩100,000
감가상각비	₩80,000 ÷ 10년 =	₩8,000	₩100,000 ÷ 10년 =	₩10,000
20×1년 말	건물	₩80,000	건물	₩100,000
	감가상각누계액	₩(8,000)	감가상각누계액	₩(10,000)
	계	₩72,000	계	₩90,000

건물 내부거래	(차) 유형자산처분이익	20,000	(대) 건물	20,000
	(차) 감가상각누계액	2,000	(대) 감가상각비	2,000

연결실체 간 건물, 기계장치 등의 감가성 유형자산의 거래로 인하여 발생한 미실현손익은 제거함과 동시에 내부거래로 인하여 과대·과소 보고된 장부금액의 변동에 따라 발생하는 감가상각에 대한 영향도 고려되어야 한다. [사례 1]에서 A회사가 건물을 보유하고 있을 경우 매년 감가상각비를 ₩8,000(= ₩80,000 ÷ 10년)으로 인식하나, B회사에 ₩100,000에 매각하였으므로 B회사는 매년 ₩10,000(= ₩100,000 ÷ 10년)의 감가상각비를 인식하게 된다. 이는 내부거래가 없었을 경우 감가상각비 ₩8,000보다 ₩2,000이 많은 금액이며, 해당 자산이 수익창출활동을 통하여 미실현손익이 ₩2,000만큼 실현되었음을 의미한다. 즉, 비상각 유형자산의 내부거래로 인한 미실현손익은 연결실체 외부로 판매되어야 실현되지만 감가성 유형자산의 내부거래로 인한 미실현손익은 연결실체 외부로 판매되는 경우뿐만 아니라 감가상각을 통해서도 실현이 된다. 이러한 미실현손익이 실현손익이 되는 과정은 건물의 잔존내용연수 10년 동안 매년 ₩2,000의 감가상각비를 감소시키는 연결조정분개를 수행하면서 이루어진다.

① 건물의 총 미실현손익 = 처분금액 − 장부금액
② 건물의 당기 실현손익 = 총 미실현손익 × 1년/잔존내용연수

사례 2

차기에 건물의 미실현손익이 존재하는 경우

20×1년 1월 1일 A회사는 B회사의 주식 60%를 취득하여 지배력을 획득하였다. A회사는 20×1년 초에 장부금액 ₩80,000인 건물을 B회사에 ₩100,000에 처분하였으며, B회사는 20×2년 말에 동 건물을 보유 중이다. A회사와 B회사는 모두 잔존내용연수 10년, 잔존가치는 없으며 정액법으로 감가상각한다. 이와 관련된 20×2년 말의 별도재무제표상 회계처리와 연결조정분개는 다음과 같다.

[별도재무제표상 회계처리]

구분	A회사		B회사	
20×1년 초	(차) 현금　　　　　　　100,000 　(대) 건물　　　　　　　80,000 　　　유형자산처분이익　20,000		(차) 건물　　　　　　　100,000 　(대) 현금　　　　　　　100,000	
20×1년 말			(차) 감가상각비　　　　10,000 　(대) 감가상각누계액　　10,000	
20×2년 말			(차) 감가상각비　　　　10,000 　(대) 감가상각누계액　　10,000	

구분	연결재무제표		별도재무제표	
20×1년 초	건물	₩80,000	건물	₩100,000
	감가상각누계액	₩0	감가상각누계액	₩0
	계	₩80,000	계	₩100,000
감가상각비	₩80,000 ÷ 10년 =	₩8,000	₩100,000 ÷ 10년 =	₩10,000
20×1년 말	건물	₩80,000	건물	₩100,000
	감가상각누계액	₩(8,000)	감가상각누계액	₩(10,000)
	계	₩72,000	계	₩90,000
감가상각비	₩80,000 ÷ 10년 =	₩8,000	₩100,000 ÷ 10년 =	₩10,000
20×2년 말	건물	₩80,000	건물	₩100,000
	감가상각누계액	₩(16,000)	감가상각누계액	₩(20,000)
	계	₩64,000	계	₩80,000

[연결조정분개]

	(차) 이익잉여금	18,000	(대) 건물	20,000
건물 내부거래	감가상각누계액	2,000		
	(차) 감가상각누계액	2,000	(대) 감가상각비	2,000

감가성 유형자산인 건물로 인해 발생한 미실현손익은 20×1년 말 연결정산표상에서만 제거되었고 별도재무제표에는 반영되지 않았기 때문에 20×2년 말 A회사와 B회사의 재무제표를 단순합산하는 경우 건물(순액)과 이익잉여금이 ₩18,000만큼 과대계상된 상태이다. 따라서 건물(순액)과 이익잉여금의 과대계상분 ₩18,000을 제거하는 연결조정분개가 필요하다. 또한, 건물의 잔존내용연수 10년 동안 매년 ₩2,000의 감가상각비를 감소시키는 연결조정분개를 수행하여야 한다.

──| 사례 3 |──

차기에 건물의 미실현손익이 실현되는 경우

20×1년 1월 1일 A회사는 B회사의 주식을 60% 취득하여 지배력을 획득하였다. A회사는 20×1년 초에 장부금액 ₩80,000인 건물을 B회사에 ₩100,000에 처분하였으며, B회사는 20×2년 말에 동 건물을 외부의 제3자에게 ₩120,000에 처분하였다. A회사와 B회사는 모두 잔존내용연수 10년, 잔존가치는 없으며 정액법으로 감가상각한다. 이와 관련된 20×2년 말의 별도재무제표상 회계처리와 연결조정분개는 다음과 같다.

[별도재무제표상 회계처리]

구분	A회사		B회사	
20×1년 초	(차) 현금	100,000	(차) 건물	100,000
	(대) 건물	80,000	(대) 현금	100,000
	유형자산처분이익	20,000		
20×1년 말		.	(차) 감가상각비	10,000
			(대) 감가상각누계액	10,000
20×2년 말			(차) 감가삼각비	10,000
			(대) 감가상각누계액	10,000
			(차) 현금	120,000
			감가상각누계액	20,000
			(대) 건물	100,000
			유형자산처분이익	40,000

구분	연결재무제표		별도재무제표	
20×1년 초	건물	₩80,000	건물	₩100,000
	감가상각누계액	₩0	감가상각누계액	₩0
	계	₩80,000	계	₩100,000
감가상각비	₩80,000 ÷ 10년 =	₩8,000	₩100,000 ÷ 10년 =	₩10,000
20×1년 말	건물	₩80,000	건물	₩100,000
	감가상각누계액	₩(8,000)	감가상각누계액	₩(10,000)
	계	₩72,000	계	₩90,000
감가상각비	₩80,000 ÷ 10년 =	₩8,000	₩100,000 ÷ 10년 =	₩10,000
20×2년 말	건물	₩80,000	건물	₩100,000
	감가상각누계액	₩(16,000)	감가상각누계액	₩(20,000)
	계	₩64,000	계	₩80,000
20×2년 말 처분 시	(차) 현금	120,000	(차) 현금	120,000
	감가상각누계액	16,000	감가상각누계액	20,000
	(대) 건물	80,000	(대) 건물	100,000
	유형자산처분이익	56,000	유형자산처분이익	40,000

[연결조정분개: 총액]

건물 내부거래	(차) 이익잉여금	18,000	(대) 건물		20,000
	감가상각누계액	2,000			
	(차) 감가상각누계액	2,000	(대) 감가상각비		2,000
	(차) 건물	20,000	(대) 감가상각누계액		4,000
			유형자산처분이익		16,000

[연결조정분개: 순액]

건물 내부거래	(차) 이익잉여금	18,000	(대) 감가상각비		2,000
			유형자산처분이익		16,000

감가성 유형자산인 건물로 인해 발생한 미실현손익은 20×1년 말 현재 ₩18,000이며, 20×2년 중 ₩2,000은 감가상각비를 통하여 실현되며, 나머지 ₩16,000은 처분을 통하여 미실현손익이 일시에 실현된다.

[그림 4-2] 유형자산 내부거래 미실현손익(사례 1, 2, 3)

02 하향거래

하향거래(Downstream Transactions)는 지배기업이 종속기업에게 감가성 유형자산을 매각하는 거래를 말하며, 하향거래의 미실현손익은 전액 제거하여 지배기업소유주 귀속 당기순이익에 귀속시킨다.

예제 6 감가성 유형자산의 내부거래: 하향거래

20×1년 1월 1일에 A회사는 B회사의 의결권이 있는 주식 60%를 ₩400,000에 취득하여 지배력을 획득하였다. 취득 시 B회사의 순자산장부금액은 ₩500,000(자본금 ₩300,000, 이익잉여금 ₩200,000)이었으며 B회사의 식별할 수 있는 자산·부채의 장부금액과 공정가치는 일치하였다.

(1) A회사는 20×1년에 ₩400,000과 20×2년에 ₩600,000의 당기순이익을 보고하였다.

(2) B회사는 20×1년에 ₩200,000과 20×2년에 ₩300,000의 당기순이익을 보고하였으며, 이 기간 중 당기순이익을 제외한 자본의 변동은 없었다.

(3) 20×1년 초에 A회사는 B회사에 장부금액 ₩80,000(취득원가 ₩100,000, 감가상각누계액 ₩20,000)의 건물을 ₩120,000에 처분하였다. 건물은 A회사와 B회사 모두 잔존내용연수 10년, 잔존가치는 없고 정액법으로 감가상각하고 있다.

(4) 영업권은 20×2년 말까지 손상되지 않았으며, 비지배지분은 순자산공정가치에 비례적인 지분(몫)으로 측정한다.

물음1 20×1년 말과 20×2년 말의 연결재무제표 작성을 위한 연결조정분개를 제시하시오.

물음2 20×1년과 20×2년에 연결재무제표를 작성하는 경우 연결포괄손익계산서에 계상될 (1) 연결당기순이익, (2) 지배기업소유주 귀속 당기순이익, (3) 비지배지분순이익은 각각 얼마인가?

물음3 20×1년 말과 20×2년 말에 연결재무제표를 작성하는 경우 연결재무상태표에 계상될 비지배지분은 각각 얼마인가?

해답 **물음1**

1. 20×1년 말 연결조정분개

[투자주식과 자본계정의 상계제거]

구분	회계처리			
① 취득시점의 투자·자본 상계	(차) 자본금(B)	300,000	(대) 투자주식	400,000
	이익잉여금(B)	200,000[1]	비지배지분	200,000[3]
	영업권	100,000[2]		

[1] 20×1년 초 이익잉여금
[2] 영업권: ₩400,000 - (₩300,000 + ₩200,000) × 60% = ₩100,000
[3] 비지배지분: (₩300,000 + ₩200,000) × 40% = ₩200,000

[내부거래제거]

구분	회계처리			
② 당기 미실현손익 제거	(차) 유형자산처분이익	40,000[1]	(대) 건물	20,000
			감가상각누계액	20,000
	(차) 감가상각누계액	4,000	(대) 감가상각비	4,000[2]

[1] ₩120,000 - ₩80,000 = ₩40,000
[2] ₩40,000/10년 = ₩4,000

[비지배지분순이익 계상]

구분	회계처리			
③ 비지배지분순이익 계상	(차) 이익잉여금	80,000	(대) 비지배지분	80,000[1]

[1] ₩200,000 × 40% = ₩80,000

2. 20×2년 말 연결조정분개

[투자주식과 자본계정의 상계제거]

구분	회계처리			
① 취득시점의 투자·자본 상계	(차) 자본금(B)	300,000	(대) 투자주식	400,000
	이익잉여금(B)	200,000[1]	비지배지분	200,000[3]
	영업권	100,000[2]		
② 취득시점 이후 자본변동	(차) 이익잉여금(B)	200,000[1]	(대) 이익잉여금(A)	120,000
			비지배지분	80,000

① [1] 20×1년 초 이익잉여금
[2] 영업권: ₩400,000 - (₩300,000 + ₩200,000) × 60% = ₩100,000
[3] 비지배지분: (₩300,000 + ₩200,000) × 40% = ₩200,000

② [1] 20×1년 이익잉여금 증가분(당기순이익)

[내부거래제거]

구분	회계처리			
③ 전기 미실현손익의 인식	(차) 이익잉여금(A)	36,000[1]	(대) 건물	20,000
			감가상각누계액	16,000
	(차) 감가상각누계액	4,000	(대) 감가상각비	4,000[2]

[1] ₩40,000 × 9년/10년 = ₩36,000
[2] ₩40,000/10년 = ₩4,000

[비지배지분순이익 계상]

구분	회계처리			
④ 비지배지분순이익 계상	(차) 이익잉여금	120,000	(대) 비지배지분	120,000[1]

[1] ₩300,000 × 40% = ₩120,000

물음 2

1. 20×1년 연결당기순이익

	A회사	B회사	합계
보고된 당기순이익	₩400,000	₩200,000	₩600,000
투자차액의 상각	-	-	-
내부거래제거			
건물 미실현손익	₩(40,000)	-	₩(40,000)
건물 실현손익	₩4,000	-	₩4,000
연결조정 후 당기순이익	₩364,000	₩200,000	₩564,000

∴ 연결당기순이익: ₩364,000 + ₩200,000 = ₩564,000

지배기업소유주 귀속 당기순이익: ₩364,000 + ₩200,000 × 60% = ₩484,000

비지배지분순이익: ₩200,000 × 40% = ₩80,000

2. 20×2년 연결당기순이익

	A회사	B회사	합계
보고된 당기순이익	₩600,000	₩300,000	₩900,000
투자차액의 상각	-	-	-
내부거래제거			
건물 실현손익	₩4,000	-	₩4,000
연결조정 후 당기순이익	₩604,000	₩300,000	₩904,000

∴ 연결당기순이익: ₩604,000 + ₩300,000 = ₩904,000
지배기업소유주 귀속 당기순이익: ₩604,000 + ₩300,000 × 60% = ₩784,000
비지배지분순이익: ₩300,000 × 40% = ₩120,000

물음 3

1. 20×1년 말 비지배지분

① 20×1년 말 B회사 순자산장부금액: ₩500,000 + ₩200,000 =	₩700,000
20×1년 말 투자차액 미상각잔액	-
20×1년 말 상향내부거래 미실현손익 잔액	-
② 20×1년 말 B회사 순자산공정가치	₩700,000
③ 비지배지분율	× 40%
④ 20×1년 말 비지배지분	₩280,000

2. 20×2년 말 비지배지분

① 20×2년 말 B회사 순자산장부금액: ₩500,000 + ₩200,000 + ₩300,000 =	₩1,000,000
20×2년 말 투자차액 미상각잔액	-
20×2년 말 상향내부거래 미실현손익 잔액	-
② 20×2년 말 B회사 순자산공정가치	₩1,000,000
③ 비지배지분율	× 40%
④ 20×2년 말 비지배지분	₩400,000

해설 건물의 내부거래제거

구분	연결재무제표		별도재무제표	
20×1년 초	건물	₩100,000	건물	₩120,000
	감가상각누계액	₩(20,000)	감가상각누계액	₩0
	계	₩80,000	계	₩120,000
감가상각비	₩80,000 ÷ 10년 =	₩8,000	₩120,000 ÷ 10년 =	₩12,000
20×1년 말	건물	₩100,000	건물	₩120,000
	감가상각누계액	₩(28,000)	감가상각누계액	₩(12,000)
	계	₩72,000	계	₩108,000
감가상각비	₩80,000 ÷ 10년 =	₩8,000	₩120,000 ÷ 10년 =	₩12,000
20×2년 말	건물	₩100,000	건물	₩120,000
	감가상각누계액	₩(36,000)	감가상각누계액	₩(24,000)
	계	₩64,000	계	₩96,000

03 상향거래

상향거래(Upstream Transactions)는 종속기업이 지배기업에게 감가성 유형자산을 매각하는 거래를 말하며, 상향거래의 미실현손익은 전액 제거하지만 이를 지배기업소유주 귀속 당기순이익과 비지배지분순이익에 배분하여 반영해야 한다. 종속기업의 보고된 당기순이익이 내부거래가 발생함에 따라 과대계상 또는 과소계상되었을 경우에는 내부거래와 관련된 미실현손익을 제거한 연결조정 후 당기순이익 금액을 기초로 하여 지배기업 소유주지분과 비지배지분에 배분해 주어야 한다.

예제 7 감가성 유형자산의 내부거래: 상향거래

20×1년 1월 1일에 A회사는 B회사의 의결권이 있는 주식 60%를 ₩400,000에 취득하여 지배력을 획득하였다. 취득 시 B회사의 순자산장부금액은 ₩500,000(자본금 ₩300,000, 이익잉여금 ₩200,000)이었으며 B회사의 식별가능한 자산·부채의 장부금액과 공정가치는 일치하였다.

(1) A회사는 20×1년에 ₩400,000과 20×2년에 ₩600,000의 당기순이익을 보고하였다.
(2) B회사는 20×1년에 ₩200,000과 20×2년에 ₩300,000의 당기순이익을 보고하였으며, 이 기간 중 당기순이익을 제외한 자본의 변동은 없었다.
(3) 20×1년 초에 B회사는 A회사에 장부금액 ₩80,000(취득원가 ₩100,000, 감가상각누계액 ₩20,000)의 건물을 ₩120,000에 처분하였다. 건물은 A회사와 B회사 모두 잔존내용연수 10년, 잔존가치는 없고 정액법으로 감가상각하고 있다.
(4) 영업권은 20×2년 말까지 손상되지 않았으며, 비지배지분은 순자산공정가치에 비례적인 지분(몫)으로 측정한다.

물음1 20×1년 말과 20×2년 말의 연결재무제표 작성을 위한 연결조정분개를 제시하시오.

물음2 20×1년과 20×2년에 연결재무제표를 작성하는 경우 연결포괄손익계산서에 계상될 (1) 연결당기순이익, (2) 지배기업소유주 귀속 당기순이익, (3) 비지배지분순이익은 각각 얼마인가?

물음3 20×1년 말과 20×2년 말에 연결재무제표를 작성하는 경우 연결재무상태표에 계상될 비지배지분은 각각 얼마인가?

해답 물음1

1. 20×1년 말 연결조정분개

[투자주식과 자본계정의 상계제거]

구분	회계처리			
① 취득시점의 투자 · 자본 상계	(차) 자본금(B) 이익잉여금(B) 영업권	300,000 200,000[1] 100,000[2]	(대) 투자주식 비지배지분	400,000 200,000[3]

[1] 20×1년 초 이익잉여금
[2] 영업권: ₩400,000 - (₩300,000 + ₩200,000) × 60% = ₩100,000
[3] 비지배지분: (₩300,000 + ₩200,000) × 40% = ₩200,000

[내부거래제거]

구분	회계처리			
② 당기 미실현손익 제거	(차) 유형자산처분이익	40,000[1]	(대) 건물 감가상각누계액	20,000 20,000
	(차) 감가상각누계액	4,000	(대) 감가상각비	4,000[2]

[1] ₩120,000 - ₩80,000 = ₩40,000
[2] ₩40,000/10년 = ₩4,000

[비지배지분순이익 계상]

구분	회계처리			
③ 비지배지분순이익 계상	(차) 이익잉여금	65,600	(대) 비지배지분	65,600[1]

[1] (₩200,000 - ₩40,000 + ₩4,000) × 40% = ₩65,600

2. 20×2년 말 연결조정분개

[투자주식과 자본계정의 상계제거]

구분	회계처리			
① 취득시점의 투자 · 자본 상계	(차) 자본금(B) 이익잉여금(B) 영업권 [1] 20×1년 초 이익잉여금 [2] 영업권: ₩400,000 - (₩300,000 + ₩200,000) × 60% = ₩100,000 [3] 비지배지분: (₩300,000 + ₩200,000) × 40% = ₩200,000	300,000 200,000[1] 100,000[2]	(대) 투자주식 비지배지분	400,000 200,000[3]
② 취득시점 이후 자본변동	(차) 이익잉여금(B) [1] 20×1년 이익잉여금 증가분(당기순이익)	200,000[1]	(대) 이익잉여금(A) 비지배지분	120,000 80,000

[내부거래제거]

구분	회계처리			
③ 전기 미실현손익의 인식	(차) 이익잉여금(A) 비지배지분	21,600 14,400	(대) 건물 감가상각누계액	20,000 16,000
	(차) 감가상각누계액	4,000	(대) 감가상각비	4,000[1]

[1] ₩40,000/10년 = ₩4,000

[비지배지분순이익 계상]

구분	회계처리			
④ 비지배지분순이익 계상	(차) 이익잉여금	121,600	(대) 비지배지분	121,600[1]

[1] (₩300,000 + ₩4,000) × 40% = ₩121,600

물음 2

1. 20×1년 연결당기순이익

	A회사	B회사	합계
보고된 당기순이익	₩400,000	₩200,000	₩600,000
투자차액의 상각	-	-	-
내부거래제거			
건물 미실현손익	-	₩(40,000)	₩(40,000)
건물 실현손익	-	₩4,000	₩4,000
연결조정 후 당기순이익	₩400,000	₩164,000	₩564,000

∴ 연결당기순이익:　₩400,000　+　₩164,000　=　₩564,000

　지배기업소유주 귀속 당기순이익:　₩400,000　+　₩164,000 × 60%　=　₩498,400

　비지배지분순이익:　₩164,000 × 40%　=　₩65,600

2. 20×2년 연결당기순이익

	A회사	B회사	합계
보고된 당기순이익	₩600,000	₩300,000	₩900,000
투자차액의 상각	-	-	-
내부거래제거			
건물 실현손익	-	₩4,000	₩4,000
연결조정 후 당기순이익	₩600,000	₩304,000	₩904,000

∴ 연결당기순이익:　₩600,000　+　₩304,000　=　₩904,000

　지배기업소유주 귀속 당기순이익:　₩600,000　+　₩304,000 × 60%　=　₩782,400

　비지배지분순이익:　₩304,000 × 40%　=　₩121,600

물음 3

1. 20×1년 말 비지배지분

① 20×1년 말 B회사 순자산장부금액: ₩500,000 + ₩200,000 =	₩700,000
20×1년 말 투자차액 미상각잔액	-
20×1년 말 상향내부거래 미실현손익 잔액: ₩40,000 × 9년/10년 =	₩(36,000)
② 20×1년 말 B회사 순자산공정가치	₩664,000
③ 비지배지분율	× 40%
④ 20×1년 말 비지배지분	₩265,600

2. 20×2년 말 비지배지분

① 20×2년 말 B회사 순자산장부금액: ₩500,000 + ₩200,000 + ₩300,000 =	₩1,000,000
20×2년 말 투자차액 미상각잔액	-
20×2년 말 상향내부거래 미실현손익 잔액: ₩40,000 × 8년/10년 =	₩(32,000)
② 20×2년 말 B회사 순자산공정가치	₩968,000
③ 비지배지분율	× 40%
④ 20×2년 말 비지배지분	₩387,200

04 감가성 유형자산 내부거래제거의 기타사항

(1) 감가성 유형자산의 조기처분

연결실체 내에서 감가성 유형자산인 건물을 매입한 회사가 건물을 조기에 처분하는 경우가 있는데, 이러한 경우에는 내부거래가 발생한 시점의 총 미실현손익에서 감가상각을 통하여 실현된 손익을 제외한 미실현손익의 잔액을 일시에 실현손익으로 인식하여야 한다.

예제 8   감가성 유형자산의 조기처분: 상향거래

20×1년 1월 1일에 A회사는 B회사의 의결권이 있는 주식 60%를 ₩400,000에 취득하여 지배력을 획득하였다. 취득 시 B회사의 순자산장부금액은 ₩500,000(자본금 ₩300,000, 이익잉여금 ₩200,000)이었으며 B회사의 식별할 수 있는 자산·부채의 장부금액과 공정가치는 일치하였다.

> (1) A회사는 20×1년에 ₩400,000과 20×2년에 ₩600,000의 당기순이익을 보고하였다.
> (2) B회사는 20×1년에 ₩200,000과 20×2년에 ₩300,000의 당기순이익을 보고하였으며, 이 기간 중 당기순이익을 제외한 자본의 변동은 없었다.
> (3) 20×1년 초에 B회사는 A회사에 장부금액 ₩80,000(취득원가 ₩100,000, 감가상각누계액 ₩20,000)의 건물을 ₩120,000에 처분하였다. 건물은 A회사와 B회사 모두 잔존내용연수 10년, 잔존가치는 없고 정액법으로 감가상각하고 있다. B회사는 20×2년 말에 외부의 제3자에게 동 건물을 ₩150,000에 처분하였다.
> (4) 영업권은 20×2년 말까지 손상되지 않았으며, 비지배지분은 순자산공정가치에 비례적인 지분(몫)으로 측정한다.

물음 1   20×2년 말의 연결재무제표 작성을 위한 연결조정분개를 제시하시오.

물음 2   20×2년에 연결재무제표를 작성하는 경우 연결포괄손익계산서에 계상될 (1) 연결당기순이익, (2) 지배기업소유주 귀속 당기순이익, (3) 비지배지분순이익은 각각 얼마인가?

물음 3   20×2년 말에 연결재무제표를 작성하는 경우 연결재무상태표에 계상될 비지배지분은 각각 얼마인가?

해답 **물음 1**

[투자주식과 자본계정의 상계제거]

구분	회계처리			
① 취득시점의 투자·자본 상계	(차) 자본금(B)	300,000	(대) 투자주식	400,000
	이익잉여금(B)	200,000[1]	비지배지분	200,000[3]
	영업권	100,000[2]		
	[1] 20×1년 초 이익잉여금			
	[2] 영업권: ₩400,000 − (₩300,000 + ₩200,000) × 60% = ₩100,000			
	[3] 비지배지분: (₩300,000 + ₩200,000) × 40% = ₩200,000			
② 취득시점 이후 자본변동	(차) 이익잉여금(B)	200,000[1]	(대) 이익잉여금(A)	120,000
			비지배지분	80,000
	[1] 20×1년 이익잉여금 증가분(당기순이익)			

[내부거래제거]

구분	회계처리			
③ 전기 미실현손익의 실현	(차) 이익잉여금(A)	21,600	(대) 감가상각비	4,000
	비지배지분	14,400	유형자산처분이익	32,000[1]

[1] 내부거래된 건물이 20×2년 말에 외부판매됨에 따라 20×2년 말 현재 미실현이익 ₩32,000(₩40,000 × 8년/10년)을 실현이익으로 인식함

[비지배지분순이익 계상]

구분	회계처리			
④ 비지배지분순이익 계상	(차) 이익잉여금	134,400	(대) 비지배지분	134,400[1]

[1] (₩300,000 + ₩4,000 + ₩32,000) × 40% = ₩134,400

물음 2

	A회사	B회사	합계
보고된 당기순이익	₩600,000	₩300,000	₩900,000
투자차액의 상각	−	−	−
내부거래제거			
건물 실현손익(감가상각비)	−	₩4,000	₩4,000
건물 실현손익(처분이익)	−	₩32,000	₩32,000
연결조정 후 당기순이익	₩600,000	₩336,000	₩936,000

∴ 연결당기순이익:　　　　　　　　　₩600,000 +　　　　₩336,000 =　　₩936,000

　　지배기업소유주 귀속 당기순이익:　₩600,000 + ₩336,000 × 60% =　₩801,600

　　비지배지분순이익:　　　　　　　　　　　　　　₩336,000 × 40% =　₩134,400

물음 3

① 20×2년 말 B회사 순자산장부금액: ₩500,000 + ₩200,000 + ₩300,000 =		₩1,000,000
20×2년 말 투자차액 미상각잔액		-
20×2년 말 상향내부거래 미실현손익 잔액		-
② 20×2년 말 B회사 순자산공정가치		₩1,000,000
③ 비지배지분율		× 40%
④ 20×2년 말 비지배지분		₩400,000

[그림 4-3] 유형자산 내부거래 미실현손익(예제 6, 7, 8)

(2) 감가성 유형자산의 손상차손과 내부거래제거

K-IFRS 제1110호 '연결재무제표'에서는 연결실체 내 기업 간의 거래와 관련된 연결실체 내의 자산, 부채, 자본, 수익, 비용, 현금흐름은 모두 제거하며, 재고자산이나 유형자산과 같이 자산으로 인식된 연결실체의 내부거래에서 발생한 손익은 모두 제거한다. 또한 연결실체 내의 거래에서 발생한 손실은 연결재무제표에 인식해야 하는 자산손상의 징후일 수 있다고 규정하고 있다.

연결실체 내에서 감가성 유형자산을 구입한 회사가 보고기간 말에 동 유형자산에 대하여 손상차손을 인식하는 경우가 있다. 이러한 경우 미실현손익은 다음과 같이 제거해야 한다.

① 유형자산의 손상차손을 인식하여 미실현이익이 감소한 금액만큼은 연결조정 시 제거할 필요가 없다.

사례 1

20×1년 1월 1일 A회사는 B회사의 주식 60%를 취득하여 지배력을 획득하였다. A회사는 20×1년 초에 장부금액 ₩100,000인 건물을 B회사에 ₩150,000에 처분하였으며, B회사는 20×1년 말에 동 건물에 대하여 손상검사를 실시하여 건물을 ₩110,000으로 측정한 경우 연결조정분개는 다음과 같다. 단, A회사와 B회사 모두 잔존내용연수 10년, 잔존가치는 없으며 정액법으로 감가상각한다.

구분	회계처리				
당기	(차) 유형자산처분이익	50,000	(대) 건물	50,000
미실현손익	감가상각누계액	5,000	감가상각비	5,000
제거	손상차손누계액	25,000	유형자산손상차손	25,000

구분	연결재무제표		별도재무제표	
20×1년 초	건물(장부금액)	₩100,000	건물(장부금액)	₩150,000
20×1년	감가상각비	₩(10,000)	감가상각비	₩(15,000)
			유형자산손상차손	₩(25,000)
20×1년 말	건물(장부금액)	₩90,000	건물(장부금액)	₩110,000

미실현이익은 ₩50,000이었으나 B회사의 감가상각과 유형자산손상차손의 인식에 의하여 각각 ₩5,000과 ₩25,000의 미실현이익이 실현되었으므로 남은 미실현이익 잔액 ₩20,000만 연결재무제표 작성 시 제거되어야 한다.

② 유형자산의 손상차손을 인식하여 미실현이익이 전액 감소한 경우에는 연결조정 시 제거할 미실현손익은 없다.

─ 사례 2 ─

20×1년 1월 1일 A회사는 B회사의 주식 60%를 취득하여 지배력을 획득하였다. A회사는 20×1년 초에 장부금액 ₩100,000인 건물을 B회사에 ₩150,000에 처분하였으며, A회사는 20×1년 말에 동 건물에 대하여 손상검사를 실시하여 건물을 ₩80,000으로 측정한 경우 연결조정분개는 다음과 같다. 단, A회사와 B회사 모두 잔존내용연수 10년, 잔존가치는 없으며 정액법으로 감가상각한다.

구분	회계처리			
당기	(차) 유형자산처분이익	50,000	(대) 건물	50,000
미실현손익	감가상각누계액	5,000	감가상각비	5,000
제거	손상차손누계액	45,000	유형자산손상차손	45,000

구분	연결재무제표		별도재무제표	
20×1년 초	건물(장부금액)	₩100,000	건물(장부금액)	₩150,000
20×1년	감가상각비	₩(10,000)	감가상각비	₩(15,000)
	유형자산손상차손	₩(10,000)	유형자산손상차손	₩(55,000)
20×1년 말	건물(장부금액)	₩80,000	건물(장부금액)	₩80,000

미실현이익은 ₩50,000이었으나 B회사의 감가상각과 유형자산손상차손의 인식에 의하여 각각 ₩5,000과 ₩45,000의 미실현이익이 감소되어 미실현이익이 전액 실현되었으므로 연결재무제표 작성 시 미실현이익을 제거해서는 안 된다. 따라서 연결재무제표에 보고될 건물은 B회사가 별도재무제표에 계상한 ₩80,000으로 표시된다.

05 감가성 유형자산 내부거래제거의 연결조정분개

건물, 기계장치 비품 등의 감가성 유형자산은 당기에 미실현손익이 발생하면 외부의 제3자에게 처분하기 전까지 미실현손익이 고려되어야 하며, 감가상각을 통하여 일부 미실현이익이 실현되다가 외부의 제3자에게 처분하는 보고기간에 남아있는 미실현손익의 잔액이 전액 실현된다. 이러한 경우의 감가성 유형자산의 내부거래제거와 관련된 연결조정분개를 요약하면 다음과 같다.

[내부거래제거]

<당기미실현손익>

당기 미실현손익 제거	(차) 유형자산처분이익	×××	(대) 건물	×××
			감가상각누계액	×××
	(차) 감가상각누계액	×××	(대) 감가상각비	×××

<전기 이전 미실현손익이 실현되지 않은 경우>

전기 미실현손익의 인식(하향)	(차) 이익잉여금(A)	×××	(대) 건물	×××
			감가상각누계액	×××
	(차) 감가상각누계액	×××	(대) 감가상각비	×××
전기 미실현손익의 인식(상향)	(차) 이익잉여금(A)	×××	(대) 건물	×××
	비지배지분	×××	감가상각누계액	×××
	(차) 감가상각누계액	×××	(대) 감가상각비	×××

<전기 이전 미실현손익이 실현된 경우>

당기 실현손익의 인식(하향)	(차) 이익잉여금(A)	×××	(대) 감가상각비	×××
			유형자산처분이익	×××
당기 실현손익의 인식(상향)	(차) 이익잉여금(A)	×××	(대) 감가상각비	×××
	비지배지분	×××	유형자산처분이익	×××

V | 사채의 내부거래

01 사채의 내부거래제거

한 연결대상기업이 발행한 사채를 다른 연결대상기업이 매입했을 경우 별도재무제표에서는 상각후원가측정금융자산(또는 당기손익공정가치측정금융자산, 기타포괄손익공정가치측정금융자산)으로 기록되지만 연결실체의 관점에서는 자기가 발행한 사채를 자기가 매입한 것이 되므로 자기사채가 된다. K-IFRS에서는 자기사채의 취득은 사채상환으로 처리하도록 규정하고 있다. 따라서 연결조정분개상 사채와 상각후원가측정금융자산을 상계제거하여야 하는데, 취득시점의 사채장부금액과 상각후원가측정금융자산의 취득금액에 차이가 발생하지 않을 경우에는 사채와 상각후원가측정금융자산, 이자수익과 이자비용을 상계제거만 하면 된다. 그러나 취득시점의 사채장부금액과 상각후원가측정금융자산의 취득가액에 차이가 발생할 경우 연결재무제표상 사채상환손익으로 인식해야 한다.

여기서 유의할 점은 사채상환손익은 사채발행회사가 부담해야 한다는 것이다. 사채발행에 의하여 사채상환손익이 발생하기 때문에 연결실체관점에서 발행회사에 귀속시켜야 법적인 형식보다는 경제적 실질에 부합하는 회계처리가 된다.

사례 1

상각후원가측정금융자산과 사채의 장부금액이 일치하는 경우

20×1년 1월 1일 A회사는 B회사의 주식 60%를 취득하여 지배력을 획득하였다. A회사는 20×1년 초에 액면가액 ₩100,000, 이자율 연 10% 매년 말 지급, 미상각사채할인발행차금 ₩5,000, 만기 20×5년 12월 31일인 사채가 있는데, B회사가 20×1년 초에 A회사의 사채 100%를 ₩95,000에 구입하여 상각후원가측정금융자산으로 회계처리하였다. 단, 사채할인발행차금과 상각후원가측정금융자산의 할인액은 정액법으로 상각한다고 가정한다. 이와 관련된 별도재무제표상 회계처리와 연결조정분개는 다음과 같다.

[별도재무제표상 회계처리]

A회사			B회사		
① 20×1년 초 장부금액			① 20×1년 초 취득 시		
사채		100,000	(차) 상각후원가측정금융자산	95,000	
사채할인발행차금		(5,000)	(대) 현금		95,000
계		95,000			
② 기말 이자지급 시			② 기말 이자수취 시		
(차) 이자비용	11,000		(차) 현금	10,000	
(대) 현금		10,000	상각후원가측정금융자산	1,000	
사채할인발행차금		1,000	(대) 이자수익		11,000
[20×1년 말]			[20×1년 말]		
사채		100,000	상각후원가측정금융자산		96,000
사채할인발행차금		(4,000)			
계		96,000			

[연결조정분개]

사채 내부거래	(차) 사채	100,000	(대) 상각후원가측정금융자산	95,000		
			사채할인발행차금	5,000		
	(차) 이자수익	11,000	(대) 이자비용	11,000		
	사채할인발행차금	1,000	상각후원가측정금융자산	1,000		

B회사가 A회사의 사채 100%를 ₩95,000에 취득한 경우에는 상각후원가측정금융자산의 구입가격과 사채의 장부금액이 동일하게 되어 사채상환손익은 발생되지 않는다. 따라서 사채와 상각후원가측정금융자산 및 이자수익과 이자비용을 상계제거만 하면 되므로 회계처리가 복잡하지 않다.

사례2

상각후원가측정금융자산과 사채의 장부금액이 일치하지 않는 경우

20×1년 1월 1일 A회사는 B회사의 주식 60%를 취득하여 지배력을 획득하였다. A회사는 20×1년 초에 액면가액 ₩100,000, 이자율 연 10% 매년 말 지급, 미상각사채할인발행차금 ₩5,000, 만기 20×5년 12월 31일인 사채가 있는데, B회사가 20×1년 초에 A회사의 사채 100%를 ₩90,000에 구입하여 상각후원가측정금융자산으로 회계처리하였다. 단, 사채할인발행차금과 상각후원가측정금융자산의 할인액은 정액법으로 상각한다고 가정한다. 이와 관련된 별도재무제표상 회계처리와 연결조정분개는 다음과 같다.

[별도재무제표상 회계처리]

A회사			B회사		
① 20×1년 초 장부금액			① 20×1년 초 취득 시		
사채		100,000	(차) 상각후원가측정금융자산	90,000	
사채할인발행차금		(5,000)	(대) 현금		90,000
계		95,000			
② 기말 이자지급 시			② 기말 이자수취 시		
(차) 이자비용		11,000	(차) 현금	10,000	
(대) 현금		10,000	상각후원가측정금융자산	2,000	
사채할인발행차금		1,000	(대) 이자수익		12,000
[20×1년 말]			[20×1년 말]		
사채		100,000	상각후원가측정금융자산		92,000
사채할인발행차금		(4,000)			
계		96,000			

[연결조정분개]

사채 내부거래	(차) 사채	100,000	(대) 상각후원가측정금융자산	90,000
			사채할인발행차금	5,000
			사채상환이익	5,000
	(차) 이자수익	12,000	(대) 이자비용	11,000
	사채할인발행차금	1,000	상각후원가측정금융자산	2,000

B회사가 A회사의 사채 100%를 ₩90,000에 취득한 경우 취득시점의 사채장부금액과 상각후원가측정금융자산의 취득금액이 일치하지 않으므로 사채상환손익이 발생한다. 연결조정분개 시 A회사의 장부금액 ₩95,000의 사채를 ₩90,000에 B회사가 구입하였으므로 연결실체 관점에서는 사채를 상환한 것이므로 ₩5,000의 사채상환이익을 인식해야 한다. 또한, 각 회사는 사채와 관련하여 ₩12,000의 이자수익과 ₩11,000의 이자비용을 연결조정분개 시 제거해야 하는데 이 차액 ₩1,000은 사채상환이익이 잔여만기 5년 동안 실현되는 과정으로 볼 수 있다.

---

① 사채의 총 미실현손익(사채상환손익) = 사채의 장부금액 - 상각후원가측정금융자산의 취득금액
② 사채의 당기 실현손익 = 총 미실현손익 × 1년/잔여만기

[그림 4-4] 사채 내부거래 미실현손익(사례 2)

02 하향거래

사채의 내부거래는 연결실체입장에서 자기사채의 취득으로 간주하므로 연결재무제표상 사채상환손익을 인식하게 되는데, 사채상환손익은 사채발행회사로 인하여 발생한 손익이므로 사채를 발행한 회사를 파악하여 하향거래와 상향거래를 구분하여야 한다. 즉, 하향거래(Downstream Transactions)는 지배기업이 발행한 사채를 종속기업이 구입한 경우를 말하며, 하향거래의 미실현손익은 전액 제거하여 지배기업소유주 귀속 당기순이익에 귀속시킨다.

예제 9 사채의 내부거래: 하향거래

20×1년 1월 1일에 A회사는 B회사의 의결권이 있는 주식 60%를 ₩400,000에 취득하여 지배력을 획득하였다. 취득 시 B회사의 순자산장부금액은 ₩500,000(자본금 ₩300,000, 이익잉여금 ₩200,000)이었으며 B회사의 식별할 수 있는 자산·부채의 장부금액과 공정가치는 일치하였다.

(1) A회사는 20×1년에 ₩400,000과 20×2년에 ₩600,000의 당기순이익을 보고하였다.

(2) B회사는 20×1년에 ₩200,000과 20×2년에 ₩300,000의 당기순이익을 보고하였으며, 이 기간 중 당기순이익을 제외한 자본의 변동은 없었다.

(3) 20×1년 초 현재 A회사는 액면금액 ₩100,000, 이자율 10% 매년 말 지급, 미상각사채할인발행차금 ₩5,000, 만기 20×5년 12월 31일인 사채가 있다. B회사는 20×1년 초에 A회사의 사채 100%를 ₩90,000에 구입하여 상각후원가측정금융자산으로 분류하였다. 단, 사채할인발행차금과 상각후원가측정금융자산할인액은 정액법으로 상각한다.

(4) 영업권은 20×2년 말까지 손상되지 않았으며, 비지배지분은 순자산공정가치에 비례적인 지분(몫)으로 측정한다.

물음 1 20×1년 말과 20×2년 말의 연결재무제표 작성을 위한 연결조정분개를 제시하시오.

물음 2 20×1년과 20×2년에 연결재무제표를 작성하는 경우 연결포괄손익계산서에 계상될 (1) 연결당기순이익, (2) 지배기업소유주 귀속 당기순이익, (3) 비지배지분순이익은 각각 얼마인가?

물음 3 20×1년 말과 20×2년 말에 연결재무제표를 작성하는 경우 연결재무상태표에 계상될 비지배지분은 각각 얼마인가?

해답 물음1

1. 20×1년 말 연결조정분개

[투자주식과 자본계정의 상계제거]

구분	회계처리			
① 취득시점의 투자·자본 상계	(차) 자본금(B)	300,000	(대) 투자주식	400,000
	이익잉여금(B)	200,000[1]	비지배지분	200,000[3]
	영업권	100,000[2]		

[1] 20×1년 초 이익잉여금
[2] 영업권: ₩400,000 - (₩300,000 + ₩200,000) × 60% = ₩100,000
[3] 비지배지분: (₩300,000 + ₩200,000) × 40% = ₩200,000

[내부거래제거]

구분	회계처리			
② 당기 미실현손익 제거	(차) 사채	100,000	(대) 상각후원가측정금융자산	90,000
			사채할인발행차금	5,000
			사채상환이익	5,000[1]
	(차) 이자수익	12,000	(대) 이자비용	11,000
	사채할인발행차금	1,000	상각후원가측정금융자산	2,000

[1] ₩95,000 - ₩90,000 = ₩5,000(사채상환이익)

[비지배지분순이익 계상]

구분	회계처리			
③ 비지배지분순이익 계상	(차) 이익잉여금	80,000	(대) 비지배지분	80,000[1]

[1] ₩200,000 × 40% = ₩80,000

참고 **별도재무제표상 사채의 회계처리**

A회사		B회사	
① 20×1년 초 장부금액		① 20×1년 초 취득 시	
사채	100,000	(차) 상각후원가측정금융자산	90,000
사채할인발행차금	(5,000)	(대) 현금	90,000
계	95,000		
② 기말 이자지급 시		② 기말 이자수취 시	
(차) 이자비용	11,000	(차) 현금	10,000
(대) 현금	10,000	상각후원가측정금융자산	2,000
사채할인발행차금	1,000	(대) 이자수익	12,000
[20×1년 말]		[20×1년 말]	
사채	100,000	상각후원가측정금융자산	92,000
사채할인발행차금	(4,000)		
계	96,000		

2. 20×2년 말 연결조정분개

[투자주식과 자본계정의 상계제거]

구분	회계처리			
① 취득시점의 투자 · 자본 상계	(차) 자본금(B) 　　이익잉여금(B) 　　영업권	300,000 200,000[1] 100,000[2]	(대) 투자주식 　　비지배지분	400,000 200,000[3]
	[1] 20×1년 초 이익잉여금 [2] 영업권: ₩400,000 - (₩300,000 + ₩200,000) × 60% = ₩100,000 [3] 비지배지분: (₩300,000 + ₩200,000) × 40% = ₩200,000			
② 취득시점 이후 자본변동	(차) 이익잉여금(B)	200,000[1]	(대) 이익잉여금(A) 　　비지배지분	120,000 80,000
	[1] 20×1년 이익잉여금 증가분(당기순이익)			

[내부거래제거]

구분	회계처리			
③ 전기 미실현손익의 인식	(차) 사채 (차) 이자수익 　　사채할인발행차금	100,000 12,000 1,000	(대) 사채할인발행차금 　　상각후원가측정금융자산 　　이익잉여금(A) (대) 이자비용 　　상각후원가측정금융자산	4,000 92,000 4,000 11,000 2,000

[비지배지분순이익 계상]

구분	회계처리			
④ 비지배지분순이익 계상	(차) 이익잉여금	120,000	(대) 비지배지분	120,000[1]

[1] ₩300,000 × 40% = ₩120,000

> 참고 별도재무제표상 사채의 회계처리

A회사		B회사	
① 20×2년 초 장부금액 　사채 　사채할인발행차금 　계	 100,000 (4,000) 96,000	① 20×2년 초 장부금액 　상각후원가측정금융자산	 92,000
② 기말 이자지급 시 (차) 이자비용 (대) 현금 　　사채할인발행차금	 11,000 10,000 1,000	② 기말 이자수취 시 (차) 현금 　　상각후원가측정금융자산 (대) 이자수익	 10,000 2,000 12,000
[20×2년 말] 사채 사채할인발행차금 계	 100,000 (3,000) 97,000	[20×2년 말] 상각후원가측정금융자산	 94,000

1. 20×1년 연결당기순이익

	A회사	B회사	합계
보고된 당기순이익	₩400,000	₩200,000	₩600,000
투자차액의 상각	-	-	-
내부거래제거			
사채 미실현손익	₩5,000	-	₩5,000
사채 실현손익	₩(1,000)	-	₩(1,000)
연결조정 후 당기순이익	₩404,000	₩200,000	₩604,000

∴ 연결당기순이익: ₩404,000 + ₩200,000 = ₩604,000
　　지배기업소유주 귀속 당기순이익: ₩404,000 + ₩200,000 × 60% = ₩524,000
　　비지배지분순이익: ₩200,000 × 40% = ₩80,000

2. 20×2년 연결당기순이익

	A회사	B회사	합계
보고된 당기순이익	₩600,000	₩300,000	₩900,000
투자차액의 상각	-	-	-
내부거래제거			
사채 실현손익	₩(1,000)	-	₩(1,000)
연결조정 후 당기순이익	₩599,000	₩300,000	₩899,000

∴ 연결당기순이익: ₩599,000 + ₩300,000 = ₩899,000
　　지배기업소유주 귀속 당기순이익: ₩599,000 + ₩300,000 × 60% = ₩779,000
　　비지배지분순이익: ₩300,000 × 40% = ₩120,000

1. 20×1년 말 비지배지분
　① 20×1년 말 B회사 순자산장부금액: ₩500,000 + ₩200,000 = 　₩700,000
　　20×1년 말 투자차액 미상각잔액 　-
　　20×1년 말 상향내부거래 미실현손익 잔액 　-
　② 20×1년 말 B회사 순자산공정가치 　₩700,000
　③ 비지배지분율 　× 40%
　④ 20×1년 말 비지배지분 　₩280,000

2. 20×2년 말 비지배지분
　① 20×2년 말 B회사 순자산장부금액: ₩500,000 + ₩200,000 + ₩300,000 = 　₩1,000,000
　　20×2년 말 투자차액 미상각잔액 　-
　　20×2년 말 상향내부거래 미실현손익 잔액 　-
　② 20×2년 말 B회사 순자산공정가치 　₩1,000,000
　③ 비지배지분율 　× 40%
　④ 20×2년 말 비지배지분 　₩400,000

03 상향거래

상향거래(Upstream Transactions)는 종속기업이 발행한 사채를 지배기업이 구입한 경우를 말하며, 상향거래의 미실현손익은 전액 제거하지만 이를 지배기업소유주 귀속 당기순이익과 비지배지분순이익에 배분하여 반영해야 한다. 종속기업의 보고된 당기순이익이 내부거래가 발생함에 따라 과대계상 또는 과소계상되었을 경우에는 내부거래와 관련된 미실현손익을 제거한 연결조정 후 당기순이익 금액을 기초로 하여 지배기업소유주지분과 비지배지분에 배분해 주어야 한다.

예제 10 ㅣ 사채의 내부거래: 상향거래

20×1년 1월 1일에 A회사는 B회사의 의결권이 있는 주식 60%를 ₩400,000에 취득하여 지배력을 획득하였다. 취득 시 B회사의 순자산장부금액은 ₩500,000(자본금 ₩300,000, 이익잉여금 ₩200,000)이었으며 B회사의 식별할 수 있는 자산·부채의 장부금액과 공정가치는 일치하였다.

(1) A회사는 20×1년에 ₩400,000과 20×2년에 ₩600,000의 당기순이익을 보고하였다.

(2) B회사는 20×1년에 ₩200,000과 20×2년에 ₩300,000의 당기순이익을 보고하였으며, 이 기간 중 당기순이익을 제외한 자본의 변동은 없었다.

(3) 20×1년 초 현재 B회사는 액면금액 ₩100,000, 이자율 10% 매년 말 지급, 미상각사채할인발행차금 ₩5,000, 만기 20×5년 12월 31일인 사채가 있다. A회사는 20×1년 초에 B회사의 사채 100%를 ₩90,000에 구입하여 상각후원가측정금융자산으로 분류하였다. 단, 사채할인발행차금과 상각후원가측정금융자산할인액은 정액법으로 상각한다.

(4) 영업권은 20×2년 말까지 손상되지 않았으며, 비지배지분은 순자산공정가치에 비례적인 지분(몫)으로 측정한다.

물음1 20×1년 말과 20×2년 말의 연결재무제표 작성을 위한 연결조정분개를 제시하시오.

물음2 20×1년과 20×2년에 연결재무제표를 작성하는 경우 연결포괄손익계산서에 계상될 (1) 연결당기순이익, (2) 지배기업소유주 귀속 당기순이익, (3) 비지배지분순이익은 각각 얼마인가?

물음3 20×1년 말과 20×2년 말에 연결재무제표를 작성하는 경우 연결재무상태표에 계상될 비지배지분은 각각 얼마인가?

해답 물음1

1. 20×1년 말 연결조정분개
[투자주식과 자본계정의 상계제거]

구분	회계처리			
① 취득시점의 투자 · 자본 상계	(차) 자본금(B) 이익잉여금(B) 영업권	300,000 200,000[1] 100,000[2]	(대) 투자주식 비지배지분	400,000 200,000[3]

[1] 20×1년 초 이익잉여금
[2] 영업권: ₩400,000 - (₩300,000 + ₩200,000) × 60% = ₩100,000
[3] 비지배지분: (₩300,000 + ₩200,000) × 40% = ₩200,000

[내부거래제거]

구분	회계처리			
② 당기 미실현손익 제거	(차) 사채	100,000	(대) 상각후원가측정금융자산 사채할인발행차금 사채상환이익	90,000 5,000 5,000[1]
	(차) 이자수익 사채할인발행차금	12,000 1,000	(대) 이자비용 상각후원가측정금융자산	11,000 2,000

[1] ₩95,000 - ₩90,000 = ₩5,000(사채상환이익)

[비지배지분순이익 계상]

구분	회계처리			
③ 비지배지분순이익 계상	(차) 이익잉여금	81,600	(대) 비지배지분	81,600[1]

[1] (₩200,000 + ₩5,000 - ₩1,000) × 40% = ₩81,600

참고 **별도재무제표상 사채의 회계처리**

B회사		A회사	
① 20×1년 초 장부금액		① 20×1년 초 취득 시	
사채	100,000	(차) 상각후원가측정금융자산	90,000
사채할인발행차금	(5,000)	(대) 현금	90,000
계	95,000		
② 기말 이자지급 시		② 기말 이자수취 시	
(차) 이자비용	11,000	(차) 현금	10,000
(대) 현금	10,000	상각후원가측정금융자산	2,000
사채할인발행차금	1,000	(대) 이자수익	12,000
[20×1년 말]		[20×1년 말]	
사채	100,000	상각후원가측정금융자산	92,000
사채할인발행차금	(4,000)		
계	96,000		

2. 20×2년 말 연결조정분개
[투자주식과 자본계정의 상계제거]

구분	회계처리			
① 취득시점의 투자 · 자본 상계	(차) 자본금(B) 이익잉여금(B) 영업권	300,000 200,000[1] 100,000[2]	(대) 투자주식 비지배지분	400,000 200,000[3]

[1] 20×1년 초 이익잉여금
[2] 영업권: ₩400,000 - (₩300,000 + ₩200,000) × 60% = ₩100,000
[3] 비지배지분: (₩300,000 + ₩200,000) × 40% = ₩200,000

구분	회계처리				
② 취득시점 이후 자본변동	(차) 이익잉여금(B)	200,000[1]	(대) 이익잉여금(A) 비지배지분		120,000 80,000

[1] 20×1년 이익잉여금 증가분(당기순이익)

[내부거래제거]

구분	회계처리				
③ 전기 미실현손익의 인식	(차) 사채	100,000	(대) 사채할인발행차금 상각후원가측정금융자산 이익잉여금(A) 비지배지분		4,000 92,000 2,400 1,600
	(차) 이자수익 사채할인발행차금	12,000 1,000	(대) 이자비용 상각후원가측정금융자산		11,000 2,000

[비지배지분순이익 계상]

구분	회계처리				
④ 비지배지분순이익 계상	(차) 이익잉여금	119,600	(대) 비지배지분		119,600[1]

[1] (₩300,000 - ₩1,000) × 40% = ₩119,600

참고 별도재무제표상 사채의 회계처리

B회사		A회사	
① 20×2년 초 장부금액		① 20×2년 초 장부금액	
사채	100,000	상각후원가측정금융자산	92,000
사채할인발행차금	(4,000)		
계	96,000		
② 기말 이자지급 시		② 기말 이자수취 시	
(차) 이자비용	11,000	(차) 현금	10,000
(대) 현금	10,000	상각후원가측정금융자산	2,000
사채할인발행차금	1,000	(대) 이자수익	12,000
[20×2년 말]		[20×2년 말]	
사채	100,000	상각후원가측정금융자산	94,000
사채할인발행차금	(3,000)		
계	97,000		

물음 2

1. 20×1년 연결당기순이익

	A회사	B회사	합계
보고된 당기순이익	₩400,000	₩200,000	₩600,000
투자차액의 상각	-	-	-
내부거래제거			
사채 미실현손익	-	₩5,000	₩5,000
사채 실현손익	-	₩(1,000)	₩(1,000)
연결조정 후 당기순이익	₩400,000	₩204,000	₩604,000
∴ 연결당기순이익:	₩400,000 +	₩204,000 =	₩604,000
지배기업소유주 귀속 당기순이익:	₩400,000 +	₩204,000 × 60% =	₩522,400
비지배지분순이익:		₩204,000 × 40% =	₩81,600

2. 20×2년 연결당기순이익

	A회사	B회사	합계
보고된 당기순이익	₩600,000	₩300,000	₩900,000
투자차액의 상각	-	-	-
내부거래제거			
사채 실현손익	-	(1,000)	(1,000)
연결조정 후 당기순이익	₩600,000	₩299,000	₩899,000

∴ 연결당기순이익: ₩600,000 +   ₩299,000 =   ₩899,000

지배기업소유주 귀속 당기순이익: ₩600,000 + ₩299,000 × 60% =   ₩779,400

비지배지분순이익: ₩299,000 × 40% =   ₩119,600

물음 3

1. 20×1년 말 비지배지분

① 20×1년 말 B회사 순자산장부금액: ₩500,000 + ₩200,000 =	₩700,000
20×1년 말 투자차액 미상각잔액	-
20×1년 말 상향내부거래 미실현손익 잔액: ₩5,000 × 4년/5년 =	₩4,000
② 20×1년 말 B회사 순자산공정가치	₩704,000
③ 비지배지분율	× 40%
④ 20×1년 말 비지배지분	₩281,600

2. 20×2년 말 비지배지분

① 20×2년 말 B회사 순자산장부금액: ₩500,000 + ₩200,000 + ₩300,000 =	₩1,000,000
20×2년 말 투자차액 미상각잔액	-
20×2년 말 상향내부거래 미실현손익 잔액: ₩5,000 × 3년/5년 =	₩3,000
② 20×2년 말 B회사 순자산공정가치	₩1,003,000
③ 비지배지분율	× 40%
④ 20×2년 말 비지배지분	₩401,200

[그림 4-5] 사채 내부거래 미실현손익(예제 10)

04 사채 내부거래제거의 기타사항

(1) 상각후원가측정금융자산의 조기처분

연결대상기업이 발행한 사채를 다른 연결대상기업이 취득하여 보유하다가 만기 전에 사채를 처분하는 경우가 있다. 이러한 상황에서는 별도재무제표상 금융자산처분손익을 인식하게 된다. 그러나 연결실체의 관점에서는 상각후원가측정금융자산 취득 시에 사채를 상환한 것으로 간주했기 때문에 상각후원가측정금융자산의 처분은 신사채의 발행으로 처리해야 한다. 따라서 연결재무제표에는 금융자산처분손익이 제거되어야 하며, 처분가액으로 신사채를 발행한 것으로 사채와 관련된 장부금액을 조정해야 한다.

예제 11 | 상각후원가측정금융자산의 조기처분: 상향거래

20×1년 1월 1일에 A회사는 B회사의 의결권이 있는 주식 60%를 ₩400,000에 취득하여 지배력을 획득하였다. 취득 시 B회사의 순자산장부금액은 ₩500,000(자본금 ₩300,000, 이익잉여금 ₩200,000)이었으며 B회사의 식별할 수 있는 자산·부채의 장부금액과 공정가치는 일치하였다.

(1) A회사는 20×1년에 ₩400,000과 20×2년에 ₩600,000의 당기순이익을 보고하였다.

(2) B회사는 20×1년에 ₩200,000과 20×2년에 ₩300,000의 당기순이익을 보고하였으며, 이 기간 중 당기순이익을 제외한 자본의 변동은 없었다.

(3) 20×1년 초 현재 B회사는 액면금액 ₩100,000, 이자율 10% 매년 말 지급, 미상각사채할인발행차금 ₩5,000, 만기 20×5년 12월 31일인 사채가 있다. A회사는 20×1년 초에 B회사의 사채 100%를 ₩90,000에 구입하여 상각후원가측정금융자산으로 분류하였다. 또한 A회사는 20×2년 말에 B회사의 사채를 외부의 제3자에게 ₩98,000에 처분하였다. 단, 사채할인발행차금과 상각후원가측정금융자산 할인액은 정액법으로 상각한다.

(4) 영업권은 20×2년 말까지 손상되지 않았으며, 비지배지분은 순자산공정가치에 비례적인 지분(몫)으로 측정한다.

물음 1   20×2년 말의 연결재무제표 작성을 위한 연결조정분개를 제시하시오.

물음 2   20×2년에 연결재무제표를 작성하는 경우 연결포괄손익계산서에 계상될 (1) 연결당기순이익, (2) 지배기업소유주 귀속 당기순이익, (3) 비지배지분순이익은 각각 얼마인가?

물음 3   20×2년 말에 연결재무제표를 작성하는 경우 연결재무상태표에 계상될 비지배지분은 각각 얼마인가?

해답 **물음 1**

[투자주식과 자본계정의 상계제거]

구분	회계처리			
① 취득시점의 투자·자본 상계	(차) 자본금(B)	300,000	(대) 투자주식	400,000
	이익잉여금(B)	200,000[1]	비지배지분	200,000[3]
	영업권	100,000[2]		
	[1] 20×1년 초 이익잉여금			
	[2] 영업권: ₩400,000 − (₩300,000 + ₩200,000) × 60% = ₩100,000			
	[3] 비지배지분: (₩300,000 + ₩200,000) × 40% = ₩200,000			
② 취득시점 이후 자본변동	(차) 이익잉여금(B)	200,000[1]	(대) 이익잉여금(A)	120,000
			비지배지분	80,000
	[1] 20×1년 이익잉여금 증가분(당기순이익)			

[내부거래제거]

구분	회계처리			
③ 전기 미실현손익의 인식	(차) 사채	100,000	(대) 사채할인발행차금	4,000
			상각후원가측정금융자산	92,000
			이익잉여금(A)	2,400
			비지배지분	1,600
	(차) 이자수익	12,000	(대) 이자비용	11,000
	사채할인발행차금	1,000	상각후원가측정금융자산	2,000
④ 당기 실현손익의 인식	(차) 사채할인발행차금	2,000	(대) 사채	100,000
	상각후원가측정금융자산	94,000		
	금융자산처분이익	4,000		

※ 별도재무제표상 A회사가 계상한 금융자산처분이익 ₩4,000은 제거되어야 하고, 사채발행가액이 ₩98,000이므로 사채할인발행차금을 ₩2,000만큼 인식하게 됨. 여기서 연결조정분개 시 제거되는 금융자산처분이익 ₩4,000은 사채발행회사의 손익으로 인식하여 상향거래의 경우라면 비지배지분순이익을 계상하는 과정에서 고려되어야 함

[비지배지분순이익 계상]

구분	회계처리			
⑤ 비지배지분순이익 계상	(차) 이익잉여금	118,000	(대) 비지배지분	118,000[1]

[1] (₩300,000 − ₩1,000 − ₩4,000) × 40% = ₩118,000

물음 2

	A회사	B회사	합계
보고된 당기순이익	₩600,000	₩300,000	₩900,000
투자차액의 상각	-	-	-
내부거래제거			
사채 실현손익(상환이익의 상각)	-	₩(1,000)	₩(1,000)
사채 실현손익(금융자산처분이익제거)	-	₩(4,000)	₩(4,000)
연결조정 후 당기순이익	₩600,000	₩295,000	₩895,000
∴ 연결당기순이익:	₩600,000　+	₩295,000　=	₩895,000
지배기업소유주 귀속 당기순이익:	₩600,000　+	₩295,000 × 60%　=	₩777,000
비지배지분순이익:		₩295,000 × 40%　=	₩118,000

① 20×2년 말 B회사 순자산장부금액: ₩500,000 + ₩200,000 + ₩300,000 = ₩1,000,000

20×2년 말 투자차액 미상각잔액   -

20×2년 말 상향내부거래 미실현손익 잔액

사채: 사채상환이익 ₩5,000 - 사채상환이익상각 ₩2,000 - 금융자산처분이익 ₩4,000 = ₩(1,000)

② 20×2년 말 B회사 순자산공정가치   ₩999,000

③ 비지배지분율   × 40%

④ 20×2년 말 비지배지분   ₩399,600

(2) 유효이자율법에 의한 상각

고급회계 교과서의 연결회계에서는 일반적으로 사채할인발행차금과 상각후원가측정금융자산할인액을 정액법으로 상각한다고 가정하여 연결실체 간 사채의 내부거래를 제거하는 방법을 설명하고 있다. 그러나 K-IFRS에서는 사채할인발행차금과 상각후원가측정금융자산할인액을 유효이자율법으로 상각하도록 규정하고 있으므로 실무에서는 유효이자율법을 적용하여야 한다. 그러나 이러한 경우에도 지금까지 설명된 정액법으로 상각하는 경우와 연결조정분개의 논리는 동일하다.

사례1

유효이자율법에 의한 상각

20×1년 1월 1일 A회사는 B회사의 주식 60%를 취득하여 지배력을 획득하였다. 20×1년 초에 A회사가 만기 3년, 액면이자율 8% 매년 말 지급, 액면가액 ₩1,000,000의 사채를 ₩950,260(유효이자율 10%)에 발행하였는데, B회사가 20×2년 초에 A회사가 발행한 사채의 전부를 ₩932,398(유효이자율 12%)에 취득하여 상각후원가측정금융자산으로 분류하였다면 연결조정분개는 다음과 같다.

[유효이자율법에 의한 상각표]

1. 발행회사

일자	장부금액	유효이자(10%)	액면이자(8%)	상각액
20×1년 초	₩950,260			
20×1년 말	₩965,286	₩95,026	₩80,000	₩15,026
20×2년 말	₩981,815	₩96,529	₩80,000	₩16,529
20×3년 말	₩1,000,000	₩98,185[1]	₩80,000	₩18,185
계		₩289,740	₩240,000	₩49,740

[1] 단수차이 조정

2. 투자회사

일자	장부금액	유효이자(12%)	액면이자(8%)	상각액
20×2년 초	₩932,398			
20×2년 말	₩964,286	₩111,888	₩80,000	₩31,888
20×3년 말	₩1,000,000	₩115,714	₩80,000	₩35,714
계		₩227,602	₩160,000	₩67,602

[연결조정분개]

1. 20×2년

구분	회계처리				
①	(차) 사채	1,000,000	(대) 상각후원가측정금융자산	932,398	
			사채할인발행차금	34,714	
			사채상환이익	32,888[1]	
②	(차) 이자수익	111,888	(대) 이자비용	96,529	
	사채할인발행차금	16,529	상각후원가측정금융자산	31,888	

[1] ₩965,286 - ₩932,398 = ₩32,888(사채상환이익)

2. 20×3년

구분	회계처리				
①	(차) 사채	1,000,000	(대) 상각후원가측정금융자산	965,286	
			사채할인발행차금	18,185	
			이익잉여금	16,529	
②	(차) 이자수익	115,714	(대) 이자비용	98,185	
	사채할인발행차금	18,185	상각후원가측정금융자산	35,714	

위의 연결조정분개에서 사채상환이익 ₩32,888은 20×2년과 20×3년에 각각 ₩15,359와 ₩17,529씩 조정되어 실현손익화됨을 알 수 있다.

05 사채 내부거래제거의 연결조정분개

사채는 당기에 미실현손익이 발생하면 외부의 제3자에게 처분하기 전까지 미실현손익이 고려되어야 하며, 이자수익과 이자비용을 통하여 일부 미실현이익이 실현된다. 이러한 경우의 사채의 내부거래제거와 관련된 연결조정분개를 요약하면 다음과 같다.

[내부거래제거]

<당기미실현손익>

당기 미실현손익 제거	(차) 사채	×××	(대) 상각후원가측정금융자산	×××
			사채할인발행차금	×××
			사채상환이익	×××
	(차) 이자수익	×××	(대) 이자비용	×××
	사채할인발행차금	×××	상각후원가측정금융자산	×××

<상각후원가측정금융자산을 외부로 처분하지 않은 경우>

전기 미실현손익의 인식(하향)	(차) 사채	×××	(대) 사채할인발행차금	×××	
			상각후원가측정금융자산	×××	
			이익잉여금(A)	×××	
	(차) 이자수익	×××	(대) 이자비용	×××	
	사채할인발행차금	×××	상각후원가측정금융자산	×××	
전기 미실현손익의 인식(상향)	(차) 사채	×××	(대) 사채할인발행차금	×××	
			상각후원가측정금융자산	×××	
			이익잉여금(A)	×××	
			비지배지분	×××	
	(차) 이자수익	×××	(대) 이자비용	×××	
	사채할인발행차금	×××	상각후원가측정금융자산	×××	

<상각후원가측정금융자산을 외부로 처분한 경우>

전기 미실현손익의 인식(하향)	(차) 사채	×××	(대) 사채할인발행차금	×××	
			상각후원가측정금융자산	×××	
			이익잉여금(A)	×××	
	(차) 이자수익	×××	(대) 이자비용	×××	
	사채할인발행차금	×××	상각후원가측정금융자산	×××	
당기 실현손익의 인식(하향)	(차) 사채할인발행차금	×××	(대) 사채	×××	
	상각후원가측정금융자산	×××			
	금융자산처분이익	×××			
전기 미실현손익의 인식(상향)	(차) 사채	×××	(대) 사채할인발행차금	×××	
			상각후원가측정금융자산	×××	
			이익잉여금(A)	×××	
			비지배지분	×××	
	(차) 이자수익	×××	(대) 이자비용	×××	
	사채할인발행차금	×××	상각후원가측정금융자산	×××	
당기 실현손익의 인식(상향)	(차) 사채할인발행차금	×××	(대) 사채	×××	
	상각후원가측정금융자산	×××			
	금융자산처분이익	×××			

Ⅵ | 연결자본계정의 계산방법

[Ch03]과 [Ch04]를 통하여 연결조정분개에서 투자주식과 자본계정의 상계제거와 내부거래제거에 대해서 살펴보았다. 본 절에서는 [예제 12]의 연결종합사례를 통하여 연결당기순이익과 연결자본계정을 계산하는 방법에 대해서 설명하기로 한다.

예제 12 연결종합사례

다음은 A회사와 그 종속기업인 B회사의 20×2년 12월 31일 현재 재무상태표와 20×2년의 포괄손익계산서이다.

재무상태표
20×2년 12월 31일 현재 (단위: ₩)

	A회사	B회사		A회사	B회사
현금및현금성자산	1,400,000	700,000	매입채무	1,000,000	400,000
매출채권	1,400,000	700,000	차입금	4,000,000	1,000,000
재고자산	1,600,000	800,000	자본금	2,000,000	1,000,000
투자주식(B회사)	2,000,000	–	자본잉여금	1,000,000	500,000
토지	2,000,000	1,000,000	이익잉여금	1,000,000	500,000
건물(순액)	1,600,000	800,000	기타자본요소	1,000,000	600,000
	10,000,000	4,000,000		10,000,000	4,000,000

포괄손익계산서
20×2년 1월 1일부터 20×2년 12월 31일까지 (단위: ₩)

	A회사	B회사
매출액	5,000,000	2,000,000
매출원가	(4,660,000)	(1,900,000)
매출총이익	340,000	100,000
배당금수익	60,000	–
기타수익	200,000	200,000
감가상각비	(200,000)	(100,000)
당기순이익	400,000	200,000

[추가자료]

(1) A회사는 20×1년 1월 1일 B회사의 보통주 60%를 취득하고 그 대가로 ₩2,000,000을 지급하였으며 동일 A회사와 B회사의 주주지분은 다음과 같다.

구분	A회사	B회사
자본금	₩2,000,000	₩1,000,000
자본잉여금	₩1,000,000	₩300,000
이익잉여금	₩500,000	₩200,000
기타자본요소	₩500,000	₩500,000

(2) 주식취득일 현재 B회사의 장부금액과 공정가치가 다른 자산은 다음과 같다.

구분	장부금액	공정가치
재고자산	₩500,000	₩600,000
토지	₩1,000,000	₩1,400,000
건물(순액)	₩1,000,000	₩1,500,000

재고자산은 20×1년 중 전액 매출되었으며, 건물은 20×1년 1월 1일부터 10년의 내용연수를 가지며 잔존가치는 없고 정액법으로 감가상각한다.

(3) 20×1년과 20×2년의 내부거래(재고자산)는 다음과 같다. 단, 양사의 매출총이익률은 모두 20%이다. 20×1년의 매입회사 기말재고에 남아있는 상품은 20×2년에 외부에 모두 판매되었다.

판매회사	내부거래		매입회사 기말재고에 남아있는 상품	
	20×1년	20×2년	20×1년	20×2년
A회사	₩300,000	₩600,000	₩100,000	₩200,000
B회사	₩200,000	₩400,000	₩50,000	₩100,000

(4) A회사는 20×1년에 ₩300,000의 당기순이익을 보고하였으며, 20×2년에 ₩200,000의 현금배당을 실시하였다. 그리고 B회사는 20×1년에 ₩200,000의 당기순이익을 보고하였으며, 20×2년에 ₩100,000의 현금배당을 실시하였고, 20×1년과 20×2년에 각각 ₩50,000의 기타자본요소가 증가하였다.

(5) A회사는 B회사의 투자주식을 원가법으로 회계처리하고 있으며, 20×2년 말의 영업권의 회수가능액은 ₩100,000으로 하락하였다.

(6) A회사는 비지배지분을 종속기업의 식별할 수 있는 순자산의 비례적인 지분(몫)으로 측정하고 있다.

물음 1 20×1년 초 지배력획득 시 영업권을 계산하시오.

물음 2 20×2년 말 연결조정분개를 제시하시오.

물음 3 20×2년 말 연결재무상태표와 20×2년 연결포괄손익계산서를 작성하시오.

해답 **물음 1**

투자주식의 취득원가		₩2,000,000
B회사의 순자산장부금액	₩2,000,000	
재고자산 과소평가	₩100,000	
토지 과소평가	₩400,000	
건물 과소평가	₩500,000	
계	₩3,000,000	
지배기업지분율	× 60%	₩(1,800,000)
영업권		₩200,000

물음 2

[배당금수익 취소 분개]

구분	회계처리			
① 배당금 취소 분개	(차) 배당금수익	60,000	(대) 이익잉여금(B)	100,000
	비지배지분	40,000		

[투자주식과 자본계정의 상계제거]

구분	회계처리			
② 취득시점의 투자 · 자본 상계	(차) 자본금(B)	1,000,000	(대) 투자주식	2,000,000
	자본잉여금(B)	300,000	비지배지분	1,200,000[3]
	이익잉여금(B)	200,000[1]		
	기타자본요소(B)	500,000		
	재고자산	100,000		
	토지	400,000		
	건물	500,000		
	영업권	200,000[2]		

[1] 20×1년 초 이익잉여금
[2] 영업권: ₩2,000,000 − (₩2,000,000 + ₩1,000,000) × 60% = ₩200,000
[3] 비지배지분: (₩2,000,000 + ₩1,000,000) × 40% = ₩1,200,000

구분	회계처리			
③ 취득시점 이후 자본변동	(차) 이익잉여금(B)	200,000[1]	(대) 이익잉여금(A)	120,000
			비지배지분	80,000
	(차) 자본잉여금(B)	200,000[2]	(대) 자본잉여금(A)	120,000
			비지배지분	80,000
	(차) 기타자본요소(B)	100,000[3]	(대) 기타자본요소(A)	60,000
			비지배지분	40,000

[1] 20×1년 이익잉여금 증가분(당기순이익)
[2] 취득시점 이후 자본잉여금의 증가분: ₩500,000 − ₩300,000 = ₩200,000
[3] 취득시점 이후 기타자본요소의 증가분: ₩600,000 − ₩500,000 = ₩100,000

④ 전기 투자차액의 상각	(차) 이익잉여금(A) 비지배지분	90,000 60,000	(대) 재고자산 감가상각누계액(건물)	100,000 50,000
⑤ 당기 투자차액의 상각	(차) 감가상각비	50,000[1]	(대) 감가상각누계액(건물)	50,000
	[1] 종속기업의 장부금액과 공정가치가 다른 감가성 유형자산인 건물은 이 차액(₩50,000 = ₩500,000/10년)에 대한 추가적인 당기 감가상각 효과를 인식해야 함			
⑥ 영업권의 손상차손	(차) 영업권손상차손	100,000[1]	(대) 영업권	100,000
	[1] 영업권손상차손 손상차손 인식 전 영업권 ₩200,000 회수가능액 ₩(100,000) 영업권손상차손 ₩100,000			

[내부거래제거]

구분	회계처리			
⑦ 당기 실현손익의 인식(하향)	(차) 이익잉여금(A)	20,000[1]	(대) 매출원가	20,000
	[1] ₩100,000 × 20% = ₩20,000(내부거래제거 시 전기 이전에 발생한 하향거래로 인한 미실현손익은 지배기업 이익잉여금에서 조정함)			
⑧ 당기 실현손익의 인식(상향)	(차) 이익잉여금(A) 비지배지분	6,000 4,000	(대) 매출원가	10,000[1]
	[1] ₩50,000 × 20% = ₩10,000(내부거래제거 시 전기 이전에 발생한 상향거래로 인한 미실현손익은 지배기업 이익잉여금과 비지배지분에 배분하여 조정함)			
⑨ 당기 미실현손익 제거(하향)	(차) 매출 (차) 매출원가	600,000 40,000[1]	(대) 매출원가 (대) 재고자산	600,000 40,000
	[1] ₩200,000 × 20% = ₩40,000(하향거래)			
⑩ 당기 미실현손익 제거(상향)	(차) 매출 (차) 매출원가	400,000 20,000[1]	(대) 매출원가 (대) 재고자산	400,000 20,000
	[1] ₩100,000 × 20% = ₩20,000(상향거래)			

[비지배지분순이익 계상]

구분	회계처리			
⑪ 비지배지분순이익 계상	(차) 이익잉여금	56,000	(대) 비지배지분	56,000[1]

[1] B회사 보고된 당기순이익 ₩200,000
   감가상각비 ₩(50,000)
   재고자산 실현이익 ₩10,000
   재고자산 미실현이익 ₩(20,000)
   B회사 연결조정 후 당기순이익 ₩140,000
   비지배지분율 × 40%
   비지배지분순이익 ₩56,000

1. 연결정산표

연결정산표

구분	A회사	B회사	합계	연결조정분개 차변	연결조정분개 대변	연결재무제표
<차변: 자산, 비용>						
현금및현금성자산	1,400,000	700,000	2,100,000			2,100,000
매출채권	1,400,000	700,000	2,100,000			2,100,000
재고자산	1,600,000	800,000	2,400,000	② 100,000	④ 100,000 ⑨ 40,000 ⑩ 20,000	2,340,000
투자주식	2,000,000	-	2,000,000		② 2,000,000	0
토지	2,000,000	1,000,000	3,000,000	② 400,000		3,400,000
건물(순액)	1,600,000	800,000	2,400,000	② 500,000	④ 50,000 ⑤ 50,000	2,800,000
영업권	-	-	-	② 200,000	⑥ 100,000	100,000
매출원가	4,660,000	1,900,000	6,560,000	⑨ 40,000 ⑩ 20,000	⑦ 20,000 ⑧ 10,000 ⑨ 600,000 ⑩ 400,000	5,590,000
감가상각비	200,000	100,000	300,000	⑤ 50,000		350,000
영업권손상차손	-	-	-	⑥ 100,000		100,000
차변합계	**14,860,000**	**6,000,000**	**20,860,000**			**18,880,000**
<대변: 부채, 자본, 수익>						
매입채무	1,000,000	400,000	1,400,000			1,400,000
차입금	4,000,000	1,000,000	5,000,000			5,000,000
자본금	2,000,000	1,000,000	3,000,000	② 1,000,000		2,000,000
자본잉여금	1,000,000	500,000	1,500,000	② 300,000 ③ 200,000	③ 120,000	1,120,000
이익잉여금	600,000¹⁾	300,000¹⁾	900,000	② 200,000 ③ 200,000 ④ 90,000 ⑦ 20,000 ⑧ 6,000 ⑪ 56,000	① 100,000 ③ 120,000	548,000
기타자본요소	1,000,000	600,000	1,600,000	② 500,000 ③ 100,000	③ 60,000	1,060,000
비지배지분	-	-	-	① 40,000 ④ 60,000 ⑧ 4,000	② 1,200,000 ③ 200,000 ⑪ 56,000	1,352,000
매출액	5,000,000	2,000,000	7,000,000	⑨ 600,000 ⑩ 400,000		6,000,000
배당금수익	60,000	-	60,000	① 60,000		0
기타수익	200,000	200,000	400,000			400,000
대변합계	**14,860,000**	**6,000,000**	**20,860,000**	**5,246,000**	**5,246,000**	**18,880,000**

¹⁾ 재무상태표에 이익잉여금은 기말이익잉여금 잔액으로 표시되어 있기 때문에 수익과 비용을 추가로 반영하면 잔액시산표의 차변과 대변합계가 일치하지 않는 문제가 발생하므로 잔액시산표에 이익잉여금은 당기순이익을 제외한 금액으로 표시해야 한다.

2. 연결재무상태표

연결재무상태표
20×2년 12월 31일 현재

현금및현금성자산	2,100,000	매입채무	1,400,000
매출채권	2,100,000	차입금	5,000,000
재고자산	2,340,000	자본	
토지	3,400,000	지배기업소유주귀속	
건물(순액)	2,800,000	자본금	2,000,000
영업권	100,000	자본잉여금	1,120,000
		이익잉여금	908,000[1]
		기타자본요소	1,060,000
		비지배지분	1,352,000
	12,840,000		12,840,000

[1] 정산표상 이익잉여금 ₩548,000 + 연결당기순이익 ₩360,000 = ₩908,000

3. 연결포괄손익계산서

연결포괄손익계산서
20×2년 1월 1일부터 20×2년 12월 31일까지

매출액	6,000,000
매출원가	(5,590,000)
매출총이익	410,000
배당금수익	-
기타수익	400,000
감가상각비	(350,000)
영업권손상차손	(100,000)
당기순이익	360,000
당기순이익의 귀속	
지배기업소유주	304,000
비지배지분	56,000

해설 1. 20×1년과 20×2년의 연결당기순이익을 계산하면 다음과 같다.
(1) 20×1년 연결당기순이익

	A회사	B회사	합계
보고된 당기순이익	₩300,000	₩200,000	₩500,000
투자차액의 상각			
재고자산	-	₩(100,000)	₩(100,000)
건물	-	₩(50,000)	₩(50,000)
내부거래제거			
재고자산 미실현이익	₩(20,000)	₩(10,000)	₩(30,000)
연결조정 후 당기순이익	₩280,000	₩40,000	₩320,000
∴ 연결당기순이익:	₩280,000 +	₩40,000 =	₩320,000
지배기업소유주 귀속 당기순이익:	₩280,000 +	₩40,000 × 60% =	₩304,000
비지배지분순이익:		₩40,000 × 40% =	₩16,000

(2) 20×2년 연결당기순이익

	A회사	B회사	합계
보고된 당기순이익	₩400,000	₩200,000	₩600,000
투자차액의 상각			
건물	-	₩(50,000)	₩(50,000)
영업권손상차손	₩(100,000)	-	₩(100,000)
내부거래제거			
배당금수익	₩(60,000)	-	₩(60,000)
재고자산 미실현이익	₩(40,000)	₩(20,000)	₩(60,000)
재고자산 실현이익	₩20,000	₩10,000	₩30,000
연결조정 후 당기순이익	₩220,000	₩140,000	₩360,000

∴ 연결당기순이익: ₩220,000 + ₩140,000 = ₩360,000

지배기업소유주 귀속 당기순이익: ₩220,000 + ₩140,000 × 60% = ₩304,000

비지배지분순이익: ₩140,000 × 40% = ₩56,000

2. 20×2년 말의 연결자본계정을 계산하면 다음과 같다.

20×2년 말 연결자본: (1) + (2) = ₩5,088,000 + ₩1,352,000 = ₩6,440,000

(1) 지배기업소유주지분: ① + ② + ③ + ④ = ₩5,088,000

① 자본금: 지배기업 자본금 ₩2,000,000

② 자본잉여금: 지배기업 자본잉여금 ₩1,000,000 + 지배력획득일 이후 종속기업 자본잉여금 변동분 × 지배기업지분율 (₩500,000 - ₩300,000) × 60% = ₩1,120,000

③ 이익잉여금: 지배력획득 시 지배기업 이익잉여금 ₩500,000 + 20×1년 지배기업소유주 귀속 당기순이익 ₩304,000 + 20×2년 지배기업소유주 귀속 당기순이익 ₩304,000 - 20×2년 지배기업 배당금 ₩200,000 = ₩908,000

④ 기타자본요소: 지배기업 기타자본요소 ₩1,000,000 + 지배력획득일 이후 종속기업 기타자본요소 변동분 × 지배기업지분율 (₩600,000 - ₩500,000) × 60% = ₩1,060,000

(2) 비지배지분

① 20×2년 말 B회사 순자산장부금액:

  ₩1,000,000 + ₩500,000 + ₩500,000 + ₩600,000 = ₩2,600,000

  20×2년 말 투자차액 미상각잔액

    토지 ₩400,000

    건물: ₩500,000 × 8년/10년 = ₩400,000

  20×2년 말 내부거래 상향 미실현손익 잔액

    재고자산: ₩100,000 × 20% = ₩(20,000)

② 20×2년 말 B회사 순자산공정가치 ₩3,380,000

③ 비지배지분율 × 40%

④ 20×2년 말 비지배지분 ₩1,352,000

01 연결당기순이익의 계산방법

연결재무제표상 연결당기순이익은 지배기업과 종속기업의 보고된 당기순이익에 투자차액의 상각 및 내부거래로 인한 미실현손익과 실현손익을 가감한 금액인 연결조정 후 당기순이익의 합계액으로 계산된다. 여기서 연결당기순이익 중 비지배지분순이익은 종속기업의 연결조정 후 당기순이익에 비지배지분율을 곱한 금액이며, 연결당기순이익 중 지배기업소유주 귀속 순이익은 연결당기순이익에서 비지배지분순이익을 차감한 금액으로 계산된다.

[연결당기순이익]

① 연결당기순이익 = 지배기업 연결조정 후 당기순이익 + 종속기업 연결조정 후 당기순이익
② 지배기업소유주 귀속 순이익
   = 지배기업 연결조정 후 당기순이익 + 종속기업 연결조정 후 당기순이익 × 지배기업지분율
   = 연결당기순이익 - 비지배지분순이익
③ 비지배지분순이익 = 종속기업 연결조정 후 당기순이익 × 비지배지분율

[연결조정 후 당기순이익]

	지배기업	종속기업	합계
보고된 당기순이익	×××	×××	×××
투자차액의 상각			
투자차액의 상각(B)		(×××)	(×××)
영업권의 손상(A)	(×××)		(×××)
염가매수차익(A)	×××		×××
내부거래제거			
배당금수익(A)	(×××)		(×××)
미실현이익	하향 (×××)	상향 (×××)	(×××)
실현이익	하향 ×××	상향 ×××	×××
연결조정 후 당기순이익	A	B	A + B

∴ 연결당기순이익: A   +   B   =   A + B

    지배기업소유주 귀속분: A   +   B × 지배기업지분율

    비지배지분순이익: B × 비지배지분율

02 연결자본계정의 계산방법

연결재무제표상 자본계정은 지배기업 소유주지분과 비지배지분을 합산한 금액이며, 이를 구분하여 표시하여야 한다. 이때 유의할 점은 지배기업 소유주지분은 별도재무제표상 지배기업의 자본계정 중 이익잉여금과 기타자본요소를 다음과 같이 조정한 금액이라는 것이다. 그리고 비지배지분은 종속기업의 순자산장부금액에 투자차액 미상각잔액 및 내부미실현손익을 가감한 종속기업의 순자산공정가치에 비지배지분율을 곱하여 계산한다.

[연결자본총계]

[연결자본] (1) 지배기업소유주지분 + (2) 비지배지분
(1) 지배기업소유주지분
    ① 자본금: 지배기업 자본금
    ② 자본잉여금: 지배기업 자본잉여금 + 지배력획득일 이후 종속기업 자본잉여금 변동분 × 지배기업지분율
    ③ 자본조정: 지배기업 자본조정 + 지배력획득일 이후 종속기업 자본조정 변동분 × 지배기업지분율
    ④ 이익잉여금: 지배력획득 시 지배기업 이익잉여금 - 지배기업 배당금 + 지배력획득일 이후 연결당기순이익 중 지배기업소유주 귀속분
    ⑤ 기타자본요소: 지배기업 기타자본요소 + 지배력획득일 이후 종속기업 기타자본요소 변동분 × 지배기업지분율
(2) 비지배지분: 종속기업 순자산공정가치 × 비지배지분율

[비지배지분]

종속기업 순자산장부금액	×××
투자차액 미상각잔액	×××
내부거래 상향 미실현손익 잔액	(×××)
종속기업 순자산공정가치	×××
	× 비지배지분율
비지배지분	×××

03 연결조정분개 요약

앞서 언급했듯이 연결재무제표를 작성하기 위해서는 먼저 지배기업의 별도재무제표와 종속기업의 별도재무제표를 계정과목별로 단순 합산한다. 다음 추가로 연결실체 간의 내부거래제거 등의 연결조정분개를 수행하며, 연결정산표상에 연결조정분개를 반영하여 연결재무상태표와 연결포괄손익계산서 등의 연결재무제표를 작성하게 된다.

[그림 4-6] 연결재무제표의 작성방법

여기서 가장 핵심적인 사항은 연결조정분개이므로 연결재무제표를 작성할 경우 행할 조정사항을 요약하면 다음과 같다.

- [예비 1단계] 종속기업의 투자주식 원가법 환원 분개
- [예비 2단계] 지배기업이 종속기업으로부터 수취한 배당금수익 취소 분개
- [1단계] 투자주식과 자본계정의 상계제거
- [2단계] 채권·채무 상계제거
- [3단계] 내부거래제거
- [4단계] 비지배지분순이익 계상

위의 연결재무제표 작성과정의 모든 연결조정분개를 요약하면 다음과 같다. 단, 내부거래는 재고자산 거래를 가정한다.

[예비 1단계: 종속기업의 투자주식 원가법 환원 분개]

원가법 환원 분개	(차) 투자주식평가이익	×××	(대) 투자주식	×××

[예비 2단계: 배당금수익 취소 분개]

배당금 취소 분개	(차) 배당금수익	×××	(대) 이익잉여금(B)	×××
	비지배지분	×××		

[1단계: 투자주식과 자본계정의 상계제거]

	(차) 자본금(B)	×××[1]	(대) 투자주식	×××
	자본잉여금(B)	×××[2]	비지배지분	×××[5]
	이익잉여금(B)	×××[3]		
취득시점의 투자·자본 상계	재고자산	×××		
	토지	×××		
	건물	×××		
	영업권	×××[4]		

[1] 취득 시 자본금
[2] 취득 시 자본잉여금
[3] 취득 시 이익잉여금
[4] 투자주식의 취득원가 − 취득시점의 순자산공정가치 × 지배기업지분율
[5] 취득시점의 순자산공정가치 × 비지배지분율

취득시점 이후 자본변동	(차) 이익잉여금(B)	×××[1]	(대) 이익잉여금(A)	×××[2]
			비지배지분	×××[3]
	[1] 전기 이전 이익잉여금의 증가분 [2] 전기 이전 이익잉여금의 증가분 × 지배기업지분율 [3] 전기 이전 이익잉여금의 증가분 × 비지배지분율			
	(차) 자본잉여금(B)	×××[4]	(대) 자본잉여금(A)	×××[5]
			비지배지분	×××[6]
	[4] 지배력획득일 이후 종속기업 자본잉여금의 증가분 [5] 지배력획득일 이후 종속기업 자본잉여금의 증가분 × 지배기업지분율 [6] 지배력획득일 이후 종속기업 자본잉여금의 증가분 × 비지배지분율			
	(차) 기타자본요소(B)	×××[7]	(대) 기타자본요소(A)	×××[8]
			비지배지분	×××[9]
	[7] 지배력획득일 이후 종속기업 기타자본요소의 증가분 [8] 지배력획득일 이후 종속기업 기타자본요소의 증가분 × 지배기업지분율 [9] 지배력획득일 이후 종속기업 기타자본요소의 증가분 × 비지배지분율			
전기 투자차액의 상각	(차) 이익잉여금(A)	×××	(대) 재고자산	×××
	비지배지분	×××	감가상각누계액(건물)	×××
당기 투자차액의 상각	(차) 매출원가	×××	(대) 재고자산	×××
	(차) 감가상각비	×××	(대) 감가상각누계액(건물)	×××
영업권의 손상차손	(차) 영업권손상차손	×××	(대) 영업권	×××

[2단계: 채권·채무 상계제거]

채권·채무 상계제거	(차) 차입금	×××	(대) 대여금	×××
	(차) 미지급이자	×××	(대) 미수이자	×××
	(차) 이자수익	×××	(대) 이자비용	×××
	(차) 매입채무	×××	(대) 매출채권	×××
			차입금	×××[1]

[1] 연결실체가 발행한 어음을 다른 연결실체가 할인받아 제거요건을 충족한 경우

[3단계: 내부거래제거]

당기 미실현손익 제거	(차) 매출	×××	(대) 매출원가	×××
	(차) 매출원가	×××	(대) 재고자산	×××
당기 실현손익의 인식 (하향)	(차) 이익잉여금(A)	×××	(대) 매출원가	×××
당기 실현손익의 인식 (상향)	(차) 이익잉여금(A)	×××	(대) 매출원가	×××
	비지배지분	×××		

[4단계: 비지배지분순이익 계상]

비지배지분순이익 계상	(차) 이익잉여금	×××	(대) 비지배지분	×××[1]

[1] 비지배지분순이익: 종속기업 연결조정 후 당기순이익 × 비지배지분율

O, X 연습문제

01 연결실체 내 기업 간의 거래와 관련된 연결실체 내의 자산, 부채, 자본, 수익, 비용, 현금흐름은 **(O, X)** 모두 제거하여야 한다.

02 종속기업의 취득일 전에 지배기업과 해당 종속기업 사이에 발생한 거래라고 하더라도 연결재무 **(O, X)** 제표 작성 시에는 이를 제거해야 한다.

03 상향거래는 종속기업이 지배기업에게 자산 등을 매각하는 거래를 말하며, 상향거래의 미실현손 **(O, X)** 익은 전액 제거하여 지배기업소유주 귀속 당기순이익에 귀속시킨다.

04 비지배지분은 연결재무상태표에서 자본에 포함하고 지배기업의 소유주지분과는 구분하여 표시 **(O, X)** 한다.

정답 및 해설

01 O

02 X 종속기업의 취득일 전에 지배기업과 해당 종속기업 사이에 발생한 거래는 연결재무제표 작성 시 제거하지 아니한다.

03 X 상향거래는 종속기업이 지배기업에게 자산 등을 매각하는 거래를 말하며, 상향거래의 미실현손익은 전액 제거하지만 이를 지배기 업지분 귀속 당기순이익과 비지배지분순이익에 배분하여 반영해야 한다.

04 O

※ 다음의 자료를 이용하여 **01 ~ 02**에 답하시오. [2011 공인회계사 1차]

(주)지배는 20×1년 1월 1일에 (주)종속의 보통주 90%를 ₩550,000에 취득하여 (주)종속의 지배기업이 되었으며, 취득일 현재 (주)종속의 요약재무상태표상 장부금액과 공정가치는 다음과 같다.

요약재무상태표

(주)종속   20×1. 1. 1. 현재   (단위: ₩)

계정과목	장부금액	공정가치	계정과목	장부금액	공정가치
현금 등	30,000	30,000	부채	150,000	150,000
재고자산	120,000	170,000	자본금	300,000	−
건물(순액)	500,000	550,000	이익잉여금	200,000	−
자산총계	650,000		부채·자본총계	650,000	

- (주)종속은 건물을 정액법으로 상각하며, 20×1년 1월 1일에 건물의 잔존내용연수는 5년, 잔존가치는 없고, 모든 건물은 내용연수 동안 사용한다.
- (주)종속의 재고자산은 20×1년에 60%가, 20×2년도에 40%가 외부로 판매되었다.
- 20×1년과 20×2년의 당기순이익으로 (주)지배는 각각 ₩150,000과 ₩250,000을 보고하였으며, (주)종속은 각각 ₩70,000과 ₩100,000을 보고하였다.
- 연결재무제표 작성 시 비지배지분은 (주)종속의 식별가능한 순자산의 공정가치 중 비례적 지분으로 측정하며, 재무상태표상 제시된 자산·부채를 제외하고는 추가적으로 식별가능한 자산·부채는 없다.
- (주)지배는 (주)종속을 제외한 다른 종속기업을 갖고 있지 않다. 또한 20×1년 1월 1일 이후 (주)지배와 (주)종속의 자본 관련 거래는 없으며, 문제에 제시되어 있는 것을 제외한 어떠한 내부거래도 없었다. (단, 법인세 효과는 고려하지 않는다)

01 (주)지배가 20×1년 12월 31일에 연결재무제표를 작성하는 경우 인식해야 하는 연결당기순이익과 비지배지분은 각각 얼마인가? (단, 20×1년 12월 31일에 영업권의 회수가능액은 ₩7,000으로 추정하였다)

	연결당기순이익	비지배지분
①	₩220,000	₩60,000
②	₩210,000	₩61,000
③	₩180,000	₩62,000
④	₩177,000	₩63,000
⑤	₩174,000	₩64,000

02 (주)지배는 20×2년 1월 1일에 (주)종속에 건물(취득원가 ₩100,000, 감가상각누계액 ₩50,000, 정액법 상, 잔존내용연수 5년, 잔존가치 없음)을 ₩80,000에 매각하였다. (주)지배가 20×2년 12월 31일에 연결재무제표를 작성하는 경우 인식해야 하는 연결당기순이익과 비지배지분은 각각 얼마인가? (단, 20×2년도에는 영업권의 손상차손은 발생하지 않았다)

	연결당기순이익	비지배지분
①	₩336,000	₩74,000
②	₩326,000	₩73,000
③	₩316,000	₩72,000
④	₩306,000	₩71,000
⑤	₩296,000	₩70,000

※ 다음의 자료를 이용하여 03 ~ 04에 답하시오.　　　　　　　　　　　　　　[2013 공인회계사 1차]

> (1) 20×1년 초에 (주)지배는 (주)종속의 의결권 있는 주식 80%를 ₩140,000에 취득하는 사업결합을 하였다.
> (2) 취득일 현재 (주)종속의 순자산의 장부금액은 ₩120,000이고 공정가치는 ₩150,000이며, 양자의 차이는 토지의 공정가치가 장부금액을 ₩30,000 초과하는 데 기인한다. (주)종속은 동 토지를 20×2년 중에 연결실체의 외부로 모두 매각하였으며, 이때 ₩35,000의 처분이익이 발생하였다.
> (3) 20×1년 중에 (주)종속은 (주)지배에게 상품을 판매하였는데, 20×1년 말 현재 내부거래 미실현이익은 ₩24,000이며, 동 미실현이익은 20×2년 중에 모두 실현되었다.
> (4) (주)지배의 20×1년과 20×2년의 당기순이익은 각각 ₩300,000과 ₩350,000이고, (주)종속의 20×1년과 20×2년의 당기순이익은 각각 ₩60,000과 ₩70,000이다.
> (5) 비지배지분은 (주)종속의 순자산공정가치에 지분율을 적용한 금액으로 측정한다.
> (6) 20×1년 말과 20×2년 말 현재 영업권의 회수가능액은 각각 ₩15,000과 ₩16,000이다.
> (7) 법인세효과는 고려하지 않는다.

03 20×1년 말 연결재무상태표에 표시될 비지배지분 금액은 얼마인가?

① ₩30,800　　　　　　② ₩37,200　　　　　　③ ₩38,200
④ ₩42,000　　　　　　⑤ ₩46,800

04 20×2년도 연결손익계산서에 표시될 당기순이익은 얼마인가?

① ₩361,000　　　　　　② ₩390,000　　　　　　③ ₩409,000
④ ₩414,000　　　　　　⑤ ₩444,000

제조업을 영위하는 (주)대한은 20×1년 1월 1일 (주)민국의 의결권 있는 보통주 70%를 ₩150,000에 취득하여 지배력을 획득하였다. 취득일 현재 (주)민국의 요약재무상태표는 다음과 같다.

요약재무상태표

(주)민국		20×1. 1. 1. 현재			(단위: ₩)
계정과목	장부금액	공정가치	계정과목	장부금액	공정가치
현금	30,000	30,000	부채	150,000	150,000
재고자산	80,000	80,000	자본금	100,000	
유형자산	150,000	200,000	이익잉여금	70,000	
기타자산	60,000	60,000			
	320,000			320,000	

〈추가자료〉

(1) (주)민국의 유형자산은 본사건물이며, 취득일 현재 잔존내용연수는 10년이고 잔존가치 없이 정액 법으로 상각한다.

(2) 20×2년 10월 초에 (주)대한은 장부금액 ₩20,000의 재고자산(제품)을 (주)민국에게 ₩30,000에 판매하였다. 이 제품은 20×2년 말 현재 외부에 판매되지 않고 (주)민국의 재고자산으로 남아있다.

(3) (주)대한과 (주)민국이 별도(개별)재무제표에서 보고한 20×1년과 20×2년의 당기순이익은 다음 과 같다.

구분	20×1년	20×2년
(주)대한	₩100,000	₩130,000
(주)민국	₩40,000	₩50,000

(4) (주)대한과 (주)민국은 20×2년 3월에 각각 ₩50,000과 ₩20,000의 현금배당을 결의하고 지 급하였다.

(5) 취득일 현재 (주)민국의 요약재무상태표에 표시된 자산과 부채 외에 추가적으로 식별가능한 자산과 부채는 없다.

(6) (주)대한은 별도재무제표에서 (주)민국의 주식을 원가법으로 회계처리한다. 연결재무제표 작성 시 유형자산에 대해서는 원가모형을 적용하고, 비지배지분은 종속기업의 식별가능한 순자산공정가치 에 비례하여 결정한다.

05 (주)대한의 20×1년도 연결포괄손익계산서에 표시되는 연결당기순이익은 얼마인가?

① ₩129,000   ② ₩130,000   ③ ₩135,000

④ ₩139,000   ⑤ ₩140,000

06 (주)대한의 20×2년 말 연결재무상태표에 표시되는 비지배지분은 얼마인가?

① ₩84,000   ② ₩85,500   ③ ₩87,000

④ ₩90,000   ⑤ ₩91,500

07 (주)대한은 20×1년 초에 (주)민국의 보통주 60%를 취득하여 지배력을 획득하였다. 지배력 획득일 현재 (주)민국의 순자산 장부금액과 공정가치는 일치하였다. 20×2년 초에 (주)대한은 사용 중이던 기계장치 (취득원가 ₩50,000, 감가상각누계액 ₩30,000, 잔존내용연수 5년, 잔존가치 ₩0, 정액법 상각, 원가 모형 적용)를 (주)민국에 ₩40,000에 매각하였다. 20×3년 말 현재 해당 기계장치는 (주)민국이 사용하고 있다. (주)대한과 (주)민국이 별도(개별)재무제표에서 보고한 20×3년도 당기순이익은 다음과 같다.

구분	(주)대한	(주)민국
당기순이익	₩20,000	₩10,000

(주)대한의 20×3년도 연결포괄손익계산서에 표시되는 지배기업소유주 귀속당기순이익은 얼마인가?

[2023 공인회계사 1차]

① ₩22,000   ② ₩23,600   ③ ₩26,000

④ ₩28,400   ⑤ ₩30,000

정답

01 ④   02 ⑤   03 ②   04 ④   05 ④   06 ①   07 ⑤

해설

01   ④   1. 20×1년 12월 31일 연결당기순이익

	(주)지배	(주)종속
보고된 당기순이익	₩150,000	₩70,000
투자차액의 상각		
재고자산	-	₩(30,000)[1]
건물	-	₩(10,000)[2]
영업권손상차손	₩(3,000)[3]	-
연결조정 후 당기순이익	₩147,000	₩30,000

[1] ₩50,000 × 60% = ₩30,000
[2] ₩50,000/5년 = ₩10,000
[3] ₩10,000 - ₩7,000 = ₩3,000

∴ 연결당기순이익: ₩147,000 + ₩30,000 = ₩177,000

2. 20×1년 말 비지배지분: 종속기업 순자산공정가치 × 비지배지분율

20×1년 말 (주)종속의 순자산장부금액	₩570,000
20×1년 말 투자차액 미상각잔액	
재고자산: ₩50,000 × 40% =	₩20,000
건물: ₩50,000 - ₩10,000 =	₩40,000
20×1년 말 (주)종속의 순자산공정가치	₩630,000
× 비지배지분율	× 10%
20×1년 말 비지배지분	₩63,000

02 ⑤ 1. 20×2년 12월 31일 연결당기순이익

	(주)지배	(주)종속
보고된 당기순이익	₩250,000	₩100,000
투자차액의 상각		
재고자산	-	₩(20,000)[1]
건물	-	₩(10,000)[2]
내부거래 미실현손익	₩(24,000)[3]	-
연결조정 후 당기순이익	₩226,000	₩70,000

[1] ₩50,000 × 40% = ₩20,000
[2] ₩50,000/5년 = ₩10,000
[3] (₩80,000 - ₩50,000) - (₩80,000 - ₩50,000) × 1년/5년 = ₩24,000

∴ 연결당기순이익: ₩226,000 + ₩70,000 = ₩296,000

2. 20×2년 말 비지배지분: 종속기업 순자산공정가치 × 비지배지분율

20×2년 말 (주)종속의 순자산장부금액	₩670,000
20×2년 말 투자차액 미상각잔액	
재고자산	-
건물: ₩50,000 - ₩10,000 × 2년 =	₩30,000
20×2년 말 (주)종속의 순자산공정가치	₩700,000
× 비지배지분율	× 10%
20×2년 말 비지배지분	₩70,000

03 ② 20×1년 말 비지배지분: 종속기업 순자산공정가치 × 비지배지분율

20×1년 말 (주)종속의 순자산장부금액: ₩120,000 + ₩60,000	₩180,000
20×1년 말 투자차액 미상각잔액	
토지	₩30,000
20×1년 말 상향거래 미실현손익 잔액	
재고자산	₩(24,000)
20×1년 말 (주)종속의 순자산공정가치	₩186,000
× 비지배지분율	× 20%
20×1년 말 비지배지분	₩37,200

04 ④

	(주)지배	(주)종속
보고된 당기순이익	₩350,000	₩70,000
투자차액의 상각		
토지	-	₩(30,000)
내부거래 실현손익	-	₩24,000
연결조정 후 당기순이익	₩350,000	₩64,000

∴ 연결당기순이익: ₩350,000 + ₩64,000 = ₩414,000

05 ④ 1. 염가매수차익: ₩150,000 − (₩370,000 − ₩150,000) × 70% = ₩(4,000)

2. 연결당기순이익

	(주)대한	(주)민국	합계
보고된 당기순이익	₩100,000	₩40,000	₩140,000
투자차액의 상각			
유형자산	-	₩(5,000)	₩(5,000)
염가매수차익	₩4,000	-	₩4,000
연결조정 후 당기순이익	₩104,000	₩35,000	₩139,000
∴ 연결당기순이익:	₩104,000 +	₩35,000 =	₩139,000

06 ① 20×2년 말 비지배지분: 종속기업 순자산공정가치 × 비지배지분율

20×2년 말 (주)민국의 순자산장부금액: ₩170,000 + ₩40,000 + ₩50,000 − ₩20,000 =	₩240,000
20×2년 말 투자차액 미상각잔액	
유형자산: ₩50,000 × 8년/10년 =	₩40,000
20×2년 말 (주)민국의 순자산공정가치	₩280,000
× 비지배지분율	× 30%
20×2년 말 비지배지분	₩84,000

07 ⑤ 1. 연결당기순이익

	(주)대한	(주)민국	합계
보고된 당기순이익	₩20,000	₩10,000	₩30,000
투자차액의 상각	-	-	-
내부거래제거			
기계장치 실현손익	4,000	-	4,000
연결조정 후 당기순이익	₩24,000	₩10,000	₩34,000
∴ 연결당기순이익:	₩24,000 +	₩10,000 =	₩34,000
지배기업소유주 귀속 당기순이익:	₩24,000 +	₩10,000 × 60% =	₩30,000
비지배지분순이익:		₩10,000 × 40% =	₩4,000

Chapter 04
주관식 연습문제

재고자산의 내부거래제거(1)

01 다음은 A회사와 그 종속기업인 B회사의 20×1년 12월 31일 현재 재무상태표와 20×1년의 포괄손익계산
서이다.

재무상태표
20×1년 12월 31일 현재 (단위: ₩)

	A회사	B회사		A회사	B회사
현금및현금성자산	700,000	300,000	매입채무	500,000	200,000
매출채권	700,000	400,000	차입금	1,600,000	600,000
재고자산	800,000	400,000	자본금	1,000,000	500,000
투자주식(B회사)	1,000,000	–	자본잉여금	500,000	300,000
토지	1,000,000	500,000	이익잉여금	1,400,000	400,000
건물(순액)	800,000	400,000			
	5,000,000	2,000,000		5,000,000	2,000,000

포괄손익계산서
20×1년 1월 1일부터 20×1년 12월 31일까지 (단위: ₩)

	A회사	B회사
매출액	5,000,000	2,000,000
매출원가	(4,400,000)	(1,700,000)
매출총이익	600,000	300,000
감가상각비	(200,000)	(100,000)
당기순이익	400,000	200,000

해커스 회계사 IFRS 김원종 고급회계 Chapter 04 연결회계: 내부거래와 미실현손익

[추가자료]

(1) A회사는 20×1년 1월 1일 B회사의 보통주 60%를 취득하고 그 대가로 ₩1,000,000을 지급하였으며 동일 A회사와 B회사의 주주지분은 다음과 같다.

구분	A회사	B회사
자본금	₩1,000,000	₩500,000
자본잉여금	₩500,000	₩300,000
이익잉여금	₩1,000,000	₩200,000

(2) 주식취득일 현재 B회사의 장부금액과 공정가치가 다른 자산은 다음과 같다.

구분	장부금액	공정가치
재고자산	₩250,000	₩300,000
토지	₩500,000	₩700,000
건물(순액)	₩500,000	₩750,000

재고자산은 20×1년 중 전액 매출되었으며, 건물은 20×1년 1월 1일부터 5년의 내용연수를 가지며 잔존가치는 없고 정액법으로 감가상각한다.

(3) 20×1년과 20×2년의 내부거래(재고자산)는 다음과 같다. 단, 양사의 매출총이익률은 모두 20%이다. 20×1년의 매입회사 기말재고에 남아있는 상품은 20×2년에 외부에 모두 판매되었다.

판매회사	내부거래		매입회사 기말재고에 남아있는 상품	
	20×1년	20×2년	20×1년	20×2년
A회사	₩300,000	₩600,000	₩50,000	₩100,000
B회사	₩200,000	₩400,000	₩25,000	₩50,000

(4) A회사는 B회사의 투자주식을 원가법으로 회계처리하고 있다.

(5) A회사는 비지배지분을 종속기업의 식별할 수 있는 순자산의 비례적인 지분(몫)으로 측정하고 있다.

물음1　20×1년 초 지배력획득 시 영업권을 계산하시오.

물음2　20×1년 말에 연결재무제표를 작성하는 경우 연결포괄손익계산서에 계상될 (1) 연결당기순이익, (2) 지배기업소유주 귀속 당기순이익, (3) 비지배분순이익은 얼마인가?

물음3　20×1년 말에 연결재무제표를 작성하는 경우 연결재무상태표에 계상될 (1) 자본금, (2) 자본잉여금, (3) 이익잉여금 및 (4) 비지배지분은 얼마인가?

물음4　20×1년 말 연결조정분개를 제시하시오.

물음5　20×1년 말 연결재무상태표와 20×1년 연결포괄손익계산서를 작성하시오.

해답

물음 1

투자주식의 취득원가		₩1,000,000
B회사의 순자산장부금액	₩1,000,000	
재고자산 과소평가	₩50,000	
토지 과소평가	₩200,000	
건물 과소평가	₩250,000	
계	₩1,500,000	
지배기업지분율	× 60%	₩(900,000)
영업권		₩100,000

물음 2

	A회사	B회사	합계
보고된 당기순이익	₩400,000	₩200,000	₩600,000
투자차액의 상각			
재고자산	-	₩(50,000)	₩(50,000)
건물	-	₩(50,000)	₩(50,000)
내부거래제거			
재고자산 미실현손익	₩(10,000)	₩(5,000)	₩(15,000)
연결조정 후 당기순이익	₩390,000	₩95,000	₩485,000

∴ 연결당기순이익: ₩390,000 + ₩95,000 = ₩485,000

지배기업소유주 귀속 당기순이익: ₩390,000 + ₩95,000 × 60% = ₩447,000

비지배지분순이익: ₩95,000 × 40% = ₩38,000

물음 3

연결자본: (1) + (2) = ₩2,947,000 + ₩638,000 = ₩3,585,000

(1) 지배기업소유주지분: ① + ② + ③ = ₩2,947,000

　① 자본금: 지배기업 자본금 ₩1,000,000

　② 자본잉여금: 지배기업 자본잉여금 ₩500,000

　③ 이익잉여금: 지배력획득 시 지배기업 이익잉여금 ₩1,000,000 + 20×1년 지배기업소유주 귀속 당기순이익
　　₩447,000 = ₩1,447,000

(2) 비지배지분

① 20×1년 말 B회사 순자산장부금액: ₩1,000,000 + ₩200,000 =		₩1,200,000
20×1년 말 투자차액 미상각잔액		
토지		₩200,000
건물: ₩250,000 × 4년/5년 =		₩200,000
20×1년 말 내부거래 상향 미실현손익 잔액		
재고자산: ₩25,000 × 20% =		₩(5,000)
② 20×1년 말 B회사 순자산공정가치		₩1,595,000
③ 비지배지분율		× 40%
④ 20×1년 말 비지배지분		₩638,000

물음 4 | **[투자주식과 자본계정의 상계제거]**

구분	회계처리				
① 취득시점의 투자·자본 상계	(차) 자본금(B)	500,000	(대) 투자주식		1,000,000
	자본잉여금(B)	300,000	비지배지분		600,000[3]
	이익잉여금(B)	200,000[1]			
	재고자산	50,000			
	토지	200,000			
	건물	250,000			
	영업권	100,000[2]			

[1] 20×1년 초 이익잉여금
[2] 영업권: ₩1,000,000 - (₩1,000,000 + ₩500,000) × 60% = ₩100,000
[3] 비지배지분: (₩1,000,000 + ₩500,000) × 40% = ₩600,000

구분	회계처리				
② 투자차액의 상각	(차) 매출원가	50,000[1]	(대) 재고자산		50,000
	(차) 감가상각비	50,000[2]	(대) 감가상각누계액(건물)		50,000

[1] 장부금액과 공정가치가 다른 재고자산은 외부로 판매된 경우 매출원가에 재고자산에 대한 장부금액과 공정가치의 차액을 추가로 조정해 주어야 함
[2] 종속기업의 장부금액과 공정가치가 다른 감가성 유형자산인 건물은 이 차액(₩50,000= ₩250,000/5년)에 대한 추가적인 감가상각 효과를 인식해야 함

[내부거래제거]

구분	회계처리				
③ 당기 미실현손익 제거(하향)	(차) 매출	300,000	(대) 매출원가		300,000
	(차) 매출원가	10,000[1]	(대) 재고자산		10,000

[1] ₩50,000 × 20% = ₩10,000(하향거래)

구분	회계처리				
④ 당기 미실현손익 제거(상향)	(차) 매출	200,000	(대) 매출원가		200,000
	(차) 매출원가	5,000[1]	(대) 재고자산		5,000

[1] ₩25,000 × 20% = ₩5,000(상향거래)

[비지배지분순이익 계상]

구분	회계처리				
⑤ 비지배지분순이익 계상	(차) 이익잉여금	38,000	(대) 비지배지분		38,000[1]

[1]
B회사 보고된 당기순이익	₩200,000
매출원가	(50,000)
감가상각비	(50,000)
재고자산 미실현이익	(5,000)
B회사 연결조정 후 당기순이익	₩95,000
비지배지분율	× 40%
비지배지분순이익	₩38,000

1. 연결정산표

연결정산표

구분	A회사	B회사	합계	연결조정분개 차변	연결조정분개 대변	연결 재무제표
<차변: 자산, 비용>						
현금및현금성자산	700,000	300,000	1,000,000			1,000,000
매출채권	700,000	400,000	1,100,000			1,100,000
재고자산	800,000	400,000	1,200,000	① 50,000	② 50,000 ③ 10,000 ④ 5,000	1,185,000
투자주식	1,000,000	–	1,000,000		① 1,000,000	0
토지	1,000,000	500,000	1,500,000	① 200,000		1,700,000
건물(순액)	800,000	400,000	1,200,000	① 250,000	② 50,000	1,400,000
영업권	–	–	–	① 100,000		100,000
매출원가	4,400,000	1,700,000	6,100,000	② 50,000 ③ 10,000 ④ 5,000	③ 300,000 ④ 200,000	5,665,000
감가상각비	200,000	100,000	300,000	② 50,000		350,000
차변합계	9,600,000	3,800,000	13,400,000			12,500,000
<대변: 부채, 자본, 수익>						
매입채무	500,000	200,000	700,000			700,000
차입금	1,600,000	600,000	2,200,000			2,200,000
자본금	1,000,000	500,000	1,500,000	① 500,000		1,000,000
자본잉여금	500,000	300,000	800,000	① 300,000		500,000
이익잉여금	1,000,000[1]	200,000[1]	1,200,000	① 200,000 ⑤ 38,000		962,000
비지배지분	–	–	–		① 600,000 ⑤ 38,000	638,000
매출액	5,000,000	2,000,000	7,000,000	③ 300,000 ④ 200,000		6,500,000
대변합계	9,600,000	3,800,000	13,400,000	2,253,000	2,253,000	12,500,000

[1] 재무상태표에 이익잉여금은 기말이익잉여금 잔액으로 표시되어 있기 때문에 수익과 비용을 추가로 반영하면 잔액시산표의 차변과 대변합계가 일치하지 않는 문제가 발생하므로 잔액시산표에 이익잉여금은 당기순이익을 제외한 금액으로 표시해야 한다.

2. 연결재무상태표

연결재무상태표
20×1년 12월 31일 현재

현금및현금성자산	1,000,000	매입채무	700,000
매출채권	1,100,000	차입금	2,200,000
재고자산	1,185,000	자본	
토지	1,700,000	지배기업소유주귀속	
건물(순액)	1,400,000	자본금	1,000,000
영업권	100,000	자본잉여금	500,000
		이익잉여금	1,447,000[1]
		비지배지분	638,000
	6,485,000		6,485,000

[1] 정산표상 이익잉여금 ₩962,000 + 연결당기순이익 ₩485,000 = ₩1,447,000

3. 연결포괄손익계산서

연결포괄손익계산서
20×1년 1월 1일부터 20×1년 12월 31일까지

매출액	6,500,000
매출원가	(5,665,000)
매출총이익	835,000
감가상각비	(350,000)
당기순이익	485,000
당기순이익의 귀속	
지배기업소유주	447,000
비지배지분	38,000

02 도매업을 영위하는 (주)지배는 20×7년 1월 1일 소매업을 영위하는 (주)종속 주식의 60%를 ₩700,000에 취득하였다.

[2008 공인회계사 2차 수정]

(1) 취득 당시와 20×7년 12월 31일의 (주)종속의 자본계정은 다음과 같다.

계정과목	20×7. 1. 1.	20×7. 12. 31.
자본금	₩500,000	₩500,000
자본잉여금	₩300,000	₩300,000
이익잉여금	₩200,000	₩260,000
(당기순이익: ₩60,000)		
자본총계	₩1,000,000	₩1,060,000

(2) 취득 당시 (주)종속의 자산·부채 중 공정가치와 장부금액이 차이가 있는 계정과목은 다음과 같다.

계정과목	장부금액	공정가치
재고자산(상품 A)	₩70,000	₩80,000
토지	₩100,000	₩120,000
건물	₩200,000	₩240,000

(3) 위 재고자산(상품 A)은 20×7년 중에 모두 외부로 판매되었고, 건물의 잔여내용연수는 10년이며 상각방법은 정액법이다.

(4) 20×7년 중 (주)지배는 (주)종속에 원가 ₩50,000의 재고자산(상품 B)을 ₩55,000에 판매하였다. 20×7년 말 현재 (주)종속은 이 재고자산(상품 B)을 전부 보유하고 있다.

(5) (주)지배는 (주)종속의 주식을 별도재무제표에서 공정가치법으로 평가하고 있으며, 영업권은 20×8년 말까지 손상되지 않았다. 또한 법인세효과는 고려하지 않는다.

(6) (주)지배는 비지배지분을 순자산공정가치에 비례적인 지분으로 측정하고 있다.

물음 1 아래의 표는 20×7년 말 현재 (주)지배와 (주)종속의 연결재무상태표의 일부이다. 각 계정의 금액(①부터 ②까지)을 계산하시오. 계산과정(또는 분개)도 제시하시오. 단, (주)종속 외에 (주)지배의 종속기업은 없으며, (주)지배와 (주)종속의 20×7년 말 현재 별도재무상태표에 계상된 영업권은 없다.

재무제표	계정과목	금액
연결재무상태표	영업권	①
	비지배지분	②

물음 2 다음은 20×8 회계연도 (주)지배와 (주)종속의 재무상태표와 포괄손익계산서이다.

재무상태표

20×8. 12. 31. 현재

계정과목	(주)지배	(주)종속
유동자산	₩1,158,400	₩850,000
투자주식((주)종속)	₩731,600	–
토지	₩280,000	₩140,000
건물(순액)	₩430,000	₩210,000
자산총계	₩2,600,000	₩1,200,000
부채	₩288,400	₩110,000
자본금	₩1,200,000	₩500,000
자본잉여금	₩500,000	₩300,000
이익잉여금*	₩580,000	₩290,000
기타포괄손익공정가치측정금융자산평가이익	₩31,600	–
부채 및 자본총계	₩2,600,000	₩1,200,000

* (주)지배와 (주)종속은 20×8년 중에 각각 ₩70,000과 ₩50,000의 배당을 결의하고 지급하였다.

포괄손익계산서

20×8. 1. 1. ~ 20×8. 12. 31.

계정과목	(주)지배	(주)종속
매출액	₩8,600,000	₩3,500,000
매출원가	₩(8,100,000)	₩(3,350,000)
감가상각비	₩(65,000)	₩(30,000)
기타비용	₩(265,000)	₩(40,000)
배당금수익	₩30,000	–
당기순이익	₩200,000	₩80,000

(주)종속은 20×7년에 (주)지배로부터 매입한 재고자산(상품 B)을 20×8년 중에 전부 외부로 판매하였다. 이 경우 (주)지배와 (주)종속의 20×8 회계연도(20×8. 1. 1. ~ 12. 31.) 연결포괄손익계산서와 20×8년 말 현재 연결재무상태표에 계상될 아래 각 계정의 금액(①부터 ⑥까지)을 계산하시오. 계산과정(또는 분개)도 제시하시오.

재무제표	계정과목	금액
연결포괄손익계산서	감가상각비	①
	당기순이익	②
연결재무상태표	토지	③
	건물(순액)	④
	영업권	⑤
	비지배지분	⑥

해답

물음 1

재무제표	계정과목	금액
연결재무상태표	영업권	① ₩58,000
	비지배지분	② ₩446,400

① 영업권

투자주식의 취득원가		₩700,000
(주)종속의 순자산장부금액	₩1,000,000	
재고자산 과소평가	₩10,000	
토지 과소평가	₩20,000	
건물 과소평가	₩40,000	
계	₩1,070,000	
지배기업지분율	× 60%	₩(642,000)
영업권		₩58,000

② 비지배지분

20×7년 말 (주)종속의 순자산장부금액	₩1,060,000
20×7년 말 투자차액 미상각잔액	
토지	₩20,000
건물: ₩40,000 × 9년/10년 =	₩36,000
20×7년 말 (주)종속의 순자산공정가치	₩1,116,000
비지배지분율	× 40%
20×7년 말 비지배지분	₩446,400

물음 2

재무제표	계정과목	금액
연결포괄손익계산서	감가상각비	① ₩99,000
	당기순이익	② ₩251,000
연결재무상태표	토지	③ ₩440,000
	건물(순액)	④ ₩672,000
	영업권	⑤ ₩58,000
	비지배지분	⑥ ₩456,800

① 감가상각비: ₩65,000 + ₩30,000 + ₩4,000 = ₩99,000

② 당기순이익:
₩200,000 + ₩80,000 - ₩30,000(배당금수익) - ₩4,000(건물 감가상각비) + ₩5,000(재고 실현이익)
= ₩251,000

③ 토지: ₩280,000 + ₩140,000 + ₩20,000 = ₩440,000

④ 건물(순액): ₩430,000 + ₩210,000 + ₩40,000 - ₩4,000 - ₩4,000 = ₩672,000

⑤ 영업권 : ₩58,000

투자주식의 취득원가		₩700,000
(주)종속의 순자산장부금액	₩1,000,000	
재고자산 과소평가	₩10,000	
토지 과소평가	₩20,000	
건물 과소평가	₩40,000	
계	₩1,070,000	
지배기업지분율	× 60%	₩(642,000)
영업권		₩58,000

⑥ 비지배지분: ₩456,800

20×8년 말 (주)종속의 순자산장부금액: ₩500,000 + ₩300,000 + ₩290,000 =	₩1,090,000
20×8년 말 투자차액 미상각잔액	
토지	₩20,000
건물: ₩40,000 × 8년/10년 =	₩32,000
20×8년 말 (주)종속의 순자산공정가치	₩1,142,000
비지배지분율	× 40%
20×8년 말 비지배지분	₩456,800

해설   1. 20×7년 말 연결조정분개

[투자주식과 자본계정의 상계제거]

	(차) 자본금	500,000	(대) 투자주식	700,000		
	자본잉여금	300,000	비지배지분	428,000[3]		
	이익잉여금	200,000[1]				
① 취득시점의	재고자산	10,000				
투자·자본 상계	토지	20,000				
	건물(순액)	40,000				
	영업권	58,000[2]				

[1] 20×1년 초 이익잉여금
[2] 영업권: ₩700,000 − (₩1,000,000 + ₩70,000) × 60% = ₩58,000
[3] 비지배지분: (₩1,000,000 + ₩70,000) × 40% = ₩428,000

② 투자차액의	(차) 매출원가	10,000	(대) 재고자산	10,000
상각	(차) 감가상각비	4,000[1]	(대) 건물(순액)	4,000

[1] ₩40,000 × 1년/10년(잔존내용연수) = ₩4,000

[내부거래제거]

③ 당기 미실현손익	(차) 매출	55,000	(대) 매출원가	55,000
제거 (하향)	(차) 매출원가	5,000[1]	(대) 재고자산	5,000

[1] ₩55,000 − ₩50,000 = ₩5,000

[비지배지분순이익 계상]

④ 비지배지분	(차) 이익잉여금	18,400	(대) 비지배지분	18,400[1]
순이익 계상				

[1] (₩60,000 − ₩10,000 − ₩4,000) × 40% = ₩18,400

2. 20×8년 말 연결조정분개

[원가법 환원 분개]

① 원가법 환원 분개	(차) 기타포괄손익공정가치측정금융자산평가이익	31,600	(대) 투자주식	31,600[1]

[1] 투자주식을 원가법으로 환원하는 분개임(₩731,600 - ₩700,000 = ₩31,600)

[배당금수익 취소 분개]

② 배당금 취소 분개	(차) 배당금수익	30,000	(대) 이익잉여금	50,000
	비지배지분	20,000		

[투자주식과 자본계정의 상계제거]

③ 취득시점의 투자·자본 상계	(차) 자본금	500,000	(대) 투자주식	700,000
	자본잉여금	300,000	비지배지분	428,000[3]
	이익잉여금	200,000[1]		
	재고자산	10,000		
	토지	20,000		
	건물(순액)	40,000		
	영업권	58,000[2]		

[1] 20×1년 초 이익잉여금
[2] 영업권: ₩700,000 - (₩1,000,000 + ₩70,000) × 60% = ₩58,000
[3] 비지배지분: (₩1,000,000 + ₩70,000) × 40% = ₩428,000

④ 취득시점 이후 자본변동	(차) 이익잉여금	60,000[1]	(대) 이익잉여금	36,000
			비지배지분	24,000

[1] 20×1년 이익잉여금의 증가분(당기순이익)

⑤ 전기 투자차액의 상각	(차) 이익잉여금	8,400	(대) 재고자산	10,000
	비지배지분	5,600	건물(순액)	4,000
⑥ 당기 투자차액의 상각	(차) 감가상각비	4,000[1]	(대) 건물(순액)	4,000
	[1] ₩40,000 × 1년/10년(잔존내용연수) = ₩4,000			

[내부거래제거]

⑦ 당기 실현손익의 인식	(차) 이익잉여금	5,000	(대) 매출원가	5,000

[비지배지분순이익 계상]

⑧ 비지배지분 순이익 계상	(차) 이익잉여금	30,400	(대) 비지배지분	30,400[1]

[1] (₩80,000 - ₩4,000) × 40% = ₩30,400

03 (주)지배는 20×1년 1월 1일에 (주)종속의 발행주식 70%를 ₩800,000에 취득하여 지배력을 획득하였다. 지배력획득일 현재 (주)종속의 순자산의 장부금액은 ₩1,000,000이고 공정가치는 ₩1,100,000이며, 양자의 차이는 건물(잔존내용연수 10년, 잔존가치 없이 정액법 상각)의 공정가치가 장부금액을 ₩100,000 초과하기 때문이다. (주)종속의 20×1년도와 20×2년도 당기순이익은 각각 ₩80,000과 ₩90,000이다. 두 회사 간에 발생한 내부거래는 다음과 같다.

> (1) 20×1년 7월 1일에 (주)지배는 사용하고 있던 기계장치(장부금액 ₩400,000, 잔존내용연수 4년, 잔존가치 없이 정액법 상각)를 (주)종속에게 ₩420,000에 매각하였으며, (주)종속은 동 기계장치를 20×2년 말 현재 계속 사용하고 있다.
>
> (2) 20×1년 중에 발생한 상품내부거래와 관련된 자료는 다음과 같다.
>
> | 판매회사 | 매출액 | 매출원가 |
> |---|---|---|
> | (주)지배 | ₩600,000 | ₩420,000 |
> | (주)종속 | ₩100,000 | ₩60,000 |
>
> 20×1년 말 현재 (주)종속은 (주)지배로부터 매입한 상품 중 10%를 보유하고 있으며, (주)지배는 (주)종속으로부터 매입한 상품 중 20%를 보유하고 있다. 20×1년 말 현재 상품의 미실현이익은 20×2년도에 모두 실현되었다.

두 회사의 결산일은 모두 12월 31일이며, 모든 상각은 월할 계산한다. 또한, 20×2년 말까지 영업권은 손상되지 않았으며 비지배지분에 대한 영업권은 인식하지 않는다. A회사는 B회사의 투자주식을 별도재무제표에서 원가법으로 평가하고 있다.

[2009 공인회계사 2차]

물음1 (주)지배가 작성한 20×1년 12월 31일 현재 연결재무상태표와 20×1년도 연결포괄손익계산서의 일부는 다음과 같다. 공란(①부터 ⑥까지)에 들어갈 금액을 계산하시오.

과목	(주)지배	(주)종속	연결재무제표
재고자산	₩300,000	₩100,000	①
건물(순액)	₩950,000	₩520,000	②
기계장치(순액)	₩740,000	₩650,000	③
비지배지분	–	–	④
매출액	₩2,420,000	₩1,230,000	⑤
매출원가	₩1,690,000	₩740,000	⑥

물음2 (주)지배가 기업실체이론에 따라 연결포괄손익계산서를 작성하면 지배기업이론에 따라 연결포괄손익계산서를 작성한 경우에 비해 20×1년도 연결당기순이익은 얼마나 증가 또는 감소하는지 계산하고 그 이유를 설명하시오.

물음 3 (주)지배가 20×2년 12월 31일 현재 연결재무상태표를 작성할 경우에 인식할 비지배지분을 계산하시오. 단, 20×2년 중에 추가로 발생한 내부거래는 없다.

물음 4 연결재무제표 작성과정에서 내부거래미실현이익은 항상 제거하지만, 내부거래미실현손실은 항상 제거하지는 않는다. 내부거래미실현손실은 자산손상에 관한 한국채택국제회계기준에 따른 손상차손에 해당할 경우에 연결재무제표 작성 시 당기손실로 인식한다. 그 이유를 3줄 이내로 서술하시오.

해답 | 물음 1 |

1. 20×1년 말 각 계정잔액
    ① 재고자산:
       ₩300,000 + ₩100,000 − ₩600,000 × 10% × 30%[1] − ₩100,000 × 20% × 40%[2] = ₩374,000
       [1] (주)지배의 매출총이익률: (₩600,000 − ₩420,000) ÷ ₩600,000 = 30%
       [2] (주)종속의 매출총이익률: (₩100,000 − ₩60,000) ÷ ₩100,000 = 40%
    ② 건물(순액): ₩950,000 + ₩520,000 + ₩100,000 × 9년/10년 = ₩1,560,000
    ③ 기계장치(순액): ₩740,000 + ₩650,000 − ₩20,000 + ₩20,000 ÷ 4년 × 6/12 = ₩1,372,500
    ④ 비지배지분

20×1년 말 (주)종속의 순자산장부금액: ₩1,000,000 + ₩80,000 =	₩1,080,000
20×1년 말 투자차액 미상각잔액	
건물: ₩100,000 × 9년/10년 =	₩90,000
20×1년 말 내부거래 상향 미실현손익 잔액	
재고자산: ₩100,000 × 20% × 40% =	₩(8,000)
20×1년 말 (주)종속의 순자산공정가치	₩1,162,000
비지배지분율	× 30%
20×1년 말 비지배지분	₩348,600

    ⑤ 매출액: ₩2,420,000 + ₩1,230,000 − ₩600,000 − ₩100,000 = ₩2,950,000
    ⑥ 매출원가:
       ₩1,690,000 + ₩740,000 − ₩600,000 − ₩100,000 + ₩600,000 × 10% × 30% + ₩100,000
       × 20% × 40% = ₩1,756,000

| 물음 2 |

1. 기업실체이론에서는 비지배지분순이익을 연결당기순이익에 포함시키지만, 지배기업이론에서는 비지배지분순이익을 연결당기순이익에서 제외한다. 따라서 20×1년의 경우 비지배지분순이익만큼 기업실체이론의 연결당기순이익이 더 크다.

2. 비지배지분순이익

(주)종속의 보고된 당기순이익	₩80,000
투자차액의 상각	
건물: ₩100,000 ÷ 10년 =	₩(10,000)
내부거래제거	
재고자산: ₩100,000 × 20% × 40% =	₩(8,000)
(주)종속의 연결조정 후 당기순이익	₩62,000
비지배지분율	× 30%
비지배지분순이익	₩18,600

| 물음 3 |

20×2년 말 (주)종속의 순자산장부금액: ₩1,000,000 + ₩80,000 + ₩90,000 =	₩1,170,000
20×2년 말 투자차액의 상각	
건물: ₩100,000 × 8년/10년 =	₩80,000
20×2년 말 (주)종속의 순자산공정가치	₩1,250,000
비지배지분율	× 30%
20×2년 말 비지배지분	₩375,000

| 물음 4 |

K-IFRS 제1110호 '연결재무제표'에서는 연결실체 내의 거래에서 발생한 손실은 연결재무제표에 인식해야 하는 자산손상의 징후일 수 있다고 규정하고 있다. 따라서 연결재무제표에 손상차손이 표시되어야 하므로 손상차손을 제거하지 않아도 된다.

해설 20×1년 말 연결조정분개

[투자주식과 자본계정의 상계제거]

① 취득시점의 투자 · 자본 상계	(차) 순자산	1,000,000	(대) 투자주식	800,000
	건물(순액)	100,000	비지배지분	330,000[2]
	영업권	30,000[1]		
	[1] 영업권: ₩800,000 − (₩1,000,000 + ₩100,000) × 70% = ₩30,000			
	[2] 비지배지분: (₩1,000,000 + ₩100,000) × 30% = ₩330,000			
② 당기 투자차액의 상각	(차) 감가상각비	10,000[1]	(대) 건물(순액)	10,000
	[1] ₩100,000/10년 = ₩10,000			

[내부거래제거]

③ 당기 미실현손익 제거(하향)	(차) 유형자산처분이익	20,000[1]	(대) 기계장치(순액)	20,000
	(차) 기계장치(순액)	2,500	(대) 감가상각비	2,500[1]
	[1] ₩420,000 − ₩400,000 = ₩20,000			
	[2] ₩20,000 × 1년/4년 × 6/12 = ₩2,500			
④ 당기 미실현손익 제거(하향)	(차) 매출	600,000	(대) 매출원가	600,000
	(차) 매출원가	18,000[1]	(대) 재고자산	18,000
	[1] ₩600,000 × 10% × 30% = ₩18,000(하향거래)			
⑤ 당기 미실현손익 제거(상향)	(차) 매출	100,000	(대) 매출원가	100,000
	(차) 매출원가	8,000[1]	(대) 재고자산	8,000
	[1] ₩100,000 × 20% × 40% = ₩8,000(상향거래)			

[비지배지분순이익 계상]

⑥ 비지배지분 순이익 계상	(차) 이익잉여금	18,600	(대) 비지배지분	18,600[1]

[1] (₩80,000 − ₩10,000 − ₩8,000) × 30% = ₩18,600

04 (주)지배는 20×1년 1월 1일에 (주)종속의 보통주 60%를 취득하여 지배력을 획득하였다. 다음의 독립된 세 가지 **물음** 에 대해 답하시오.

[2015 공인회계사 2차]

물음1 20×1년 1월 1일에 (주)지배는 (주)종속에게 원가 ₩100,000의 상품을 ₩120,000에 판매하였다. 동 상품의 80%는 20×1년 중에 외부로 판매되었으며, 나머지 20%는 20×1년 12월 31일 현재 (주)종속의 기말재고자산으로 남아있다. 기말에 (주)종속은 저가법에 따라 동 기말재고자산을 시가인 ₩18,000으로 평가하고 재고자산평가손실 ₩6,000을 인식하였다.

위 거래의 영향을 반영한 후 (주)지배와 (주)종속의 20×1년도 별도(개별)재무제표상 일부항목이 다음과 같다고 할 때, 연결재무제표의 빈칸(① ~ ②)에 계상될 금액을 제시하시오.

계정과목	(주)지배	(주)종속	연결재무제표
재무상태표 항목			
재고자산(순액)	₩45,000	₩25,000	①
포괄손익계산서 항목			
매출원가	₩700,000	₩200,000	②

물음2 20×1년 1월 1일에 (주)종속은 (주)지배에게 장부금액이 ₩50,000(취득원가 ₩80,000, 감가상각누계액 ₩30,000)인 기계장치를 ₩60,000에 판매하였다. 판매시점에 이 기계장치의 잔여내용연수는 5년이고, 추정잔존가치는 없으며, 두 회사 모두 기계장치를 정액법으로 상각한다. 20×2년 12월 31일에 (주)지배는 이 기계장치를 ₩32,000에 외부로 판매하였다.

위 거래의 영향을 반영한 후 (주)지배와 (주)종속의 20×2년도 별도(개별)재무제표상 일부항목이 다음과 같다고 할 때, 연결재무제표의 빈칸(① ~ ②)에 계상될 금액을 제시하시오. 단, 유형자산처분손실이 계상될 경우 금액 앞에 '(-)'를 표시하시오.

계정과목	(주)지배	(주)종속	연결재무제표
포괄손익계산서 항목			
감가상각비	₩80,000	₩50,000	①
유형자산처분이익(손실)	₩(7,000)	₩15,000	②

20×1년 1월 1일에 (주)지배는 (주)종속에게 원가 ₩65,000의 상품을 ₩90,000에 외상매출하였으며, 이 중 ₩60,000을 현금회수하였다. 20×1년 말 현재 동 매출채권 잔액 중 ₩18,000은 은행에서 할인한 상태이며, 동 할인거래 중 ₩10,000은 매출채권의 제거조건을 만족하였으나, 나머지 ₩8,000은 매출채권의 제거조건을 만족하지 못하였다. (주)지배와 (주)종속의 대손설정률은 각각 기말 매출채권 잔액의 5%, 3%이다. (주)종속은 (주)지배로부터 매입한 상품을 20×1년 중에 전액 외부로 판매하였다.

위 거래의 영향을 반영한 후 (주)지배와 (주)종속의 20×1년도 별도(개별)재무제표상 일부항목이 다음과 같다고 할 때, 연결재무제표의 빈칸(① ~ ②)에 계상될 금액을 제시하시오.

계정과목	(주)지배	(주)종속	연결재무제표
재무상태표 항목			
매입채무	₩150,000	₩135,000	①
포괄손익계산서 항목			
대손상각비	₩18,000	₩12,000	②

해답 　**물음 1**　1. 재고자산(순액)과 매출원가

계정과목	(주)지배	(주)종속	연결재무제표
재무상태표 항목			
재고자산(순액)	₩45,000	₩25,000	① ₩70,000
포괄손익계산서 항목			
매출원가	₩700,000	₩200,000	② ₩780,000

① 재고자산(순액): ₩45,000 + ₩25,000 - ₩4,000 + ₩4,000 = ₩70,000

② 매출원가: ₩700,000 + ₩200,000 - ₩120,000 + ₩4,000 - ₩4,000 = ₩780,000

2. 20×1년 연결조정분개 중 내부거래제거

당기 미실현손익 제거(하향)	(차) 매출	120,000	(대) 매출원가	120,000
	(차) 매출원가	4,000[1]	(대) 재고자산	4,000
	(차) 재고자산(순액)	4,000	(대) 매출원가	4,000[2]

[1] (₩120,000 - ₩100,000) × 20% = ₩4,000

[2] ₩6,000 - ₩2,000 = ₩4,000

　(주)종속의 재무제표상 재고자산평가충당금: ₩120,000 × 20% - ₩18,000 = ₩6,000

　연결회계상 재고자산평가충당금: ₩100,000 × 20% - ₩18,000 = ₩2,000

물음 2　1. 감가상각비와 유형자산처분손익

계정과목	(주)지배	(주)종속	연결재무제표
포괄손익계산서 항목			
감가상각비	₩80,000	₩50,000	① ₩128,000
유형자산처분이익(손실)	₩(7,000)	₩15,000	② ₩14,000

① 감가상각비: ₩80,000 + ₩50,000 - ₩2,000 = ₩128,000

② 유형자산처분이익(손실): ₩(7,000) + ₩15,000 + ₩6,000 = ₩14,000

2. 20×2년 연결조정분개 중 내부거래제거

전기 미실현손익의 실현(상향)	(차) 이익잉여금	4,800	(대) 감가상각비	2,000
	비지배지분	3,200	유형자산처분이익	6,000

물음 3　1. 매입채무와 대손상각비

계정과목	(주)지배	(주)종속	연결재무제표
재무상태표 항목			
매입채무	₩150,000	₩135,000	① ₩255,000
포괄손익계산서 항목			
대손상각비	₩18,000	₩12,000	② ₩29,000

① 매입채무: ₩150,000 + ₩135,000 - ₩10,000 - ₩20,000 = ₩255,000

② 대손상각비: ₩18,000 + ₩12,000 - ₩1,000 = ₩29,000

2. 20×1년 연결조정분개 중 채권·채무 상계제거

채권·채무 상계제거	(차) 매출	90,000	(대) 매출원가	90,000
	(차) 매입채무	10,000	(대) 차입금	10,000[1]
	(차) 매입채무	20,000	(대) 매출채권	20,000
	(차) 대손충당금	1,000	(대) 대손상각비	1,000[2]

[1] 연결대상기업에 대한 매출채권의 양도가 제거요건을 충족한 경우에는 연결재무제표에는 이를 차입금으로 계상함

[2] ₩20,000 × 5% = ₩1,000(연결실체 간의 내부거래로 인하여 매출채권과 매입채무가 발생하였는데, 매출채권을 인식한 기업이 대손충당금과 대손상각비를 계상한 경우에는 매출채권과 매입채무는 채권·채무 상계제거를 통하여 제거되므로, 관련된 대손충당금과 대손상각비도 함께 제거함)

05 (주)지배는 20×1년 1월 1일에 (주)종속의 보통주 80%(80주, 주당 액면금액 ₩5,000)를 ₩680,000에 취득하고 지배력을 획득하였다. 주식취득일 현재 (주)종속의 자본계정은 자본금 ₩500,000과 이익잉여금 ₩200,000으로 구성되어 있으며, 보통주 1주당 공정가치는 ₩8,200이다.

[2014 공인회계사 2차]

〈추가자료〉

1. 20×1년 1월 1일 현재 (주)종속의 자산과 부채 중에서 장부금액과 공정가치가 일치하지 않는 항목은 다음과 같다.

	장부금액	공정가치
상품	₩70,000	₩84,000
토지	₩300,000	₩350,000
건물(순액)	₩180,000	₩216,000

위 상품 중 80%는 20×1년 중에 외부로 판매되었으며, 나머지 20%는 20×2년 중에 외부로 판매되었다. 토지와 건물은 (주)종속이 20×0년 초에 현금 ₩500,000을 지급하고 일괄취득한 자산이며, 건물은 정액법(내용연수 10년, 잔존가치 ₩0)에 따라 감가상각하고 있다.

2. 20×1년 중에 (주)지배는 (주)종속에 원가 ₩12,000인 제품을 ₩15,000에 현금 판매하였으며, (주)종속은 동 상품 전액을 20×2년 중에 외부로 판매하였다.

3. 20×2년 1월 1일에 (주)종속은 사용하던 비품(장부금액 ₩30,000)을 ₩36,000에 (주)지배에 현금 매각하였다. 비품 매각일 현재 잔존내용연수는 3년, 잔존가치는 ₩0, 감가상각방법은 정액법이다. (주)지배는 동 자산을 20×2년 말 현재 사용하고 있다.

4. 20×2년 1월 1일 (주)종속은 신규시설투자와 관련하여 (주)지배로부터 현금 ₩200,000을 차입하였다. 동 차입금은 약정이자(연 이자율 5%)와 함께 20×3년 12월 31일에 상환할 예정이다.

5. 20×1년과 20×2년에 대한 (주)지배와 (주)종속의 별도(개별)재무제표상 당기순이익은 아래와 같으며, 동 기간 중에 양사는 배당을 선언한 바가 없다.

	20×1년	20×2년
(주)지배	₩55,000	₩75,000
(주)종속	₩20,000	₩25,000

6. (주)지배는 (주)종속의 주식을 원가법으로 회계처리하고 있으며, 연결재무제표 작성 시 비지배지분은 공정가치로 평가한다.

7. (주)지배와 (주)종속이 작성한 별도(개별)재무제표는 한국채택국제회계기준에 따라 적정하게 작성되었다.

물음1 (주)지배와 (주)종속의 20×1년도 별도(개별)재무제표상 일부항목이 다음과 같다고 할 때, 연결 재무제표의 빈칸(① ~ ⑤)에 계상될 금액을 구하시오. 단, 20×1년 말 현재 영업권에 대한 손상 은 발생하지 않은 것으로 가정하며, 해당 금액이 없는 경우에는 "0"으로 표시하시오.

계정과목	(주)지배	(주)종속	연결재무제표
포괄손익계산서 항목			
매출원가	₩650,000	₩280,000	①
당기순이익	₩55,000	₩20,000	②
재무상태표 항목			
상품	₩240,000	₩90,000	③
건물(순액)	₩380,000	₩160,000	④
영업권	₩0	₩0	⑤

물음2 20×2년도에 (주)지배가 작성하는 연결재무제표에 계상될 ① 비지배지분순이익과 ② 비지배지 분 금액을 각각 구하시오.

해답

물음1

계정과목	(주)지배	(주)종속	연결재무제표
포괄손익계산서 항목			
매출원가	₩650,000	₩280,000	① ₩929,200
당기순이익	₩55,000	₩20,000	② ₩56,800
재무상태표 항목			
상품	₩240,000	₩90,000	③ ₩329,800
건물(순액)	₩380,000	₩160,000	④ ₩572,000
영업권	₩0	₩0	⑤ ₩44,000

① 매출원가: ₩650,000 + ₩280,000 + ₩11,200 − ₩15,000 + ₩3,000 = ₩929,200
② 당기순이익: ₩55,000 + ₩20,000 − ₩11,200 − ₩4,000 − ₩3,000 = ₩56,800
③ 상품: ₩240,000 + ₩90,000 + ₩14,000 − ₩11,200 − ₩3,000 = ₩329,800
④ 건물(순액): ₩380,000 + ₩160,000 + ₩36,000 − ₩4,000 = ₩572,000
⑤ 영업권: (₩680,000 − ₩800,000 × 80%) + (₩164,000 − ₩800,000 × 20%) = ₩44,000

물음2

① 20×2년 비지배지분순이익

(주)종속의 보고된 당기순이익	₩25,000
투자차액의 상각	
재고자산: ₩14,000 × 20% =	₩(2,800)
건물: ₩36,000 ÷ 9년 =	₩(4,000)
내부거래제거(상향)	
비품 미실현손익: ₩36,000 − ₩30,000 =	₩(6,000)
비품 실현손익: ₩6,000 ÷ 3년 =	2,000
(주)종속의 연결조정 후 당기순이익	₩14,200
비지배지분율	× 20%
비지배지분순이익	₩2,840

② 20×2년 말 비지배지분: (1) 종속기업의 순자산공정가치 × 비지배지분율 + (2) 비지배지분에 대한 영업권
= ₩163,800 + ₩4,000 = ₩167,800

(1) 종속기업의 순자산공정가치 × 비지배지분율

20×2년 말 (주)종속의 순자산장부금액: ₩700,000 + ₩20,000 + ₩25,000 =	₩745,000
20×2년 말 투자차액 미상각잔액	
토지	₩50,000
건물: ₩36,000 × 7년/9년 =	₩28,000
20×2년 말 내부거래 상향 미실현손익 잔액	
비품: ₩(6,000) × 2년/3년 =	₩(4,000)
20×2년 말 (주)종속의 순자산공정가치	₩819,000
비지배지분율	× 20%
	₩163,800

(2) 비지배지분에 대한 영업권: 20주 × ₩8,200 − (₩700,000 + ₩100,000) × 20% = ₩4,000

해설   1. 20×1년 말 연결조정분개

[투자주식과 자본계정의 상계제거]

① 취득시점의 투자 · 자본 상계	(차) 자본금	500,000	(대) 투자주식	680,000	
	이익잉여금	200,000[1]	비지배지분	164,000[3]	
	상품	14,000			
	토지	50,000			
	건물(순액)	36,000			
	영업권	44,000[2]			

[1] 20×1년 초 이익잉여금
[2] 영업권: (₩680,000 − ₩800,000 × 80%) + (₩164,000 − ₩800,000 × 20%) = ₩44,000
[3] 비지배지분: 20주 × ₩8,200 = ₩164,000

② 투자차액의 상각	(차) 매출원가	11,200[1]	(대) 상품	11,200	
	(차) 감가상각비	4,000[2]	(대) 건물(순액)	4,000	

[1] ₩14,000 × 80% = ₩11,200
[2] ₩36,000 × 1년/9년(잔존내용연수) = ₩4,000

[내부거래제거]

③ 당기 미실현손익 제거(하향)	(차) 매출	15,000	(대) 매출원가	15,000	
	(차) 매출원가	3,000[1]	(대) 상품	3,000	

[1] ₩15,000 − ₩12,000 = ₩3,000

[비지배지분순이익 계상]

④ 비지배지분 순이익 계상	(차) 이익잉여금	960	(대) 비지배지분	960[1]	

[1] (₩20,000 − ₩11,200 − ₩4,000) × 20% = ₩960

2. 20×2년 말 연결조정분개

[투자주식과 자본계정의 상계제거]

① 취득시점의 투자·자본 상계	(차) 자본금	500,000	(대) 투자주식	680,000
	이익잉여금	200,000[1]	비지배지분	164,000[3]
	상품	14,000		
	토지	50,000		
	건물(순액)	36,000		
	영업권	44,000[2]		

[1] 20×1년 초 이익잉여금
[2] 영업권: (₩680,000 − ₩800,000 × 80%) + (₩164,000 − ₩800,000 × 20%) = ₩44,000
[3] 비지배지분: 20주 × ₩8,200 = ₩164,000

② 취득시점 이후 자본변동	(차) 이익잉여금	20,000[1]	(대) 이익잉여금	16,000
			비지배지분	4,000

[1] 20×1년 이익잉여금의 증가분(당기순이익)

③ 전기 투자차액의 상각	(차) 이익잉여금	12,160	(대) 상품	11,200
	비지배지분	3,040	건물(순액)	4,000

④ 당기 투자차액의 상각	(차) 매출원가	2,800[1]	(대) 상품	2,800
	(차) 감가상각비	4,000[2]	(대) 건물(순액)	4,000

[1] ₩14,000 × 20% = ₩2,800
[2] ₩36,000 × 1년/9년(잔존내용연수) = ₩4,000

[채권·채무 상계제거]

⑤ 채권·채무 상계제거	(차) 차입금	200,000	(대) 대여금	200,000
	(차) 이자수익	10,000[1]	(대) 이자비용	10,000

[1] ₩200,000 × 5% = ₩10,000

[내부거래제거]

⑥ 당기 실현손익의 인식(하향)	(차) 이익잉여금	3,000	(대) 매출원가	3,000

⑦ 당기 미실현손익 제거(상향)	(차) 유형자산처분이익	6,000[1]	(대) 비품(순액)	6,000
	(차) 비품(순액)	2,000	(대) 감가상각비	2,000[2]

[1] ₩36,000 − ₩30,000 = ₩6,000
[2] ₩6,000 ÷ 3년 = ₩2,000

[비지배지분순이익 계상]

⑧ 비지배지분 순이익 계상	(차) 이익잉여금	2,840	(대) 비지배지분	2,840[2]

[1] (₩25,000 − ₩2,800 − ₩4,000 − ₩6,000 + ₩2,000) × 20% = ₩2,840

해커스 회계사 IFRS 김원종 고급회계

Chapter 05

연결회계: 소유지분의 변동

Ⅰ | 단계적 취득

01 의의

취득자는 때때로 취득일 직전에 지분을 보유하고 있던 피취득자에 대한 지배력을 획득한다. 예를 들어 20×1년 1월 1일에 기업 A는 기업 B에 대한 지분 10%를 취득하였으며, 20×2년 1월 1일에 기업 B의 지분 50%를 추가로 매수하여 기업 A는 기업 B에 대한 주식취득을 통한 지배력을 획득하게 된다. 이러한 거래를 단계적으로 이루어지는 사업결합(Business Combination Achieved in Stages) 또는 단계적 취득(Step Acquisition)이라고 한다.

[그림 5-1] 단계적 취득

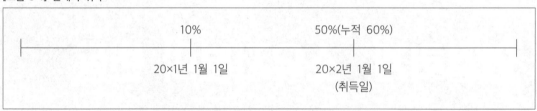

단계적으로 이루어지는 사업결합의 핵심주제는 취득일의 결정과 이전대가를 측정하는 방법이다. 또한 연결 재무제표를 작성할 때 고려해야 할 사항들을 차례로 살펴보기로 한다.

02 취득일의 결정

사업결합이 단일 교환거래로 이루어진 경우 교환일은 취득일과 동일하다. 그러나 사업결합이 연속적인 주식 매입에 의하여 단계적으로 달성되는 경우, 교환일은 각 교환거래일(각 개별 투자가 취득자의 재무제표에 인식되는 날)인 데 반해, 취득일은 취득자가 피취득자에 대한 지배력을 획득한 날이다. 즉, 단계적 취득의 취득일은 최초의 지분교환일이 아니라 추가취득을 통하여 지배력을 획득한 시점이다.

03 이전대가의 측정

단계적으로 이루어지는 사업결합의 이전대가는 다음 항목의 합계액으로 측정된다.

> 단계적으로 이루어지는 사업결합의 이전대가: ① + ②
> ① 취득자가 이전에 보유하고 있던 피취득자에 대한 지분의 취득일의 공정가치
> ② 취득일에 추가 취득한 지분의 취득원가

따라서 영업권은 취득일의 종속기업의 순자산공정가치에 지배기업지분율을 곱한 금액과 취득일 이전에 취득한 종속기업 지분의 취득일의 공정가치 및 추가 취득한 지분의 취득원가를 합한 금액을 비교하여 영업권(염가매수차익)을 측정한다.

> 영업권: (기존 지분의 취득일의 공정가치 + 추가 취득한 지분의 취득원가)
>   - 종속기업의 순자산공정가치 × 취득일의 지배기업지분율

단계적으로 이루어지는 사업결합에서, 취득자는 이전에 보유하고 있던 피취득자에 대한 지분을 취득일의 공정가치로 재측정하고 그 결과 차손익이 있다면 당기손익 또는 기타포괄손익으로 인식해야 한다. 만일 이전의 보고기간에 취득자가 피취득자 지분의 가치변동을 기타포괄손익으로 인식하였다면, 기타포괄손익으로 인식한 금액은 취득자가 이전에 보유하던 지분을 직접 처분하였다면 적용할 기준과 동일하게 인식한다. 즉, 취득자의 기존 피취득자 지분의 가치변동을 기타포괄손익으로 인식한 금액은 취득일에 후속적으로 당기손익으로 재분류하지 않는다.

⚡POINT 단계적 취득

정의	취득일 직전에 지분을 보유하고 있던 피취득자에 대한 지배력을 획득하는 거래
취득일의 결정	사업결합이 연속적인 주식매입에 의하여 단계적으로 달성되는 경우, 교환일은 각 교환거래일인데 반해, 취득일은 취득자가 피취득자에 대한 지배력을 획득한 날임
이전대가의 측정	단계적으로 이루어지는 사업결합의 이전대가: ① + ② ① 취득자가 이전에 보유하고 있던 피취득자에 대한 지분의 취득일의 공정가치 ② 취득일에 추가 취득한 지분의 취득원가
영업권의 측정	(기존 지분의 취득일의 공정가치 + 추가 취득한 지분의 취득원가) - 종속기업의 순자산공정가치 × 취득일의 지배기업지분율
회계처리	① 취득자는 이전에 보유하고 있던 피취득자에 대한 지분을 취득일의 공정가치로 재측정하고 그 결과 차손익이 있다면 당기손익 또는 기타포괄손익으로 인식함 ② 기존 피취득자 지분의 가치변동을 기타포괄손익으로 인식한 금액은 취득일에 후속적으로 당기손익으로 재분류하지 않음

⊘ 참고

1. **이전에 보유하고 있던 피취득자에 대한 지분의 회계처리**

   한 기업에 대한 비지배 투자자산을 보유하는 것에서 그 기업에 대해 지배력을 획득하게 되는 변화는 그 투자자산의 본질과 그 투자와 관련된 경제적 상황의 유의적인 변화라고 할 수 있다. 즉, 지배기업은 한 기업에 대한 투자자산 소유자로서의 지위를 종속기업의 모든 자산과 부채에 대한 재무적 지배지분 및 종속기업과 그 경영진이 영업에서 그 자산을 사용하는 방법을 지시하는 권리와 교환하는 것이다. 따라서 이전에 보유하고 있던 피취득자에 대한 지분을 취득일의 공정가치로 재측정하는 이유는 기존의 비지배 투자자산을 처분하고 종속기업에 대한 지배력을 새롭게 획득하는 것으로 간주하기 때문이다.

2. **공동기업 또는 관계기업의 단계적으로 이루어지는 사업결합**

   공동약정의 한 당사자가 공동영업인 사업에 대한 지배력을 획득하고, 그 취득일 직전에 해당 공동영업과 관련된 자산에 대한 권리와 부채에 대한 의무를 보유하고 있었다면, 이 거래는 단계적으로 이루어지는 사업결합이다. 따라서 취득자는 단계적으로 이루어지는 사업결합에 대한 요구사항을 적용한다. 이때, 취득자는 공동영업에 대하여 이전에 보유하고 있던 지분 전부를 재측정하여 그 결과 차손익이 있다면 당기손익으로 인식해야 한다.

   또한 피취득자가 관계기업인 사업에 대한 지배력을 획득하고, 그 취득일 직전에 해당 관계기업과 관련된 지분을 보유하고 있었다면, 이 거래도 단계적으로 이루어지는 사업결합이다. 따라서 취득자는 단계적으로 이루어지는 사업결합에 대한 요구사항을 적용한다. 이때, 취득자는 관계기업에 대해서 이전에 보유하고 있던 지분 전부를 재측정하여 그 결과 차손익이 있다면 당기손익으로 인식해야 한다.

   이와 관련된 회계처리는 회계사 2차 시험의 유형이므로 IFRS 재무회계연습에서 관련된 문제를 소개하기로 한다.

A회사는 20×1년 초에 B회사의 보통주를 10% 취득하였으며, 20×2년 말에 B회사의 보통주를 50% 추가로 취득하여 지배력을 획득하였다. A회사의 B회사 단계적 취득과 관련된 자료는 다음과 같다.

---

(1) A회사의 B회사 지분 취득내역은 다음과 같다.

주식취득일	취득주식수(지분율)	공정가치
20×1년 초	10주(10%)	₩50,000
20×2년 말	50주(50%)	₩450,000

(2) 20×1년 초와 20×1년 말 및 20×2년 말의 B회사의 순자산장부금액은 다음과 같으며, 종속기업의 자산과 부채의 장부금액과 공정가치는 일치하였다.

B회사 순자산장부금액	20×1년 초	20×1년 말	20×2년 말
자본금	₩100,000	₩100,000	₩100,000
자본잉여금	₩100,000	₩100,000	₩100,000
이익잉여금	₩100,000	₩300,000	₩600,000
합계	₩300,000	₩500,000	₩800,000

(3) B회사가 보고한 당기순이익은 20×1년과 20×2년에 각각 ₩200,000과 ₩300,000이었으며, 20×1년과 20×2년 중에 배당 등의 이익처분은 없었다.

(4) 각 시점별 B회사 보통주의 1주당 공정가치는 아래와 같다.

20×1년 초	20×1년 말	20×2년 말
₩5,000	₩6,000	₩9,000

물음 1 A회사가 B회사 보통주를 기타포괄손익공정가치측정금융자산으로 분류하였다면, A회사의 별도재무제표상 B회사 보통주에 대한 회계처리를 제시하시오.

물음 2 A회사가 B회사 보통주를 당기손익공정가치측정금융자산으로 분류하였다면, A회사의 별도재무제표상 B회사 보통주에 대한 회계처리를 제시하시오.

물음 3 20×2년 말 연결재무제표에 인식할 영업권의 금액을 계산하시오. 단, 비지배지분에 대한 영업권은 인식하지 않는다.

해답

물음 1

일자	회계처리
20×1년 초	(차) 기타포괄손익공정가치측정금융자산 50,000 (대) 현금 50,000
20×1년 말	(차) 기타포괄손익공정가치측정금융자산 10,000 (대) 기타포괄손익공정가치측정금융자산평가이익(OCI) 10,000[1] [1] 10주 × ₩6,000 − ₩50,000 = ₩10,000
20×2년 말	(차) 기타포괄손익공정가치측정금융자산 450,000 (대) 현금 450,000 (차) 기타포괄손익공정가치측정금융자산 30,000 (대) 기타포괄손익공정가치측정금융자산평가이익(OCI) 30,000[1] [1] 10주 × ₩9,000 − ₩60,000 = ₩30,000(이전에 보유하고 있던 종속기업주식을 취득일의 공정가치로 재측정하고 차손익을 기타포괄손익으로 인식하며, 기존 피취득자 지분의 가치변동을 기타포괄손익으로 인식한 금액은 취득일에 후속적으로 당기손익으로 재분류하지 않음)

물음 2

일자	회계처리
20×1년 초	(차) 당기손익공정가치측정금융자산 50,000 (대) 현금 50,000
20×1년 말	(차) 당기손익공정가치측정금융자산 10,000 (대) 당기손익공정가치측정금융자산평가이익(NI) 10,000[1] [1] 10주 × ₩6,000 − ₩50,000 = ₩10,000
20×2년 말	(차) 당기손익공정가치측정금융자산 450,000 (대) 현금 450,000 (차) 당기손익공정가치측정금융자산 30,000 (대) 당기손익공정가치측정금융자산평가이익(NI) 30,000[1] [1] 10주 × ₩9,000 − ₩60,000 = ₩30,000(이전에 보유하고 있던 종속기업주식을 취득일의 공정가치로 재측정하고 차손익을 당기손익으로 인식함)

물음 3

(1) 취득일의 종속기업 지분의 공정가치: 10주 × ₩9,000 + ₩450,000 =	₩540,000
(2) 취득일의 종속기업 순자산공정가치에 대한 지배기업지분: ₩800,000 × 60% =	₩(480,000)
(3) 영업권	₩60,000

04 연결조정분개

(1) 투자주식과 자본계정의 상계제거

단계적 취득에 의하여 지배력을 획득한 경우 연결조정분개상 지배기업의 투자주식계정과 종속기업 자본계정 상계제거 시에는 지배력획득시점의 종속기업 순자산장부금액과 종속기업투자주식의 공정가치를 비교하여 투자차액을 계산해야 한다.

(2) 내부거래제거

지배력을 획득하기 전에 내부거래는 상호 관련 없는 두 회사 간의 독립적인 거래로 보기 때문에 지배력 획득 전의 내부거래에 따른 미실현손익은 연결조정 시에 제거하지 않는다. 또한, 연결재무제표 작성 시 지배력을 획득한 이후의 내부거래제거는 해당 내부거래가 발생할 당시의 지분율을 기준으로 수행되어야 한다.

투자주식과 자본계정의 상계제거	지배력획득시점의 종속기업 순자산장부금액과 종속기업투자주식의 공정가치를 비교하여 투자 차액을 계산함
내부거래제거	지배력획득 전의 내부거래에 따른 미실현손익은 연결조정 시에 제거하지 않음

예제 2 단계적 취득(2)

A회사는 20×1년 초에 B회사의 보통주를 10% 취득하였으며, 20×2년 초에 B회사의 보통주를 50% 추가로 취득하여 지배력을 획득하였다. A회사의 B회사 단계적 취득과 관련된 자료는 다음과 같다.

(1) A회사의 B회사 지분 취득내역은 다음과 같다. A회사는 B회사의 주식을 기타포괄손익공정가치측정금융자산으로 분류하여 공정가치로 측정하고 있다.

주식취득일	취득주식수(지분율)	공정가치
20×1년 초	10주(10%)	₩50,000
20×2년 초	50주(50%)	₩300,000

(2) 20×1년 초와 20×2년 초 및 20×2년 말의 B회사의 순자산장부금액은 다음과 같으며, 종속기업의 자산과 부채의 장부금액과 공정가치는 일치하였다.

B회사 순자산장부금액	20×1년 초	20×2년 초	20×2년 말
자본금	₩100,000	₩100,000	₩100,000
자본잉여금	₩100,000	₩100,000	₩100,000
이익잉여금	₩100,000	₩300,000	₩600,000
합계	₩300,000	₩500,000	₩800,000

(3) B회사가 보고한 당기순이익은 20×1년과 20×2년에 각각 ₩200,000과 ₩300,000이었으며, 20×1년과 20×2년 중에 배당 등의 이익처분은 없었다.

(4) A회사와 B회사의 상품거래내역은 다음과 같다. 단, 양사 모두 매출총이익률은 20%이다.

판매회사	내부거래		매입회사 기말재고에 남아있는 상품	
	20×1년	20×2년	20×1년	20×2년
A회사	₩30,000	₩60,000	₩5,000	₩10,000
B회사	₩20,000	₩40,000	₩2,500	₩5,000

(5) 각 시점별 B회사 보통주의 1주당 공정가치는 아래와 같다.

20×1년 초	20×1년 말 (20×2년 초)	20×2년 말
₩5,000	₩6,000	₩7,000

A회사의 별도재무제표상 B회사 보통주에 대한 회계처리를 나타내시오.

A회사가 B회사와의 연결재무제표 작성 시 인식할 영업권을 측정하시오. 단, 20×2년 말까지 영업권은 손상되지 않았으며, 비지배지분에 대한 영업권은 인식하지 않는다.

A회사가 20×2년 말에 수행할 연결조정분개를 제시하시오.

해답 **물음 1**

일자	회계처리
20×1년 초	(차) 기타포괄손익공정가치측정금융자산　　50,000　　(대) 현금　　　　　　　　　　　　　　　50,000
20×1년 말	(차) 기타포괄손익공정가치측정금융자산　　10,000　　(대) 기타포괄손익공정가치측정금융자산평가이익(OCI)　　10,000[1)] [1)] 10주 × ₩6,000 - ₩50,000 = ₩10,000
20×2년 초	(차) 기타포괄손익공정가치측정금융자산　　300,000　　(대) 현금　　　　　　　　　　　　　　300,000 * 이전에 보유하고 있던 종속기업주식을 취득일의 공정가치로 재측정하고 차손익을 기타포괄손익으로 인식하며, 기존 피취득자 지분의 가치변동을 기타포괄손익으로 인식한 금액은 취득일에 후속적으로 당기손익으로 재분류하지 않음
20×2년 말	(차) 기타포괄손익공정가치측정금융자산　　60,000　　(대) 기타포괄손익공정가치측정금융자산평가이익(OCI)　　60,000[1)] [1)] 60주 × ₩7,000 - ₩360,000 = ₩60,000

물음 2

(1) 취득일의 종속기업 지분의 공정가치: 10주 × ₩6,000 + ₩300,000 = 　　　　₩360,000
(2) 취득일의 종속기업 순자산공정가치에 대한 지배기업지분: ₩500,000 × 60% = 　₩(300,000)
(3) 영업권 　　　　　　　　　　　　　　　　　　　　　　　　　　　　　　　　₩60,000

[원가법 환원 분개]

① 원가법 환원 분개	(차) 기타포괄손익공정가치측정금융자산평가이익(00)	60,000	(대) 투자주식	60,000[1]

[1] 투자주식을 원가법으로 환원하는 분개임(60주 × ₩7,000 - ₩360,000 = ₩60,000)

[투자주식과 자본계정의 상계제거]

② 투자주식과 자본계정의 상계	(차) 자본금(B)	100,000	(대) 투자주식	360,000
	자본잉여금(B)	100,000	비지배지분	200,000[2]
	이익잉여금(B)	300,000[1]		
	영업권	60,000		

[1] 20×2년 초 이익잉여금
[2] 비지배지분: (₩100,000 + ₩100,000 + ₩300,000) × 40% = ₩200,000

[내부거래제거]

③ 당기 미실현손익 제거(하향)	(차) 매출	60,000	(대) 매출원가	60,000
	(차) 매출원가	2,000[1]	(대) 재고자산	2,000

[1] ₩10,000 × 20% = ₩2,000(하향거래)

④ 당기 미실현손익 제거(상향)	(차) 매출	40,000	(대) 매출원가	40,000
	(차) 매출원가	1,000[1]	(대) 재고자산	1,000

[1] ₩5,000 × 20% = ₩1,000(상향거래)

[비지배지분순이익 계상]

⑤ 비지배지분순이익 계상	(차) 이익잉여금	119,600	(대) 비지배지분	119,600[1]

[1] (₩300,000 - ₩1,000) × 40% = ₩119,600

해설 1. 종속기업주식을 단계적으로 취득하여 지배력을 획득한 경우 연결조정분개상 지배기업의 투자주식계정과 종속기업 자본계정 상계제거 시에는 지배력획득시점의 종속기업 순자산장부금액과 종속기업투자주식의 공정가치를 비교하여 투자차액을 계산해야 한다.

2. 연결실체가 성립되기 전, 즉 지배력획득 전의 내부거래에 따른 미실현손익은 연결조정 시에 제거하지 않는다.

3. 20×2년 말 비지배지분

① 20×2년 말 B회사 순자산장부금액	₩800,000
20×2년 말 투자차액 미상각잔액	-
20×2년 말 상향내부거래 미실현손익 잔액	-
재고자산: ₩5,000 × 20% =	₩(1,000)
② 20×2년 말 B회사 순자산공정가치	₩799,000
③ 비지배지분율	× 40%
④ 20×2년 말 비지배지분	₩319,600

│ 지배력획득 이후의 추가취득

01 의의

지배기업이 지배력을 획득한 후에 추가로 종속기업 지분을 취득할 수 있다. 이를 지배력획득 이후의 추가취득이라고 말한다. 예를 들어 20×1년 1월 1일에 기업 A는 기업 B에 대한 지분 60%를 취득하여 지배력을 획득하였으며, 20×2년 1월 1일에 기업 B의 지분 20%를 추가로 매수한 경우가 이에 해당한다.

[그림 5-2] 지배력획득 이후의 추가취득

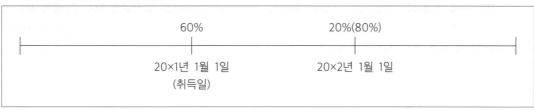

02 연결조정분개

K-IFRS 제1110호 '연결재무제표'에서는 지배기업이 소유한 종속기업 지분이 변동되더라도 지배기업이 종속기업에 대한 지배력을 상실하지 않는다면, 그것은 자본거래(즉, 소유주로서 자격을 행사하는 소유주와의 거래)라고 규정하고 있다. 따라서 지배력을 획득한 이후에 추가로 종속기업 지분을 취득한 경우 발생하는 투자차액은 연결자본잉여금으로 조정한다.

> 추가 취득분의 투자차액(연결자본잉여금):
> 추가 취득한 지분의 취득원가 - 종속기업의 순자산공정가치 × 추가 취득한 지배기업지분율

⊘ 참고 **지배력을 상실하지 않은 소유지분이 변동**

K-IFRS 제1110호 '연결재무제표'에서는 지배기업이 소유한 종속기업 지분이 변동되더라도 지배기업이 종속기업에 대한 지배력을 상실하지 않는다면, 그것은 자본거래(즉, 소유주로서 자격을 행사하는 소유주와의 거래)라고 규정하고 있다. 연결실체를 하나의 경제적 실체로 간주하는 연결재무제표에서는 지배력획득 이후의 종속기업 지분의 거래를 연결재무제표상 주주 간의 자본거래로 보기 때문이다.

여기서 유의할 점은 연결재무제표 작성 시 투자주식과 자본계정의 상계제거 및 내부거래제거는 연결재무제표 작성시점의 지분율을 기준으로 행하여야 한다는 것이다.

① 지배기업이 소유한 종속기업 지분이 변동되더라도 지배기업이 종속기업에 대한 지배력을 상실하지 않는다면, 그 것은 자본거래임
② 지배력을 획득한 이후에 추가로 종속기업 지분을 취득한 경우 발생하는 투자차액은 연결자본잉여금으로 조정함
③ 연결재무제표 작성 시 투자주식과 자본계정의 상계제거 및 내부거래제거는 연결재무제표 작성시점의 지분율을 기준으로 행함

예제 3 지배력획득 이후의 추가취득

20×1년 초에 A회사는 B회사의 보통주 60%를 취득하여 지배력을 획득하였으며, 지배력획득 이후 20×2년 초에 B회사의 보통주 20%를 추가로 취득하였다. 20×2년 말까지 영업권은 손상되지 않았으며, 비지배지분에 대한 영업권은 인식하지 않는다.

(1) A회사의 B회사 주식 취득내역은 다음과 같다. A회사는 B회사 주식을 원가법으로 측정한다.

주식취득일	취득주식수(지분율)	공정가치
20×1년 초	60주(60%)	₩660,000
20×2년 초	20주(20%)	₩300,000

(2) 20×1년 초와 20×2년 초 및 20×2년 말의 B회사의 순자산장부금액은 다음과 같으며, 종속기업의 자산과 부채의 장부금액과 공정가치는 일치하였다.

B회사 순자산장부금액	20×1년 초	20×2년 초	20×2년 말
자본금	₩500,000	₩500,000	₩500,000
자본잉여금	₩300,000	₩300,000	₩300,000
이익잉여금	₩200,000	₩600,000	₩1,200,000
합계	₩1,000,000	₩1,400,000	₩2,000,000

(3) B회사는 20×1년과 20×2년에 각각 ₩400,000과 ₩600,000의 당기순이익을 보고하였는데, 이 기간 중 당기순이익 이외의 이익잉여금의 변동은 없다.

물음1 20×1년 초 A회사가 B회사와의 연결재무제표 작성 시 인식할 영업권을 측정하시오.

물음2 20×2년 초 A회사가 B회사 주식 20%를 추가취득 시 인식할 투자차액(연결자본잉여금)을 계산하시오.

물음3 20×2년 말 연결조정분개를 나타내시오.

해답 물음1

(1) 취득일의 종속기업 지분의 공정가치   ₩660,000
(2) 취득일의 종속기업 순자산공정가치에 대한 지배기업지분: ₩1,000,000 × 60% =   ₩(600,000)
(3) 영업권   ₩60,000

물음2

(1) 취득일의 종속기업 지분의 공정가치   ₩300,000
(2) 추가취득일의 종속기업 순자산공정가치에 대한 추가취득 지분: ₩1,400,000 × 20% =   ₩(280,000)
(3) 투자차액(연결자본잉여금)   ₩20,000

물음3

[투자주식과 자본계정의 상계제거]

① 취득시점의 투자 · 자본 상계	(차) 자본금(B)	500,000	(대) 투자주식	660,000
	자본잉여금(B)	300,000	비지배지분	400,000[3]
	이익잉여금(B)	200,000[1]		
	영업권	60,000[2]		

[1] 20×1년 초 이익잉여금
[2] 영업권: ₩660,000 - ₩1,000,000 × 60% = ₩60,000
[3] 비지배지분: ₩1,000,000 × 40% = ₩400,000

② 취득시점 이후 자본변동	(차) 이익잉여금(B)	400,000[1]	(대) 이익잉여금(A)	240,000[2]
			비지배지분	160,000[3]

[1] 20×1년 이익잉여금의 증가분(당기순이익)
[2] ₩400,000 × 60% = ₩240,000
[3] ₩400,000 × 40% = ₩160,000

③ 추가취득 지분의 투자차액	(차) 비지배지분	280,000[1]	(대) 투자주식	300,000
	자본잉여금	20,000[2]		

[1] ₩1,400,000 × 20% = ₩280,000
[2] ₩300,000 - ₩1,400,000 × 20% = ₩20,000

[비지배지분순이익 계상]

④ 비지배지분순이익 계상	(차) 이익잉여금	120,000	(대) 비지배지분	120,000[1]

[1] ₩600,000 × 20% = ₩120,000

해설 1. 지배력을 획득한 이후에 추가로 종속기업 지분을 취득한 경우 발생하는 투자차액은 연결자본잉여금으로 조정한다.

2. 연결재무제표 작성 시 투자주식과 자본계정의 상계제거 및 내부거래제거는 연결재무제표 작성시점의 지분율을 기준으로 행하여야 한다.

3. 20×2년 말 비지배지분

① 20×2년 말 B회사 순자산장부금액	₩2,000,000
20×2년 말 투자차액 미상각잔액	-
20×2년 말 내부거래 상향 미실현손익 잔액	-
② 20×2년 말 B회사 순자산공정가치	₩2,000,000
③ 비지배지분율	× 20%
④ 20×2년 말 비지배지분	₩400,000

Ⅲ | 종속기업주식의 처분

지배기업이 종속기업의 지분을 전부 또는 일부를 처분하는 경우가 있다. 이러한 경우 별도재무제표에서 종속기업의 주식 처분으로 인하여 지배기업은 당기손익으로 금융자산처분손익을 인식하는데 이와 관련된 연결재무제표의 회계처리는 지배력이 유지 또는 상실되었는지에 따라 구분된다. 따라서 지배력이 유지되는 경우와 지배력의 상실되는 경우의 연결재무제표상 회계처리에 대해서 살펴보기로 한다.

01 지배력이 유지되는 경우

종속기업의 지분을 일부를 처분한 이후에도 지배력을 계속 유지하는 경우에는 연결재무제표를 계속 작성하여야 한다. K-IFRS 제1110호 '연결재무제표'에서는 지배기업이 소유한 종속기업 지분이 변동되더라도 지배기업이 종속기업에 대한 지배력을 상실하지 않는다면, 그것은 자본거래(즉, 소유주로서 자격을 행사하는 소유주와의 거래)라고 규정하고 있다. 따라서 종속기업주식의 일부를 처분한 이후에도 지배력을 계속 유지한다면 종속기업주식의 처분으로 인한 손익은 자본거래로 간주하여 연결자본잉여금으로 조정한다.

> 종속기업주식의 처분손익(연결자본잉여금):
> 종속기업주식의 처분금액 − 종속기업의 순자산공정가치 × 처분주식의 지배기업지분율 − 영업권 × 처분비율

따라서 연결재무제표 작성 시 별도재무제표에서 당기손익으로 인식한 금융자산처분손익을 제거하며, 종속기업주식의 처분금액과 종속기업의 순자산공정가치에 처분주식의 지배기업지분율을 곱한 금액과 영업권에 처분비율을 곱한 금액의 합계액과의 차이는 연결자본잉여금에 반영해야 한다.

💡 POINT 종속기업주식의 처분(지배력이 유지되는 경우) 연결조정분개

① 지배기업이 소유한 종속기업 지분이 변동되더라도 지배기업이 종속기업에 대한 지배력을 상실하지 않는다면, 그것은 자본거래임
② 종속기업주식의 일부를 처분한 이후에도 지배력을 계속 유지한다면 종속기업주식의 처분으로 인한 손익은 자본거래로 간주하여 연결자본잉여금으로 조정함
③ 별도재무제표의 당기손익으로 인식한 금융자산처분손익을 제거함

20×1년 초 A회사는 B회사의 의결권이 있는 보통주 80%(80주)를 ₩1,000,000에 취득하여 지배력을 획득하였다. 다음의 자료는 A회사의 B회사 주식처분과 주주지분변동에 관련된 자료이다.

(1) 20×1년 초 B회사의 주주지분은 다음과 같으며, 자산·부채의 장부금액과 공정가치는 일치하였다.

주식취득일	B회사 순자산장부금액		
	자본금	이익잉여금	합계
20×1년 초	₩500,000	₩500,000	₩1,000,000

(2) B회사는 20×1년과 20×2년에 각각 ₩200,000과 ₩100,000의 당기순이익을 보고하였으며, 이 기간 중 당기순이익을 제외한 이익잉여금의 증감사항은 없다.

(3) A회사는 B회사의 총발행주식 중 20%(20주)를 20×2년 초에 ₩300,000에 처분하였다.

(4) A회사는 별도재무제표상 B회사의 주식을 원가법으로 회계처리하고 있다.

(5) 20×2년 말까지 영업권의 손상사유는 발생하지 않았으며, 비지배지분에 대한 영업권을 인식하지 않고 있다.

물음1 20×1년 초에 연결재무제표에 표시할 영업권의 금액을 계산하시오.

물음2 A회사가 B회사 주식에 대하여 행할 20×2년 초의 별도재무제표상 회계처리를 나타내시오.

물음3 20×1년 말 연결조정분개를 나타내시오.

물음4 20×2년 말 연결조정분개를 나타내시오.

해답 물음1

(1) 취득일의 종속기업 지분의 공정가치 ₩1,000,000
(2) 취득일의 종속기업 순자산공정가치에 대한 지배기업지분: ₩1,000,000 × 80% = ₩(800,000)
(3) 영업권 ₩200,000

물음2

일자	회계처리			
20×2년 초	(차) 현금	300,000	(대) 투자주식	250,000[1]
			금융자산처분이익	50,000

[1] ₩1,000,000 × 20주/80주 = ₩250,000

물음 3

[투자주식과 자본계정의 상계제거]

① 취득시점의 투자 · 자본 상계	(차) 자본금(B)	500,000	(대) 투자주식	1,000,000
	이익잉여금(B)	500,000[1]	비지배지분	200,000[3]
	영업권	200,000[2]		

[1] 20×1년 초 이익잉여금
[2] 영업권: ₩1,000,000 - ₩1,000,000 × 80% = ₩200,000
[3] 비지배지분: ₩1,000,000 × 20% = ₩200,000

[비지배지분순이익 계상]

② 비지배지분순이익 계상	(차) 이익잉여금	40,000	(대) 비지배지분	40,000[1]

[1] ₩200,000 × 20% = ₩40,000

물음 4

[투자주식과 자본계정의 상계제거]

① 취득시점의 투자 · 자본 상계	(차) 자본금(B)	500,000	(대) 투자주식	1,000,000
	이익잉여금(B)	500,000[1]	비지배지분	200,000[3]
	영업권	200,000[2]		

[1] 20×1년 초 이익잉여금
[2] 영업권: ₩1,000,000 - ₩1,000,000 × 80% = ₩200,000
[3] 비지배지분: ₩1,000,000 × 20% = ₩200,000

② 취득시점 이후 자본변동	(차) 이익잉여금(B)	200,000[1]	(대) 이익잉여금(A)	160,000[2]
			비지배지분	40,000[3]

[1] 20×1년 이익잉여금의 증가분(당기순이익)
[2] ₩200,000 × 80% = ₩160,000
[3] ₩200,000 × 20% = ₩40,000

③ 종속기업주식의 처분 조정	(차) 투자주식	250,000	(대) 비지배지분	240,000[1]
	금융자산처분이익	50,000	영업권	50,000[2]
			자본잉여금	10,000[3]

[1] (₩1,000,000 + ₩200,000) × 20% = ₩240,000
[2] ₩200,000 × 20주/80주 = ₩50,000
[3] ₩300,000 - ₩1,200,000 × 20% - ₩200,000 × 20주/80주 = ₩10,000

[비지배지분순이익 계상]

④ 비지배지분순이익 계상	(차) 이익잉여금	40,000	(대) 비지배지분	40,000[1]

[1] ₩100,000 × 40% = ₩40,000

해설 1. 지배기업이 소유한 종속기업 지분이 변동되더라도 지배기업이 종속기업에 대한 지배력을 상실하지 않는다면, 그것은 자본거래이다.

2. 종속기업주식의 일부를 처분한 이후에도 지배력을 계속 유지한다면 종속기업주식의 처분으로 인한 손익은 자본거래로 간주하여 연결자본잉여금으로 조정한다.

3. 연결재무제표 작성 시 별도재무제표에서 당기손익으로 인식한 금융자산처분손익을 제거하며, 종속기업주식의 처분금액과 종속기업의 순자산공정가치에 처분주식의 지배기업지분율을 곱한 금액과 영업권에 처분비율을 곱한 금액의 합계액과의 차이는 연결자본잉여금에 반영해야 한다.

4. 20×1년 말 비지배지분

① 20×1년 말 B회사 순자산장부금액: ₩1,000,000 + ₩200,000 =	₩1,200,000
20×1년 말 투자차액 미상각잔액	-
20×1년 말 내부거래 상향 미실현손익 잔액	-
② 20×1년 말 B회사 순자산공정가치	₩1,200,000
③ 비지배지분율	× 20%
④ 20×1년 말 비지배지분	₩240,000

5. 20×2년 말 비지배지분

① 20×2년 말 B회사 순자산장부금액: ₩1,000,000 + ₩200,000 + ₩100,000 =	₩1,300,000
20×2년 말 투자차액 미상각잔액	-
20×2년 말 내부거래 상향 미실현손익 잔액	-
② 20×2년 말 B회사 순자산공정가치	₩1,300,000
③ 비지배지분율	× 40%
④ 20×2년 말 비지배지분	₩520,000

02 지배력이 상실되는 경우

종속기업주식을 처분하여 지배력을 상실한 경우 종속기업주식의 처분금액과 장부금액의 차이는 당기손익으로 처리한다. 왜냐하면 지배력을 상실한 경우에는 지배기업이 연결실체 외부의 제3자에게 종속기업주식을 처분한 것이므로 자본거래에 해당하지 않기 때문이다. 따라서 K-IFRS 제1110호 '연결재무제표'에서는 지배기업이 종속기업주식의 처분으로 지배력을 상실한 경우 다음과 같이 회계처리하도록 규정하고 있다.

① 다음을 제거한다.
  a. 지배력을 상실한 날에 종속기업의 자산(영업권 포함)과 부채의 장부금액
  b. 지배력을 상실한 날에 이전의 종속기업에 대한 비지배지분이 있다면 그 장부금액(비지배지분에 귀속되는 기타포괄손익의 모든 구성요소를 포함)
② 다음을 인식한다.
  a. 지배력을 상실하게 한 거래, 사건, 상황에서 받은 대가가 있다면 그 공정가치
  b. 지배력을 상실하게 한 거래, 사건, 상황에서 소유주로서의 자격을 행사하는 소유주에게 종속기업에 대한 지분의 분배가 포함될 경우, 그 분배
  c. 종전 종속기업에 대한 투자가 있다면 그 투자의 지배력을 상실한 날의 공정가치
③ 종속기업과 관련하여 기타포괄손익으로 인식한 금액을 당기손익으로 재분류하거나 다른 한국채택국제회계기준서에 규정이 있는 경우에는 직접 이익잉여금으로 대체한다.[1]
④ 회계처리에 따른 모든 차이는 손익으로서 지배기업에 귀속되는 당기손익으로 인식한다.

---

[1] 지배기업이 종속기업에 대한 지배력을 상실한 경우에는 그 종속기업과 관련하여 기타포괄손익으로 인식한 모든 금액을 지배기업이 관련 자산이나 부채를 직접 처분한 경우의 회계처리와 같은 기준으로 회계처리한다. 그러므로 이전에 기타포괄손익으로 인식한 손익을 관련 자산이나 부채를 처분할 때 당기손익으로 재분류하는 경우, 지배기업은 종속기업에 대한 지배력을 상실한 때에 그 손익을 자본에서 당기손익으로 재분류(재분류 조정)한다. 이전에 기타포괄손익으로 인식한 재평가잉여금을 관련 자산을 처분할 때 직접 이익잉여금으로 대체한다면, 지배기업은 종속기업에 대한 지배력을 상실한 때 그와 같이 재평가잉여금을 직접 이익잉여금으로 대체한다.

한편 지배력을 상실한 후 보유주식은 지배력을 상실한 날의 공정가치로 측정하고 이로 인한 손익을 당기손익으로 인식한다. 왜냐하면 종속기업투자를 일부 처분함으로써 지배력을 상실한 경우에는 종속기업투자를 모두 처분한 것으로 간주하고 처분손익을 인식하며, 계속 보유하는 일부보유주식은 공정가치로 취득한 것으로 보기 때문이다.

🔋 POINT 종속기업주식의 처분(지배력이 상실되는 경우)

① 다음을 제거함
  a. 지배력을 상실한 날에 종속기업의 자산(영업권 포함)과 부채의 장부금액
  b. 지배력을 상실한 날에 이전의 종속기업에 대한 비지배지분이 있다면 그 장부금액(비지배지분에 귀속되는 기타포괄손익의 모든 구성요소를 포함)
② 다음을 인식함
  a. 지배력을 상실하게 한 거래, 사건, 상황에서 받은 대가가 있다면 그 공정가치
  b. 지배력을 상실하게 한 거래, 사건, 상황에서 소유주로서의 자격을 행사하는 소유주에게 종속기업에 대한 지분의 분배가 포함될 경우, 그 분배
  c. 종전 종속기업에 대한 투자가 있다면 그 투자의 지배력을 상실한 날의 공정가치
③ 종속기업과 관련하여 기타포괄손익으로 인식한 금액을 당기손익으로 재분류하거나 다른 한국채택국제회계기준서에 규정이 있는 경우에는 직접 이익잉여금으로 대체함
④ 회계처리에 따른 모든 차이는 손익으로서 지배기업에 귀속되는 당기손익으로 인식함
⑤ 지배력을 상실한 후 보유주식은 지배력을 상실한 날의 공정가치로 측정하고 이로 인한 손익을 당기손익으로 인식함

예제 5 종속기업주식의 처분: 지배력이 상실되는 경우

20×1년 초 A회사는 B회사의 의결권이 있는 보통주 80%(80주)를 ₩1,000,000에 취득하여 지배력을 획득하였다. 다음의 자료는 A회사의 B회사 주식처분과 주주지분변동에 관련된 자료이다.

(1) 20×1년 초 B회사의 주주지분은 다음과 같으며, 자산·부채의 장부금액과 공정가치는 일치하였다.

주식취득일	B회사 순자산장부금액		
	자본금	이익잉여금	합계
20×1년 초	₩500,000	₩500,000	₩1,000,000

(2) B회사는 20×1년과 20×2년에 각각 ₩200,000과 ₩100,000의 당기순이익을 보고하였으며, 이 기간 중 당기순이익을 제외한 이익잉여금의 증감사항은 없다.
(3) A회사는 B회사의 총발행주식 중 70%(70주)를 20×2년 초에 주당 공정가치인 ₩15,000에 처분하여 총 ₩1,050,000을 수령하였다.
(4) A회사는 별도재무제표상 B회사의 주식을 원가법으로 회계처리하고 있다.
(5) 20×2년 말까지 영업권의 손상사유는 발생하지 않았으며, 비지배지분에 대한 영업권을 인식하지 않고 있다.

물음 1 A회사가 B회사 주식에 대하여 연결재무제표를 작성하지 않을 경우 20×2년 초 별도재무제표상 회계처리를 나타내시오. 단, A회사는 처분 후 보유주식에 대하여 당기손익공정가치측정금융자산으로 분류하였다.

물음 2 A회사가 B회사 주식에 대하여 연결재무제표상에서 지배력 상실을 반영할 경우 20×2년 초 연결조정분개를 나타내시오. 단, A회사는 처분 후 보유주식에 대하여 당기손익공정가치측정금융자산으로 분류하였으며, 20×1년 말 연결재무제표에 포함된 B회사의 자산과 부채가 각각 ₩5,000,000과 ₩3,800,000이며, 비지배지분은 ₩240,000이다.

해답

물음 1

일자	회계처리			
20×2년 초	(차) 현금	1,050,000	(대) 투자주식	1,000,000[1]
	당기손익공정가치측정금융자산	150,000[2]	이익잉여금(A)	160,000[3]
			금융자산처분이익	40,000[4]

[1] 별도재무제표상 원가법으로 측정한 투자주식 중 처분된 70주는 제거되어야 하며, 지배력 상실 후 보유주식 10주도 당기손익공정가치측정금융자산으로 재분류해야 하므로 투자주식의 취득원가 ₩1,000,000을 모두 제거함
[2] ₩15,000 × 10주 = ₩150,000
[3] ₩200,000 × 80% = ₩160,000(투자주식 취득 이후에 증가한 B회사 이익잉여금(당기순이익) 중 A회사 지분 해당액을 이익잉여금으로 인식함)
[4] 대차차액을 금융자산처분손익으로 인식함

물음 2

[투자주식과 자본계정의 상계제거]

① 취득시점의 투자·자본 상계	(차) 자본금(B)	500,000	(대) 투자주식	1,000,000
	이익잉여금(B)	500,000[1]	비지배지분	200,000[3]
	영업권	200,000[2]		

[1] 20×1년 초 이익잉여금
[2] 영업권: ₩1,000,000 - ₩1,000,000 × 80% = ₩200,000
[3] 비지배지분: ₩1,000,000 × 20% = ₩200,000

② 취득시점 이후 자본변동	(차) 이익잉여금(B)	200,000[1]	(대) 이익잉여금(A)	160,000[2]
			비지배지분	40,000[3]

[1] 20×1년 이익잉여금의 증가분(당기순이익)
[2] ₩200,000 × 80% = ₩160,000
[3] ₩200,000 × 20% = ₩40,000

③ 종속기업주식의 처분 조정	(차) 부채(B)	3,800,000	(대) 자산(B)	5,000,000
	비지배지분	240,000	영업권	200,000
	현금	1,050,000[1]	금융자산처분이익	40,000[2]
	당기손익공정가치측정금융자산	150,000[3]		

[1] ₩15,000 × 70주 = ₩1,050,000
[2] 대차차액을 금융자산처분손익으로 인식함
[3] ₩15,000 × 10주 = ₩150,000

해설 물음 1과 물음 2의 금융자산처분이익은 ₩40,000으로 일치하며, 만약 재무제표를 작성한다면 동일한 결과가 도출된다. 따라서 종속기업주식의 일부 처분으로 인하여 연결재무제표를 작성하지 않는 경우와 연결재무제표를 작성하여 조정하는 경우의 결과가 동일하므로 연결재무제표를 작성하지 않는 것이 실무적으로 편리한 방법이다.

03 지배력의 상실

지배기업이 피투자자의 경제활동에서 효익을 얻기 위하여 그 재무정책과 영업정책을 결정할 수 있는 능력을 상실한 때에 종속기업에 대한 지배력을 상실한다. 이러한 지배력의 상실과 관련하여 유의할 사항은 다음과 같다.

(1) 지배력은 소유지분의 매각이나 종속기업이 제3자에게 새로운 소유지분을 발행하여 상실될 수도 있지만 소유지분이 변동하지 않더라도 종속기업에 대한 지배력을 상실할 수 있다. 그 예로서 종속기업이 정부, 법원, 관재인 또는 감독기구의 통제를 받게 되는 경우를 들 수 있다.

(2) 지배력은 거래가 없어도 계약상 합의에 의하여 상실될 수 있다. 그 예로서 이전에 종속기업에 대한 지배를 허용했던 약정이 만료되는 경우를 들 수 있다.

(3) 지배기업은 둘 이상의 약정(거래)으로 종속기업에 대한 지배력을 상실할 수 있다. 그 예로서 종속기업의 지분 80%를 보유하던 지배기업이 종속기업에 대한 지분을 모두 처분하고자 할 때 처음에 종속기업의 지분 20%를 처분하여 지배력을 유지하다 곧이어 남은 60%를 처분하여 지배력을 상실하는 경우를 들 수 있다. 이러한 경우 복수 약정(거래)을 단일 거래로 회계처리해야 한다. 왜냐하면, 위의 예에서 종속기업의 지분 80%를 일시에 매각한 경우에는 처분손익이 당기손익으로 인식되지만, 처음에 종속기업의 지분 20%를 처분하고 나중에 60%를 처분한 경우 지분 20%의 처분손익은 자본거래로 보아 연결자본잉여금으로 인식되므로 이익조작가능성이 있기 때문이다.

(4) (3)에서 복수 약정을 단일 거래로 회계처리를 할 것인지를 결정할 때, 지배기업은 약정의 모든 조건과 상황 그리고 그 경제적 효과를 검토해야 하는데, 다음 중 하나 이상에 해당하는 상황은 지배기업이 복수 약정을 단일 거래로 회계처리해야 한다는 것을 나타낼 수 있다.

> ① 복수 약정을 동시에 체결하거나 서로를 고려하여 체결한다.
> ② 복수 약정이 종합적으로 상업적 효과를 달성하기 위하여 설계된 단일 거래를 구성한다.
> ③ 하나의 약정의 체결은 적어도 다른 하나의 약정의 체결에 의존한다.
> ④ 하나의 약정이 그 자체로서는 경제적으로 정당화되지 못하지만 다른 약정과 함께 고려할 때 경제적으로 정당화된다. 예를 들어, 주식의 일부를 시장가격보다 낮게 처분하고 후속적으로 시장가격보다 높게 처분하여 보상받는 경우이다.

⚡ POINT 지배력의 상실

> ① 지배력은 소유지분의 매각이나 종속기업이 제3자에게 새로운 소유지분을 발행하여 상실될 수도 있지만 소유지분이 변동하지 않더라도 종속기업에 대한 지배력을 상실할 수 있음. 그 예로서 종속기업이 정부, 법원, 관재인 또는 감독기구의 통제를 받게 되는 경우를 들 수 있음
> ② 지배력은 거래가 없어도 계약상 합의에 의하여 상실될 수 있음. 그 예로서 이전에 종속기업에 대한 지배를 허용했던 약정이 만료되는 경우를 들 수 있음
> ③ 지배기업은 둘 이상의 약정(거래)으로 종속기업에 대한 지배력을 상실할 수 있음

Ⅳ | 종속기업의 유상증자

지배력을 획득한 이후에 종속기업이 자금을 조달하기 위하여 기존 주주들에게 유상증자를 실시하는 경우가 있다. K-IFRS 제1110호 '연결재무제표'에서는 지배기업이 소유한 종속기업 지분이 변동되더라도 지배기업이 종속기업에 대한 지배력을 상실하지 않는다면, 그것은 자본거래(즉, 소유주로서 자격을 행사하는 소유주와의 거래)라고 규정하고 있다. 따라서 유상증자를 통하여 지배력을 상실하지 않는다면 단계적 취득 또는 종속기업주식의 처분과 유사하게 투자차액을 연결자본잉여금으로 조정한다.

01 지분율이 변동되지 않는 경우

종속기업의 유상증자 시 지배기업이 기존의 지분율만큼 추가로 취득한 경우에는 지분율이 변동되지 않아 투자차액이 발생하지 않으므로 연결자본잉여금으로 추가적인 조정을 수행할 필요가 없다.

예제 6 종속기업의 유상증자: 지분율이 변동되지 않는 경우

20×1년 초에 A회사는 B회사의 발행주식 80%(80주)를 ₩1,000,000에 취득하여 지배력을 획득하였다.

> (1) 취득 시 B회사의 주주지분은 ₩1,000,000(자본금 ₩500,000, 이익잉여금 ₩500,000)이며, 자산·부채의 장부금액과 공정가치는 일치하였다.
> (2) B회사는 20×1년에 ₩200,000의 당기순이익을 보고하였다. 20×2년 초에 B회사는 100주를 주당 ₩10,000(액면금액 ₩5,000)에 추가발행하였다.
> (3) B회사는 20×2년에 ₩100,000의 당기순이익을 보고하였으며, 20×1년과 20×2년의 이익처분은 없었다.
> (4) A회사는 별도재무제표상 종속기업투자주식을 원가법으로 회계처리하였다.
> (5) 20×2년 말까지 영업권은 손상되지 않았으며, 비지배지분에 대한 영업권은 인식하지 않는다.

20×2년 초 B회사의 유상증자 시 A회사가 80주를 ₩800,000에 추가매입한 경우 20×2년 말 연결조정분개를 나타내시오.

해답 **1. 유상증자 후 지분율의 계산**
(80주 + 80주) ÷ (100주 + 100주) = 80%

2. 투자차액의 산정
(1) 20×1년 초 발생분: ₩1,000,000 - ₩1,000,000 × 80% = ₩200,000(영업권)
(2) 20×2년 초 발생분

종속기업주식의 취득원가: 80주 × ₩10,000 =		₩800,000
B회사의 순자산공정가치		
유상증자 후 지배기업지분:		
(₩1,000,000 + ₩200,000 + 100주 × ₩10,000) × 80% =	₩1,760,000	
유상증자 전 지배기업지분:		
(₩1,000,000 + ₩200,000) × 80% =	₩(960,000)	₩(800,000)
투자차액		₩0

3. 20×2년 말 연결조정분개
[투자주식과 자본계정의 상계제거]

① 취득시점의 투자·자본 상계	(차) 자본금(B) 이익잉여금(B) 영업권	500,000 500,000[1] 200,000[2]	(대) 투자주식 비지배지분	1,000,000 200,000[3]

[1] 20×1년 초 이익잉여금
[2] 영업권: ₩1,000,000 - ₩1,000,000 × 80% = ₩200,000
[3] 비지배지분: ₩1,000,000 × 20% = ₩200,000

② 취득시점 이후 자본변동	(차) 이익잉여금(B)	200,000[1]	(대) 이익잉여금(A) 비지배지분	160,000[2] 40,000[3]

[1] 20×1년 이익잉여금의 증가분(당기순이익)
[2] ₩200,000 × 80% = ₩160,000
[3] ₩200,000 × 20% = ₩40,000

③ 종속기업의 유상증자 조정	(차) 자본금(B) 자본잉여금(B)	500,000[1] 500,000[2]	(대) 투자주식 비지배지분	800,000 200,000[3]

[1] ₩5,000 × 100주 = ₩500,000
[2] (₩10,000 - ₩5,000) × 100주 = ₩500,000
[3] ₩2,200,000 × 20% - ₩1,200,000 × 20% = ₩200,000

[비지배지분순이익 계상]

④ 비지배지분순이익 계상	(차) 이익잉여금	20,000	(대) 비지배지분	20,000[1]

[1] ₩100,000 × 20% = ₩20,000

해설 **1.** 종속기업의 유상증자 시 지배기업이 기존의 지분율만큼 추가로 취득한 경우에는 지분율이 변동되지 않아 투자차액이 발생하지 않으므로 연결자본잉여금으로 추가적인 조정을 수행할 필요가 없다.

2. 20×2년 말 비지배지분

① 20×2년 말 B회사 순자산장부금액	
₩1,000,000 + ₩200,000 + ₩100,000 + ₩1,000,000 =	₩2,300,000
20×2년 말 투자차액 미상각잔액	-
20×2년 말 내부거래 상향 미실현손익 잔액	-
② 20×2년 말 B회사 순자산공정가치	₩2,300,000
③ 비지배지분율	× 20%
④ 20×2년 말 비지배지분	₩460,000

02 지분율이 변동되는 경우

종속기업의 유상증자 시 지배기업이 기존의 지분율만큼 추가로 취득한 경우에는 지분율이 변동되지 않아 투자차액이 발생하지 않으므로 연결자본잉여금으로 추가적인 조정을 수행할 필요가 없다.

종속기업의 유상증자 시 지배기업이 기존의 지분율보다 많이 취득하거나 적게 취득하게 되면 지배기업의 지분율이 변동하게 된다. 이러한 경우 투자차액은 아래와 같이 계산되며, 지분율이 변동됨에 따라 발생하는 투자차액은 연결자본잉여금으로 조정한다.

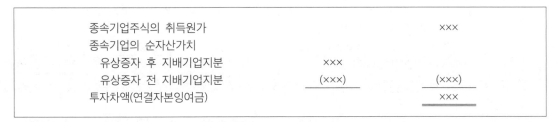

종속기업주식의 취득원가		×××
종속기업의 순자산가치		
유상증자 후 지배기업지분	×××	
유상증자 전 지배기업지분	(×××)	(×××)
투자차액(연결자본잉여금)		×××

왜냐하면 지배기업이 소유한 종속기업 지분이 변동되더라도 지배기업이 종속기업에 대한 지배력을 상실하지 않는다면, 그것은 자본거래이기 때문이다.

💡 POINT 종속기업의 유상증자

유상증자	지배기업이 소유한 종속기업 지분이 변동되더라도 지배기업이 종속기업에 대한 지배력을 상실하지 않는다면, 그것은 자본거래임
지분율이 변동되지 않는 경우	종속기업의 유상증자 시 지배기업이 기존의 지분율만큼 추가로 취득한 경우에는 지분율이 변동되지 않아 투자차액이 발생하지 않으므로 연결자본잉여금으로 추가적인 조정을 수행할 필요가 없음
지분율이 변동되는 경우	해당 유상증자에서 발생한 종속기업주식의 취득원가와 유상증자 후 지배기업지분과 유상증자 전 지배기업지분의 차액을 비교하여 연결자본잉여금으로 조정함

예제 7 종속기업의 유상증자: 지분율이 증가하는 경우

20×1년 초에 A회사는 B회사의 발행주식 80%(80주)를 ₩1,000,000에 취득하여 지배력을 획득하였다.

(1) 취득 시 B회사의 주주지분은 ₩1,000,000(자본금 ₩500,000, 이익잉여금 ₩500,000)이며, 자산·부채의 장부금액과 공정가치는 일치하였다.

(2) B회사는 20×1년에 ₩200,000의 당기순이익을 보고하였다. 20×2년 초에 B회사는 100주를 주당 ₩10,000(액면금액 ₩5,000)에 추가발행하였다.

(3) B회사는 20×2년에 ₩100,000의 당기순이익을 보고하였으며, 20×1년과 20×2년의 이익처분은 없었다.

(4) A회사는 별도재무제표상 종속기업투자주식을 원가법으로 회계처리하였다.

(5) 20×2년 말까지 영업권은 손상되지 않았으며, 비지배지분에 대한 영업권은 인식하지 않는다.

20×2년 초 B회사의 유상증자 시 A회사가 90주를 ₩900,000에 추가매입한 경우 20×2년 말 연결조정 분개를 나타내시오.

해답 1. **유상증자 후 지분율의 계산**
    (90주 + 80주) ÷ (100주 + 100주) = 85%

2. **투자차액의 산정**
   (1) 20×1년 초 발생분: ₩1,000,000 - ₩1,000,000 × 80% = ₩200,000(영업권)
   (2) 20×2년 초 발생분
       종속기업주식의 취득원가: 90주 × ₩10,000 =   ₩900,000
       B회사의 순자산공정가치
         유상증자 후 지배기업지분:
         (₩1,000,000 + ₩200,000 + 100주 × ₩10,000) × 85% = ₩1,870,000
         유상증자 전 지배기업지분:
         (₩1,000,000 + ₩200,000) × 80% =   ₩(960,000)   ₩(910,000)
       투자차액(연결자본잉여금)   ₩(10,000)

3. **20×2년 말 연결조정분개**
   [투자주식과 자본계정의 상계제거]

① 취득시점의 투자·자본 상계	(차) 자본금(B) 500,000 이익잉여금(B) 500,000[1] 영업권 200,000[2]	(대) 투자주식 1,000,000 비지배지분 200,000[3]

[1] 20×1년 초 이익잉여금
[2] 영업권: ₩1,000,000 - ₩1,000,000 × 80% = ₩200,000
[3] 비지배지분: ₩1,000,000 × 20% = ₩200,000

② 취득시점 이후 자본변동	(차) 이익잉여금(B) 200,000[1]	(대) 이익잉여금(A) 160,000[2] 비지배지분 40,000[3]

[1] 20×1년 이익잉여금의 증가분(당기순이익)
[2] ₩200,000 × 80% = ₩160,000
[3] ₩200,000 × 20% = ₩40,000

③ 종속기업의 유상증자 조정	(차) 자본금(B) 500,000[1] 자본잉여금(B) 500,000[2]	(대) 투자주식 900,000 비지배지분 90,000[3] 자본잉여금(투자차액) 10,000

[1] ₩5,000 × 100주 = ₩500,000
[2] (₩10,000 - ₩5,000) × 100주 = ₩500,000
[3] ₩2,200,000 × 15% - ₩1,200,000 × 20% = ₩90,000

[비지배지분순이익 계상]

④ 비지배지분순이익 계상	(차) 이익잉여금 15,000	(대) 비지배지분 15,000[1]

[1] ₩100,000 × 15% = ₩15,000

해설 1. 종속기업의 유상증자 시 지배기업이 기존의 지배기업지분율보다 많이 취득하게 되는 경우에는 해당 유상증자에서 발생한 종속기업주식의 취득원가와 유상증자 후 지배기업지분과 유상증자 전 지배기업지분의 차액을 비교하여 연결자본잉여금으로 조정한다.

2. **20×2년 말 비지배지분**
   ① 20×2년 말 B회사 순자산장부금액:
      ₩1,000,000 + ₩200,000 + ₩100,000 + ₩1,000,000 =   ₩2,300,000
      20×2년 말 투자차액 미상각잔액   -
      20×2년 말 내부거래 상향 미실현손익 잔액   -
   ② 20×2년 말 B회사 순자산공정가치   ₩2,300,000
   ③ 비지배지분율   × 15%
   ④ 20×2년 말 비지배지분   ₩345,000

예제 8 종속기업의 유상증자: 지분율이 감소하는 경우

20×1년 초에 A회사는 B회사의 발행주식 80%(80주)를 ₩1,000,000에 취득하여 지배력을 획득하였다.

(1) 취득 시 B회사의 주주지분은 ₩1,000,000(자본금 ₩500,000, 이익잉여금 ₩500,000)이며,
자산·부채의 장부금액과 공정가치는 일치하였다.

(2) B회사는 20×1년에 ₩200,000의 당기순이익을 보고하였다. 20×2년 초에 B회사는 100주를
주당 ₩10,000(액면금액 ₩5,000)에 추가발행하였다.

(3) B회사는 20×2년에 ₩100,000의 당기순이익을 보고하였으며, 20×1년과 20×2년의 이익처분
은 없었다.

(4) A회사는 별도재무제표상 종속기업투자주식을 원가법으로 회계처리하였다.

(5) 20×2년 말까지 영업권은 손상되지 않았으며, 비지배지분에 대한 영업권은 인식하지 않는다.

**20×2년 초 B회사의 유상증자 시 A회사가 60주를 ₩600,000에 추가매입한 경우 20×2년 말 연결조정
분개를 나타내시오.**

해답

1. 유상증자 후 지분율의 계산
   (60주 + 80주) ÷ (100주 + 100주) = 70%

2. 투자차액의 산정
   (1) 20×1년 초 발생분: ₩1,000,000 − ₩1,000,000 × 80% = ₩200,000(영업권)
   (2) 20×2년 초 발생분

종속기업주식의 취득원가: 60주 × ₩10,000 =		₩600,000
B회사의 순자산공정가치		
유상증자 후 지배기업지분:		
(₩1,000,000 + ₩200,000 + 100주 × ₩10,000) × 70% =	₩1,540,000	
유상증자 전 지배기업지분:		
(₩1,000,000 + ₩200,000) × 80% =	₩(960,000)	₩(580,000)
투자차액(연결자본잉여금)		₩20,000

3. 20×2년 말 연결조정분개

[투자주식과 자본계정의 상계제거]

① 취득시점의 투자·자본 상계	(차) 자본금(B)	500,000	(대) 투자주식	1,000,000
	이익잉여금(B)	500,000[1]	비지배지분	200,000[3]
	영업권	200,000[2]		

[1] 20×1년 초 이익잉여금
[2] 영업권: ₩1,000,000 - ₩1,000,000 × 80% = ₩200,000
[3] 비지배지분: ₩1,000,000 × 20% = ₩200,000

② 취득시점 이후 자본변동	(차) 이익잉여금(B)	200,000[1]	(대) 이익잉여금(A)	160,000[2]
			비지배지분	40,000[3]

[1] 20×1년 이익잉여금의 증가분(당기순이익)
[2] ₩200,000 × 80% = ₩160,000
[3] ₩200,000 × 20% = ₩40,000

③ 종속기업의 유상증자 조정	(차) 자본금(B)	500,000[1]	(대) 투자주식	600,000
	자본잉여금(B)	500,000[2]	비지배지분	420,000[3]
	자본잉여금(투자차액)	20,000		

[1] ₩5,000 × 100주 = ₩500,000
[2] (₩10,000 - ₩5,000) × 100주 = ₩500,000
[3] ₩2,200,000 × 30% - ₩1,200,000 × 20% = ₩420,000

[비지배지분순이익 계상]

④ 비지배지분순이익 계상	(차) 이익잉여금	30,000	(대) 비지배지분	30,000[1]

[1] ₩100,000 × 30% = ₩30,000

해설　1. 종속기업의 유상증자 시 지배기업이 기존의 지배기업지분율보다 적게 취득하게 되는 경우에는 해당 유상증자에서 발생한 종속기업주식의 취득원가와 유상증자 후 지배기업지분과 유상증자 전 지배기업지분의 차액을 비교하여 연결자본잉여금으로 조정한다.

　　2. 20×2년 말 비지배지분

① 20×2년 말 B회사 순자산장부금액:		
₩1,000,000 + ₩200,000 + ₩100,000 + ₩1,000,000 =		₩2,300,000
20×2년 말 투자차액 미상각잔액		-
20×2년 말 내부거래 상향 미실현손익 잔액		-
② 20×2년 말 B회사 순자산공정가치		₩2,300,000
③ 비지배지분율		× 30%
④ 20×2년 말 비지배지분		₩690,000

V | 종속기업의 자기주식 취득

지배기업의 소유지분의 변동은 종속기업이 자기주식을 취득하는 경우에도 발생한다. 예를 들어, 지배기업이 종속기업의 총발행주식 100주 중 60주를 보유한 상태에서 종속기업이 자기주식 20주를 매입하게 되면 지배기업의 지분율은 60%(60주/100주)에서 75%(60주/80주)로 증가하게 된다.

연결재무제표 작성 시 종속기업의 자본계정은 지배기업의 투자주식계정과 상계제거되므로 종속기업의 자기주식계정도 상계제거하여야 한다. 지배기업의 지분율이 증가함에 따라 투자주식과 자본계정 상계제거 시 차액이 발생한 경우에는 이를 자본거래로 보아 연결자본잉여금으로 조정한다. 이때 투자차액은 다음과 같이 계산한다.

자기주식 취득금액		×××
종속기업의 순자산가치		
자기주식취득 후 비지배지분	×××	
자기주식취득 전 비지배지분	(×××)	(×××)
투자차액(연결자본잉여금)		×××

⚡ POINT 종속기업의 자기주식 취득

자기주식 취득	종속기업이 자기주식을 취득하게 되면 지배기업의 지분율은 증가하게 됨
연결조정	지배기업의 지분율이 증가함에 따라 투자주식과 자본계정 상계제거 시 차액이 발생한 경우에는 이를 자본거래로 보아 연결자본잉여금으로 조정함

예제 9 종속기업의 자기주식 취득

20×1년 초에 A회사는 B회사의 발행주식 60%(60주)를 ₩1,000,000에 취득하여 지배력을 획득하였다. 관련자료는 다음과 같다.

(1) 20×1년 초에 B회사의 주주지분은 ₩1,500,000(자본금 ₩1,000,000, 이익잉여금 ₩500,000)이며, 자산·부채의 장부금액과 공정가치는 일치하였다. B회사는 총 100주의 주식을 발행하였으며, 주당 액면금액은 ₩10,000이다.

(2) B회사는 20×1년에 ₩300,000과 20×2년에 ₩200,000의 당기순이익을 보고하였으며, 20×1년과 20×2년의 이익처분은 없었다.

(3) A회사는 별도재무제표상 종속기업투자주식을 원가법으로 회계처리하였다.

(4) 20×2년 말까지 영업권은 손상되지 않았으며, 비지배지분에 대한 영업권은 인식하지 않는다.

해답 **물음1**

1. 자기주식취득 후 지분율의 계산

(60주) ÷ (100주 − 20주) = 75%

2. 투자차액의 산정

(1) 20×1년 초 발생분: ₩1,000,000 − ₩1,500,000 × 60% = ₩100,000(영업권)

(2) 20×2년 초 발생분

자기주식 취득금액: 20주 × ₩18,000 =		₩360,000
B회사의 순자산공정가치		
자기주식 취득 후 비지배지분:		
(₩1,500,000 + ₩300,000 − ₩360,000) × 25% =	₩360,000	
자기주식 취득 전 비지배지분:		
(₩1,500,000 + ₩300,000) × 40% =	₩(720,000)	₩(360,000)
투자차액(연결자본잉여금)		₩0

3. 20×2년 말 연결조정분개

[투자주식과 자본계정의 상계제거]

① 취득시점의 투자·자본 상계	(차) 자본금(B) 이익잉여금(B) 영업권	1,000,000 500,000[1] 100,000[2]	(대) 투자주식 비지배지분	1,000,000 600,000[3]

[1] 20×1년 초 이익잉여금
[2] 영업권: ₩1,000,000 − ₩1,500,000 × 60% = ₩100,000
[3] 비지배지분: ₩1,500,000 × 40% = ₩600,000

② 취득시점 이후 자본변동	(차) 이익잉여금(B)	300,000[1]	(대) 이익잉여금(A) 비지배지분	180,000[2] 120,000[3]

[1] 20×1년 이익잉여금의 증가분(당기순이익)
[2] ₩300,000 × 60% = ₩180,000
[3] ₩300,000 × 40% = ₩120,000

③ 종속기업 자기주식취득 조정	(차) 비지배지분	360,000[1]	(대) 자기주식	360,000

[1] ₩1,440,000 × 25% − ₩1,800,000 × 40% = ₩(360,000)

[비지배지분순이익 계상]

④ 비지배지분순이익 계상	(차) 이익잉여금	50,000	(대) 비지배지분	50,000[1]

[1] ₩200,000 × 25% = ₩50,000

1. 자기주식취득 후 지분율의 계산
(60주) ÷ (100주 − 20주) = 75%

2. 투자차액의 산정
(1) 20×1년 초 발생분: ₩1,000,000 − ₩1,500,000 × 60% = ₩100,000(영업권)

(2) 20×2년 초 발생분

자기주식 취득금액: 20주 × ₩20,000 =		₩400,000
B회사의 순자산공정가치		
자기주식 취득 후 비지배지분:		
(₩1,500,000 + ₩300,000 − ₩400,000) × 25% =	₩350,000	
자기주식 취득 전 비지배지분:		
(₩1,500,000 + ₩300,000) × 40% =	₩(720,000)	₩(370,000)
투자차액(연결자본잉여금)		₩30,000

3. 20×2년 말 연결조정분개
[투자주식과 자본계정의 상계제거]

① 취득시점의 투자 · 자본 상계	(차) 자본금(B) 이익잉여금(B) 영업권	1,000,000 500,000[1] 100,000[2]	(대) 투자주식 비지배지분	1,000,000 600,000[3]

[1] 20×1년 초 이익잉여금
[2] 영업권: ₩1,000,000 − ₩1,500,000 × 60% = ₩100,000
[3] 비지배지분: ₩1,500,000 × 40% = ₩600,000

② 취득시점 이후 자본변동	(차) 이익잉여금(B)	300,000[1]	(대) 이익잉여금(A) 비지배지분	180,000[2] 120,000[3]

[1] 20×1년 이익잉여금의 증가분(당기순이익)
[2] ₩300,000 × 60% = ₩180,000
[3] ₩300,000 × 40% = ₩120,000

③ 종속기업 자기주식취득 조정	(차) 비지배지분 자본잉여금(A)	370,000[1] 30,000	(대) 자기주식	400,000

[1] ₩1,400,000 × 25% − ₩1,800,000 × 40% = ₩(370,000)

[비지배지분순이익 계상]

④ 비지배지분순이익 계상	(차) 이익잉여금	50,000	(대) 비지배지분	50,000[1]

[1] ₩200,000 × 25% = ₩50,000

물음 3

1. 자기주식취득 후 지분율의 계산

   (60주) ÷ (100주 − 20주) = 75%

2. 투자차액의 산정

   (1) 20×1년 초 발생분: ₩1,000,000 − ₩1,500,000 × 60% = ₩100,000(영업권)

   (2) 20×2년 초 발생분

자기주식 취득금액: 20주 × ₩16,000 =	₩320,000
B회사의 순자산공정가치	
자기주식 취득 후 비지배지분:	
(₩1,500,000 + ₩300,000 − ₩320,000) × 25% = ₩370,000	
자기주식 취득 전 비지배지분:	
(₩1,500,000 + ₩300,000) × 40% = ₩(720,000)	₩(350,000)
투자차액(연결자본잉여금)	₩(30,000)

3. 20×2년 말 연결조정분개

   [투자주식과 자본계정의 상계제거]

① 취득시점의 투자 · 자본 상계	(차) 자본금(B)	1,000,000	(대) 투자주식	1,000,000
	이익잉여금(B)	500,000[1]	비지배지분	600,000[3]
	영업권	100,000[2]		

   [1] 20×1년 초 이익잉여금
   [2] 영업권: ₩1,000,000 − ₩1,500,000 × 60% = ₩100,000
   [3] 비지배지분: ₩1,500,000 × 40% = ₩600,000

② 취득시점 이후 자본변동	(차) 이익잉여금(B)	300,000[1]	(대) 이익잉여금(A)	180,000[2]
			비지배지분	120,000[3]

   [1] 20×1년 이익잉여금의 증가분(당기순이익)
   [2] ₩300,000 × 60% = ₩180,000
   [3] ₩300,000 × 40% = ₩120,000

③ 종속기업 자기주식취득 조정	(차) 비지배지분	350,000[1]	(대) 자기주식	320,000
			자본잉여금(A)	30,000

   [1] ₩1,480,000 × 25% − ₩1,800,000 × 40% = ₩(350,000)

   [비지배지분순이익 계상]

④ 비지배지분순이익 계상	(차) 이익잉여금	50,000	(대) 비지배지분	50,000[1]

   [1] ₩200,000 × 25% = ₩50,000

해설

1. 종속기업이 자기주식을 취득하게 되면 지배기업의 지분율은 증가하게 된다. 지배기업의 지분율이 증가함에 따라 투자주식과 자본계정 상계제거 시 차액이 발생한 경우에는 이를 자본거래로 보아 연결자본잉여금으로 조정한다.

2. 각각 취득금액에 따른 20×2년 말 비지배지분은 다음과 같이 계산된다.

   (1) 주당 ₩18,000에 취득한 경우의 20×2년 말 비지배지분

① 20×2년 말 B회사 순자산장부금액:	
₩1,500,000 + ₩300,000 + ₩200,000 - ₩360,000 =	₩1,640,000
20×2년 말 투자차액 미상각잔액	-
20×2년 말 내부거래 상향 미실현손익 잔액	-
② 20×2년 말 B회사 순자산공정가치	₩1,640,000
③ 비지배지분율	× 25%
④ 20×2년 말 비지배지분	₩410,000

   (2) 주당 ₩20,000에 취득한 경우의 20×2년 말 비지배지분

① 20×2년 말 B회사 순자산장부금액:	₩1,600,000
₩1,500,000 + ₩300,000 + ₩200,000 - ₩400,000 =	
20×2년 말 투자차액 미상각잔액	
20×2년 말 내부거래 상향 미실현손익 잔액	-
② 20×2년 말 B회사 순자산공정가치	₩1,600,000
③ 비지배지분율	× 25%
④ 20×2년 말 비지배지분	₩400,000

   (3) 주당 ₩16,000에 취득한 경우의 20×2년 말 비지배지분

① 20×2년 말 B회사 순자산장부금액:	
₩1,500,000 + ₩300,000 + ₩200,000 - ₩320,000 =	₩1,680,000
20×2년 말 투자차액 미상각잔액	-
20×2년 말 내부거래 상향 미실현손익 잔액	-
② 20×2년 말 B회사 순자산공정가치	₩1,680,000
③ 비지배지분율	× 25%
④ 20×2년 말 비지배지분	₩420,000

Ⅵ | 보고기간 중의 종속기업주식의 취득

지금까지는 편의상 지배기업의 종속기업에 대한 지배력 획득일을 보고기간 초에 취득한 것으로 가정하여 연결조정사항을 설명하였다. 그러나 실무에서는 종속기업에 대한 주식을 보고기간 초에 취득하는 경우는 드물며, 보고기간 중에 종속기업주식을 취득하는 경우가 일반적이다. 따라서 보고기간 중의 종속기업주식을 취득하는 경우의 연결조정분개에 대해서 살펴보기로 한다.

01 보고기간 중의 종속기업주식 취득의 연결조정분개

실무에서 보고기간 중에 종속기업주식을 취득한 경우 연결재무제표에는 보고기간 말 현재 종속기업의 자산 및 부채가 반영된다. 그러나 당해 보고기간 중에 발생한 종속기업의 손익항목인 수익과 비용은 보고기간 전체를 반영할 것인지 취득일 이후부터 보고기간 말까지 수익과 비용을 반영할 것인지의 문제가 발생한다. K-IFRS 제1110호 '연결재무제표'에서는 지배기업은 종속기업에 대해 지배력을 획득하는 시점부터 지배력을 상실하기 전까지 종속기업의 수익과 비용을 연결재무제표에 포함한다고 규정하고 있다. 따라서 연결포괄손익계산서를 작성할 때 보고기간 중에 종속기업주식을 취득한 경우에는 취득일 이후부터 보고기간 말까지 수익과 비용을 반영해야 한다. 실무적으로 지배력을 획득하는 시점부터 보고기간 말까지 수익과 비용을 반영하는 방법은 다음의 2가지 방법이 있다.

> ① 취득일 이후 종속기업의 수익과 비용만을 연결재무제표에 반영하는 방법
> ② 보고기간의 총수익과 총비용을 연결재무제표에 반영하고, 취득일 전에 발생한 종속기업의 이익을 '종속기업 취득일 전 순손익'으로 차감하는 방법

과거 기업회계기준에서는 보고기간의 총수익과 총비용을 연결재무제표에 반영하고, 취득일 전에 발생한 종속기업의 이익을 '종속기업 취득일 전 순손익'으로 차감하는 방법을 사용하였으나, K-IFRS에서는 2가지 방법 중 어떤 방법을 사용해야 하는지에 대한 명확한 규정이 없다. 단, 어떠한 방법을 사용하여도 연결재무상태표는 일치하나, 보고기간의 총수익과 총비용을 연결재무제표에 반영하여 취득일 전에 발생한 종속기업의 이익을 '종속기업 취득일 전 순손익'으로 차감하는 방법을 사용하면 취득 전의 수익과 비용이 연결재무제표에 포함되어 수익과 비용이 동시에 과대표시될 가능성이 있다.

또한 지배기업이 종속기업주식을 보고기간 중에 취득한 경우 주식취득일 현재 종속기업의 순자산을 파악해야 하므로 종속기업이 취득일을 기준으로 결산을 수행해야 한다. 만약 지배기업이 7월 1일에 종속기업주식을 취득하였다면 6월 30일 기준으로 결산을 수행한 재무제표를 이용하여 연결조정분개를 하는 것이 원칙이다.

① 지배기업은 종속기업에 대해 지배력을 획득하는 시점부터 지배력을 상실하기 전까지 종속기업의 수익과 비용을 연결재무제표에 포함함
② 연결포괄손익계산서를 작성할 때 보고기간 중에 종속기업주식을 취득한 경우에는 취득일 이후부터 보고기간 말까지 수익과 비용을 반영해야 함

예제 10 보고기간 중의 종속기업주식의 취득

A회사는 20×1년 7월 1일에 B회사 주식 60%를 ₩100,000에 취득하여 지배력을 획득하였다. 20×1년 12월 31일의 A회사와 B회사의 재무상태표와 포괄손익계산서는 다음과 같다. 종속기업의 자산·부채의 장부금액과 공정가치는 일치한다. 단, 비지배지분에 대한 영업권은 인식하지 않는다.

재무상태표
20×1년 12월 31일 현재 (단위: ₩)

	A회사	B회사		A회사	B회사
자산	450,000	275,000	부채	250,000	125,000
투자주식(B회사)	100,000		자본금	250,000	125,000
			이익잉여금	50,000	25,000
	550,000	275,000		550,000	275,000

포괄손익계산서
20×1년 1월 1일부터 20×1년 12월 31일까지 (단위: ₩)

	A회사	B회사 (1월 1일부터 6월 30일까지)	B회사 (7월 1일부터 12월 31일까지)
수익	125,000	37,500	37,500
비용	(75,000)	(25,000)	(25,000)
당기순이익	50,000	12,500	12,500

물음1 취득일 이후 종속기업의 수익과 비용만을 연결재무제표에 반영하는 방법으로 연결조정분개를 수행하는 경우 연결재무상태표와 연결포괄손익계산서를 작성하시오.

물음2 보고기간의 총수익과 총비용을 연결재무제표에 반영하고, 취득일 전에 발생한 종속기업의 이익을 '종속기업 취득일 전 순손익'으로 차감하는 방법으로 연결조정분개를 수행하는 경우 연결재무상태표와 연결포괄손익계산서를 작성하시오.

해답 **물음 1**

1. 영업권의 측정

투자주식의 취득원가	₩100,000
B회사의 순자산공정가치에 대한 지분: (₩125,000 + ₩12,500) × 60% =	₩(82,500)
영업권	₩17,500

2. 연결조정분개

[투자주식과 자본계정의 상계제거]

① 투자주식과 자본계정의 상계	(차) 자본금(B)	125,000	(대) 투자주식	100,000
	이익잉여금(B)	12,500[1]	비지배지분	55,000
	영업권	17,500		

[1] 20×1년 7월 1일 이익잉여금

[비지배지분순이익 계상]

② 비지배지분순이익 계상	(차) 이익잉여금	5,000[1]	(대) 비지배지분	5,000

[1] 종속기업의 당기순이익 × 비지배지분율: (₩25,000 − ₩12,500) × 40% = ₩5,000

3. 연결재무상태표

연결재무상태표

20×1년 12월 31일 현재

자산	725,000	부채	375,000
영업권	17,500	자본	
		지배기업소유주지분	
		자본금	250,000
		이익잉여금	57,500
		비지배지분	60,000
	742,500		742,500

4. 연결포괄손익계산서

연결포괄손익계산서

20×1년 1월 1일부터 20×1년 12월 31일까지

수익	162,500
비용	(100,000)
당기순이익	62,500
당기순이익의 귀속	
지배기업 소유주	57,500
비지배지분	5,000

물음 2

1. 영업권의 측정

투자주식의 취득원가	₩100,000
B회사의 순자산공정가치에 대한 지분: (₩125,000 + ₩12,500) × 60% =	₩(82,500)
영업권	₩17,500

2. 연결조정분개

[투자주식과 자본계정의 상계제거]

① 투자주식과 자본계정의 상계	(차) 자본금(B)	125,000	(대) 투자주식	100,000
	영업권	17,500	비지배지분	50,000
	종속기업 취득일 전 순손익	7,500[1]		

[1] 종속기업주식 취득일 전에 1월 1일부터 6월 30일까지 발생한 이익에 대한 지배기업지분율 해당 금액 ₩7,500(= ₩12,500 × 60%)은 연결당기순이익에서 제외시켜야 함

[비지배지분순이익 계상]

② 비지배지분순이익 계상	(차) 이익잉여금	10,000[1]	(대) 비지배지분	10,000

[1] 종속기업의 당기순이익 × 비지배지분율: ₩25,000 × 40% = ₩10,000

3. 연결재무상태표

연결재무상태표
20×1년 12월 31일 현재

자산	725,000	부채	375,000
영업권	17,500	자본	
		지배기업소유주지분	
		자본금	250,000
		이익잉여금	57,500
		비지배지분	60,000
	742,500		742,500

4. 연결포괄손익계산서

연결포괄손익계산서
20×1년 1월 1일부터 20×1년 12월 31일까지

수익	200,000
비용	(125,000)
종속기업 취득일 전 순손익	(7,500)
당기순이익	67,500
당기순이익의 귀속	
지배기업 소유주	57,500
비지배지분	10,000

해설 1. 연결포괄손익계산서를 작성할 때 보고기간 중에 종속기업주식을 취득한 경우에는 취득일 이후부터 보고기간 말까지의 수익과 비용을 반영해야 한다.

2. 물음1 과 물음2 의 방법으로 연결재무제표를 작성하면 연결재무상태표는 일치하나 연결포괄손익계산서에서 물음2 의 방법은 수익과 비용이 과대계상되어 연결당기순이익이 과대표시되는 문제가 발생한다. 따라서 한국채택국제회계기준에 규정은 없지만 물음1 의 방법으로 해답을 작성하는 것이 이론적으로 우수한 방법이라고 판단된다.

02 배당금수익의 회계처리와 배당기준일

지배기업이 종속기업으로부터 배당금을 수취하는 경우가 있다. 이때 지배기업은 개별회계상 종속기업투자주식을 원가법 또는 공정가치법으로 회계처리하는 경우에는 지배기업의 포괄손익계산서에 배당금수익이 계상되는데, 이러한 배당금수익은 종속기업이 당기 이전에 벌어들인 이익을 분배한 것이다. 따라서 연결재무제표 작성 시 지배기업의 포괄손익계산서에 계상된 배당금수익을 종속기업의 이익잉여금으로 대체시켜야 한다. 왜냐하면 지배기업과 종속기업 간의 배당거래는 연결실체 입장에서 내부거래에 해당하기 때문이다. 지배기업이 종속기업의 주식을 기중에 취득한 경우에는 배당기준일에 대해서도 고려하여야 한다. 종속기업주식의 실제 취득일이 종속기업의 배당기준일 이전이냐 아니면 배당기준일 이후냐에 따라 종속기업의 순자산금액이 달라지기 때문이다. 즉, 종속기업주식의 실제 취득일이 종속기업의 배당기준일 이전인 경우에는 당해 배당금에 대한 청구권이 있으므로 당해 배당금을 포함한 금액으로 투자차액을 계산해야 하며, 종속기업주식의 실제 취득일이 종속기업의 배당기준일 이후인 경우에는 당해 배당금에 대한 청구권이 없으므로 당해 배당금을 제외한 금액으로 투자차액을 계산해야 한다.

만약 종속기업의 배당기준일 이전에 종속기업주식을 취득한 경우에 종속기업으로부터 배당금을 수취한다면 배당금수익으로 회계처리하지 않고 투자주식의 금액을 감소시켜야 한다. 왜냐하면 이러한 경우 수취한 배당금은 종속기업의 주식을 취득하기 전에 종속기업이 벌어들인 이익에 대한 것이므로 수익이 아니라 투자금액을 반환한 것으로 간주하기 때문이다.

> ⚡ **POINT** 배당기준일 연결조정
>
> ① 종속기업주식의 실제 취득일이 종속기업의 배당기준일 이전인 경우: 당해 배당금을 포함한 금액으로 투자차액을 계산함
> ② 종속기업주식의 실제 취득일이 종속기업의 배당기준일 이후인 경우: 당해 배당금을 제외한 금액으로 투자차액을 계산함

예제 11 배당기준일

A회사는 B회사의 의결권이 있는 보통주를 취득하여 지배력을 획득하였다. 관련자료는 다음과 같다.

> (1) 20×1년 초 B회사의 자본은 ₩1,000,000(자본금 ₩500,000, 이익잉여금 ₩500,000)이며 자산·부채의 장부금액과 공정가치는 일치하였다.
> (2) B회사는 20×1년 2월에 현금배당 ₩200,000을 실시하였으며, 20×1년 말에 ₩500,000의 당기순이익을 보고하였다. B회사의 배당기준일은 12월 31일이며, 비지배지분에 대한 영업권은 인식하지 않는다.

물음 1 A회사가 B회사 발행주식의 60%를 20×0년 12월 31일 ₩700,000에 취득한 경우 20×1년 연결조정분개를 나타내시오.

물음 2 A회사가 B회사 발행주식의 60%를 20×1년 1월 1일 ₩580,000에 취득한 경우 20×1년 연결조정분개를 나타내시오.

해답 **물음1** 배당기준일 이전에 취득한 경우

1. 영업권

B회사 지분 취득원가	₩700,000
B회사 순자산공정가치: ₩1,000,000 × 60% =	₩(600,000)
영업권	₩100,000

2. 별도재무제표상 B회사 투자주식의 회계처리

취득 시	(차) 투자주식	700,000	(대) 현금	700,000
배당금수취 시	(차) 현금	120,000[1]	(대) 투자주식	120,000

[1] ₩200,000 × 60% = ₩120,000. 종속기업의 지분을 취득하기 전에 발생한 이익에 대한 배당금은 배당금수익으로 회계처리하지 않고 투자주식의 금액을 감소시킴

3. 연결조정분개

[투자주식과 자본계정의 상계제거]

① 취득시점의 투자 · 자본 상계	(차) 자본금(B)	500,000	(대) 투자주식	580,000
	이익잉여금(B)	300,000[1]	비지배지분	320,000[3]
	영업권	100,000[2]		

[1] ₩500,000 - ₩200,000 = ₩300,000
[2] 영업권: ₩700,000 - (₩500,000 + ₩500,000) × 60% = ₩100,000
[3] 비지배지분: (₩500,000 + ₩300,000) × 40% = ₩320,000

[비지배지분순이익 계상]

② 비지배지분순이익 계상	(차) 이익잉여금	200,000[1]	(대) 비지배지분	200,000

[1] ₩500,000 × 40% = ₩200,000

물음2 배당기준일 이후에 취득한 경우

1. 영업권

B회사 지분 취득원가	₩580,000
B회사 순자산공정가치: (₩1,000,000 - ₩200,000[1]) × 60% =	₩(480,000)
영업권	₩100,000

[1] 20×1년 1월 1일에 주식을 취득한 경우 A회사는 B회사가 지급할 배당금에 대한 청구권이 없으므로 영업권을 계산할 때 B회사 순자산공정가치에서 20×1년의 배당금 ₩200,000을 제외시켜야 함

2. 연결조정분개

[투자주식과 자본계정의 상계제거]

① 취득시점의 투자 · 자본 상계	(차) 자본금(B)	500,000	(대) 투자주식	580,000
	이익잉여금(B)	300,000[1]	비지배지분	320,000[3]
	영업권	100,000[2]		

[1] ₩500,000 - ₩200,000 = ₩300,000
[2] 영업권: ₩580,000 - (₩500,000 + ₩300,000) × 60% = ₩100,000
[3] 비지배지분: (₩500,000 + ₩300,000) × 40% = ₩320,000

[비지배지분순이익 계상]

② 비지배지분순이익 계상	(차) 이익잉여금	200,000[1]	(대) 비지배지분	200,000

[1] ₩500,000 × 40% = ₩200,000

지금까지는 종속기업이 보통주만을 발행하고 있는 경우의 연결회계에 대하여 설명하였다. 그러나 실제로는 많은 회사들이 우선주도 발행하고 있는데, 종속기업이 우선주를 발행하고 있는 경우에는 우선 종속기업의 자본항목을 보통주지분과 우선주지분으로 구분하여야 한다. 이때 종속기업의 납입자본과 기타자본요소를 보통주지분과 우선주지분으로 배분하는 것은 간단하지만, 종속기업의 이익잉여금과 당기순이익을 보통주지분과 우선주지분으로 배분하는 것은 우선주의 성격에 따라 안분비율이 달라지므로 매우 복잡한 문제를 발생시킨다. 또한 지배기업이 종속기업의 우선주를 소유하고 있는지의 여부에 따라 투자주식과 자본계정의 상계방법이 달라지게 된다.

K-IFRS 제1110호 '연결재무제표'에서는 종속기업이 자본으로 분류하는 누적적 우선주를 발행하고 이를 비지배지분이 소유하고 있는 경우에 보고기업은 배당결의 여부와 관계없이 이러한 주식의 배당금을 조정한 후 당기순손익에 대한 자신의 지분을 산정한다고 규정하고 있다. 그러나 참가적 우선주와 비참가적 우선주의 연결조정분개에 대한 명확한 규정은 없다.

그러나 일반기업회계기준에서는 누적적 우선주뿐만 아니라 참가적 우선주에 대해서도 보통주지분과 우선주지분을 구분하도록 규정하고 있다. 따라서 K-IFRS의 명확한 규정이 없으므로 일반기업회계기준에 입각하여 종속기업이 발행한 우선주가 누적적인지 여부와 참가적인지 여부까지 고려하여 각각의 상황에 따른 연결조정분개를 살펴보기로 한다.

01. 종속기업 자본항목의 구분

연결재무제표를 작성하기 위해서는 종속기업의 자본을 보통주지분과 우선주지분으로 구분하여야 한다. 일반적으로 종속기업의 자본은 우선주 발행일 이후부터 보통주지분과 우선주지분으로 구분하면 된다. 종속기업의 납입자본과 기타자본요소(이익잉여금 제외)는 간단하지만, 이익잉여금을 보통주지분과 우선주지분으로 배분하는 것은 우선주의 성격에 따라 안분비율이 달라지므로 이를 구분하여 설명하기로 한다.

(1) 이익잉여금을 제외한 자본 변동액의 배분

이익잉여금을 제외한 자본 변동액은 우선주에 잔여재산청구권이 있는지 여부에 따라 보통주지분과 우선주지분에 귀속될 금액으로 다음과 같이 배분하여야 한다.

구분	잔여재산청구권이 있는 경우 (참가적 우선주)	잔여재산청구권이 없는 경우 (비참가적 우선주)
우선주지분 귀속	종속기업 총자본 × 우선주자본금비율	우선주자본금
보통주지분 귀속	종속기업 총자본 × 보통주자본금비율	종속기업 총자본 - 우선주자본금

(2) 이익잉여금 변동액의 배분

우선주를 발행한 이후에 종속기업의 이익잉여금 변동액 중 우선주지분에 귀속되는 금액은 매 보고기간의 종속기업의 당기순이익을 우선주의 성격(누적적 또는 참가적)에 따라 우선주지분에 귀속시킨 금액의 누적액이다. 보통주지분에 귀속되는 금액은 총이익잉여금에 변동액에서 우선주지분에 귀속된 금액을 차감하여 계산한다. 일반기업회계기준에서는 다음과 같이 보통주지분의 귀속금액을 계산하도록 규정하고 있다.

구분	당기순이익 중 보통주지분 귀속금액
누적적 · 참가적	종속기업의 당기순이익 중 보통주주의 지분은 우선주에 대한 배당선언에 관계없이 종속기업의 당기순이익에서 보통주배당금과 우선주배당금(과거에 우선주배당률에 못 미치는 우선주배당액이 있는 경우에는 그 금액 포함)을 차감한 금액에 보통주자본금비율을 곱한 값과 보통주배당금을 합하여 계산한다.
누적적 · 비참가적	종속기업의 당기순이익 중 보통주주의 지분은 우선주에 대한 배당선언에 관계없이 종속기업의 당기순이익에서 우선주배당금(과거에 우선주배당률에 못 미치는 우선주배당액이 있는 경우에는 그 금액 포함)을 차감한 금액으로 계산한다.
비누적적 · 참가적	종속기업의 당기순이익 중 보통주주의 지분은 우선주에 대한 배당선언을 하지 않은 경우에는 종속기업의 당기순이익에 보통주자본금비율을 곱하여 계산하고, 우선주에 대한 배당선언을 한 경우에는 종속기업의 당기순이익에서 보통주배당금과 우선주배당금을 차감한 금액에 보통주자본금비율을 곱한 값과 보통주배당금을 합하여 계산한다.
비누적적 · 비참가적	종속기업의 당기순이익 중 보통주주의 지분은 우선주에 대한 배당선언을 하지 않은 경우에는 종속기업 당기순이익 전체 금액으로 하고, 우선주에 대한 배당선언을 한 경우에는 종속기업 당기순이익에서 우선주배당금을 차감한 금액으로 한다.

02. 연결조정분개

(1) 지배기업이 종속기업의 우선주를 소유하지 않은 경우

지배기업이 종속기업의 우선주를 소유하고 있지 않은 경우에는 종속기업의 자본계정 중 우선주지분 전체를 비지배지분에 배분하면 된다. 즉, 이익잉여금과 당기순이익을 우선주의 성격에 따라 보통주지분과 우선주지분으로 안분한 후 우선주지분을 모두 비지배지분으로 배분하면 된다.

(2) 지배기업이 종속기업의 우선주를 소유하고 있는 경우

지배기업이 종속기업의 우선주를 취득한 경우는 우선주주지분의 환급으로 보고 우선주에 대한 투자계정과 자본계정을 상계제거할 때는 차액을 다음과 같이 처리한다. 자본계정금액이 투자계정금액보다 많으면 차액은 연결자본잉여금에서 조정한다. 왜냐하면 지배기업이 종속기업의 우선주를 매입하는 것은 연결실체 관점에서 볼 때 우선주를 상환하는 것으로 볼 수 있기 때문이다.

한편 종속기업의 당기순이익도 보통주지분과 우선주지분으로 귀속될 금액으로 구분하여 비지배지분으로 대체해야 한다.

20×1년 1월 1일에 A회사는 B회사의 보통주 80%를 ₩1,000,000에 취득하여 지배력을 획득하였다. 또한 A회사는 20×2년 1월 1일에 B회사의 우선주 60%를 ₩460,000에 취득하였다.

---

(1) 지배력획득일 이후에 B회사의 주주지분의 변동내역은 다음과 같으며, B회사의 순자산장부금액과 공정가치는 일치하였다.

구분	20×1. 1. 1.	20×2. 1. 1.	20×2. 12. 31.
보통주자본금	₩600,000	₩600,000	₩600,000
우선주자본금	₩400,000	₩400,000	₩400,000
이익잉여금	₩600,000	₩760,000	₩880,000
계	₩1,600,000	₩1,760,000	₩1,880,000

(2) B회사의 20×1년과 20×2년의 당기순이익은 각각 ₩160,000과 ₩120,000이다.

(3) 보통주와 우선주의 배당률은 모두 10%이며, 20×1년에는 배당을 선언하였으나 20×2년에는 배당을 선언하지 않았다. 또한, 비지배지분에 대한 영업권은 인식하지 않는다.

물음 1 우선주가 누적적·참가적인 경우에 20×1년 말과 20×2년 말의 연결조정분개를 나타내시오.

물음 2 우선주가 누적적·비참가적인 경우에 20×1년 말과 20×2년 말의 연결조정분개를 나타내시오.

물음 3 우선주가 비누적적·참가적인 경우에 20×1년 말과 20×2년 말의 연결조정분개를 나타내시오.

물음 4 우선주가 비누적적·비참가적인 경우에 20×1년 말과 20×2년 말의 연결조정분개를 나타내시오.

해답 **물음 1**

1. B회사 자본변동액의 보통주지분과 우선주지분의 귀속

구분	보통주지분	우선주지분
20×1년 초 자본금	₩600,000	₩400,000
이익잉여금	₩600,000 × 60% = ₩360,000	₩600,000 × 40% = ₩240,000
20×1년 초 자본합계	₩960,000	₩640,000
20×1년 당기순이익		
기본배당	₩600,000 × 10% = ₩60,000	₩400,000 × 10% = ₩40,000
잔여배당	₩60,000[1] × 60% = ₩36,000	₩60,000[1] × 40% = ₩24,000
20×1년 말 자본합계	₩1,056,000	₩704,000
20×2년 당기순이익		
기본배당	₩600,000 × 10% = ₩60,000	₩400,000 × 10% = ₩40,000
잔여배당	₩20,000[2] × 60% = ₩12,000	₩20,000[2] × 40% = ₩8,000
20×2년 말 자본합계	₩1,128,000	₩752,000

[1] 20×1년 당기순이익 ₩160,000 - 보통주 기본배당 ₩60,000 - 우선주 기본배당 ₩40,000 = ₩60,000
[2] 20×2년 당기순이익 ₩120,000 - 보통주 기본배당 ₩60,000 - 우선주 기본배당 ₩40,000 = ₩20,000

2. 20×1년 말 연결조정분개

[투자주식과 자본계정의 상계제거]

| ① 취득시점의 투자·
자본 상계(보통주) | (차) 보통주자본금(B)
이익잉여금(B)
영업권 | 600,000
360,000[1]
232,000[2] | (대) 투자주식
비지배지분(보통주) | 1,000,000
192,000[3] |

[1] 20×1년 초 이익잉여금 중 보통주지분 귀속금액
[2] 영업권: ₩1,000,000 - (₩600,000 + ₩360,000) × 80% = ₩232,000
[3] 비지배지분: (₩600,000 + ₩360,000) × 20% = ₩192,000

| ② 취득시점의 투자·
자본 상계(우선주) | (차) 우선주자본금(B)
이익잉여금(B) | 400,000
240,000[1] | (대) 비지배지분(우선주) | 640,000 |

[1] 20×1년 초 이익잉여금 중 우선주지분 귀속금액

[비지배지분순이익 계상]

| ③ 비지배지분순이익 계상 | (차) 이익잉여금 | 83,200 | (대) 비지배지분 | 83,200[1] |

[1] 보통주귀속 당기순이익 × 20% + 우선주귀속 당기순이익 × 100%
 = (₩60,000 + ₩36,000) × 20% + (₩40,000 + ₩24,000) × 100% = ₩83,200

3. 20×2년 말 연결조정분개

[투자주식과 자본계정의 상계제거]

| ① 취득시점의 투자·
자본 상계(보통주) | (차) 보통주자본금(B)
이익잉여금(B)
영업권 | 600,000
360,000[1]
232,000[2] | (대) 투자주식
비지배지분(보통주) | 1,000,000
192,000[3] |

[1] 20×1년 초 이익잉여금 중 보통주지분 귀속금액
[2] 영업권: ₩1,000,000 - (₩600,000 + ₩360,000) × 80% = ₩232,000
[3] 비지배지분: (₩600,000 + ₩360,000) × 20% = ₩192,000

| ② 취득시점의 투자·
자본 상계(우선주) | (차) 우선주자본금(B)
이익잉여금(B)
자본잉여금(A) | 400,000
304,000[1]
37,600[2] | (대) 투자주식
비지배지분(우선주) | 460,000
281,600[3] |

[1] 20×2년 초 이익잉여금 중 우선주지분 귀속금액
[2] 자본잉여금: ₩460,000 - (₩400,000 + ₩304,000) × 60% = ₩37,600
[3] 비지배지분: (₩400,000 + ₩304,000) × 40% = ₩281,600

| ③ 취득시점 이후
자본변동(보통주) | (차) 이익잉여금(B) | 96,000[1] | (대) 이익잉여금(A)
비지배지분(보통주) | 76,800
19,200 |

[1] 20×1년 이익잉여금의 증가분(당기순이익 중 보통주귀속분)

[비지배지분순이익 계상]

| ④ 비지배지분순이익
계상(보통주) | (차) 이익잉여금 | 14,400 | (대) 비지배지분(보통주) | 14,400[1] |

[1] 보통주귀속 당기순이익 × 20% = (₩60,000 + ₩12,000) × 20% = ₩14,400

| ⑤ 비지배지분순이익
계상(우선주) | (차) 이익잉여금 | 19,200 | (대) 비지배지분(우선주) | 19,200[1] |

[1] 우선주귀속 당기순이익 × 40% = (₩40,000 + ₩8,000) × 40% = ₩19,200

1. B회사 자본변동액의 보통주지분과 우선주지분의 귀속

구분	보통주지분	우선주지분
20×1년 초 자본금	₩600,000	₩400,000
이익잉여금	₩600,000	-
20×1년 초 자본합계	₩1,200,000	₩400,000
20×1년 당기순이익		
기본배당	₩600,000 × 10% = ₩60,000	₩400,000 × 10% = ₩40,000
잔여배당	₩60,000	-
20×1년 말 자본합계	₩1,320,000	₩440,000
20×2년 당기순이익		
기본배당	₩600,000 × 10% = ₩60,000	₩400,000 × 10% = ₩40,000
잔여배당	₩20,000	-
20×2년 말 자본합계	₩1,400,000	₩480,000

2. 20×1년 말 연결조정분개

[투자주식과 자본계정의 상계제거]

① 취득시점의 투자·자본 상계(보통주)	(차) 보통주자본금(B)	600,000	(대) 투자주식	1,000,000
	이익잉여금(B)	600,000[1]	비지배지분(보통주)	240,000[3]
	영업권	40,000[2]		

[1] 20×1년 초 이익잉여금 중 보통주지분 귀속금액
[2] 영업권: ₩1,000,000 - (₩600,000 + ₩600,000) × 80% = ₩40,000
[3] 비지배지분: (₩600,000 + ₩600,000) × 20% = ₩240,000

② 취득시점의 투자·자본 상계(우선주)	(차) 우선주자본금(B)	400,000[1]	(대) 비지배지분(우선주)	400,000

[1] 20×1년 초 이익잉여금 중 우선주지분 귀속금액

[비지배지분순이익 계상]

③ 비지배지분순이익 계상	(차) 이익잉여금	64,000	(대) 비지배지분	64,000[1]

[1] 보통주귀속 당기순이익 × 20% + 우선주귀속 당기순이익 × 100%
    = (₩60,000 + ₩60,000) × 20% + ₩40,000 × 100% = ₩64,000

3. 20×2년 말 연결조정분개

[투자주식과 자본계정의 상계제거]

① 취득시점의 투자·자본 상계(보통주)	(차) 보통주자본금(B)	600,000	(대) 투자주식	1,000,000
	이익잉여금(B)	600,000[1]	비지배지분(보통주)	240,000[3]
	영업권	40,000[2]		

[1] 20×1년 초 이익잉여금 중 보통주지분 귀속금액
[2] 영업권: ₩1,000,000 - (₩600,000 + ₩600,000) × 80% = ₩40,000
[3] 비지배지분: (₩600,000 + ₩600,000) × 20% = ₩240,000

② 취득시점의 투자·자본 상계(우선주)	(차) 우선주자본금(B)	400,000	(대) 투자주식	460,000
	이익잉여금(B)	40,000[1]	비지배지분(우선주)	176,000[3]
	자본잉여금(A)	196,000[2]		

[1] 20×2년 초 이익잉여금 중 우선주지분 귀속금액
[2] 자본잉여금: ₩460,000 - (₩400,000 + ₩40,000) × 60% = ₩196,000
[3] 비지배지분: (₩400,000 + ₩40,000) × 40% = ₩176,000

③ 취득시점 이후 자본변동(보통주)	(차) 이익잉여금(B)	120,000[1]	(대) 이익잉여금(A) 비지배지분(보통주)	96,000 24,000

[1] 20×1년 이익잉여금의 증가분(당기순이익 중 보통주귀속분)

[비지배지분순이익 계상]

④ 비지배지분순이익 계상(보통주)	(차) 이익잉여금	16,000	(대) 비지배지분(보통주)	16,000[1]

[1] 보통주귀속 당기순이익 × 20% = (₩60,000 + ₩20,000) × 20% = ₩16,000

⑤ 비지배지분순이익 계상(우선주)	(차) 이익잉여금	16,000	(대) 비지배지분(우선주)	16,000[1]

[1] 우선주귀속 당기순이익 × 40% = ₩40,000 × 40% = ₩16,000

물음 3

1. B회사 자본변동액의 보통주지분과 우선주지분의 귀속

구분	보통주지분	우선주지분
20×1년 초 자본금	₩600,000	₩400,000
이익잉여금	₩600,000 × 60% = ₩360,000	₩600,000 × 40% = ₩240,000
20×1년 초 자본합계	₩960,000	₩640,000
20×1년 당기순이익		
기본배당	₩600,000 × 10% = ₩60,000	₩400,000 × 10% = ₩40,000
잔여배당	₩60,000[1] × 60% = ₩36,000	₩60,000[1] × 40% = ₩24,000
20×1년 말 자본합계	₩1,056,000	₩704,000
20×2년 당기순이익		
배당	₩120,000 × 60% = ₩72,000	₩120,000 × 40% = ₩48,000
20×2년 말 자본합계	₩1,128,000	₩752,000

[1] 20×1년 당기순이익 ₩160,000 − 보통주 기본배당 ₩60,000 − 우선주 기본배당 ₩40,000 = ₩60,000

2. 20×1년 말 연결조정분개

[투자주식과 자본계정의 상계제거]

① 취득시점의 투자· 자본 상계(보통주)	(차) 보통주자본금(B) 이익잉여금(B) 영업권	600,000 360,000[1] 232,000[2]	(대) 투자주식 비지배지분(보통주)	1,000,000 192,000[3]

[1] 20×1년 초 이익잉여금 중 보통주지분 귀속금액
[2] 영업권: ₩1,000,000 − (₩600,000 + ₩360,000) × 80% = ₩232,000
[3] 비지배지분: (₩600,000 + ₩360,000) × 20% = ₩192,000

② 취득시점의 투자· 자본 상계(우선주)	(차) 우선주자본금(B) 이익잉여금(B)	400,000 240,000[1]	(대) 비지배지분(우선주)	640,000

[1] 20×1년 초 이익잉여금 중 우선주지분 귀속금액

[비지배지분순이익 계상]

③ 비지배지분순이익 계상	(차) 이익잉여금	83,200	(대) 비지배지분	83,200[1]

[1] 보통주귀속 당기순이익 × 20% + 우선주귀속 당기순이익 × 100%
= (₩60,000 + ₩36,000) × 20% + (₩40,000 + ₩24,000) × 100% = ₩83,200

3. 20×2년 말 연결조정분개

[투자주식과 자본계정의 상계제거]

① 취득시점의 투자·자본 상계(보통주)	(차) 보통주자본금(B)	600,000	(대) 투자주식	1,000,000
	이익잉여금(B)	360,000[1]	비지배지분(보통주)	192,000[3]
	영업권	232,000[2]		

[1] 20×1년 초 이익잉여금 중 보통주지분 귀속금액
[2] 영업권: ₩1,000,000 - (₩600,000 + ₩360,000) × 80% = ₩232,000
[3] 비지배지분: (₩600,000 + 360,000) × 20% = ₩192,000

② 취득시점의 투자·자본 상계(우선주)	(차) 우선주자본금(B)	400,000	(대) 투자주식	460,000
	이익잉여금(B)	304,000[1]	비지배지분(우선주)	281,600[3]
	자본잉여금(A)	37,600[2]		

[1] 20×2년 초 이익잉여금 중 우선주지분 귀속금액
[2] 자본잉여금: ₩460,000 - (₩400,000 + ₩304,000) × 60% = ₩37,600
[3] 비지배지분: (₩400,000 + ₩304,000) × 40% = ₩281,600

③ 취득시점 이후 자본변동(보통주)	(차) 이익잉여금(B)	96,000[1]	(대) 이익잉여금(A)	76,800
			비지배지분(보통주)	19,200

[1] 20×1년 이익잉여금의 증가분(당기순이익 중 보통주귀속분)

[비지배지분순이익 계상]

④ 비지배지분순이익 계상(보통주)	(차) 이익잉여금	14,400	(대) 비지배지분(보통주)	14,400[1]

[1] 보통주귀속 당기순이익 × 20% = (₩60,000 + ₩12,000) × 20% = ₩14,400

⑤ 비지배지분순이익 계상(우선주)	(차) 이익잉여금	19,200	(대) 비지배지분(우선주)	19,200[1]

[1] 우선주귀속 당기순이익 × 40% = (₩40,000 + ₩8,000) × 40% = ₩19,200

물음 4

1. B회사 자본변동액의 보통주지분과 우선주지분의 귀속

구분	보통주지분	우선주지분
20×1년 초 자본금	₩600,000	₩400,000
이익잉여금	₩600,000	-
20×1년 초 자본합계	₩1,200,000	₩400,000
20×1년 당기순이익		
기본배당	₩600,000 × 10% = ₩60,000	₩400,000 × 10% = ₩40,000
잔여배당	₩60,000	-
20×1년 말 자본합계	₩1,320,000	₩440,000
20×2년 당기순이익		
배당	₩120,000	-
20×2년 말 자본합계	₩1,440,000	₩440,000

2. 20×1년 말 연결조정분개

[투자주식과 자본계정의 상계제거]

① 취득시점의 투자 · 자본 상계(보통주)	(차) 보통주자본금(B) 이익잉여금(B) 영업권	600,000 600,000[1] 40,000[2]	(대) 투자주식 비지배지분(보통주)	1,000,000 240,000[3]

[1] 20×1년 초 이익잉여금 중 보통주지분 귀속금액
[2] 영업권: ₩1,000,000 − (₩600,000 + ₩600,000) × 80% = ₩40,000
[3] 비지배지분: (₩600,000 + ₩600,000) × 20% = ₩240,000

② 취득시점의 투자 · 자본 상계(우선주)	(차) 우선주자본금(B)	400,000[1]	(대) 비지배지분(우선주)	400,000

[1] 20×1년 초 이익잉여금 중 우선주지분 귀속금액

[비지배지분순이익 계상]

③ 비지배지분순이익 계상	(차) 이익잉여금	64,000	(대) 비지배지분	64,000[1]

[1] 보통주귀속 당기순이익 × 20% + 우선주귀속 당기순이익 × 100%
= (₩60,000 + ₩60,000) × 20% + ₩40,000 × 100% = ₩64,000

3. 20×2년 말 연결조정분개

[투자주식과 자본계정의 상계제거]

① 취득시점의 투자 · 자본 상계(보통주)	(차) 보통주자본금(B) 이익잉여금(B) 영업권	600,000 600,000[1] 40,000[2]	(대) 투자주식 비지배지분(보통주)	1,000,000 240,000[3]

[1] 20×1년 초 이익잉여금 중 보통주지분 귀속금액
[2] 영업권: ₩1,000,000 − (₩600,000 + ₩600,000) × 80% = ₩40,000
[3] 비지배지분: (₩600,000 + ₩600,000) × 20% = ₩240,000

② 취득시점의 투자 · 자본 상계(우선주)	(차) 우선주자본금(B) 이익잉여금(B) 자본잉여금(A)	400,000 40,000[1] 196,000[2]	(대) 투자주식 비지배지분(우선주)	460,000 176,000[3]

[1] 20×2년 초 이익잉여금 중 우선주지분 귀속금액
[2] 자본잉여금: ₩460,000 − (₩400,000 + ₩40,000) × 60% = ₩196,000
[3] 비지배지분: (₩400,000 + ₩40,000) × 40% = ₩176,000

③ 취득시점 이후 자본변동(보통주)	(차) 이익잉여금(B)	120,000[1]	(대) 이익잉여금(A) 비지배지분(보통주)	96,000 24,000

[1] 20×1년 이익잉여금의 증가분(당기순이익 중 보통주귀속분)

[비지배지분순이익 계상]

④ 비지배지분순이익 계상(보통주)	(차) 이익잉여금	24,000	(대) 비지배지분(보통주)	24,000[1]

[1] 보통주귀속 당기순이익 × 20% = ₩120,000 × 20% = ₩24,000

01 단계적으로 이루어지는 사업결합에서, 취득자는 이전에 보유하고 있던 피취득자에 대한 지분을 (O, X)
취득일의 공정가치로 재측정하고 그 결과 차손익이 있다면 당기손익으로 인식해야 한다.

02 지배력획득일 전에 발생한 지배기업과 종속기업 간의 내부거래에 따른 미실현손익은 연결조정 (O, X)
시 전액 제거해야 한다.

03 지배기업이 지배력을 획득한 이후에 추가로 종속기업주식을 취득한 경우에 발생하는 투자차액은 (O, X)
영업권으로 인식한다.

04 종속기업주식을 처분하여 지배력을 상실한 경우 종속기업주식의 처분금액과 장부금액의 차이는 (O, X)
당기손익으로 처리한다.

05 지배력은 소유지분의 매각이나 종속기업이 제3자에게 새로운 소유지분을 발행한 경우에만 상실 (O, X)
될 수 있다.

정답 및 해설

01　X　단계적으로 이루어지는 사업결합에서, 취득자는 이전에 보유하고 있던 피취득자에 대한 지분을 취득일의 공정가치로 재측정하고
　　　　그 결과 차손익이 있다면 당기손익 또는 기타포괄손익으로 인식해야 한다.

02　X　연결실체가 성립되기 전, 즉 지배력획득 전의 내부거래에 따른 미실현손익은 연결조정 시에 제거하지 않는다. 왜냐하면, 그러한 내
　　　　부거래는 상호 관련이 없는 두 회사 간의 독립된 객관적인 거래로 간주되기 때문이다.

03　X　지배기업이 소유한 종속기업 지분이 변동되더라도 지배기업이 종속기업에 대한 지배력을 상실하지 않는다면, 그것은 자본거래(즉,
　　　　소유주로서 자격을 행사하는 소유주와의 거래)이다. 따라서 지배력을 획득한 이후에 추가로 종속기업 지분을 취득한 경우 발생하
　　　　는 투자차액은 연결자본잉여금으로 조정한다.

04　O

05　X　지배력은 소유지분의 매각이나 종속기업이 제3자에게 새로운 소유지분을 발행하여 상실될 수도 있지만 소유지분이 변동하지 않더
　　　　라도 종속기업에 대한 지배력을 상실할 수 있다. 그 예로서 종속기업이 정부, 법원, 관재인 또는 감독기구의 통제를 받게 되는 경우
　　　　를 들 수 있다.

06 종속기업이 자기주식을 취득하는 경우에 지배기업의 지분율이 증가됨에 따라 발생하는 지분변동   (O, X)
　　 액은 영업권으로 인식한다.

07 종속기업의 주식을 기중에 취득하는 경우 종속기업의 주식을 취득하기 전에 발생한 당기 종속기   (O, X)
　　 업의 당기순이익도 연결당기순이익에 포함한다.

08 종속기업주식의 실제 취득일이 종속기업의 배당기준일 이후인 경우에는 당해 배당금에 대한 청   (O, X)
　　 구권이 없으므로 당해 배당금을 제외한 금액으로 투자차액을 계산해야 한다.

09 종속기업이 자본으로 분류하는 누적적 우선주를 발행하고 이를 비지배지분이 소유하고 있는 경   (O, X)
　　 우에 보고기업은 배당결의 여부와 관계없이 이러한 주식의 배당금을 조정한 후 당기순손익에 대
　　 한 자신의 지분을 산정한다.

정답 및 해설

06　X　종속기업이 자기주식을 취득하는 경우에 지배기업의 지분율이 증가함에 따라 투자주식과 자본계정 상계제거 시 차액이 발생한 경
　　　　　우에는 이를 자본거래로 보아 연결자본잉여금으로 조정한다.

07　X　연결포괄손익계산서를 작성할 때 보고기간 중에 종속기업주식을 취득한 경우에는 취득일 이후부터 보고기간 말까지의 수익과 비용
　　　　　을 반영해야 한다.

08　O

09　O

01 연결재무제표에 관한 설명으로 옳지 않은 것은? [2018 세무사 1차]

① 투자기업의 지배기업은 자신이 투자기업이 아닐 경우에는, 종속기업인 투자기업을 통해 지배하는 기업을 포함하여 지배하는 모든 종속기업을 공정가치로 측정하여 당기손익에 반영한다.

② 지배기업은 비슷한 상황에서 발생한 거래와 그 밖의 사건에 동일한 회계정책을 적용하여 연결재무제표를 작성한다.

③ 지배기업은 비지배지분을 연결재무제표에서 자본에 포함하되 지배기업의 소유주지분과는 구분하여 별도로 표시한다.

④ 지배기업이 소유한 종속기업 지분이 변동되더라도 지배기업이 종속기업에 대한 지배력을 상실하지 않는다면, 그것은 자본거래이다.

⑤ 피투자자의 연결은 투자자가 피투자자에 대한 지배력을 획득하는 날부터 시작되어 투자자가 피투자자에 대한 지배력을 상실할 때 중지된다.

02 (주)대한은 20×1년 1월 1일 (주)민국의 의결권 있는 보통주식 70주(지분율 70%)를 ₩210,000에 취득하여 지배력을 획득하였다. 취득일 현재 (주)민국의 자본은 자본금 ₩200,000과 이익잉여금 ₩100,000이며, 자산과 부채의 장부금액과 공정가치는 일치하였다. (주)대한은 (주)민국의 주식을 원가법으로 회계처리하며, 연결재무제표 작성 시 비지배지분은 (주)민국의 식별가능한 순자산공정가치에 비례하여 결정한다. 20×2년 1월 1일 (주)대한은 (주)민국의 보통주식 10주(지분율 10%)를 ₩40,000에 추가로 취득하였다. 20×1년과 20×2년에 (주)민국이 보고한 당기순이익은 각각 ₩20,000과 ₩40,000이며, 동 기간에 이익처분은 없었다. (주)대한이 작성하는 20×2년 말 연결재무상태표상 비지배지분은? [2017 공인회계사 1차]

① ₩64,000 ② ₩66,000 ③ ₩68,000
④ ₩70,000 ⑤ ₩72,000

정답 및 해설

정답

01 ①   02 ⑤

해설

01 ① 투자기업의 지배기업은 자신이 투자기업이 아닐 경우에는, 종속기업인 투자기업을 통해 지배하는 기업을 포함하여 지배하는 모든 기업을 연결한다.

02 ⑤ 20×2년 말 연결재무상태표상 비지배지분: (₩300,000 + ₩20,000 + ₩40,000) × 20% = ₩72,000

단계적 취득

01 A회사는 B회사의 주식을 단계적으로 취득하여 20×2년 초에 지배력을 획득하였다. 관련 자료는 다음과 같다.

> (1) A회사의 B회사 주식 취득내역은 다음과 같다. A회사는 B회사 주식을 기타포괄손익공정가 치측정금융자산으로 분류하여 공정가치로 측정하였는데, 20×1년 말과 20×2년 말 B회사 주식의 1주당 공정가치는 각각 ₩4,000과 ₩5,000이었다.
>
> | 주식취득일 | 취득주식수(지분율) | 공정가치 |
> |---|---|---|
> | 20×1년 초 | 100주(10%) | ₩300,000 |
> | 20×2년 초 | 500주(50%) | ₩2,000,000 |
>
> (2) 주식취득시점에서 B회사의 순자산장부금액은 다음과 같으며, B회사 자산·부채의 장부금액 과 공정가치는 일치하였다.
>
> | 주식취득일 | B회사 순자산장부금액 | | | |
> |---|---|---|---|---|
> | | 자본금 | 자본잉여금 | 이익잉여금 | 합계 |
> | 20×1년 초 | ₩2,000,000 | ₩500,000 | ₩500,000 | ₩3,000,000 |
> | 20×2년 초 | ₩2,000,000 | ₩500,000 | ₩800,000 | ₩3,300,000 |
> | 20×2년 말 | ₩2,000,000 | ₩500,000 | ₩1,400,000 | ₩3,900,000 |
>
> (3) A회사와 B회사의 상품거래내역은 다음과 같다. 단, 양사 모두 매출총이익률은 20%이다.
>
> | 판매회사 | 내부거래 | | 매입회사 기말재고에 남아있는 상품 | |
> |---|---|---|---|---|
> | | 20×1년 | 20×2년 | 20×1년 | 20×2년 |
> | A회사 | ₩300,000 | ₩600,000 | ₩50,000 | ₩100,000 |
> | B회사 | ₩200,000 | ₩400,000 | ₩25,000 | ₩50,000 |
>
> (4) B회사는 20×1년에 ₩300,000, 20×2년에 ₩600,000의 당기순이익을 보고하였으며 이 기간 중 이익처분은 없었다.

물음1 A회사의 개별회계상 B회사 주식에 대한 회계처리를 나타내시오.

물음2 A회사가 B회사와의 20×2년 말 연결재무제표 작성 시 인식할 영업권을 측정하시오. 단, 20×2년 말까지 영업권은 손상되지 않았으며, 비지배지분에 대한 영업권은 인식하지 않는다.

물음3 A회사가 20×2년 말에 행할 연결조정분개를 나타내시오.

물음4 20×2년 말 연결재무상태표상 비지배지분의 금액을 계산하시오.

해답 **물음 1**

일자	회계처리
20×1년 초	(차) 기타포괄손익공정가치측정금융자산 300,000 (대) 현금 300,000
20×1년 말	(차) 기타포괄손익공정가치측정금융자산 100,000 (대) 기타포괄손익공정가치측정금융자산평가이익(OCI) 100,000[1] [1] 100주 × ₩4,000 - ₩300,000 = ₩100,000
20×2년 초	(차) 기타포괄손익공정가치측정금융자산 2,000,000 (대) 현금 2,000,000 * 이전에 보유하고 있던 종속기업주식을 취득일의 공정가치로 재측정하고 차손익을 기타포괄손익으로 인식하며, 기존 피취득자 지분의 가치변동을 기타포괄손익으로 인식한 금액은 취득일에 후속적으로 당기손익으로 재분류하지 않음
20×2년 말	(차) 기타포괄손익공정가치측정금융자산 600,000 (대) 기타포괄손익공정가치측정금융자산평가이익(OCI) 600,000[1] [1] 600주 × ₩5,000 - ₩2,400,000 = ₩600,000

물음 2

(1) 취득일의 종속기업 지분의 공정가치: 100주 × ₩4,000 + ₩2,000,000 =   ₩2,400,000

(2) 취득일의 종속기업 순자산공정가치에 대한 지배기업지분: ₩3,300,000 × 60% =   ₩(1,980,000)

(3) 영업권   ₩420,000

물음 3

[원가법 환원 분개]

① 원가법 환원 분개	(차) 기타포괄손익공정가치측정금융자산평가이익(OCI) 600,000 (대) 투자주식 600,000[1]

[1] 투자주식을 원가법으로 환원하는 분개임(600주 × ₩5,000 - ₩2,400,000 = ₩600,000)

[투자주식과 자본계정의 상계제거]

② 투자주식과 자본계정의 상계	(차) 자본금(B) 2,000,000 (대) 투자주식 2,400,000 자본잉여금(B) 500,000 비지배지분 1,320,000[2] 이익잉여금(B) 800,000[1] 영업권 420,000

[1] 20×2년 초 이익잉여금
[2] 비지배지분: (₩2,000,000 + ₩500,000 + ₩800,000) × 40% = ₩1,320,000

[내부거래제거]

③ 당기 미실현손익 제거(하향)	(차) 매출 600,000 (대) 매출원가 600,000 매출원가 20,000[1] 재고자산 20,000

[1] ₩100,000 × 20% = ₩20,000(하향거래)

④ 당기 미실현손익 제거(상향)	(차) 매출 400,000 (대) 매출원가 400,000 매출원가 10,000[1] 재고자산 10,000

[1] ₩50,000 × 20% = ₩10,000(상향거래)

[비지배지분순이익 계상]

⑤ 비지배지분순이익 계상	(차) 이익잉여금 236,000 (대) 비지배지분 236,000[1]

[1] (₩600,000 - ₩10,000) × 40% = ₩236,000

물음 4		
	① 20×2년 말 B회사 순자산장부금액	₩3,900,000
	20×2년 말 투자차액 미상각잔액	-
	20×2년 말 내부거래 상향 미실현손익 잔액	
	재고자산: ₩50,000 × 20% =	₩(10,000)
	② 20×2년 말 B회사 순자산공정가치	₩3,890,000
	③ 비지배지분율	× 40%
	④ 20×2년 말 비지배지분	₩1,556,000

해설   1. 종속기업주식을 단계적으로 취득하여 지배력을 획득한 경우 연결조정분개상 지배기업의 종속기업투자주식계정과 종속기업 자본계정 상계제거 시에는 지배력획득시점의 종속기업 순자산장부금액과 종속기업투자주식의 공정가치를 비교하여 투자차 액을 계산해야 한다.

2. 연결실체가 성립되기 전, 즉 지배력획득 전의 내부거래에 따른 미실현손익은 연결조정 시에 제거하지 않는다.

02 다음에 제시되는 <공통자료>는 20×1년 (주)지배와 (주)종속의 사업결합에 대한 것이다. 각 물음은 독립적이며 <공통자료>를 이용하여 답하시오. [2013 공인회계사 2차]

〈공통자료〉

20×1년 초에 (주)지배는 (주)종속의 의결권 주식 10주(10%)를 ₩10,000에 취득하여 기타포괄손익공정가치측정금융자산으로 회계처리하였으며, 20×1년 4월 1일에 60주(60%)를 공정가치 ₩150,000에 취득하여 지배기업이 되었다. 지배력획득일 현재 (주)종속의 순자산은 모두 장부금액과 공정가치가 일치하고, 자본항목은 자본금, 이익잉여금, 기타자본으로 구성되어 있다. (주)지배와 (주)종속의 별도(개별)재무제표에 보고된 관련 항목을 요약하면 다음과 같다.

〈20×1년 초 (주)지배와 (주)종속의 자본〉

항목	(주)지배	(주)종속
자본금	₩300,000	₩100,000
이익잉여금	₩200,000	₩50,000
기타자본	₩100,000	₩50,000
자본 합계	₩600,000	₩200,000

* 기타자본은 자본 요소 중 자본금과 이익잉여금을 제외한 나머지 항목을 말하며, (주)지배와 (주)종속 모두 20×2년 말까지 자본금과 기타자본의 변동액은 없다.

〈20×1년 (주)지배와 (주)종속의 당기순이익〉

항목	(주)지배	(주)종속	
	1월 1일~12월 31일	1월 1일~3월 31일	4월 1일~12월 31일
당기순이익	₩250,000	₩20,000	₩80,000

* (주)지배와 (주)종속 모두 20×1년 중에 결의하거나 지급한 배당은 없다.

지배력획득일 이후 (주)지배는 (주)종속에 대한 투자주식을 원가법으로 회계처리하고, 비지배지분을 (주)종속의 식별가능한 순자산공정가치에 비례하여 결정한다. 영업권의 손상은 없는 것으로 가정한다.

물음 1 20×1년 말 (주)지배가 작성하는 연결재무제표에 보고되는 다음 금액을 계산하시오.

영업권	①
비지배지분	②
이익잉여금	③

물음 2 20×2년 초 (주)지배는 (주)종속의 주식 10주(10%)를 ₩35,000에 추가 취득하였다. (주)종속은 20×2년에 ₩100,000의 당기순이익을 보고하였으며, 배당은 없었다. 20×2년 초 추가 취득 시 (주)종속의 자본은 자본금 ₩100,000, 이익잉여금 ₩150,000, 기타자본 ₩50,000으로 구성되어 있으며, (주)종속의 순자산은 모두 장부금액과 공정가치가 일치한다. 20×2년에 (주)지배가 작성하는 연결재무제표를 이용하여 다음 항목의 금액을 계산하시오. 단, 변동액 계산 시 전년 말에 비해 감소하는 경우 금액 앞에 (-)를 표시하고, 변동이 없으면 '변동 없음'으로 표시하시오.

영업권의 전년 말 대비 변동액	①
연결포괄손익계산서상 비지배지분 순이익	②
연결재무상태표에 보고되는 기타자본	③
연결재무상태표에 보고되는 비지배지분	④

물음 3 **물음 2**에서 20×2년 초 (주)지배가 (주)종속의 주식 10주(10%)를 추가 취득하기 위해 지불한 대가가 ₩25,000이라고 가정한다. 이외의 자료는 **물음 2**에 제시된 내용과 동일하다. 20×2년 말 연결재무상태표에 보고되는 기타자본의 금액을 계산하시오.

물음 4 투자자가 피투자자를 지배하기 위하여 충족해야 할 조건 3가지를 제시하시오.

해답

물음1

영업권	① ₩21,000
비지배지분	② ₩90,000
이익잉여금	③ ₩506,000

① 투자주식취득금액: 10주 × ₩2,500^1) + ₩150,000 = 　　　　　　　　　　₩175,000

순자산장부금액: ₩100,000 + ₩50,000 + ₩50,000 + ₩20,000 =　₩220,000

지분율　　　　　　　　　　　　　　　　　　　　　　　　× 70%　₩(154,000)

영업권　　　　　　　　　　　　　　　　　　　　　　　　　　　₩21,000

　　1) ₩150,000 ÷ 60주 = ₩2,500

② 순자산장부금액: ₩220,000 + ₩80,000 = 　　　　　　　　　　　　　₩300,000

비지배지분율　　　　　　　　　　　　　　　　　　　　　　　　　× 30%

비지배지분　　　　　　　　　　　　　　　　　　　　　　　　　₩90,000

③ 이익잉여금: ₩200,000 + ₩250,000 + ₩80,000 × 70% = ₩506,000

물음2

영업권의 전년 말 대비 변동액	① 변동 없음
연결포괄손익계산서상 비지배지분 순이익	② ₩20,000
연결재무상태표에 보고되는 기타자본	③ ₩110,000
연결재무상태표에 보고되는 비지배지분	④ ₩80,000

① 전년 말 대비 영업권 변동액: 변동 없음

② 비지배지분 순이익: ₩100,000 × 20% = ₩20,000

③ 기타자본: ₩100,000 - ₩5,000^1) + ₩15,000^2) = ₩110,000

　　1) 추가취득 시 투자제거차액: ₩35,000 - (₩100,000 + ₩150,000 + ₩50,000) × 10% = ₩5,000
　　2) 기타포괄손익공정가치측정금융자산평가이익: ₩25,000 - ₩10,000 = ₩15,000

④ 비지배지분: (₩100,000 + ₩150,000 + ₩50,000 + ₩100,000) × 20% = ₩80,000

참고　지배력을 획득한 후에 추가로 종속기업주식을 취득한 경우 발생하는 투자제거차액은 영업권 또는 염가매수차익으로 처리하지 않고 연결자본잉여금으로 조정한다. 그 이유는 연결실체를 하나의 경제적 실체로 간주하는 연결재무제표에서는 지배력획득 이후의 종속기업주식의 거래를 연결재무제표상 주주 간의 자본거래로 보기 때문이다.

물음3

기타자본: ₩100,000 + ₩5,000^1) + ₩15,000^2) = ₩120,000

1) 추가 취득 시 투자제거차액: ₩25,000 - (₩100,000 + ₩150,000 + ₩50,000) × 10% = ₩(5,000)
2) 기타포괄손익공정가치측정금융자산평가이익: ₩25,000 - ₩10,000 = ₩15,000

추가 취득에 대한 조정	(차) 비지배지분	30,000	(대) 투자주식	25,000
			기타자본	5,000^1)

1) ₩25,000 - (₩100,000 + ₩150,000 + ₩50,000) × 10% = ₩(5,000)

물음4

투자자는 피투자자에 대한 관여로 변동이익에 노출되거나 변동이익에 대한 권리가 있고, 피투자자에 대한 자신의 힘으로 그러한 이익에 영향을 미치는 능력이 있을 때 피투자자를 지배한다. 따라서 지배력 원칙은 다음의 세 가지 지배력의 요소로 이루어진다.

(1) 피투자자에 대한 힘

(2) 피투자자에 대한 관여로 인한 변동이익에 대한 노출 또는 권리

(3) 투자자의 이익금액에 영향을 미치기 위하여 피투자자에 대하여 자신의 힘을 사용하는 능력

해설 1. 20×1년 말 연결조정분개
[기존 보유주식 공정가치평가]

① 기존 보유주식 공정가치평가	(차) 투자주식	15,000	(대) 기타포괄손익공정가치측정금융자산평가이익(OCI)	15,000[1]

[1] ₩25,000 - ₩10,000 = ₩15,000

[투자주식과 자본계정의 상계제거]

② 취득시점의 투자·자본 상계	(차) 자본금	100,000	(대) 투자주식	175,000
	이익잉여금	70,000[1]	비지배지분	66,000[3]
	기타자본	50,000		
	영업권	21,000[2]		

[1] ₩50,000 + ₩20,000 = ₩70,000(20×1년 4월 1일 이익잉여금)
[2] 영업권: ₩175,000 - (₩100,000 + ₩70,000 + ₩50,000) × 70% = ₩21,000
[3] 비지배지분: (₩100,000 + ₩70,000 + ₩50,000) × 30% = ₩66,000

[비지배지분순이익 계상]

③ 비지배지분순이익 계상	(차) 이익잉여금	24,000	(대) 비지배지분	24,000[1]

[1] ₩80,000 × 30% = ₩24,000

2. 20×2년 말 연결조정분개
[기존 보유주식 공정가치평가]

① 기존 보유주식 공정가치평가	(차) 투자주식	15,000	(대) 기타포괄손익공정가치측정금융자산평가이익(OCI)	15,000[1]

[1] ₩25,000 - ₩10,000 = ₩15,000

[투자주식과 자본계정의 상계제거]

② 취득시점의 투자·자본 상계	(차) 자본금	100,000	(대) 투자주식	175,000
	이익잉여금	70,000[1]	비지배지분	66,000[3]
	기타자본	50,000		
	영업권	21,000[2]		

[1] ₩50,000 + ₩20,000 = ₩70,000(20×1년 4월 1일 이익잉여금)
[2] 영업권: ₩175,000 - (₩100,000 + ₩70,000 + ₩50,000) × 70% = ₩21,000
[3] 비지배지분: (₩100,000 + ₩70,000 + ₩50,000) × 30% = ₩66,000

③ 취득시점 이후 자본변동	(차) 이익잉여금	80,000[1]	(대) 이익잉여금	56,000
			비지배지분	24,000

[1] 20×1년 4월 1일 이후 이익잉여금의 증가분(당기순이익)

④ 추가취득에 대한 조정	(차) 비지배지분	30,000	(대) 투자주식	35,000
	기타자본	5,000[1]		

[1] ₩35,000 - (₩100,000 + ₩150,000 + ₩50,000) × 10% = ₩5,000

[비지배지분순이익 계상]

⑤ 비지배지분순이익 계상	(차) 이익잉여금	20,000	(대) 비지배지분	20,000[1]

[1] ₩100,000 × 20% = ₩20,000

03 20×1년 1월 1일 (주)대한은 (주)민국 발행주식의 60%(60주)를 ₩300,000에 취득하여 지배력을 획득하였다. 동 일자 현재 (주)대한과 (주)민국의 자본계정은 다음과 같으며, 자산과 부채의 장부금액과 공정가치는 일치하였다. [2016 공인회계사 2차]

	(주)대한	(주)민국
자본금	₩400,000	₩100,000
자본잉여금	₩300,000	₩250,000
이익잉여금	₩250,000	₩50,000
자본총계	₩950,000	₩400,000

(주)대한은 (주)민국의 투자주식을 원가법으로 회계처리하고 있으며, 종속기업에 대한 비지배지분을 종속기업의 식별가능한 순자산공정가치에 비례하여 결정한다.

(주)대한과 (주)민국의 20×1년 당기순이익은 각각 ₩100,000과 ₩30,000이다. 20×1년 당기순이익에 따른 이익잉여금 증가 이외의 자본변동은 없다.

20×1년 중 (주)대한은 (주)민국에 상품을 ₩100,000에 판매하였는데, 동 상품 중 40%가 (주)민국의 기말재고로 남아있다. 또한, (주)민국은 (주)대한에 상품을 ₩50,000에 판매하였는데, 동 상품은 모두 20×1년 중에 외부에 판매되었다. (주)대한과 (주)민국의 매출총이익률은 모두 20%이며, 판매된 상품은 매출 다음 연도까지는 모두 외부에 판매된다.

물음1 20×1년 말 (주)대한의 연결재무상태표에 보고되는 ① 영업권, ② 비지배지분, ③ 이익잉여금을 계산하시오.

물음2 20×2년 1월 1일 (주)민국은 비지배주주로부터 자기주식 20주를 ₩80,000에 취득하였다. 20×1년 12월 31일 현재, (주)민국의 자본계정은 자본금 ₩100,000, 자본잉여금 ₩250,000, 이익잉여금 ₩80,000으로 구성되어 있다. 20×2년 1월 1일 자기주식 취득 후 작성되는 연결재무상태표에 보고되는 비지배지분 장부금액을 계산하시오.

물음 3 다음과 같은 연결실체 간의 현금거래가 연결현금흐름표에 표시되는지, 표시된다면 영업활동, 투자활동, 재무활동 중 어떤 현금흐름으로 표시되는지를 주어진 답안 양식에 따라 답하시오.

1. 거래 1: 종속기업이 지급한 현금 배당금 중 지배기업이 수취한 배당금
2. 거래 2: 종속기업에 대한 지배력 상실을 초래한 지배기업의 종속기업주식 처분
3. 거래 3: 지배력 획득 이후, 지배기업이 종속기업의 주식을 추가로 취득한 경우
4. 거래 4: 종속기업이 유상증자를 통해 발행하는 신주를 지배기업이 취득한 경우

	표시 여부	현금흐름 유형
(거래 예)	표시되지 않음	-
	표시됨	영업활동
거래 1		
거래 2		
거래 3		
거래 4		

해답 물음1

1. 영업권, 비지배지분, 이익잉여금
   ① 영업권: ₩300,000 - ₩400,000 × 60% = ₩60,000
   ② 비지배지분: (₩400,000 + ₩30,000) × 40% = ₩172,000
   ③ 이익잉여금: ₩250,000 + ₩50,000 + ₩100,000 + ₩30,000 - ₩50,000 - ₩8,000 - ₩12,000 = ₩360,000

2. 20×1. 12. 31. 연결조정분개
   [투자주식과 자본계정의 상계제거]

① 취득시점의 투자·자본 상계	(차) 자본금	100,000	(대) 투자주식	300,000
	자본잉여금	250,000	비지배지분	160,000
	이익잉여금	50,000		
	영업권	60,000		

[내부거래제거]

② 당기 미실현손익 제거(하향)	(차) 매출	100,000	(대) 매출원가	100,000
	매출원가	8,000[1]	재고자산	8,000

[1] ₩100,000 × 40% × 20% = ₩8,000(하향거래)

③ 당기 미실현손익 제거(상향)	(차) 매출	50,000	(대) 매출원가	50,000

[비지배지분순이익 계상]

④ 비지배지분순이익 계상	(차) 이익잉여금	12,000	(대) 비지배지분	12,000[1]

[1] ₩30,000 × 40% = ₩12,000

물음2

1. 자기주식 취득 후 지분율: 60주/(100주 - 20주) = 75%
2. 자기주식 취득 후 비지배지분: (₩100,000 + ₩250,000 + ₩80,000 - ₩80,000) × 25% = ₩87,500
3. 20×2. 1. 1. 연결조정분개
   [투자주식과 자본계정의 상계제거]

① 취득시점의 투자·자본 상계	(차) 자본금	100,000	(대) 투자주식	300,000
	자본잉여금	250,000	비지배지분	160,000
	이익잉여금	50,000		
	영업권	60,000		
② 취득시점 이후 자본변동	(차) 이익잉여금	30,000	(대) 이익잉여금	18,000
			비지배지분	12,000
③ 종속기업 자기주식취득 조정	(차) 비지배지분	84,500[1]	(대) 자기주식	80,000
			자본잉여금	4,500

[1] ₩430,000 × 40% - ₩350,000 × 25% = ₩84,500

[내부거래제거]

④ 전기 미실현손익의 제거(하향)	(차) 이익잉여금	8,000[1]	(대) 재고자산	8,000

[1] ₩100,000 × 40% × 20% = ₩8,000(하향거래)

물음 3

	표시 여부	현금흐름 유형
거래 1	표시되지 않음	-
거래 2	표시됨	투자활동
거래 3	표시됨	재무활동
거래 4	표시되지 않음	-

1. **거래 1**: 종속기업이 지급한 현금 배당금 중 지배기업이 수취한 배당금은 연결실체 내의 거래이므로 연결현금흐름표에 표시되지 않는다.
2. **거래 2**: 종속기업에 대한 지배력 상실을 초래한 지배기업의 종속기업주식을 처분한 경우는 투자활동에 해당한다.
3. **거래 3**: 지배력 획득 이후, 지배기업이 종속기업의 주식을 추가로 취득한 경우는 자본거래이므로 재무활동에 보고된다.
4. **거래 4**: 종속기업이 유상증자를 통해 발행하는 신주를 지배기업이 취득한 경우는 연결실체 내의 거래이므로 연결현금흐름표에 표시되지 않는다.

04 ※ 다음의 각 물음은 독립적이다. [2023 공인회계사 2차]

물음1 <자료 1>을 이용하여 각 <요구사항>에 답하시오.

〈자료 1〉

1. (주)대한은 20×1년 1월 1일에 (주)민국의 의결권 있는 보통주식 60%를 ₩120,000
   에 취득하여 실질지배력을 획득하였다. 지배력 취득일 현재 (주)대한과 (주)민국의 자
   본은 다음과 같다.

   (단위: ₩)

항목	(주)대한	(주)민국
자본금	150,000	80,000
자본잉여금	100,000	60,000
이익잉여금	80,000	50,000
자본총계	330,000	190,000

2. 다음은 (주)대한과 (주)민국의 20×1년과 20×2년의 별도(개별)포괄손익계산서
   이다.

   (단위: ₩)

계정과목	20×1년도 (주)대한	20×1년도 (주)민국	20×2년도 (주)대한	20×2년도 (주)민국
매출	150,000	100,000	200,000	120,000
기타수익	18,000	8,000	35,000	20,000
매출원가	(90,000)	(60,000)	(160,000)	(84,000)
감가상각비	(20,000)	(10,000)	(20,000)	(10,000)
기타비용	(30,000)	(18,000)	(16,000)	(12,000)
당기순이익	28,000	20,000	39,000	34,000

3. 지배력 취득일 현재 (주)민국의 순자산 장부금액과 공정가치가 일치하지 않는 자산
   은 다음과 같다.

   (단위: ₩)

계정과목	장부금액	공정가치	비고
재고자산	50,000	56,000	20×1년에 80%를 판매하고 나머지는 20×2년에 판매
토지	34,000	38,000	20×2년 중에 제3자에게 ₩42,000에 처분
건물	60,000	55,000	잔존내용연수는 5년, 잔존가치는 없으며, 정액법으로 감가상각
기계장치	60,000	70,000	

4. 다음은 (주)대한과 (주)민국 간의 20×1년과 20×2년의 내부거래 내용이다.

- 20×1년과 20×2년 (주)대한과 (주)민국 간의 재고자산 내부거래는 다음과 같으며, 기말재고자산은 다음 연도에 모두 연결실체 외부로 판매된다.

(단위: ₩)

연도	판매회사	매입회사	매출액	기말보유비율
20×1	(주)대한	(주)민국	30,000	50%
	(주)민국	(주)대한	15,000	40%
20×2	(주)대한	(주)민국	50,000	40%
	(주)민국	(주)대한	12,000	50%

- 20×1년 1월 1일 (주)대한은 지배력 취득 직후 보유하던 기계장치(취득원가 ₩20,000, 감가상각누계액 ₩8,000, 잔존내용연수 3년, 잔존가치 없이 정액법 상각)를 (주)민국에게 ₩18,000에 매각하였으며, (주)민국은 기계장치를 계속 사용하다가 20×3년 4월 1일 연결실체 외부에 ₩15,000에 매각하였다.

- 20×2년 3월 20일 (주)민국은 주주총회에서 20×1년 성과에 대해 주식배당 ₩5,000과 현금배당 ₩5,000을 결의하였으며, 주주총회 당일 주주들에게 지급하였다.

5. (주)대한은 종속기업투자주식을 원가법으로 평가하고 있으며, 연결재무제표 작성 시 비지배지분은 종속기업의 순자산 공정가치에 비례하여 배분한다.

6. (주)대한과 (주)민국은 유형자산(토지, 건물, 기계장치)에 대해 원가모형을 적용하고 있다.

<요구사항 1> (주)대한의 20×1년도 연결재무제표에 표시될 다음의 항목을 계산하시오.

비지배지분	①
지배기업소유주 귀속 당기순이익	②

<요구사항 2> (주)대한의 20×2년도 연결재무제표에 표시될 다음의 항목을 계산하시오.

비지배지분	①
지배기업소유주 귀속 당기순이익	②

<요구사항 3> 20×3년도 (주)대한과 (주)민국의 당기순이익이 각각 ₩36,000과 ₩25,000일 경우 지배기업소유주 귀속 당기순이익을 계산하시오.

지배기업소유주 귀속 당기순이익	①

다음 <자료 2>를 이용하여 각 <요구사항>에 답하시오. 단, <요구사항>은 독립적이다.

〈자료 2〉

1. (주)한국은 20×1년 1월 1일에 (주)만세의 주식을 취득하여 지배기업이 되었다. 지배력 취득일 현재 (주)만세의 순자산 장부금액과 공정가치는 동일하였으며, (주)만세의 자본은 다음과 같다.

(단위: ₩)

구분	항목	장부금액
20×1년 초	자본금(600주, 액면금액 ₩200)	120,000
	자본잉여금	20,000
	이익잉여금	60,000
	자본총계	200,000
20×1년	당기순이익	20,000
20×1년 말	자본총계	220,000

2. (주)한국의 20×2년 초 자본금은 ₩200,000이고 자본잉여금은 ₩100,000이며 이익잉여금은 ₩150,000이다.

3. (주)만세에 대한 (주)한국의 지분이 변동하는 경우, 지분변동으로부터 발생한 차액은 자본잉여금으로 조정한다.

<요구사항 1> (주)한국은 20×1년 1월 1일에 (주)만세의 주식 480주(80%)를 ₩180,000에 취득하여 지배기업이 되었다. (주)만세가 20×2년 1월 1일 200주를 주당 ₩400에 유상증자 시 (주)한국이 (주)만세의 신주를 전혀 인수하지 않았을 경우, 20×2년 말 유상증자에 대한 연결조정분개 시 다음의 항목을 계산하시오. 단, 비지배지분과 연결자본잉여금이 감소하는 경우 금액 앞에 (-)를 표시하시오.

비지배지분 증감액	①
연결자본잉여금 증감액	②

<요구사항 2> (주)한국은 20×1년 1월 1일에 (주)만세의 주식 360주(60%)를 ₩140,000에 취득하여 지배기업이 되었다. (주)만세가 20×2년 1월 1일 자기주식 150주를 취득하여 20×2년 말 현재 계속 보유하고 있다. (주)만세가 자기주식을 주당 ₩300에 비지배주주로부터 취득하였을 경우, 20×2년 말 자기주식 취득에 대한 연결조정분개 시 다음의 항목을 계산하시오. 단, 비지배지분과 연결자본잉여금이 감소하는 경우 금액 앞에 (-)를 표시하시오.

비지배지분 증감액	①
연결자본잉여금 증감액	②

<요구사항 1>

1. 정답

비지배지분	① ₩86,720
지배기업소유주 귀속 당기순이익	② ₩28,080

(1) 20×1년 말 비지배지분

① 20×1년 말 (주)민국 순자산장부금액: ₩190,000 + ₩20,000 =   ₩210,000

   20×1년 말 투자차액 미상각잔액

   재고자산: ₩6,000 × 20% =   ₩1,200

   토지   4,000

   건물: ₩(5,000) × 4년/5년 =   (4,000)

   기계장치: ₩10,000 × 4년/5년 =   8,000

   20×1년 말 내부거래 상향 미실현손익 잔액

   재고자산: ₩15,000 × 40% × ₩40,000/₩100,000 =   (2,400)

② 20×1년 말 (주)민국 순자산공정가치   ₩216,800

③ 비지배지분율   × 40%

④ 20×1년 말 비지배지분   ₩86,720

(2) 20×1년 지배기업소유주 귀속 당기순이익

① 염가매수차익: (₩190,000 + ₩6,000 + ₩4,000 - ₩5,000 + ₩10,000) × 60% - ₩120,000 = ₩3,000

② 20×1년 연결당기순이익

	(주)대한	(주)민국	합계
보고된 당기순이익	₩28,000	₩20,000	₩48,000
투자차액의 상각			
재고자산	-	(4,800)	(4,800)
건물	-	1,000	1,000
기계장치	-	(2,000)	(2,000)
염가매수차익	3,000	-	3,000
내부거래제거			
재고자산 미실현손익	(6,000)[1]	(2,400)[2]	(8,400)
기계장치 미실현손익	(6,000)		(6,000)
기계장치 실현손익	2,000		2,000
연결조정 후 당기순이익	₩21,000	₩11,800	₩32,800

∴ 연결당기순이익: ₩21,000 + ₩11,800 = ₩32,800

　 지배기업소유주 귀속 당기순이익: ₩21,000 + ₩11,800 × 60% = ₩28,080

　 비지배지분순이익: ₩11,800 × 40% = ₩4,720

[1] ₩30,000 × 50% × ₩60,000/₩150,000 = ₩6,000

[2] ₩15,000 × 40% × ₩40,000/₩100,000 = ₩2,400

<요구사항 2>

1. 정답

비지배지분	① ₩96,080
지배기업소유주 귀속 당기순이익	② ₩57,040

(1) 20×2년 말 비지배지분

① 20×2년 말 (주)민국 순자산장부금액: ₩210,000 + ₩34,000 − ₩5,000 =	₩239,000
20×2년 말 투자차액 미상각잔액	
건물: ₩(5,000) × 3년/5년 =	(3,000)
기계장치: ₩10,000 × 3년/5년 =	6,000
20×2년 말 내부거래 상향 미실현손익 잔액	
재고자산: ₩12,000 × 50% × ₩36,000/₩120,000 =	(1,800)
② 20×2년 말 (주)민국 순자산공정가치	₩240,200
③ 비지배지분율	× 40%
④ 20×2년 말 비지배지분	₩96,080

(2) 20×2년 지배기업소유주 귀속 당기순이익

① 20×2년 연결당기순이익

	(주)대한	(주)민국	합계
보고된 당기순이익	₩39,000	₩34,000	₩73,000
투자차액의 상각			
재고자산	–	(1,200)	(1,200)
토지	–	(4,000)	(4,000)
건물	–	1,000	1,000
기계장치	–	(2,000)	(2,000)
내부거래제거			
재고자산 실현손익	6,000[1]	2,400[2]	8,400
재고자산 미실현손익	(4,000)[3]	(1,800)[4]	(5,800)
기계장치 실현손익	2,000		2,000
배당금수익	(3,000)		(3,000)
연결조정 후 당기순이익	₩40,000	₩28,400	₩68,400

∴ 연결당기순이익:	₩40,000	+	₩28,400 =	₩68,400
지배기업소유주 귀속 당기순이익:	₩40,000	+	₩28,400 × 60% =	₩57,040
비지배지분순이익:			₩28,400 × 40% =	₩11,360

[1] ₩30,000 × 50% × ₩60,000/₩150,000 = ₩6,000
[2] ₩15,000 × 40% × ₩40,000/₩100,000 = ₩2,400
[3] ₩50,000 × 40% × ₩40,000/₩200,000 = ₩4,000
[4] ₩12,000 × 50% × ₩36,000/₩120,000 = ₩1,800

<요구사항 3>

1. 정답

지배기업소유주 귀속 당기순이익	① ₩57,480

(1) 20×3년 지배기업소유주 귀속 당기순이익

① 20×3년 연결당기순이익

	(주)대한	(주)민국	합계
보고된 당기순이익	₩36,000	₩25,000	₩61,000
투자차액의 상각			
건물	–	1,000	1,000
기계장치	–	(2,000)	(2,000)
내부거래제거			
재고자산 실현손익	4,000[1]	1,800[2]	5,800
기계장치 실현손익	2,000		2,000
연결조정 후 당기순이익	₩42,000	₩25,800	₩67,800
∴ 연결당기순이익:	₩42,000 +	₩25,800 =	₩67,800
지배기업소유주 귀속 당기순이익:	₩42,000 +	₩25,800 × 60% =	₩57,480
비지배지분순이익:		₩25,800 × 40% =	₩10,320

[1] ₩50,000 × 40% × ₩40,000/₩200,000 = ₩4,000
[2] ₩12,000 × 50% × ₩36,000/₩120,000 = ₩1,800

물음 2 **<요구사항 1>**

1. 정답

비지배지분 증감액	① ₩76,000
연결자본잉여금 증감액	② ₩4,000

① 비지배지분 증감액: ₩300,000 × 40% - ₩220,000 × 20% = ₩76,000

② 연결자본잉여금 증감액: ₩4,000

2. 유상증자 후 지분율의 계산

(480주 + 0주) ÷ (600주 + 200주) = 60%

3. 투자차액의 산정

20×2년 초 발생분

종속기업주식의 취득원가: 0주 × ₩400 = ₩0

(주)만세의 순자산공정가치

유상증자 후 지배기업지분:

(₩220,000 + 200주 × ₩400) × 60% = ₩180,000

유상증자 전 지배기업지분:

₩220,000 × 80% = (176,000)　　(4,000)

투자차액(연결자본잉여금) ₩(4,000)

4. 연결조정분개

종속기업의 유상증자 조정	(차) 자본금(만세)	40,000[1]	(대) 투자주식	0
	자본잉여금(만세)	40,000[2]	비지배지분	76,000[3]
			자본잉여금(투자차액)	4,000

[1] ₩200 × 200주 = ₩40,000
[2] (₩400 - ₩200) × 200주 = ₩40,000
[3] ₩300,000 × 40% - ₩220,000 × 20% = ₩76,000

<요구사항 2>

1. 정답

비지배지분 증감액	① (-)₩53,000
연결자본잉여금 증감액	② ₩8,000

(1) 비지배지분 증감액: ② - ③ = (-)₩53,000
   ① 자기주식 취득 후 지분율: 360주/(600주 - 150주) = 80%
   ② 자기주식 취득 후 비지배지분: (₩220,000 - 150주 × ₩300) × 20% = ₩35,000
   ③ 자기주식 취득 전 비지배지분: ₩220,000 × 40% = ₩88,000
(2) 연결자본잉여금 증감액: ₩8,000

2. 회계처리

종속기업 자기주식취득 조정	(차) 비지배지분	53,000[1]	(대) 자기주식	45,000
			자본잉여금	8,000

[1] (₩220,000 - 150주 × ₩300) × 20% - ₩220,000 × 40% = ₩(53,000)

해커스 회계사 IFRS 김원종 고급회계

회계사 · 세무사 · 경영지도사 단번에 합격!
해커스 경영아카데미 cpa.Hackers.com

Chapter 06

연결회계: 기타사항

Ⅰ | 복잡한 소유구조

01 의의

앞에서는 지배기업이 하나의 종속기업을 직접적으로 소유하는 경우의 연결회계에 대해서 살펴보았다. 그러나 실무에서는 지배기업이 다수의 종속기업을 소유하기도 하고, 지배기업이 종속기업을 통하여 간접적으로 다른 종속기업을 소유하거나 지배기업과 종속기업이 합동으로 다른 종속기업을 소유할 수 있다. 또한 지배기업과 종속기업 간의 상대방의 주식을 상호 간에 소유하는 경우도 있다. 즉, 실무상으로 기업 간 지배·종속관계의 형태는 다양하며 복잡한 형태로 존재한다. 따라서 본 장에서는 이러한 복잡한 소유구조하에서 연결회계의 절차에 대해서 살펴보기로 한다.

02 지배·종속관계의 유형

(1) 직접소유

직접소유란 지배기업이 하나의 종속기업을 직접적으로 소유하거나, 지배기업이 다수의 종속기업을 직접적으로 소유하는 형태의 지배·종속관계를 말한다. 직접소유의 지배·종속관계의 유형은 다음과 같다.

[그림 6-1] 직접소유

(2) 간접소유와 합동소유

간접소유는 최상위 지배기업이 중간지배기업을 통하여 다른 종속기업을 간접적으로 소유하는 것을 말한다. 한편 합동소유는 지배기업과 종속기업이 합하여 또 다른 종속기업을 소유하는 것을 말한다. 간접소유와 합동소유의 지배·종속관계의 유형은 다음과 같다.

[그림 6-2] 간접소유와 합동소유

(3) 상호소유

상호소유란 지배기업과 종속기업이 상호 간에 상대방의 주식을 소유하는 경우의 소유구조를 말한다. 상호소유는 종속기업이 지배기업의 주식을 소유하는 지배기업과 종속기업의 상호소유와 종속기업 상호 간에 상대방의 주식을 소유하는 종속기업 간의 상호소유로 구분된다. 상호소유의 지배·종속관계의 유형은 다음과 같다.

[그림 6-3] 상호소유

지배기업이 하나의 종속기업을 직접적으로 소유하는 경우의 연결회계는 앞에서 설명하였으며, 지배기업이 다수의 종속기업을 소유하는 경우에는 각각의 종속기업에 대하여 연결절차를 수행하여 연결재무제표를 작성하면 되므로 지금까지 설명한 연결절차와 차이가 없다. 따라서 본 장에서는 간접소유, 합동소유 및 상호소유에 대해서 자세하게 설명하기로 한다.

Ⅱ | 간접소유(부-자-손 구조)

01 의의

간접소유(부-자-손 구조)는 최상위 지배기업(부)이 중간지배기업(자)을 취득한 후 중간지배기업이 종속기업(손)을 취득하여 지배·종속관계가 순차적으로 이루어진 경우이다. A회사가 B회사의 의결권이 있는 주식 80%를 소유하고 B회사는 C회사의 의결권이 있는 주식 60%를 소유하고 있는 것이 대표적인 사례이다. 이러한 경우 연결당기순이익을 지배기업소유주 귀속분과 비지배지분순이익으로 배분하는 것이 중요한 문제이다. 이러한 경우 A회사는 C회사의 지분 48%(80%×60%)를 소유하게 되므로 연결당기순이익 중 지배기업소유주 귀속분은 A회사의 연결조정 후 당기순이익에 B회사의 연결조정 후 당기순이익의 80%와 C회사의 연결조정 후 당기순이익의 48%를 합한 금액이다. 한편, 비지배지분순이익은 연결당기순이익에서 지배기업소유주 귀속분을 차감한 금액이다.

02 연결조정분개

간접소유(부-자-손 구조)는 최상위 지배기업(부)이 중간지배기업(자)을 취득한 후 중간지배기업이 종속기업(손)을 취득하여 지배·종속관계가 순차적으로 이루어진 경우이므로, 종속기업(손)부터 상위기업으로 단계적으로 연결절차를 수행하면 된다.

예제 1   간접소유(부-자-손 구조)

다음은 20×1년 12월 31일 현재 A회사와 그 종속기업인 B회사 및 C회사와 관련된 자료이다. 아래의 자료를 이용하여 다음 물음에 답하시오.

(1) 20×1년 1월 1일 A회사는 B회사의 의결권이 있는 보통주 80%를 ₩1,000,000에 취득하였으며, 동 일자에 B회사는 C회사의 보통주 60%를 ₩500,000에 취득하였다. 20×1년 1월 1일 A회사, B회사 및 C회사의 주주지분은 다음과 같다. 단, 지배력획득일의 B회사와 C회사의 순자산공정가치와 장부금액은 일치하였다.

구분	A회사	B회사	C회사
자본금	₩1,000,000	₩700,000	₩400,000
이익잉여금	₩200,000	₩300,000	₩300,000
합계	₩1,200,000	₩1,000,000	₩700,000

(2) 20×1년 중 연결실체 간 재고자산의 내부거래는 다음과 같다. 단, 모든회사의 재고자산의 판매에 따른 매출총이익률은 20%이다.

판매회사	매입회사	내부거래	매입회사 기말재고에 남아있는 상품
A회사	B회사	₩200,000	₩20,000
B회사	C회사	₩150,000	₩15,000
C회사	B회사	₩100,000	₩10,000

(3) 20×1년 12월 31일 현재 A회사와 그 종속기업인 B회사 및 C회사의 재무상태표와 포괄손익계산서는 다음과 같다.

재무상태표

20×1년 12월 31일 현재 (단위: ₩)

	A회사	B회사	C회사		A회사	B회사	C회사
현금및현금성자산	100,000	100,000	200,000	매입채무	380,000	200,000	240,000
재고자산	1,300,000	900,000	900,000	차입금	820,000	700,000	260,000
투자주식(B회사)	1,000,000	–	–	자본금	1,000,000	700,000	400,000
투자주식(C회사)	–	500,000	–	이익잉여금	400,000	400,000	400,000
토지	200,000	500,000	200,000				
	2,600,000	2,000,000	1,300,000		2,600,000	2,000,000	1,300,000

포괄손익계산서

20×1년 1월 1일부터 20×1년 12월 31일까지 (단위: ₩)

	A회사	B회사	C회사
매출액	1,800,000	2,000,000	1,000,000
매출원가	(1,400,000)	(1,600,000)	(800,000)
매출총이익	400,000	400,000	200,000
기타비용	(200,000)	(300,000)	(100,000)
당기순이익	200,000	100,000	100,000

물음 1 20×1년 말 연결재무상태표에 계상될 영업권을 계산하시오. 단, 20×1년 말까지 영업권은 손상되지 않았으며, 비지배지분에 대한 영업권은 인식하지 않는다.

물음 2 20×1년 연결포괄손익계산서에 계상될 연결당기순이익을 산출하고 이를 지배기업소유주 귀속분과 비지배지분순이익으로 구분하여 나타내시오.

물음 3 20×1년 말 연결재무상태표에 계상될 비지배지분을 계산하시오.

물음 4 20×1년 말 연결재무제표를 작성하기 위한 연결조정분개를 나타내시오.

물음 5 20×1년 말 연결재무상태표와 20×1년 연결포괄손익계산서를 작성하시오.

해답 **물음 1**

20×1년 말 연결재무상태표에 계상될 영업권: (1) + (2) = ₩200,000 + ₩80,000 = ₩280,000

(1) A회사의 영업권

B회사 지분의 취득원가	₩1,000,000
취득일의 B회사 순자산공정가치에 대한 지배기업지분: ₩1,000,000 × 80% =	₩(800,000)
영업권	₩200,000

(2) B회사의 영업권

C회사 지분의 취득원가	₩500,000
취득일의 C회사 순자산공정가치에 대한 지배기업지분: ₩700,000 × 60% =	₩(420,000)
영업권	₩80,000

물음 2

각 회사의 내부거래로 인한 미실현손익을 제거한 연결조정 후 당기순이익 및 연결당기순이익은 다음과 같다.

	A회사		B회사		C회사		합계
보고된 당기순이익	₩200,000		₩100,000		₩100,000		₩400,000
내부거래제거							
재고자산	₩(4,000)		₩(3,000)		₩(2,000)		₩(9,000)
연결조정 후 당기순이익	₩196,000		₩97,000		₩98,000		₩391,000
∴ 연결당기순이익:	₩196,000	+	₩97,000	+	₩98,000	=	₩391,000
지배기업소유주 귀속:	₩196,000	+	₩77,600[1]	+	₩47,040[3]	=	₩320,640
비지배지분순이익(B):			₩19,400[2]	+	₩11,760[4]	=	₩31,160
비지배지분순이익(C):					₩39,200[5]	=	₩39,200

[1] ₩97,000 × 80% = ₩77,600
[2] ₩97,000 × 20% = ₩19,400
[3] ₩98,000 × 80% × 60% = ₩47,040
[4] ₩98,000 × 20% × 60% = ₩11,760
[5] ₩98,000 × 40% = ₩39,200

별해

1. **지배기업소유주 귀속 당기순이익**

   복잡한 지배·종속관계에서는 가장 하위 종속기업부터 점차 상위 종속기업 순으로 자본계정과 순이익을 제거해야 한다. 이 경우 당기순이익과 순자산을 지배기업과 종속기업에 배분하기 위해서는 연립방정식을 다음과 같이 사용한다.

   A = ₩196,000 + B × 80%
   B = ₩97,000 + C × 60%
   C = ₩98,000
   앞의 식을 풀면
   A = ₩320,640
   B = ₩155,800
   C = ₩98,000
   ∴ 연결당기순이익 중 지배기업소유주 귀속분: ₩320,640

2. 비지배지분순이익

B회사 비지배지분순이익: ₩155,800 × 20% =	₩31,160
C회사 비지배지분순이익: ₩98,000 × 40% =	₩39,200
계	₩70,360

물음 3

20×1년 말 연결재무상태표에 계상될 비지배지분: (1) + (2) = ₩319,200 + ₩231,160 = ₩550,360

(1) C회사 비지배지분

C회사 20×1년 말 순자산공정가치: ₩700,000 + ₩98,000 =	₩798,000
비지배지분율	× 40%
계	₩319,200

(2) B회사 비지배지분

B회사 20×1년 말 순자산공정가치: ₩1,000,000 + ₩155,800 =	₩1,155,800
비지배지분율	× 20%
계	₩231,160

물음 4

[투자주식과 자본계정의 상계제거]

① 취득시점의 투자·자본 상계(C회사)	(차) 자본금(C) 이익잉여금(C) 영업권	400,000 300,000[1] 80,000[2]	(대) 투자주식(C) 비지배지분	500,000 280,000[3]

[1] 20×1년 초 이익잉여금
[2] 영업권: ₩500,000 – (₩400,000 + ₩300,000) × 60% = ₩80,000
[3] 비지배지분: (₩400,000 + ₩300,000) × 40% = ₩280,000

② 취득시점의 투자·자본 상계(B회사)	(차) 자본금(B) 이익잉여금(B) 영업권	700,000 300,000[1] 200,000[2]	(대) 투자주식(B) 비지배지분	1,000,000 200,000[3]

[1] 20×1년 초 이익잉여금
[2] 영업권: ₩1,000,000 – (₩700,000 + ₩300,000) × 80% = ₩200,000
[3] 비지배지분: (₩700,000 + ₩300,000) × 20% = ₩200,000

[내부거래제거]

③ 매출 및 매출원가 상계	(차) 매출	450,000[1]	(대) 매출원가	450,000

[1] ₩200,000 + ₩150,000 + ₩100,000 = ₩450,000

④ 당기 미실현손익 제거 (A회사 → B회사)	(차) 매출원가	4,000[1]	(대) 재고자산	4,000

[1] ₩20,000 × 20% = ₩4,000

⑤ 당기 미실현손익 제거 (B회사 → C회사)	(차) 매출원가	3,000[1]	(대) 재고자산	3,000

[1] ₩15,000 × 20% = ₩3,000

⑥ 당기 미실현손익 제거 (C회사 → B회사)	(차) 매출원가	2,000[1]	(대) 재고자산	2,000

[1] ₩10,000 × 20% = ₩2,000

[비지배지분순이익 계상]

⑦ 비지배지분순이익 계상	(차) 이익잉여금	70,360	(대) 비지배지분	70,360

물음 5

1. 연결정산표

연결정산표

구분	A회사	B회사	C회사	연결조정분개 차변	연결조정분개 대변	연결 재무제표
<차변: 자산, 비용>						
현금및현금성자산	100,000	100,000	200,000			400,000
재고자산	1,300,000	900,000	900,000		④ 4,000 ⑤ 3,000 ⑥ 2,000	3,091,000
투자주식	1,000,000	500,000	-		① 500,000 ② 1,000,000	-
토지	200,000	500,000	200,000			900,000
영업권	-	-	-	① 80,000 ② 200,000		280,000
매출원가	1,400,000	1,600,000	800,000	④ 4,000 ⑤ 3,000 ⑥ 2,000	③ 450,000	3,359,000
기타비용	200,000	300,000	100,000			600,000
차변합계	4,200,000	3,900,000	2,200,000			8,630,000
<대변: 부채, 자본, 수익>						
매입채무	380,000	200,000	240,000			820,000
차입금	820,000	700,000	260,000			1,780,000
자본금	1,000,000	700,000	400,000	① 400,000 ② 700,000		1,000,000
이익잉여금	200,000[1]	300,000[1]	300,000[1]	① 300,000 ② 300,000 ⑦ 70,360		129,640
비지배지분	-	-	-		① 280,000 ② 200,000 ⑦ 70,360	550,360
매출액	1,800,000	2,000,000	1,000,000	③ 450,000		4,350,000
대변합계	4,200,000	3,900,000	2,200,000	2,509,360	2,509,360	8,630,000

[1] 재무상태표에 이익잉여금은 기말이익잉여금 잔액으로 표시되어 있기 때문에 수익과 비용을 추가로 반영하면 잔액시산표의 차변과 대변합계가 일치하지 않는 문제가 발생하므로 잔액시산표에 이익잉여금은 당기순이익을 제외한 금액으로 표시해야 한다.

2. 연결재무상태표

연결재무상태표
20×1년 12월 31일 현재

현금및현금성자산	400,000	매입채무	820,000
재고자산	3,091,000	차입금	1,780,000
토지	900,000	자본	
영업권	280,000	지배기업소유주지분	
		자본금	1,000,000
		이익잉여금	520,640[1]
		비지배지분	550,360
	4,671,000		4,671,000

[1] 정산표상 이익잉여금 ₩129,640 + 연결당기순이익 ₩391,000 = ₩520,640

3. 연결포괄손익계산서

연결포괄손익계산서
20×1년 1월 1일부터 20×1년 12월 31일까지

매출액	4,350,000
매출원가	(3,359,000)
매출총이익	991,000
기타비용	(600,000)
당기순이익	391,000
당기순이익의 귀속	
지배기업소유주	320,640
비지배지분	70,360

Ⅲ | 합동소유

01 의의

합동소유는 지배기업과 종속기업이 합하여 또 다른 종속기업을 소유하는 것을 말한다. A회사가 B회사의 의결권이 있는 주식 80%와 C회사의 의결권이 있는 주식 30%를 소유하고, B회사는 C회사의 의결권이 있는 주식 30%를 소유하고 있는 것이 대표적인 사례이다. 이러한 경우 연결당기순이익을 지배기업소유주 귀속분과 비지배지분순이익으로 배분하는 것이 중요한 문제이다. 이러한 경우 A회사는 B회사의 지분 80%와 C회사의 지분 54%(30% + 80% × 30%)를 소유하게 되므로 연결당기순이익 중 지배기업소유주 귀속분은 A회사의 연결조정 후 당기순이익에 B회사의 연결조정 후 당기순이익의 80%와 C회사의 연결조정 후 당기순이익의 54%를 합한 금액이다. 한편, 비지배지분순이익은 연결당기순이익에서 지배기업소유주 귀속분을 차감한 금액이다.

02 연결조정분개

합동소유의 경우 하위의 종속기업부터 상위기업으로 단계적으로 연결절차를 수행하면 된다.

예제 2 합동소유

다음은 20×1년 12월 31일 현재 A회사와 그 종속기업인 B회사 및 C회사와 관련된 자료이다. 아래의 자료를 이용하여 다음 물음에 답하시오.

(1) 20×1년 1월 1일 A회사는 B회사의 의결권이 있는 보통주 80%를 ₩1,000,000에 취득하고, C회사의 의결권이 있는 보통주 30%를 ₩250,000에 취득하였으며, 동 일자에 B회사는 C회사의 주식 30%를 ₩250,000에 취득하였다. 20×1년 1월 1일 A회사, B회사 및 C회사의 주주지분은 다음과 같다. 단, 지배력획득일의 B회사와 C회사의 순자산공정가치와 장부금액은 일치하였다.

구분	A회사	B회사	C회사
자본금	₩1,000,000	₩700,000	₩400,000
이익잉여금	₩200,000	₩300,000	₩300,000
합계	₩1,200,000	₩1,000,000	₩700,000

(2) 20×1년 중 연결실체 간 재고자산의 내부거래는 다음과 같다. 단, 모든회사의 재고자산의 판매에 따른 매출총이익률은 20%이다.

판매회사	매입회사	내부거래	매입회사 기말재고에 남아있는 상품
A회사	B회사	₩200,000	₩20,000
B회사	C회사	₩150,000	₩15,000
C회사	B회사	₩100,000	₩10,000

(3) 20×1년 12월 31일 현재 A회사와 그 종속기업인 B회사 및 C회사의 재무상태표와 포괄손익계산서는 다음과 같다.

재무상태표

20×1년 12월 31일 현재 (단위: ₩)

	A회사	B회사	C회사		A회사	B회사	C회사
현금및현금성자산	100,000	350,000	200,000	매입채무	380,000	200,000	240,000
재고자산	1,050,000	900,000	900,000	차입금	820,000	700,000	260,000
투자주식(B회사)	1,000,000	–	–	자본금	1,000,000	700,000	400,000
투자주식(C회사)	250,000	250,000	–	이익잉여금	400,000	400,000	400,000
토지	200,000	500,000	200,000				
	2,600,000	2,000,000	1,300,000		2,600,000	2,000,000	1,300,000

포괄손익계산서

20×1년 1월 1일부터 20×1년 12월 31일까지 (단위: ₩)

	A회사	B회사	C회사
매출액	1,800,000	2,000,000	1,000,000
매출원가	(1,400,000)	(1,600,000)	(800,000)
매출총이익	400,000	400,000	200,000
기타비용	(200,000)	(300,000)	(100,000)
당기순이익	200,000	100,000	100,000

물음1 20×1년 말 연결재무상태표에 계상될 영업권을 계산하시오. 단, 20×1년 말까지 영업권은 손상되지 않았으며, 비지배지분에 대한 영업권은 인식하지 않는다.

물음2 20×1년 연결포괄손익계산서에 계상될 연결당기순이익을 산출하고 이를 지배기업소유주 귀속분과 비지배지분순이익으로 구분하여 나타내시오.

물음3 20×1년 말 연결재무상태표에 계상될 비지배지분을 계산하시오.

물음4 20×1년 말 연결재무제표를 작성하기 위한 연결조정분개를 나타내시오.

물음5 20×1년 말 연결재무상태표와 20×1년 연결포괄손익계산서를 작성하시오.

해답 **물음1**

20×1년 말 연결재무상태표에 계상될 영업권: (1) + (2) = ₩200,000 + ₩80,000 = ₩280,000

(1) A회사의 영업권(B회사에 대한 영업권)

B회사 지분의 취득원가	₩1,000,000
취득일의 B회사 순자산공정가치에 대한 지배기업지분: ₩1,000,000 × 80% =	₩(800,000)
영업권	₩200,000

(2) A회사와 B회사의 영업권(C회사에 대한 영업권)

C회사 지분의 취득원가: ₩250,000 + ₩250,000 =	₩500,000
취득일의 C회사 순자산공정가치에 대한 지배기업지분: ₩700,000 × 60% =	₩(420,000)
영업권	₩80,000

물음 2

각 회사의 내부거래로 인한 미실현손익을 제거한 연결조정 후 당기순이익 및 연결당기순이익은 다음과 같다.

	A회사		B회사		C회사		합계
보고된 당기순이익	₩200,000		₩100,000		₩100,000		₩400,000
내부거래제거							
재고자산	₩(4,000)		₩(3,000)		₩(2,000)		₩(9,000)
연결조정 후 당기순이익	₩196,000		₩97,000		₩98,000		₩391,000
∴ 연결당기순이익:	₩196,000	+	₩97,000	+	₩98,000	=	₩391,000
지배기업소유주 귀속:	₩196,000	+	₩77,600[1]	+	₩52,920[3]	=	₩326,520
비지배지분이익(B):			₩19,400[2]	+	₩5,880[4]	=	₩25,280
비지배지분순이익(C):					₩39,200[5]	=	₩39,200

[1] ₩97,000 × 80% = ₩77,600
[2] ₩97,000 × 20% = ₩19,400
[3] ₩98,000 × (30% + 80% × 30%) = ₩52,920
[4] ₩98,000 × 20% × 30% = ₩5,880
[5] ₩98,000 × 40% = ₩39,200

별해

1. **지배기업소유주 귀속 당기순이익**

   복잡한 지배·종속관계에서는 가장 하위 종속기업부터 점차 상위 종속기업 순으로 자본계정과 순이익을 제거해야 한다. 이 경우 당기순이익과 순자산을 지배기업과 종속기업에 배분하기 위해서는 연립방정식을 다음과 같이 사용한다.

   A = ₩196,000 + B × 80% + C × 30%
   B = ₩97,000 + C × 30%
   C = ₩98,000
   앞의 식을 풀면
   A = ₩326,520
   B = ₩126,400
   C = ₩98,000
   ∴ 연결당기순이익 중 지배기업소유주 귀속분: ₩326,520

2. **비지배지분순이익**

B회사 비지배지분순이익: ₩126,400 × 20% =	₩25,280
C회사 비지배지분순이익: ₩98,000 × 40% =	₩39,200
계	₩64,480

물음 3

20×1년 말 연결재무상태표에 계상될 비지배지분: (1) + (2) = ₩319,200 + ₩225,280 = ₩544,480

(1) C회사 비지배지분

C회사 20×1년 말 순자산공정가치: ₩700,000 + ₩98,000 =	₩798,000
비지배지분율	× 40%
계	₩319,200

(2) B회사 비지배지분

B회사 20×1년 말 순자산공정가치: ₩1,000,000 + ₩126,400 =	₩1,126,400
비지배지분율	× 20%
계	₩225,280

물음 4

1. 연결조정분개

   [투자주식과 자본계정의 상계제거]

① 취득시점의 투자 · 자본 상계(C회사)	(차) 자본금(C) 이익잉여금(C) 영업권	400,000 300,000[1] 80,000[2]	(대) 투자주식(C-A회사) 투자주식(C-B회사) 비지배지분	250,000 250,000 280,000[3]

[1] 20×1년 초 이익잉여금
[2] 영업권: (₩250,000 + ₩250,000) - (₩400,000 + ₩300,000) × 60% = ₩80,000
[3] 비지배지분: (₩400,000 + ₩300,000) × 40% = ₩280,000

② 취득시점의 투자 · 자본 상계(B회사)	(차) 자본금(B) 이익잉여금(B) 영업권	700,000 300,000[1] 200,000[2]	(대) 투자주식(B-A회사) 비지배지분	1,000,000 200,000[3]

[1] 20×1년 초 이익잉여금
[2] 영업권: ₩1,000,000 - (₩700,000 + ₩300,000) × 80% = ₩200,000
[3] 비지배지분: (₩700,000 + ₩300,000) × 20% = ₩200,000

[내부거래제거]

③ 매출 및 매출원가 상계	(차) 매출	450,000[1]	(대) 매출원가	450,000

[1] ₩200,000 + ₩150,000 + ₩100,000 = ₩450,000

④ 당기 미실현손익 제거 (A회사 → B회사)	(차) 매출원가	4,000[1]	(대) 재고자산	4,000

[1] ₩20,000 × 20% = ₩4,000

⑤ 당기 미실현손익 제거 (B회사 → C회사)	(차) 매출원가	3,000[1]	(대) 재고자산	3,000

[1] ₩15,000 × 20% = ₩3,000

⑥ 당기 미실현손익 제거 (C회사 → B회사)	(차) 매출원가	2,000[1]	(대) 재고자산	2,000

[1] ₩10,000 × 20% = ₩2,000

[비지배지분순이익 계상]

⑦ 비지배지분순이익 계상	(차) 이익잉여금	64,480	(대) 비지배지분	64,480

1. 연결정산표

연결정산표

구분	A회사	B회사	C회사	연결조정분개 차변	연결조정분개 대변	연결 재무제표
<차변: 자산, 비용>						
현금및현금성자산	100,000	350,000	200,000			650,000
재고자산	1,050,000	900,000	900,000		④ 4,000 ⑤ 3,000 ⑥ 2,000	2,841,000
투자주식	1,250,000	250,000	–		① 500,000 ② 1,000,000	–
토지	200,000	500,000	200,000			900,000
영업권	–	–	–	① 80,000 ② 200,000		280,000
매출원가	1,400,000	1,600,000	800,000	④ 4,000 ⑤ 3,000 ⑥ 2,000	③ 450,000	3,359,000
기타비용	200,000	300,000	100,000			600,000
차변합계	4,200,000	3,900,000	2,200,000			8,630,000
<대변: 부채, 자본, 수익>						
매입채무	380,000	200,000	240,000			820,000
차입금	820,000	700,000	260,000			1,780,000
자본금	1,000,000	700,000	400,000	① 400,000 ② 700,000		1,000,000
이익잉여금	200,000[1]	300,000[1]	300,000[1]	① 300,000 ② 300,000 ⑦ 64,480		135,520
비지배지분	–	–	–		① 280,000 ② 200,000 ⑦ 64,480	544,480
매출액	1,800,000	2,000,000	1,000,000	③ 450,000		4,350,000
대변합계	4,200,000	3,900,000	2,200,000	2,503,480	2,503,480	8,630,000

[1] 재무상태표에 이익잉여금은 기말이익잉여금 잔액으로 표시되어 있기 때문에 수익과 비용을 추가로 반영하면 잔액시산표의 차변과 대변합계가 일치하지 않는 문제가 발생하므로 잔액시산표에 이익잉여금은 당기순이익을 제외한 금액으로 표시해야 한다.

2. 연결재무상태표

연결재무상태표
20×1년 12월 31일 현재

현금및현금성자산	650,000	매입채무	820,000
재고자산	2,841,000	차입금	1,780,000
토지	900,000	자본	
영업권	280,000	지배기업소유주지분	
		자본금	1,000,000
		이익잉여금	526,520[1]
		비지배지분	544,480
	4,671,000		4,671,000

[1] 정산표상 이익잉여금 ₩135,520 + 연결당기순이익 ₩391,000 = ₩526,520

3. 연결포괄손익계산서

연결포괄손익계산서
20×1년 1월 1일부터 20×1년 12월 31일까지

매출액	4,350,000
매출원가	(3,359,000)
매출총이익	991,000
기타비용	(600,000)
당기순이익	391,000
당기순이익의 귀속	
지배기업소유주	326,520
비지배지분	64,480

Ⅳ | 지배기업과 종속기업의 상호소유

01 의의

상호소유란 지배기업과 종속기업이 상호 간에 상대방의 주식을 소유하는 경우의 소유구조를 말한다. 여기서 지배기업과 종속기업의 상호소유란 종속기업이 지배기업의 주식을 소유하는 것을 말한다. 예를 들어, A회사가 B회사의 의결권이 있는 주식을 80%를 소유하고, B회사가 A회사의 의결권이 있는 주식을 10%를 소유하고 있는 것이 대표적인 사례이다. 이러한 경우 종속기업이 지배기업의 주식을 소유하고 있는 경우 연결실체 입장에서는 자기주식을 취득하는 것으로 본다. 따라서 종속기업이 지배기업주식을 소유하고 있는 경우 종속기업이 보유하고 있는 지배기업주식을 자기주식으로 처리하며, 지배기업의 연결조정 후 당기순이익 중 종속기업의 해당분은 배분하지 않는다.

02 연결조정분개

종속기업은 별도재무제표상 지배기업의 주식을 기타포괄손익공정가치측정금융자산으로 분류하여 원가법 혹은 공정가치법으로 회계처리했을 것이다. 따라서 연결재무제표를 작성하기 위한 연결조정분개 시 종속기업의 기타포괄손익공정가치측정금융자산을 자기주식으로 대체해야 한다. 또한 자기주식은 평가의 대상이 아닌 자본항목이므로 기타포괄손익공정가치측정금융자산평가손익은 제거되어야 한다.

예제 3   지배기업과 종속기업의 상호소유

A회사는 20×1년 1월 1일 B회사의 주식 80%를 ₩1,000,000에 취득하여 지배력을 획득하였다. 동 일자로 B회사는 A회사의 주식 10%를 ₩350,000에 취득하였다. 20×1년 1월 1일 A회사와 B회사의 순자산은 다음과 같다. 단, 식별가능한 자산과 부채의 장부금액과 공정가치는 일치하였다.

구분	A회사	B회사
자본금	₩2,000,000	₩1,000,000
이익잉여금	₩1,000,000	₩200,000
자본총계	₩3,000,000	₩1,200,000

(1) 20×1년 A회사와 B회사는 당기순이익으로 ₩500,000과 ₩100,000을 보고하였다.
(2) 20×1년 중 연결실체 간 재고자산의 내부거래는 다음과 같다. 재고자산의 판매에 따른 매출총이익률은 모두 20%이다.

판매회사	매입회사	내부거래	매입회사 기말재고에 남아있는 상품
A회사	B회사	₩200,000	₩20,000

(3) B회사는 A회사의 주식을 공정가치법으로 평가하고 있으며, 기타포괄손익공정가치측정금융자산으로 분류하고 있다. 20×1년 말 B회사가 보유하고 있는 A회사의 주식의 공정가치는 ₩400,000이다.

물음 1 20×1년 말 연결재무제표를 작성하기 위한 연결조정분개를 나타내시오.

물음 2 20×1년 연결포괄손익계산서에 계상될 연결당기순이익을 산출하고 이를 지배기업소유주귀속분과 비지배지분순이익으로 구분하여 나타내시오.

해답

물음 1

[투자주식과 자본계정의 상계제거]

① 취득시점의 투자·자본 상계(B회사)	(차) 자본금(B)	1,000,000	(대) 투자주식(B)	1,000,000
	이익잉여금(B)	200,000[1]	비지배지분	240,000[3]
	영업권	40,000[2]		

[1] 20×1년 초 이익잉여금
[2] 영업권: ₩1,000,000 − (₩1,000,000 + ₩200,000) × 80% = ₩40,000
[3] 비지배지분: (₩1,000,000 + ₩200,000) × 20% = ₩240,000

| ② 자기주식 대체 | (차) 자기주식 | 350,000 | (대) 기타포괄손익공정가치측정금융자산 | 400,000 |
| | 기타포괄손익공정가치측정금융자산평가이익(OCI) | 50,000 | | |

[내부거래제거]

| ③ 매출 및 매출원가 상계 | (차) 매출 | 200,000 | (대) 매출원가 | 200,000 |

| ④ 당기 미실현손익 제거(A회사 → B회사) | (차) 매출원가 | 4,000[1] | (대) 재고자산 | 4,000 |

[1] ₩20,000 × 20% = ₩4,000

[비지배지분순이익 계상]

| ⑤ 비지배지분순이익 계상 | (차) 이익잉여금 | 20,000[1] | (대) 비지배지분 | 20,000 |

[1] ₩100,000 × 20% = ₩20,000

물음 2

	A회사		B회사		합계
보고된 당기순이익	₩500,000		₩100,000		₩600,000
내부거래제거					
재고자산	₩(4,000)				₩(4,000)
연결조정 후 당기순이익	₩496,000		₩100,000		₩596,000
∴ 연결당기순이익:	₩496,000	+	₩100,000	=	₩596,000
지배기업소유주 귀속 당기순이익:	₩496,000	+	₩100,000 × 80%	=	₩576,000
비지배지분순이익:			₩100,000 × 20%	=	₩20,000

V | 종속기업 간의 상호소유

01 의의

상호소유란 지배기업과 종속기업이 상호 간에 상대방의 주식을 소유하는 경우의 소유구조를 말한다. 여기서 종속기업 간 상호소유란 종속기업이 다른 종속기업의 주식을 소유하는 것을 말한다. 예를 들어, A회사가 B회사의 의결권이 있는 주식을 80% 소유하고, B회사가 C회사의 의결권이 있는 주식을 60% 소유하고 있는 상황에서 C회사가 B회사의 의결권이 있는 주식을 10% 소유하고 있는 것이 대표적인 사례이다. 이러한 경우 연결당기순이익을 지배기업소유주귀속분과 비지배지분순이익으로 배분하는 것이 중요한 문제이다. 이러한 경우 수학적절차나 연립방정식을 이용하여 연결당기순이익을 지배기업소유주 귀속분과 비지배지분순이익으로 배분해야 한다.

02 연결조정분개

종속기업 간의 상호소유의 연결조정분개에 대해서 [예제 4]를 토대로 설명하기로 한다.

예제 4 종속기업 간의 상호소유

다음은 20×1년 12월 31일 현재 A회사와 그 종속기업인 B회사 및 C회사와 관련된 자료이다. 아래의 자료를 이용하여 다음 물음에 답하시오.

(1) 20×1년 1월 1일 A회사는 B회사의 의결권이 있는 보통주 80%를 ₩1,000,000에 취득하고, 동일자에 B회사는 C회사의 주식 60%를 ₩500,000에 취득하였으며, C회사는 B회사의 주식 10%를 ₩125,000에 취득하였다. 20×1년 1월 1일 A회사, B회사 및 C회사의 주주지분은 다음과 같다. 단, 지배력획득일의 B회사와 C회사의 순자산공정가치와 장부금액은 일치하였다.

구분	A회사	B회사	C회사
자본금	₩1,000,000	₩700,000	₩400,000
이익잉여금	₩200,000	₩300,000	₩300,000
합계	₩1,200,000	₩1,000,000	₩700,000

(2) 20×1년 중 연결실체 간 재고자산의 내부거래는 다음과 같다. 단, 모든회사의 재고자산의 판매에 따른 매출총이익률은 20%이다.

판매회사	매입회사	내부거래	매입회사 기말재고에 남아있는 상품
A회사	B회사	₩200,000	₩20,000
B회사	C회사	₩150,000	₩15,000
C회사	B회사	₩100,000	₩10,000

(3) 20×1년 12월 31일 현재 A회사와 그 종속기업인 B회사 및 C회사의 재무상태표와 포괄손익계산서는 다음과 같다.

재무상태표

20×1년 12월 31일 현재 (단위: ₩)

	A회사	B회사	C회사		A회사	B회사	C회사
현금및현금성자산	100,000	100,000	200,000	매입채무	380,000	200,000	240,000
재고자산	1,300,000	900,000	900,000	차입금	820,000	700,000	385,000
투자주식(B회사)	1,000,000	-	125,000	자본금	1,000,000	700,000	400,000
투자주식(C회사)	-	500,000	-	이익잉여금	400,000	400,000	400,000
토지	200,000	500,000	200,000				
	2,600,000	2,000,000	1,425,000		2,600,000	2,000,000	1,425,000

포괄손익계산서

20×1년 1월 1일부터 20×1년 12월 31일까지 (단위: ₩)

	A회사	B회사	C회사
매출액	1,800,000	2,000,000	1,000,000
매출원가	(1,400,000)	(1,600,000)	(800,000)
매출총이익	400,000	400,000	200,000
기타비용	(200,000)	(300,000)	(100,000)
당기순이익	200,000	100,000	100,000

물음1 20×1년 말 연결재무상태표에 계상될 영업권을 계산하시오. 단, 20×1년 말까지 영업권은 손상되지 않았으며, 비지배지분에 대한 영업권은 인식하지 않는다.

물음2 20×1년 연결포괄손익계산서에 계상될 연결당기순이익을 산출하고 이를 지배기업소유주 귀속분과 비지배지분순이익으로 구분하여 나타내시오.

물음3 20×1년 말 연결재무상태표에 계상될 비지배지분을 계산하시오.

물음4 20×1년 말 연결재무제표를 작성하기 위한 연결조정분개를 나타내시오.

물음5 20×1년 말 연결재무상태표와 20×1년 연결포괄손익계산서를 작성하시오.

해답 물음1

20×1년 말 연결재무상태표에 계상될 영업권: (1) + (2) = ₩225,000 + ₩80,000 = ₩305,000

(1) A회사와 C회사의 영업권(B회사에 대한 영업권)

B회사 지분의 취득원가: ₩1,000,000 + ₩125,000 =	₩1,125,000
취득일의 B회사 순자산공정가치에 대한 지배기업지분: ₩1,000,000 × 90% =	₩(900,000)
영업권	₩225,000

(2) B회사의 영업권(C회사에 대한 영업권)

C회사 지분의 취득원가	₩500,000
취득일의 C회사 순자산공정가치에 대한 지배기업지분: ₩700,000 × 60% =	₩(420,000)
영업권	₩80,000

물음2

1. 연결당기순이익

각 회사의 내부거래로 인한 미실현손익을 제거한 연결조정 후 당기순이익 및 연결당기순이익은 다음과 같다.

	A회사	B회사	C회사	합계
보고된 당기순이익	₩200,000	₩100,000	₩100,000	₩400,000
내부거래제거				
재고자산	₩(4,000)	₩(3,000)	₩(2,000)	₩(9,000)
연결조정 후 당기순이익	₩196,000	₩97,000	₩98,000	₩391,000

∴ 연결당기순이익: ₩196,000 + ₩97,000 + ₩98,000 = ₩391,000

2. 지배기업소유주 귀속 당기순이익

복잡한 지배·종속관계에서는 가장 하위 종속기업부터 점차 상위 종속기업 순으로 자본계정과 순이익을 제거해야 한다. 이 경우 당기순이익과 순자산을 지배기업과 종속기업에 배분하기 위해서는 연립방정식을 다음과 같이 사용한다.

A = ₩196,000 + B × 80%

B = ₩97,000 + C × 60%

C = ₩98,000 + B × 10%

앞의 식을 풀면

A = ₩328,595

B = ₩165,745(단수차이조정)

C = ₩114,575(단수차이조정)

∴ 연결당기순이익 중 지배기업소유주 귀속분: ₩328,595

3. 비지배지분순이익

B회사 비지배지분순이익: ₩165,745 × 10% =	₩16,575
C회사 비지배지분순이익: ₩114,575 × 40% =	₩45,830
계	₩62,405

물음 3

20×1년 말 연결재무상태표에 계상될 비지배지분: (1) + (2) = ₩325,830 + ₩116,575 = ₩442,405

(1) C회사 비지배지분

C회사 20×1년 말 순자산공정가치: ₩700,000 + ₩114,575 =	₩814,575
비지배지분율	× 40%
계	₩325,830

(2) B회사 비지배지분

B회사 20×1년 말 순자산공정가치: ₩1,000,000 + ₩165,745 =	₩1,165,745
비지배지분율	× 10%
계	₩116,575

물음 4

[투자주식과 자본계정의 상계제거]

① 취득시점의 투자 · 자본 상계(C회사)	(차) 자본금(C)	400,000	(대) 투자주식(C-B회사)	500,000
	이익잉여금(C)	300,000[1]	비지배지분	280,000[3]
	영업권	80,000[2]		

[1] 20×1년 초 이익잉여금
[2] 영업권: ₩500,000 - (₩400,000 + ₩300,000) × 60% = ₩80,000
[3] 비지배지분: (₩400,000 + ₩300,000) × 40% = ₩280,000

② 취득시점의 투자 · 자본 상계(B회사)	(차) 자본금(B)	700,000	(대) 투자주식(B-A회사)	1,000,000
	이익잉여금(B)	300,000[1]	투자주식(B-C회사)	125,000
	영업권	225,000[2]	비지배지분	100,000[3]

[1] 20×1년 초 이익잉여금
[2] 영업권: (₩1,000,000 + ₩125,000) - (₩700,000 + ₩300,000) × 90% = ₩225,000
[3] 비지배지분: (₩700,000 + ₩300,000) × 10% = ₩100,000

[내부거래제거]

③ 매출 및 매출원가 상계	(차) 매출	450,000[1]	(대) 매출원가	450,000

[1] ₩200,000 + ₩150,000 + ₩100,000 = ₩450,000

④ 당기 미실현손익 제거 (A회사 → B회사)	(차) 매출원가	4,000[1]	(대) 재고자산	4,000

[1] ₩20,000 × 20% = ₩4,000

⑤ 당기 미실현손익 제거 (B회사 → C회사)	(차) 매출원가	3,000[1]	(대) 재고자산	3,000

[1] ₩15,000 × 20% = ₩3,000

⑥ 당기 미실현손익 제거 (C회사 → B회사)	(차) 매출원가	2,000[1]	(대) 재고자산	2,000

[1] ₩10,000 × 20% = ₩2,000

[비지배지분순이익 계상]

⑦ 비지배지분순이익 계상	(차) 이익잉여금	62,405	(대) 비지배지분	62,405

1. 연결정산표

연결정산표

구분	A회사	B회사	C회사	연결조정분개 차변	연결조정분개 대변	연결 재무제표
<차변: 자산, 비용>						
현금및현금성자산	100,000	100,000	200,000			400,000
재고자산	1,300,000	900,000	900,000		④ 4,000 ⑤ 3,000 ⑥ 2,000	3,091,000
투자주식	1,000,000	500,000	125,000		① 500,000 ② 1,125,000	-
토지	200,000	500,000	200,000			900,000
영업권	-	-	-	① 80,000 ② 225,000		305,000
매출원가	1,400,000	1,600,000	800,000	④ 4,000 ⑤ 3,000 ⑥ 2,000	③ 450,000	3,359,000
기타비용	200,000	300,000	100,000			600,000
차변합계	4,200,000	3,900,000	2,325,000			8,655,000
<대변: 부채, 자본, 수익>						
매입채무	380,000	200,000	240,000			820,000
차입금	820,000	700,000	385,000			1,905,000
자본금	1,000,000	700,000	400,000	① 400,000 ② 700,000		1,000,000
이익잉여금	200,000[1]	300,000[1]	300,000[1]	① 300,000 ② 300,000 ⑦ 62,405		137,595
비지배지분	-	-	-		① 280,000 ② 100,000 ⑦ 62,405	442,405
매출액	1,800,000	2,000,000	1,000,000	③ 450,000		4,350,000
대변합계	4,200,000	3,900,000	2,325,000	2,526,405	2,526,405	8,655,000

[1] 재무상태표에 이익잉여금은 기말이익잉여금 잔액으로 표시되어 있기 때문에 수익과 비용을 추가로 반영하면 잔액시산표의 차변과 대변합계가 일치하지 않는 문제가 발생하므로 잔액시산표에 이익잉여금은 당기순이익을 제외한 금액으로 표시해야 한다.

2. 연결재무상태표

연결재무상태표
20×1년 12월 31일 현재

현금및현금성자산	400,000	매입채무	820,000
재고자산	3,091,000	차입금	1,905,000
토지	900,000	자본	
영업권	305,000	지배기업소유주지분	
		자본금	1,000,000
		이익잉여금	528,595[1]
		비지배지분	442,405
	4,696,000		4,696,000

[1] 정산표상 이익잉여금 ₩137,595 + 연결당기순이익 ₩391,000 = ₩528,595

3. 연결포괄손익계산서

연결포괄손익계산서
20×1년 1월 1일부터 20×1년 12월 31일까지

매출액	4,350,000
매출원가	(3,359,000)
매출총이익	991,000
기타비용	(600,000)
당기순이익	391,000
당기순이익의 귀속	
지배기업소유주	328,595
비지배지분	62,405

Ⅵ | 이연법인세와 연결재무제표

법인세회계의 목적은 한국채택국제회계기준에 의한 자산·부채의 장부금액과 「법인세법」상 자산·부채의 세무기준액의 차이로 인하여 발생하는 일시적차이의 효과를 이연법인세자산이나 이연법인세부채를 인식하여 재무상태표의 자산과 부채를 적정하게 표시하고 포괄손익계산서의 수익에 법인세비용을 적정하게 대응시키는 데 있다.

연결재무제표 작성 시에는 연결실체 내의 지배기업과 종속기업은 별도재무제표에서 자산·부채의 장부금액과 「법인세법」상 자산·부채의 세무기준액의 차이에 대해서 이미 이연법인세자산·부채 및 당기법인세자산·부채를 인식하고 있는 상태로 연결정산표에서 합산된다. 따라서 별도재무제표와 관련된 법인세효과에 대한 추가적인 조정은 필요하지 않으며, 별도재무제표에 인식된 금액을 연결재무제표에 반영하면 된다. 따라서 연결재무제표를 작성하는 경우 추가적인 연결조정분개에서 발생하는 일시적차이에 대한 이연법인세자산·부채를 고려하여야 한다. 연결재무제표를 작성하는 과정에서 발생하는 일시적차이는 다음과 같은 경우에 발생한다.

> ① 투자주식과 자본계정의 상계제거
> ② 내부거래제거

법인세회계에 대해서는 중급회계에서 이미 설명하였으므로 여기서는 연결재무제표를 작성하는 과정에서 연결조정분개를 통하여 추가로 고려되는 투자주식과 자본계정의 상계제거와 내부거래제거에서 유의해야 할 법인세 고려사항을 중심으로 설명하기로 한다.

⚡POINT 이연법인세와 연결재무제표

> ① 연결재무제표 작성 시에는 연결실체 내의 지배기업과 종속기업은 별도재무제표에서 자산·부채의 장부금액과 「법인세법」상 자산·부채의 세무기준액의 차이에 대해서 이미 이연법인세자산·부채 및 당기법인세자산·부채를 인식하고 있는 상태로 연결정산표에서 합산되므로 별도재무제표와 관련된 법인세효과에 대한 추가적인 조정은 필요하지 않음
> ② 연결재무제표를 작성하는 경우 추가적인 연결조정분개에서 발생하는 일시적차이에 대한 이연법인세자산·부채를 고려함

01 투자주식과 자본계정의 상계제거

투자주식과 자본계정의 상계제거를 하는 경우 다음의 사항들을 고려하여야 한다.

(1) 연결조정분개 시 자산·부채의 공정가치와 장부금액의 차이로 발생하는 투자차액은 세무상 자산·부채의 세무기준액으로 인정되지 않아 일시적차이에 해당하므로 이에 대한 이연법인세자산·부채를 인식해야 한다. 여기서 자산이 과대평가되거나 부채가 과소평가된 경우에는 차감할 일시적차이(유보)가 발생하므로 이에 대한 법인세효과를 이연법인세자산으로 인식해야 한다. 또한, 자산이 과소평가되거나 부채가 과대평

가된 경우에는 가산할 일시적차이(△유보)가 발생한 것이므로 이에 대한 법인세효과를 이연법인세부채로 인식해야 한다.

(2) 지배력획득일 이후 연결재무제표를 작성하는 경우 자산·부채의 공정가치와 장부금액의 차이로 발생하는 투자차액이 처분이나 상각되면서 일시적차이가 소멸하므로 이와 관련된 부분에 대한 법인세효과를 고려하여 연결조정분개를 수행한다.

(3) 투자차액 중 영업권에 대해서는 이연법인세부채를 인식하지 아니한다. 왜냐하면, 영업권은 이전대가와 식별할 수 있는 취득자산에서 인수부채를 차감한 잔액의 차이의 잔여금액으로 측정되므로 이연법인세부채의 인식은 영업권의 장부금액을 증가시키게 된다. 영업권의 장부금액의 증가분만큼 다시 이연법인세부채를 인식하면 다시 영업권의 장부금액을 증가시킬 것이므로 영업권 계산의 순환에 빠지기 때문이다.

(4) 비지배지분순이익은 특정 자산·부채에 배분되는 투자차액 중 처분이나 상각되면서 일시적차이가 소멸된 부분에 대한 법인세효과도 고려하여 계산해야 한다. 따라서 비지배지분은 자산·부채의 공정가치와 장부금액의 차이로 발생하는 투자차액에 대한 이연법인세자산·부채를 반영한 후의 금액을 기준으로 계산된다.

> **⚡POINT** **이연법인세와 연결재무제표: 투자주식과 자본계정의 상계제거**
>
> ① 연결조정분개 시 자산·부채의 공정가치와 장부금액의 차이로 발생하는 투자차액은 세무상 자산·부채의 세무기준액으로 인정되지 않아 일시적차이에 해당하므로 이에 대한 이연법인세자산·부채를 인식해야 함
> ② 영업권에 대해서는 이연법인세부채를 인식하지 아니함(∵ 순환논리)

예제 5 | 이연법인세와 연결재무제표(1)

20×1년 초에 A회사는 B회사의 보통주 60%를 ₩800,000에 취득하여 지배력을 획득하였다. 20×1년 초 현재 B회사의 순자산은 ₩1,000,000(자본금 ₩700,000, 자본잉여금 ₩200,000, 이익잉여금 ₩100,000)이었다.

(1) 20×1년 말에 A회사와 B회사의 재무상태표와 20×1년의 포괄손익계산서는 다음과 같다.

재무상태표

20×1년 12월 31일 현재 (단위: ₩)

	A회사	B회사		A회사	B회사
현금및현금성자산	1,100,000	500,000	부채	2,200,000	1,100,000
투자주식(B회사)	800,000	–	자본금	1,400,000	700,000
재고자산	800,000	600,000	자본잉여금	400,000	200,000
토지	1,000,000	800,000	이익잉여금	500,000	300,000
건물(순액)	800,000	400,000			
	4,500,000	2,300,000		4,500,000	2,300,000

포괄손익계산서

20×1년 1월 1일부터 20×1년 12월 31일까지   (단위: ₩)

	A회사	B회사
매출액	1,000,000	500,000
매출원가	(500,000)	(200,000)
매출총이익	500,000	300,000
감가상각비	(200,000)	(100,000)
당기순이익	300,000	200,000

(2) 20×1년 초 현재 B회사의 장부금액과 공정가치가 다른 자산과 부채는 다음과 같다.

구분	장부금액	공정가치
재고자산	₩400,000	₩450,000
토지	₩800,000	₩850,000
건물	₩500,000	₩600,000

재고자산은 선입선출법을 적용하여 20×1년 중 전액 외부로 판매되었으며, 토지는 20×1년 말 현재 보유 중이다. 건물은 20×1년 초 현재 잔존내용연수는 5년이며, 잔존가치는 없고 정액법으로 감가상각한다.

(3) A회사는 B회사의 투자주식을 원가법으로 회계처리하고 있으며, 영업권은 20×1년 말까지 손상되지 않았으며, 법인세율은 30%이다.

물음1   20×1년 말 연결재무상태표에 계상될 영업권은 얼마인가? 단, 비지배지분에 대한 영업권은 인식하지 않는다.

물음2   20×1년 말 연결재무제표를 작성하는 경우 연결조정분개를 나타내시오.

해답   **물음1**

투자주식의 취득원가		₩800,000
B회사의 순자산장부금액	₩1,000,000	
재고자산 과소평가	₩50,000	
토지 과소평가	₩50,000	
건물 과소평가	₩100,000	
투자차액에 대한 이연법인세부채: ₩200,000 × 30% =	₩(60,000)	
계	₩1,140,000	
지배기업지분율	× 60%	₩(684,000)
영업권		₩116,000

물음2

[투자주식과 자본계정의 상계제거]

① 취득시점의 투자·자본 상계	(차) 자본금(B)	700,000	(대) 투자주식	800,000
	자본잉여금(B)	200,000	비지배지분	456,000[3]
	이익잉여금(B)	100,000[1]	이연법인세부채	60,000[4]
	재고자산	50,000		
	토지	50,000		
	건물	100,000		
	영업권	116,000[2]		

[1] 20×1년 초 이익잉여금
[2] 영업권: ₩800,000 - (₩1,000,000 + ₩200,000 - ₩60,000) × 60% = ₩116,000
[3] 비지배지분: (₩1,000,000 + ₩200,000 - ₩60,000) × 40% = ₩456,000
[4] 이연법인세부채: (₩50,000 + ₩50,000 + ₩100,000) × 30% = ₩60,000

② 투자차액의 상각	(차) 매출원가	50,000	(대) 재고자산	50,000
	이연법인세부채	15,000[1]	법인세비용	15,000
	(차) 감가상각비	20,000[2]	(대) 감가상각누계액(건물)	20,000
	이연법인세부채	6,000[3]	법인세비용	6,000

[1] 재고자산이 당해 보고기간에 비용화된 금액만큼 △유보(가산할 일시적차이)가 소멸되었으므로 관련 이연법인세부채를 감소시 킴(₩50,000 × 30% = ₩15,000)
[2] ₩100,000 ÷ 5년 = ₩20,000
[3] ₩20,000 × 30% = ₩6,000

[비지배지분순이익 계상]

③ 비지배지분순이익 계상	(차) 이익잉여금	60,400	(대) 비지배지분	60,400[1]

[1]
B회사 보고된 당기순이익	₩200,000
매출원가: ₩50,000 × (1 - 30%) =	₩(35,000)
감가상각비: ₩20,000 × (1 - 30%) =	₩(14,000)
B회사 연결조정 후 당기순이익	₩151,000
비지배지분율	× 40%
비지배지분순이익	₩60,400

해설 1. 연결당기순이익

	A회사	B회사	합계
보고된 당기순이익	₩300,000	₩200,000	₩500,000
투자차액의 상각			
재고자산		₩(35,000)	₩(35,000)
건물		₩(14,000)	₩(14,000)
연결조정 후 당기순이익	₩300,000	₩151,000	₩451,000
∴ 연결당기순이익:	₩300,000 +	₩151,000 =	₩451,000
지배기업소유주 귀속 당기순이익:	₩300,000 +	₩151,000 × 60% =	₩390,600
비지배지분순이익:		₩151,000 × 40% =	₩60,400

2. 비지배지분

① 20×1년 말 B회사 순자산장부금액: ₩1,000,000 + ₩200,000 =		₩1,200,000
20×1년 말 투자차액 미상각잔액		
토지		₩50,000
건물: ₩100,000 × 4년/5년 =		₩80,000
투자차액에 대한 이연법인세부채: ₩130,000 × 30% =		₩(39,000)
② 20×1년 말 B회사 순자산공정가치		₩1,291,000
③ 비지배지분율		× 40%
④ 20×1년 말 비지배지분		₩516,400

02 내부거래제거

연결재무제표를 작성할 때 지배기업과 종속기업 간 내부거래로 인하여 재고자산, 유형자산 등에 포함된 미실현손익은 제거된다. 따라서 연결대상기업 간 내부거래로 인하여 취득한 재고자산, 유형자산 등에 포함된 미실현손익을 제거함에 따라 발생하는 일시적차이의 법인세효과도 연결조정분개 시 적절하게 반영해야 한다. 왜냐하면 내부거래를 통하여 매입한 재고자산의 세무기준액은 미실현손익이 포함된 금액이지만 연결재무제표에서는 미실현손익이 제거된 금액으로 표시되기 때문에 일시적차이가 발생하기 때문이다. 따라서 내부거래에서 발생한 미실현손익의 제거 시 발생하는 일시적차이에 대한 법인세효과를 고려해야 한다.

지배기업과 종속기업에 적용되는 법인세율이 다를 경우에는 관련된 자산이나 부채를 보유하는 기업에 적용되는 세율을 기준으로 이연법인세자산 또는 부채를 인식해야 한다. 왜냐하면 일시적차이가 실현되는 시점에 법인세효과는 관련된 자산이나 부채를 보유하는 기업에서 발생하기 때문이다.

| 사례 |

1. 20×1년 1월 1일 A회사는 B회사의 주식 60%를 취득하여 지배력을 획득하였다. A회사는 20×1년에 원가 ₩80,000인 상품을 B회사에 ₩100,000에 판매하였으나 B회사는 20×1년에 동 상품을 연결실체 외부의 제3자에게 판매하지 못하고 기말재고자산으로 계상하였다. 단, 법인세율은 30%이다.

[20×1년 연결조정분개]

구분	회계처리				
재고자산 내부거래	(차) 매출		100,000	(대) 매출원가	100,000
	매출원가		20,000	재고자산	20,000
	이연법인세자산		6,000	법인세비용	6,000

* 미실현이익 ₩20,000만큼 회계상 재고자산의 장부금액이 세법상 재고자산의 세무기준액보다 작아 유보가 발생하므로, 이에 대한 법인세효과 ₩6,000(= ₩20,000 × 30%)을 이연법인세자산으로 인식함

2. 20×1년 1월 1일 A회사는 B회사의 주식 60%를 취득하여 지배력을 획득하였다. A회사는 20×1년에 원가 ₩80,000인 상품을 B회사에 ₩100,000에 판매하였으며 B회사는 20×2년에 모든 상품을 연결실체 외부의 제3자에게 ₩120,000에 판매하였다. 단, 법인세율은 30%이다.

[20×2년 연결조정분개]

구분	회계처리				
재고자산 내부거래	(차) 이익잉여금	20,000	(대) 매출원가	20,000
	법인세비용	6,000	이익잉여금	6,000

* 실현이익 ₩20,000만큼 회계이익이 증가하였으므로 실현이익에 대한 법인세비용도 ₩6,000(= ₩20,000 × 30%)을 증가시켜야 함

만약 위의 사례들의 내부거래가 하향거래가 아니라 상향거래라면 비지배지분순이익 계상 시 법인세비용에 대한 효과도 고려해야 하며, 이익잉여금에 대한 증감효과도 지배기업소유주 귀속분과 비지배지분으로 배분하는 것에 유의해야 한다.

💡 POINT 이연법인세와 연결재무제표: 내부거래제거

① 내부거래의 미실현손익을 제거함에 따라 발생하는 일시적차이의 법인세효과를 적절히 반영해야 함
② 지배기업과 종속기업에 적용되는 법인세율이 다를 경우에는 관련된 자산이나 부채를 보유하는 기업에 적용되는 세율을 기준으로 이연법인세자산 또는 부채를 인식해야 함

예제 6 이연법인세와 연결재무제표(2)

20×1년 1월 1일에 A회사는 B회사의 의결권이 있는 주식 60%를 ₩400,000에 취득하여 지배력을 획득하였다. 취득 시 B회사의 순자산장부금액은 ₩500,000(자본금 ₩300,000, 이익잉여금 ₩200,000)이었으며, B회사의 식별가능한 자산·부채의 장부금액과 공정가치는 일치하였다.

(1) A회사는 20×1년에 ₩400,000과 20×2년에 ₩600,000의 당기순이익을 보고하였다.
(2) B회사는 20×1년에 ₩200,000과 20×2년에 ₩300,000의 당기순이익을 보고하였으며, 이 기간 중 당기순이익을 제외한 자본의 변동은 없었다.
(3) 20×1년 중에 B회사는 A회사에 ₩100,000의 상품을 판매하였으며 20×1년 말 A회사의 기말재고자산에 남아있는 B회사의 상품은 ₩50,000이었고 이는 20×2년 초에 전액 외부에 판매되었다. 단, B회사의 매출총이익률은 20%이다.
(4) 영업권은 20×2년 말까지 손상되지 않았으며, 비지배지분은 순자산공정가치에 비례적인 지분으로 측정한다.
(5) 법인세율은 양사 모두 30%이다.

물음1 20×1년 말과 20×2년 말의 연결재무제표 작성을 위한 연결조정분개를 제시하시오.

물음2 20×1년과 20×2년에 연결재무제표를 작성하는 경우 연결포괄손익계산서에 계상될 (1) 연결당기순이익, (2) 지배기업소유주 귀속 당기순이익, (3) 비지배지분순이익은 각각 얼마인가?

물음3 20×1년 말과 20×2년 말에 연결재무제표를 작성하는 경우 연결재무상태표에 계상될 비지배지분은 각각 얼마인가?

해답 **물음1**

1. 20×1년 말 연결조정분개
[투자주식과 자본계정의 상계제거]

① 취득시점의 투자·자본 상계	(차) 자본금(B)	300,000	(대) 투자주식	400,000
	이익잉여금(B)	200,000[1]	비지배지분	200,000[3]
	영업권	100,000[2]		

[1] 20×1년 초 이익잉여금
[2] 영업권: ₩400,000 - (₩300,000 + ₩200,000) × 60% = ₩100,000
[3] 비지배지분: (₩300,000 + ₩200,000) × 40% = ₩200,000

[내부거래제거]

② 당기 미실현손익 제거	(차) 매출	100,000	(대) 매출원가	100,000
	매출원가	10,000[1]	재고자산	10,000
	이연법인세자산	3,000[2]	법인세비용	3,000

[1] ₩50,000 × 20% = ₩10,000
[2] ₩10,000 × 30% = ₩3,000

[비지배지분순이익 계상]

| ③ 비지배지분순이익 계상 | (차) 이익잉여금 | 77,200 | (대) 비지배지분 | 77,200[1] |

[1] (₩200,000 - ₩10,000 + ₩3,000) × 40% = ₩77,200

2. 20×2년 말 연결조정분개
[투자주식과 자본계정의 상계제거]

① 취득시점의 투자·자본 상계	(차) 자본금(B)	300,000	(대) 투자주식	400,000
	이익잉여금(B)	200,000[1]	비지배지분	200,000[3]
	영업권	100,000[2]		

[1] 20×1년 초 이익잉여금
[2] 영업권: ₩400,000 - (₩300,000 + ₩200,000) × 60% = ₩100,000
[3] 비지배지분: (₩300,000 + ₩200,000) × 40% = ₩200,000

| ② 취득시점 이후 자본변동 | (차) 이익잉여금(B) | 200,000[1] | (대) 이익잉여금(A) | 120,000 |
| | | | 비지배지분 | 80,000 |

[1] 20×1년 이익잉여금의 증가분(당기순이익)

[내부거래제거]

③ 당기 실현손익의 인식	(차) 이익잉여금(A)	6,000	(대) 매출원가	10,000[1]
	비지배지분	4,000		
	(차) 법인세비용	3,000[2]	(대) 이익잉여금(A)	1,800
			비지배지분	1,200

[1] ₩50,000 × 20% = ₩10,000
[2] ₩10,000 × 30% = ₩3,000

[비지배지분순이익 계상]

④ 비지배지분이익 계상	(차) 이익잉여금	122,800	(대) 비지배지분	122,800[1]

[1] (₩300,000 + ₩10,000 – ₩3,000) × 40% = ₩122,800

물음 2

1. 20×1년 연결당기순이익

	A회사	B회사	합계
보고된 당기순이익	₩400,000	₩200,000	₩600,000
투자차액의 상각			
내부거래제거			
재고자산 미실현손익		₩(7,000)	₩(7,000)
연결조정 후 당기순이익	₩400,000	₩193,000	₩593,000

∴ 연결당기순이익:	₩400,000	+	₩193,000	=	₩593,000
지배기업소유주 귀속 당기순이익:	₩400,000	+	₩193,000 × 60%	=	₩515,800
비지배지분순이익:			₩193,000 × 40%	=	₩77,200

2. 20×2년 연결당기순이익

	A회사	B회사	합계
보고된 당기순이익	₩600,000	₩300,000	₩900,000
투자차액의 상각			
내부거래제거			
재고자산 실현손익		₩7,000	₩7,000
연결조정 후 당기순이익	₩600,000	₩307,000	₩907,000

∴ 연결당기순이익:	₩600,000	+	₩307,000	=	₩907,000
지배기업소유주 귀속 당기순이익:	₩600,000	+	₩307,000 × 60%	=	₩784,200
비지배지분순이익:			₩307,000 × 40%	=	₩122,800

물음 3

1. 20×1년 말 비지배지분

① 20×1년 말 B회사 순자산장부금액: ₩500,000 + ₩200,000 =	₩700,000
20×1년 말 투자차액 미상각잔액	–
20×1년 말 상향내부거래 미실현손익 잔액: ₩50,000 × 20% × (1 – 30%) =	₩(7,000)
② 20×1년 말 B회사 순자산공정가치	₩693,000
③ 비지배지분율	× 40%
④ 20×1년 말 비지배지분	₩277,200

2. 20×2년 말 비지배지분

① 20×2년 말 B회사 순자산장부금액: ₩500,000 + ₩200,000 + ₩300,000 =	₩1,000,000
20×2년 말 투자차액 미상각잔액	–
20×2년 말 상향내부거래 미실현손익 잔액	–
② 20×2년 말 B회사 순자산공정가치	₩1,000,000
③ 비지배지분율	× 40%
④ 20×2년 말 비지배지분	₩400,000

VII | 연결현금흐름표

연결현금흐름표(Consolidated Statement of Cash Flow)는 일정기간 동안 연결실체의 재무제표이용자에게 현금및현금성자산의 창출능력과 현금흐름의 사용 용도를 평가하는 데 유용한 기초를 제공하는 재무제표를 말한다. 연결현금흐름표의 양식과 작성방법은 중급회계에서 설명한 개별기업의 현금흐름표와 동일하므로 여기서는 연결재무제표를 작성할 때 유의해야 할 사항을 중심으로 설명하기로 한다.

01 종속기업에 대한 소유지분의 변동

(1) 종속기업의 취득과 지배력을 상실하는 소유지분의 변동

종속기업과 기타 사업에 대한 지배력의 획득 또는 상실에 따른 총현금흐름은 별도로 표시하고 투자활동으로 분류한다. 만약, 종속기업 또는 기타 사업에 대한 지배력획득 또는 상실의 대가로 현금을 지급하거나 수취한 경우에는 그러한 거래, 사건 또는 상황변화의 일부로서 취득이나 처분 당시 종속기업 또는 기타 사업이 보유한 현금및현금성자산을 가감한 순액으로 현금흐름표에 보고해야 한다.

회계기간 중 종속기업이나 기타 사업에 대한 지배력을 획득 또는 상실한 경우에는 다음 사항을 총액으로 공시한다.

① 총취득대가 또는 총처분대가
② 취득대가 또는 처분대가 중 현금및현금성자산으로 지급하거나 수취한 부분
③ 지배력을 획득하거나 상실한 종속기업 또는 기타 사업이 보유한 현금및현금성자산의 금액
④ 지배력을 획득하거나 상실한 종속기업 또는 기타 사업이 보유한 현금및현금성자산 이외의 자산·부채 금액에 대한 주요 항목별 요약정보

종속기업 또는 기타 사업에 대한 지배력획득 또는 상실에 따른 현금흐름효과를 한 항목으로 구분표시하고 관련내용을 주석으로 공시하면, 다른 영업활동, 투자활동 및 재무활동으로 인한 현금흐름과 쉽게 구별할 수 있다. 지배력 상실의 현금흐름효과는 지배력획득의 현금흐름효과에서 차감하지 않는다.

(2) 지배력을 상실하지 않는 소유지분의 변동

지배력을 상실하지 않는 종속기업에 대한 소유지분의 변동으로 발생한 현금흐름은 자본거래로 보아 재무활동현금흐름으로 분류한다. 왜냐하면 지배력을 상실하지 않는 종속기업에 대한 소유지분의 변동은 자본거래로 간주하기 때문이다.

02 지배기업과 종속기업의 배당금

지배기업이 지배기업주주에게 배당금을 지급한 경우는 연결실체의 외부로 현금이 유출되므로 재무활동현금흐름 또는 영업활동현금흐름으로 표시한다.

그러나 종속기업의 배당금지급액 중 지배기업에 지급된 금액은 연결실체 내에서 현금의 이동이므로 연결현금흐름표에 표시하면 안 된다. 따라서 종속기업의 배당금지급액 중 비지배주주에 대한 배당금만 재무활동현금흐름 또는 영업활동현금흐름으로 표시해야 한다.

여기서 종속기업의 순자산은 당기순이익만큼 증가하고 배당금지급액만큼 감소하며, 비지배지분은 비지배지분순이익만큼 증가하고 당기에 비지배주주에 지급한 배당금만큼 감소하므로 비지배지분계정분석 시 비지배지분순이익은 연결당기순이익을 구성한다는 것에 유의하기 바란다.

⚡ POINT 연결현금흐름표

연결현금흐름표의 정의	일정기간 동안 연결실체의 재무제표이용자에게 현금및현금성자산의 창출능력과 현금흐름의 사용 용도를 평가하는 데 유용한 기초를 제공하는 재무제표
종속기업의 취득과 지배력을 상실하는 소유지분의 변동	① 종속기업과 기타 사업에 대한 지배력의 획득 또는 상실에 따른 총현금흐름은 별도로 표시하고 투자활동으로 분류함 ② 종속기업 또는 기타 사업에 대한 지배력획득 또는 상실의 대가로 현금을 지급하거나 수취한 경우에는 그러한 거래, 사건 또는 상황변화의 일부로서 취득이나 처분 당시 종속기업 또는 기타 사업이 보유한 현금및현금성자산을 가감한 순액으로 현금흐름표에 보고함
지배력을 상실하지 않는 소유지분의 변동	지배력을 상실하지 않는 종속기업에 대한 소유지분의 변동으로 발생한 현금흐름은 자본거래로 보아 재무활동현금흐름으로 분류함
지배기업과 종속기업의 배당금	① 지배기업이 지배기업주주에게 배당금을 지급한 경우는 연결실체의 외부로 현금이 유출되므로 재무활동현금흐름 또는 영업활동현금흐름으로 표시함 ② 종속기업의 배당금지급액 중 지배기업에 지급된 금액은 연결실체 내에서 현금의 이동이므로 연결현금흐름표에 표시하면 안 됨 ③ 종속기업의 배당금지급액 중 비지배주주에 대한 배당금만 재무활동현금흐름 또는 영업활동현금흐름으로 표시함

03 연결현금흐름표 작성

연결현금흐름표를 실무상 작성하는 방법은 아래와 같이 두 가지 방법이 있다.

> ① 당기 및 전기의 연결재무상태표와 연결포괄손익계산서를 기초로 현금의 변동사항을 파악하여 작성하는 방법이다. 연결재무상태표와 연결포괄손익계산서를 작성할 때 이미 내부거래와 채권 및 채무가 제거되었으므로 실무상 편리한 방법이다.
> ② 모든 연결대상기업들의 개별회계상 현금흐름표를 합산한 후 지배기업과 종속기업 간의 내부거래를 제거하여 작성하는 방법이다.

실무상 많이 사용되는 당기 및 전기의 연결재무상태표와 연결포괄손익계산서를 기초로 현금의 변동사항을 파악하여 작성하는 방법으로 [예제 7]을 토대로 설명하기로 한다.

A회사는 B회사 주식의 80%와 C회사 주식의 60%를 소유하고 있다. A회사 및 종속기업의 20×2년의 연결포괄손익계산서와 20×1년 말과 20×2년 말의 연결재무상태표는 다음과 같다.

연결포괄손익계산서

A회사 및 종속기업	20×2년 1월 1일부터 20×2년 12월 31일까지	(단위: ₩)
매출액		500,000
매출원가		(410,000)
매출총이익		90,000
기타수익		125,000
기타비용		(160,000)
당기순이익		55,000
당기순이익의 귀속		
지배기업소유주		50,000
비지배지분		5,000

연결재무상태표

A회사 및 종속기업		20×1년 12월 31일 및 20×2년 12월 31일			(단위: ₩)
자산	20×1년	20×2년	부채 및 자본	20×1년	20×2년
현금및현금성자산	60,000	150,000	매입채무	90,000	20,000
매출채권	150,000	120,000	미지급법인세	10,000	17,000
재고자산	70,000	90,000	장기차입금	300,000	346,000
토지	630,000	670,000	납입자본	350,000	350,000
설비자산	380,000	300,000	기타자본요소	200,000	200,000
감가상각누계액	(60,000)	(70,000)	이익잉여금	120,000	150,000
영업권	40,000	42,000	비지배지분	200,000	219,000
	1,270,000	1,302,000		1,270,000	1,302,000

[추가자료]

1. A회사는 당기에 C회사의 보통주 60%를 ₩23,000에 취득하여 지배력을 획득하였다. 취득 시 C회사의 자산·부채 및 우발부채의 공정가치는 다음과 같다.

자산:	현금및현금성자산	₩18,000	부채:	매입채무	₩5,000
	매출채권	₩10,000		장기차입금	₩10,000
	재고자산	₩2,000			₩15,000
	토지	₩20,000			
	계	₩50,000			

2. 당기 설비자산에 대한 감가상각비는 ₩30,000이며, 장부금액 ₩60,000의 설비자산을 ₩65,000에 처분하였다. 당기 설비자산구입액은 없다.

3. A회사는 당기에 ₩20,000의 현금배당을 실시하였으며, B회사와 C회사의 당기 이익처분은 없었다.

4. 당기 법인세비용과 이자비용은 각각 ₩20,000과 ₩12,000이며, 기초 및 기말 미지급이자는 없다.

물음 1 영업활동현금흐름을 간접법으로 표시하는 연결현금흐름표를 작성하시오. 단, A회사는 이자지급액은 영업활동현금흐름으로 표시하며, 배당금지급액은 재무활동현금흐름으로 표시한다.

물음 2 영업활동현금흐름을 직접법으로 작성하시오.

해답 **물음 1**

1. 계정분석

	(차) 현금및현금성자산	18,000[1]	(대) 매입채무	5,000
	매출채권	10,000	장기차입금	10,000
①	재고자산	2,000	비지배지분	14,000
	토지	20,000	현금(투자)	23,000[1]
	영업권	2,000		

[1] 종속기업의 취득대가로 현금을 지급한 경우에 취득 당시 종속기업이 보유한 현금및현금성자산을 가감한 순액으로 현금흐름표에 보고함. 따라서 C회사를 취득하기 위하여 ₩23,000을 지불했지만 C회사가 보유한 현금및현금성자산 ₩18,000을 차감한 ₩5,000을 현금흐름표에 투자활동으로 보고함

②	(차) 토지	20,000[1]	(대) 현금(투자)	20,000

[1] ₩670,000(기말) - ₩630,000(기초) - ₩20,000(C회사 토지) = ₩20,000

③	(차) 감가상각누계액	20,000	(대) 설비자산	80,000
	현금(투자)	65,000	유형자산처분이익(기타수익)	5,000

④	(차) 감가상각비(기타비용)	30,000	(대) 감가상각누계액	30,000

⑤	(차) 현금(재무)	36,000[1]	(대) 장기차입금	36,000

[1] ₩346,000(기말) - ₩300,000(기말) - ₩10,000(C회사 차입금) = ₩36,000

⑥	(차) 당기순이익	50,000[1]	(대) 이익잉여금	50,000

[1] 포괄손익계산서에서 연결당기순이익 중 지배기업소유주 귀속분은 연결당기순이익을 구성하는 일부분이므로 영업활동현금흐름으로 표시함

⑦	(차) 이익잉여금	20,000	(대) 현금(재무)	20,000

⑧	(차) 당기순이익	5,000[1]	(대) 비지배지분	5,000

[1] 포괄손익계산서에서 연결당기순이익 중 비지배지분순이익은 연결당기순이익을 구성하는 일부분이므로 영업활동현금흐름으로 표시함

2. 연결현금흐름표의 작성

연결현금흐름표(간접법)

A회사 및 종속기업	20×2년 1월 1일부터 20×2년 12월 31일까지	
영업활동현금흐름		
법인세비용차감전순이익		75,000
가감		(16,000)
이자비용	12,000	
유형자산처분이익	(5,000)	
감가상각비	30,000	
매출채권의 감소	40,000[1]	
재고자산의 증가	(18,000)[1]	
매입채무의 감소	(75,000)[1]	
영업에서 창출된 현금		59,000
이자지급		(12,000)
법인세지급		(13,000)[2]
영업활동순현금흐름		34,000
투자활동현금흐름		
종속기업의 취득에 따른 순현금흐름		(5,000)[3]
토지의 취득		(20,000)
설비자산의 처분		65,000
투자활동순현금흐름		40,000
재무활동현금흐름		
장기차입금의 차입		36,000
배당금의 지급		(20,000)
재무활동순현금흐름		16,000
현금및현금성자산의 증가		90,000
기초의 현금및현금성자산		60,000
기말의 현금및현금성자산		150,000

[1] 당기에 취득한 C회사의 매출채권, 재고자산 및 매입채무를 제외한 금액의 증감액임
 ① 매출채권의 감소: ₩120,000 - ₩150,000 - ₩10,000(C회사 매출채권) = ₩(40,000)
 ② 재고자산의 증가: ₩90,000 - ₩70,000 - ₩2,000(C회사 재고자산) = ₩18,000
 ③ 매입채무의 감소: ₩20,000 - ₩90,000 - ₩5,000(C회사 매입채무) = ₩(75,000)

[2] 법인세지급액

포괄손익계산서상 법인세비용	₩(20,000)
미지급법인세의 증가	7,000
계	₩(13,000)

[3] 종속기업의 취득에 따른 순현금흐름: 종속기업취득 ₩(23,000) + C회사 현금 ₩18,000 = ₩(5,000)

물음 2

연결현금흐름표(직접법)

A회사 및 종속기업　　20×2년 1월 1일부터 20×2년 12월 31일까지

영업활동현금흐름	
고객으로부터 수취한 현금	540,000
공급자에게 지급한 현금	(503,000)
기타영업활동으로 수취한 현금	120,000
기타영업활동에서 지급한 현금	(98,000)
영업에서 창출된 현금	59,000
이자지급	(12,000)
법인세지급	(13,000)
영업활동순현금흐름	34,000

⋮

[계산근거]

1. 고객으로부터 수취한 현금

매출활동관련손익: 매출액	₩500,000
매출채권의 감소	₩40,000[1]
계	₩540,000

[1] 매출채권의 감소: ₩120,000 - ₩150,000 - ₩10,000(C회사 매출채권) = ₩(40,000)

2. 공급자에게 지급한 현금

매입활동관련손익: 매출원가	₩(410,000)
재고자산의 증가	₩(18,000)[1]
매입채무의 감소	₩(75,000)[2]
계	₩(503,000)

[1] 재고자산의 증가: ₩90,000 - ₩70,000 - ₩2,000(C회사 재고자산) = ₩18,000
[2] 매입채무의 감소: ₩20,000 - ₩90,000 - ₩5,000(C회사 매입채무) = ₩(75,000)

3. 기타영업활동으로 수취한 현금

기타영업활동관련손익: 기타수익	₩125,000
설비자산처분이익	₩(5,000)
계	₩120,000

4. 기타영업활동에서 지급한 현금

기타영업활동관련손익: 기타비용	₩(128,000)[1]
감가상각비	₩30,000
계	₩(98,000)

[1] 기타비용 ₩160,000에서 이자비용 ₩12,000과 법인세비용 ₩20,000을 차감한 금액임

5. 이자지급액 및 법인세지급액

(1) 이자지급	₩(12,000)
(2) 법인세지급	
포괄손익계산서상 법인세비용	₩(20,000)
미지급법인세의 증가	₩7,000
계	₩(13,000)

해설 1. 회계기간 중 종속기업이나 기타 사업에 대한 지배력을 획득 또는 상실한 경우, 지배력상실의 현금흐름효과는 지배력획득의 현금흐름효과에서 차감하지 않고 각각 별도로 구분 표시한다.

2. 종속기업 또는 기타 사업에 대한 지배력획득 또는 상실의 대가로 현금을 지급하거나 수취한 경우에는 그러한 거래, 사건 또는 상황변화의 일부로서 취득이나 처분 당시 종속기업 또는 기타 사업이 보유한 현금및현금성자산을 가감한 순액으로 현금흐름표에 보고한다.

3. 지배력을 상실하지 않는 종속기업에 대한 소유지분의 변동으로 발생한 현금흐름은 자본거래로 보아 재무활동현금흐름으로 분류한다.

Ⅷ | 연결자본변동표

연결자본변동표는 연결실체의 일정시점의 자본의 잔액과 일정기간 동안 자본의 변동에 관한 정보를 제공하는 재무제표를 말한다. 연결자본변동표의 양식은 개별회계상 자본변동표의 양식과 동일한데, 한 가지 차이가 있다면 비지배지분의 변동사항이 추가된다는 점이다. 즉, 연결실체의 자본의 변동을 지배기업 소유주지분과 비지배지분으로 구분하여 표시하도록 규정하고 있다.

K-IFRS 제1001호 '재무제표 표시'에 의하면 자본변동표에는 다음의 정보를 포함해야 한다.

① 지배기업의 소유주와 비지배지분에게 각각 귀속되는 금액으로 구분하여 표시한 해당 기간의 총포괄손익
② 자본의 각 구성요소별로, K-IFRS 제1008호에 따라 인식된 소급적용이나 소급재작성의 영향
③ 자본의 각 구성요소별로 다음의 각 항목에 따른 변동액을 구분하여 표시한, 기초시점과 기말시점의 장부금액 조정내역
   a. 당기순손익
   b. 기타포괄손익
   c. 소유주로서의 자격을 행사하는 소유주와의 거래(소유주에 의한 출자와 소유주에 대한 배분, 그리고 지배력을 상실하지 않는 종속기업에 대한 소유지분의 변동을 구분하여 표시)

🔌 POINT 연결자본변동표

연결자본변동표의 정의	연결실체의 일정시점의 자본의 잔액과 일정기간 동안 자본의 변동에 관한 정보를 제공하는 재무제표
연결자본변동표의 양식	연결자본변동표의 양식은 연결실체의 자본의 변동을 지배기업 소유주지분과 비지배지분으로 구분하여 표시하도록 규정함

연결자본변동표에 포함될 정보	① 지배기업의 소유주와 비지배지분에게 각각 귀속되는 금액으로 구분하여 표시한 해당 기간의 총포괄손익
	② 자본의 각 구성요소별로, K-IFRS 제1008호에 따라 인식된 소급적용이나 소급재작성의 영향
	③ 자본의 각 구성요소별로 다음의 각 항목에 따른 변동액을 구분하여 표시한, 기초시점과 기말시점의 장부금액 조정내역
	   a. 당기순손익
	   b. 기타포괄손익
	   c. 소유주로서의 자격을 행사하는 소유주와의 거래(소유주에 의한 출자와 소유주에 대한 배분, 그리고 지배력을 상실하지 않는 종속기업에 대한 소유지분의 변동을 구분하여 표시)

[그림 6-4] 연결자본변동표의 양식

연결자본변동표

20×1년 1월 1일부터 20×1년 12월 31일까지

A회사 (단위: 원)

구분	납입자본	이익잉여금	기타자본요소	지배기업지분합계	비지배지분	자본총계
20×1년 1월 1일	×××	×××	×××	×××	×××	×××
회계정책변경누적효과		×××		×××	×××	×××
전기오류수정		×××		×××	×××	×××
재작성된 금액	×××	×××	×××	×××	×××	×××
연차배당		(×××)		(×××)		(×××)
유상증자	×××			×××		×××
재평가잉여금의 대체		×××	(×××)	-		-
총포괄손익		×××	×××	×××	×××	×××
20×1년 12월 31일	×××	×××	×××	×××	×××	×××

예제 8 연결자본변동표

20×1년 초에 A회사는 B회사의 보통주 80%를 ₩600,000에 취득하여 지배력을 획득하였다. 지배력획득일 현재 식별가능한 자산·부채의 장부금액과 공정가치는 동일하였으며, 20×1년 A회사와 B회사의 순자산의 변동내역은 다음과 같다.

(1) A회사 순자산 변동내역(단위: ₩)

구분	납입자본	이익잉여금	기타자본요소	총계
20×1년 1월 1일	1,000,000	500,000	-	1,500,000
유상증자	1,000,000	-	-	1,000,000
현금배당	-	(50,000)	-	(50,000)
주식배당	100,000	(100,000)	-	-
당기순이익	-	200,000	-	200,000
기타포괄손익공정가치측정금융자산평가이익	-	-	100,000	100,000
20×1년 12월 31일	2,100,000	550,000	100,000	2,750,000

(2) B회사 순자산 변동내역(단위: ₩)

구분	납입자본	이익잉여금	기타자본요소	총계
20×1년 1월 1일	500,000	200,000	-	700,000
현금배당	-	(20,000)	-	(20,000)
주식배당	50,000	(50,000)	-	-
당기순이익	-	60,000	-	60,000
기타포괄손익공정가치측정금융자산평가이익	-	-	75,000	75,000
20×1년 12월 31일	550,000	190,000	75,000	815,000

(3) A회사는 B회사 투자주식에 대해서 별도재무제표에서 원가법을 적용하고 있다.

물음1 20×1년 연결당기순이익과 연결기타포괄손익을 지배기업소유주 귀속분과 비지배지분 귀속분으로 배분하시오.

물음2 20×1년의 A회사와 B회사의 연결자본변동표를 작성하시오.

해답 **물음1**

1. 연결당기순이익

	A회사	B회사	합계
보고된 당기순이익	₩200,000	₩60,000	₩260,000
투자차액의 상각	-	-	-
내부거래제거			
배당금수익	₩(16,000)	-	₩(16,000)
연결조정 후 당기순이익	₩184,000	₩60,000	₩244,000

∴ 연결당기순이익: ₩184,000 + ₩60,000 = ₩244,000
    지배기업소유주 귀속 당기순이익: ₩184,000 + ₩60,000 × 80% = ₩232,000
    비지배지분순이익: ₩60,000 × 20% = ₩12,000

2. 연결기타포괄손익

	A회사	B회사	합계
보고된 기타포괄손익	₩100,000	₩75,000	₩175,000

∴ 연결기타포괄손익: ₩100,000 + ₩75,000 = ₩175,000
    지배기업소유주 귀속 기타포괄손익: ₩100,000 + ₩75,000 × 80% = ₩160,000
    비지배지분기타포괄손익: ₩75,000 × 20% = ₩15,000

물음2

연결자본변동표
20×1년 1월 1일부터 20×1년 12월 31일까지

A회사   (단위: 원)

구분	납입자본	이익잉여금	기타자본요소	지배기업지분합계	비지배지분	자본총계
20×1년 1월 1일	1,000,000	500,000	-	1,500,000	140,000[1]	1,640,000
유상증자	1,000,000	-	-	1,000,000	-	1,000,000
현금배당	-	(50,000)	-	(50,000)	(4,000)[2]	(54,000)
주식배당	100,000	(100,000)	-	-	-	-
당기순이익	-	232,000	-	232,000	12,000[3]	244,000
기타포괄손익공정가치측정금융자산평가이익	-	-	160,000	160,000	15,000[4]	175,000
20×1년 12월 31일	2,100,000	582,000	160,000	2,842,000	163,000	3,005,000

[1] ₩700,000 × 20% = ₩140,000
[2] ₩(20,000) × 20% = ₩(4,000)(종속기업이 지급한 지배기업에 대한 배당금은 내부거래에 해당하므로 연결자본변동표에는 반영되지 않음)
[3] 비지배지분순이익: ₩60,000 × 20% = ₩12,000
[4] 비지배지분기타포괄손익: ₩75,000 × 20% = ₩15,000

보론 1 | 연결주당이익

01. 의의

한국채택국제회계기준에서는 연결포괄손익계산서에 이익의 분배에 대해 서로 다른 권리를 가지는 보통주 종류별로 이에 대한 기본주당이익과 희석주당이익을 보통주에 귀속되는 계속영업손익과 당기순손익에 대하여 계산하고 포괄손익계산서에 표시하고 그 산출근거를 주석으로 기재하도록 규정하고 있다.

02. 기본주당이익

K-IFRS 제1033호 '주당이익'에서는 지배기업의 보통주에 귀속되는 당기순손익에 대하여 기본주당이익을 계산하고, 지배기업의 보통주에 귀속되는 계속영업손익을 표시할 경우 이에 대하여 기본주당이익을 계산하도록 규정하고 있다. 또한, 기본주당이익은 지배기업의 보통주에 귀속되는 특정 회계기간의 당기순손익(분자)을 그 기간에 유통된 보통주식수를 가중평균한 주식수(분모)로 나누어 계산해야 한다. 왜냐하면 연결재무제표의 납입자본은 지배기업의 납입자본만이 인식되고, 종속기업의 자본금은 연결재무제표를 작성하는 과정에서 투자주식으로 제거되거나, 비지배지분으로 대체되기 때문이다.

$$1.\ 기본주당순손익 = \frac{지배기업의\ 보통주당기순손익}{가중평균유통보통주식수}$$

$$2.\ 기본주당계속영업손익 = \frac{지배기업의\ 보통주계속영업손익}{가중평균유통보통주식수}$$

03. 희석주당이익

K-IFRS 제1033호 '주당이익'에서는 지배기업의 보통주에 귀속되는 당기순손익에 대하여 희석주당이익을 계산하고, 지배기업의 보통주에 귀속되는 계속영업손익을 표시할 경우 이에 대하여 희석주당이익을 계산하도록 규정하고 있다. 또한, 희석주당이익을 계산하기 위해서는 모든 희석효과가 있는 잠재적보통주(이하 '희석성 잠재적보통주'라 한다)의 영향을 고려하여 지배기업의 보통주에 귀속되는 당기순손익 및 가중평균유통보통주식수를 조정해야 한다.

$$1.\ 희석주당순손익 = \frac{지배기업의\ 보통주당기순손익 + 세후\ 잠재적보통주이익}{가중평균유통보통주식수 + 잠재적보통주식수}$$

$$2.\ 희석주당계속영업손익 = \frac{지배기업의\ 보통주계속영업손익 + 세후\ 잠재적보통주이익}{가중평균유통보통주식수 + 잠재적보통주식수}$$

⚡POINT 연결주당이익

기본주당이익	① 지배기업의 보통주에 귀속되는 당기순손익에 대하여 기본주당이익을 계산하고, 지배기업의 보통주에 귀속되는 계속영업손익을 표시할 경우 이에 대하여 기본주당이익을 계산함 ② 기본주당이익은 지배기업의 보통주에 귀속되는 특정 회계기간의 당기순손익(분자)을 그 기간에 유통된 보통주식수를 가중평균한 주식수(분모)로 나누어 계산함
희석주당이익	① 지배기업의 보통주에 귀속되는 당기순손익에 대하여 희석주당이익을 계산하고, 지배기업의 보통주에 귀속되는 계속영업손익을 표시할 경우 이에 대하여 희석주당이익을 계산함 ② 희석주당이익을 계산하기 위해서는 모든 희석효과가 있는 잠재적보통주(이하 '희석성 잠재적보통주'라 한다)의 영향을 고려하여 지배기업의 보통주에 귀속되는 당기순손익 및 가중평균유통보통주식수를 조정함

예제 9 연결주당이익(K-IFRS 사례)

다음은 지배기업인 A기업과 80% 지분을 소유한 종속기업인 B기업의 20×1년 주당이익과 관련된 자료이다.

(1) 지배기업인 A기업에 관한 자료
  ① A기업의 유통보통주식수는 10,000주이며, A기업의 이익은 다음과 같다. 단, 이 금액에는 종속기업의 이익 또는 종속기업이 지급한 배당은 제외되어 있다.

• 지배기업에 귀속되는 이익	₩14,000
• 지배기업의 우선주배당금	₩2,000

  ② A기업은 B기업의 보통주 800주와 B기업의 보통주를 매입할 수 있는 주식매입권 30개 및 전환우선주 300주를 보유하고 있다.
(2) 종속기업인 B기업에 대한 자료
  ① B기업의 유통보통주식주는 1,000주이며, 당기순이익으로 ₩5,400을 보고하였다.
  ② B기업이 발행한 주식매입권은 150개이며, 행사가격은 개당 ₩10이다. B기업의 보통주 1주당 평균시장가격은 ₩20이다.
  ③ B기업이 발행한 전환우선주는 400주이며, 전환우선주 1주당 보통주 1주로 전환이 가능하다. 전환우선주의 배당금은 1주당 ₩1이다.

물음1 종속기업인 B기업의 기본주당이익과 희석주당이익을 계산하시오.

물음2 지배기업인 A기업이 연결재무제표에 보고할 기본주당이익과 희석주당이익을 계산하시오.

해답

물음 1

(1) 기본주당이익: $\dfrac{₩5,400^{1)} - ₩400^{2)}}{1,000주^{3)}} = ₩5$

(2) 희석주당이익: $\dfrac{₩5,400^{4)}}{1,000주 + 75주^{5)} + 400주^{6)}} = ₩3.66$

$^{1)}$ 보통주에 귀속되는 종속기업의 이익

$^{2)}$ 종속기업이 지급한 전환우선주에 대한 배당

$^{3)}$ 종속기업의 유통보통주식수

$^{4)}$ 보통주에 귀속되는 종속기업의 이익(₩5,000)에 희석주당이익의 계산을 위하여 우선주배당금 ₩400을 가산함

$^{5)}$ 주식매입권에 따른 증분주식: 150주 - 150주 × ₩10/₩20 = 75주

$^{6)}$ 전환우선주의 전환을 가정한 종속기업의 보통주식수 계산: 전환우선주 400주 × 전환비율 100% = 400주

물음 2

(1) 기본주당이익: $\dfrac{₩12,000^{1)} + ₩4,300^{2)}}{10,000주^{3)}} = ₩1.63$

(2) 희석주당이익: $\dfrac{₩12,000 + ₩2,928^{4)} + ₩55^{5)} + ₩1,098^{6)}}{10,000주} = ₩1.61$

$^{1)}$ 지배기업의 보통주에 귀속되는 지배기업의 이익: ₩14,000 - ₩2,000 = ₩12,000

$^{2)}$ 연결기본주당이익에 포함되는 종속기업의 이익 계산: (800 × ₩5) + (300 × ₩1) = ₩4,300

$^{3)}$ 지배기업의 유통보통주식수

$^{4)}$ 보통주에 귀속되는 종속기업의 이익 중 지배기업의 지분 계산
(1,000주 × ₩3.66) × (800주 ÷ 1,000주) = ₩2,928

$^{5)}$ 주식매입권에 귀속되는 종속기업의 이익 중 지배기업의 지분 계산
(증분주식수 75주 × 주당 ₩3.66) × (30개 ÷ 150개) = ₩55

$^{6)}$ 전환우선주에 귀속되는 종속기업의 이익 중 지배기업의 지분 계산
(전환으로 인한 주식수 400주 × 주당 ₩3.66) × (300주 ÷ 400주) = ₩1,098

Chapter 06
O, X 연습문제

01 종속기업이 소유하고 있는 지배기업주식은 지배기업의 자본계정과 상계하지 아니하고 연결재무   (O, X)
상태표에 자기주식으로 표시한다.

02 지배·종속관계가 연속적으로 성립하는 경우 연결재무상태표상 자본계정은 지배기업 및 중간지   (O, X)
배기업의 자본계정과 비지배지분으로 구성된다.

03 연결조정 시 투자차액은 일시적차이에 해당하므로 이에 대한 이연법인세를 인식해야 한다.   (O, X)

04 비지배지분은 특정 자산·부채에 배분된 투자차액에 대한 이연법인세를 반영한 후의 금액으로   (O, X)
계산해야 한다.

05 종속기업의 취득과 처분에 따른 총현금흐름은 연결현금흐름표에 투자활동으로 분류한다.   (O, X)

06 지배력을 상실하지 않은 종속기업에 대한 소유지분의 변동으로 발생한 현금흐름은 투자활동현금   (O, X)
흐름으로 분류한다.

정답 및 해설

01   O

02   X   지배·종속관계가 연속적으로 성립하는 경우 연결재무상태표상 자본계정은 지배기업의 자본계정과 비지배지분으로 구성된다.

03   X   투자차액 중 영업권에 대해서는 이연법인세부채를 인식하지 않는다.

04   O

05   O

06   X   지배력을 상실하지 않은 종속기업에 대한 소유지분의 변동으로 발생한 현금흐름은 자본거래로 보아 재무활동현금흐름으로 분류한다.

01 (주)갑은 20×1년 1월 1일에 (주)을의 보통주 70%를 ₩210,000에 취득하였으며, 동 일자에 (주)을은 (주)병의 보통주 80%를 ₩80,000에 취득하였다. 취득일 현재 (주)을과 (주)병의 주주지분은 다음과 같으며, 순자산의 장부금액과 공정가치는 일치하였다.

	(주)을	(주)병
자본금	₩150,000	₩50,000
이익잉여금	₩100,000	₩30,000
계	₩250,000	₩80,000

20×1년 (주)을과 (주)병의 당기순이익은 각각 ₩26,000과 ₩5,000이며, 배당 및 기타 자본변동은 없다. (주)갑과 (주)을은 각각 (주)을과 (주)병의 투자주식을 원가법으로 회계처리하고 있으며, 비지배지분은 종속기업의 식별가능한 순자산공정가치에 비례하여 결정한다. 20×1년 말 연결재무제표상 비지배지분은 얼마인가? 단, 영업권은 손상되지 않았으며, 법인세효과는 고려하지 않는다. [2014 공인회계사 1차]

① ₩91,000
② ₩98,800
③ ₩99,800
④ ₩101,000
⑤ ₩101,300

02 20×1년 1월 1일 A회사는 B회사의 보통주 80%와 C회사의 보통주 20%를 각각 ₩860,000과 ₩180,000에 취득하였으며, B회사도 C회사의 보통주 40%를 ₩340,000에 취득하였다. 관련자료는 다음과 같다.

(1) 20×1년 1월 1일 A회사, B회사 및 C회사의 주주지분은 다음과 같으며 B회사 및 C회사의 순자산장부금액과 공정가치는 일치하였다.

	A회사	B회사	C회사
자본금	₩1,000,000	₩750,000	₩500,000
이익잉여금	₩500,000	₩250,000	₩250,000
계	₩1,500,000	₩1,000,000	₩750,000
당기순이익	₩250,000	₩200,000	₩100,000

(2) 연결실체 간 내부거래는 다음과 같다.

① 20×1년 중에 B회사는 C회사에 ₩250,000의 상품을 판매하였으며 20×1년 말 C회사의 기말재고자산에 남아있는 B회사의 상품은 ₩75,000이었다. B회사의 매출총이익률은 20%이다.

② 20×1년 중에 C회사는 B회사에 ₩100,000의 상품을 판매하였으며 20×1년 말 B회사의 기말재고자산에 남아있는 C회사의 상품은 ₩40,000이었다. C회사의 매출총이익률은 20%이다.

20×1년의 연결당기순이익 중 지배기업소유주 귀속분과 비지배지분순이익은 각각 얼마인가?

	지배기업소유주 귀속분	비지배지분순이익
①	₩445,840	₩81,160
②	₩445,840	₩82,600
③	₩445,840	₩89,760
④	₩460,250	₩94,840
⑤	₩460,250	₩99,760

제조업을 영위하는 (주)대한은 20×1년 1월 1일 (주)민국의 보통주식 80%를 ₩270,000에 취득하여 지배력을 획득하였다. 지배력획득일 현재 (주)민국의 순자산장부금액은 ₩200,000(자본금 ₩100,000, 이익잉여금 ₩100,000)이다.

〈추가자료〉

(1) 지배력획득일 현재 (주)민국의 자산과 부채 중 장부금액과 공정가치가 다른 자산은 건물로서 차이 내역은 다음과 같다.

	장부금액	공정가치
건물	₩150,000	₩200,000

위 건물은 원가모형에 따라 회계처리되며, 지배력획득일 현재 잔존내용연수는 10년이고 잔존가치 없이 정액법으로 감가상각한다.

(2) 20×1년 중에 (주)민국은 원가 ₩20,000의 상품을 (주)대한에게 ₩30,000에 판매하였다. (주)대한은 이 재고자산 중 80%를 20×1년에 외부로 판매하고, 나머지 20%는 20×1년 말 현재 재고자산으로 보유하고 있다.

(3) (주)민국은 20×1년 당기순이익으로 ₩20,000을 보고하였다.

(4) (주)대한은 별도재무제표상 (주)민국 주식을 원가법으로 회계처리하고 있으며, 연결재무제표 작성 시 비지배지분은 종속기업의 식별가능한 순자산공정가치에 비례하여 결정한다.

03　(주)대한의 20×1년 말 연결재무제표에 계상되는 영업권과 비지배지분귀속당기순이익은 각각 얼마인가? 단, 영업권 손상 여부는 고려하지 않는다.

	영업권	비지배지분귀속당기순이익
①	₩70,000	₩2,600
②	₩70,000	₩3,600
③	₩80,000	₩4,000
④	₩60,000	₩2,600
⑤	₩60,000	₩3,600

04　(주)대한과 (주)민국에 적용되는 법인세율은 모두 25%이며, 이는 당분간 유지될 전망이다. 이러한 법인세효과를 추가적으로 고려하는 경우, 지배력획득일에 작성되는 (주)대한의 연결재무상태표에 계상되는 영업권은 얼마인가?　　　　　　　　　　[2016 공인회계사 1차]

① ₩57,500　　　　　　② ₩70,000　　　　　　③ ₩72,500

④ ₩80,000　　　　　　⑤ ₩82,500

※ 다음 〈자료〉를 이용하여 **05 ~ 06**에 답하시오.　　　　　　　　　　　[2023 공인회계사 1차]

〈자료〉
- (주)대한은 20×1년 초에 (주)민국의 보통주 75%를 ₩150,000에 취득하여 지배력을 획득하였다. 지배력 획득일 현재 (주)민국의 순자산 장부금액은 ₩150,000(자본금 ₩100,000, 이익잉여금 ₩50,000)이다.
- 지배력 획득일 현재 (주)민국의 식별가능한 자산과 부채 중 장부금액과 공정가치가 다른 내역은 다음과 같다.

구분	장부금액	공정가치	추가정보
토지	₩50,000	₩80,000	원가모형 적용

- 20×1년 중에 (주)민국은 원가 ₩10,000의 재고자산(제품)을 (주)대한에게 ₩20,000에 판매하였다. (주)대한은 이 재고자산의 50%를 20×1년 중에 외부로 판매하고, 나머지 50%는 20×1년 말 현재 재고자산으로 보유하고 있다.
- (주)민국이 보고한 20×1년도 당기순이익은 ₩30,000이다.
- (주)대한은 별도재무제표에서 (주)민국에 대한 투자주식을 원가법으로 회계처리하고 있으며, 연결재무제표 작성 시 비지배지분은 종속기업의 식별가능한 순자산공정가치에 비례하여 결정한다.
- (주)대한과 (주)민국에 적용되는 법인세율은 모두 20%이며, 이는 당분간 유지될 전망이다.

05　법인세효과를 고려하는 경우, (주)대한이 지배력 획득일에 인식할 영업권은 얼마인가?

① ₩10,500　　　　　　② ₩15,000　　　　　　③ ₩19,500
④ ₩32,000　　　　　　⑤ ₩43,500

06　법인세효과를 고려하는 경우, (주)대한의 20×1년 말 연결포괄손익계산서에 표시되는 비지배지분귀속당기순이익은 얼마인가? 단, 영업권 손상 여부는 고려하지 않는다.

① ₩6,000　　　　　　② ₩6,500　　　　　　③ ₩7,000
④ ₩8,000　　　　　　⑤ ₩8,500

정답 및 해설

정답

01 ④   02 ①   03 ①   04 ④   05 ③   06 ②

해설

01 ④   **1. (주)병의 비지배지분**

(주)병의 순자산공정가치: ₩80,000 + ₩5,000 =	₩85,000
비지배지분율	× 20%
계	₩17,000

2. (주)을의 비지배지분

(주)을의 순자산공정가치: ₩250,000 + ₩26,000 =	₩276,000
(주)병의 당기순이익 중 (주)을 지분: ₩5,000 × 80% =	₩4,000
계	₩280,000
비지배지분율	× 30%
계	₩84,000

∴ 연결재무제표상 비지배지분: ₩17,000 + ₩84,000 = ₩101,000

02 ①

	A회사	B회사	C회사	합계
보고된 당기순이익	₩250,000	₩200,000	₩100,000	₩550,000
내부거래제거				
재고자산		₩(15,000)	₩(8,000)	₩(23,000)
연결조정 후 당기순이익	₩250,000	₩185,000	₩92,000	₩527,000
∴ 연결당기순이익:	₩250,000 +	₩185,000 +	₩92,000 =	₩527,000
지배기업소유주 귀속:	₩250,000 +	₩148,000[1] +	₩47,840[3] =	₩445,840
비지배지분순이익(B):		₩37,000[2] +	₩7,360[4] =	₩44,360
비지배지분순이익(C):			₩36,800[5] =	₩36,800

[1] ₩185,000 × 80% = ₩148,000
[2] ₩185,000 × 20% = ₩37,000
[3] ₩92,000 × (80% × 40% + 20%) = ₩47,840
[4] ₩92,000 × 20% × 40% = ₩7,360
[5] ₩92,000 × 40% = ₩36,800

별해

1. 연결당기순이익 중 지배기업소유주 귀속분

A = ₩250,000 + B × 80% + C × 20%, B = ₩185,000 + C × 40%, C = ₩92,000

앞의 식을 풀면, A = ₩445,840, B = ₩221,800, C = ₩92,000

∴ 연결당기순이익 중 지배기업소유주 귀속분: ₩445,840

2. 연결당기순이익 중 비지배지분 귀속분(비지배지분순이익)

B회사 비지배지분순이익: ₩221,800 × 20% =	₩44,360
C회사 비지배지분순이익: ₩92,000 × 40% =	₩36,800
계	₩81,160

또는 연결당기순이익 − 지배기업소유주 귀속 당기순이익: ₩527,000 − ₩445,840 = ₩81,160

03 ① 1. 영업권

투자주식의 취득원가		₩270,000
(주)민국의 순자산공정가치		
순자산장부금액	₩200,000	
투자차액(건물)	₩50,000	
계	₩250,000	
지배기업지분율	× 80%	₩(200,000)
영업권		₩70,000

2. 비지배지분귀속당기순이익

(주)민국의 보고된 당기순이익	₩20,000
투자차액상각(건물)	₩(5,000)
재고자산 미실현이익	₩(2,000)
(주)민국의 연결조정 후 당기순이익	₩13,000
비지배지분율	× 20%
비지배지분순이익	₩2,600

04 ④

(주)민국 투자주식의 취득원가		₩270,000
(주)민국의 순자산장부금액	₩200,000	
건물 과소평가	₩50,000	
투자차액에 대한 이연법인세부채		
₩50,000 × 25% =	₩(12,500)	
(주)민국의 순자산공정가치	₩237,500	
지배기업지분율	× 80%	(190,000)
영업권		₩80,000

05 ③

(주)민국 투자주식의 취득원가		₩150,000
(주)민국의 순자산장부금액	₩150,000	
건물 과소평가	30,000	
투자차액에 대한 이연법인세부채		
₩30,000 × 20% =	(6,000)	
(주)민국의 순자산공정가치	₩174,000	
지배기업지분율	× 75%	(130,500)
영업권		₩19,500

06 ②

(주)민국의 보고된 당기순이익	₩30,000
재고자산 미실현손익: ₩10,000 × 50% × (1 − 20%) =	(4,000)
(주)민국의 연결조정 후 당기순이익	₩26,000
비지배지분율	× 25%
비지배지분순이익	₩6,500

Chapter 06
주관식 연습문제

합동소유

01 20×1년 1월 1일에 (주)대한은 (주)민국의 발행주식 70%를 ₩250,000에 취득하였으며, 또한 (주)서울의 발행주식 40%를 ₩40,000에 취득하였다. 그리고 동 일자에 (주)민국은 (주)서울의 발행주식 20%를 ₩20,000에 취득하였다. 20×1년 1월 1일 현재 (주)대한, (주)민국, (주)서울의 자본계정은 다음과 같으며, 순자산장부금액과 공정가치는 일치하였다.　　　　　　　　　　　　　　　　　　　　[2014 공인회계사 2차]

	(주)대한	(주)민국	(주)서울
자본금	₩700,000	₩200,000	₩60,000
이익잉여금	₩300,000	₩100,000	₩30,000

〈추가자료〉
(1) (주)대한은 (주)민국과 (주)서울에 대한 투자주식을 원가법으로 회계처리하고 있으며, (주)민국은 (주)서울의 주식을 지분법으로 회계처리하고 있다.
(2) (주)대한, (주)민국, (주)서울이 보고한 20×1년도의 당기순이익은 아래와 같다. 이 중 (주)민국의 당기순이익에는 (주)서울 주식에 대한 관계기업투자주식평가손익(지분법손익)이 포함되어 있다.

	(주)대한	(주)민국	(주)서울
당기순이익	₩115,000	₩32,000	₩8,000

(3) 연결재무제표 작성 시 비지배지분은 종속기업의 식별가능한 순자산공정가치에 비례하여 결정한다.

물음1 (주)서울에 대한 투자주식과 관련하여, (주)민국의 20×1년 말 재무제표에 계상되는 관계기업투자주식의 장부금액을 구하시오. 단, 20×1년 말 현재 영업권에 대한 손상은 발생하지 않은 것으로 가정한다.

물음2 (주)대한이 작성하는 20×1년도의 연결재무제표에 계상될 다음의 금액을 구하시오. 단, 20×1년 말 현재 영업권에 대한 손상은 발생하지 않은 것으로 가정하며, 해당 금액이 없는 경우에는 "0"으로 표시하시오.

[연결재무상태표]

영업권	①

[연결포괄손익계산서]

연결당기순이익	
지배기업소유주순이익	②
비지배지분순이익	③

1. **20×1년 말 재무제표에 계상되는 관계기업투자주식의 장부금액: ₩21,600**

피투자자 순자산장부금액: ₩60,000 + ₩30,000 + ₩8,000 =	₩98,000
투자차액 미상각잔액	-
피투자자의 상향 내부거래 미실현손익 잔액	-
피투자자의 순자산공정가치	₩98,000
투자자의 지분율	× 20%
① 피투자자 순자산공정가치에 대한 지분	₩19,600
② 영업권: ₩20,000 - ₩90,000 × 20% =	₩2,000
③ 투자자의 하향 내부거래 미실현손익 잔액 × 투자지분율	-
관계기업투자(① + ② + ③)	₩21,600

2. **회계처리**

일자	회계처리				
20×1년 초	(차) 관계기업투자	20,000	(대) 현금	20,000
20×1년 말	(차) 관계기업투자	1,600	(대) 지분법이익(NI)	1,600[1]
	[1] ₩8,000 × 20% = ₩1,600			

<연결재무상태표>

영업권	① ₩46,000

<연결포괄손익계산서>

연결당기순이익	
지배기업소유주순이익	② ₩140,600
비지배지분순이익	③ ₩12,800

1. **영업권:** (1) + (2) = ₩40,000 + ₩6,000 = ₩46,000

  (1) (주)대한의 영업권

(주)민국의 지분의 취득원가	₩250,000
취득일의 (주)민국의 순자산공정가치에 대한 지배기업지분: ₩300,000 × 70% =	₩(210,000)
영업권	₩40,000

  (2) (주)대한과 (주)민국의 영업권

(주)서울의 지분의 취득원가: ₩40,000 + ₩20,000 =	₩60,000
취득일의 (주)서울의 순자산공정가치에 대한 지배기업지분: ₩90,000 × 60% =	₩(54,000)
영업권	₩6,000

2. **연결당기순이익**

	(주)대한	(주)민국	(주)서울	합계
보고된 당기순이익	₩115,000	₩32,000	₩8,000	₩155,000
내부거래제거				
지분법이익		₩(1,600)		₩(1,600)
연결조정 후 당기순이익	₩115,000	₩30,400	₩8,000	₩153,400
∴ 연결당기순이익:	₩115,000 +	₩30,400 +	₩8,000 =	₩153,400
지배기업소유주 귀속:	₩115,000 +	₩21,280[1] +	₩4,320[3] =	₩140,600
비지배지분순이익(민국):		₩9,120[2] +	₩480[4] =	₩9,600
비지배지분순이익(서울):			₩3,200[5] =	₩3,200

[1] ₩30,400 × 70% = ₩21,280
[2] ₩30,400 × 30% = ₩9,120
[3] ₩8,000 × (40% + 70% × 20%) = ₩4,320
[4] ₩8,000 × 20% × 30% = ₩480
[5] ₩8,000 × 40% = ₩3,200

별해

1. **지배기업소유주 귀속 당기순이익**

   A = ₩115,000 + B × 70% + C × 40%

   B = ₩30,400 + C × 20%

   C = ₩8,000

   앞의 식을 풀면

   A = ₩140,600

   B = ₩32,000

   C = ₩8,000

   ∴ 연결당기순이익 중 지배기업소유주 귀속분: ₩140,600

2. **비지배지분순이익**

(주)민국 비지배지분순이익: ₩32,000 × 30% =	₩9,600
(주)서울 비지배지분순이익: ₩8,000 × 40% =	₩3,200
계	₩12,800

해설 1. 별도재무제표상 지분법으로 회계처리한 경우에는 투자주식을 원가법으로 환원한 후 연결조정분개를 수행하여야 하며, 지분법이익은 내부거래에 해당하므로 제거한 후 연결당기순이익을 계산하여야 한다.

2. **20×1년 말 연결조정분개**

[원가법 환원 분개]

① 원가법 환원 분개	(차) 지분법이익	1,600	(대) 관계기업투자	1,600[1]

[1] 투자주식을 원가법으로 환원하는 분개

[투자주식과 자본계정의 상계제거]

② 취득시점의 투자·자본 상계(서울)	(차) 자본금(서울)	60,000	(대) 투자주식(대한)	40,000
	이익잉여금(서울)	30,000[1]	투자주식(민국)	20,000
	영업권	6,000[2]	비지배지분	36,000[3]

[1] 20×1년 초 이익잉여금
[2] 영업권: ₩60,000 - (₩60,000 + ₩30,000) × 60% = ₩6,000
[3] 비지배지분: (₩60,000 + ₩30,000) × 40% = ₩36,000

③ 취득시점의 투자·자본 상계(민국)	(차) 자본금(민국)	200,000	(대) 투자주식(대한)	250,000
	이익잉여금(민국)	100,000[1]	비지배지분	90,000[3]
	영업권	40,000[2]		

[1] 20×1년 초 이익잉여금
[2] 영업권: ₩250,000 - (₩200,000 + ₩100,000) × 70% = ₩40,000
[3] 비지배지분: (₩200,000 + ₩100,000) × 30% = ₩90,000

[비지배지분순이익 계상]

④ 비지배지분순이익 계상	(차) 이익잉여금	12,800	(대) 비지배지분	12,800

02 ※ 다음은 물음 1 과 물음 2 에 대한 정보이다.

유통업을 영위하는 (주)대한은 20×1년 1월 1일에 (주)민국의 발행주식 70%를 ₩250,000에 취득하였으며, 동 일자에 (주)민국은 (주)서울의 발행주식 60%를 ₩70,000에 취득하였다. 20×1년 1월 1일 현재 (주)대한, (주)민국, (주)서울의 자본계정은 다음과 같으며, 순자산장부금액과 공정가치는 일치하였다.

[2017 공인회계사 2차]

구분	(주)대한	(주)민국	(주)서울
자본금	₩500,000	₩200,000	₩60,000
이익잉여금	₩300,000	₩100,000	₩30,000

〈추가자료〉

(1) (주)대한과 (주)민국은 각각의 종속기업인 (주)민국과 (주)서울에 대한 투자주식을 원가법으로 회계처리하고 있으며, 연결재무제표 작성 시 비지배분은 종속기업의 식별가능한 순자산공정가치에 비례하여 결정한다.

(2) 20×1년 중에 (주)대한은 (주)민국 및 (주)서울로부터 아래의 상품을 매입하였다. (주)민국과 (주)서울의 매출총이익률은 모두 30%이다.

판매회사 → 매입회사	판매액	매입회사 기말재고
(주)민국 → (주)대한	₩30,000	₩20,000
(주)서울 → (주)대한	₩10,000	₩10,000

(3) 20×1년 7월 1일에 (주)대한은 사용하던 차량운반구(장부금액 ₩20,000)를 ₩28,000에 (주)민국에게 현금 매각하였다. 매각일 현재 차량운반구의 잔존내용연수는 2년, 잔존가치는 ₩0, 감가상각방법은 정액법이다. (주)민국은 동 차량운반구를 20×1년 말 현재 사용하고 있다.

(4) (주)대한, (주)민국, (주)서울의 20×1년도의 당기순이익은 각각 ₩70,000, ₩30,000, ₩15,000이다.

물음 1   (주)대한, (주)민국, (주)서울의 별도(개별)재무제표를 계정과목별로 단순 합산한 장부금액이 아래와 같을 경우, (주)대한의 20×1년도 연결재무제표에 계상될 금액을 계산하시오. 단, 20×1년 말 현재 영업권에 대한 손상은 발생하지 않은 것으로 가정한다.

[연결포괄손익계산서 항목]

계정과목	단순합산장부금액	연결재무제표
매출액	₩820,000	①
매출원가	₩640,000	②

[연결재무상태표 항목]

계정과목	단순합산장부금액	연결재무제표
차량운반구(순액)	₩180,000	③
영업권	₩0	④

물음 2 (주)대한의 20×1년도 연결재무제표에 계상될 연결당기순이익을 ⑤ 지배기업귀속당기순이익과 ⑥ 비지배지분귀속당기순이익으로 구분하여 계산하시오.

지배기업귀속당기순이익	⑤
비지배지분귀속당기순이익	⑥

※ 물음 3 은 물음 1 , 물음 2 와 독립적이다.

물음 3 20×2년 1월 1일에 (주)대한은 (주)민국의 발행주식 70%를 ₩250,000에 취득하였다. 취득일 현재 (주)민국의 자본합계는 ₩300,000(자본금 ₩200,000, 이익잉여금 ₩100,000)이며, 아래의 종속기업투자주식을 제외한 순자산장부금액과 공정가치는 일치하였다.

〈(주)민국의 재무자료〉

구분	장부금액	공정가치
종속기업투자주식	₩70,000	₩80,000

한편 (주)민국은 20×1년 1월 1일에 (주)서울의 발행주식 60%를 ₩70,000에 취득하여 지배력을 획득한 바 있다. 취득일 당시 (주)서울의 자본합계는 ₩90,000이며, 순자산장부금액은 공정가치와 일치하였다.

〈(주)서울의 재무자료〉

구분	20×1. 1. 1.	20×2. 1. 1.
자본금	₩60,000	₩60,000
이익잉여금	₩30,000	₩40,000

(주)서울이 20×1년 당기순이익으로 보고한 금액은 ₩10,000이며, 이익처분은 없다. 또한 20×2년 초 현재 순자산장부금액과 공정가치도 일치한다. (주)대한과 (주)민국은 각각의 종속기업인 (주)민국과 (주)서울에 대한 투자주식을 원가법으로 회계처리하며, 연결재무제표 작성 시 종속기업에 대한 비지배지분은 종속기업의 식별가능한 순자산공정가치에 비례하여 결정한다.

지배력획득일(20×2년 1월 1일) 현재 (주)대한의 연결재무상태표에 계상되는 ⑦ 영업권 금액을 계산하시오.

영업권	⑦

1. 20×1년 말 연결조정분개
[투자주식과 자본계정의 상계제거]

① 취득시점의 투자·자본 상계(서울)	(차) 자본금(서울)	60,000	(대) 투자주식(서울)	70,000
	이익잉여금(서울)	30,000[1]	비지배지분	36,000[3]
	영업권	16,000[2]		

[1] 20×1년 초 이익잉여금
[2] 영업권: ₩70,000 - (₩60,000 + ₩30,000) × 60% = ₩16,000
[3] 비지배지분: (₩60,000 + ₩30,000) × 40% = ₩36,000

② 취득시점의 투자·자본 상계(민국)	(차) 자본금(민국)	200,000	(대) 투자주식(민국)	250,000
	이익잉여금(민국)	100,000[1]	비지배지분	90,000[3]
	영업권	40,000[2]		

[1] 20×1년 초 이익잉여금
[2] 영업권: ₩250,000 - (₩200,000 + ₩100,000) × 70% = ₩40,000
[3] 비지배지분: (₩200,000 + ₩100,000) × 30% = ₩90,000

[내부거래제거]

| ③ 매출 및 매출원가 상계 | (차) 매출 | 40,000[1] | (대) 매출원가 | 40,000 |

[1] ₩30,000 + ₩10,000 = ₩40,000

| ④ 당기 미실현손익 제거 ((주)민국 → (주)대한) | (차) 매출원가 | 6,000[1] | (대) 재고자산 | 6,000 |

[1] ₩20,000 × 30% = ₩6,000

| ⑤ 당기 미실현손익 제거 ((주)서울 → (주)대한) | (차) 매출원가 | 3,000[1] | (대) 재고자산 | 3,000 |

[1] ₩10,000 × 30% = ₩3,000

| ⑥ 당기 미실현손익 제거 ((주)대한 → (주)민국) | (차) 유형자산처분이익 | 8,000 | (대) 차량운반구 | 8,000 |
| | 차량운반구 | 2,000[1] | 감가상각비 | 2,000 |

[1] ₩8,000 ÷ 2년 × 6/12 = ₩2,000

[비지배지분순이익 계상]

| ⑦ 비지배지분순이익 계상 | (차) 이익잉여금 | 14,160 | (대) 비지배지분 | 14,160 |

2. 연결재무제표의 계정잔액
[연결포괄손익계산서 항목]

계정과목	단순합산장부금액	연결재무제표
매출액	₩820,000	① ₩820,000 - ₩40,000 = ₩780,000
매출원가	₩640,000	② ₩640,000 - ₩40,000 + ₩6,000 + ₩3,000 = ₩609,000

[연결재무상태표 항목]

계정과목	단순합산장부금액	연결재무제표
차량운반구(순액)	₩180,000	③ ₩180,000 - ₩8,000 + ₩2,000 = ₩174,000
영업권	₩0	④ ₩16,000 + ₩40,000 = ₩56,000

물음 2

지배기업귀속당기순이익	⑤ ₩85,840
비지배지분귀속당기순이익	⑥ ₩14,160

연결당기순이익: ₩64,000 + ₩24,000 + ₩12,000 = ₩100,000

	(주)대한	(주)민국	(주)서울	합계
보고된 당기순이익	₩70,000	₩30,000	₩15,000	₩115,000
내부거래제거	₩(6,000)	₩(6,000)	₩(3,000)	₩(15,000)
연결조정 후 당기순이익	₩64,000	₩24,000	₩12,000	₩100,000

∴ 연결당기순이익:	₩64,000 +	₩24,000 +	₩12,000 =	₩100,000
지배기업소유주 귀속:	₩64,000 +	₩16,800[1] +	₩5,040[3] =	₩85,840
비지배지분순이익(민국):		₩7,200[2] +	₩2,160[4] =	₩9,360
비지배지분순이익(서울):			₩4,800[5] =	₩4,800

[1] ₩24,000 × 70% = ₩16,800
[2] ₩24,000 × 30% = ₩7,200
[3] ₩12,000 × 70% × 60% = ₩5,040
[4] ₩12,000 × 30% × 60% = ₩2,160
[5] ₩12,000 × 40% = ₩4,800

별해

1. **지배기업귀속당기순이익:** ₩85,840

    A = ₩64,000 + B × 70%

    B = ₩24,000 + C × 60%

    C = ₩12,000

    A = ₩85,840, B = ₩31,200, C = ₩12,000

2. **비지배지분순이익:** ₩12,000 × 40% + ₩31,200 × 30% = ₩14,160

물음 3

1. 20×2년 초 연결조정분개

    [투자주식과 자본계정의 상계제거]

① 취득시점의 투자 · 자본 상계(서울)	(차) 자본금(서울)	60,000	(대) 투자주식(서울)	70,000
	이익잉여금(서울)	30,000[1]	비지배지분	36,000[3]
	영업권	16,000[2]		

[1] 20×1년 초 이익잉여금
[2] 영업권: ₩70,000 - (₩60,000 + ₩30,000) × 60% = ₩16,000
[3] 비지배지분: (₩60,000 + ₩30,000) × 40% = ₩36,000

② 취득시점의 이후 자본변동(서울)	(차) 이익잉여금(서울)	10,000[1]	(대) 이익잉여금(민국)	6,000
			비지배지분	4,000

[1] 20×1년 이익잉여금 증가분(당기순이익)

③ 취득시점의 투자 · 자본 상계(민국)	(차) 자본금(민국)	200,000	(대) 투자주식(민국)	250,000
	이익잉여금(민국)	106,000[1]	비지배지분	91,800[3]
	영업권	35,800[2]		

[1] 20×2년 초 연결재무제표상 이익잉여금: ₩100,000 + ₩6,000 = ₩106,000
[2] 영업권: ₩250,000 - (₩200,000 + ₩106,000) × 70% = ₩35,800
[3] 비지배지분: (₩200,000 + ₩106,000) × 30% = ₩91,800

영업권	⑦ ₩16,000 + ₩35,800 = ₩51,800

2. (주)대한이 20×2년 초 연결재무상태표에 인식할 영업권은 (주)민국의 별도재무제표상 자본금과 이익잉여금이 아닌 연결재무상태표상 자본금과 이익잉여금을 기준으로 계산되어야 한다.

03 (주)대한은 20×1년 1월 1일 (주)민국의 의결권 있는 보통주 80%를 ₩380,000에 취득하여 지배력을 획득하였다. 주식취득일 현재 (주)민국의 자본계정은 자본금 ₩300,000과 이익잉여금 ₩100,000으로 구성되어 있으며, (주)민국의 자산·부채 중에서 장부금액과 공정가치가 일치하지 않는 항목은 다음과 같다.

[2013 공인회계사 2차]

구분	장부금액	공정가치
재고자산	₩200,000	₩230,000
건물	₩180,000	₩200,000

위 자산 중 재고자산은 20×1년 중에 모두 외부로 판매되었으며, 20×1년 1월 1일 현재 건물의 잔존내용연수는 10년, 잔존가치는 ₩0이고 정액법으로 상각한다.

(주)대한과 (주)민국의 20×1년 별도(개별)재무제표상 당기순이익은 각각 ₩150,000과 ₩50,000이다. (주)대한은 (주)민국의 주식을 원가법으로 회계처리하고 있으며, 연결재무제표 작성 시 비지배지분은 종속기업의 식별가능한 순자산공정가치에 비례하여 결정한다.

물음 1 20×1년 연결포괄손익계산서에 보고되는 ① 당기순이익과 20×1년 말 연결재무상태표(자본)에 보고되는 ② 비지배지분을 계산하시오. 단, 법인세 효과는 고려하지 않는다.

연결당기순이익	①
비지배지분	②

물음 2 20×1년 말 현재 (주)대한과 (주)민국의 법인세율은 25%이고, 이는 향후에도 유지될 예정이다. 이러한 법인세 효과를 고려할 때, 주식취득일에 (주)대한의 연결재무상태표에 계상될 ① 영업권과 20×1년 말 연결재무상태표에 계상될 ② 이연법인세자산(또는 부채)을 계산하시오. 단, '이연법인세자산' 또는 '이연법인세부채' 여부를 명확히 표시하시오.

영업권	①
이연법인세자산(또는 부채)	②

다음에 제시되는 물음은 각각 독립된 상황이다.

물음 3 (주)강남은 보유 중이던 기계장치(취득원가 ₩15,000, 감가상각누계액 ₩10,000)를 20×1년 1월 1일에 (주)강북에 매각하였다. 매각일 현재 기계장치의 잔존내용연수는 5년, 잔존가치는 ₩0이고 정액법에 따라 상각한다. 20×2년 말 (주)강남과 (주)강북은 연결재무제표를 작성하면서 위 기계장치 매각과 관련하여 다음과 같은 연결조정분개를 수행하였다.

(차) 기계장치	5,000	(대) 감가상각누계액	8,000
이익잉여금	2,600	감가상각비	1,000
비지배지분	1,400		

(1) 위 기계장치의 매각금액을 구하시오.

(2) (주)강남과 (주)강북 중 ① 어느 회사가 지배기업인지 밝히고, 지배기업의 종속기업에 대한 ② 지분율을 구하시오.

지배기업	①
지분율	②

(3) (주)강북이 위 기계장치를 20×3년 말에 외부에 ₩3,200에 매각한다면, 20×3년 연결포괄손익계산서에 계상될 기계장치처분손익을 계산하시오. 단, 손실인 경우 금액 앞에 (−)를 표시하시오.

물음 4 한국채택국제회계기준에 따르면, 사업 결합을 통해 취득한 영업권은 매 보고기간마다 회수가능액을 평가하여 손상차손이 발생한 경우에는 이를 당기비용으로 회계처리한다. 다만, 다른 자산과 달리 영업권에 대해 인식한 손상차손은 후속기간에 환입할 수 없다. 영업권에 대해 손상차손환입을 허용하지 않는 이유를 3줄 이내로 약술하시오.

해답 **물음 1**

연결당기순이익	① ₩168,000
비지배지분	② ₩93,600

1. **20×1년 연결당기순이익과 20×1년 말 비지배지분**

① 연결당기순이익: ₩168,000

	(주)대한	(주)민국	합계
보고된 당기순이익	₩150,000	₩50,000	₩200,000
투자차액의 상각			
재고자산		₩(30,000)	₩(30,000)
건물		₩(2,000)	₩(2,000)
연결조정 후 당기순이익	₩150,000	₩18,000	₩168,000
∴ 연결당기순이익	₩150,000 +	₩18,000 =	₩168,000

② 비지배지분: ₩93,600

20×1년 말 (주)민국 순자산장부금액: ₩400,000 + ₩50,000 =	₩450,000
20×1년 말 투자차액 미상각잔액	
건물: ₩20,000 × 9년/10년 =	₩18,000
20×1년 말 (주)민국 순자산공정가치	₩468,000
비지배지분율	× 20%
20×2년 말 비지배지분	₩93,600

2. 20×1. 12. 31. 연결조정분개

[투자주식과 자본계정의 상계제거]

<table>
<tr><td rowspan="5">취득시점의 투자·자본 상계</td><td>(차)</td><td>자본금(민국)</td><td>300,000</td><td>(대)</td><td>투자주식</td><td>380,000</td></tr>
<tr><td></td><td>이익잉여금(민국)</td><td>100,000[1]</td><td></td><td>비지배지분</td><td>90,000[3]</td></tr>
<tr><td></td><td>재고자산</td><td>30,000</td><td></td><td></td><td></td></tr>
<tr><td></td><td>건물</td><td>20,000</td><td></td><td></td><td></td></tr>
<tr><td></td><td>영업권</td><td>20,000[2]</td><td></td><td></td><td></td></tr>
</table>

[1] 20×1년 초 이익잉여금
[2] 영업권: ₩380,000 - (₩400,000 + ₩50,000) × 80% = ₩20,000
[3] 비지배지분: (₩400,000 + ₩50,000) × 20% = ₩90,000

<table>
<tr><td rowspan="2">당기 투자차액의 상각</td><td>(차)</td><td>매출원가</td><td>30,000</td><td>(대)</td><td>재고자산</td><td>30,000</td></tr>
<tr><td>(차)</td><td>감가상각비</td><td>2,000[1]</td><td>(대)</td><td>감가상각누계액(건물)</td><td>2,000</td></tr>
</table>

[1] ₩20,000/10년 = ₩2,000

[비지배지분순이익 계상]

<table>
<tr><td>비지배지분순이익 계상</td><td>(차)</td><td>이익잉여금</td><td>3,600</td><td>(대)</td><td>비지배지분</td><td>3,600[1]</td></tr>
</table>

[1]

(주)민국의 보고된 당기순이익	₩50,000
매출원가	₩(30,000)
감가상각비	₩(2,000)
(주)민국의 연결조정 후 당기순이익	₩18,000
비지배지분율	× 20%
비지배지분순이익	₩3,600

물음 2

영업권	① ₩30,000
이연법인세자산(또는 부채)	② ₩4,500

1. 20×1년 말 영업권과 20×1년 말 이연법인세자산 또는 이연법인세부채

① 영업권: ₩30,000

투자주식의 취득원가		₩380,000
(주)민국의 순자산장부금액	₩400,000	
재고자산 과소평가	₩30,000	
건물 과소평가	₩20,000	
투자차액에 대한 이연법인세부채: ₩50,000 × 25% =	₩(12,500)	
계	₩437,500	
지배기업지분율	× 80%	₩(350,000)
영업권		₩30,000

② 이연법인세부채: (₩30,000 - ₩30,000 + ₩20,000 - ₩2,000) × 25% = ₩4,500

2. 20×1. 12. 31. 연결조정분개

[투자주식과 자본계정의 상계제거]

취득시점의 투자·자본 상계	(차)	자본금(민국)	300,000	(대) 투자주식	380,000
		이익잉여금(민국)	100,000[1]	이연법인세부채	12,500[2]
		재고자산	30,000	비지배지분	87,500[4]
		건물	20,000		
		영업권	30,000[3]		

[1] 20×1년 초 이익잉여금
[2] 이연법인세부채: (₩30,000 + ₩20,000) × 25% = ₩12,500
[3] 영업권: ₩380,000 - {₩400,000 + ₩50,000 × (1 - 25%)} × 80% = ₩30,000
[4] 비지배지분: {₩400,000 + ₩50,000 × (1 - 25%)} × 20% = ₩87,500

당기 투자차액의 상각	(차)	매출원가	30,000	(대) 재고자산	30,000
		이연법인세부채	7,500[1]	법인세비용	7,500
	(차)	감가상각비	2,000[2]	(대) 감가상각누계액(건물)	2,000
		이연법인세부채	500[3]	법인세비용	500

[1] ₩30,000 × 25% = ₩7,500
[2] ₩20,000/10년 = ₩2,000
[3] ₩2,000 × 25% = ₩500

[비지배지분순이익 계상]

비지배지분순이익 계상	(차)	이익잉여금	5,200	(대) 비지배지분	5,200[1]

[1]

(주)민국의 보고된 당기순이익	₩50,000
세후 매출원가: ₩30,000 × (1 - 25%) =	₩(22,500)
세후 감가상각비: ₩2,000 × (1 - 25%) =	₩(1,500)
(주)민국의 연결조정 후 당기순이익	₩26,000
비지배지분율	× 20%
비지배지분순이익	₩5,200

물음 3

구분	20×1년	20×2년
유형자산처분이익	₩(5,000)	
감가상각비	₩1,000	₩1,000

(1) 매각금액 = 20×1년 초 기계장치 장부금액 + 유형자산처분이익
= ₩5,000 + ₩5,000 = ₩10,000

(2) ① 지배기업: (주)강북((주)강남이 (주)강북에게 매각한 상향거래이므로 (주)강북이 지배기업임)
② 지분율: ₩2,600 ÷ ₩4,000 = 65%

(3) 기계장치처분이익: ₩3,200 - ₩5,000 × 2/5 = ₩1,200

물음 4

다른 자산과 달리 영업권에 대해 인식한 손상차손을 후속기간에 환입할 수 없는 이유는 손상차손환입액을 내부창출영업권으로 보기 때문이다. 즉, 손상차손을 인식한 영업권의 회수가능액이 회복된 경우 그 회복된 금액을 손상차손환입으로 처리한다면 기업이 스스로 영업권을 계상하는 결과가 되기 때문이다.

04 다음 자료는 (주)초록의 연결현금흐름표 작성과 관련된 자료이다. 추가정보를 고려하여 물음에 답하시오.

[2010 공인회계사 2차 수정]

20×2년 말 연결재무상태표

	20×2년		20×1년	
자산				
현금및현금성자산		₩460		₩1,320
수취채권		₩3,800		₩2,400
재고자산		₩5,000		₩6,400
당기손익공정가치측정금융자산		₩2,000		₩1,500
유형자산	₩7,460		₩3,820	
감가상각누계액	₩(2,900)		₩(2,120)	
유형자산순액		₩4,560		₩1,700
자산총계		₩15,820		₩13,320
부채				
매입채무		₩500		₩3,780
미지급이자		₩460		₩200
미지급법인세		₩980		₩2,000
장기차입금		₩2,580		₩2,080
사채		₩1,840		–
부채총계		₩6,360		₩8,060
자본				
납입자본		₩4,000		₩2,500
이익잉여금		₩5,460		₩2,760
자본총계		₩9,460		₩5,260
부채 및 자본총계		₩15,820		₩13,320

20×2년 연결포괄손익계산서

매출액	₩61,300
매출원가	₩(52,000)
매출총이익	₩9,300
감가상각비	₩(900)
판매비와 관리비	₩(1,320)
당기손익공정가치측정금융자산평가손실	₩(500)
이자비용	₩(800)
이자수익	₩600
배당금수익	₩400
외환손실	₩(80)
법인세비용차감전순이익	₩6,700
법인세비용	₩(600)
당기순이익	₩6,100

[추가자료]

1. (주)초록은 기중에 종속기업의 모든 주식을 ₩1,180에 취득하였다. 취득자산과 인수부채의 공정가치는 다음과 같다.

재고자산	현금	유형자산	장기차입금
₩200	₩80	₩1,300	₩400

2. 당기에 유상증자로 ₩1,000, 장기차입금으로 ₩100을 조달하였다.

3. 이자비용 ₩800에는 사채할인발행차금상각과 관련된 이자비용 ₩40이 포함되어 있다.

4. 당기에 선언된 배당금에는 주식배당 ₩500이 포함되어 있으며, 나머지 배당금은 모두 현금 지급되었다.

5. 당기손익공정가치측정금융자산 ₩1,000을 취득하였고, 나머지 차액은 기말 공정가치와 취득원가의 차이로 발생하였다.

6. 유형자산을 개별적으로 총 ₩2,500에 취득하였다. 이 중에서 ₩1,800은 사채(액면금액 ₩2,000)를 발행하여 취득하였고, 나머지 ₩700은 현금으로 지급하였다.

7. 취득원가가 ₩160이고 감가상각누계액이 ₩120인 설비자산을 ₩40에 매각하였다.

8. 20×2년 말의 수취채권에는 미수이자 ₩200이 포함되어 있다.

9. 외환손실 ₩80은 외화예금에서 발생한 것이다.

10. 판매비와 관리비는 당기 발생된 비용으로 모두 현금 지출되었다.

물음1 (주)초록의 20×2년 연결현금흐름표를 직접법에 의하여 작성할 때, 아래의 빈칸 ① ~ ⑤에 들어갈 숫자를 계산하시오.

영업활동현금흐름		
고객으로부터 유입된 현금	①	
공급자와 종업원 등에 대한 현금유출	②	
영업으로부터 창출된 현금	?	
이자지급	③	
이자수취	?	
배당금수취	₩400	
법인세납부	₩(1,620)	
영업활동순현금흐름		?
투자활동현금흐름		
종속기업의 취득에 따른 현금유출	④	
유형자산취득	₩(700)	
설비처분	₩40	
투자활동순현금흐름		?
재무활동현금흐름		
유상증자	₩1,000	
장기차입금	₩100	
배당금지급	⑤	
재무활동순현금흐름		?

물음2 비금융회사의 경우, 이자의 수취 및 지급에 따른 현금흐름을 한국채택국제회계기준(K-IFRS)에서는 어떻게 분류하도록 하고 있는지 3줄 이내로 쓰시오.

해답 **물음1** ① 고객으로부터 유입된 현금

연결포괄손익계산서상 매출액	₩61,300
관련 재무상태표계정 증감	
수취채권 증가: (₩3,800 - ₩200(미수이자)[1]) - ₩2,400 =	₩(1,200)
고객으로부터 유입된 현금	₩60,100

[1] 미수이자는 이자수취액 계산 시 고려해야 하므로 고객으로부터 유입된 현금 계산 시에는 제외하여야 함

② 공급자와 종업원 등에 대한 현금유출

연결포괄손익계산서상 매출원가	₩(52,000)
판매비와 관리비	₩(1,320)
당기손익공정가치측정금융자산평가손실	₩(500)
관련 재무상태표계정 증감	
재고자산 감소	₩1,600[1]
매입채무 감소	₩(3,280)
당기손익공정가치측정금융자산금융자산 증가	₩(500)
	₩(56,000)

[1] (기말재고자산 ₩5,000 - 종속기업 취득 재고 ₩200) - 기초재고 ₩6,400 = ₩(1,600)

③ 이자지급액

연결포괄손익계산서상 이자비용	₩(800)
관련 재무상태표계정 증감	
미지급이자 증가	₩260
사채할인발행차금상각	₩40
이자지급액	₩(500)

④ 종속기업의 취득에 따른 현금유출

취득액 ₩1,180 - 취득현금 ₩80 = ₩(1,100)

⑤ 배당금지급

기초이익잉여금	₩2,760
+ 당기순이익	₩6,100
- 주식배당	₩(500)
- 현금배당	(x)
= 기말이익잉여금	₩5,460

∴ 배당금지급액(x): ₩(2,900)

물음 2 K-IFRS에서는 이자지급, 이자수입은 당기순손익의 결정에 영향을 미치므로 영업활동현금흐름으로 분류할 수 있다. 대체적인 방법으로 이자지급, 이자수입은 재무자원을 획득하는 원가나 투자자산에 대한 수익이므로 각각 재무활동현금흐름과 투자활동현금흐름으로 분류할 수도 있다.

해설 1. 종속기업 또는 기타 사업에 대한 지배력획득 또는 상실의 대가로 현금을 지급하거나 수취한 경우에는 그러한 거래, 사건 또는 상황변화의 일부로서 취득이나 처분 당시 종속기업 또는 기타 사업이 보유한 현금및현금성자산을 가감한 순액으로 현금흐름표에 보고해야 한다. 따라서 종속기업 취득 재고는 재고자산의 증감분석 시 제외하여야 한다.

2. 기업은 단기매매목적으로 유가증권이나 대출채권을 보유할 수 있으며, 이때 유가증권이나 대출채권은 판매를 목적으로 취득한 재고자산과 유사하다. 따라서 단기매매목적으로 보유하는 유가증권의 취득과 판매에 따른 현금흐름은 영업활동으로 분류한다. 마찬가지로 금융회사의 현금 선지급이나 대출채권은 주요 수익창출활동과 관련되어 있으므로 일반적으로 영업활동으로 분류한다.

3. 환율변동으로 인한 미실현손익은 현금흐름이 아니다. 그러나 외화로 표시된 현금및현금성자산의 환율변동효과는 기초와 기말의 현금및현금성자산을 조정하기 위해 현금흐름표에 보고한다. 이 금액은 영업활동, 투자활동 및 재무활동현금흐름과 구분하여 별도로 표시하며, 그러한 현금흐름을 기말 환율로 보고하였다면 발생하게 될 차이를 포함한다.

4. 금융회사의 경우 이자지급, 이자수입 및 배당금수입은 일반적으로 영업활동현금흐름으로 분류한다. 그러나 다른 업종의 경우 이러한 현금흐름의 분류방법에 대하여 합의가 이루어지지 않았다. 이자지급, 이자수입 및 배당금수입은 당기순손익의 결정에 영향을 미치므로 영업활동현금흐름으로 분류할 수 있다. 대체적인 방법으로 이자지급, 이자수입 및 배당금수입은 재무자원을 획득하는 원가나 투자자산에 대한 수익이므로 각각 재무활동현금흐름과 투자활동현금흐름으로 분류할 수도 있다.

해커스 회계사 IFRS 김원종 고급회계

Chapter 07

관계기업과 공동기업에 대한 투자

I | 관계기업투자의 일반론

01 관계기업투자의 의의

관계기업(Associate)이란 투자자가 유의적인 영향력을 보유하는 피투자자인 기업을 말한다. 여기서 유의적인 영향력(Significant Influence)은 피투자자의 재무정책과 영업정책에 관한 의사결정에 참여할 수 있는 능력을 말하며, 유의적인 영향력은 지배력이나 공동지배력을 의미하는 것은 아니다.

유의적인 영향력은 피투자자의 재무정책과 영업정책을 결정할 수 있는 능력인 지배력과 구별된다. K-IFRS에 의하면 지배력(Control)은 투자자가 피투자자에 관여함에 따라 변동이익에 노출되거나 변동이익에 대한 권리가 있고, 피투자자에 대한 자신의 힘으로 변동이익에 영향을 미치는 능력이 있는 것을 의미한다. 또한 약정의 지배력에 대한 계약상 합의된 공유로서, 관련활동에 대한 결정에 지배력을 공유하는 당사자들 전체의 동의가 요구될 때에만 존재하는 공동지배력(Joint Control)과도 구분되는 개념이다.

[그림 7-1] 합병, 지배력, 공동지배력 및 유의적인 영향력

구분	지분율		C회사 명칭	회계처리
합병	A회사 + C회사 = A회사		피취득자	합병회계
지배력	지배력 (과반수) A회사 ➡ C회사		종속기업	연결회계
공동지배력	공동지배력 (50%) A회사 ➡ C회사 ⬆ (50%) B회사		공동기업	지분법
유의적인 영향력	유의적인 영향력 (20% 이상) A회사 ➡ C회사		관계기업	지분법
매도목적	매도목적 (20% 미만) A회사 ➡ C회사			공정가치법 (당기손익 또는 기타포괄손익)

POINT 관계기업투자의 의의

관계기업	투자자가 유의적인 영향력을 보유하는 피투자자인 기업
유의적인 영향력	피투자자의 재무정책과 영업정책에 관한 의사결정에 참여할 수 있는 능력
지배력	투자자가 피투자자에 관여함에 따라 변동이익에 노출되거나 변동이익에 대한 권리가 있고, 피투자자에 대한 자신의 힘으로 변동이익에 영향을 미치는 능력
공동지배력	약정의 지배력에 대한 계약상 합의된 공유로서, 관련활동에 대한 결정에 지배력을 공유하는 당사자들 전체의 동의가 요구될 때에만 존재하는 것

02 유의적인 영향력의 식별

유의적인 영향력(Significant Influence)은 피투자자의 재무정책과 영업정책에 관한 의사결정에 참여할 수 있는 능력을 말하며, 관계기업이 되기 위해선 유의적인 영향력을 보유하고 있어야 한다.

(1) 지분율 기준

① 기업이 직접 또는 간접(예 종속기업을 통하여)으로 피투자자에 대한 의결권의 20% 이상을 소유하고 있다면 유의적인 영향력을 보유하는 것으로 본다. 다만 유의적인 영향력이 없다는 사실을 명백하게 제시할 수 있는 경우는 그러하지 않는다. 반대로 기업이 직접 또는 간접(예 종속기업을 통하여)으로 피투자자에 대한 의결권의 20% 미만을 소유하고 있다면 유의적인 영향력이 없는 것으로 본다. 다만 유의적인 영향력을 보유하고 있다는 사실을 명백하게 제시할 수 있는 경우는 그러하지 않는다.

② 기업이 간접으로 피투자자에 대한 의결권을 가지고 있는지 판단할 때에는 종속기업을 통하여 취득한 지분만을 합산하여야 한다. 따라서 다른 관계기업이나 공동기업을 통하여 취득한 지분은 합산해서는 안 된다.

③ 다른 투자자가 해당 피투자자의 주식을 상당한 부분 또는 과반수 이상을 소유하고 있다고 하여도 기업이 피투자자에 대하여 유의적인 영향력을 보유하고 있다는 것을 반드시 배제하는 것은 아니다.

(2) 실질판단 기준

기업이 다음 중 하나 이상에 해당하는 경우에는 의결권의 20% 이상 소유하고 있는지 여부와 관계없이 일반적으로 유의적인 영향력을 보유한다는 것이 입증된다.

① 피투자자의 이사회나 이에 준하는 의사결정기구에 참여
② 배당이나 다른 분배에 관한 의사결정에 참여하는 것을 포함하여 정책결정과정에 참여
③ 기업과 피투자자 사이의 중요한 거래
④ 경영진의 상호 교류
⑤ 필수적 기술정보의 제공

(3) 잠재적 의결권의 존재와 영향의 고려

기업은 주식매입권, 주식콜옵션, 보통주식으로 전환할 수 있는 채무상품이나 지분상품, 또는 그 밖의 유사한 금융상품을 소유할 수도 있다. 이러한 금융상품은 행사되거나 전환될 경우 해당 피투자자의 재무정책과 영업정책에 대한 기업의 의결권을 증가시키거나 다른 상대방의 의결권을 줄일 수 있는 잠재력 (즉, 잠재적 의결권)을 가지고 있다.

① 기업이 유의적인 영향력을 보유하는지를 평가할 때에는, 다른 기업이 보유한 잠재적 의결권을 포함하여 현재 행사할 수 있거나 전환할 수 있는 잠재적 의결권의 존재와 영향을 고려한다. 예를 들어, 잠재적 의결권을 미래의 특정일이 되기 전까지 또는 미래의 특정 사건이 일어나기 전까지는 행사할 수 없거나 전환할 수 없는 경우라면, 그 잠재적 의결권은 현재 행사할 수 있거나 전환할 수 있는 것이 아니다.
② 잠재적 의결권이 유의적인 영향력에 기여하는지 평가할 때 기업은 잠재적 의결권에 영향을 미치는 모든 사실과 상황을 검토하여야 한다. 여기에는 잠재적 의결권의 행사 조건과 그 밖의 계약상 약정내용을 개별적으로 또는 결합하여 검토하는 것을 포함한다. 다만, 그러한 잠재적 의결권의 행사나 전환에 대한 경영진의 의도와 재무 능력은 고려하지 아니한다.

⚡POINT 유의적인 영향력의 식별

지분율 기준	① 기업이 직접 또는 간접(예 종속기업을 통하여)으로 피투자자에 대한 의결권의 20% 이상을 소유하고 있다면 유의적인 영향력을 보유하는 것으로 봄. 다만 유의적인 영향력이 없다는 사실을 명백하게 제시할 수 있는 경우는 그러하지 아니함 ② 다른 투자자가 해당 피투자자의 주식을 상당한 부분 또는 과반수 이상을 소유하고 있다고 하여도 기업이 피투자자에 대하여 유의적인 영향력을 보유하고 있다는 것을 반드시 배제하는 것은 아님
실질판단 기준	다음 중 하나 이상에 해당하는 경우에는 일반적으로 유의적인 영향력을 보유한다는 것이 입증됨 ① 피투자자의 이사회나 이에 준하는 의사결정기구에 참여 ② 배당이나 다른 분배에 관한 의사결정에 참여하는 것을 포함하여 정책결정과정에 참여 ③ 기업과 피투자자 사이의 중요한 거래 ④ 경영진의 상호 교류 ⑤ 필수적 기술정보의 제공
잠재적 의결권의 존재와 영향의 고려	① 기업이 유의적인 영향력을 보유하는지를 평가할 때에는, 다른 기업이 보유한 잠재적 의결권을 포함하여 현재 행사할 수 있거나 전환할 수 있는 잠재적 의결권의 존재와 영향을 고려함 ② 잠재적 의결권이 유의적인 영향력에 기여하는지 평가할 때 기업은 잠재적 의결권에 영향을 미치는 모든 사실과 상황을 검토하여야 함. 다만, 그러한 잠재적 의결권의 행사나 전환에 대한 경영진의 의도와 재무 능력은 고려하지 아니함

(4) 유의적인 영향력의 상실

기업이 피투자자의 재무정책과 영업정책의 의사결정에 참여할 수 있는 능력을 상실하면 피투자자에 대한 유의적인 영향력을 상실한다. 일반적으로 유의적인 영향력은 절대적이거나 상대적인 소유지분율의 변동에 따라 상실한다. 그러나 소유지분율이 변동하지 않더라도 상실할 수 있는데, 관계기업이 정부, 법원, 관재인, 감독기구의 통제를 받게 되는 경우나 계약상 약정으로 인하여 유의적인 영향력을 상실할 수 있다. 유의적인 영향력을 상실할 수 있는 경우는 다음과 같다.

① 절대적이거나 상대적인 소유지분율의 변동
② 관계기업이 정부, 법원, 관재인, 감독기구의 통제를 받게 되는 경우
③ 계약상 약정으로 유의적인 영향력이 상실되는 경우

⚡ POINT 유의적인 영향력의 상실

유의적인 영향력을 상실할 수 있는 경우는 다음과 같다.
① 절대적이거나 상대적인 소유지분율의 변동
② 관계기업이 정부, 법원, 관재인, 감독기구의 통제를 받게 되는 경우
③ 계약상 약정으로 유의적인 영향력이 상실되는 경우

예제 1 유의적인 영향력의 식별

다음은 A회사가 C회사에 대하여 유의적인 영향력이 있는지와 관련된 사례들이며, 각각의 사례는 독립적이다.

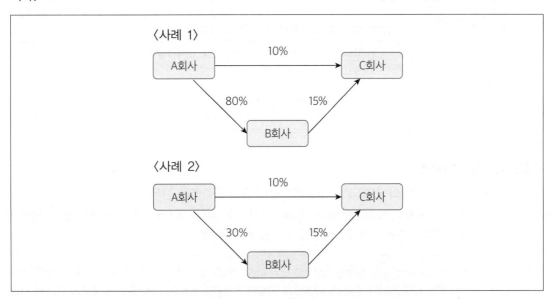

〈사례 1〉과 〈사례 2〉에서 C회사가 관계기업에 해당하는지에 대해서 기술하시오.

해답   <사례 1>
B회사는 종속기업이므로 A회사(지배기업)와 B회사(종속기업)가 보유하고 있는 지분율을 합산하면 20% 이상(25%)이므로 C회사는 관계기업이다.

<사례 2>
B회사는 관계기업이므로 종속기업에 해당하지 않는다. 따라서 A회사(지배기업)가 보유하고 있는 지분율은 20% 미만(10%)이므로 C회사는 관계기업이 아니다.

03 지분법의 적용 대상 및 적용배제

(1) 지분법의 적용 대상

① 연결재무제표상에서 피투자자에 대하여 공동지배력이나 유의적인 영향력을 갖는 기업은, 당해 관계기업이나 공동기업에 대한 투자에 대하여 지분법을 사용하여 회계처리한다.

② 별도재무제표(Separate Financial Statements)는 기업이 종속기업, 공동기업 및 관계기업에 대한 투자를 원가법, K-IFRS 제1109호 '금융상품'에 따른 방법(공정가치법), K-IFRS 제1028호 '관계기업과 공동기업에 대한 투자'에서 규정하고 있는 지분법 중 어느 하나를 적용하여 표시한 재무제표를 말한다. 별도재무제표를 작성할 때, 종속기업, 공동기업, 관계기업에 대한 투자자산은 다음 a, b, c 중 어느 하나를 선택하여 회계처리하며, 투자자산의 각 범주별로 동일한 회계처리방법을 적용하여야 한다.

a. 원가법

b. K-IFRS 제1109호 '금융상품'에 따른 방법(공정가치법)

c. K-IFRS 제1028호 '관계기업과 공동기업에 대한 투자'에서 규정하고 있는 지분법

⚡POINT 지분법의 적용 대상

연결재무제표	피투자자에 대하여 공동지배력이나 유의적인 영향력을 갖는 기업은, 당해 관계기업이나 공동기업에 대한 투자에 대하여 지분법을 사용하여 회계처리함
별도재무제표	별도재무제표를 작성할 때, 종속기업, 공동기업, 관계기업에 대한 투자자산은 다음 a, b, c 중 어느 하나를 선택하여 회계처리함 a. 원가법 b. K-IFRS 제1109호 '금융상품'에 따른 방법(공정가치법) c. K-IFRS 제1028호 '관계기업과 공동기업에 대한 투자'에서 규정하고 있는 지분법

(2) 지분법의 적용배제

① 연결재무제표 작성이 면제되는 지배기업 및 조건을 충족하는 경우

기업이 연결재무제표 작성이 면제되는 지배기업이거나 다음의 조건을 모두 충족하는 경우, 관계기업이나 공동기업에 대한 투자에 지분법을 적용할 필요가 없다.

a. 기업이 그 자체의 지분 전부를 소유하고 있는 다른 기업의 종속기업이거나, 그 자체의 지분 일부를 소유하고 있는 다른 기업의 종속기업이면서 그 기업이 지분법을 적용하지 않는다는 사실을 그 기업의 다른 소유주들(의결권이 없는 소유주 포함)에게 알리고 그 다른 소유주들이 그것을 반대하지 않는 경우

b. 기업의 채무상품 또는 지분상품이 공개시장(국내·외 증권거래소나 장외시장, 지역시장 포함)에서 거래되지 않는 경우

c. 기업이 공개시장에서 증권을 발행할 목적으로 증권감독기구나 그 밖의 감독기관에 재무제표를 제출한 적이 없으며 현재 제출하는 과정에 있지도 않은 경우

d. 기업의 최상위 지배기업이나 중간 지배기업이 한국채택국제회계기준을 적용하여 작성한 공용 가능한 재무제표에 K-IFRS 제1110호 '연결재무제표'에 따라 종속기업을 연결하거나 종속기업을 공정가치로 측정하여 당기손익에 반영한 경우

② 벤처캐피탈 투자기구나 뮤추얼펀드 등의 관계기업이나 공동기업에 대한 투자

벤처캐피탈 투자기구나 뮤추얼펀드, 단위신탁 및 이와 유사한 기업(투자와 연계된 보험펀드 포함)이 관계기업이나 공동기업에 대한 투자를 보유하거나 이 같은 기업을 통하여 간접적으로 보유하는 경우, 기업은 그 투자를 K-IFRS 제1109호 '금융상품'에 따라 당기손익 – 공정가치 측정항목으로 선택할 수도 있다.

③ 매각예정으로 분류

관계기업이나 공동기업에 대한 투자 또는 그 투자의 일부가 매각예정 분류기준을 충족하는 경우, K-IFRS 제1105호 '매각예정비유동자산과 중단영업'을 적용한다. 이러한 경우 매각 이후 잔여 보유 지분이 계속해서 관계기업이나 공동기업에 해당하여 지분법이 적용되는 경우가 아니라면, 관계기업에 대한 투자지분은 순공정가치와 장부금액 중 작은 금액으로 측정하여, 손상차손 과목으로 당기손익으로 인식한다. 그러나 이전에 매각예정으로 분류된 관계기업이나 공동기업에 대한 투자 또는 그 투자의 일부가 더 이상 그 분류기준을 충족하지 않는다면 당초 매각예정으로 분류되었던 시점부터 소급하여 지분법으로 회계처리한다. 매각예정으로 분류된 시점 이후 기간의 재무제표는 이에 따라 수정되어야 한다. 보다 자세한 회계처리는 후술하기로 한다.

⚡POINT 지분법의 적용배제

연결재무제표 작성이 면제되는 지배기업 및 조건을 충족하는 경우	기업이 연결재무제표 작성이 면제되는 지배기업이거나 다음의 조건을 모두 충족하는 경우, 관계기업이나 공동기업에 대한 투자에 지분법을 적용할 필요가 없음 a. 기업이 그 자체의 지분 전부를 소유하고 있는 다른 기업의 종속기업이거나, 그 자체의 지분 일부를 소유하고 있는 다른 기업의 종속기업이면서 그 기업이 지분법을 적용하지 않는다는 사실을 그 기업의 다른 소유주들에게 알리고 그 다른 소유주들이 그것을 반대하지 않는 경우 b. 기업의 채무상품 또는 지분상품이 공개시장에서 거래되지 않는 경우 c. 기업이 공개시장에서 증권을 발행할 목적으로 증권감독기구나 그 밖의 감독기관에 재무제표를 제출한 적이 없으며 현재 제출하는 과정에 있지도 않은 경우 d. 기업의 최상위 지배기업이나 중간 지배기업이 한국채택국제회계기준을 적용하여 작성한 공용 가능한 재무제표에 K-IFRS 제1110호 '연결재무제표'에 따라 종속기업을 연결하거나 종속기업을 공정가치로 측정하여 당기손익에 반영한 경우
벤처캐피탈 투자기구나 뮤추얼펀드 등	기업은 그 투자를 K-IFRS 제1109호 '금융상품'에 따라 당기손익 - 공정가치 측정항목으로 선택할 수도 있음
매각예정으로 분류	관계기업이나 공동기업에 대한 투자가 매각예정 분류기준을 충족하는 경우, 관계기업에 대한 투자지분은 순공정가치와 장부금액 중 작은 금액으로 측정하여, 손상차손 과목으로 당기손익으로 인식함

04 관계기업의 재무제표

기업은 지분법을 적용할 때 가장 최근의 이용가능한 관계기업이나 공동기업의 재무제표를 사용해야 한다.

(1) 보고기간 종료일

기업의 보고기간 종료일과 관계기업이나 공동기업의 보고기간 종료일이 다른 경우, 관계기업이나 공동기업은 실무적으로 적용할 수 없는 경우가 아니면 기업의 사용을 위하여 기업의 재무제표와 동일한 보고기간 종료일의 재무제표를 작성한다.

만약 지분법을 적용하기 위하여 사용하는 관계기업이나 공동기업 재무제표의 보고기간 종료일이 기업 재무제표의 보고기간 종료일과 다른 경우에는 실무적으로 관계기업의 재무제표를 작성하기 어려운 경우에는 기업 재무제표의 보고기간 종료일과 관계기업이나 공동기업 재무제표의 보고기간 종료일 사이에 발생한 유의적인 거래나 사건의 영향을 반영한다. 그러나 어떠한 경우라도 기업의 보고기간 종료일과 관계기업이나 공동기업의 보고기간 종료일 간의 차이는 3개월 이내이어야 한다. 보고기간의 길이 그리고 보고기간 종료일의 차이는 매 기간마다 동일하여야 한다.

(2) 동일한 회계정책

유사한 상황에서 발생한 동일한 거래와 사건에 대하여 동일한 회계정책을 적용하여 기업의 재무제표를 작성한다. 즉, 관계기업이나 공동기업이 유사한 상황에서 발생한 동일한 거래와 사건에 대하여 기업의 회계정책과 다른 회계정책을 사용한 경우, 기업이 지분법을 적용하기 위하여 관계기업이나 공동기업의 재무제표를 사용할 때 관계기업이나 공동기업의 회계정책을 기업의 회계정책과 일관되도록 해야 한다.

⚡POINT 관계기업의 재무제표

보고기간 종료일	① 기업의 보고기간 종료일과 관계기업이나 공동기업의 보고기간 종료일이 다른 경우, 관계기업이나 공동기업은 실무적으로 적용할 수 없는 경우가 아니면 기업의 사용을 위하여 기업의 재무제표와 동일한 보고기간 종료일의 재무제표를 작성함 ② 실무적으로 관계기업의 재무제표를 작성하기 어려운 경우에는 기업 재무제표의 보고기간 종료일과 관계기업이나 공동기업 재무제표의 보고기간 종료일 사이에 발생한 유의적인 거래나 사건의 영향을 반영함 ③ 어떠한 경우라도 기업의 보고기간 종료일과 관계기업이나 공동기업의 보고기간 종료일 간의 차이는 3개월 이내이어야 함
동일한 회계정책	유사한 상황에서 발생한 동일한 거래와 사건에 대하여 동일한 회계정책을 적용하여 기업의 재무제표를 작성함

Ⅱ | 지분법의 회계처리

01 기본적인 지분법의 회계처리

(1) 지분법의 의의

지분법(Equity Method)이란 투자자산을 최초에 원가로 인식하고, 취득시점 이후 발생한 피투자자의 순자산 변동액 중 투자자의 지분(몫)을 해당 투자자산에 가감하여 보고하는 회계처리방법을 말한다. 여기서 취득시점 이후에 발생한 피투자자의 순자산 변동액 중 피투자자의 당기손익에 해당하는 부분은 투자자가 투자자의 지분(몫)에 해당하는 금액을 당기손익으로 인식하며, 피투자자의 순자산 변동액 중 피투자자의 기타포괄손익에 해당하는 부분은 투자자가 투자자의 지분(몫)에 해당하는 금액을 기타포괄손익으로 인식한다. 또한 피투자자의 순자산 변동액 중 피투자자의 자본항목에 해당하는 부분은 투자자는 피투자자의 자본항목과 동일한 과목으로 투자자의 지분(몫)에 해당하는 금액을 자본항목으로 계상한다.

> 💡 **POINT** 기본적인 지분법의 적용

피투자자의 순자산변동	투자자의 몫	투자자의 회계처리
당기순손익 ➡	피투자자의 당기순손익 변동 × 투자자의 지분율	지분법손익(NI) 인식
기타포괄손익 ➡	피투자자의 기타포괄손익 변동 × 투자자의 지분율	지분법기타포괄손익(OCI) 인식
자본잉여금 ➡	피투자자의 자본잉여금 변동 × 투자자의 지분율	지분법자본잉여금(자본) 인식
자본조정 ➡	피투자자의 자본조정 변동 × 투자자의 지분율	지분법자본조정(자본) 인식
이익잉여금 ➡	피투자자의 이익잉여금 변동 × 투자자의 지분율	지분법이익잉여금(자본) 인식

만약 피투자자가 배당금을 지급하였다면 피투자자가 배당금지급을 결의한 시점에서 지급받을 배당금만큼 피투자자의 순자산이 감소한 것이므로 관계기업투자의 장부금액을 감소시킨다. 왜냐하면 배당금을 지급한 만큼 피투자자의 순자산이 감소하기 때문이다. 그러나 주식배당의 경우에는 관계기업의 순자산이 변동되지 않으므로 추가적인 회계처리가 필요하지 않다. 피투자자의 순자산변동의 원천이 당기순손익과 기타포괄손익 및 현금배당으로만 구성될 경우 기본적인 회계처리를 예시하면 다음과 같다.

일자	회계처리			
① 취득 시	(차) 관계기업투자	×××	(대) 현금	×××
② 당기순이익 보고 시	(차) 관계기업투자	×××	(대) 지분법이익(NI)	×××[1]
	[1] 피투자자의 당기순손익 변동 × 투자자의 지분율			
③ 기타포괄손익 보고 시	(차) 관계기업투자	×××	(대) 지분법기타포괄이익(OCI)	×××[2]
	[2] 피투자자의 기타포괄손익 변동 × 투자자의 지분율			
④ 현금배당 수취 시	(차) 현금	×××[3]	(대) 관계기업투자	×××
	[3] 피투자자의 현금배당금 × 투자자의 지분율			

예제 2 기본적인 지분법의 회계처리

20×1년 초에 A회사는 B회사 보통주 3,000주를 주당 ₩100으로 취득하여 유의적인 영향력을 획득하였다.

> (1) A회사가 취득한 B회사의 주식은 B회사 총발행주식의 30%이었고, 취득시점에서 B회사의 순자산
>   장부금액은 ₩1,000,000이었으며, B회사 자산과 부채의 장부금액과 공정가치는 일치하였다.
> (2) 20×1년에 B회사는 ₩200,000의 당기순이익을 보고하였으며, ₩100,000의 기타포괄손익을
>   보고하였다.
> (3) 20×2년에 B회사는 보통주식에 대하여 주당 ₩10의 현금배당을 실시하였으며, ₩300,000의 당
>   기순이익을 보고하였으며, ₩200,000의 기타포괄손익을 보고하였다.

물음 1 A회사가 보유하고 있는 B회사 보통주의 각 연도별 회계처리를 나타내시오.

물음 2 각 연도 말 관계기업투자의 장부금액과 각 연도별 지분법손익 및 지분법기타포괄손익을 계산하시오.

해답 물음 1

일자	회계처리			
20×1년 초	(차) 관계기업투자	300,000[1]	(대) 현금	300,000
	[1] 3,000주 × ₩100 = ₩300,000			
20×1년 말	(차) 관계기업투자	60,000	(대) 지분법이익(NI)	60,000[1]
	(차) 관계기업투자	30,000	(대) 지분법기타포괄이익(OCI)	30,000[2]
	[1] ₩200,000 × 30% = ₩60,000			
	[2] ₩100,000 × 30% = ₩30,000			
20×2년 말	(차) 관계기업투자	90,000	(대) 지분법이익(NI)	90,000[1]
	(차) 관계기업투자	60,000	(대) 지분법기타포괄이익(OCI)	60,000[2]
	(차) 현금	30,000[3]	(대) 관계기업투자	30,000
	[1] ₩300,000 × 30% = ₩90,000			
	[2] ₩200,000 × 30% = ₩60,000			
	[3] 3,000주 × ₩10 = ₩30,000			

물음 2

1. 20×1년
   ① 20×1년 말 관계기업투자: (₩1,000,000 + ₩200,000 + ₩100,000) × 30% = ₩390,000
   ② 20×1년 지분법이익: ₩200,000 × 30% = ₩60,000
   ③ 20×1년 지분법기타포괄이익: ₩100,000 × 30% = ₩30,000

2. 20×2년
   ① 20×2년 말 관계기업투자: (₩1,000,000 + ₩200,000 + ₩100,000 + ₩300,000 + ₩200,000 - ₩100,000)
                            × 30% = ₩510,000
   ② 20×2년 지분법이익: ₩300,000 × 30% = ₩90,000
   ③ 20×2년 지분법기타포괄이익: ₩200,000 × 30% = ₩60,000

(2) 지분법의 적용

피투자자의 순자산은 당기순손익과 기타포괄손익과 현금배당을 제외한 사유로도 변동될 수 있다. 또한 피투자자의 순자산의 장부금액과 공정가치가 일치하지 않은 경우도 발생할 수 있으며, 투자자와 피투자자 사이에 내부거래가 발생할 수 있다. 이러한 모든 상황에 따른 지분법의 구체적인 회계처리는 다음과 같다.

[취득 시]

취득시점에 투자자산을 최초에 원가로 인식하여 차변에 관계기업투자계정에 기입한다.

(차) 관계기업투자	×××	(대) 현금	×××

[당기순손익 보고 시]

피투자자가 당기순손익을 보고한 경우에는 그 금액만큼 피투자자의 순자산이 증감한 것이므로 피투자자의 당기순손익 중 지분율만큼 관계기업투자의 장부금액을 증가시키거나 감소시키고, 동액만큼 지분법손익(당기손익)으로 인식한다.

① 당기순이익 보고 시

(차) 관계기업투자	×××	(대) 지분법이익(NI)	×××[1]

[1] 피투자자의 당기순이익 변동 × 투자자의 지분율

② 당기순손실 보고 시

(차) 지분법손실(NI)	×××[1]	(대) 관계기업투자	×××

[1] 피투자자의 당기순손실 변동 × 투자자의 지분율

만약 피투자자의 보고된 당기순이익 이외의 피투자자의 순자산의 장부금액과 공정가치가 동일하지 않은 경우 또는 투자자와 피투자자 사이에 내부거래가 발생한 경우에는 지분법손익은 다음과 같이 인식해야 한다. 이와 관련된 구체적인 설명은 후술하기로 한다.

피투자자의 보고된 당기순이익	×××
투자차액의 상각	(×××)
피투자자의 상향 내부거래제거	(×××)
피투자자의 조정 후 당기순이익	×××
투자자의 지분율	× %
① 피투자자의 조정 후 당기순이익에 대한 지분	×××
② 투자자의 하향 내부거래제거 × 투자자의 지분율	(×××)
③ 염가매수차익	×××
지분법손익(① + ② + ③)	×××

[기타포괄손익 보고 시]

피투자자가 기타포괄손익을 보고한 경우에는 그 금액만큼 피투자자의 순자산이 증감한 것이므로 피투자자의 기타포괄손익 중 지분율만큼 관계기업투자의 장부금액을 증가시키거나 감소시키고, 동액만큼 지분법기타포괄손익으로 인식한다.

① 기타포괄이익 보고 시

(차) 관계기업투자	×××	(대) 지분법기타포괄이익(OCI)	×××[1]

[1] 피투자자의 기타포괄이익 변동 × 투자자의 지분율

② 기타포괄손실 보고 시

(차) 지분법기타포괄손실(OCI)	×××[1]	(대) 관계기업투자	×××

[1] 피투자자의 기타포괄손실 변동 × 투자자의 지분율

[현금배당금 수취 시]

만약 피투자자가 배당금을 지급하였다면 피투자자가 배당금지급을 결의한 시점에서 지급받을 배당금만큼 피투자자의 순자산이 감소한 것이므로 관계기업투자의 장부금액을 감소시킨다. 왜냐하면 배당금을 지급한 만큼 피투자자의 순자산이 감소하기 때문이다. 그러나 주식배당의 경우에는 관계기업의 순자산이 변동되지 않으므로 추가적인 회계처리가 필요하지 않다.

① 배당금지급을 결의한 시점

(차) 미수배당금	×××	(대) 관계기업투자	×××

② 배당금 수취시점

(차) 현금	×××	(대) 미수배당금	×××

> ⊘ 참고 **현금배당금 수취 시 회계처리**
>
> 일반적으로 피투자자가 배당금지급을 결의한 시점과 투자자가 배당금을 수취하는 시점은 동일한 보고기간에 발생하는 경우가 대부분이다. 따라서 현금배당금 수취의 회계처리는 다음과 같이 배당금 수취시점에 일괄하여 회계처리한다.
>
> | (차) 현금 | ××× | (대) 관계기업투자 | ××× |
> |---|---|---|---|

[피투자자의 기타 순자산의 변동]

피투자자의 자본잉여금, 자본조정, 이익잉여금 등이 변동된 경우에는 그 금액만큼 피투자자의 순자산이 변동한 것이므로 변동된 금액에 투자지분율만큼 관계기업투자계정의 장부금액을 조정하고, 동액만큼 지분법자본잉여금, 지분법자본조정, 지분법이익잉여금으로 인식한다.

① 자본잉여금의 변동

(차) 관계기업투자	×××	(대) 지분법자본잉여금(자본)	×××[1]

[1] 피투자자의 자본잉여금 변동 × 투자자의 지분율

② 자본조정의 변동

| (차) 관계기업투자 | ××× | (대) 지분법자본조정(자본) | ×××[1] |

[1] 피투자자의 자본조정 변동 × 투자자의 지분율

③ 이익잉여금의 변동

| (차) 관계기업투자 | ××× | (대) 지분법이익잉여금(자본) | ×××[1] |

[1] 피투자자의 이익잉여금 변동 × 투자자의 지분율

> ⊘ 참고 **지분법 회계의 필요성**
>
> 수취한 분배액에 기초한 수익인식은 수취한 분배액이 관계기업이나 공동기업의 성과와 관련성이 거의 없을 수도 있기 때문에 관계기업이나 공동기업의 투자에 대한 투자자 수익의 적절한 측정치가 되지 않을 수도 있다. 투자자는 피투자자에 대하여 공동지배력이나 유의적인 영향력을 보유하기 때문에 관계기업이나 공동기업의 성과에 대한 지분을 가지며 따라서 그것은 투자자산의 수익이 된다. 투자자는 피투자자의 손익 중 자신의 지분(몫)이 포함되도록 자신의 재무제표의 범위를 확장시키는 방법으로 이러한 이해관계를 회계처리한다. 그 결과 지분법을 적용하면 투자자의 순자산과 당기순손익에 관하여 더 유익한 정보를 제공하며 보다 목적적합한 정보가 되기 때문이다.

POINT 지분법 회계처리

일자	회계처리			
① 취득 시	(차) 관계기업투자	×××	(대) 현금	×××
② 당기순이익 보고 시	(차) 관계기업투자	×××	(대) 지분법이익(NI)	×××[1]
	[1] 피투자자의 조정 후 당기순이익에 대한 지분 + 투자자의 하향 내부거래제거 × 투자자의 지분율			
③ 기타포괄이익 보고 시	(차) 관계기업투자	×××	(대) 지분법기타포괄이익(OCI)	×××[2]
	[2] 피투자자의 기타포괄이익 변동 × 투자자의 지분율			
④ 현금배당 수취 시	(차) 현금	×××[3]	(대) 관계기업투자	×××
	[3] 피투자자의 현금배당금 × 투자자의 지분율			
⑤ 기타 순자산의 변동	(차) 관계기업투자	×××[4]	(대) 지분법자본잉여금(자본)	×××
			지분법자본조정(자본)	×××
			지분법이익잉여금(자본)	×××
	[4] 피투자자의 기타 순자산의 변동 × 투자자의 지분율			

02 투자차액

(1) 투자차액의 성격

관계기업투자의 취득시점에는 피투자자의 순자산장부금액에 대한 투자자의 지분(몫)과 투자자산의 취득원가가 일치하지 않는 경우가 일반적이다. 이러한 투자차액은 자산 및 부채의 장부금액과 공정가치의 차이 중 투자자의 지분과 영업권 또는 염가매수차익으로 구성된다.

① 투자차액 = 투자자산의 취득원가 - 피투자자의 순자산장부금액 × 투자자의 지분율
② 영업권 = 투자자산의 취득원가 - 피투자자의 순자산공정가치 × 투자자의 지분율
③ 염가매수차익 = 피투자자의 순자산공정가치 × 투자자의 지분율 - 투자자산의 취득원가

┌─ 사례 ─

예를 들어 20×1년 초에 A회사가 B회사의 의결권이 있는 보통주 30%를 ₩1,000에 취득하였는데, 20×1년 초의 B회사의 순자산장부금액은 ₩2,000이고 순자산공정가치는 ₩3,000이였다. 상기 사례에서 자산 및 부채의 장부금액과 공정가치의 차이 중 투자자의 지분과 영업권을 구해보면 다음과 같다.

만약 20×1년 초에 A회사가 B회사의 의결권이 있는 보통주 30%를 ₩800에 취득하였으며, 기타 사항이 위와 동일한 경우에는 자산 및 부채의 장부금액과 공정가치의 차이 중 투자자의 지분과 염가매수차익을 구해보면 다음과 같다.

(2) 투자차액의 회계처리

투자자산은 관계기업이나 공동기업이 되는 시점부터 지분법을 적용하여 회계처리한다. 투자자산을 취득한 시점에 투자자산의 원가와 피투자자의 식별할 수 있는 자산과 부채의 순공정가치 중 기업의 지분(몫)에 해당하는 금액과의 차이는 다음과 같이 회계처리한다.

① 피투자자의 식별할 수 있는 자산과 부채의 순공정가치 중 기업의 지분(몫)이 투자자산의 취득원가를 초과하는 부분(염가매수차익)은 투자자산을 취득한 회계기간의 관계기업이나 공동기업의 당기순손익 중 기업의 지분(몫)을 결정할 때 수익에 포함한다.

② 관계기업이나 공동기업에 관련된 영업권은 해당 투자자산의 장부금액에 포함된다. 영업권의 상각은 허용되지 않으며, 대신 K-IFRS 제1036호 '자산손상'에 따라 매 보고기간마다 손상검사를 해야 한다.

③ 관계기업이나 공동기업에 관련된 염가매수차익은 모든 취득자산과 인수부채를 정확하게 식별하였는지 재검토하고 재검토 이후에도 염가매수차익이 계속 남는다면, 투자자는 취득일에 그 차익을 당기손익으로 인식한다.

⚡POINT 관계기업의 투자차액

정의	투자차액은 자산 및 부채의 장부금액과 공정가치의 차이 중 투자자의 지분과 영업권 또는 염가매수차익으로 구성됨
회계처리	① 피투자자의 식별가능한 자산과 부채의 순공정가치 중 기업의 지분(몫)이 투자자산의 취득원가를 초과하는 부분(염가매수차익)은 투자자산을 취득한 회계기간의 관계기업이나 공동기업의 당기순손익 중 기업의 지분(몫)을 결정할 때 수익에 포함 ② 영업권: 해당 투자자산의 장부금액에 포함됨. 영업권의 상각은 허용되지 않으며, 대신 매 보고기간마다 손상검사를 수행 ③ 염가매수차익: 모든 취득자산과 인수부채를 정확하게 식별하였는지 재검토하고 재검토 이후의 잔액은 취득일에 그 차익을 당기손익으로 인식함

03 내부거래

투자자와 피투자자(관계기업)는 서로 특수관계에 있어 상품이나 기타자산들의 내부거래(Intercompany Transactions)를 통하여 당기손익을 조작할 수 있다. 따라서 투자자와 피투자자(관계기업)의 내부거래는 지분법 회계처리 과정에서 반드시 제거되어야 하며, 내부거래로부터 발생한 이익 또는 손실도 외부에 판매되거나 비용화되어 실현될 때까지는 제거되어야 한다. 내부거래는 크게 2가지로 구분할 수 있다.

투자자가 그 관계기업이나 공동기업에게 자산을 매각하거나 출자하는 거래를 하향판매(Downstream Sales)라 하며, 관계기업이나 공동기업이 투자자에게 자산을 매각하는 거래를 상향판매(Upstream Sales)라 말한다.

⚡POINT 내부거래의 유형

하향거래	판매 투자자 ⇒ 관계기업
상향거래	판매 관계기업 ⇒ 투자자

K-IFRS 제1028호 '관계기업과 공동기업에 대한 투자'에서는 기업(기업의 연결대상 종속기업 포함)과 그 관계기업이나 공동기업 사이의 '상향' 거래나 '하향' 거래에서 발생한 손익에 대하여 기업은 그 관계기업이나 공동기업에 대한 지분과 무관한 손익까지만 기업의 재무제표에 인식하도록 규정하고 있다. 즉, 이러한 거래의 결과로 발생한 관계기업이나 공동기업의 손익 중 투자자의 지분(몫)은 제거해야 한다.

따라서 상향판매와 하향판매의 구분 없이 미실현이익이 발생한 경우에는 미실현이익에 투자자의 지분율을 곱한 금액만큼 발생한 연도의 지분법이익에서 차감하고, 미실현이익이 실현된 경우에는 실현이익에 투자자의 지분율을 곱한 금액만큼 실현된 연도의 지분법이익에 가산하여야 한다.

연결회계에서는 지배력을 보유하고 있기 때문에 하향판매의 미실현이익은 전액 이익조작이 가능한 것으로 보아 전액 제거한다. 그러나 지분법에서는 하향판매의 미실현이익은 지배력을 보유하고 있지 않고 유의적인 영향력을 보유하고 있으므로 투자지분율만큼 이익조작이 가능한 것으로 보아 투자지분율만큼만 제거하는 것에 유의해야 한다.

하향거래가 매각대상 또는 출자대상 자산의 순실현가능가치의 감소나 그 자산에 대한 손상차손의 증거를 제공하는 경우 투자자는 그러한 손실을 모두 인식한다. 한편, 상향거래가 구입된 자산의 순실현가능가치의 감소나 그 자산에 대한 손상차손의 증거를 제공하는 경우, 투자자는 그러한 손실 중 자신의 지분(몫)을 인식한다.

⚡POINT 관계기업의 내부거래제거

정의	① 상향: 관계기업이나 공동기업이 투자자에게 자산을 매각하는 거래 ② 하향: 투자자가 그 관계기업이나 공동기업에게 자산을 매각하거나 출자하는 거래
회계처리	① 관계기업이나 공동기업 사이의 '상향'거래나 '하향'거래에서 발생한 손익에 대하여 기업은 그 관계기업이나 공동기업에 대한 지분과 무관한 손익까지만 기업의 재무제표에 인식함 ② 상향판매와 하향판매의 구분 없이 미실현이익이 발생한 경우에는 미실현이익에 투자자의 지분율을 곱한 금액만큼 발생한 연도의 지분법이익에서 차감하고, 미실현이익이 실현된 경우에는 실현이익에 투자자의 지분율을 곱한 금액만큼 실현된 연도의 지분법이익에 가산하여야 함
유의사항	① 하향거래가 매각대상 또는 출자대상 자산의 순실현가능가치의 감소나 그 자산에 대한 손상차손의 증거를 제공하는 경우: 투자자는 그러한 손실을 모두 인식함 ② 상향거래가 구입된 자산의 순실현가능가치의 감소나 그 자산에 대한 손상차손의 증거를 제공하는 경우: 투자자는 그러한 손실 중 자신의 지분(몫)을 인식함

예제 3 투자차액과 내부거래가 존재하는 지분법의 회계처리

20×1년 초에 A회사는 B회사 보통주 3,000주를 주당 ₩150으로 취득하여 유의적인 영향력을 획득하였다.

(1) A회사가 취득한 B회사의 주식은 B회사 총발행주식의 30%이었고, 취득시점에서 B회사의 순자산 장부금액은 ₩1,000,000이었으며, B회사 자산과 부채의 장부금액과 공정가치가 다른 항목은 다음과 같다.

구분	장부금액	공정가치
재고자산	₩300,000	₩400,000
건물	₩900,000	₩1,200,000

(2) 주식취득일 현재 장부금액과 공정가치가 다른 항목 중 재고자산은 20×1년에 전액 매출되었으며, 건물은 20×1년 초부터 잔여내용연수가 10년이며, 잔존가치는 없고 정액법으로 감가상각한다.
(3) 20×1년에 B회사는 ₩200,000의 당기순이익(내부거래를 제외한 금액임)을 보고하였으며, ₩100,000의 기타포괄손익을 보고하였다.

(4) 20×2년에 B회사는 보통주식에 대하여 주당 ₩10의 현금배당을 실시하였으며, ₩300,000의 당기순이익(내부거래를 제외한 금액임)을 보고하였으며, ₩200,000의 기타포괄손익을 보고하였다.

(5) 20×1년 중 B회사는 A회사에게 원가 ₩60,000의 상품을 ₩100,000에 판매하였으며, 20×1년 말 현재 A회사는 외부로 판매하지 못한 ₩20,000의 상품을 기말재고로 보유하고 있으며, 20×2년에 ₩20,000의 상품을 외부로 판매하였다.

물음 1 A회사가 보유하고 있는 B회사 보통주의 각 연도별 회계처리를 나타내시오.

물음 2 각 연도 말 관계기업투자의 장부금액과 각 연도별 지분법손익 및 지분법기타포괄손익을 계산하시오.

물음 3 위의 내부거래에서 B회사가 아니라 A회사가 B회사에게 판매하였다고 가정하고, 각 연도 말 관계기업투자의 장부금액과 각 연도별 지분법손익 및 지분법기타포괄손익을 계산하시오.

물음 4 20×1년 초에 A회사가 B회사 보통주 3,000주를 주당 ₩130으로 취득하여 유의적인 영향력을 획득한 경우에 A회사가 보유하고 있는 B회사 보통주의 각 연도별 회계처리를 나타내고, 각 연도 말 관계기업투자의 장부금액과 각 연도별 지분법손익 및 지분법기타포괄손익을 계산하시오.

해답 **물음 1**

일자	회계처리			
20×1년 초	(차) 관계기업투자	450,000	(대) 현금	450,000
	1) 3,000주 × ₩150 = ₩450,000			
20×1년 말	(차) 관계기업투자	18,600	(대) 지분법이익(NI)	18,600[1]
	(차) 관계기업투자	30,000	(대) 지분법기타포괄이익(OCI)	30,000[2]
	1) (₩200,000 - ₩100,000 - ₩300,000/10년 - ₩20,000 × 40%) × 30% = ₩18,600			
	2) ₩100,000 × 30% = ₩30,000			
20×2년 말	(차) 관계기업투자	83,400	(대) 지분법이익(NI)	83,400[1]
	(차) 관계기업투자	60,000	(대) 지분법기타포괄이익(OCI)	60,000[2]
	(차) 현금	30,000[3]	(대) 관계기업투자	30,000
	1) (₩300,000 - ₩300,000/10년 + ₩20,000 × 40%) × 30% = ₩83,400			
	2) ₩200,000 × 30% = ₩60,000			
	3) 3,000주 × ₩10 = ₩30,000			

물음 2

1. 20×1년
   ① 20×1년 말 관계기업투자: (₩1,000,000 + ₩200,000 + ₩100,000 + ₩300,000 × 9년/10년 - ₩20,000 × 40%) × 30% + (₩450,000 - ₩1,400,000 × 30%) = ₩498,600
   ② 20×1년 지분법이익: (₩200,000 - ₩100,000 - ₩300,000/10년 - ₩20,000 × 40%) × 30% = ₩18,600
   ③ 20×1년 지분법기타포괄이익: ₩100,000 × 30% = ₩30,000

2. 20×2년
   ① 20×2년 말 관계기업투자: (₩1,300,000 + ₩300,000 + ₩200,000 - ₩100,000 + ₩300,000 × 8년/10년) × 30% + (₩450,000 - ₩1,400,000 × 30%) = ₩612,000
   ② 20×2년 지분법이익: (₩300,000 - ₩300,000/10년 + ₩20,000 × 40%) × 30% = ₩83,400
   ③ 20×2년 지분법기타포괄이익: ₩200,000 × 30% = ₩60,000

물음 3

1. 20×1년

   ① 20×1년 말 관계기업투자: (₩1,000,000 + ₩200,000 + ₩100,000 + ₩300,000 × 9년/10년 - ₩20,000 × 40%) × 30% + (₩450,000 - ₩1,400,000 × 30%) = ₩498,600

   ② 20×1년 지분법이익: (₩200,000 - ₩100,000 - ₩300,000/10년 - ₩20,000 × 40%) × 30% = ₩18,600

   ③ 20×1년 지분법기타포괄이익: ₩100,000 × 30% = ₩30,000

2. 20×2년

   ① 20×2년 말 관계기업투자: (₩1,300,000 + ₩300,000 + ₩200,000 - ₩100,000 + ₩300,000 × 8년/10년) × 30% + (₩450,000 - ₩1,400,000 × 30%) = ₩612,000

   ② 20×2년 지분법이익: (₩300,000 - ₩300,000/10년 + ₩20,000 × 40%) × 30% = ₩83,400

   ③ 20×2년 지분법기타포괄이익: ₩200,000 × 30% = ₩60,000

3. 지분법에서는 상향판매와 하향판매 모두 미실현손익과 실현손익에 지분율을 곱하여 산정하므로 물음2 와 물음3 의 해답은 동일하다.

물음 4

1. 회계처리

일자	회계처리			
20×1년 초	(차) 관계기업투자	390,000[1]	(대) 현금	390,000
	(차) 관계기업투자	30,000	(대) 지분법이익	30,000[2]
	[1] 3,000주 × ₩130 = ₩390,000			
	[2] ₩390,000 - ₩1,400,000 × 30% = ₩(30,000) 관계기업의 염가매수차익은 즉시 당기손익에 반영함			
20×1년 말	(차) 관계기업투자	18,600	(대) 지분법이익(NI)	18,600[1]
	(차) 관계기업투자	30,000	(대) 지분법기타포괄이익(OCI)	30,000[2]
	[1] (₩200,000 - ₩100,000 - ₩300,000/10년 - ₩20,000 × 40%) × 30% = ₩18,600			
	[2] ₩100,000 × 30% = ₩30,000			
20×2년 말	(차) 관계기업투자	83,400	(대) 지분법이익(NI)	83,400[1]
	(차) 관계기업투자	60,000	(대) 지분법기타포괄이익(OCI)	60,000[2]
	(차) 현금	30,000[3]	(대) 관계기업투자	30,000
	[1] (₩300,000 - ₩300,000/10년 + ₩20,000 × 40%) × 30% = ₩83,400			
	[2] ₩200,000 × 30% = ₩60,000			
	[3] 3,000주 × ₩10 = ₩30,000			

2. 20×1년

   ① 20×1년 말 관계기업투자: (₩1,000,000 + ₩200,000 + ₩100,000 + ₩300,000 × 9년/10년 - ₩20,000 × 40%) × 30% = ₩468,600

   ② 20×1년 지분법이익: (₩200,000 - ₩100,000 - ₩300,000/10년 - ₩20,000 × 40%) × 30% + (₩1,400,000 × 30% - ₩390,000) = ₩48,600

   ③ 20×1년 지분법기타포괄이익: ₩100,000 × 30% = ₩30,000

3. 20×2년

   ① 20×2년 말 관계기업투자: (₩1,300,000 + ₩300,000 + ₩200,000 - ₩100,000 + ₩300,000 × 8년/10년) × 30% = ₩582,000

   ② 20×2년 지분법이익: (₩300,000 - ₩300,000/10년 + ₩20,000 × 40%) × 30% = ₩83,400

   ③ 20×2년 지분법기타포괄이익: ₩200,000 × 30% = ₩60,000

04 관계기업투자의 검증

매 보고기간 말 관계기업투자의 잔액은 ① 피투자자 순자산공정가치에 대한 지분에 ② 영업권을 가산하고 ③ 투자자의 하향거래로 인한 미실현손익에 투자자의 지분율을 곱한 금액을 합산한 금액이다.

피투자자 순자산장부금액	×××
투자차액 미상각잔액	×××
피투자자의 상향 내부거래 미실현손익 잔액	×××
피투자자의 순자산공정가치	×××
투자자의 지분율	× %
① 피투자자 순자산공정가치에 대한 지분	×××
② 영업권	×××
③ 투자자의 하향 내부거래 미실현손익 잔액 × 투자자의 지분율	(×××)
관계기업투자(① + ② + ③)	×××

[예제 3]의 물음2 의 경우 위의 공식을 이용하여 다음과 같이 계산할 수 있다.

(1) 20×1년 말 관계기업투자

피투자자 순자산장부금액: ₩1,000,000 + ₩200,000 + ₩100,000 =	₩1,300,000
투자차액 미상각잔액	
건물: ₩300,000 × 9년/10년 =	₩270,000
피투자자의 상향 내부거래 미실현손익 잔액	
재고자산: ₩20,000 × 40% =	₩(8,000)
피투자자의 순자산공정가치	₩1,562,000
투자자의 지분율	× 30%
① 피투자자 순자산공정가치에 대한 지분	₩468,600
② 영업권: (₩450,000 - ₩1,400,000 × 30%) =	₩30,000
③ 투자자의 하향 내부거래 미실현손익 잔액 × 투자자의 지분율	-
관계기업투자(① + ② + ③)	₩498,600

(2) 20×2년 말 관계기업투자

피투자자 순자산장부금액: ₩1,300,000 + ₩300,000 + ₩200,000 - ₩100,000 =	₩1,700,000
투자차액 미상각잔액	
건물: ₩300,000 × 8년/10년 =	₩240,000
피투자자의 상향 내부거래 미실현손익 잔액	
재고자산:	-
피투자자의 순자산공정가치	₩1,940,000
투자자의 지분율	× 30%
① 피투자자 순자산공정가치에 대한 지분	₩582,000
② 영업권: (₩450,000 - ₩1,400,000 × 30%) =	₩30,000
③ 투자자의 하향 내부거래 미실현손익 잔액 × 투자자의 지분율	-
관계기업투자(① + ② + ③)	₩612,000

05 지분법손익의 검증

매 보고기간 지분법손익은 ① 피투자자의 조정 후 당기순이익에 대한 지분에 ② 투자자의 하향 내부거래로 인한 미실현손익과 실현손익 당기발생액에 투자자의 지분율을 곱한 금액에 ③ 염가매수차익이 발생한 경우에는 염가매수차익을 합산한 금액이다.

피투자자의 보고된 당기순이익	×××
투자차액의 상각	(×××)
피투자자의 상향 내부거래제거	(×××)
피투자자의 조정 후 당기순이익	×××
투자자의 지분율	×%
① 피투자자의 조정 후 당기순이익에 대한 지분	×××
② 투자자의 하향 내부거래제거 × 투자자의 지분율	(×××)
③ 염가매수차익	×××
지분법손익(① + ② + ③)	×××

[예제 3]의 물음2 의 경우 위의 공식을 이용하여 다음과 같이 계산할 수 있다.

(1) 20×1년 지분법손익

피투자자의 보고된 당기순이익	₩200,000
투자차액의 상각	
재고자산:	₩(100,000)
건물: ₩300,000/10년 =	₩(30,000)
피투자자의 상향 내부거래제거	
재고자산 미실현: ₩20,000 × 40% =	₩(8,000)
피투자자의 조정 후 당기순이익	₩62,000
투자자의 지분율	× 30%
① 피투자자의 조정 후 당기순이익에 대한 지분	₩18,600
② 투자자의 하향 내부거래제거 × 투자자의 지분율	-
③ 염가매수차익	-
지분법손익(① + ② + ③)	₩18,600

(2) 20×2년 지분법손익

피투자자의 보고된 당기순이익	₩300,000
투자차액의 상각	
건물: ₩300,000/10년 =	₩(30,000)
피투자자의 상향 내부거래제거	
재고자산 실현: ₩20,000 × 40% =	₩8,000
피투자자의 조정 후 당기순이익	₩278,000
투자자의 지분율	× 30%
① 피투자자의 조정 후 당기순이익에 대한 지분	₩83,400
② 투자자의 하향 내부거래제거 × 투자자의 지분율	-
③ 염가매수차익	-
지분법손익(① + ② + ③)	₩83,400

06 지분법기타포괄손익의 검증

매 보고기간 지분법기타포괄손익은 피투자자의 보고된 기타포괄손익에 투자자의 지분율을 곱한 금액이다.

> 지분법기타포괄손익 = 피투자자의 보고된 기타포괄손익 × 투자자의 지분율

[예제 3]의 물음2 의 경우 위의 공식을 이용하여 다음과 같이 계산할 수 있다.

> (1) 20×1년 지분법기타포괄이익: ₩100,000 × 30% = ₩30,000
> (2) 20×2년 지분법기타포괄이익: ₩200,000 × 30% = ₩60,000

07 관계기업이나 공동기업 지분과의 교환으로 비화폐성자산을 출자하는 경우

(1) 일반적인 회계처리

관계기업이나 공동기업 지분과의 교환으로 관계기업이나 공동기업에 비화폐성자산을 출자하는 경우 상업적 실질이 있는지의 여부에 따라 다음과 같이 회계처리한다.

> ① 상업적 실질이 결여되어 있는 경우: 해당 손익은 미실현된 것으로 보며, 그 손익은 인식하지 않는다.
> ② 상업적 실질이 있는 경우: 비화폐성자산을 출자된 자산과 관련된 처분손익 중 투자자의 지분(몫)은 제거해야 한다.

상업적 실질이 있는 경우에 미실현손익은 지분법을 이용하여 회계처리하는 투자자산과 상쇄되어 제거되며, 기업의 연결재무상태표에 또는 투자자산을 지분법을 이용하여 회계처리한 기업의 재무상태표에 이연손익으로 표시하지 않는다. 비화폐성자산의 출자에 따른 미실현손익의 제거액은 다음과 같다.

> 비화폐성자산의 출자에 따른 미실현손익의 제거액 = 자산의 처분손익 × 투자자의 지분율

교환거래의 결과 미래현금흐름이 얼마나 변동될 것인지를 고려하여 해당 교환거래에 상업적 실질이 있는지를 결정하는데 다음 (1) 또는 (2)에 해당하면서 (3)을 충족하는 경우에 교환거래는 상업적 실질이 있는 것으로 본다.
(1) 취득한 자산과 관련된 현금흐름의 구성(위험, 유출입시기, 금액)이 제공한 자산과 관련된 현금흐름의 구성과 다르다.
(2) 교환거래의 영향을 받는 영업 부분의 기업특유가치가 교환거래의 결과로 변동한다.
(3) 위 (1)이나 (2)의 차이가 교환된 자산의 공정가치에 비하여 유의적이다.

(2) 추가로 화폐성이나 비화폐성자산을 수취하는 경우

관계기업이나 공동기업의 지분을 수령하면서 추가로 화폐성이나 비화폐성자산을 수취하는 경우, 기업은 수령한 화폐성이나 비화폐성자산과 관련하여 비화폐성 출자에 대한 손익의 해당 부분을 당기손익으로 모두 인식한다. 여기서 투자자가 비화폐성자산을 출자하여 관계기업 지분을 취득하였을 때 추가로 화폐성이나 비화폐성자산을 수취한 부분은 미실현손익이 아니라 실현손익으로 간주하고 지분법손익 계산 시 제거하면 안 된다. 이러한 비화폐성자산의 출자에 따른 미실현손익의 제거액은 다음과 같다.

비화폐성자산의 출자에 따른 미실현손익의 제거액

$$= \text{자산의 처분손익} \times \frac{\text{지분가치}}{\text{비화폐성자산의 출자의 공정가치}} \times \text{투자자의 지분율}$$

⊘ 참고 **추가로 화폐성이나 비화폐성자산을 수취하는 경우**

관계기업이나 공동기업의 지분을 수령하면서 추가로 화폐성이나 비화폐성자산을 수취하는 경우, 기업은 수령한 화폐성이나 비화폐성자산과 관련하여 비화폐성 출자에 대한 손익의 해당 부분을 당기손익으로 모두 인식하도록 규정하고 있다. 그 이유는 투자자가 비화폐성자산을 출자하여 관계기업 지분을 취득하였을 때 추가로 화폐성이나 비화폐성자산을 수취한 부분은 미실현손익이 아니라 실현손익으로 간주하기 때문에 지분법손익 계산 시 제거하면 안 되는 것이다.

⚡ POINT **관계기업이나 공동기업 지분과의 교환으로 비화폐성자산을 출자하는 경우**

일반적인 경우	상업적 실질이 결여되어 있는 경우	해당 손익은 미실현된 것으로 보며, 그 손익은 인식하지 않음
	상업적 실질이 있는 경우	비화폐성자산을 출자된 자산과 관련된 처분손익 중 투자자의 지분(몫)은 제거함
추가로 화폐성이나 비화폐성자산을 수취하는 경우		기업은 수령한 화폐성이나 비화폐성자산과 관련하여 비화폐성 출자에 대한 손익의 해당 부분을 당기손익으로 모두 인식함

예제 4 | 관계기업이나 공동기업 지분과의 교환으로 비화폐성자산을 출자

20×1년 초에 A회사는 보유하고 있는 토지(장부금액 ₩300,000, 공정가치 ₩400,000)를 출자하여, B회사 보통주 3,000주를 취득하고 유의적인 영향력을 획득하였다.

> (1) A회사가 취득한 B회사의 주식은 B회사 총발행주식의 30%이었고, 취득시점에서 B회사의 순자산 장부금액과 공정가치는 일치하였으며, 투자자와 관계기업 간의 다른 내부거래는 없다.
> (2) 20×1년에 B회사는 ₩200,000의 당기순이익을 보고하였다.

물음1 토지의 출자거래에 상업적 실질이 결여되어 있다면, A회사가 보유하고 있는 B회사 보통주의 20×1년도 회계처리를 나타내시오.

물음2 토지의 출자거래에 상업적 실질이 결여되어 있지 않다면, A회사가 보유하고 있는 B회사 보통주의 20×1년도 회계처리를 나타내시오.

물음3 **물음2**와 관계없이 20×1년 초에 A회사는 보유하고 있는 토지(장부금액 ₩300,000, 공정가치 ₩400,000)를 출자하여, B회사 보통주 3,000주를 취득하고 현금 ₩40,000을 수령하여 유의적인 영향력을 획득하였다고 가정한다. A회사가 보유하고 있는 B회사 보통주의 20×1년도 회계처리를 나타내시오.

해답

물음1

일자	회계처리			
20×1년 초	(차) 관계기업투자	300,000	(대) 토지	300,000
20×1년 말	(차) 관계기업투자	60,000	(대) 지분법이익(NI)	60,000[1]
	[1] ₩200,000 × 30% = ₩60,000			

물음2

일자	회계처리			
20×1년 초	(차) 관계기업투자	400,000	(대) 토지	300,000
			유형자산처분이익	100,000
20×1년 말	(차) 관계기업투자	30,000	(대) 지분법이익(NI)	30,000[1]
	[1] (₩200,000 − ₩100,000) × 30% = ₩30,000			

물음3

일자	회계처리			
20×1년 초	(차) 관계기업투자	360,000	(대) 토지	300,000
	현금	40,000	유형자산처분이익	100,000
20×1년 말	(차) 관계기업투자	33,000	(대) 지분법이익(NI)	33,000[1]
	[1] (₩200,000 − ₩100,000 × ₩360,000/₩400,000) × 30% = ₩33,000			

해설　1. 관계기업이나 공동기업 지분과의 교환으로 관계기업이나 공동기업에 비화폐성자산을 출자하는 경우에 상업적 실질이 결여되어 있다면 해당 손익은 미실현된 것으로 보며, 그 손익은 인식하지 않는다.

2. 관계기업이나 공동기업 지분과의 교환으로 관계기업이나 공동기업에 비화폐성자산을 출자하는 경우에 상업적 실질이 결여되어 있지 않다면 비화폐성자산을 출자된 자산과 관련된 처분손익 중 투자자의 지분(몫)은 제거해야 한다.

3. 관계기업이나 공동기업의 지분을 수령하면서 추가로 화폐성이나 비화폐성자산을 수취하는 경우, 기업은 수령한 화폐성이나 비화폐성자산과 관련하여 비화폐성 출자에 대한 손익의 해당 부분을 당기손익으로 모두 인식한다.

Ⅲ | 지분법의 특수주제

01 단계적 취득

(1) 정의

취득자는 때때로 취득일 직전에 지분을 보유하고 있던 피취득자에 대한 유의적인 영향력을 획득한다. 예를 들어 20×2년 1월 1일에 A회사는 B회사에 대한 주식 10%를 보유하고 있다. 같은 날에 B회사 지분 20%를 추가로 매수하여 유의적인 영향력을 획득하였다면, 이러한 거래를 단계적 취득(Step Acquisition)이라고 한다.

[그림 7-2] 단계적 취득

(2) 측정 및 회계처리

단계적 취득의 관계기업투자의 취득원가는 다음 항목의 합계액으로 측정된다.

> 단계적 취득의 관계기업투자의 취득원가: ① + ②
> ① 투자자가 이전에 보유하고 있던 피투자자에 대한 지분의 공정가치
> ② 추가로 취득한 지분의 취득원가

관계기업투자는 유의적인 영향력을 획득하는 시점부터 지분법을 적용하여 회계처리를 해야 한다. 이때 영업권을 측정하는 방법은 이론적으로 단계법과 일괄법이 있는데, 일괄법을 적용하여 측정해야 한다. 즉, 투자자가 피투자자의 유의적인 영향력을 획득한 시점에 관계기업투자를 일시에 취득한 것으로 간주하고 관계기업투자의 취득원가를 산정해야 한다.

단계적 취득에서, 투자자는 이전에 보유하고 있던 피취득자에 대한 지분을 유의적인 영향력을 획득한 시점의 공정가치로 재측정하고 그 결과 차손익이 있다면 당기손익 또는 기타포괄손익으로 인식해야 한다. 만일 이전의 보고기간에 투자자가 피투자자 지분의 가치변동을 기타포괄손익으로 인식하였다면, 기타포괄손익으로 인식한 금액은 투자자가 이전에 보유하던 지분을 직접 처분하였다면 적용할 기준과 동일하게 인식한다. 즉, 투자자의 기존 피투자자 지분의 가치변동을 기타포괄손익으로 인식한 금액은 유의적인 영향력을 획득한 시점에 후속적으로 당기손익으로 재분류하지 않는다.

단계적으로 유의적인 영향력을 획득하는 단계적 취득에 대해서 K-IFRS 제1028호 '관계기업과 공동기업에 대한 투자'에서는 아무런 언급이 없다. 따라서 단계적 취득에 '단계법' 또는 '일괄법'을 선택적으로 적용할 수 있다는 견해가 있을 수 있다. K-IFRS 제1028호 문단 26에 의하면 지분법을 적용하는 데 적합한 절차의 많은 부분이 기업회계기준서 제1110호 '연결재무제표'에서 규정한 연결절차와 유사하며, 특히 종속기업을 취득할 때 사용한 회계처리 절차의 기본개념은 관계기업이나 공동기업에 대한 투자의 취득 시 회계처리에도 적용한다고 규정하고 있다. 또한 한국채택국제회계기준에 언급이 없는 회계처리는 일반기업회계기준을 참조하여 회계처리하는 것이 합리적일 것이며, 일반기업회계기준에서는 유의적인 영향력을 획득하는 단계적 취득에 대해 일괄법을 적용하도록 하고 있다. 따라서 유의적인 영향력을 획득하는 단계적 취득에 대해서 일괄법을 적용하는 것이 합리적이라고 판단되어 회계처리를 제시하였다.

⚡POINT 단계적 취득

정의	취득일 직전에 지분을 보유하고 있던 피취득자에 대한 유의적인 영향력을 획득하는 거래
이전대가의 측정	단계적 취득의 관계기업투자의 취득원가: ① + ② ① 투자자가 이전에 보유하고 있던 피투자자에 대한 지분의 공정가치 ② 추가로 취득한 지분의 취득원가
회계처리	① 투자자는 이전에 보유하고 있던 피취득자에 대한 지분을 유의적인 영향력을 획득한 시점의 공정가치로 재측정하고 그 결과 차손익이 있다면 당기손익 또는 기타포괄손익으로 인식 ② 기존 피투자자 지분의 가치변동을 기타포괄손익으로 인식한 금액은 유의적인 영향력을 획득한 시점에 후속적으로 당기손익으로 재분류하지 않음

예제 5 단계적 취득

20×1년 초에 A회사는 B회사 보통주 1,000주(지분율 10%)를 주당 ₩100에 취득하였다. A회사와 B회사는 12월 말 결산법인이며, 관련자료는 다음과 같다.

(1) 20×1년 초에 B회사의 순자산장부금액은 ₩900,000이었으며, 순자산장부금액과 공정가치가 다른 항목은 없었다. 20×1년 말 B회사 보통주 1주의 공정가치는 ₩105이었다.

(2) 20×2년 초에 A회사는 B회사의 보통주 2,000주(지분율 20%)를 주당 ₩110에 추가로 취득하였다. 취득 당시 B회사의 순자산장부금액은 ₩1,000,000이며, 순자산장부금액과 공정가치가 다른 항목은 없었다.

(3) 20×2년에 B회사는 ₩200,000의 당기순이익을 보고하였으며, ₩100,000의 기타포괄손익을 보고하였다.

물음 1 A회사가 B회사의 기존 주식을 당기손익공정가치측정금융자산으로 분류하였다면, 보유하고 있는 B회사 보통주의 각 연도별 회계처리를 나타내시오.

물음 2 20×2년 말 관계기업투자의 장부금액과 20×2년 당기손익에 미치는 영향 및 기타포괄손익에 미치는 영향을 계산하시오.

물음 3 A회사가 B회사의 기존 주식을 기타포괄손익공정가치측정금융자산으로 분류하였다면, 보유하고 있는 B회사 보통주의 각 연도별 회계처리를 나타내시오.

물음 4 20×2년 말 관계기업투자의 장부금액과 20×2년 당기손익에 미치는 영향 및 기타포괄손익에 미치는 영향을 계산하시오.

해답

물음 1

일자	회계처리				
20×1년 초	(차) 당기손익공정가치측정금융자산	100,000	(대) 현금		100,000
20×1년 말	(차) 당기손익공정가치측정금융자산	5,000	(대) 당기손익공정가치측정금융자산평가이익(NI)		5,000¹⁾
	¹⁾ 1,000주 × (₩105 - ₩100) = ₩5,000				
20×2년 초	(차) 관계기업투자	330,000¹⁾	(대) 현금		220,000
			당기손익공정가치측정금융자산		105,000
			금융자산처분이익(NI)		5,000²⁾
	¹⁾ 1,000주 × ₩110 + 2,000주 × ₩110 = ₩330,000				
	²⁾ 1,000주 × (₩110 - ₩105) = ₩5,000				
20×2년 말	(차) 관계기업투자	60,000	(대) 지분법이익(NI)		60,000¹⁾
	(차) 관계기업투자	30,000	(대) 지분법기타포괄이익(OCI)		30,000²⁾
	¹⁾ ₩200,000 × 30% = ₩60,000				
	²⁾ ₩100,000 × 30% = ₩30,000				

물음 2

1. **20×2년 말 관계기업투자의 장부금액**

피투자자 순자산장부금액: ₩1,000,000 + ₩200,000 + ₩100,000 =	₩1,300,000
투자차액 미상각잔액	–
피투자자의 상향 내부거래 미실현손익 잔액	–
피투자자의 순자산공정가치	₩1,300,000
투자자의 지분율	× 30%
① 피투자자 순자산공정가치에 대한 지분	₩390,000
② 영업권: (1,000주 × ₩110 + 2,000주 × ₩110) - ₩1,000,000 × 30% =	₩30,000
③ 투자자의 하향 내부거래 미실현손익 잔액 × 투자자의 지분율	–
관계기업투자(① + ② + ③)	₩420,000

2. **20×2년 당기손익에 미치는 영향**: ① + ② = ₩65,000
   ① 금융자산처분이익: 1,000주 × (₩110 - ₩105) = ₩5,000
   ② 지분법이익: ₩200,000 × 30% = ₩60,000

3. **20×2년 기타포괄손익에 미치는 영향**: 지분법기타포괄이익 = ₩100,000 × 30% = ₩30,000

물음 3

일자	회계처리			
20×1년 초	(차) 기타포괄손익공정가치측정금융자산	100,000	(대) 현금	100,000
20×1년 말	(차) 기타포괄손익공정가치측정금융자산	5,000	(대) 기타포괄손익공정가치측정금융자산평가이익(OCI)	5,000[1]
	[1] 1,000주 × (₩105 - ₩100) = ₩5,000			
20×2년 초	(차) 관계기업투자	330,000[1]	(대) 현금	220,000
			기타포괄손익공정가치측정금융자산	105,000
			기타포괄손익공정가치측정금융자산평가이익(OCI)	5,000[2]
	[1] 1,000주 × ₩110 + 2,000주 × ₩110 = ₩330,000			
	[2] 1,000주 × (₩110 - ₩105) = ₩5,000			
20×2년 말	(차) 관계기업투자	60,000	(대) 지분법이익(NI)	60,000[1]
	(차) 관계기업투자	30,000	(대) 지분법기타포괄이익(OCI)	30,000[2]
	[1] ₩200,000 × 30% = ₩60,000			
	[2] ₩100,000 × 30% = ₩30,000			

물음 4

1. 20×2년 말 관계기업투자의 장부금액

피투자자 순자산장부금액: ₩1,000,000 + ₩200,000 + ₩100,000 =	₩1,300,000
투자차액 미상각잔액	-
피투자자의 상향 내부거래 미실현손익 잔액	-
피투자자의 순자산공정가치	₩1,300,000
투자자의 지분율	× 30%
① 피투자자 순자산공정가치에 대한 지분	₩390,000
② 영업권: (1,000주 × ₩110 + 2,000주 × ₩110) - ₩1,000,000 × 30% =	₩30,000
③ 투자자의 하향 내부거래 미실현손익 잔액 × 투자지분율	-
관계기업투자(① + ② + ③)	₩420,000

2. 20×2년 당기손익에 미치는 영향: 지분법이익 = ₩200,000 × 30% = ₩60,000

3. 20×2년 기타포괄손익에 미치는 영향: ① + ② = ₩35,000
   ① 기타포괄손익공정가치측정금융자산평가이익: 1,000주 × (₩110 - ₩105) = ₩5,000
   ② 지분법기타포괄이익: ₩100,000 × 30% = ₩30,000

02 유의적인 영향력을 획득 후 추가취득

투자자가 관계기업에 대하여 유의적인 영향력을 획득한 이후에 추가로 주식을 취득한 경우에는 추가취득으로 발생하는 투자제거차액은 추가취득일을 기준으로 영업권에 반영한다. 즉, 단계법을 적용하여야 한다. 또한, 투자자가 관계기업에 대하여 유의적인 영향력을 획득한 이후에 추가로 주식을 취득하여 지배력을 획득한 경우에는 연결재무제표를 작성하여야 하며, 공동지배력을 획득한 경우에는 계속하여 지분법을 적용한다.

03 지분법 적용의 중지와 재개

(1) 지분법 적용의 중지

관계기업이나 공동기업의 손실 중 기업의 지분이 관계기업이나 공동기업에 대한 투자지분과 같거나 초과하는 경우, 기업은 관계기업 투자지분 이상의 손실에 대하여 인식을 중지한다.

> ✎ 저자 견해 **지분법 적용을 중지하는 이유**
>
> 관계기업투자의 장부금액이 영(₩0) 이하가 되는 경우를 인정하지 않고 지분법 적용을 중지하는 이유는 주식회사의 주주는 무한책임을 부담하지 아니하고 투자금액을 한도로 유한책임만을 부담하기 때문이다. 즉, 부채가 자산을 초과하는 자본잠식이 발생하더라도 주주는 추가로 손실을 부담할 필요가 없다. 또한 자산과 부채계정은 음(-)의 부호가 될 수 없으며, 자본계정만 음(-)의 부호가 될 수 있다. 관계기업투자는 자산계정이므로 금액은 영(₩0) 이상이어야 하며, 연결회계의 비지배분은 자본계정이므로 비지배지분 초과손실을 음(-)의 부호로 인식하는 것과 구별되어야 한다.

(2) 관계기업이나 공동기업에 대한 순투자의 일부를 구성하는 장기투자지분

관계기업이나 공동기업에 대한 투자지분은 지분법을 사용하여 결정되는 관계기업이나 공동기업에 대한 투자자산의 장부금액과 실질적으로 기업의 관계기업이나 공동기업에 대한 순투자의 일부를 구성하는 장기투자지분 항목을 합한 금액이다. 따라서 투자자가 관계기업이나 공동기업에 대한 순투자의 일부를 구성하는 장기투자지분 항목을 보유하고 있으면, 장기투자지분 금액까지는 지분법손실을 추가로 인식해야 한다.[1]

예를 들면, 예측 가능한 미래에 상환받을 계획도 없고 상환가능성도 높지 않은 항목은 실질적으로 관계기업이나 공동기업에 대한 투자자산의 연장이다. 이러한 항목에는 우선주와 장기수취채권이나 장기대여금이 포함될 수도 있다. 그러나 매출채권, 매입채무 또는 담보부대여금과 같이 적절한 담보가 있는 장기수취채권은 제외한다. 지분법 적용으로 보통주에 대한 투자자산 금액을 초과하여 인식되는 손실은, 관계기업이나 공동기업 청산 시의 상환 우선순위와는 반대의 순서로, 투자지분 중 보통주와 다른 구성항목에 대해 적용한다.[2]

(3) 추가 손실분에 대해 의무가 있거나 대신 지급해야 하는 경우

기업의 지분이 '영(₩0)'으로 감소된 이후 추가 손실분에 대하여 기업은 법적의무 또는 의제의무가 있거나 관계기업이나 공동기업을 대신하여 지급하여야 하는 경우, 그 금액까지만 손실과 부채로 인식한다.

(4) 지분법 적용의 재개

만약 관계기업이나 공동기업이 추후에 이익을 보고할 경우 투자자는 자신의 지분에 해당하는 이익의 인식을 재개하되, 인식하지 못한 손실을 초과한 금액만을 이익으로 인식한다.

---

[1] 국제회계기준위원회는 비지분투자자산을 영(₩0)까지 감소되는 기준의 범위에 포함시키지 않는다면 기업은 지분법에 따른 관계기업이나 공동기업의 손실 인식을 회피하기 위하여 투자의 대부분을 비지분투자에 투자함으로써 자신의 투자자산을 재구성할 수 있다는 점에 주목하여 손실을 인식하는 기준을 확대하였다.

[2] 예를 들면 지분법 적용으로 인한 손실은 보통주 금액, 우선주 금액, 장기수취채권 및 장기대여금 순서로 인식하며, 이익이 발생하면 위의 반대의 순서로 자산의 금액을 회복시킨다. 관계기업에 대한 우선주, 장기수취채권 및 장기대여금은 K-IFRS 제1109호 '금융상품'에 따라 회계처리를 수행한 후, 지분법손실을 인식해야 한다. 따라서 관계기업에 대한 우선주(지분상품)는 보고기간 말에 공정가치로 측정하여 공정가치변동분을 당기손익 또는 기타포괄손익으로 인식하며, 장기수취채권 및 장기대여금(채무상품)은 기대신용손실을 금융자산손상차손으로 인식한 후 지분법손실을 인식해야 한다. 구체적인 회계처리는 회계사 2차 재무회계연습에서 소개하기로 한다.

지분법 적용의 중지	관계기업이나 공동기업의 손실 중 기업의 지분이 관계기업이나 공동기업에 대한 투자지분과 같거나 초과하는 경우, 기업은 관계기업 투자지분 이상의 손실에 대하여 인식을 중지함
관계기업이나 공동기업에 대한 순투자의 일부를 구성하는 장기투자지분	투자자가 관계기업이나 공동기업에 대한 순투자의 일부를 구성하는 장기투자지분 항목을 보유하고 있으면, 장기투자지분 금액까지는 지분법손실을 추가로 인식해야 함
추가 손실분에 대해 의무가 있거나 대신 지급해야 하는 경우	기업의 지분이 '영(₩0)'으로 감소된 이후 추가 손실분에 대하여 기업은 법적의무 또는 의제의무가 있거나 관계기업이나 공동기업을 대신하여 지급하여야 하는 경우, 그 금액까지만 손실과 부채로 인식함
지분법 적용의 재개	관계기업이나 공동기업이 추후에 이익을 보고할 경우 투자자는 자신의 지분에 해당하는 이익의 인식을 재개하되, 인식하지 못한 손실을 초과한 금액만을 이익으로 인식함

예제 6 지분법 적용의 중지와 재개

A회사는 20×1년 초에 B회사의 발행주식의 30%를 ₩1,600,000에 취득하여 유의적인 영향력을 획득하였다. 취득 당시 B회사의 순자산가액은 ₩4,000,000이었는데, 순자산장부금액과 순자산공정가치는 일치하였고, 나머지 투자차액은 영업권 대가로 지급된 것이다. B회사의 최근 3년간 당기순이익(손실)은 다음과 같다.

항목	20×1년	20×2년	20×3년
당기순이익(손실)	₩(4,000,000)	₩(3,000,000)	₩2,000,000

물음1 A회사가 20×3년 지분법 적용 재무제표에 인식할 지분법이익은 얼마인가?

물음2 A회사가 20×1년부터 20×3년 말까지 수행할 회계처리를 나타내시오.

물음3 A회사가 20×2년 초에 B회사의 자금사정이 어려워 ₩100,000을 장기대여하였고, 20×2년 말에 A회사가 B회사 자본잠식에 대하여 ₩100,000을 추가로 출자해야 하는 법적인 지급의무가 있는 경우에 20×1년부터 20×3년 말까지 수행할 회계처리를 나타내시오.

해답 **물음1**

1. 20×1년 지분법손실: ₩(1,200,000)[1]

   [1] ₩(4,000,000) × 30% = ₩(1,200,000)

2. 20×2년 지분법손실: ₩(400,000)[1]

   [1] 20×2년 지분법손실 금액은 ₩(3,000,000) × 30% = ₩(900,000)이나, 관계기업투자의 장부금액이 ₩0이 됨에 따라 ₩500,000의 손실은 인식하지 않음

3. 20×3년 지분법이익: ₩100,000[1]

   [1] 20×3년 지분법이익 금액은 ₩2,000,000 × 30% = ₩600,000이나, 관계기업투자의 장부금액이 ₩0이 됨에 따라 전기에 인식하지 못한 ₩500,000의 손실을 초과한 ₩100,000만을 이익으로 인식함

물음 2

1. 20×1년

일자	회계처리			
20×1년 초	(차) 관계기업투자	1,600,000	(대) 현금	1,600,000
20×1년 말	(차) 지분법손실(NI)	1,200,000[1]	(대) 관계기업투자	1,200,000

[1] ₩(4,000,000) × 30% = ₩(1,200,000)

2. 20×2년

일자	회계처리			
20×2년 말	(차) 지분법손실(NI)	400,000[1]	(대) 관계기업투자	400,000

[1] 20×2년 지분법손실 금액은 ₩(3,000,000) × 30% = ₩(900,000)이나, 관계기업투자의 장부금액이 ₩0이 됨에 따라 ₩(500,000)의 손실은 인식하지 않고 지분법 적용을 중지함

3. 20×3년

일자	회계처리			
20×3년 말	(차) 관계기업투자	100,000	(대) 지분법이익(NI)	100,000[1]

[1] 20×3년 지분법이익 금액은 ₩2,000,000 × 30% = ₩600,000이나, 관계기업투자의 장부금액이 ₩0이 됨에 따라 전기에 인식하지 못한 ₩(500,000)의 손실을 초과한 ₩100,000만을 이익으로 인식하여 지분법 적용을 재개함

물음 3

1. 20×1년

일자	회계처리			
20×1년 초	(차) 관계기업투자	1,600,000	(대) 현금	1,600,000
20×1년 말	(차) 지분법손실(NI)	1,200,000[1]	(대) 관계기업투자	1,200,000

[1] ₩(4,000,000) × 30% = ₩(1,200,000)

2. 20×2년

일자	회계처리			
20×2년 말	(차) 지분법손실(NI)	400,000[1]	(대) 관계기업투자	400,000
	(차) 지분법손실(NI)	100,000[2]	(대) 대손충당금(장기대여금)	100,000
	(차) 지분법손실(NI)	100,000[3]	(대) 충당부채	100,000

[1] 20×2년 지분법손실 금액은 ₩(3,000,000) × 30% = ₩(900,000)이나, 관계기업투자의 장부금액이 ₩0이 됨에 따라 ₩(500,000)의 손실은 인식하지 않고 지분법 적용을 중지함
[2] 인식하지 않은 손실 ₩(500,000) 중 ₩100,000은 장기대여금 금액까지는 지분법손실을 추가로 인식함
[3] 기업의 지분이 '영(₩0)'으로 감소된 이후 추가 손실분에 대하여 기업은 법적의무 또는 의제의무가 있거나 관계기업이나 공동기업을 대신하여 지급하여야 하는 경우, 그 금액까지만 손실과 부채로 인식하므로 ₩100,000을 지분법손실로 추가인식함. 따라서 지분법손실 중 미인식금액은 ₩(300,000)임

3. 20×3년

일자	회계처리			
20×3년 말	(차) 충당부채	100,000	(대) 지분법이익(NI)	300,000[1]
	대손충당금(장기대여금)	100,000		
	관계기업투자	100,000		

[1] 20×3년 지분법이익 금액은 ₩2,000,000 × 30% = ₩600,000이나, 관계기업투자의 장부금액이 ₩0이 됨에 따라 전기에 인식하지 못한 ₩(300,000)의 손실을 초과한 ₩300,000만을 이익으로 인식하여 지분법 적용을 재개하되, 충당부채와 장기대여금 ₩200,000을 먼저 회복시키고 나머지 ₩100,000의 관계기업투자를 회복시킴

04 관계기업투자의 처분

투자자가 관계기업투자의 일부 또는 전부를 처분하는 경우에는 처분금액에서 관계기업투자의 장부금액을 차감한 금액을 금융자산처분손익으로 먼저 인식한다. 추가로 관계기업투자와 관련하여 기타포괄손익으로 인식한 금액(기타포괄손익누계액)에 대하여 기업은 피투자자가 관련 자산이나 부채를 직접 처분한 경우의 회계처리와 동일한 기준으로 회계처리한다. 즉, 관계기업이 기타포괄손익누계액을 관련 자산이나 부채의 처분 시 당기손익으로 재분류되는 항목(예 해외사업환산손익)이라면 투자자는 이와 동일한 기준으로 지분법기타포괄손익을 당기손익으로 재분류한다. 반면에 관계기업이 기타포괄손익누계액을 관련 자산이나 부채의 처분 시 당기손익으로 재분류되지 않는 항목(예 재평가잉여금)이라면 투자자는 이와 동일한 기준으로 지분법기타포괄손익을 당기손익으로 재분류하지 않는다.

⊘ 참고 **후속적으로 당기손익으로 재분류되는 항목과 재분류되지 않는 항목**	
후속적으로 당기손익으로 재분류되는 항목	① 기타포괄손익공정가치측정금융자산평가손익(채무상품) ② 해외사업환산손익 ③ 파생상품평가손익(현금흐름위험회피에서 위험회피대상이 비금융자산이나 비금융부채가 아닌 경우에 발생하는 평가손익 중 효과적인 부분) ④ 관계기업 및 공동기업의 재분류되는 지분법기타포괄손익
후속적으로 당기손익으로 재분류되지 않는 항목	① 재평가잉여금 ② 당기손익공정가치측정금융부채의 신용위험 변동으로 인한 공정가치 변동금액 ③ 기타포괄손익공정가치측정금융자산평가손익(지분상품) ④ 확정급여제도의 재측정요소 ⑤ 파생상품평가손익(현금흐름위험회피에서 위험회피대상이 비금융자산이나 비금융부채인 경우) ⑥ 관계기업 및 공동기업의 재분류되지 않는 지분법기타포괄손익

투자자가 관계기업투자를 처분할 때에는 유의적인 영향력을 유지하는 경우와 유의적인 영향력을 상실하는 경우로 구분할 수 있다.

(1) 유의적인 영향력을 유지하는 경우

① 투자자가 관계기업투자의 일부를 처분하여 유의적인 영향력을 유지하는 경우 처분금액에서 관계기업투자의 장부금액을 차감한 금액을 금융자산처분손익으로 먼저 인식한다.

② 관계기업이나 공동기업에 대한 투자자의 소유지분이 감소하지만 그 투자자산이 각각 관계기업 또는 공동기업에 대한 투자로 계속 분류된다면, 투자자는 이전에 기타포괄손익으로 인식했던 손익이 관련 자산이나 부채의 처분에 따라 당기손익으로 재분류되는 경우라면, 지분법기타포괄손익 중 소유지분의 감소와 관련된 비례적 부분을 당기손익으로 재분류한다.

③ 처분되지 않은 지분에 대해서는 지분법을 계속 적용하면 된다.

(2) 유의적인 영향력을 상실하는 경우

① 투자자가 관계기업투자의 일부를 처분하여 유의적인 영향력을 상실하는 경우 처분금액에서 관계기업 투자의 장부금액을 차감한 금액을 금융자산처분손익으로 먼저 인식한다.

② 투자자는 이전에 기타포괄손익으로 인식했던 손익이 관련 자산이나 부채의 처분에 따라 당기손익으로 재분류되는 경우라면, 지분법기타포괄손익 전액을 당기손익으로 재분류한다.

③ 처분되지 않은 지분이 금융자산인 경우, 투자자는 잔여 보유 지분을 공정가치로 측정하여 잔여 보유 지분의 공정가치와 장부금액의 차이를 당기손익으로 인식한다.

POINT 관계기업투자의 처분

구분	유의적인 영향력을 유지하는 경우	유의적인 영향력을 상실하는 경우
처분지분	① 금융자산처분손익 = 처분금액 - 장부금액	① 금융자산처분손익 = 처분금액 - 장부금액
지분법기타포괄손익 (재분류조정이 가능한 경우)	② 지분법기타포괄손익으로 인식한 금액 중 비례적 금액만을 당기손익으로 재분류함	② 지분법기타포괄손익 전액을 당기손익으로 재분류함
보유지분	③ 지분법을 계속 적용함	③ 금융자산처분손익 = 공정가치 - 장부금액
당기손익 영향	① + ②	① + ② + ③

예제 7 관계기업투자의 처분

20×1년 초에 A회사는 B회사 보통주 4,000주를 주당 ₩100으로 취득하여 유의적인 영향력을 획득하였다.

(1) A회사가 취득한 B회사의 주식은 B회사 총발행주식의 40%이었고, 취득시점에서 B회사의 순자산 장부금액은 ₩1,000,000이었으며, B회사 자산과 부채의 장부금액과 공정가치는 일치하였다.

(2) 20×1년에 B회사는 ₩200,000의 당기순이익을 보고하였으며, ₩100,000의 기타포괄손익을 보고하였다. 기타포괄손익은 해외사업장과 관련하여 재무제표를 환산하여 발생한 해외사업환산손익이다.

물음 1 20×2년 초에 A회사가 보유하고 있는 B회사 보통주 중 10%(1,000주)를 ₩140,000에 처분한 경우에 A회사가 20×1년 초부터 20×2년 초까지 필요한 회계처리를 나타내시오.

물음 2 **물음 1**과 관련하여 20×2년 초에 A회사가 당기손익으로 인식할 금액은 얼마인가?

물음 3 20×2년 초에 A회사가 보유하고 있는 B회사 보통주 중 30%(3,000주)를 ₩420,000에 처분한 경우에 A회사가 20×1년 초부터 20×2년 초까지 필요한 회계처리를 나타내시오. 단, B회사 투자주식 처분 후에 10%의 지분은 기타포괄손익공정가치측정금융자산으로 분류하며, 공정가치는 ₩140,000이다.

물음 4 **물음 3**과 관련하여 20×2년 초에 A회사가 당기손익으로 인식할 금액은 얼마인가?

해답 물음 1

1. 20×1년

일자	회계처리			
20×1년 초	(차) 관계기업투자	400,000	(대) 현금	400,000
20×1년 말	(차) 관계기업투자	80,000	(대) 지분법이익(NI)	80,000[1]
	(차) 관계기업투자	40,000	(대) 지분법기타포괄이익(OCI)	40,000[2]
	[1] ₩200,000 × 40% = ₩80,000			
	[2] ₩100,000 × 40% = ₩40,000			

2. 20×2년 초

일자	회계처리			
① 처분지분	(차) 현금	140,000	(대) 관계기업투자	130,000[1]
			금융자산처분이익(NI)	10,000
② 재분류조정	(차) 지분법기타포괄이익(OCI)	10,000	(대) 금융자산처분이익(NI)	10,000[2]

[1] ₩520,000 × 10%/40% = ₩130,000
[2] ₩40,000 × 10%/40% = ₩10,000

물음 2

20×2년 초 당기손익으로 인식할 금액: ① + ② = ₩20,000
① 처분지분 금융자산처분이익: ₩140,000 - ₩520,000 × 10%/40% = ₩10,000
② 지분법기타포괄손익 재분류조정: ₩40,000 × 10%/40% = ₩10,000

물음 3

1. 20×1년

일자	회계처리			
20×1년 초	(차) 관계기업투자	400,000	(대) 현금	400,000
20×1년 말	(차) 관계기업투자	80,000	(대) 지분법이익(NI)	80,000[1]
	(차) 관계기업투자	40,000	(대) 지분법기타포괄이익(OCI)	40,000[2]
	[1] ₩200,000 × 40% = ₩80,000			
	[2] ₩100,000 × 40% = ₩40,000			

2. 20×2년 초

일자	회계처리			
① 처분지분	(차) 현금	420,000	(대) 관계기업투자	390,000[1]
			금융자산처분이익(NI)	30,000
② 재분류조정	(차) 지분법기타포괄이익(OCI)	40,000	(대) 금융자산처분이익(NI)	40,000[2]
③ 보유지분	(차) 기타포괄손익공정가치측정금융자산	140,000	(대) 관계기업투자	130,000[3]
			금융자산처분이익(NI)	10,000

[1] ₩520,000 × 30%/40% = ₩390,000
[2] 유의적인 영향력을 상실하는 경우에는 ₩40,000 전액을 당기손익으로 인식함
[3] ₩520,000 × 10%/40% = ₩130,000

물음 4

20×2년 초 당기손익으로 인식할 금액: ① + ② + ③ = ₩80,000
① 처분지분 금융자산처분이익: ₩420,000 - ₩520,000 × 30%/40% = ₩30,000
② 지분법기타포괄손익 재분류조정: ₩40,000
③ 보유지분 금융자산처분이익: ₩140,000 - ₩520,000 × 10%/40% = ₩10,000

05 관계기업투자의 손상

관계기업이나 공동기업의 손실 인식을 포함하여 지분법을 적용한 이후, 기업은 관계기업이나 공동기업에 대한 순투자자산에 대하여 추가적인 손상차손을 인식할 필요가 있는지 결정하기 위하여 K-IFRS 제1109호 '금융상품'의 손상규정을 적용하여 객관적인 증거를 평가해야 한다.

관계기업이나 공동기업에 대한 순투자 장부금액의 일부를 구성하는 영업권은 분리하여 인식하지 않으므로 K-IFRS 제1036호 '자산손상'의 영업권 손상검사에 관한 요구사항을 적용한 별도의 손상검사를 하지 않는다. 그 대신에, 순투자자산의 손상징후가 나타날 때마다 단일 자산으로서 투자자산 전체 장부금액을 회수가능액 (순공정가치와 사용가치 중 큰 금액)과 비교하여 손상검사를 한다. 이러한 상황에서 인식된 손상차손은 관계기업이나 공동기업에 대한 순투자 장부금액의 일부를 구성하는 어떠한 자산(영업권 포함)에도 배분하지 않는다.

(1) 손상차손

관계기업투자의 회수가능액이 장부금액에 미달하는 경우에는 손상차손을 당기손실로 인식한다. 여기서 손상차손은 장부금액과 회수가능액의 차이이며, 회수가능액은 순공정가치와 사용가치 중 큰 금액이다. 여기서 순공정가치는 공정가치에서 처분부대원가를 차감한 금액이며, 사용가치를 결정하기 위하여 다음 중 하나를 추정해야 한다.

① 관계기업이나 공동기업이 영업 등을 통하여 창출할 것으로 기대되는 추정 미래현금흐름의 현재가치 중 기업의 지분과 해당 투자자산의 최종 처분금액의 현재가치

② 투자자산에서 배당으로 기대되는 추정 미래현금흐름의 현재가치와 해당 투자자산의 최종 처분금액의 현재가치

① 손상차손 = 장부금액 - 회수가능액
② 회수가능액 = Max[순공정가치, 사용가치]
③ 순공정가치 = 공정가치 - 처분부대원가
④ 사용가치 = a or b
　a. 추정 미래현금흐름의 현재가치 × 투자자의 지분율 + 최종 처분금액의 현재가치
　b. 배당으로 기대되는 추정 미래현금흐름의 현재가치 + 최종 처분금액의 현재가치

(2) 손상차손환입

손상차손을 인식한 이후에 관계기업투자의 회수가능액이 회복된 경우에는 회수가능액과 장부금액의 차이를 손상차손환입의 당기이익으로 인식한다. 이 손상차손의 모든 환입은 K-IFRS 제1036호 '자산손상'에 따라 이러한 순투자자산의 회수가능액이 후속적으로 증가하는 만큼 인식한다. 여기서 손상차손환입은 손상되지 않았을 경우의 관계기업투자의 장부금액을 한도로 인식하는 것이 타당할 것이다.

> ✍ 저자 견해 **손상차손환입의 한도**
>
> 관계기업투자의 회수가능액이 회복된 경우에 손상차손환입의 한도에 대해서 K-IFRS 제1028호 '관계기업과 공동기업에 대한 투자'에서는 아무런 언급이 없다. 단, 이 손상차손의 모든 환입은 K-IFRS 제1036호 '자산손상'에 따라 이러한 순투자자산의 회수가능액이 후속적으로 증가하는 만큼 인식한다는 규정이 있다. 따라서 자산손상에 규정을 준용한다면 손상차손의 한도는 손상되지 않았을 경우의 장부금액을 초과하지 않도록 하는 것이 K-IFRS의 규정을 준수한 회계처리가 될 것이다.

영업권의 손상검사와 배분	① 관계기업투자에 대한 장부금액에 포함된 영업권은 분리하여 인식하지 않으므로 별도로 손상검사를 하지 않음 ② 관계기업에 대한 투자지분에 대하여 인식된 손상차손은 관계기업에 대한 투자자산을 구성하는 어떠한 자산(영업권 포함)에도 배분하지 않음

손상차손	① 손상차손 = 장부금액 - 회수가능액
	② 회수가능액 = Max[순공정가치, 사용가치]
	③ 순공정가치 = 공정가치 - 처분부대원가
	④ 사용가치 = a or b
	  a. 추정 미래현금흐름의 현재가치 × 투자자의 지분율 + 최종 처분금액의 현재가치
	  b. 배당으로 기대되는 추정 미래현금흐름의 현재가치 + 최종 처분금액의 현재가치

손상차손환입	손상차손환입 = 회수가능액 - 장부금액(한도: 손상되지 않았을 경우의 장부금액)

예제 8 관계기업투자의 손상

20×1년 초에 A회사는 B회사 보통주 3,000주를 주당 ₩100으로 취득하여 유의적인 영향력을 획득하였다.

(1) A회사가 취득한 B회사의 주식은 B회사 총발행주식의 30%이었고, 취득시점에서 B회사의 순자산 장부금액은 ₩1,000,000이었으며, B회사 자산과 부채의 장부금액과 공정가치는 일치하였다.

(2) 20×1년에 B회사는 ₩200,000의 당기순손실을 보고하였으며, B회사의 20×1년 말 손상차손 발생에 객관적인 증거가 있어 손상검사를 실시하고 순공정가치는 ₩200,000, 사용가치는 ₩210,000으로 산정되었다.

(3) 20×2년에 B회사의 영업이 회복되어 20×2년 말 회수가능액은 ₩400,000으로 결정되었다. 20×2년에 B회사는 ₩100,000의 당기순이익을 보고하였으며, 20×2년 말 손상되지 않았을 경우의 관계기업투자의 장부금액은 ₩270,000이다.

A회사가 20×1년 초부터 20×2년 말까지 필요한 회계처리를 나타내시오.

해답 1. 20×1년

일자	회계처리			
20×1년 초	(차) 관계기업투자	300,000	(대) 현금	300,000
20×1년 말	(차) 지분법손실(NI)	60,000[1]	(대) 관계기업투자	60,000
	(차) 관계기업투자손상차손(NI)	30,000[2]	(대) 관계기업투자	30,000
	[1] ₩(200,000) × 30% = ₩(60,000) [2] ₩240,000 - Max[₩200,000, ₩210,000] = ₩30,000			

2. 20×2년

일자	회계처리				
20×2년 말	(차) 관계기업투자	30,000	(대) 지분법이익(NI)	30,000[1]	
	(차) 관계기업투자	30,000	(대) 관계기업투자손상차손환입(NI)	30,000[2]	

[1] ₩100,000 × 30% = ₩30,000
[2] Min[₩400,000, ₩270,000] - (₩210,000 + ₩30,000) = ₩30,000

06 관계기업투자를 매각예정으로 분류

관계기업이나 공동기업에 대한 투자 또는 그 투자의 일부가 매각예정 분류기준을 충족하는 경우, K-IFRS 제1105호 '매각예정비유동자산과 중단영업'을 적용하여 회계처리한다. 즉, 관계기업투자를 매각예정비유동자산으로 계정대체하고, 매각예정으로 분류한 시점의 장부금액과 순공정가치 중 작은 금액으로 측정하고 순공정가치의 하락을 손상차손으로 인식한다.

매각예정으로 분류되지 않은 관계기업이나 공동기업에 대한 투자의 잔여 보유분은 매각예정으로 분류된 부분이 매각될 때까지 지분법을 적용하여 회계처리한다. 한편, 매각 이후 잔여 보유지분이 계속해서 관계기업이나 공동기업에 해당하여 지분법이 적용되는 경우가 아니라면, 관계기업이나 공동기업에 대한 잔여 보유지분에 대하여 K-IFRS 제1109호 '금융상품'에 따라 회계처리한다.

이전에 매각예정으로 분류된 관계기업이나 공동기업에 대한 투자 또는 그 투자의 일부가 더 이상 그 분류기준을 충족하지 않는다면 당초 매각예정으로 분류되었던 시점부터 소급하여 지분법으로 회계처리한다. 매각예정으로 분류된 시점 이후 기간의 재무제표는 이에 따라 수정되어야 한다.

⚡POINT 관계기업투자를 매각예정으로 분류

매각예정 분류기준을 충족하는 경우	관계기업투자를 매각예정비유동자산으로 계정대체하고, 매각예정으로 분류한 시점의 장부금액과 순공정가치 중 작은 금액으로 측정하고 순공정가치의 하락을 손상차손으로 인식함
일부만 매각예정으로 분류될 경우 잔여 보유분	매각예정으로 분류된 부분이 매각될 때까지 지분법을 적용하여 회계처리함
매각 이후 잔여 보유분	매각 이후 잔여 보유지분이 계속해서 관계기업이나 공동기업에 해당하여 지분법이 적용되는 경우가 아니라면, 잔여 보유지분에 대하여 K-IFRS 제1109호 '금융상품'에 따라 회계처리함
유의사항	이전에 매각예정으로 분류된 관계기업이나 공동기업에 대한 투자 또는 그 투자의 일부가 더 이상 그 분류기준을 충족하지 않는다면 당초 매각예정으로 분류되었던 시점부터 소급하여 지분법으로 회계처리함

> ⊘참고 매각예정으로 분류된 부분이 매각될 때까지 지분법을 적용하는 이유
>
> 일부 처분의 경우 매각예정으로 분류된 그 부분이 최종적으로 처분될 때까지 공동기업 또는 관계기업에 대한 잔여 보유지분에 대하여 지분법 사용을 유지하여야 한다고 규정하고 있다. 그 이유는 기업이 관계기업이나 공동기업에 대한 일부 지분을 처분할 의도가 있음에도 불구하고 실제로 처분할 때까지는 피투자자에 대하여 유의적인 영향력이나 공동지배력을 보유하고 있기 때문이다.

20×1년 초에 A회사는 B회사 보통주 4,000주를 보유 중이다. 20×1년 초에 관계기업투자의 장부금액은 ₩480,000이다.

> (1) A회사가 취득한 B회사의 주식은 B회사 총발행주식의 40%이었고, 취득시점에 B회사의 순자산장부금액과 공정가치는 일치하였다.
>
> (2) 20×1년에 B회사는 ₩200,000의 당기순이익을 보고하였으며, ₩100,000의 기타포괄손익을 보고하였다. 기타포괄손익은 해외사업장과 관련하여 재무제표를 환산하여 발생한 해외사업환산손익이다.

물음1 20×1년 초에 A회사가 보유하고 있는 B회사 보통주 중 30%(3,000주)를 1년 이내에 처분하기로 결정하였으며, 이는 매각예정 분류기준을 충족한다. 20×1년 말에 B회사 보통주 4,000주의 순공정가치는 ₩520,000이다. A회사가 20×1년 초부터 20×1년 말까지 필요한 회계처리를 나타내시오.

물음2 20×2년 초에 A회사가 보유하고 있는 B회사 보통주 중 30%(3,000주)를 ₩420,000에 처분한 경우에 A회사가 20×2년 초부터 20×2년 말까지 필요한 회계처리를 나타내시오. 단, B회사 투자주식 처분 후에 10%의 지분은 기타포괄손익공정가치측정금융자산으로 분류하며, 20×2년 말의 공정가치는 ₩150,000이다.

해답 **물음1**

1. 20×1년

일자	회계처리			
20×1년 초	(차) 매각예정비유동자산	360,000	(대) 관계기업투자	360,000[1]
	[1] ₩480,000 × 30%/40% = ₩360,000			
20×1년 말	(차) 관계기업투자	20,000	(대) 지분법이익(NI)	20,000[1]
	(차) 관계기업투자	10,000	(대) 지분법기타포괄이익(OCI)	10,000[2]
	[1] ₩200,000 × 10% = ₩20,000			
	[2] ₩100,000 × 10% = ₩10,000			

2. 매각예정비유동자산
   ① Min[장부금액, 순공정가치]
      [₩480,000 × 30%/40% = ₩360,000, ₩520,000 × 30%/40% = ₩390,000] = ₩360,000
   ② 매각예정비유동자산의 손상차손은 발생하지 아니함

물음 2

1. 20×2년 초

일자	회계처리				
① 처분지분	(차) 현금	420,000	(대) 매각예정비유동자산	360,000[1]	
			금융자산처분이익(NI)	60,000	
② 재분류조정	(차) 지분법기타포괄이익(OCI)	10,000	(대) 금융자산처분이익(NI)	10,000[2]	
③ 보유지분	(차) 기타포괄손익공정가치측정금융자산	140,000	(대) 관계기업투자	150,000[3]	
	금융자산처분손실(NI)	10,000			

[1] ₩480,000 × 30%/40% = ₩360,000
[2] 유의적인 영향력을 상실하는 경우에는 ₩10,000 전액을 당기손익으로 인식함
[3] ₩480,000 × 10%/40% + ₩30,000 = ₩150,000

2. 20×2년 말

일자	회계처리			
20×2년 말	(차) 기타포괄손익공정가치측정금융자산	10,000	(대) 기타포괄손익공정가치측정금융자산평가이익(OCI)	10,000[1]

[1] ₩150,000 - ₩140,000 = ₩10,000

07 관계기업이 우선주를 발행한 경우

관계기업이 우선주를 발행한 경우 보통주와 우선주의 지분변동액은 당해 우선주가 누적적인지 또는 참가적인지 등의 여부와 같은 우선주의 특성을 고려하여 산정하고, 투자기업이 관계기업 발행 우선주를 소유하고 있는 경우 당해 우선주에 대하여 지분법을 적용해야 한다. 일반적으로 우선주는 보통주에 비하여 이익이나 잔여재산분배에 있어 우선권이 존재하므로 피투자자의 순자산변동분을 우선주에 먼저 귀속시킨 후 보통주지분은 잔여지분으로 산정해야 한다. 그러나 K-IFRS 제1028호 '관계기업과 공동기업에 대한 투자'에서는 우선주와 관련된 규정이 다음을 제외하고는 없으므로 누적적 우선주의 회계처리만을 살펴보기로 한다. K-IFRS 제1028호 '관계기업과 공동기업에 대한 투자' 문단 37에서는 관계기업이나 공동기업이 자본으로 분류되는 누적적 우선주를 발행하였고 이를 기업 이외의 다른 측이 소유하고 있는 경우, 기업은 배당결의 여부에 관계없이 이러한 주식의 배당금에 대하여 조정한 후 당기순손익에 대한 자신의 지분(몫)을 산정한다고 규정하고 있다. 따라서 보통주에 대한 지분법이익은 피투자자의 당기순이익에서 배당결의 여부에 관계없이 누적적 우선주배당금을 차감하여 보통주에 귀속될 당기순이익을 산정한 후 투자자의 보통주 지분율을 곱하여 지분법이익을 인식하여야 한다.

Ⅳ | 공동약정

01 공동약정의 의의

공동약정(Joint Arrangement)은 둘 이상의 당사자들이 공동지배력을 보유하는 약정을 말한다. 여기서 공동약정은 공동영업이거나 공동기업으로 구분되며, 다음과 같은 특징이 있다.

> ① 계약상 약정: 당사자들이 계약상 약정(Contractual Arrangement)에 구속된다.
> ② 공동지배력: 계약상 약정은 둘 이상의 당사자들에게 약정의 공동지배력(Joint Control)을 부여한다.

(1) 공동지배력

공동지배력은 약정의 지배력에 대한 합의된 공유인데, 관련 활동에 대한 결정에 지배력을 공유하는 당사자들 전체의 동의가 요구될 때에만 존재한다. 여기서 약정의 당사자인 기업은 계약상 약정이 모든 당사자들 또는 일부 당사자들 집단에게 약정의 지배력을 집합적으로 부여하는지 평가해야 한다. 모든 당사자들 또는 일부 당사자들 집단은, 약정의 이익에 유의적인 영향을 미치는 활동(즉, 관련 활동)을 지시하기 위하여 항상 함께 행동하여야 할 때, 그 약정을 집합적으로 지배한다고 볼 수 있다.

① 모든 당사자들 또는 일부 당사자들 집단이 약정을 집합적으로 지배한다고 결정되면, 공동지배력은 관련 활동에 대한 결정에 그 약정을 집합적으로 지배하는 당사자들 전체의 동의가 요구되는 경우에만 존재한다.
② 공동약정에서, 단일의 당사자는 그 약정을 단독으로 지배할 수 없다. 약정의 공동지배력을 보유하는 한 당사자는 다른 당사자들이나 일부 당사자들 집단이 약정을 지배하는 것을 방해할 수 있다.
③ 약정의 모든 당사자들이 약정의 공동지배력을 보유하지 않더라도 그 약정은 공동약정이 될 수 있다. 따라서 공동약정의 공동지배력을 보유하는 당사자들(공동영업자들 또는 공동기업 참여자들)과 공동약정에는 참여하지만 공동지배력을 보유하지 않는 당사자들로 구분된다.

예제 10 공동지배력의 판단

A, B, C의 세 당사자가 약정을 설정한다고 가정한다.

> 〈사례 1〉
> 약정에서 A는 의결권의 50%, B는 30% 그리고 C는 20%를 보유하고 있다. A, B 그리고 C 사이의 계약상 약정에는 약정과 관련 활동에 대한 결정을 위하여 최소한 의결권의 75%가 요구된다고 명시하고 있다.

〈사례 2〉

약정에서 A는 의결권의 50%, B와 C는 각각 25%를 보유하고 있다. A, B 그리고 C 사이의 계약상
약정에는 약정의 관련 활동에 대한 결정을 위하여 최소한 의결권의 75%가 요구된다고 명시하고 있다.

〈사례 3〉

약정에서 A와 B가 의결권의 35%를 각각 보유하고 잔여 의결권의 30%는 널리 분산되어 있다고 가정
한다. 관련 활동에 관한 결정은 의결권의 다수결에 의한 승인을 요구한다.

A, B, C의 세 당사자가 공동지배력을 보유하고 있는지를 판단하시오.

해답   <사례 1>
      A는 어떠한 결정이라도 막을 수 있지만, B의 합의를 필요로 하기 때문에 약정을 지배하지는 못한다. 관련 활동
      에 대한 결정을 위해 최소한 의결권의 75%를 요구하는 계약상 약정의 조건은, A와 B 모두 동의해야 약정의
      관련 활동에 대한 결정이 이루어질 수 있기 때문에, A와 B가 약정의 공동지배력을 보유한다는 것을 의미한다.

      <사례 2>
      A는 어떠한 결정이라도 막을 수 있지만, B 또는 C의 합의가 필요하기 때문에 약정을 지배하지는 못한다. 이
      사례에서 A, B 그리고 C는 집합적으로 약정을 지배한다. 그러나 하나 이상의 당사자들의 조합은 의결권의
      75%를 충족할 수 있다(A와 B 또는 A와 C). 이러한 경우 공동약정이 되려면, 계약상 약정에 대한 관련 활동을
      결정하기 위하여 어떤 당사자들 결합의 전체 동의를 요구하여야 하는지 명시할 필요가 있다.

      <사례 3>
      A와 B는 계약상 약정에 대한 관련 활동을 결정하기 위하여 A와 B 모두의 합의를 요구하는 것을 명시한 경우
      에만, 약정의 공동지배력을 보유한다.

(2) 계약상 약정

계약상 약정은 여러 가지 방법으로 나타낼 수 있다. 강제할 수 있는 계약상 약정은, 항상은 아니지만
흔히, 당사자들 간에 계약이나 회의록 방식으로 문서화된다. 법률상 메커니즘은 그 자체로서 또는 당사
자들 간의 계약과 함께 강제할 수 있는 약정도 창출할 수 있다.

① 공동약정이 별도기구를 통하여 설계되는 경우, 계약상 약정 또는 계약상 약정의 일부는 경우에 따라
별도기구의 정관, 인가서 또는 내규에 편입될 것이다.
② 계약상 약정은 당사자들이 약정의 대상인 활동에 참여하는 조건을 제시한다. 계약상 약정은 일반적
으로 다음과 같은 사항을 다룬다.
a. 공동약정의 목적, 활동 및 존속기간
b. 공동약정에 대한 이사회나 이에 준하는 집행기구의 구성원 선임방법
c. 의사결정과정
d. 당사자들에게 요구되는 자본 또는 그 밖의 출자
e. 공동약정의 자산, 부채, 수익, 비용이나 손익의 당사자들 간의 분배방법

공동약정의 정의	둘 이상의 당사자들이 공동지배력을 보유하는 약정
공동약정의 구분	공동영업 or 공동기업
공동약정의 특징	① 당사자들이 계약상 약정에 구속됨 ② 계약상 약정은 둘 이상의 당사자들에게 약정의 공동지배력을 부여함
공동지배력	약정의 지배력에 대한 합의된 공유인데, 관련 활동에 대한 결정에 지배력을 공유하는 당사자들 전체의 동의가 요구될 때에만 존재함
계약상 약정	계약상 약정은 여러 가지 방법으로 나타낼 수 있음. 강제할 수 있는 계약상 약정은 일반적으로 당사자들 간에 계약이나 회의록 방식으로 문서화됨

02 공동약정의 유형

기업은 자신이 관여된 공동약정의 유형을 결정한다. 공동약정은 약정의 당사자들의 권리와 의무에 따라 공동영업(Joint Operation)이나 공동기업(Joint Venture)으로 분류하며, 그 내용은 다음과 같다.

> ① 공동영업: 약정의 공동지배력을 보유하는 당사자들이 약정의 자산에 대한 권리와 부채에 대한 의무를 보유하는 공동약정을 말하며, 공동영업의 당사자들은 공동영업자들로 지칭한다.
> ② 공동기업: 약정의 공동지배력을 보유하는 당사자들이 약정의 순자산에 대한 권리를 보유하는 공동약정을 말하며, 공동기업의 당사자들은 공동기업 참여자들로 지칭한다.

공동약정이 공동영업 또는 공동기업인지 평가할 때 판단을 적용한다. 약정에서 발생하는 기업의 권리와 의무를 고려하여 관여된 공동약정의 유형을 결정할 때, 약정의 구조와 법적 형식, 계약상 약정에 대한 당사자들 간의 합의 조건, 그리고 관련이 있다면, 그 밖의 사실과 상황을 고려하여 기업의 권리와 의무를 평가해야 한다. 사실과 상황이 변경되는 경우, 관여하고 있는 공동약정의 유형이 변경되는지 재평가한다.

⚡ **POINT** 공동약정의 유형

공동영업	약정의 공동지배력을 보유하는 당사자들이 약정의 자산에 대한 권리와 부채에 대한 의무를 보유하는 공동약정을 말함
공동기업	약정의 공동지배력을 보유하는 당사자들이 약정의 순자산에 대한 권리를 보유하는 공동약정을 말함

03 공동약정의 구조

공동약정의 분류는 당사자들에게 약정으로 발생하는 자신의 권리와 의무를 평가할 것을 요구하며, 평가할 때 다음의 사항을 고려해야 한다.

① 공동약정의 구조
② 공동약정이 별도기구로 구조화되는 경우
 • 별도기구의 법적 형식
 • 계약상 약정의 조건
 • 관련이 있다면, 그 밖의 사실과 상황

(1) 별도기구로 구조화되지 않은 공동약정

별도기구로 구조화되지 않은 공동약정은 공동영업이다. 이러한 경우, 계약상 약정에서 약정에 관련된 당사자들의 자산에 대한 권리와 부채에 대한 의무, 그리고 당사자들의 해당 수익에 대한 권리와 해당 비용에 대한 의무를 정한다. 예를 들어, 공동약정에 대한 당사자들은 각자가 특정 임무에 책임을 지면서 각자의 자산과 부채를 사용하여, 함께 제품을 제조하기로 합의할 수 있으며, 계약상 약정은 당사자들의 공동의 수익과 비용을 당사자들에게 배분하는 방법을 명시할 수도 있다.

다른 경우, 공동약정의 당사자들은 예를 들어 함께 자산을 공유하고 공동운영하기로 합의할 수 있다. 이러한 경우, 계약상 약정은 공동으로 운영되는 자산에 대한 당사자들의 권리를 정하고, 자산으로부터의 산출물 또는 수익 그리고 운영원가에 대한 당사자들의 배분방법을 정한다.

(2) 별도기구로 구조화된 공동약정

약정의 자산과 부채를 별도기구에서 보유하도록 하는 공동약정은 공동기업이나 공동영업이 될 수 있다. 당사자가 공동영업자인지 또는 공동기업 참여자인지는 별도기구에서 보유하는 약정과 관련하여 당사자의 자산에 대한 권리 및 부채에 대한 의무에 따라 달라질 수 있다. 이러한 경우 별도기구의 법적 형식, 계약상 약정의 조건, 관련이 있다면, 그 밖의 사실과 상황을 평가하여 공동약정을 분류한다.

⚡ POINT 공동약정의 구조

공동약정의 분류 시 평가할 사항	① 공동약정의 구조
	② 공동약정이 별도기구로 구조화되는 경우
	  • 별도기구의 법적 형식
	  • 계약상 약정의 조건
	  • 관련이 있다면, 그 밖의 사실과 상황

별도기구로 구조화되지 않은 공동약정	별도기구로 구조화되지 않은 공동약정은 공동영업임
별도기구로 구조화된 공동약정	약정의 자산과 부채를 별도기구에서 보유하도록 하는 공동약정은 공동기업이나 공동영업이 될 수 있음

04 공동영업 당사자들의 재무제표

공동영업자는 공동영업에 대한 자신의 지분과 관련하여 다음을 인식한다.

> ① 자신의 자산. 공동으로 보유하는 자산 중 자신의 몫을 포함
> ② 자신의 부채. 공동으로 발생한 부채 중 자신의 몫을 포함
> ③ 공동영업에서 발생한 산출물 중 자신의 몫의 판매 수익
> ④ 공동영업의 산출물 판매 수익 중 자신의 몫
> ⑤ 자신의 비용. 공동으로 발생한 비용 중 자신의 몫을 포함

공동영업자는 공동영업에 대한 자신의 지분에 해당하는 자산, 부채, 수익 및 비용을 특정 자산, 부채, 수익 및 비용에 적용하는 K-IFRS에 따라 회계처리한다.

(1) 공동영업에 대한 자산의 판매 또는 출자 회계처리

① 공동영업자인 기업이 공동영업에 자산을 판매하거나 출자하는 것과 같은 거래를 하는 경우, 그것은 공동영업의 다른 당사자와의 거래를 수행하는 것이고, 공동영업자는 거래의 결과인 손익을 다른 당사자들의 지분 한도까지만 인식한다.

② 공동영업자인 기업이 공동영업에 자산을 판매하거나 출자하는 것과 같은 거래가 공동영업에 판매되거나 출자되는 자산의 순실현가능가치 감소 또는 그러한 자산의 손상차손의 증거를 제공하는 경우, 공동영업자는 그러한 손실을 전부 인식한다.

예제 11 공동영업에 대한 자산의 판매 또는 출자

A회사, B회사, C회사는 각각 1/3씩 의결권이 있는 공동영업을 20×1년 초부터 수행하고 있다.

물음 1 20×1년 말에 A회사가 장부금액 ₩300의 토지를 공동영업에 ₩600에 판매하였다. A회사가 20×1년 말에 필요한 회계처리를 나타내시오.

물음 2 20×1년 말에 A회사가 장부금액 ₩300의 토지를 공동영업에 ₩210에 판매하였다. 단, 토지에 자산의 손상차손의 증거가 있을 경우에 A회사가 20×1년 말에 필요한 회계처리를 나타내시오.

해답 　물음1

1. A회사

일자	회계처리				
20×1년 말	(차) 현금	600	(대) 토지	300
			유형자산처분이익	300

2. 공동영업

일자	회계처리				
20×1년 말	(차) 토지	200	(대) 현금	200[1]

1) ₩600 × 1/3 = ₩200(토지 구입금액의 1/3만큼 지급)

3. 결산 시 조정분개

일자	회계처리				
20×1년 말	(차) 유형자산처분이익	100	(대) 토지	100[1]

1) ₩300 × 1/3 = ₩100(유형자산처분이익 ₩300 중 A회사의 지분 1/3만큼의 이익은 인식하지 아니함)

물음2

1. A회사

일자	회계처리				
20×1년 말	(차) 현금	210	(대) 토지	300
	유형자산처분손실	90		

2. 공동영업

일자	회계처리				
20×1년 말	(차) 토지	70	(대) 현금	70[1]

1) ₩210 × 1/3 = ₩70(토지 구입금액의 1/3만큼 지급)

3. 결산 시 조정분개

일자	회계처리
20×1년 말	N/A[1]

1) 자산의 순실현가능가치 감소 또는 그러한 자산의 손상차손의 증거를 제공하는 경우, 공동영업자는 그러한 손실을 전부 인식함

(2) 공동영업으로부터 자산을 구매한 경우의 회계처리

① 공동영업자인 기업이 공동영업과 자산의 구매와 같은 거래를 하는 경우, 기업은 자산을 제3자에게 재판매하기 전까지는 손익에 대한 자신의 지분(몫)을 인식하지 않는다.

② 공동영업자인 기업이 공동영업과 자산의 구매와 같은 거래가 공동영업으로 구매되는 자산의 순실현가능가치 감소 또는 그러한 자산의 손상차손의 증거를 제공하는 경우, 공동영업자는 그러한 손실에 대한 자신의 지분(몫)을 인식한다.

해커스 회계사 IFRS 김원종 고급회계

공동영업자	공동영업자는 공동영업에 대한 자신의 지분과 관련하여 다음을 인식함 ① 자신의 자산. 공동으로 보유하는 자산 중 자신의 몫을 포함 ② 자신의 부채. 공동으로 발생한 부채 중 자신의 몫을 포함 ③ 공동영업에서 발생한 산출물 중 자신의 몫의 판매 수익 ④ 공동영업의 산출물 판매 수익 중 자신의 몫 ⑤ 자신의 비용. 공동으로 발생한 비용 중 자신의 몫을 포함
공동영업에 대한 자산의 판매 또는 출자 회계처리	① 공동영업자인 기업이 공동영업에 자산을 판매하거나 출자하는 것과 같은 거래를 하는 경우 공동영업자는 거래의 결과인 손익을 다른 당사자들의 지분 한도까지만 인식함 ② 공동영업자인 기업이 공동영업에 자산을 판매하거나 출자하는 것과 같은 거래가 공동영업에 판매되거나 출자되는 자산의 순실현가능가치 감소 또는 그러한 자산의 손상차손의 증거를 제공하는 경우, 공동영업자는 그러한 손실을 전부 인식함
공동영업으로부터 자산을 구매한 경우의 회계처리	① 공동영업자인 기업이 공동영업과 자산의 구매와 같은 거래를 하는 경우, 기업은 자산을 제3자에게 재판매하기 전까지는 손익에 대한 자신의 지분(몫)을 인식하지 않음 ② 공동영업자인 기업이 공동영업과 자산의 구매와 같은 거래가 공동영업으로 구매되는 자산의 순실현가능가치 감소 또는 그러한 자산의 손상차손의 증거를 제공하는 경우, 공동영업자는 그러한 손실에 대한 자신의 지분(몫)을 인식함

예제 12 공동영업으로부터 자산을 구매

A회사, B회사, C회사는 각각 1/3씩 의결권이 있는 공동영업을 20×1년 초부터 수행하고 있다.

물음1 20×1년 말에 A회사가 공동영업으로부터 장부금액 ₩300의 토지를 ₩600에 구매하였다. A회사가 20×1년 말에 필요한 회계처리를 나타내시오.

물음2 20×1년 말에 A회사가 공동영업으로부터 장부금액 ₩300의 토지를 공동영업에 ₩210에 구매하였다. 단, 토지에 자산의 손상차손의 증거가 있을 경우에 A회사가 20×1년 말에 필요한 회계처리를 나타내시오.

해답 **물음1**

1. A회사

일자	회계처리			
20×1년 말	(차) 토지	600	(대) 현금	600

2. 공동영업

일자	회계처리			
20×1년 말	(차) 현금	200	(대) 토지	100
			유형자산처분이익	100

3. 결산 시 조정분개

일자	회계처리			
20×1년 말	(차) 유형자산처분이익	100	(대) 토지	100[1]

[1] ₩300 × 1/3 = ₩100(유형자산처분이익 ₩300 중 A회사의 지분 1/3만큼의 이익은 인식하지 아니함)

물음 2

1. A회사

일자	회계처리			
20×1년 말	(차) 토지	210	(대) 현금	210

2. 공동영업

일자	회계처리			
20×1년 말	(차) 현금	70	(대) 토지	100
	유형자산처분손실	30		

3. 결산 시 조정분개

일자	회계처리
20×1년 말	N/A[1]

[1] 자산의 순실현가능가치 감소 또는 그러한 자산의 손상차손의 증거를 제공하는 경우, 공동영업자는 그러한 손실에 대한 자신의 지분(몫)을 인식함

공동영업에 참여는 하지만 공동지배력을 보유하지 않은 당사자가 공동영업과 관련된 자산에 대한 권리와 부채에 대한 의무를 보유한다면, 당사자도 약정에 대한 자신의 지분을 앞서 설명한 방법에 따라 회계처리한다. 공동영업에 참여는 하지만 공동지배력을 보유하지 않은 당사자가 공동영업의 자산에 대한 권리와 부채에 대한 의무를 보유하지 않는다면, 그 당사자는 그러한 지분에 적용하는 K-IFRS에 따라 공동영업에 대한 자신의 지분을 회계처리한다.

05 공동기업 참여자들의 재무제표

공동기업 참여자는 공동기업에 대한 자신의 지분을 투자자산으로 인식하며, 그 투자자산은 K-IFRS 제1028호 '관계기업과 공동기업에 대한 투자'에 따라 지분법으로 회계처리한다. 그 기업이 K-IFRS 제1028호에 명시된 것처럼 지분법 적용이 면제되는 경우에는 그러하지 아니한다.

공동기업에 참여는 하지만 공동지배력을 보유하지 않는 당사자는 K-IFRS 제1109호 '금융상품'에 따라 약정에 대한 자신의 지분을 회계처리한다. 공동기업에 대하여 유의적인 영향력이 있는 경우에는 K-IFRS 제1028호 '관계기업과 공동기업에 대한 투자'에 따라 회계처리한다.

⚡ POINT 공동기업 참여자들의 재무제표

공동기업 참여자	공동기업 참여자는 공동기업에 대한 자신의 지분을 투자자산으로 인식하며, 그 투자자산은 지분법으로 회계처리함
공동기업에 참여는 하지만 공동지배력을 보유하지 않은 당사자	K-IFRS 제1109호 '금융상품'에 따라 약정에 대한 자신의 지분을 회계처리함

01 투자자 외의 다른 투자자가 해당 피투자자 주식의 상당한 부분 또는 과반수 이상을 소유하고 있는 경우 투자자가 피투자자에 대하여 유의적인 영향력이 있다는 것을 배제한다. (O, X)

02 잠재적 의결권이 유의적인 영향력에 영향을 미치는지 판단할 때 행사나 전환에 대한 경영진의 의도와 재무능력을 고려하지 아니한다. (O, X)

03 투자자와 관계기업 사이의 '상향'거래나 '하향'거래에서 발생한 손익에 대하여 투자자는 그 관계기업에 대한 지분과 무관한 손익까지만 재무제표에 인식한다. (O, X)

04 관계기업이나 공동기업에 대한 투자가 매각예정 분류기준을 충족하는 경우, 관계기업에 대한 투자지분은 순공정가치와 장부금액 중 큰 금액으로 측정하여, 손상차손 과목의 당기손익으로 인식한다. (O, X)

05 기업의 보고기간 종료일과 관계기업이나 공동기업의 보고기간 종료일이 다른 경우, 관계기업이나 공동기업은 실무적으로 적용할 수 없는 경우가 아니면 기업의 사용을 위하여 기업의 재무제표와 동일한 보고기간 종료일의 재무제표를 작성한다. (O, X)

정답 및 해설

01 X 투자자 외의 다른 투자자가 해당 피투자자 주식의 상당한 부분 또는 과반수 이상을 소유하고 있다고 하여도 투자자가 피투자자에 대하여 유의적인 영향력을 행사할 수 있으므로, 이러한 경우에도 유의적인 영향력이 있다는 것을 배제할 필요는 없다.

02 O

03 O

04 X 관계기업이나 공동기업에 대한 투자가 매각예정 분류기준을 충족하는 경우, 관계기업에 대한 투자지분은 순공정가치와 장부금액 중 작은 금액으로 측정하여, 손상차손 과목의 당기손익으로 인식한다.

05 O

06 관계기업이나 공동기업 지분과의 교환으로 관계기업이나 공동기업에 비화폐성자산을 출자하는 **(O, X)**
경우에 상업적 실질이 있다면 비화폐성자산을 출자된 자산과 관련된 처분손익은 전액 인식한다.

07 관계기업에 대한 투자자의 지분이 '영(₩0)'으로 감소된 이후 추가 손실분에 대하여 투자자는 어 **(O, X)**
떠한 회계처리도 하지 않는다.

08 관계기업에 대한 투자 장부금액의 일부를 구성하는 영업권은 분리하여 인식하지 않으므로 영업 **(O, X)**
권에 대한 별도의 손상검사를 하지 않는다.

09 관계기업에 대한 유의적인 영향력을 상실한 경우, 관계기업이 이전에 인식한 기타포괄손익에 대 **(O, X)**
하여 투자자가 인식한 지분법기타포괄손익의 누계액은 유의적인 영향력을 상실한 시점에 당기손
익으로 대체한다.

10 매각예정으로 분류되지 않은 관계기업이나 공동기업에 대한 투자의 잔여 보유분은 매각예정으로 **(O, X)**
분류된 부분이 매각될 때까지 지분법을 적용하여 회계처리한다.

정답 및 해설

06 X 관계기업이나 공동기업 지분과의 교환으로 관계기업이나 공동기업에 비화폐성자산을 출자하는 경우에 상업적 실질이 있다면 비화
폐성자산을 출자된 자산과 관련된 처분손익 중 투자자의 지분(몫)은 제거해야 한다.

07 X 투자자의 지분이 '영(₩0)'으로 감소된 이후 추가 손실분에 대하여 투자자가 법적의무 또는 의제의무가 있거나 관계기업을 대신하
여 지불하여야 하는 경우, 그 금액까지는 손실과 부채로 인식한다.

08 O

09 X 관계기업에 대한 유의적인 영향력을 상실한 경우, 투자자는 관계기업이 관련 자산이나 부채를 직접 처분한 경우의 회계처리와 동
일한 기준으로 그 관계기업과 관련하여 기타포괄손익으로 인식한 모든 금액에 대하여 회계처리한다. 따라서 관계기업이 이전에 기
타포괄손익으로 인식한 손익을 관계자산이나 부채의 처분 시 당기손익으로 재분류하는 경우에 투자자는 관계기업에 대한 유의적인
영향력을 상실한 때에 손익을 자본에서 당기손익으로 재분류하며, 관계기업이 이전에 기타포괄손익으로 인식한 손익을 당기손익으
로 재분류하지 않는 경우에는 투자자도 손익을 자본에서 당기손익으로 재분류하지 않는다.

10 O

11 관계기업이나 공동기업이 자본으로 분류되는 누적적 우선주를 발행하였고 이를 기업 이외의 다 (O, X)
른 측이 소유하고 있는 경우, 기업은 배당결의 여부에 관계없이 이러한 주식의 배당금에 대하여
조정한 후 당기순손익에 대한 자신의 지분(몫)을 산정한다.

12 공동기업은 약정의 공동지배력을 보유하는 당사자들이 약정의 자산에 대한 권리와 부채에 대한 (O, X)
의무를 보유하는 공동약정을 말한다.

13 공동기업은 약정의 공동지배력을 보유하는 당사자들이 약정의 순자산에 대한 권리를 보유하는 (O, X)
공동약정을 말하며, 공동기업의 당사자들은 공동기업 참여자들로 지칭한다.

14 별도기구로 구조화되지 않은 공동약정은 공동영업 또는 공동기업이 될 수 있다. (O, X)

15 공동영업자인 기업이 공동영업에 자산을 판매하거나 출자하는 것과 같은 거래가 공동영업에 판 (O, X)
매되거나 출자되는 자산의 순실현가능가치 감소 또는 그러한 자산의 손상차손의 증거를 제공하
는 경우, 공동영업자는 그러한 손실을 전부 인식한다.

정답 및 해설

11 O

12 X 공동영업은 약정의 공동지배력을 보유하는 당사자들이 약정의 자산에 대한 권리와 부채에 대한 의무를 보유하는 공동약정을 말하
며, 공동영업의 당사자들은 공동영업자들로 지칭한다.

13 O

14 X 별도기구로 구조화되지 않은 공동약정은 공동영업이다.

15 O

01 (주)국세는 20×1년 1월 1일 (주)대한의 발행주식 30%를 ₩350,000에 취득하여 유의적인 영향력을 행사할 수 있게 됨에 따라 지분법을 적용하기로 하였다. 20×1년 1월 1일 현재 (주)대한의 순자산 장부금액과 공정가치는 동일하게 ₩1,000,000이다. 20×1년 8월 1일에 (주)국세는 (주)대한에 원가 ₩20,000인 재고자산을 ₩25,000에 판매하였고, (주)대한은 이 중 70%를 20×1년 말 현재 보유하고 있다. (주)대한의 20×1년도 포괄손익계산서상 당기순이익과 총포괄이익은 각각 ₩100,000과 ₩300,000이다. (주)국세의 20×1년 말 지분법을 적용한 재무상태표에 표시될 관계기업투자주식은 얼마인가? (단, (주)국세는 (주)대한의 주식만을 보유하고 있다) [2010 세무사 1차]

① ₩378,500 　　　　② ₩378,950 　　　　③ ₩436,500
④ ₩438,500 　　　　⑤ ₩438,950

02 (주)한국은 20×1년 초에 (주)서울의 의결권 있는 주식 30%를 ₩40,000에 취득하여 유의적인 영향력을 갖게 되었다. (주)한국은 (주)서울의 투자주식에 대해서 지분법을 적용하기로 하였으며, 관련 자료는 다음과 같다.

> (1) 20×1년 초 (주)서울의 순자산의 장부금액은 ₩100,000이고, 공정가치는 ₩130,000인데, 건물(잔존내용연수 10년, 잔존가치 없이 정액법 상각)의 공정가치가 장부금액을 ₩30,000 초과한다.
> (2) 20×1년 중에 (주)한국이 (주)서울에 상품매출을 하였는데, 20×1년 말 현재 ₩2,000의 내부거래이익이 미실현된 상태이다.
> (3) 20×1년 중에 (주)서울의 순자산의 장부금액이 ₩20,000 증가하였는데, 이 중 ₩15,000은 당기순이익이며, 나머지 ₩5,000은 기타포괄이익이다.

(주)한국이 20×1년 말에 (주)서울의 투자주식에 대해서 당기손익으로 인식할 지분법이익은 얼마인가?

[2013 공인회계사 1차]

① ₩1,600 　　　　② ₩2,900 　　　　③ ₩3,000
④ ₩4,410 　　　　⑤ ₩4,500

03 (주)대한은 20×1년 초에 (주)민국의 의결권 있는 보통주 30주(지분율 30%)를 ₩120,000에 취득하였다. 이로써 (주)대한은 (주)민국에 대해 유의적인 영향력을 행사할 수 있게 되었다.

> (1) 취득일 현재 (주)민국의 순자산장부금액은 ₩350,000이며, 자산·부채의 장부금액과 공정가치가 차이나는 내역은 다음과 같다.
>
> | 계정과목 | 장부금액 | 공정가치 |
> |---|---|---|
> | 재고자산 | ₩50,000 | ₩60,000 |
> | 기계장치 | ₩100,000 | ₩150,000 |
>
> (2) 위의 자산 중 재고자산은 20×1년 중에 전액 외부에 판매되었으며, 기계장치는 20×1년 초 현재 잔존내용연수 5년에 잔존가치 없이 정액법으로 상각한다.
> (3) 20×1년에 (주)민국이 보고한 당기순이익은 ₩50,000이며, 동 기간 중에 결의되거나 지급된 배당금은 없다.

(주)대한이 (주)민국의 보통주를 지분법에 따라 회계처리하는 경우, 20×1년 말 재무제표에 계상되는 관계기업투자주식의 장부금액은 얼마인가? 단, 법인세효과는 고려하지 않는다. [2014 공인회계사 1차]

① ₩120,000 　　② ₩129,000 　　③ ₩132,000
④ ₩135,000 　　⑤ ₩138,000

04 (주)대한은 20×1년 초에 (주)민국의 의결권 있는 보통주 250주(지분율 25%)를 ₩150,000에 취득하고, 유의적인 영향력을 행사할 수 있게 되었다. 취득일 현재 (주)민국의 식별가능한 순자산의 장부금액과 공정가치는 모두 ₩500,000으로 동일하다. 20×1년 중 발생한 두 기업 간 거래내역 및 (주)민국의 보고이익 정보는 다음과 같다.

> (1) 20×1년 10월 초 (주)대한은 (주)민국에게 원가 ₩50,000인 상품을 ₩80,000에 판매하였다. (주)민국은 20×1년 말 현재 동 상품의 50%를 외부에 판매하였고, 나머지 50%는 재고자산으로 보유하고 있다.
> (2) 20×1년 12월 초 (주)민국은 (주)대한에게 원가 ₩50,000인 상품을 ₩30,000에 판매하였고, (주)대한은 20×1년 말 현재 동 상품 모두를 재고자산으로 보유하고 있다. 판매가격 ₩30,000은 해당 상품의 순실현가능가치에 해당한다.
> (3) (주)민국이 보고한 20×1년도 당기순이익은 ₩60,000이다.

(주)대한이 (주)민국에 대한 투자주식과 관련하여, 20×1년도의 포괄손익계산서에 보고할 지분법이익은 얼마인가? [2018 공인회계사 1차]

① ₩10,500 　　② ₩11,250 　　③ ₩12,500
④ ₩15,000 　　⑤ ₩16,250

05 (주)대한은 20×1년 초에 (주)민국의 의결권 있는 보통주식 30주(지분율 30%)를 ₩150,000에 취득하여 유의적인 영향력을 행사하게 되었다. 취득 당시 (주)민국의 순자산장부금액은 ₩500,000이며 공정가치와 일치하였다. 20×1년도에 (주)민국은 당기순이익 ₩120,000과 기타포괄이익(해외사업환산손익) ₩50,000을 보고하였으며 배당결의나 지급은 없었다. (주)대한은 20×2년 초에 보유하고 있던 (주)민국의 주식 20주(지분율 20%)를 주당 공정가치 ₩6,500에 매각하여 유의적인 영향력을 상실하였다. 나머지 10주는 기타포괄손익공정가치측정금융자산으로 재분류하였다.
(주)민국의 주식 20주 처분과 10주의 재분류가 (주)대한의 20×2년도 당기순이익에 미치는 영향은?

[2017 공인회계사 1차 수정]

① ₩6,000 감소   ② ₩9,000 증가   ③ ₩6,000 증가
④ ₩9,000 감소   ⑤ ₩15,000 증가

06 (주)한국은 20×1년 초에 (주)서울의 의결권 있는 보통주식 30%를 ₩40,000에 취득하여 유의적인 영향력을 갖게 되었다. 20×1년 초 (주)서울의 순자산의 장부금액은 ₩73,000이고 공정가치는 ₩70,000인데, 건물(잔존내용연수 10년, 잔존가치 ₩0, 정액법 상각)의 공정가치가 장부금액보다 ₩3,000 낮음에 기인한다. 20×1년 (주)서울의 당기순이익은 ₩10,000이지만, 자금난으로 결국 부도처리되었으며 이는 손상차손 발생에 대한 객관적 증거에 해당한다. 20×1년 12월 31일 현재 (주)한국이 보유한 (주)서울 주식의 회수가능액은 ₩14,000이다. (주)한국이 (주)서울의 관계기업투자주식에 대해서 지분법을 적용할 때 20×1년 말에 인식해야 할 손상차손은 얼마인가?

[2015 공인회계사 1차]

① ₩28,100   ② ₩28,910   ③ ₩29,000
④ ₩29,090   ⑤ ₩29,900

07 (주)대한은 20×1년 초에 보유하던 토지(장부금액 ₩20,000, 공정가치 ₩30,000)를 (주)민국에 출자하고, 현금 ₩10,000과 (주)민국의 보통주 30%를 수취하여 유의적인 영향력을 행사하게 되었다. 출자당시 (주)민국의 순자산 장부금액은 ₩50,000이며 이는 공정가치와 일치하였다. 20×1년 말 현재 해당토지는 (주)민국이 소유하고 있으며, (주)민국은 20×1년도 당기순이익으로 ₩10,000을 보고하였다. (주)민국에 대한 현물출자와 지분법 회계처리가 (주)대한의 20×1년도 당기순이익에 미치는 영향은 얼마인가? 단, 현물출자는 상업적 실질이 결여되어 있지 않다.

[2023 공인회계사 1차]

① ₩6,000 증가   ② ₩8,000 증가   ③ ₩9,000 증가
④ ₩11,000 증가   ⑤ ₩13,000 증가

정답 및 해설

정답

01 ⑤　　02 ③　　03 ③　　04 ②　　05 ②　　06 ④　　07 ④

해설

01　⑤　

피투자자의 순자산장부금액: ₩1,000,000 + ₩300,000 =	₩1,300,000
피투자자의 순자산공정가치	₩1,300,000
투자자의 지분율	× 30%
① 피투자자 순자산공정가치에 대한 지분	₩390,000
② 영업권: (₩350,000 - ₩1,000,000 × 30%) =	₩50,000
③ 투자자의 하향 내부거래 미실현손익 잔액 × 투자자의 지분율: ₩5,000 × 70% × 30% =	₩(1,050)
관계기업투자(① + ② + ③)	₩438,950

02　③　

피투자자의 보고된 당기순이익	₩15,000
투자차액의 상각	
건물: ₩30,000/10년 =	₩(3,000)
피투자자의 조정 후 당기순이익	₩12,000
투자자의 지분율	× 30%
① 피투자자의 조정 후 당기순이익에 대한 지분	₩3,600
② 투자자의 하향 내부거래제거 × 투자자의 지분율	
상품: ₩(2,000) × 30% =	₩(600)
③ 염가매수차익	-
지분법손익(① + ② + ③)	₩3,000

03 ③

피투자자 순자산장부금액: ₩350,000 + ₩50,000 =	₩400,000
투자차액 미상각잔액	
기계장치: ₩50,000 × 4년/5년 =	₩40,000
피투자자의 순자산공정가치	₩440,000
투자자의 지분율	× 30%
① 피투자자 순자산공정가치에 대한 지분	₩132,000
② 영업권	– [1]
③ 투자자의 하향 내부거래 미실현손익 잔액 × 투자자의 지분율	–
관계기업투자(① + ② + ③)	₩132,000

[1] ₩120,000 - (₩350,000 + ₩10,000 + ₩50,000) × 30% = ₩(3,000) 염가매수차익

04 ②

피투자자의 보고된 당기순이익	₩60,000
피투자자의 상향 내부거래제거	
재고자산 미실현: ₩0	–
피투자자의 조정 후 당기순이익	₩60,000
투자자의 지분율	× 25%
① 피투자자의 조정 후 당기순이익에 대한 지분	₩15,000
② 투자자의 하향 내부거래제거 × 투자자의 지분율	
재고자산 미실현: ₩30,000 × 50% × 25% =	₩(3,750)
③ 염가매수차익	–
지분법손익(① + ② + ③)	₩11,250

05 ②

1. 20×2년 초 당기손익으로 인식할 금액: ① + ② + ③ = ₩9,000
   - ① 처분지분 금융자산처분손실: ₩6,500 × 20주 - ₩201,000 × 20%/30% = ₩(4,000)
   - ② 지분법기타포괄손익 재분류조정: ₩15,000
   - ③ 보유지분 금융자산처분손실: ₩6,500 × 10주 - ₩201,000 × 10%/30% = ₩(2,000)

2. 20×1년 회계처리

일자	회계처리			
20×1년 초	(차) 관계기업투자	150,000	(대) 현금	150,000
20×1년 말	(차) 관계기업투자	36,000	(대) 지분법이익(NI)	36,000[1]
	(차) 관계기업투자	15,000	(대) 지분법기타포괄이익(OCI)	15,000[2]

[1] ₩120,000 × 30% = ₩36,000
[2] ₩50,000 × 30% = ₩15,000

3. 20×2년 초 회계처리

일자	회계처리			
① 처분지분	(차) 현금	130,000	(대) 관계기업투자	134,000[1]
	금융자산처분손실(NI)	4,000		
② 재분류조정	(차) 지분법기타포괄이익(OCI)	15,000	(대) 금융자산처분이익(NI)	15,000[2]
③ 보유지분	(차) 기타포괄손익공정가치측정금융자산	65,000	(대) 관계기업투자	67,000[3]
	금융자산처분손실(NI)	2,000		

[1] ₩201,000 × 20%/30% = ₩134,000
[2] 유의적인 영향력을 상실하는 경우에는 ₩15,000 전액을 당기손익으로 인식함
[3] ₩201,000 × 10%/30% = ₩67,000

06 ④ 1. 20×1년 말 관계기업투자의 장부금액

피투자자 순자산장부금액: ₩73,000 + ₩10,000 =	₩83,000
투자차액 미상각잔액	
건물: ₩(3,000) × 9년/10년 =	₩(2,700)
피투자자의 순자산공정가치	₩80,300
투자자의 지분율	× 30%
① 피투자자 순자산공정가치에 대한 지분	₩24,090
② 영업권: (₩40,000 - ₩70,000 × 30%) =	₩19,000
③ 투자자의 하향 내부거래 미실현손익 잔액 × 투자자의 지분율	-
관계기업투자(① + ② + ③)	₩43,090

2. 관계기업투자 손상차손

관계기업투자 장부금액	₩43,090
회수가능액	₩(14,000)
관계기업투자 손상차손	₩29,090

07 ④ 1. 회계처리

일자	회계처리			
20×1년 초	(차) 관계기업투자	20,000	(대) 토지	20,000
	현금	10,000	유형자산처분이익(NI)	10,000
20×1년 말	(차) 관계기업투자	1,000	(대) 지분법이익(NI)	1,000[1]
	[1] (₩10,000 - ₩10,000 × ₩20,000/₩30,000) × 30% = ₩1,000			

2. 20×1년도 당기순이익에 미치는 영향: ₩10,000 + ₩1,000 = ₩11,000

관계기업투자 종합

01 (주)한국은 20×1년 1월 1일에 다음과 같이 (주)영동, (주)영서, (주)영남의 의결권 있는 보통주를 취득하였다. 이로써 (주)한국은 (주)영동, (주)영서, (주)영남에 대해 유의적인 영향력을 행사할 수 있게 되었다.

회사	취득주식수(지분율)	취득원가
(주)영동	30주(30%)	₩180,000
(주)영서	25주(25%)	₩65,000
(주)영남	40주(40%)	₩50,000

〈추가자료〉

1. 취득일 현재 (주)영동의 순자산장부금액은 ₩390,000이며, 자산·부채 중 장부금액과 공정가치가 일치하지 않는 내역은 다음과 같다.

계정과목	장부금액	공정가치
재고자산	₩50,000	₩56,000
토지	₩110,000	₩140,000
기계장치	₩40,000	₩49,000

위 자산 중 재고자산은 20×1년 중에 전액 외부에 판매되었으며, 기계장치는 20×1년 초 현재 잔존내용연수 3년에 잔존가치 없이 정액법으로 상각한다.

2. 취득일 현재 (주)영서와 (주)영남의 순자산장부금액은 각각 ₩280,000과 ₩100,000이며, 자산·부채의 장부금액은 공정가치와 일치하였다.

3. 20×1년 중에 (주)한국은 (주)영서에 원가 ₩20,000의 상품을 ₩28,000에 판매하였으며, (주)영서는 동 상품 전액을 20×2년 중에 외부에 판매하였다.

4. 20×1년에 (주)영동, (주)영서, (주)영남이 보고한 당기순이익과 기타포괄손익은 다음과 같다.

회사	당기순이익	기타포괄손익
(주)영동	₩52,000	₩10,000
(주)영서	₩15,000	–
(주)영남	₩10,000	₩5,000

다음은 (주)한국이 보유한 각각의 관계기업투자주식에 관한 물음이다. [2013 공인회계사 2차]

물음 1 (주)영동의 보통주 취득과 관련하여, (주)한국의 관계기업투자주식 취득원가에 포함된 영업권 금액을 구하시오.

물음 2 (주)영동의 투자주식과 관련하여, (주)한국의 20×1년 재무제표에 계상될 지분법손익을 구하시오. 단, 손실의 경우에는 금액 앞에 (-)를 표시하시오.

물음 3 20×2년 4월 20일에 (주)영동은 보통주 1주당 ₩150의 현금배당을 실시하였다. 동 배당금 수령 시에 (주)한국이 수행해야 할 회계처리(분개)를 제시하시오.

물음 4 (주)영서의 투자주식과 관련하여, (주)한국의 20×1년 말 재무제표에 계상되는 관계기업투자주식의 장부금액을 구하시오.

물음 5 (주)한국은 20×2년 초에 (주)영남의 보통주 10주를 ₩12,000에 매각하였다. 이 매각거래에 따른 투자주식처분손익을 구하시오. 단, 손실의 경우에는 금액 앞에 (-)를 표시하시오.

해답

물음 1 영업권: ₩180,000 - (₩390,000 + ₩6,000 + ₩30,000 + ₩9,000) × 30% = ₩49,500

물음 2 지분법이익: (₩52,000 - ₩6,000 - ₩9,000 × 1/3) × 30% = ₩12,900

물음 3

일자	회계처리			
20×2. 4. 20.	(차) 현금	4,500[1]	(대) 관계기업투자	4,500

[1] ₩150 × 30주 = ₩4,500

물음 4

1. 관계기업투자주식: ₩65,000 + 염가매수차익 ₩5,000 + (₩15,000 - ₩8,000) × 25% = ₩71,750

2. 회계처리

일자	회계처리			
20×1년 초	(차) 관계기업투자	65,000	(대) 현금	65,000
	(차) 관계기업투자	5,000	(대) 지분법이익	5,000[1]
	[1] ₩65,000 - ₩280,000 × 25% = ₩(5,000) → 관계기업의 염가매수차익은 즉시 당기손익에 반영함			
20×1년 말	(차) 관계기업투자	1,750	(대) 지분법이익(NI)	1,750[1]
	[1] (₩15,000 - ₩8,000) × 25% = ₩1,750			

물음 5

1. 20×2년 초 관계기업투자의 장부금액

피투자자 순자산장부금액: ₩100,000 + ₩10,000 + ₩5,000 =	₩115,000
피투자자의 순자산공정가치	₩115,000
투자자의 지분율	× 40%
① 피투자자 순자산공정가치에 대한 지분	₩46,000
② 영업권: (₩50,000 - ₩100,000 × 40%) =	₩10,000
③ 투자자의 하향 내부거래 미실현손익 잔액 × 투자자의 지분율	-
관계기업투자(① + ② + ③)	₩56,000

2. 20×2년 초 투자자산처분손익: ① + ② = ₩(1,500)
   ① 처분지분 금융자산처분손실: ₩12,000 - ₩56,000 × 10주/40주 = ₩(2,000)
   ② 지분법기타포괄손익 재분류조정: ₩5,000 × 40% × 10주/40주 = ₩500

3. 처분 시 회계처리

일자	회계처리			
① 처분지분	(차) 현금	12,000	(대) 관계기업투자	14,000[1]
	금융자산처분손실(NI)	2,000		
② 재분류조정	(차) 지분법기타포괄이익(OCI)	500	(대) 금융자산처분이익(NI)	500[2]

[1] ₩56,000 × 10주/40주 = ₩14,000
[2] ₩5,000 × 40% × 10주/40주 = ₩500
∴ 투자주식처분손익: (-)₩1,500

참고 지분법기타포괄손익

관계기업투자와 관련하여 투자자의 기타포괄손익누계액에 계상되어 있는 지분법기타포괄손익은 관계기업이 관련 자산이나 부채를 직접 처분한 경우의 회계처리와 동일한 기준으로 회계처리한다. 하지만, 이 문제에서는 (주)영남이 기타포괄손익누계액을 처리하는 방법에 대한 추가 설명이 나와 있지 않기 때문에 (주)영남이 기타포괄손익누계액을 관련 자산이나 부채의 처분 시 당기손익으로 재분류한다는 전제하에 풀이하였다. 만약 기타포괄손익누계액이 재분류조정되지 않는 항목이라면 투자주식처분손익은 (-)₩2,000이며, 회계처리는 다음과 같다.

(차) 현금	12,000	(대) 관계기업투자	14,000[1]
금융자산처분손실(NI)	2,000		

[1] ₩56,000 × 10주/40주 = ₩14,000

02 다음을 읽고 물음에 답하시오.   [2011 세무사 2차]

> (주)대한은 20×1년 1월 1일 (주)서울의 보통주 400주(발행주식의 40%)를 주당 ₩1,800에 취득하여 (주)서울의 영업 및 재무정책에 유의적인 영향력을 행사할 수 있게 됨에 따라 (주)서울의 보통주를 '관계기업투자주식'으로 회계처리하였다. 20×1년 1월 1일 (주)서울의 순자산장부금액은 ₩1,000,000이었으며 재고자산과 건물의 공정가치는 장부금액에 비해 각각 ₩150,000과 ₩500,000이 더 많고, 이외의 자산과 부채의 공정가치는 장부금액과 일치하였다. (주)서울의 재고자산은 20×1년에 모두 판매되었고, 건물의 잔존내용연수는 10년이고 잔존가치는 없으며, 정액법으로 감가상각한다. 20×1년도와 20×2년도 (주)서울이 보고한 당기순이익은 각각 ₩300,000과 ₩400,000이며, 20×1년도 기타포괄이익은 ₩60,000이고 20×2년도 기타포괄손실은 ₩25,000이었다. (주)서울은 20×1년도와 20×2년도에 각각 ₩50,000과 ₩80,000의 현금배당을 실시하였다.
>
> 20×3년 1월 1일 (주)대한은 (주)서울의 보통주 300주를 시장가격인 주당 ₩3,000에 처분함에 따라 (주)서울에 대하여 유의적인 영향력을 상실하였으며, 남아있는 (주)서울의 보통주 100주는 기타포괄손익공정가치측정금융자산으로 회계처리하였다. 단, (주)서울은 자기주식을 보유하고 있지 않고 (주)대한과 (주)서울 간 내부거래는 없으며, 20×1년도와 20×2년도 (주)대한이 보유하고 있는 (주)서울의 보통주에 대한 손상징후는 없다고 가정한다.

물음 1 (주)대한이 (주)서울의 보통주를 취득하면서 (주)서울에 지불한 영업권의 가치를 구하시오.

물음 2 (주)대한이 20×1년 말 재무상태표에 보고할 (주)서울의 보통주에 대한 관계기업투자주식의 장부금액을 구하시오.

※ (주)대한이 보유하고 있는 (주)서울의 보통주에 대한 20×2년도 기말장부금액이 ₩862,000일 때, **물음 3** 과 **물음 4** 에 대해 답하시오.

물음 3 20×3년 1월 1일 (주)대한이 처분한 (주)서울의 보통주 300주에 대한 관계기업투자주식처분이익을 구하시오.

물음 4 20×3년 1월 1일에 (주)대한이 남아있는 (주)서울의 보통주 100주를 기타포괄손익공정가치측정금융자산으로 분류를 변경하여 회계처리할 경우, 이러한 회계처리로 인하여 (주)대한이 기타포괄손익공정가치측정금융자산으로 새로이 인식할 금액과 관계기업투자주식처분이익으로 인식할 금액을 각각 구하시오.

해답

물음 1

관계기업투자 취득금액: ₩1,800 × 400주 =		₩720,000
순자산공정가치 중 투자자지분		
순자산장부금액	₩1,000,000	
재고자산 과소평가	₩150,000	
건물 과소평가	₩500,000	
순자산공정가치	₩1,650,000	
투자자의 지분율	× 40%	₩(660,000)
영업권의 가치		₩60,000

물음 2

피투자자 순자산장부금액: ₩1,000,000 + ₩300,000 + ₩60,000 - ₩50,000 =	₩1,310,000
투자차액 미상각잔액	
건물: ₩500,000 × 9년/10년 =	₩450,000
피투자자의 순자산공정가치	₩1,760,000
투자자의 지분율	× 40%
① 피투자자 순자산공정가치에 대한 지분	₩704,000
② 영업권: (₩720,000 - ₩1,650,000 × 40%) =	₩60,000
③ 투자자의 하향 내부거래 미실현손익 잔액 × 투자자의 지분율	-
관계기업투자(① + ② + ③)	₩764,000

물음 3

관계기업투자주식처분이익: (₩3,000 - ₩2,155[1]) × 300주 + ₩14,000[2] × 300주/400주 = ₩264,000

[1] ₩862,000/400주 = ₩2,155
[2] ₩60,000 × 40% - ₩25,000 × 40% = ₩14,000

물음 4

(1) 기타포괄손익공정가치측정금융자산: 100주 × ₩3,000 = ₩300,000
(2) 관계기업투자주식처분이익: (₩3,000 - ₩2,155) × 100주 + ₩14,000 × 100주/400주 = ₩88,000

해설 **1. 20×1년의 지분법 회계처리**

일자	회계처리				
20×1년 초	(차) 관계기업투자	720,000	(대) 현금		720,000
20×1년 말	(차) 관계기업투자	40,000	(대) 지분법이익(NI)		40,000[1]
	(차) 관계기업투자	24,000	(대) 지분법기타포괄이익(OCI)		24,000[2]
	(차) 현금	20,000	(대) 관계기업투자		20,000[3]

[1] (₩300,000 − ₩150,000 − ₩500,000/10년) × 40% = ₩40,000
[2] ₩60,000 × 40% = ₩24,000
[3] ₩50,000 × 40% = ₩20,000

2. 20×2년의 지분법 회계처리

일자	회계처리				
20×2년 말	(차) 관계기업투자	140,000	(대) 지분법이익(NI)		140,000[1]
	(차) 지분법기타포괄이익(OCI)	10,000[2]	(대) 관계기업투자		10,000
	(차) 현금	32,000	(대) 관계기업투자		32,000

[1] (₩400,000 − ₩500,000/10년) × 40% = ₩140,000
[2] ₩(25,000) × 40% = ₩(10,000)

3. 20×3년 1월 1일 회계처리

일자	회계처리				
20×3년 초	(차) 현금	900,000	(대) 관계기업투자		646,500
	지분법기타포괄이익(OCI)	10,500	금융자산처분이익		264,000
	(차) 기타포괄손익공정가치측정금융자산	300,000	(대) 관계기업투자		215,500
	지분법기타포괄이익(OCI)	3,500	금융자산처분이익		88,000

4. 투자자가 관계기업투자의 일부 또는 전부를 처분하는 경우에는 처분금액에서 관계기업투자의 장부금액을 차감한 금액을 금융자산처분손익으로 먼저 인식한다. 추가로 관계기업투자와 관련하여 기타포괄손익으로 인식한 금액(기타포괄손익누계액)에 대하여 기업은 피투자자가 관련 자산이나 부채를 직접 처분한 경우의 회계처리와 동일한 기준으로 회계처리한다.

5. 투자자가 관계기업투자의 일부를 처분하여 유의적인 영향력을 유지하는 경우에는 관계기업이나 공동기업에 대한 투자자의 소유지분이 감소하지만 그 투자자산이 각각 관계기업 또는 공동기업에 대한 투자로 계속 분류된다면, 투자자는 이전에 기타포괄손익으로 인식했던 손익이 관련 자산이나 부채의 처분에 따라 당기손익으로 재분류되는 경우, 지분법기타포괄손익 중 소유지분의 감소와 관련된 비례적 부분을 당기손익으로 재분류한다.

6. 투자자가 관계기업투자의 일부를 처분하여 유의적인 영향력을 상실하는 경우에는 투자자는 이전에 기타포괄손익으로 인식했던 손익이 관련 자산이나 부채의 처분에 따라 당기손익으로 재분류되는 경우, 지분법기타포괄손익 전액을 당기손익으로 재분류한다.

03 (주)한국은 20×1년 초에 (주)서울의 주식 30%(30주)를 ₩350,000에 취득하여 유의적인 영향력을 행사할 수 있게 되었다. 관련 자료는 다음과 같다.　　　　　　　　　　　　　[2017 공인회계사 2차]

> (1) 20×1년 초 현재 (주)서울의 순자산장부금액은 ₩800,000이고, 공정가치와 장부금액이 상이한 자산은 건물이며 관련 정보는 다음과 같다.
> - 장부금액: ₩200,000
> - 공정가치: ₩300,000
> - 잔존내용연수: 10년
> - 잔존가치: ₩0
> - 상각방법: 정액법
>
> (2) 20×1년 중에 (주)서울은 ₩5,000의 재고자산을 (주)한국에게 ₩4,000에 판매하였고, (주)한국은 동 재고자산 전체를 20×2년 중에 외부에 판매하였다. (주)서울의 판매가격 ₩4,000은 해당 재고자산의 순실현가능가치의 감소에 대한 증거를 제공한다.
>
> (3) (주)서울은 20×1년의 당기순이익으로 ₩100,000, 기타포괄이익(재평가잉여금)으로 ₩50,000을 보고하였다.
>
> (4) (주)서울은 20×2년 초에 100주를 주당 ₩10,000에 추가 발행하였다.

〔물음1〕 (주)서울의 투자주식과 관련하여 (주)한국의 20×1년 재무제표에 계상될 당기손익을 구하시오. 단, 손실의 경우에는 금액 앞에 (-)를 표시하시오.

〔물음2〕 (주)서울의 유상증자 시점(20×2년 초)에 (주)한국이 80주를 추가 매입하는 경우, (주)한국이 수행해야 할 회계처리를 간략히 설명하시오.

〔물음3〕 〔물음2〕와 독립적으로, (주)한국은 20×1년 말에 보유하고 있던 (주)서울의 주식 중 20주를 매각예정자산으로 분류변경하기로 하였다. 이러한 경우 ① 매각예정자산으로 분류한 20주와 ② 매각예정자산으로 분류되지 않은 10주에 대하여 각각 어떻게 회계처리해야 하는지 간략히 설명하시오.

해답

물음1   **지분법이익:** (₩100,000 − ₩100,000 × 1년/10년) × 30% = ₩27,000

물음2   지분율이 110주/200주 = 55%로 증가하므로 지배력을 획득하였기 때문에 연결재무제표를 작성해야 한다. 단계적으로 이루어지는 사업결합에서, 취득자는 이전에 보유하고 있던 피취득자에 대한 지분을 취득일의 공정가치로 재측정하고 그 결과 차손익이 있다면 당기손익 또는 기타포괄손익으로 인식해야 한다. 만일 이전의 보고기간에 취득자가 피취득자 지분의 가치변동을 기타포괄손익으로 인식하였다면, 기타포괄손익으로 인식한 금액은 취득자가 이전에 보유하던 지분을 직접 처분하였다면 적용할 기준과 동일하게 인식한다. 즉, 취득자가 기존 피취득자 지분의 가치변동을 기타포괄손익으로 인식한 금액은 취득일에 후속적으로 당기손익으로 재분류하지 않는다.

물음3   ① 매각예정자산으로 분류한 20주의 경우 매각예정비유동자산과 중단영업기준서에 따라 순공정가치와 장부금액 중 낮은 금액으로 측정하고 재무제표에 별도표시하며 순공정가치의 하락을 손상차손으로 인식하며, ② 매각예정자산으로 분류되지 않은 10주의 잔여 보유분은 매각예정으로 분류된 부분이 매각될 때까지 지분법을 적용하여 회계처리한다.

04 (주)대한은 20×1년 1월 1일에 당사 보유의 토지(장부금액 ₩400,000, 공정가치 ₩480,000)를 (주)민국에 현물출자하면서 지분 30%를 수령했다. 이로 인해 (주)대한은 (주)민국에 대해 유의적인 영향력을 가지게 되었다. (주)민국의 주식은 비상장주식이며 공정가치를 신뢰성 있게 측정할 수 없다. 다음은 20×1년과 20×2년 (주)대한의 지분법 회계처리를 위한 자료이다. [2018 공인회계사 2차]

> (1) 현물출자 시점에 (주)민국의 순자산장부금액은 ₩1,400,000이다. 공정가치와 장부금액의 차이가 발생하는 항목은 다음과 같다.
>
> | 계정과목 | 장부금액 | 공정가치 | 비고 |
> |---|---|---|---|
> | 재고자산 | ₩100,000 | ₩150,000 | 20×1년에 50% 판매, 20×2년에는 판매 없음 |
> | 기계장치 | ₩300,000 | ₩450,000 | 잔존내용연수 5년, 정액법 상각, 잔존가치 없음 |
>
> (2) 20×1년 9월 30일에 (주)대한은 (주)민국에게 연 이자율 10%로 ₩40,000을 대여하였다. (주)대한과 (주)민국은 동 거래와 관련된 기간이자를 적절하게 계상하고 있다.
> (3) 20×1년 (주)민국의 당기순손실은 ₩200,000이다.
> (4) 20×2년 (주)민국의 당기순손실은 ₩1,400,000이다.

물음1 현물출자 거래를 상업적 실질이 결여된 경우와 상업적 실질이 있는 경우로 나눈다. 각 경우에서 20×1년 지분법 관련 손익을 반영한 후 (주)대한의 20×1년 말 현재 재무상태표상 관계기업투자주식은 얼마인지 계산하시오.

구분	상업적 실질이 결여된 경우	상업적 실질이 있는 경우
관계기업투자주식금액	①	②

물음2 **물음1**에서 상업적 실질이 결여된 경우와 상업적 실질이 있는 경우 (주)대한의 20×1년 말 현재 재무상태표상 관계기업투자주식금액이 각각 ₩410,000과 ₩380,000이라고 가정한다. 20×1년 9월 30일의 대여금 거래를 (주)민국에 대한 순투자의 일부로 간주하며, 20×2년까지 토지는 외부에 판매되지 않았다.

(주)대한이 (주)민국에게 출자한 유형자산의 이전거래를 상업적 실질이 결여된 경우와 상업적 실질이 있는 경우로 나눈다. 각 경우에서 20×2년 말 현재 대여금의 순장부금액과 20×2년 말 현재 관계기업투자주식금액을 다음의 양식에 따라 주어진 조건별로 해당란에 기재하시오. 단, 금액이 없으면 '0'으로 표시하시오.

구분	상업적 실질이 결여된 경우	상업적 실질이 있는 경우
대여금 순장부금액	①	②
관계기업투자주식금액	③	④

구분	상업적 실질이 결여된 경우	상업적 실질이 있는 경우
관계기업투자주식금액	① ₩403,500	② ₩379,500

1. 상업적 실질이 결여된 경우의 회계처리

일자	회계처리				
20×1년 초	(차) 관계기업투자	400,000	(대) 토지	400,000	
	(차) 관계기업투자	80,000	(대) 지분법이익(NI)	80,000[1]	
	[1] 염가매수차익: (₩1,400,000 + ₩50,000 + ₩150,000) × 30% - ₩400,000 = ₩80,000				
20×1년 말	(차) 지분법이익(NI)	76,500	(대) 관계기업투자	76,500[1]	
	[1] {₩(200,000) - ₩50,000 × 50% - ₩150,000 × 1년/5년} × 30% = ₩(76,500)				

2. 상업적 실질이 결여된 경우의 관계기업투자주식: ₩400,000 + ₩80,000 - ₩76,500 = ₩403,500
3. 상업적 실질이 있는 경우의 회계처리

일자	회계처리			
20×1년 초	(차) 관계기업투자	480,000	(대) 토지	400,000
			유형자산처분이익	80,000
20×1년 말	(차) 지분법손실(NI)	100,500	(대) 관계기업투자	100,500[1]
	[1] {₩(200,000) - ₩50,000 × 50% - ₩150,000 × 1년/5년 - ₩80,000} × 30% = ₩(100,500)			

4. 상업적 실질이 있는 경우의 관계기업투자주식: ₩480,000 - ₩100,500 = ₩379,500

구분	상업적 실질이 결여된 경우	상업적 실질이 있는 경우
대여금 순장부금액	① ₩21,000	② ₩0
관계기업투자주식금액	③ ₩0	④ ₩0

1. 상업적 실질이 결여된 경우의 회계처리

일자	회계처리			
20×2년 말	(차) 지분법손실(NI)	429,000[1]	(대) 관계기업투자	410,000
			대손충당금(대여금)	19,000

[1] {₩(1,400,000) - ₩150,000 × 1년/5년} × 30% = ₩(429,000) → 관계기업투자로 인식하지 않은 손실 ₩(19,000) 중 대여금금액까지는 지분법손실을 추가로 인식함

2. 상업적 실질이 결여된 경우의 대여금: ₩40,000 - ₩19,000 = ₩21,000
3. 상업적 실질이 결여된 경우의 관계기업투자주식: ₩410,000 - ₩410,000 = ₩0
4. 상업적 실질이 있는 경우의 회계처리

일자	회계처리			
20×2년 말	(차) 지분법손실(NI)	420,000[1]	(대) 관계기업투자	380,000
			대여금	40,000

[1] {₩(1,400,000) - ₩150,000 × 1년/5년} × 30% = ₩(429,000) → 관계기업투자로 인식하지 않은 손실 ₩(49,000) 중 대여금 금액 ₩40,000까지는 지분법손실을 추가로 인식함. 따라서 지분법손실 중 미인식금액은 ₩(9,000)임

5. 상업적 실질이 있는 경우의 대여금: ₩40,000 - ₩40,000 = ₩0
6. 상업적 실질이 있는 경우의 관계기업투자주식: ₩380,000 - ₩380,000 = ₩0

해설 1. 관계기업이나 공동기업 지분과의 교환으로 관계기업이나 공동기업에 비화폐성자산을 출자하는 경우에 상업적 실질이 결여되어 있다면 해당 손익은 미실현된 것으로 보며, 그 손익은 인식하지 않는다.

2. 관계기업이나 공동기업 지분과의 교환으로 관계기업이나 공동기업에 비화폐성자산을 출자하는 경우에 상업적 실질이 결여되어 있지 않다면 비화폐성자산을 출자된 자산과 관련된 처분손익 중 투자자의 지분(몫)은 제거해야 한다.

3. 관계기업이나 공동기업의 손실 중 기업의 지분이 관계기업이나 공동기업에 대한 투자지분과 같거나 초과되는 경우, 기업은 관계기업 투자지분 이상의 손실에 대하여 인식을 중지한다.

4. 관계기업이나 공동기업에 대한 투자지분은 지분법을 사용하여 결정되는 관계기업이나 공동기업에 대한 투자자산의 장부금액과 실질적으로 기업의 관계기업이나 공동기업에 대한 순투자의 일부를 구성하는 장기투자지분 항목을 합한 금액이다. 따라서 투자자가 관계기업이나 공동기업에 대한 순투자의 일부를 구성하는 장기투자지분 항목을 보유하고 있으면, 장기투자지분 금액까지는 지분법손실을 추가로 인식해야 한다.

해커스 회계사 IFRS 김원종 고급회계

Chapter 08

환율변동효과

01 환율변동효과의 의의

현대 자본주의 경제체제에서 기업은 여러 가지 방법으로 성장하기 위하여 노력하고 있다. 특히 자국의 내수시장이 협소한 기업들은 새로운 시장 확보의 기회를 얻기 위해 지구촌 곳곳에 재화 및 서비스를 판매하거나 공장을 세우고 해외사업장에 직접 투자하는 등 기업 활동이 국제적으로 확대되고 있다. 이러한 현상을 국제화(Internationalization) 또는 세계화(Globalization)라고 한다. 기업들이 세계화되는 원인은 정보통신 및 교통 기술이 발전하고, 다국적 기업들 간 글로벌 경쟁이 심화되어 상대적으로 인건비가 싼 나라에 진출하고, 전 세계 사람들의 소비성향이 동질화되는 경향이 발생하기 때문이다.

이러한 국제화 시대에 기업이 외국기업과의 외화거래가 발생하게 되면 이를 재무제표에 표시할 때 자국의 통화로 환산해야 하는 문제에 당면하게 된다. 즉, 기업은 외화거래의 방법으로 외화관련활동을 수행할 때 외화거래를 재무제표에 반영해야 할 필요성이 있다.

또한 기업들은 국제적인 경쟁에서 이기기 위하여 보다 인건비가 저렴하고, 기술력이 높은 나라에서 기술력을 전수받기 위해서 기업들이 직접 해외사업장에 투자하는 경우가 있다. 이러한 해외사업장의 운영과 같은 방법으로 외화관련활동을 수행하는 경우 보고기업의 재무제표 또는 연결재무제표를 작성하기 위하여 해외사업장의 재무제표를 표시통화로 환산해야 한다.

따라서 K-IFRS 제1021호 '환율변동효과'에서는 기업 외화거래나 해외사업장의 운영과 같은 방법으로 외화관련활동을 수행하거나 재무제표를 외화로 표시하는 경우에 외화거래와 해외사업장의 운영을 재무제표에 반영하는 방법과 재무제표를 표시통화로 환산하는 방법을 규정하고 있다. 본 장에서 다루게 될 주요한 내용과 K-IFRS 제1021호 '환율변동효과'의 적용범위는 다음과 같다.[1]

> ① 외화거래와 외화잔액의 회계처리
> ② 연결재무제표 또는 지분법을 적용하여 작성하는 재무제표에 포함되는 해외사업장의 경영성과와 재무상태의 환산
> ③ 기업의 경영성과와 재무상태를 표시통화로 환산

따라서 본 장에서는 외화거래가 발생하였을 경우와 해외사업장의 경영성과와 재무상태를 환산하는 과정에서 발생하는 환율변동효과를 재무제표에 반영하는 과정에 대해서 살펴보기로 한다.

---

1) 다음의 경우에는 K-IFRS 제1021호 '환율변동효과'를 적용하지 아니한다.
(1) K-IFRS 제1109호 '금융상품'은 많은 외화파생상품에 적용되므로 이러한 외화파생상품에는 K-IFRS 제1021호 '환율변동효과'를 적용하지 아니한다. 그러나 K-IFRS 제1109호 '금융상품'을 적용하지 않는 외화파생상품(예 기타 계약에 내재된 일부 외화파생상품)에는 이 기준서를 적용한다. 또 이 기준서는 파생상품과 관련된 금액을 기능통화에서 표시통화로 환산하는 경우에 적용한다.
(2) 해외사업장에 대한 순투자의 위험회피 등과 같은 외화 항목에 대한 위험회피회계에는 K-IFRS 제1021호 '환율변동효과'를 적용하지 아니하고 K-IFRS 제1109호 '금융상품'을 적용한다.
(3) 외화거래에서 생기는 현금흐름을 현금흐름표에 보고하거나 해외사업장의 현금흐름을 환산하는 경우에는 적용하지 아니한다. (K-IFRS 제1007호 '현금흐름표' 참조)

02 환율

환율(Exchange Rate)은 서로 다른 두 국가의 통화 사이의 교환비율을 말한다. 환율의 종류는 그 구분방식에 따라 다양하게 나타나는데 구체적인 내용은 다음과 같다.

(1) 표시방법에 의한 분류

환율을 표시하는 방법은 크게 직접환율과 간접환율로 구분된다. 이는 자국의 통화 또는 외국의 통화 중 어느 기준으로 표시하느냐에 따른 구분이다.

① 직접환율

직접환율(Direct Exchange Rate)이란 외국통화를 기준으로 하여 자국통화를 표시하는 방법으로 자국통화 표시방법 또는 방화표시방법에 의한 환율이라고 한다. 예를 들어, 우리나라의 경우 미달러화 대 원화 간 환율을 미달러화 1단위에 대해 1,000단위의 원화로 표시하여 '₩1,000/1$'으로 나타내는 방법을 가리킨다. 각 나라의 외환시장에서는 대부분 기준이 되는 미국 달러화($)를 기준으로 하여 $1와 각 국가 통화의 교환비율을 고시하고 있으며, 우리나라의 경우에도 직접환율 표시방법에 의한 환율을 사용하고 있다.

② 간접환율

간접환율(Indirect Exchange Rate)이란 자국통화를 기준으로 하여 외국통화를 표시하는 방법으로 외국통화 표시환율이라고 한다. 예를 들어, 간접환율 표시방법에 의하면 '$0.001/1₩'로 표시하게 된다. 간접환율을 적용하여 자국의 통화가치를 산출하기 위해서는 외화금액에 환율을 나누어서 산출해야 하기 때문에 실무상 번거로운 방법이므로 국제적으로 잘 사용되지 않는 방법이다. 영국파운드화, 호주달러화 등은 간접환율 표시방법을 사용하고 있다.

(2) 거래 형태에 의한 분류

환율은 외환거래의 형태에 따라 기준환율, 외국환 매매기준 환율, 외국환은행 대고객매매환율 등으로 구분된다. 각각의 환율의 정의는 다음과 같다.

① 기준환율

금융결제원 자금중개실을 통해 전 영업일 거래된 은행 간 원/달러 현물거래 중 익일물의 거래환율을 거래량으로 가중평균해 결정되는 환율을 말한다.

② 외국환 매매기준 환율

실제 외환거래에 적용되는 환율의 기준이 되는 환율을 말하며, 외국환은행 간 매매환율이 가장 대표적인 예이다.

③ 외국환은행 대고객매매환율

외국환은행이 고객과 거래 시에 적용되는 환율을 말한다. 전신환매매환율, 일람출급환어음매매환율, 수입어음결제환율 등이 있다.

외환거래의 형태가 다양하나 K-IFRS에서 외환거래의 형태에 따른 환율 중 어떠한 환율을 이용해야 되는지 언급이 없기 때문에 실무에서는 주로 매매기준(Basic Rate)을 사용하여 외화환산을 수행하고 있다. 매매기준율이란 최근 거래일의 외국환중개회사를 통하여 거래가 이루어진 미화의 현물환매매 중 결제거래에서 형성되는 율과 그 거래량을 가중평균하여 산출되는 시장평균환율을 말하며 앞에서 언급한 기준환율이라고도 한다. 또한 재정된 매매기준율(Arbitrated Rate)이란 최근 주요 국제금융시장에서 형성된 미화 이외의 통화와 미화와의 매매중간율을 재정평균환율로 재정한 율을 말하며 이를 재정환율이라고도 한다.[2] 참고로 매매기준율의 조회는 '서울외국환중개(http://www.smbs.biz)'의 홈페이지에서 가능하다.

(3) 거래 시점에 따른 분류

① 현물환율

외환의 매매계약의 성립과 동시에 외환의 인도와 대금결제가 이루어지는 외환거래를 현물거래(Spot Transaction)라 말한다. 즉, 즉시 인도가 이루어지는 거래에서 사용하는 환율을 현물환율(Spot Exchange Rate)이라 한다.

② 선도환율

선도환율(Forward Exchange Rate)은 미래의 특정 시점에 외환을 주고받는 선물환거래(Forward Transaction)에 적용되는 환율을 말한다. 일반적으로 선물환거래의 계약은 거래 당일에 이루어지나 실제 자금의 결제는 거래당사자들의 협의에 따라 미래 특정 시점에 이루어진다. 따라서 실제 자금 결제가 일어나는 미래 시점에 적용되는 환율이 선도환율이며, 선물환율이라고도 말한다.

(4) 외화환산과 관련된 환율

기업이 외화거래 또는 해외사업장 재무제표 환산을 수행할 때 사용되는 환율은 역사적환율, 평균환율, 마감환율로 구분할 수 있으며, 그 정의는 다음과 같다.

> ① 역사적환율(Historical Rate): 특정 외환거래나 사건이 발생한 당시의 현물환율
> ② 평균환율(Average Rate): 일정기간의 환율을 평균하여 산출한 환율
> ③ 마감환율(Closing Rate): 보고기간 말의 현물환율

---

2) 기획재정부고시 제2002-12호(2002. 7. 2.)

환율의 정의	서로 다른 두 통화 사이의 교환비율
표시방법에 의한 분류	① 직접환율: 외국통화를 기준으로 하여 자국통화를 표시하는 방법 ② 간접환율: 자국통화를 기준으로 하여 외국통화를 표시하는 방법
거래 형태에 의한 분류	① 매매기준율 or 기준환율: 최근 거래일의 외국환중개회사를 통하여 거래가 이루어진 미화의 현물환매매 중 결제거래에서 형성되는 율과 그 거래량을 가중평균하여 산출되는 시장평균환율 ② 재정환율: 최근 주요 국제금융시장에서 형성된 미화 이외의 통화와 미화와의 매매중간율을 재정평균환율로 재정한 율
거래 시점에 따른 분류	① 현물환율: 즉시 인도가 이루어지는 거래에서 사용하는 환율 ② 선도환율: 미래의 특정 시점에 외환을 주고받는 선물환거래에 적용되는 환율
외화환산과 관련된 환율	① 역사적환율: 특정 외환거래나 사건이 발생한 당시의 현물환율 ② 평균환율: 일정기간의 환율을 평균하여 산출한 환율 ③ 마감환율: 보고기간 말의 현물환율

03 통화

(1) 통화의 정의

K-IFRS 제1021호 '환율변동효과'에서는 통화를 크게 기능통화, 외화, 표시통화로 구분하고 있다. 각각의 통화의 정의는 다음과 같다.

> ① 기능통화: 영업활동이 이루어지는 주된 경제 환경의 통화
> ② 외화: 기능통화 이외의 다른 통화
> ③ 표시통화: 재무제표를 표시할 때 사용하는 통화

(2) 기능통화

기능통화(Functional Currency)란 영업활동이 이루어지는 주된 경제 환경의 통화를 말한다. 여기서 일반적으로 영업활동이 이루어지는 주된 경제 환경은 주로 현금을 창출하고 사용하는 환경을 말한다. 기업들은 내수산업을 기반으로 수출산업에 진출하므로 기능통화가 자국통화인 경우가 대부분이다. 그러나 일부의 기업들은 해외사업장에서 재화나 용역의 공급 비중이 높은 경우에는 기능통화가 외화인 경우도 있다. 따라서 환율변동회계의 시작은 기능통화를 결정하는 일이다.

기능통화를 결정할 때는 다음의 사항을 고려하여야 한다.

> ① 주요지표
> - 재화와 용역의 공급가격에 주로 영향을 미치는 통화(흔히 재화와 용역의 공급가격을 표시하고 결제하는 통화)
> - 재화와 용역의 공급가격을 주로 결정하는 경쟁요인과 법규가 있는 국가의 통화
> - 재화를 공급하거나 용역을 제공하는 데 드는 노무원가, 재료원가와 그 밖의 원가에 주로 영향을 미치는 통화(흔히 이러한 원가를 표시하고 결제하는 통화)
> ② 보조지표
> - 재무활동(즉, 채무상품이나 지분상품의 발행)으로 조달되는 통화
> - 영업활동에서 유입되어 통상적으로 보유하는 통화

만약, 해외사업장의 기능통화를 결정할 때 그리고 이러한 해외사업장의 기능통화가 보고기업[3])의 기능통화와 같은지 판단할 때 다음 사항을 추가적으로 고려해야 한다.

> ① 해외사업장의 활동이 보고기업 활동의 일부로서 수행되는지 아니면 상당히 독자적으로 수행되는지
>   a. 해외사업장이 보고기업에서 수입한 재화를 판매하고 그 판매대금을 보고기업으로 송금하는 역할만 한다면 해외사업장이 보고기업의 일부로서 활동하는 예에 해당한다.
>   b. 해외사업장이 대부분 현지통화로 현금 등의 화폐성항목을 축적하고 비용과 수익을 발생시키며 차입을 일으킨다면 해외사업장의 활동이 상당히 독자적으로 수행되는 예에 해당한다.
> ② 보고기업과의 거래가 해외사업장의 활동에서 차지하는 비중이 높은지 낮은지
> ③ 해외사업장 활동에서의 현금흐름이 보고기업의 현금흐름에 직접 영향을 주고 보고기업으로 쉽게 송금될 수 있는지
> ④ 보고기업의 자금 지원 없이 해외사업장 활동에서의 현금흐름만으로 현재의 채무나 통상적으로 예상되는 채무를 감당하기에 충분한지

기능통화를 결정할 때 고려하는 지표들이 서로 다른 결과를 제시하여 기능통화가 분명하지 않은 경우에는 경영진이 판단하여 실제 거래, 사건과 상황의 경제적 효과를 가장 충실하게 표현하는 기능통화를 결정한다. 이때 경영진은 기능통화를 결정하는 데 보조지표를 고려하기 전에 주요지표를 우선하여 고려해야 한다. 이렇게 기능통화가 결정되면 기능통화 이외의 다른 통화는 외화로 결정된다.

기능통화는 그와 관련된 실제 거래, 사건과 상황을 반영하므로 일단 기능통화를 결정하면 변경하지 아니한다. 다만 실제 거래, 사건과 상황에 변화가 있다면 기능통화를 변경할 수 있는데, 기능통화가 변경되는 경우에는 새로운 기능통화에 의한 환산절차를 변경한 날부터 전진적용한다.

(3) 표시통화

표시통화(Presentation Currency)는 재무제표를 표시할 때 사용하는 통화를 말한다. 재무제표는 어떠한 통화로도 보고할 수 있으며, 표시통화와 기능통화가 다른 경우에는 경영성과와 재무상태를 표시통화로 환산한다. 예를 들어, 서로 다른 기능통화를 사용하는 개별기업으로 구성되는 연결실체는 연결재무제표를 작성하기 위하여 각 기업의 경영성과와 재무상태를 같은 통화로 표시해야 한다.

---

3) 여기서 보고기업은 종속기업, 지점, 관계기업, 공동약정 형태로 해외사업장을 갖고 있는 기업을 말한다.

정의	① 기능통화: 영업활동이 이루어지는 주된 경제 환경의 통화 ② 외화: 기능통화 이외의 다른 통화 ③ 표시통화: 재무제표를 표시할 때 사용하는 통화
기능통화 결정 시 고려사항	① 주요지표 • 재화와 용역의 공급가격에 주로 영향을 미치는 통화 • 재화와 용역의 공급가격을 주로 결정하는 경쟁요인과 법규가 있는 국가의 통화 • 재화를 공급하거나 용역을 제공하는 데 드는 노무원가, 재료원가와 그 밖의 원가에 주로 영향을 미치는 통화 ② 보조지표 • 재무활동으로 조달되는 통화 • 영업활동에서 유입되어 통상적으로 보유하는 통화

기능통화의 변경	① 기능통화는 그와 관련된 실제 거래, 사건과 상황을 반영하므로 일단 기능통화를 결정하면
	  변경하지 아니함
	② 실제 거래, 사건과 상황에 변화가 있다면 기능통화를 변경할 수 있는데, 기능통화가 변경되
	  는 경우에는 새로운 기능통화에 의한 환산절차를 변경한 날부터 전진적용

표시통화	재무제표는 어떠한 통화로도 보고할 수 있으며, 표시통화와 기능통화가 다른 경우에는 경영성과 와 재무상태를 표시통화로 환산

04 외화환산의 기본개념

(1) 화폐성항목과 비화폐성항목

환율의 변동으로 인한 효과를 파악하기 위해서는 재무제표의 계정과목을 화폐성항목과 비화폐성항목으로 구분할 필요가 있다. 외화거래가 발생하였을 때 화폐성항목과 비화폐성항목의 외환차이를 인식하는 방법이 다르기 때문이다. 화폐성항목과 비화폐성항목의 정의는 다음과 같다.

> ① 화폐성항목: 보유하는 화폐단위들과 확정되었거나 결정가능한 화폐단위 수량으로 회수하거나 지급하는 자산
>   과 부채를 말한다.
> ② 비화폐성항목: 보유하는 화폐단위들과 확정되었거나 결정가능한 화폐단위 수량으로 회수하거나 지급하는 자
>   산과 부채를 제외한 항목을 말한다.

화폐성항목의 본질적 특징은 확정되었거나 결정가능할 수 있는 화폐단위의 수량으로 받을 권리나 지급할 의무라는 것이다. 예를 들어, 현금으로 지급하는 연금과 그 밖의 종업원급여, 현금으로 상환하는 충당부채, 부채로 인식하는 현금배당 등이 화폐성항목에 속한다. 또 수량이 확정되지 않은 기업 자신의 지분상품이나 금액이 확정되지 않은 자산을 받거나 주기로 한 계약의 공정가치가 화폐단위로 확정되었거나 결정가능할 수 있다면 이러한 계약도 화폐성항목에 속한다. 한편, 비화폐성항목의 본질적 특징은 확정되었거나 결정가능할 수 있는 화폐단위의 수량으로 받을 권리나 지급할 의무가 없다는 것이다. 예를 들어, 재화와 용역에 대한 선급금(예 선급임차료), 영업권, 무형자산, 재고자산, 유형자산, 비화폐성자산의 인도에 의해 상환되는 충당부채 등이 비화폐성항목에 속한다.

구분	화폐성항목	비화폐성항목
정의	확정되었거나 결정가능할 수 있는 화폐단위의 수량으로 받을 권리나 지급할 의무가 있는 항목	확정되었거나 결정가능할 수 있는 화폐단위의 수량으로 받을 권리나 지급할 의무가 없는 항목
자산	① 현금 및 현금성자산 ② 수취채권: 매출채권, 미수금, 대여금 ③ 미수수익 ④ 투자채무상품: 상각후원가측정금융자산	① 실물자산: 재고자산, 유형자산, 무형자산 ② 선급금, 선급비용 ③ 투자지분상품: 당기손익공정가치측정금융자산, 기타포괄손익공정가치측정금융자산
부채	① 지급채무: 매입채무, 미지급금, 차입금 ② 미지급비용 ③ 사채 ④ 현금으로 상환하는 충당부채 ⑤ 미지급배당금	① 선수금, 선수수익 ② 비화폐성자산의 인도에 의해 상환되는 충당부채

예제 1 기능통화의 결정

(주)샛별은 통신 및 관측에 사용되는 민간용 인공위성을 제조 판매하는 기업이다. 아래 자료를 이용하여 물음에 답하라.

> (가) 인공위성의 제조판매 산업은 단위당 판매금액이 ₩100억 이상이며, 매출순이익률(당기순이익/매출)이 80% 내외가 되는 높은 이익률이 보장된 산업이다.
>
> (나) (주)샛별이 생산하는 인공위성의 수요자 중 90%는 유럽연합(EU)에 속한 국가의 통신회사이고, 나머지 10%는 미국의 통신회사이다. 따라서 (주)샛별은 영업활동이 이루어지는 주된 경제 환경인 유럽의 법규와 제품규격에 맞게 제품을 생산하며, 제품의 가격 역시 해당 기준 충족 여부에 따라 차이가 있다.
>
> (다) (주)샛별의 매매계약서에 표시된 인공위성 제품의 가격은 수요자가 속한 국가의 통화인 유로(€) 또는 달러($)로 표시하고, 제품이 판매되는 거래일의 국제환율을 적용하여 구매자로부터 유럽통화인 유로(€)로 수령하여 보유 관리한다. (주)샛별이 인공위성을 제조하는 데 필요한 부품의 매입과 제작에 종사하는 근로자의 임금지급 결제통화는 한국통화인 원(₩)이다.

기능통화, 표시통화 및 외화의 정의와 (주)샛별의 경영환경을 고려하여 자료에서 제시된 통화들을 기능통화, 외화, 표시통화로 구분하시오.

[2010 공인회계사 1차 수정]

해답   1. **기능통화**: 영업활동이 이루어지는 주된 경제 환경의 통화를 말하므로 기능통화는 유로화가 된다.
　　　　2. **외화**: 기능통화 이외의 통화를 말한다. 따라서 외화는 달러화와 원화가 된다.
　　　　3. **표시통화**: 재무제표를 작성하는 데 사용되는 통화이므로 표시통화는 원화가 된다.

(2) 외화환산의 방법

K-IFRS가 도입되기 전에 외화거래와 사건을 환산하는 방법은 화폐성·비화폐성법, 현행환율법, 시제법 등이 있었다. 후술하겠지만 K-IFRS에서는 기능통화에 의한 외화거래를 보고할 때에는 화폐성·비화폐성법과 시제법을 조합하여 사용하고 있으며, 기능통화가 아닌 표시통화를 사용할 때에는 현행환율법을 적용하여 환산하도록 규정하고 있다. 각 방법의 환산방법은 다음과 같다.

① 화폐성·비화폐성법

화폐성·비화폐성법(Monetary, Non-Monetary Method)이란 계정항목을 화폐성항목과 비화폐성항목으로 구분하여 환산할 환율을 결정하는 방법을 말한다. 화폐성항목에 대해서는 보고기간 말의 현행환율을 적용하고, 비화폐성항목에 대해서는 역사적 환율을 적용하며, 수익·비용은 평균환율을 적용하는 방법이다. 따라서 화폐성항목의 외환차이는 당기손익으로 인식되며, 비화폐성항목에서는 외환차이가 인식되지 않는다.

② 현행환율법

현행환율법(Current Method)이란 모든 자산·부채는 보고기간 말의 현행환율로 환산하나 자본은 역사적 환율로 환산하며, 수익·비용은 평균환율(거래일의 환율을 적용할 수 있으면 그 환율)로 환산하는 방법이다. 주로 외화표시 재무제표를 환산할 때 사용되던 방법으로 외화표시 재무제표의 자산, 부채, 자본, 수익, 비용의 각각의 환율을 곱한 후 대차차액을 해외사업환산손익으로 하여 기타포괄손익으로 인식하는 방법이다.

③ 시제법

시제법(Temporal Method)은 속성유지법이라고도 하며 재무제표를 작성할 당시에 각 항목들이 갖고 있었던 회계상의 속성이 그대로 유지될 수 있도록 환산환율을 결정하는 방법을 말한다. 시제법에서는 원래 재무제표를 작성할 당시의 역사적 원가를 기준으로 원가를 산정한 항목에 대해서는 역사적 환율을 적용하고, 당시의 공정가치를 기준으로 원가를 산정한 항목에 대해서는 공정가치가 측정된 날의 현행환율을 적용하게 된다. 외환차이는 역사적 원가를 기준으로 산정한 항목에 대해서는 발생하지 않고 공정가치를 기준으로 산정한 항목에 대해서 당기손익 혹은 기타포괄손익으로 인식하는 방법이다.

⚡ POINT 외화환산의 방법

K-IFRS	① 기능통화에 의한 외화거래를 보고: 화폐성·비화폐성법 + 시제법 ② 기능통화가 아닌 표시통화를 사용하는 경우: 현행환율법
화폐성·비화폐성법	계정항목을 화폐성항목과 비화폐성항목으로 구분하여 환산할 환율을 결정하는 방법 ① 화폐성항목: 보고기간 말의 현행환율 ② 비화폐성항목: 역사적 환율
현행환율법	① 모든 자산·부채: 보고기간 말의 현행환율 ② 자본: 역사적 환율 ③ 수익·비용: 거래일의 환율(적용할 수 없으면 평균환율)
시제법	재무제표를 작성할 당시에 각 항목들이 갖고 있었던 회계상의 속성이 그대로 유지될 수 있도록 환산환율을 결정하는 방법 ① 공정가치를 기준으로 원가를 산정한 항목: 공정가치가 측정된 날의 현행환율 ② 역사적 원가를 기준으로 원가를 산정한 항목: 역사적 환율

Ⅱ | 기능통화에 의한 외화거래의 보고

재무제표를 작성할 때 기업(해외사업장이 없는 기업, 지배기업과 같은 해외사업장이 있는 기업이나 종속기업이나 지점과 같은 해외사업장을 모두 포함)은 기능통화 결정 시 고려사항에 따라 기능통화를 결정한다. 그리고 외화항목을 기능통화로 환산하고 그 환산효과를 재무제표에 보고하여야 한다. 여기서 외화거래는 외화로 표시되어 있거나 외화로 결제되어야 하는 거래로서 다음을 포함한다.

> ① 외화로 가격이 표시되어 있는 재화나 용역의 매매
> ② 지급하거나 수취할 금액이 외화로 표시된 자금의 차입이나 대여
> ③ 외화로 표시된 자산의 취득이나 처분, 외화로 표시된 부채의 발생이나 상환

01 최초인식

기능통화로 외화거래를 최초로 인식하는 경우에 거래일의 외화와 기능통화 사이의 현물환율을 외화금액에 적용하여 기록한다. 거래일은 K-IFRS에 따라 거래의 인식요건을 최초로 충족하는 날이다. 실무적으로는 거래일의 실제 환율에 근접한 환율을 자주 사용한다. 예를 들어, 일주일이나 한 달 동안 발생하는 모든 외화거래에 대하여 해당 기간의 평균환율을 사용할 수 있다. 그러나 환율이 유의적으로 변동된 경우에 해당 기간의 평균환율을 사용하는 것은 부적절하다.

02 후속측정

(1) 후속 보고기간 말의 보고

매 보고기간 말의 외화환산방법은 다음과 같다.

> ① 화폐성 외화항목: 마감환율로 환산한다.
> ② 역사적원가로 측정하는 비화폐성 외화항목: 거래일의 환율로 환산한다.
> ③ 공정가치로 측정하는 비화폐성 외화항목: 공정가치가 측정된 날의 환율로 환산한다.

장부금액은 K-IFRS 제1021호 '환율변동효과' 이외의 관련된 다른 K-IFRS를 함께 고려하여 결정한다. 예를 들어, 유형자산은 K-IFRS 제1016호 '유형자산'에 따라 공정가치나 역사적원가로 측정할 수 있다. 공정가치를 기준으로 결정하든 역사적원가를 기준으로 결정하든 장부금액이 외화로 결정된다면 K-IFRS 제1021호 '환율변동효과'에 따라 기능통화로 환산한다.

둘 이상의 금액을 비교하여 장부금액이 결정되는 항목이 있다. 예를 들어, 재고자산의 장부금액은 K-IFRS 제1002호 '재고자산'에 따라 취득원가와 순실현가능가치 중에서 작은 금액으로 한다. 또 손상을 시사하는 징후가 있는 자산의 장부금액은 K-IFRS 제1036호 '자산손상'에 따라 잠재적 손상차손을 고려하기 전 장부금액과 회수가능액 중 작은 금액으로 한다. 이러한 자산이 비화폐성항목이고 외화로 측정되는 경우에는 다음의 두 가지를 비교하여 장부금액을 결정한다.

① 그 금액이 결정된 날의 환율(즉, 역사적원가로 측정한 항목의 경우 거래일의 환율)로 적절하게 환산한 취득 원가나 장부금액

② 그 가치가 결정된 날의 환율(예 보고기간 말의 마감환율)로 적절하게 환산한 순실현가능가치나 회수가능액

위 ①과 ②를 비교하는 경우 기능통화를 기준으로 할 때는 손상차손을 인식하나 외화를 기준으로 할 때는 손상차손을 인식하지 않을 수 있으며 반대의 경우도 나타날 수 있다.

여러 가지 환율을 사용할 수 있는 경우에는 해당 거래나 잔액에 따른 미래현금흐름이 측정일에 발생하였다면 결제하였을 환율을 사용한다. 일시적으로 두 통화의 교환이 불가능한 경우에는 그 이후에 처음으로 교환이 이루어지는 때의 환율을 사용한다.

(2) 외환차이의 인식

화폐성항목의 결제시점에 생기는 외환차이 또는 화폐성항목의 환산에 사용한 환율이 회계기간 중 최초로 인식한 시점이나 전기의 재무제표 환산시점의 환율과 다르기 때문에 생기는 외환차이는 그 외환차이가 발생하는 회계기간의 당기손익으로 인식한다.[4] 즉, 외화거래에서 화폐성항목이 생기고 거래일과 결제일의 환율이 변동된 경우에 외환차이가 나타난다. 거래가 발생한 회계기간에 결제되는 경우에는 모든 외환차이를 그 회계기간에 인식한다. 그러나 거래가 후속 회계기간에 결제되는 경우에는 각 회계기간의 환율변동에 따른 외환차이를 결제일까지 각 회계기간에 인식한다.

역사적원가로 측정하는 비화폐성 외화항목은 거래일의 환율(역사적환율)로 후속측정하므로 외환차이가 발생하지 아니한다. 반면에 공정가치로 측정하는 비화폐성항목은 공정가치가 측정된 날의 환율로 후속 측정하므로 외환차이가 발생한다. 여기서 비화폐성항목에서 생긴 손익을 기타포괄손익으로 인식하는 경우에 그 손익에 포함된 환율변동효과도 기타포괄손익으로 인식한다. 그러나 비화폐성항목에서 생긴 손익을 당기손익으로 인식하는 경우에는 그 손익에 포함된 환율변동효과도 당기손익으로 인식한다.

⚡POINT 기능통화에 의한 외화거래의 보고

구분		최초인식	후속측정	외환차이의 인식
화폐성항목		거래발생일의 환율	마감환율	당기손익
비화폐성 항목	역사적원가로 측정		거래일의 환율(역사적환율)	외환차이가 발생하지 아니함
	공정가치로 측정		공정가치가 측정된 날의 환율	당기손익 또는 기타포괄손익

---

[4] 화폐성 외화항목에 대한 위험회피회계는 K-IFRS 제1109호 '금융상품'을 적용한다. 위험회피회계를 적용하는 외환차이는 이 기준서의 외환차이 규정과 다르게 회계처리한다. 예를 들어, 현금흐름위험회피수단의 요건을 갖춘 화폐성항목에 대한 외환차이 중 위험회피에 효과적인 부분은 기업회계기준서 제1109호 '금융상품'에 따라 처음부터 기타포괄손익으로 보고한다.

예제 2 화폐성항목의 외환차이

A회사의 기능통화는 원화이다. 다음에 제시되는 물음은 각각 독립적이며 달러화 대비 원화의 환율은 다음과 같다.

일자	20×1. 10. 1.	20×1. 12. 31.	20×2. 3. 1.
환율	₩1,000	₩1,100	₩1,040

물음 1 A회사는 20×1년 10월 1일 미국에 $1,000의 외상매출을 하였다. A회사가 20×2년 3월 1일에 동 매출채권 전액을 회수하였을 때 A회사가 행할 모든 회계처리를 제시하시오. 동 거래가 A회사의 20×1년 및 20×2년 당기순이익에 미치는 영향을 각각 계산하시오.

물음 2 A회사는 20×1년 10월 1일 미국에서 $800의 상품을 외상으로 구입하였다. A회사가 20×2년 3월 1일에 동 매입채무 전액을 지급하였을 때 A회사가 행할 모든 회계처리를 제시하시오. 동 거래가 A회사의 20×1년 및 20×2년 당기순이익에 미치는 영향을 각각 계산하시오. 단, 상품은 외부로 매출되지 않았으며, 20×1년 말 순실현가능가치가 취득원가보다 크다고 가정한다.

해답 **물음 1**

1. 회계처리

일자	회계처리			
20×1. 10. 1.	(차) 매출채권	1,000,000[1]	(대) 매출	1,000,000
	[1] $1,000 × ₩1,000 = ₩1,000,000			
20×1. 12. 31.	(차) 매출채권	100,000[1]	(대) 외화환산이익	100,000
	[1] $1,000 × (₩1,100 − ₩1,000) = ₩100,000			
20×2. 3. 1.	(차) 현금	1,040,000[1]	(대) 매출채권	1,100,000
	외환차손	60,000[2]		
	[1] $1,000 × ₩1,040 = ₩1,040,000			
	[2] $1,000 × (₩1,040 − ₩1,100) = ₩(60,000)			

2. 20×1년 당기순이익에 미치는 영향: ₩100,000

외화환산이익 = $1,000 × (₩1,100 − ₩1,000) = ₩100,000

3. 20×2년 당기순이익에 미치는 영향: ₩(60,000)

외환차손 = $1,000 × (₩1,040 − ₩1,100) = ₩(60,000)

별해

일자	매출채권 or 현금(B/S)	환율변동손익(I/S)
20×1. 10. 1.	① $1,000 × ₩1,000 = ₩1,000,000	
		20×1: ② − ① = ₩100,000(외화환산이익)
20×1. 12. 31.	② $1,000 × ₩1,100 = ₩1,100,000	
		20×2: ③ − ② = ₩(60,000)(외환차손)
20×2. 3. 1.	③ $1,000 × ₩1,040 = ₩1,040,000	

물음 2

1. 회계처리

일자	회계처리			
20×1. 10. 1.	(차) 상품	800,000	(대) 매입채무	800,000[1]
	[1] $800 × \₩1,000 = \₩800,000			
20×1. 12. 31.	(차) 외화환산손실	80,000	(대) 매입채무	80,000[1]
	[1] $800 × (\₩1,100 - \₩1,000) = \₩80,000			
20×2. 3. 1.	(차) 매입채무	880,000	(대) 현금	832,000[1]
			외환차익	48,000[2]
	[1] $800 × \₩1,040 = \₩832,000			
	[2] $800 × (\₩1,040 - \₩1,100) = \₩48,000			

2. 20×1년 당기순이익에 미치는 영향: \₩(80,000)

 외화환산손실 = $800 × (\₩1,100 - \₩1,000) = \₩(80,000)

3. 20×2년 당기순이익에 미치는 영향: \₩48,000

 외환차익 = $800 × (\₩1,040 - \₩1,100) = \₩48,000

별해

일자	매입채무 or 현금(B/S)	환율변동손익(I/S)
20×1. 10. 1.	① $800 × \₩1,000 = \₩800,000	
		20×1: ② - ① = \₩(80,000)(외화환산손실)
20×1. 12. 31.	② $800 × \₩1,100 = \₩880,000	
		20×2: ③ - ② = \₩48,000(외환차익)
20×2. 3. 1.	③ $800 × \₩1,040 = \₩832,000	

해설 환율이 상승하는 상황인 경우 화폐성 외화자산은 환율변동이익이 발생하고 화폐성 외화부채는 환율변동손실이 발생하며, 환율이 하락하는 상황인 경우 화폐성 외화자산은 환율변동손실이 발생하고 화폐성 외화부채는 환율변동이익이 발생하므로 이익과 손실에 유의하기 바란다.

A회사의 기능통화는 원화이다. 다음에 제시되는 물음은 각각 독립적이며 달러화 대비 원화의 환율은 다음과 같다.

일자	20×1. 10. 1.	20×1. 11. 1.	20×1. 12. 31.	20×2. 3. 1.	20×2. 12. 31.
환율	₩1,000	₩1,050	₩1,100	₩1,040	₩1,200

물음 1 A회사는 20×1년 10월 1일에 외국시장에 상장되어 있는 (주)미국의 주식(B)을 $100에 취득하고 이를 당기손익공정가치측정금융자산으로 분류하였다. 20×1년 12월 31일 현재 B주식의 공정가치는 $120이다. B주식의 후속측정(기말평가 및 기능통화환산)과 관련된 모든 회계처리를 수행하고, A회사의 20×1년도 당기순이익과 기타포괄손익에 미치는 영향을 계산하시오.

물음 2 A회사는 20×1년 11월 1일에 외국시장에 상장되어 있는 (주)중국의 주식(C)을 $100에 취득하고 이를 기타포괄손익공정가치측정금융자산으로 분류하였다. 20×1년 12월 31일 현재 C주식의 공정가치는 $70이다. C주식의 후속측정(기말평가 및 기능통화환산)과 관련된 모든 회계처리를 수행하고, A회사의 20×1년도 당기순이익과 기타포괄손익에 미치는 영향을 계산하시오.

물음 3 A회사는 20×1년 10월 1일 미국으로부터 재고자산을 $1,000에 매입하여 20×1년 12월 31일 현재 보유하고 있다. A회사는 재고자산을 취득원가와 순실현가능가치 중 낮은 가격으로 측정한다. 20×1년 12월 31일 현재 외화표시 재고자산의 순실현가능가치가 $980일 경우에 A회사가 기능통화 재무제표에 표시할 재고자산의 장부금액을 계산하시오.

해답 **물음 1**

1. 회계처리

일자	회계처리			
20×1. 10. 1.	(차) 당기손익공정가치측정금융자산	100,000	(대) 현금	100,000[1]
	[1] $100 × ₩1,000 = ₩100,000			
20×1. 12. 31.	(차) 당기손익공정가치측정금융자산	32,000	(대) 당기손익공정가치측정금융자산평가이익(NI)	32,000[1]
	[1] $120 × ₩1,100 - $100 × ₩1,000 = ₩32,000			

2. 20×1년도 당기순이익에 미치는 영향: ₩32,000
당기손익공정가치측정금융자산평가이익 = $120 × ₩1,100 - $100 × ₩1,000 = ₩32,000

3. 20×1년도 기타포괄손익에 미치는 영향: ₩0

별해

일자	당기손익공정가치측정금융자산(B/S)	당기손익공정가치측정금융자산평가이익(I/S)
20×1. 10. 1.	① $100 × ₩1,000 = ₩100,000	
		20×1: ② - ① = ₩32,000
20×1. 12. 31.	② $120 × ₩1,100 = ₩132,000	

1. 회계처리

일자	회계처리	
20×1. 11. 1.	(차) 기타포괄손익공정가치측정금융자산 105,000 1) $100 × ₩1,050 = ₩105,000	(대) 현금 105,000[1)
20×1. 12. 31.	(차) 기타포괄손익공정가치측정금융자산평가손실(OCI) 28,000[1) 1) $70 × ₩1,100 − $100 × ₩1,050 = ₩(28,000)	(대) 기타포괄손익공정가치측정금융자산 28,000

2. 20×1년도 당기순이익에 미치는 영향: ₩0

3. 20×1년도 기타포괄손익에 미치는 영향: ₩(28,000)

   기타포괄손익공정가치측정금융자산평가손실 = $70 × ₩1,100 − $100 × ₩1,050 = ₩(28,000)

별해

일자	기타포괄손익공정가치측정금융자산(B/S)	기타포괄손익공정가치측정금융자산평가손실(I/S)
20×1. 11. 1.	① $100 × ₩1,050 = ₩105,000	
		20×1: ② − ① = ₩(28,000)
20×1. 12. 31.	② $70 × ₩1,100 = ₩77,000	

물음 3

1. 둘 이상의 금액을 비교하여 장부금액이 결정되는 항목이 비화폐성항목이고 외화로 측정되는 경우에는 다음의 두 가지를 비교하여 장부금액을 결정한다.

   ① 재고자산 금액이 결정된 날의 환율로 적절하게 환산한 취득원가나 장부금액

   $1,000 × ₩1,000 = ₩1,000,000

   ② 보고기간 말의 결산환율로 적절하게 환산한 순실현가능가치: $980 × ₩1,100 = ₩1,078,000

   ∴ Min[① $1,000 × ₩1,000 = ₩1,000,000, ② $980 × ₩1,100 = ₩1,078,000] = ₩1,000,000

2. 회계처리

일자	회계처리	
20×1. 10. 1.	(차) 재고자산 1,000,000 1) $1,000 × ₩1,000 = ₩1,000,000	(대) 현금 1,000,000[1)
20×1. 12. 31.	N/A	

A회사의 기능통화는 원화이다. 다음에 제시되는 물음은 각각 독립적이며 달러화 대비 원화의 환율은 다음과 같다.

일자	20×1. 11. 1.	20×1. 12. 31.	20×2. 12. 31.
환율	₩1,050	₩1,100	₩1,200

A회사는 20×1년 11월 1일에 미국에 있는 토지를 $1,000에 현금으로 구입하였다. 20×1년 12월 31일에 토지의 공정가치는 $1,100이며, 20×2년 12월 31일의 공정가치는 $700로 하락하였다. A회사는 20×2년 말 현재 토지를 보유 중이다.

물음1 A회사가 미국에 있는 토지를 해외사업장에 사옥을 건설할 목적으로 구입하였다. A회사는 유형자산에 대하여 원가모형을 적용하고 있을 때, 토지와 관련된 모든 회계처리를 수행하시오.

물음2 A회사가 미국에 있는 토지를 해외사업장에 사옥을 건설할 목적으로 구입하였다. A회사는 유형자산에 대하여 재평가모형을 적용하고 있을 때, 토지와 관련된 모든 회계처리를 수행하시오.

물음3 A회사가 미국에 있는 토지를 시세차익을 얻을 목적으로 구입하였다. A회사는 투자부동산에 대하여 공정가치모형을 적용하고 있을 때, 토지와 관련된 모든 회계처리를 수행하시오.

해답

물음1

일자	회계처리			
20×1. 11. 1.	(차) 토지	1,050,000[1]	(대) 현금	1,050,000
	[1] $1,000 × ₩1,050 = ₩1,050,000			
20×1. 12. 31.	N/A			
20×2. 12. 31.	N/A			

물음2

일자	회계처리			
20×1. 11. 1.	(차) 토지	1,050,000[1]	(대) 현금	1,050,000
	[1] $1,000 × ₩1,050 = ₩1,050,000			
20×1. 12. 31.	(차) 토지	160,000[1]	(대) 재평가잉여금(OCI)	160,000
	[1] $1,100 × ₩1,100 - $1,000 × ₩1,050 = ₩160,000			
20×2. 12. 31.	(차) 재평가잉여금(OCI)	160,000	(대) 토지	370,000[1]
	재평가손실(NI)	210,000		
	[1] $700 × ₩1,200 - $1,100 × ₩1,100 = ₩(370,000)			

물음 3

일자	회계처리			
20×1. 11. 1.	(차) 투자부동산	1,050,000[1]	(대) 현금	1,050,000
	[1] $1,000 × ₩1,050 = ₩1,050,000			
20×1. 12. 31.	(차) 투자부동산	160,000[1]	(대) 투자부동산평가이익(NI)	160,000
	[1] $1,100 × ₩1,100 - $1,000 × ₩1,050 = ₩160,000			
20×2. 12. 31.	(차) 투자부동산평가손실(NI)	370,000	(대) 투자부동산	370,000[1]
	[1] $700 × ₩1,200 - $1,100 × ₩1,100 = ₩(370,000)			

해설

1. **물음 1**, **물음 2**, **물음 3**의 20×1년도와 20×2년도의 당기순손익과 기타포괄손익에 미치는 영향을 요약하면 다음과 같다.

구분	20×1년도		20×2년도	
	당기순손익	기타포괄손익	당기순손익	기타포괄손익
물음 1 유형자산 원가모형	₩0	₩0	₩0	₩0
물음 2 유형자산 재평가모형	₩0	₩160,000	₩(210,000)	₩(160,000)
물음 3 투자부동산 공정가치모형	₩160,000	₩0	₩(370,000)	₩0

2. **물음 2**의 20×1년 재평가잉여금은 공정가치의 증가분과 환율변동효과로 구성되어 있는데, 이를 분석하면 다음과 같으며, 공정가치변동분을 기타포괄손익으로 인식하는 비화폐성항목은 환율변동효과도 기타포괄손익으로 인식한다.

① $1,000 × ₩1,050 = ₩1,050,000

환율변동효과: ② - ① = ₩50,000

② $1,000 × ₩1,100 = ₩1,100,000

공정가치변동분: ③ - ② = ₩110,000

③ $1,100 × ₩1,100 = ₩1,210,000

3. **물음 3**의 20×1년 투자부동산평가이익은 공정가치의 증가분과 환율변동효과로 구성되어 있는데, 이를 분석하면 다음과 같으며, 공정가치변동분을 당기손익으로 인식하는 비화폐성항목은 환율변동효과도 당기손익으로 인식한다.

① $1,000 × ₩1,050 = ₩1,050,000

환율변동효과: ② - ① = ₩50,000

② $1,000 × ₩1,100 = ₩1,100,000

공정가치변동분: ③ - ② = ₩110,000

③ $1,100 × ₩1,100 = ₩1,210,000

(3) 기능통화의 변경

기능통화가 변경되는 경우에는 새로운 기능통화에 의한 환산절차를 변경한 날부터 전진적용한다. 기능통화는 기업과 관련된 실제 거래, 사건과 상황을 반영한다. 따라서 일단 기능통화가 결정되면 이러한 실제 거래, 사건과 상황에 변화가 일어난 경우에만 기능통화를 변경할 수 있다. 예를 들어, 재화나 용역의 공급가격에 주로 영향을 미치는 통화의 변경은 기능통화의 변경을 초래할 수 있다.

기능통화의 변경에 따른 효과는 전진적용하여 회계처리한다. 즉, 기능통화가 변경된 날의 환율을 사용하여 모든 항목을 새로운 기능통화로 환산한다. 비화폐성항목의 경우에는 새로운 기능통화로 환산한 금액이 역사적원가가 된다.

💡 POINT 기능통화의 변경

기능통화의 변경	일단 기능통화가 결정되면 이러한 실제 거래, 사건과 상황에 변화가 일어난 경우에만 기능통화를 변경할 수 있음
회계처리	기능통화의 변경에 따른 효과는 전진적용하여 회계처리 ① 기능통화가 변경된 날의 환율을 사용하여 모든 항목을 새로운 기능통화로 환산 ② 비화폐성항목의 경우에는 새로운 기능통화로 환산한 금액이 역사적원가가 됨

> ⊘ 참고 **기능통화의 변경과 표시통화의 변경**
>
> K-IFRS에서는 회계변경에 대하여 K-IFRS 제1008호 '회계정책과 회계추정치 변경과 오류'에 따라 회계처리하여야 한다. 기능통화의 변경은 회계추정치의 변경으로 간주하므로 기능통화의 변경에 따른 효과를 전진적용하여 회계처리한다. 그러나 표시통화의 변경은 회계정책을 변경한 것이므로 회계정책의 변경에 해당하기 때문에 소급적용해야 한다.

03 외화사채의 환산

기업들이 국제화됨에 따라 외화거래가 활발해지고 있으며, 해외자본시장에서 사채를 발행하거나 구입하는 거래들이 빈번하게 일어나고 있다. 따라서 외화사채가 발행된 통화와 기능통화가 다르다면 기능통화에 의하여 재무제표를 작성하기 위해 외화환산의 회계처리를 수행하여야 한다. 외화사채의 회계처리는 다음과 같이 수행하여야 한다.

① 발행시점: 외화사채가 발행된 경우에는 발행시점에 사채발행일의 환율로 환산한다.
② 상각표: 유효이자율법에 의한 상각표를 외화기준으로 작성한다.
③ 결산시점: 외화기준으로 회계처리를 수행한 후 외화환산 절차를 수행한다. 당기 이자비용은 평균환율로 환산하며, 현금지급 이자부분은 이자지급일의 환율을 적용한다. 마지막으로 외화사채의 장부금액은 보고기간 말 현재의 환율로 환산하며, 대차차액인 환율변동효과는 당기손익으로 인식한다.

예제 5 외화사채

A회사는 20×1년 초에 다음과 같은 조건으로 외화사채를 발행하였으며, A회사의 기능통화는 원화이다.

(1) 외화사채의 액면금액은 $10,000이며, 만기는 20×2년 말이다. 액면이자율은 연 8%이며 이자는 매년 말 후급하는 조건이다. 또한 20×1년 초의 시장이자율은 연 10%이다.
(2) 2기간 10%의 현가계수는 0.82645이며, 2기간 10%의 연금현가계수는 1.73554이다.
(3) 환율에 관한 자료는 다음과 같다.
 • 20×1년 초: ₩1,100/$ • 20×1년 평균: ₩1,110/$ • 20×1년 말: ₩1,120/$
 • 20×2년 평균: ₩1,130/$ • 20×2년 말: ₩1,140/$

물음1 외화사채의 회계처리를 하기 위한 외화기준상각표를 작성하시오.

물음2 20×1년 초부터 20×2년 말까지 각 일자별 회계처리를 수행하시오.

물음3 20×1년도 당기손익에 미치는 영향을 계산하시오.

해답 **물음 1**

1. 외화사채의 외화기준 발행금액: $800 × 1.73554 + $10,000 × 0.82645 = $9,653

2. 유효이자율법에 의한 외화기준 상각표

일자	장부금액	유효이자(10%)	액면이자(8%)	상각액
20×1년 초	$9,653			
20×1년 말	$9,818	$965	$800	$165
20×2년 말	$10,000	$982	$800	$182
계		$1,947	$1,600	$347

물음 2

일자	회계처리			
20×1. 1. 1.	(차) 현금	10,618,300[1]	(대) 사채	10,618,300
	[1] $9,653 × ₩1,100 = ₩10,618,300			
20×1. 12. 31.	(차) 이자비용	1,071,150[1]	(대) 현금	896,000[2]
	외환차손	6,350	사채	181,500[3]
	(차) 외화환산손실	196,360[4]	(대) 사채	196,360
	[1] $965 × ₩1,110 = ₩1,071,150			
	[2] $800 × ₩1,120 = ₩896,000			
	[3] $165 × ₩1,100 = ₩181,500			
	[4] $9,818 × (₩1,120 - ₩1,100) = ₩196,360			
20×2. 12. 31.	(차) 이자비용	1,109,660[1]	(대) 현금	912,000[2]
	외환차손	6,180	사채	203,840[3]
	(차) 사채	11,200,000[4]	(대) 현금	11,400,000[5]
	외환차손	200,000		
	[1] $982 × ₩1,130 = ₩1,109,660			
	[2] $800 × ₩1,140 = ₩912,000			
	[3] $182 × ₩1,120 = ₩203,840			
	[4] $10,000 × ₩1,120 = ₩11,200,000			
	[5] $10,000 × ₩1,140 = ₩11,400,000			

물음 3

20×1년도 당기손익에 미치는 영향: ① + ② + ③ = ₩(1,273,860)

① 이자비용: $965 × ₩1,110 = ₩1,071,150

② 외환차손: $800 × ₩1,120 + $165 × ₩1,100 - $965 × ₩1,110 = ₩6,350

③ 외화환산손실: $9,818 × (₩1,120 - ₩1,100) = ₩196,360

해설	해답에서 사채의 회계처리를 사채할인발행차금을 사용하지 않고 순액으로 제시하였다. 만약 사채할인발행차금을 사용할 경우는 다음과 같이 회계처리해야 한다.

일자	회계처리
20×1. 1. 1.	(차) 현금　　　　　　　　　　10,618,300[1]　　　(대) 사채　　　　　　　　　　11,000,000[2] 　　　사채할인발행차금　　　381,700[3] [1] $9,653 × ₩1,100 = ₩10,618,300 [2] $10,000 × ₩1,100 = ₩11,000,000 [3] $347 × ₩1,100 = ₩381,700
20×1. 12. 31.	(차) 이자비용　　　　　　　　1,071,150[1]　　　(대) 현금　　　　　　　　　　896,000[2] 　　　외환차손　　　　　　　　6,350　　　　　　　　사채할인발행차금　　181,500[3] (차) 외화환산손실　　　　　196,360[4]　　　(대) 사채　　　　　　　　　　200,000[5] 　　　사채할인발행차금　　　3,640[6] [1] $965 × ₩1,110 = ₩1,071,150 [2] $800 × ₩1,120 = ₩896,000 [3] $165 × ₩1,100 = ₩181,500 [4] $9,818 × (₩1,120 - ₩1,100) = ₩196,360 [5] $10,000 × (₩1,120 - ₩1,100) = ₩200,000 [6] $182 × (₩1,120 - ₩1,100) = ₩3,640
20×2. 12. 31.	(차) 이자비용　　　　　　　　1,109,660[1]　　　(대) 현금　　　　　　　　　　912,000[2] 　　　외환차손　　　　　　　　6,180　　　　　　　　사채할인발행차금　　203,840[3] (차) 사채　　　　　　　　　11,200,000[4]　　　(대) 현금　　　　　　　　　11,400,000[5] 　　　외환차손　　　　　　　200,000 [1] $982 × ₩1,130 = ₩1,109,660 [2] $800 × ₩1,140 = ₩912,000 [3] $182 × ₩1,120 = ₩203,840 [4] $10,000 × ₩1,120 = ₩11,200,000 [5] $10,000 × ₩1,140 = ₩11,400,000

Ⅲ | 기능통화가 아닌 표시통화의 사용

표시통화는 재무제표를 표시할 때 사용하는 통화를 말한다. 재무제표는 어떠한 통화로도 보고할 수 있는데, 표시통화와 기능통화가 다른 경우에는 경영성과와 재무상태를 표시통화로 환산한다. 예를 들어, 서로 다른 기능통화를 사용하는 개별기업으로 구성되는 연결실체는 연결재무제표를 작성하기 위하여 각 기업의 경영성과와 재무상태를 같은 통화로 표시한다.

기능통화와 표시통화가 다른 상황은 두 가지 원인에서 발생할 수 있다. 첫 번째 원인은 한 보고기업의 기능통화와 표시통화가 상이한 경우이다. 이러한 상황에서 보고기업은 기능통화로 작성된 재무제표를 표시통화로 환산해야 한다. 두 번째 원인은 보고기업의 표시통화와 보고기업에서 투자한 해외사업장의 기능통화가 다른 경우이다. 이러한 상황에서는 해외사업장의 기능통화로 작성된 재무제표를 보고기업의 표시통화로 환산한 후에 연결재무제표를 작성하거나 지분법을 적용해야 한다.

01 표시통화로 환산

기능통화가 초인플레이션 경제의 통화가 아닌 경우 경영성과와 재무상태를 기능통화와 다른 표시통화로 환산하는 방법은 다음과 같다.

> ① 재무상태표
>   • 자산과 부채: 해당 보고기간 말의 마감환율로 환산
>   • 자본: 역사적환율(거래발생일의 환율)
> ② 포괄손익계산서의 수익과 비용: 해당 거래일의 환율로 환산 또는 해당 기간의 평균환율
> ③ 위 ①과 ②의 환산에서 생기는 외환차이: 기타포괄손익으로 인식

실무적으로 수익과 비용항목을 환산할 때 거래일의 환율에 근접한 환율(예) 해당 기간의 평균환율)을 자주 사용한다. 그러나 환율이 유의적으로 변동한 경우에는 일정기간의 평균환율을 사용하는 것은 부적절하다. 위에서 언급한 외환차이의 발생원인은 다음과 같다.

> ① 수익과 비용은 해당 거래일의 환율로 환산하고 자산과 부채는 마감환율로 환산한다.
> ② 순자산의 기초 잔액을 전기의 마감환율과 다른 마감환율로 환산한다.

⚡ POINT 표시통화로 환산

재무상태표	① 자산과 부채: 해당 보고기간 말의 마감환율로 환산 ② 자본: 역사적환율(거래발생일의 환율)
포괄손익계산서	수익과 비용: 해당 거래일의 환율로 환산하거나 실무적으로 해당 기간의 평균환율 적용
해외사업환산손익	재무상태표와 포괄손익계산서에서 발생하는 외환차이를 기타포괄손익으로 인식

[그림 8-1] 표시통화로 환산

┌───┐
│ 1. 해외사업환산이익이 발생한 경우   │

재무상태표			
자산	마감환율	부채	마감환율
		자본금	역사적환율
		기초이익잉여금	역사적환율
		당기순이익	평균환율
		해외사업환산이익(OCI)	대차차액

2. 해외사업환산손실이 발생한 경우

재무상태표			
자산	마감환율	부채	마감환율
		자본금	역사적환율
		기초이익잉여금	역사적환율
해외사업환산손실(OCI)	대차차액	당기순이익	평균환율

예제 6 │ 기능통화가 아닌 표시통화의 사용

20×1년 초에 설립된 A회사의 기능통화는 미국달러화($)이며 표시통화는 원화(₩)이다. A회사의 기능통화로 작성된 20×2년 말 요약재무상태표와 환율변동정보 등은 다음과 같다.

요약재무상태표			
A회사	20×2. 12. 31. 현재		(단위: $)
자산	2,400	부채	950
		자본금	1,000
		이익잉여금	450
	2,400		2,400

(1) 자본금은 설립 당시의 보통주 발행금액이며 이후 변동은 없다.

(2) 20×1년과 20×2년의 당기순이익은 각각 $150와 $300이며, 수익과 비용은 연중 균등하게 발생하였다.

(3) 20×1년부터 20×2년 말까지의 환율변동정보는 다음과 같다.

	기초(₩/$)	평균(₩/$)	기말(₩/$)
20×1년	900	940	960
20×2년	960	980	1,000

(4) 기능통화와 표시통화는 모두 초인플레이션 경제의 통화가 아니며, 위 기간에 환율의 유의한 변동은 없었다.

물음1 A회사의 20×2년 말 재무상태표를 작성하시오.

물음2 A회사의 표시통화로 환산된 20×2년 말 재무상태표상 환산차이(기타포괄손익누계액)는?

해답 **물음1**

1. 포괄손익계산서

포괄손익계산서

	외화($)	환율	원화(₩)
당기순이익	300	980	294,000
해외사업환산이익			115,000
총포괄이익			409,000

2. 재무상태표

재무상태표

	외화($)	환율	원화(₩)
자산	2,400	1,000	2,400,000
	2,400		2,400,000
부채	950	1,000	950,000
자본금	1,000	900	900,000
기초이익잉여금(20×1년)	150	940	141,000
이익잉여금(당기순이익)	300	980	294,000
해외사업환산이익		대차차액	115,000
	2,400		2,400,000

물음2

해외사업환산이익: ₩115,000

별해

재무상태표

순자산 ($2,400 - $950) × ₩1,000 = ₩1,450,000	자본금	$1,000 × ₩900 = ₩900,000
	기초이익잉여금	$150 × ₩940 = ₩141,000
	당기순이익	$300 × ₩980 = ₩294,000
	해외사업환산이익	₩115,000

02 해외지점의 외화환산

한 기업이 해외에 투자하여 진출하는 방법 중에 해외에 지점을 설치하는 경우가 있다. 이때 지점의 기능통화와 본점의 표시통화가 다른 경우 본·지점회계(Branch Accounting)를 적용하여 통합재무제표를 작성하기 위해서는 해외지점의 재무제표를 본점의 표시통화로 환산해야 한다. 해외지점의 외화환산과 관련된 내용은 다음과 같다.

(1) 본점이 지점을 설치하게 되면 현금 등을 지점에 보내게 된다. 이러한 경우 본점은 차변에 지점으로 회계처리하고 지점은 대변에 본점으로 회계처리한다.

[본점 회계처리]

(차) 지점	×××	(대) 현금 등	×××

[지점 회계처리]

(차) 현금 등	×××	(대) 본점	×××

(2) 본점과 지점계정은 외화환산과정을 거치지 않고 통합재무제표를 작성할 때 내부거래로 상계되어 통합재무제표에는 나타나지 않는다.

[본점 지점 상계회계처리]

(차) 본점	×××	(대) 지점	×××

(3) 포괄손익계산서를 먼저 환산하여 당기순이익을 결정하고 재무상태표를 나중에 환산한다. 이때 외환차이가 발생하면 기타포괄손익으로 인식하고 해외지점의 처분손익을 인식하는 시점에 자본항목을 당기손익으로 재분류한다.

[그림 8-2] 지점의 표시통화환산

1. 해외사업환산이익이 발생한 경우

지점의 재무상태표

자산	마감환율	부채	마감환율
		본점	지점과 상계
		기초자본	역사적환율
		당기순이익	평균환율
		해외사업환산이익(OCI)	대차차액

2. 해외사업환산손실이 발생한 경우

지점의 재무상태표

자산	마감환율	부채	마감환율
		본점	지점과 상계
		기초자본	역사적환율
해외사업환산손실(OCI)	대차차액	당기순이익	평균환율

예제 7 해외지점의 표시통화 환산

A회사는 국내에 소재하고 원화를 기능통화로 사용하고 있다. 다음은 A회사의 미국 뉴욕지점의 20×1년 재무제표이다.

재무상태표

뉴욕지점	20×1년 12월 31일 현재		(단위: $)
현금및현금성자산	1,000	매입채무	1,000
매출채권	1,500	장기차입금	2,000
재고자산	2,000	본점	3,700
건물	4,000	이익잉여금	1,300
감가상각누계액	(500)		
자산총계	8,000		8,000

포괄손익계산서

뉴욕지점	20×1년 1월 1일부터 20×1년 12월 31일까지	(단위: $)
매출액		10,000
매출원가		(8,000)
매출총이익		2,000
감가상각비		(200)
기타수익		500
기타비용		(1,000)
당기순이익		1,300

(1) 뉴욕지점은 20×1년 초에 설립되었으며 건물은 설립 시에 취득하였으며, 20×1년 12월 31일 현재 A회사의 뉴욕지점계정잔액은 ₩2,700,000이다.

(2) 지점의 매출, 매입, 기타수익, 기타비용은 연간 균등하게 발생하였다.

일자	20×1. 1. 1.	20×1년 평균환율	20×1. 12. 31.
환율	₩700	₩730	₩800

물음 1 A회사의 뉴욕지점 재무제표를 표시통화인 원화로 환산하시오.

물음 2 A회사의 뉴욕지점 재무제표를 표시통화인 원화로 환산할 경우 기타포괄손익으로 인식될 해외사업환산손익은 얼마인가?

해답 [물음 1]

1. 포괄손익계산서

포괄손익계산서

	외화($)	환율	원화(₩)
매출액	10,000	730	7,300,000
매출원가	(8,000)	730	(5,840,000)
매출총이익	2,000		1,460,000
감가상각비	(200)	730	(146,000)
기타수익	500	730	365,000
기타비용	(1,000)	730	(730,000)
당기순이익	1,300		949,000
해외사업환산이익			351,000
총포괄이익			1,300,000

2. 재무상태표

재무상태표

	외화($)	환율	원화(₩)
현금및현금성자산	1,000	800	800,000
매출채권	1,500	800	1,200,000
재고자산	2,000	800	1,600,000
건물	4,000	800	3,200,000
감가상각누계액	(500)	800	(400,000)
	8,000		6,400,000
매입채무	1,000	800	800,000
장기차입금	2,000	800	1,600,000
본점	3,700		2,700,000
이익잉여금(당기순이익)	1,300	730	949,000
해외사업환산이익		대차차액	351,000
	8,000		6,400,000

물음 2

해외사업환산이익: ₩351,000

별해

재무상태표

순자산 ($8,000 - $3,000) × ₩800 = ₩4,000,000	본점 ₩2,700,000
	당기순이익 $1,300 × ₩730 = ₩949,000
	해외사업환산이익 ₩351,000

해설 1. 본점과 지점계정은 외화환산과정을 거치지 않고 통합재무제표를 작성할 때 내부거래로 상계되어 통합재무제표에는 나타나지 않는다.

2. 당기순이익은 포괄손익계산서에서 환산된 금액을 사용하며, 재무상태표의 대차차액은 해외사업환산손익 과목의 기타포괄손익으로 인식하고 해외지점의 처분손익을 인식하는 시점에 자본항목을 당기손익으로 재분류한다.

03 해외사업장의 외화환산

해외사업장(Foreign Operation)은 보고기업과 다른 국가에서 또는 다른 통화로 영업활동을 하는 종속기업, 관계기업, 공동약정이나 지점을 말한다. 해외사업을 연결 또는 지분법을 적용하여 보고기업의 재무제표에 포함되도록 하기 위하여 해외사업장의 경영성과와 재무상태를 표시통화로 환산하는 방법은 다음과 같다.

① 재무상태표
  • 자산과 부채: 해당 보고기간 말의 마감환율로 환산
  • 자본: 역사적환율(거래발생일의 환율)
② 포괄손익계산서의 수익과 비용: 해당 거래일의 환율로 환산 또는 해당 기간의 평균환율
③ 위 ①과 ②의 환산에서 생기는 외환차이: 기타포괄손익으로 인식

실무적으로 수익과 비용항목을 환산할 때 거래일의 환율에 근접한 환율(예 해당 기간의 평균환율)을 자주 사용한다. 그러나 환율이 유의적으로 변동한 경우 일정기간의 평균환율을 사용하는 것은 부적절하다. 위에서 언급한 외환차이의 발생원인은 다음과 같다.

① 수익과 비용은 해당 거래일의 환율로 환산하고 자산과 부채는 마감환율로 환산한다.
② 순자산의 기초 잔액을 전기의 마감환율과 다른 마감환율로 환산한다.

이 환율의 변동은 현재와 미래의 영업현금흐름에 직접적으로 영향을 미치지 않거나 거의 미치지 않으므로 이러한 외환차이는 당기손익으로 인식하지 아니한다. 외환차이의 누계액은 해외사업장이 처분될 때까지 자본의 별도 항목(기타포괄손익누계액)으로 표시한다. 보고기업이 지분을 전부 소유하고 있지는 않지만 연결실체에 포함되는 해외사업장과 관련된 외환차이 중 비지배지분으로 인해 발생하는 외환차이의 누계액은 연결재무상태표의 비지배지분으로 배분하여 인식한다.

재무상태표	① 자산과 부채: 해당 보고기간 말의 마감환율로 환산 ② 자본: 역사적환율(거래발생일의 환율)
포괄손익계산서	수익과 비용: 해당 거래일의 환율로 환산하거나 실무적으로 해당 기간의 평균환율 적용
해외사업환산손익	재무상태표와 포괄손익계산서에서 발생하는 외환차이를 기타포괄손익으로 인식 ① 외환차이의 누계액은 해외사업장이 처분될 때까지 자본의 별도 항목(기타포괄손익누계액)으로 표시 ② 해외사업장과 관련된 외환차이 중 비지배지분으로 인해 발생하는 외환차이의 누계액은 연결 재무상태표의 비지배지분으로 배분하여 인식

예제 8 해외사업장의 표시통화 환산

A회사는 국내에 소재하고 원화를 기능통화로 사용하고 있으며, B회사는 미국에 소재하고 달러를 기능통화로 사용하고 있다. A회사는 미국 현지법인인 B회사의 보통주를 100% 취득하여 지배력을 획득하였다. 다음은 B회사의 20×1년 재무제표이다.

재무상태표

B회사   20×1년 12월 31일 현재   (단위: $)

현금및현금성자산	1,000	매입채무	1,000
매출채권	1,500	장기차입금	2,000
재고자산	2,000	자본금	2,700
건물(순액)	3,500	이익잉여금	2,300
자산총계	8,000		8,000

포괄손익계산서

B회사   20×1년 1월 1일부터 20×1년 12월 31일까지   (단위: $)

매출액	10,000
매출원가	(8,000)
매출총이익	2,000
감가상각비	(200)
기타수익	500
기타비용	(1,000)
당기순이익	1,300

(1) B회사 주식의 취득시점인 20×1년 초에 B회사의 주주지분은 $3,700(자본금 $2,700, 이익잉여금 $1,000)였다.

(2) 건물은 20×1년 초에 취득하였으며, B회사의 매출, 매입, 기타수익, 기타비용은 연간 균등하게 발생하였다.

(3) 관련된 환율자료는 다음과 같다.

일자	20×1. 1. 1.	20×1년 평균환율	20×1. 12. 31.
환율	₩700	₩730	₩800

물음 1 해외사업장인 B회사의 재무제표를 표시통화인 원화로 환산하시오.

물음 2 해외사업장인 B회사의 재무제표를 표시통화인 원화로 환산할 경우 기타포괄손익으로 인식될 해외사업환산손익은 얼마인가?

해답 **물음 1**

1. 포괄손익계산서

포괄손익계산서

	외화($)	환율	원화(₩)
매출액	10,000	730	7,300,000
매출원가	(8,000)	730	(5,840,000)
매출총이익	2,000		1,460,000
감가상각비	(200)	730	(146,000)
기타수익	500	730	365,000
기타비용	(1,000)	730	(730,000)
당기순이익	1,300		949,000
해외사업환산이익			461,000
총포괄이익			1,410,000

2. 재무상태표

재무상태표

	외화($)	환율	원화(₩)
현금및현금성자산	1,000	800	800,000
매출채권	1,500	800	1,200,000
재고자산	2,000	800	1,600,000
건물(순액)	3,500	800	2,800,000
	8,000		6,400,000
매입채무	1,000	800	800,000
장기차입금	2,000	800	1,600,000
자본금	2,700	700	1,890,000
기초이익잉여금(20×1년 초)	1,000	700	700,000
이익잉여금(당기순이익)	1,300	730	949,000
해외사업환산이익		대차차액	461,000
	8,000		6,400,000

해외사업환산이익: ₩461,000

별해

재무상태표

순자산 ($8,000 - $3,000) × ₩800 = ₩4,000,000	자본금　　　　　$2,700 × ₩700 = ₩1,890,000
	기초이익잉여금　$1,000 × ₩700 = ₩700,000
	당기순이익　　　$1,300 × ₩730 = ₩949,000
	해외사업환산이익　　　　　　　　　₩461,000

Ⅳ | 해외사업장 외화환산의 기타주제

해외사업을 연결 또는 지분법을 적용하여 보고기업의 재무제표에 포함되도록 하기 위하여 해외사업장의 경영성과와 재무상태를 표시통화로 환산하는 방법은 이미 앞에서 설명하였다. 해외사업장 외화환산과정에서 유의할 사항들은 다음과 같다.

01 연결재무제표 작성대상인 경우

보고기업과 해외사업장의 경영성과와 재무상태를 연결하는 경우 연결실체 내 잔액 제거와 종속기업의 연결실체 내 내부거래제거와 같은 정상적인 연결절차를 수행한다. 그러나 내부거래에서 생긴 화폐성자산 또는 화폐성부채는 장단기 여부에 관계없이, 대응하는 화폐성부채 또는 화폐성자산과 상계하더라도 관련된 환율변동효과는 연결재무제표에 나타나게 된다. 내부거래에서 생긴 화폐성항목도 특정 통화를 다른 통화로 교환하는 과정이 따르므로 환율변동으로 보고기업의 손익이 영향을 받기 때문이다. 따라서 이러한 외환차이는 연결재무제표에서 당기손익으로 인식한다. 다만, 해외사업장의 순투자에서 발생하는 외환차이는 해외사업장이 처분될 때까지 기타포괄손익으로 인식하고 별도의 자본항목으로 누계한다.

02 해외사업장과 보고기업의 보고기간이 다른 경우

해외사업장과 보고기업의 보고기간 말이 다른 경우, 보고기업의 보고기간 말 현재로 해외사업장의 재무제표를 추가로 작성하기도 한다. 그러나 K-IFRS 제1110호 '연결재무제표'에 따라 보고기간 말의 차이가 3개월 이내이고 그 기간 동안 있었던 유의적인 거래나 기타 사건의 영향을 반영한 경우에는 보고기업의 보고기간 말이 아닌 해외사업장 보고기간 말 현재의 재무제표를 사용할 수 있다. 이 경우 해외사업장의 자산과 부채는 해외사업장의 보고기간 말 현재의 환율로 환산한다. 그리고 보고기업의 보고기간 말까지 환율이 유의적으로 변동한 경우에는 K-IFRS 제1110호 '연결재무제표'에 따라 그 영향을 반영한다. K-IFRS 제1028호 '관계기업과 공동기업에 대한 투자'에 따라 관계기업이나 공동기업에 대하여 지분법을 적용하는 경우에도 같은 방법을 사용한다.

03 해외사업장 취득 시 발생하는 영업권과 공정가치 조정액

해외사업장의 취득으로 발생하는 영업권과 자산·부채의 장부금액에 대한 공정가치 조정액은 해외사업장의 자산·부채로 본다. 따라서 이러한 영업권과 자산·부채의 장부금액에 대한 공정가치 조정액은 해외사업장의 기능통화로 표시하고 마감환율로 환산한다.

04 해외사업장의 처분 또는 일부 처분

해외사업장을 처분하는 경우 기타포괄손익과 별도의 자본항목으로 인식한 해외사업장 관련 외환차이의 누계액은 해외사업장의 처분손익을 인식하는 시점에 재분류조정으로 자본에서 당기손익으로 재분류한다. 해외사업장에 대한 기업의 전체 지분의 처분뿐만 아니라 다음의 부분적 처분의 경우에도 처분으로 회계처리한다.

> ① 부분적 처분 후에도 이전 종속기업에 대한 비지배지분을 유지하는지에 상관없이, 부분적 처분으로 해외사업장을 포함한 종속기업에 대한 지배력을 상실하는 경우
> ② 공동약정 지분의 부분적 처분이나 해외사업장을 포함한 관계기업에 대한 지분의 부분적 처분 이후 보유하는 지분이 해외사업장을 포함하는 금융자산인 경우

해외사업장을 포함한 종속기업의 처분 시 비지배지분에 귀속되는 그 해외사업장과 관련된 외환차이의 누계액은 제거하지만, 당기손익으로 재분류하지는 않는다. 해외사업장을 포함한 종속기업을 일부 처분 시 기타포괄손익에 인식된 외환차이의 누계액 중 비례적 지분을 그 해외사업장의 비지배지분으로 재귀속시킨다. 이외의 경우에는 해외사업장을 일부 처분한 때에 기타포괄손익에 인식된 외환차이의 누계액 중 비례적 지분만을 당기손익으로 재분류한다.

해외사업장의 매각, 청산, 자본의 환급 또는 해외사업장 전체나 일부를 포기하는 등의 방법으로 해외사업장에 대한 지분 전체나 일부를 처분할 수 있다. 해외사업장의 손실 또는 투자자가 인식한 손상으로 인한 해외사업장의 장부금액에 대한 감액의 인식은, 해외사업장의 일부를 처분하는 경우에는 해당하지 않는다. 따라서 기타포괄손익으로 인식된 외환손익은 감액을 인식한 시점에 손익으로 재분류하지 아니한다.

⚡POINT 해외사업장 외화환산의 기타주제

해외사업장 취득 시 발생하는 영업권과 공정가치 조정액	해외사업장의 취득으로 발생하는 영업권과 자산·부채의 장부금액에 대한 공정가치 조정액은 해외사업장의 기능통화로 표시하고 마감환율로 환산
해외사업의 처분 또는 일부 처분	자본항목으로 인식한 해외사업장 관련 외환차이의 누계액은 해외사업장의 처분손익을 인식하는 시점에 자본에서 당기손익으로 재분류
해외사업장 손상	기타포괄손익으로 인식된 외환손익은 감액을 인식한 시점에 손익으로 재분류하지 아니함

05 외환차이로 인한 법인세효과

외화거래에 따른 손익과 기업(해외사업장 포함)의 경영성과와 재무상태를 다른 통화로 환산함에 따라 생기는 외환차이로 법인세효과가 발생할 수 있다. 이러한 법인세효과는 K-IFRS 제1012호 '법인세'를 적용한다.

06 해외사업장에 대한 순투자

(1) 정의

해외사업장에 대한 순투자(Net Investment in a Foreign Operation)란 해외사업장의 순자산에 대한 보고기업의 지분 해당 금액을 말한다. 기업이 해외사업장으로부터 수취하거나 해외사업장에 지급할 화폐성항목 중에서 예측할 수 있는 미래에 결제할 계획이 없고 결제될 가능성이 낮은 항목은 실질적으로

그 해외사업장에 대한 순투자의 일부로 본다. 이러한 화폐성항목에는 장기채권이나 대여금은 포함될 수 있으나 매출채권과 매입채무는 포함되지 아니한다.

위에서 언급한 해외사업장으로부터 수취하거나 해외사업장에 지급할 화폐성항목을 보유하는 기업은 연결실체의 어떤 종속기업이든 가능하다. 예를 들어 종속기업 A와 B를 소유한 기업이 있으며 종속기업 B는 해외사업장이다. 종속기업 A가 종속기업 B에게 자금을 대여하였으나 이 대여금이 예측할 수 있는 미래에 결제할 계획이 없고 결제될 가능성이 낮다면, 종속기업 A의 대여금은 종속기업 B에 대한 순투자의 일부가 된다. 종속기업 A가 해외사업장인 경우에도 이러한 관계는 똑같이 성립한다.

(2) 회계처리

보고기업의 해외사업장에 대한 순투자의 일부인 화폐성항목에서 생기는 외환차이는 보고기업의 별도재무제표나 해외사업장의 개별재무제표에서 당기손익으로 적절하게 인식한다. 그러나 보고기업과 해외사업장을 포함하는 재무제표(예 해외사업장이 종속기업인 경우의 연결재무제표)에서는 이러한 외환차이를 처음부터 기타포괄손익으로 인식하고 관련 순투자의 처분시점에 자본에서 당기손익으로 재분류한다.

따라서 연결재무제표를 작성할 때 해외사업장에 대한 순투자의 일부인 화폐성항목에서 생기는 외환차이는 연결조정분개를 통하여 당기손익으로 인식된 외화환산손익을 해외사업환산손익 과목의 기타포괄손익으로 대체해야 한다.

⚡POINT 해외사업장에 대한 순투자

정의	해외사업장의 순자산에 대한 보고기업의 지분 해당 금액
화폐성항목	화폐성항목 중에서 예측할 수 있는 미래에 결제할 계획이 없고 결제될 가능성이 낮은 항목은 실질적으로 그 해외사업장에 대한 순투자의 일부로 봄 예 장기채권, 대여금
개별재무제표의 회계처리	해외사업장에 대한 순투자의 일부인 화폐성항목에서 생기는 외환차이는 보고기업의 별도재무제표나 해외사업장의 개별재무제표에서 당기손익으로 적절하게 인식
연결재무제표의 회계처리	보고기업과 해외사업장을 포함하는 연결재무제표에서는 이러한 외환차이를 처음부터 기타포괄손익으로 인식하고 관련 순투자의 처분시점에 자본에서 당기손익으로 재분류함

예제 9 해외사업장에 대한 순투자

20×1년 초에 A회사는 지분 100%를 소유한 해외종속기업 B회사에 무이자로 $100을 대여하였다. A회사의 기능통화와 표시통화는 원화(₩)이고, B회사의 기능통화는 달러화($)이다. 동 외화대여금은 예측할 수 있는 미래에 결제할 계획이 없고 결제될 가능성이 낮은 항목에 해당한다. 20×1년 환율정보는 다음과 같다.

구분	환율(₩/$)
20×1년 초	1,000
20×1년 말	1,100
20×1년 평균	1,050

20×1년도에 동 외화대여금과 관련된 회계처리(연결절차 포함)는 모두 적절히 수행되었다.

물음1 20×1년도에 동 대여금과 관련하여 A회사가 수행할 회계처리, 동 차입금과 관련하여 B회사가 수행할 회계처리 및 A회사가 연결재무제표를 작성할 때 수행할 연결조정분개를 차례로 나타내시오.

물음2 A회사가 작성하는 20×1년 말 연결재무상태표상 외화대여금의 잔액과 동 회계처리가 20×1년도 연결포괄손익계산서상 기타포괄이익에 미치는 영향은 각각 얼마인가? 단, 20×1년 초 연결재무상태표상 외화대여금 잔액은 ₩0이고, 동 외화대여거래 이외에 다른 거래는 없었다.

해답 **물음1**

1. A회사가 수행할 회계처리

일자	회계처리			
20×1. 1. 1.	(차) 대여금	100,000[1]	(대) 현금	100,000
	[1] $100 × ₩1,000 = ₩100,000			
20×1. 12. 31.	(차) 대여금	10,000[1]	(대) 외화환산이익(NI)	10,000
	[1] $100 × (₩1,100 − ₩1,000) = ₩10,000			

2. B회사가 수행할 회계처리

일자	회계처리			
20×1. 1. 1.	(차) 현금	$100	(대) 차입금	$100
20×1. 12. 31.	N/A			

3. 연결조정분개

일자	회계처리			
20×1. 12. 31.	(차) 차입금	110,000[1]	(대) 대여금	110,000
	(차) 외화환산이익(NI)	10,000	(대) 해외사업환산이익(OCI)	10,000

[1] $100 × ₩1,100 = ₩110,000

물음2

1. 외화대여금 잔액: ₩0
2. 기타포괄이익에 미치는 영향: $100 × (₩1,100 − ₩1,000) = ₩10,000 증가

해설 1. 지배기업이 보유한 대여금과 종속기업이 보유한 차입금은 연결재무제표 작성 시 상계제거된다.

2. 보고기업의 해외사업장에 대한 순투자의 일부인 화폐성항목에서 생기는 외환차이는 보고기업의 별도재무제표나 해외사업장의 개별재무제표에서 당기손익으로 적절하게 인식한다. 그러나 해외사업장이 종속기업인 경우의 연결재무제표에서 이러한 외환차이를 처음부터 기타포괄손익으로 인식하고 관련 해외사업장에 대한 순투자의 처분시점에 자본에서 당기손익으로 재분류한다.

A회사는 20×1년 1월 1일 B회사의 의결권이 있는 보통주 60%를 $500에 취득하였다. B회사 취득 시 B회사의 순자산의 장부금액은 $800(자본금 $600, 이익잉여금 $200)이며, 순자산의 장부금액과 공정가치는 일치하였다. 회사는 비지배지분에 대한 영업권을 인식하지 않는다고 가정한다.

(1) 한국의 A회사와 미국의 B회사의 20×1년 12월 31일 현재의 재무상태표와 20×1년의 포괄손익계산서는 다음과 같다.

재무상태표
20×1년 12월 31일 현재

자산	A회사	B회사	부채 및 자본	A회사	B회사
현금및현금성자산	₩400,000	$200	매입채무	₩550,000	$800
매출채권	₩600,000	$600	장기차입금	₩1,000,000	$200
재고자산	₩600,000	$400	자본금	₩2,000,000	$600
장기대여금	₩160,000		이익잉여금	₩560,000	$400
B회사투자주식	₩350,000				
토지	₩2,000,000	$800			
	₩4,110,000	$2,000		₩4,110,000	$2,000

포괄손익계산서
20×1년 1월 1일부터 20×1년 12월 31일까지

	A회사	B회사
매출액	₩3,000,000	$1,400
매출원가	₩(2,800,000)	$(1,200)
매출총이익	₩200,000	$200
외화환산이익	₩20,000	
기타수익	₩78,800	$200
기타비용	₩(40,000)	$(200)
당기순이익	₩258,800	$200

(2) A회사는 20×1년 1월 1일에 B회사에 $200를 장기대여하였는데, 이는 예측할 수 있는 미래에 결제될 가능성이 없으며, 포괄손익계산서에 계상된 외화환산이익 ₩20,000은 이 장기대여금에 대한 것이다.

(3) B회사의 토지는 회사설립일에 취득한 것이다.

(4) 20×1년에 A회사는 B회사에 상품 $400(매출총이익률 20%)를 판매하였으며 B회사의 기말재고에는 A회사에서 매입한 상품 $200가 포함되어 있다.

(5) 매출, 매입, 기타수익, 기타비용은 연간 균등하게 발생하였다.

(6) 20×1년의 환율은 다음과 같고 법인세효과는 무시한다.
- 1월 1일: ₩700
- 평균환율: ₩750
- 12월 31일: ₩800

물음 1 종속기업의 재무제표를 기능통화인 원화로 환산하시오.

물음 2 연결조정분개를 나타내시오.

물음 3 연결재무상태표와 연결포괄손익계산서를 작성하시오.

해답

물음 1

1. 포괄손익계산서

포괄손익계산서

	외화($)	환율	원화(₩)
매출액	1,400	750	1,050,000
매출원가	(1,200)	750	(900,000)
매출총이익	200		150,000
기타수익	200	750	150,000
기타비용	(200)	750	(150,000)
당기순이익	200		150,000
해외사업환산이익			90,000
총포괄이익			240,000

2. 재무상태표

재무상태표

	외화($)	환율	원화(₩)
현금및현금성자산	200	800	160,000
매출채권	600	800	480,000
재고자산	400	800	320,000
토지	800	800	640,000
	2,000		1,600,000
매입채무	800	800	640,000
장기차입금	200	800	160,000
자본금	600	700	420,000
기초이익잉여금(20×1년 초)	200	700	140,000
이익잉여금(당기순이익)	200	750	150,000
해외사업환산이익		대차차액	90,000
	2,000		1,600,000

20×1. 12. 31. 연결조정분개

[투자주식과 자본계정의 상계제거]

① 취득시점의 투자 · 자본 상계	(차) 자본금(B)	420,000	(대) 투자주식	350,000
	이익잉여금(B)	140,000[1]	비지배지분	224,000[3]
	영업권	14,000[2]		

[1] 20×1년 초 이익잉여금
[2] 영업권: ($500 - $800 × 60%) × ₩700 = ₩14,000
[3] 비지배지분: (₩420,000 + ₩140,000) × 40% = ₩224,000

② 영업권의 환산	(차) 영업권	2,000[1]	(대) 해외사업환산이익(OCI)	2,000

[1] ($500 - $800 × 60%) × (₩800 - ₩700) = ₩2,000

> **✍ 저자 견해 영업권의 환산에서 발생하는 해외사업환산손익**
>
> 영업권을 마감환율로 환산함에 따라 연결재무제표를 작성하는 과정에서 발생하는 해외사업환산이익은 종속
> 기업의 순자산의 증가 또는 감소와 무관하며, 지배기업이 종속기업을 취득할 때 추가로 지급한 금액이므로
> 지배기업에 전액 귀속시켜야 한다. 따라서 저자는 영업권의 환산에서 발생하는 해외사업환산손익은 지배기
> 업 소유주귀속분과 비지배지분으로 구분하지 않고 전액 지배기업에 귀속시켜야 한다는 견해를 가지고 있다.

[채권 · 채무 상계제거]

③ 채권 · 채무 상계제거	(차) 장기차입금	160,000	(대) 장기대여금	160,000
	(차) 외화환산이익(NI)	20,000[1]	(대) 해외사업환산이익(OCI)	20,000

[1] 해외사업장에 대한 순투자의 일부인 화폐성항목에서 발생하는 외환차이는 연결재무제표상 기타포괄손익으로 대체해야 함

[내부거래제거]

④ 당기 미실현손익 제거(하향)	(차) 매출	300,000[1]	(대) 매출원가	300,000
	(차) 매출원가	30,000[2]	(대) 재고자산	32,000[3]
	해외사업환산이익(OCI)	2,000[4]		

[1] $400 × ₩750 = ₩300,000
[2] $200 × 20% × ₩750(평균환율) = ₩30,000(하향거래)
[3] $200 × 20% × ₩800(마감환율) = ₩32,000(하향거래)
[4] 하향거래와 관련된 해외사업환산이익이므로 전액 지배기업에 귀속시킴

> **✍ 저자 견해 내부거래의 환율 적용**
>
> 재고자산의 내부거래에 따른 미실현손익을 제거할 때 종속기업의 재고자산은 마감환율을 적용하며, 매출액
> 과 매출원가에 대해서는 거래일의 환율(또는 평균환율)을 적용해야 한다. 이러한 환율적용의 차이가 발생함
> 에 따라 재고자산과 매출원가의 당기 미실현손익을 제거하면 상계 후에 잔액이 남게 되며 이를 해외사업환
> 산이익(기타포괄손익)으로 인식하도록 문제의 해답을 제시하였다. K-IFRS에 해외종속기업의 연결과 관련하
> 여 내부거래의 환율적용에 대한 명시적 규정이 없으므로 다양한 의견이 있을 수 있다고 판단된다.
> 참고로 US-GAAP(미국회계기준)에서는 해외종속기업의 연결과정에서 발생하는 내부거래의 미실현손익은
> 해당 내부거래가 발생한 시점의 환율(또는 평균환율과 같은 근사치 사용)을 기준으로 내부거래를 제거하도
> 록 규정하고 있다. 만약 문제에 이와 같은 언급이 명시된다면 [④ 당기 미실현손익 제거(하향)]의 연결조정분
> 개는 다음과 같다.

(차) 매출	300,000[1]	(대) 매출원가	300,000	
(차) 매출원가	30,000[2]	(대) 재고자산	30,000[3]	

[1] $400 × ₩750(평균환율) = ₩300,000
[2] $200 × 20% × ₩750(평균환율) = ₩30,000(하향거래)
[3] $200 × 20% × ₩750(평균환율) = ₩30,000(하향거래)

[비지배지분순이익 계상]

⑤ 비지배지분순이익 계상	(차) 이익잉여금	60,000	(대) 비지배지분	60,000[1]

[1] ₩150,000 × 40% = ₩60,000

⑥ 비지배기타포괄이익 계상	(차) 해외사업환산이익(자본)	36,000	(대) 비지배지분	36,000[1]

[1] ₩90,000 × 40% = ₩36,000

물음 3

1. 연결정산표

연결정산표

구분	A회사	B회사	합계	연결조정분개 차변	연결조정분개 대변	연결재무제표
<차변: 자산, 비용>						
현금및현금성자산	400,000	160,000	560,000			560,000
매출채권	600,000	480,000	1,080,000			1,080,000
재고자산	600,000	320,000	920,000		④ 32,000	888,000
장기대여금	160,000	–	160,000		③ 160,000	0
투자주식	350,000	–	350,000		① 350,000	0
토지	2,000,000	640,000	2,640,000			2,640,000
영업권	–	–	–	① 14,000 ② 2,000		16,000
매출원가	2,800,000	900,000	3,700,000	④ 30,000	④ 300,000	3,430,000
기타비용	40,000	150,000	190,000			190,000
차변합계	6,950,000	2,650,000	9,600,000			8,804,000
<대변: 부채, 자본, 수익>						
매입채무	550,000	640,000	1,190,000			1,190,000
장기차입금	1,000,000	160,000	1,160,000	③ 160,000		1,000,000
자본금	2,000,000	420,000	2,420,000	① 420,000		2,000,000
이익잉여금	301,200[1]	140,000[1]	441,200	① 140,000 ⑤ 60,000		241,200
해외사업환산이익	–	90,000	90,000	⑥ 36,000 ④ 2,000	② 2,000 ③ 20,000	74,000
비지배지분	–	–	–		① 224,000 ⑤ 60,000 ⑥ 36,000	320,000
매출액	3,000,000	1,050,000	4,050,000	④ 300,000		3,750,000
외화환산이익	20,000	–	20,000	③ 20,000		0
기타수익	78,800	150,000	228,800			228,800
대변합계	6,950,000	2,650,000	9,600,000	1,184,000	1,184,000	8,804,000

2. 연결재무상태표

연결재무상태표
20×1년 12월 31일 현재

현금및현금성자산	560,000	매입채무	1,190,000
매출채권	1,080,000	장기차입금	1,000,000
재고자산	888,000	자본	
토지	2,640,000	지배기업소유주귀속	
영업권	16,000	자본금	2,000,000
		이익잉여금	600,000
		해외사업환산이익	74,000
		비지배지분	320,000
	5,184,000		5,184,000

3. 연결포괄손익계산서

연결포괄손익계산서
20×1년 1월 1일부터 20×1년 12월 31일까지

매출액	3,750,000
매출원가	(3,430,000)
매출총이익	320,000
기타수익	228,800
기타비용	(190,000)
당기순이익	358,800
기타포괄손익	
해외사업환산이익	110,000[1]
총포괄이익	468,800
당기순이익의 귀속	
지배기업소유주	298,800
비지배지분	60,000
총포괄손익의 귀속	
지배기업소유주	372,800
비지배지분	96,000

[1] 종속기업의 해외사업환산이익 ₩90,000 + 영업권의 환산 ₩2,000 - 내부거래(하향)의 환산 ₩2,000 + 해외사업장에 대한 순투자 ₩20,000 = ₩110,000

해설 1. **연결당기순이익과 연결총포괄이익**

연결당기순이익과 연결총포괄이익의 귀속은 다음과 같이 계산된 것이다.

(1) 연결당기순이익

비지배지분 귀속분: ₩150,000 × 40% =	₩60,000
지배기업소유주 귀속분: ₩358,800 - ₩60,000 =	₩298,800
연결당기순이익	₩358,800

(2) 연결총포괄이익

비지배지분 귀속분: ₩60,000 + ₩90,000 × 40% =	₩96,000
지배기업소유주 귀속분: ₩468,800 - ₩96,000 =	₩372,800
연결총포괄이익	₩468,800

2. **해외종속기업 등의 외화환산**

해외사업을 연결 또는 지분법을 적용하여 보고기업의 재무제표에 포함되도록 하기 위해서는 해외사업장의 경영성과와 재무상태를 보고기업의 표시통화로 환산해야 함

(1) 해외사업장에 대한 순투자

① 해외사업장에 대한 채권·채무 중에서 예측할 수 있는 미래에 결제할 계획이 없고 결제될 가능성이 낮은 화폐성항목은 실질적으로 그 해외사업장에 대한 순투자(해외사업장의 순자산에 대한 보고기업의 지분 해당 금액)로 봄 **예** 장기채권, 대여금

② 위 ①에서 언급한 해외사업장에 대한 채권·채무는 보유한 기업이 연결실체의 종속기업일 수 있음

③ 보고기업의 해외사업장에 대한 순투자의 일부인 화폐성항목에서 생기는 외환차이는 보고기업의 별도 재무제표나 해외사업장의 개별재무제표에서 당기손익으로 적절하게 인식함. 그러나 보고기업과 해외사업장을 포함하는 재무제표(**예** 해외사업장이 종속기업인 경우의 연결재무제표)에서는 이러한 외환차이를 처음부터 기타포괄손익으로 인식하고 관련 해외사업장에 대한 순투자의 처분시점에 자본에서 당기손익으로 재분류함

기업들이 국제화됨에 따라 외화거래가 활발해지고 있으며, 해외자본시장에서 사채를 발행하거나 구입하는 거래들이 빈번하게 일어나고 있다. 따라서 외화사채가 발행된 통화와 기능통화가 다르다면 기능통화에 의하여 재무제표를 작성하기 위하여 외화환산의 회계처리를 수행하여야 한다. 만약 기업이 투자외화사채를 취득하였을 경우 다음과 같이 회계처리해야 한다.

> ① 발행시점: 투자외화사채를 취득한 경우에는 취득시점에 취득일의 환율로 환산한다.
> ② 상각표: 유효이자율법에 의한 상각표를 외화기준으로 작성한다.
> ③ 결산시점: 외화기준으로 회계처리를 수행한 후 외화환산 절차를 수행한다. 당기 이자수익은 평균환율로 환산하며, 현금수입 이자부분은 이자수령일의 환율을 적용한다. 마지막으로 투자외화사채의 장부금액은 보고기간 말 현재의 환율로 환산하며, 대차차액인 환율변동효과는 당기손익으로 인식한다.

여기서 유의할 점은 투자외화사채의 경우는 금융상품의 분류에 따라 상각후원가측정금융자산, 당기손익공정가치측정금융자산, 기타포괄손익공정가치측정금융자산으로 구분된다. 위의 회계처리를 수행한 후 상각후원가측정금융자산은 화폐성항목이므로 추가적인 공정가치변동손익을 인식할 필요가 없다. 한편, 당기손익공정가치측정금융자산은 위의 환율변동손익을 인식한 후 추가적인 공정가치변동분을 당기손익으로 인식하는 회계처리를 추가해야 한다. 그러나 기타포괄손익공정가치측정금융자산은 위의 환율변동손익을 인식한 후 추가적인 공정가치변동분을 기타포괄손익으로 인식해야 한다.

⚡ POINT 투자외화사채의 회계처리

구분	환율변동효과	공정가치변동분
상각후원가측정금융자산	당기손익으로 인식	발생하지 않음
당기손익공정가치측정금융자산	당기손익으로 인식	당기손익으로 인식
기타포괄손익공정가치측정금융자산	당기손익으로 인식	기타포괄손익으로 인식

O, X 연습문제

01 기능통화란 영업활동이 이루어지는 주된 경제 환경의 통화를 말한다. **(O, X)**

02 재무제표는 어떠한 통화로도 보고할 수 있으며, 표시통화와 기능통화가 다른 경우에는 경영성과 **(O, X)** 와 재무상태를 기능통화로 환산한다.

03 외환차이란 특정 통화로 표시된 금액을 변동된 환율을 사용하여 다른 통화로 환산할 때 생기는 **(O, X)** 차이를 말한다.

04 기능통화가 초인플레이션 경제의 통화가 아닌 경우 경영성과와 재무상태를 기능통화와 다른 표 **(O, X)** 시통화로 환산하는 방법은 재무상태표의 자산과 부채는 해당 보고기간 말의 마감환율로 환산하 며, 포괄손익계산서의 수익과 비용은 기초환율로 환산한다.

05 화폐성항목이란 보유하는 화폐들과 확정되었거나 결정가능한 화폐단위 수량으로 회수하거나 지 **(O, X)** 급하는 자산·부채를 말한다.

정답 및 해설

01 O

02 X 보고기업에 속해 있는 개별기업의 경영성과와 재무상태는 보고기업이 재무제표를 보고하는 통화로 환산한다. 보고기업은 어떤 통 화든지 표시통화로 사용할 수 있다. 보고기업에 속해 있는 각 기업의 기능통화가 보고기업의 표시통화와 다른 경우에는 그 경영성 과와 재무상태를 표시통화로 환산하여야 한다.

03 O

04 X 기능통화가 초인플레이션 경제의 통화가 아닌 경우 경영성과와 재무상태를 기능통화와 다른 표시통화로 환산하는 방법은 재무상태 표의 자산과 부채는 해당 보고기간 말의 마감환율로 환산하며, 포괄손익계산서의 수익과 비용은 해당 거래일의 환율로 환산한다.

05 O

06 영업활동이 이루어지는 주된 경제 환경의 통화를 기능통화, 재무제표를 표시할 때 사용하는 통화 **(O, X)**
를 표시통화라고 하며, 표시통화 이외의 다른 통화를 외화라고 한다.

07 외화거래를 기능통화로 보고함에 있어서 매 보고기간 말의 화폐성 외화항목은 거래일의 환율로 **(O, X)**
환산하며, 비화폐성 외화항목은 마감환율로 환산한다.

08 비화폐성항목에서 발생한 손익을 당기손익으로 인식하는 경우에는 그 손익에 포함된 환율변동효 **(O, X)**
과도 당기손익으로 인식하며, 비화폐성항목에서 발생한 손익을 기타포괄손익으로 인식하는 경우
에는 그 손익에 포함된 환율변동효과도 기타포괄손익으로 인식한다.

09 기능통화의 변경에 따른 효과는 소급법을 적용하여 회계처리한다. **(O, X)**

10 보고기업의 해외사업장에 대한 순투자의 일부인 화폐성항목에서 생기는 외환차이는 보고기업의 **(O, X)**
별도재무제표나 해외사업장의 개별재무제표에서 기타포괄손익으로 인식한다.

정답 및 해설

06 X 영업활동이 이루어지는 주된 경제 환경의 통화를 기능통화, 재무제표를 표시할 때 사용하는 통화를 표시통화라고 하며, 기능통화
이외의 다른 통화를 외화라고 한다.

07 X 외화거래를 기능통화로 보고함에 있어서 매 보고기간 말의 화폐성 외화항목은 마감환율로 환산하며, 비화폐성 외화항목은 역사적
원가로 측정하는 비화폐성 외화항목은 거래일의 환율로 환산하며, 공정가치로 측정하는 비화폐성 외화항목은 공정가치가 측정된
날의 환율로 환산한다.

08 O

09 X 기능통화가 변경되는 경우에는 새로운 기능통화에 의한 환산절차를 변경한 날부터 전진적용한다.

10 X 보고기업의 해외사업장에 대한 순투자의 일부인 화폐성항목에서 생기는 외환차이는 보고기업의 별도재무제표나 해외사업장의 개
별재무제표에서 당기손익으로 적절하게 인식한다. 그러나 보고기업과 해외사업장을 포함하는 재무제표(예 연결재무제표)에서는 이
러한 외환차이를 처음부터 기타포괄손익으로 인식하고 관련 순투자의 처분시점에 자본에서 당기손익으로 재분류한다.

01 원화를 기능통화로 사용하고 있는 (주)갑은 20×1년 3월 1일 중국에서 생산시설을 확장하기 위하여 토지를 CNY10,000에 취득하였다. (주)갑은 토지를 회계연도 말의 공정가치로 재평가하고 있으며, 20×1년 말에 토지의 공정가치는 CNY9,500이다. 또한, (주)갑은 20×1년 10월 1일에 중국 현지공장에서 재고자산을 CNY2,000에 매입하여 기말까지 보유하고 있으며, 이 재고자산의 기말 순실현가능가치는 CNY1,800이다. CNY 대비 원화의 환율은 다음과 같다.

- 20×1년 3월 1일: CNY1 = ₩100
- 20×1년 10월 1일: CNY1 = ₩110
- 20×1년 12월 31일: CNY1 = ₩115

외화표시 토지와 재고자산의 기능통화로의 환산이 (주)갑의 20×1년도 당기순이익에 미치는 영향은?

[2012 공인회계사 1차]

① ₩79,500 증가   ② ₩74,750 감소   ③ ₩23,000 감소

④ ₩20,000 감소   ⑤ ₩13,000 감소

02 해외사업장이 없는 (주)갑의 기능통화는 원화(₩)이며, 20×1년 말 현재 외화자산·부채와 관련된 자료는 다음과 같다.

계정과목	외화 금액	최초인식금액
매출채권	$20	₩22,000
기타포괄손익공정가치측정금융자산	$50	₩44,000
선급금	$10	₩9,000
매입채무	$30	₩28,000
선수금	$40	₩43,000
차입금	$80	₩85,000

기타포괄손익공정가치측정금융자산은 지분증권으로 $40에 취득하였고, 20×1년 말 공정가치는 $50이다.

20×1년 말의 마감환율은 $1당 ₩1,000이다. 위 외화자산·부채와 관련하여 발생하는 외환차이가 (주)갑의 20×1년도 포괄손익계산서의 당기순이익에 미치는 영향은 얼마인가? 단, 위 외화자산·부채에 대해서는 위험회피회계가 적용되지 않으며, 모두 20×1년에 최초로 인식되었고, 법인세효과는 고려하지 않는다.

[2013 공인회계사 1차]

① ₩3,000 감소   ② ₩2,000 감소   ③ ₩1,000 증가

④ ₩2,000 증가   ⑤ ₩3,000 증가

03 기능통화가 원화인 (주)한국이 20×1년 12월 31일 현재 보유하고 있는 외화표시 자산·부채 내역과 추가 정보는 다음과 같다.

계정과목	외화표시금액	최초인식금액
당기손익공정가치측정금융자산	$30	₩28,500
매출채권	$200	₩197,000
재고자산	$300	₩312,500
선수금	$20	₩19,000

(1) 20×1년 말 현재 마감환율은 ₩1,000/$이다. 위 자산·부채는 모두 20×1년 중에 최초 인식되었으며, 위험회피회계가 적용되지 않는다.

(2) 당기손익공정가치측정금융자산은 지분증권으로 $25에 취득하였으며, 20×1년 말 공정가 치는 $30이다.

(3) 20×1년 말 현재 재고자산의 순실현가능가치는 $310이다.

위 외화표시 자산·부채에 대한 기말평가와 기능통화로의 환산이 (주)한국의 20×1년도 당기순이익에 미치는 영향(순액)은? [2017 공인회계사 1차]

① ₩500 증가 ② ₩1,000 증가 ③ ₩2,000 증가
④ ₩3,500 증가 ⑤ ₩4,500 증가

04 (주)대한의 기능통화는 원화이다. (주)대한은 20×1년 7월 1일에 은행으로부터 미화 1,000달러를 1년 만 기로 차입하였다. 차입금의 표시 이자율은 연 6%이며, 만기시점에 원금과 이자를 일시상환하는 조건이 다. 차입기간 중 달러화 대비 원화의 환율변동내역은 다음과 같다.

구분	일자 또는 기간	환율(₩/$)
차입일	20×1. 7. 1.	1,100
평균	20×1. 7. 1. ~ 20×1. 12. 31.	1,080
기말	20×1. 12. 31.	1,050
평균	20×2. 1. 1. ~ 20×2. 6. 30.	1,020
상환일	20×2. 6. 30.	1,000

(주)대한은 20×2년 6월 30일에 외화차입금의 원리금을 모두 상환하였다. (주)대한의 20×2년도 포괄손 익계산서에 당기손익으로 보고되는 외환차이(환율변동손익)는 얼마인가? 단, 이자비용은 월할 계산한다. [2018 공인회계사 1차]

① ₩52,100 손실 ② ₩50,900 손실 ③ ₩50,000 이익
④ ₩50,900 이익 ⑤ ₩52,100 이익

05 20×1년 초에 설립된 (주)한국의 기능통화는 미국달러화($)이며 표시통화는 원화(₩)이다. (주)한국의 기능통화로 작성된 20×2년 말 요약재무상태표와 환율변동정보 등은 다음과 같다.

요약재무상태표

(주)한국	20×2. 12. 31. 현재		(단위: $)
자산	2,400	부채	950
		자본금	1,000
		이익잉여금	450
	2,400		2,400

(1) 자본금은 설립 당시의 보통주 발행금액이며 이후 변동은 없다.
(2) 20×1년과 20×2년의 당기순이익은 각각 $150와 $300이며, 수익과 비용은 연중 균등하게 발생하였다.
(3) 20×1년부터 20×2년 말까지의 환율변동정보는 다음과 같다.

	기초(₩/$)	평균(₩/$)	기말(₩/$)
20×1년	900	940	960
20×2년	960	980	1,000

(4) 기능통화와 표시통화는 모두 초인플레이션 경제의 통화가 아니며, 위 기간에 환율의 유의한 변동은 없었다.

(주)한국의 표시통화로 환산된 20×2년 말 재무상태표상 환산차이(기타포괄손익누계액)는?

[2017 공인회계사 1차]

① ₩0   ② ₩72,500   ③ ₩90,000
④ ₩115,000   ⑤ ₩122,500

06 20×1년 초에 (주)갑은 지분 100%를 소유한 해외종속기업 (주)ABC에 무이자로 $1,000을 대여하였다. (주)갑의 기능통화와 표시통화는 원화(₩)이고, (주)ABC의 기능통화는 달러화($)이다. 동 외화대여금은 '해외사업장에 대한 순투자의 일부'에 해당한다. 20×1년 환율정보는 다음과 같다.

구분	환율(₩/$)
20×1년 초	1,000
20×1년 말	1,100
20×1년 평균	1,050

20×1년도에 동 외화대여금과 관련된 회계처리(연결절차 포함)는 모두 적절히 수행되었다. (주)갑이 작성하는 20×1년 말 연결재무상태표상 외화대여금의 잔액과 동 회계처리가 20×1년도 연결포괄손익계산서상 기타포괄이익에 미치는 영향은 각각 얼마인가? 단, 20×1년 초 연결재무상태표상 외화대여금 잔액은 ₩0이고, 동 외화대여거래 이외에 다른 거래는 없었다.　　　　　　　　　　　　　　[2015 공인회계사 1차]

	외화대여금의 잔액	기타포괄이익에 미치는 영향
①	₩0	₩100,000 증가
②	₩0	영향 없음
③	₩1,000,000	영향 없음
④	₩1,100,000	영향 없음
⑤	₩1,100,000	₩100,000 증가

07 (주)대한은 20×1년 초 설립된 해운기업이다. 우리나라에 본사를 두고 있는 (주)대한의 표시통화는 원화(₩)이나, 해상운송을 주된 영업활동으로 하고 있어 기능통화는 미국달러화($)이다. 기능통화로 표시된 (주)대한의 20×1년 및 20×2년 요약 재무정보(시산표)와 관련 정보는 다음과 같다.

• (주)대한의 20×1년 및 20×2년 요약 재무정보(시산표)

계정과목	20×1년 차변	20×1년 대변	20×2년 차변	20×2년 대변
자산	$3,000		$4,000	
부채		$1,500		$2,300
자본금		1,000		1,000
이익잉여금		–		500
수익		2,500		3,000
비용	2,000		2,800	
합계	$5,000	$5,000	$6,800	$6,800

• 20×1년 및 20×2년 환율(₩/$) 변동정보

구분	기초	연평균	기말
20×1년	1,000	1,100	1,200
20×2년	1,200	1,150	1,100

• 기능통화와 표시통화는 모두 초인플레이션 경제의 통화가 아니며, 설립 이후 환율에 유의적인 변동은 없었다.
• 수익과 비용은 해당 회계기간의 연평균환율을 사용하여 환산한다.

(주)대한의 20×1년도 및 20×2년도 원화(₩) 표시 포괄손익계산서상 총포괄이익은 각각 얼마인가?

[2022 공인회계사 1차]

	20×1년	20×2년
①	₩600,000	₩120,000
②	₩600,000	₩320,000
③	₩800,000	₩70,000
④	₩800,000	₩120,000
⑤	₩800,000	₩320,000

정답 및 해설

정답

01 ⑤　　02 ③　　03 ③　　04 ⑤　　05 ④　　06 ①　　07 ③

해설

01 ⑤　　1. **재고자산**: 둘 이상의 금액을 비교하여 장부금액이 결정되는 항목이 비화폐성항목이고 외화로 측정되는 경우에는 다음의 두 가지를 비교하여 장부금액을 결정한다.

① 재고자산 금액이 결정된 날의 환율로 적절하게 환산한 취득원가나 장부금액:
　CNY2,000 × ₩110 = ₩220,000

② 보고기간 말의 결산환율로 적절하게 환산한 순실현가능가치: CNY1,800 × ₩115 = ₩207,000
　∴ Min[① CNY2,000 × ₩110 = ₩220,000, ② CNY1,800 × ₩115 = ₩207,000] = ₩207,000

③ 재고자산평가손실: CNY1,800 × ₩115 - CNY2,000 × ₩110 = ₩(13,000)(당기손실)

2. 참고로, 토지에 의하여 기타포괄손익에 미치는 영향을 나타내면 다음과 같다.
　토지: CNY9,500 × ₩115 - CNY10,000 × ₩100 = ₩92,500(기타포괄이익)

해설

외화항목에 대한 환율변동으로 인한 손익, 즉 외환차이는 다음과 같이 처리한다.

(1) **화폐성항목**: 화폐성항목에서 발생하는 외환차이는 외환차이가 발생한 보고기간의 당기손익으로 인식한다.

(2) **역사적원가 측정대상 비화폐성항목**: 외환차이가 발생하지 않는다.

(3) **공정가치 측정대상 비화폐성항목**: 비화폐성항목에서 생긴 손익을 기타포괄손익으로 인식하는 경우에 그 손익에 포함된 환율변동효과도 기타포괄손익으로 인식한다. 그러나 비화폐성항목에서 생긴 손익을 당기손익으로 인식하는 경우에 그 손익에 포함된 환율변동효과도 당기손익으로 인식한다.

02 ③

계정과목	계산근거	외화환산손익
매출채권	$20 × ₩1,000 - ₩22,000 =	₩(2,000) 손실
매입채무	$30 × ₩1,000 - ₩28,000 =	₩(2,000) 손실
차입금	$80 × ₩1,000 - ₩85,000 =	₩5,000 이익
합계		₩1,000 이익

해설

1. 비화폐성항목 중 선급금과 선수금은 역사적원가로 평가하는 항목으로 역사적환율을 적용하므로 외화환산손익은 발생하지 않는다.

2. 공정가치로 측정하는 비화폐성항목인 기타포괄손익공정가치측정금융자산은 공정가치가 측정된 날의 현행환율을 적용하여 환산하며, 비화폐성항목에서 생긴 손익을 기타포괄손익으로 인식하는 경우에 그 손익에 포함된 환율변동효과도 기타포괄손익으로 인식하므로 당기손익에 미치는 영향은 없다.

03 ③

계정과목	계산근거	외화환산손익
당기손익공정가치측정금융자산	$30 × ₩1,000 - ₩28,500 =	₩1,500
매출채권	$200 × ₩1,000 - ₩197,000 =	₩3,000
재고자산	₩312,500 - Min[₩312,500, $310 × ₩1,000] =	₩(2,500)
합계		₩2,000

해설

1. 비화폐성항목 중 선수금은 역사적원가로 평가하는 항목으로 역사적환율을 적용하므로 외화환산손익은 발생하지 않는다.
2. 공정가치로 측정하는 비화폐성항목인 당기손익공정가치측정금융자산은 공정가치가 측정된 날의 현행환율을 적용하여 환산하며, 비화폐성항목에서 생긴 손익을 당기손익으로 인식하는 경우에 그 손익에 포함된 환율변동효과도 당기손익으로 인식한다.
3. 둘 이상의 금액을 비교하여 장부금액이 결정되는 항목이 있다. 예를 들어, 재고자산의 장부금액은 K-IFRS 제1002호 '재고자산'에 따라 취득원가와 순실현가능가치 중에서 작은 금액으로 한다. 이러한 자산이 비화폐성항목이고 외화로 측정되는 경우에는 다음의 두 가지를 비교하여 장부금액을 결정한다.
   ① 그 금액이 결정된 날의 환율(즉, 역사적원가로 측정한 항목의 경우 거래일의 환율)로 적절하게 환산한 취득원가나 장부금액
   ② 그 가치가 결정된 날의 환율(예 보고기간 말의 마감환율)로 적절하게 환산한 순실현가능가치나 회수가능액

04 ⑤ 1. 회계처리

일자	회계처리			
20×1. 7. 1.	(차) 현금	1,100,000[1]	(대) 차입금	1,100,000
	[1] $1,000 × ₩1,100 = ₩1,100,000			
20×1. 12. 31.	(차) 이자비용	32,400[1]	(대) 미지급이자	31,500[2]
			외화환산이익	900
	(차) 차입금	50,000[3]	(대) 외화환산이익	50,000
	[1] $1,000 × 6% × 6/12 × ₩1,080 = ₩32,400			
	[2] $1,000 × 6% × 6/12 × ₩1,050 = ₩31,500			
	[3] $1,000 × (₩1,050 - ₩1,100) = ₩(50,000)			
20×2. 6. 30.	(차) 이자비용	30,600[1]	(대) 현금	60,000[2]
	미지급이자	31,500	외환차익	2,100
	(차) 차입금	1,050,000[3]	(대) 현금	1,000,000[4]
			외환차익	50,000
	[1] $1,000 × 6% × 6/12 × ₩1,020 = ₩30,600			
	[2] $1,000 × 6% × ₩1,000 = ₩60,000			
	[3] $1,000 × ₩1,050 = ₩1,050,000			
	[4] $1,000 × ₩1,000 = ₩1,000,000			

2. 20×2년도 당기손익으로 보고되는 외환차이(환율변동손익): ₩2,100 + ₩50,000 = ₩52,100

05 ④ **1. 포괄손익계산서**

포괄손익계산서

	외화($)	환율	원화(₩)
당기순이익	300	980	294,000
해외사업환산이익			115,000
총포괄이익			409,000

2. 재무상태표

재무상태표

	외화($)	환율	원화(₩)
자산	2,400	1,000	2,400,000
	2,400		2,400,000
부채	950	1,000	950,000
자본금	1,000	900	900,000
기초이익잉여금(×1)	150	940	141,000
이익잉여금(당기순이익)	300	980	294,000
해외사업환산이익		대차차액	115,000
	2,400		2,400,000

3. 해외사업환산이익: ₩115,000

별해

재무상태표

순자산 = ($2,400 - $950) × ₩1,000 = ₩1,450,000	자본금 = $1,000 × ₩900 = ₩900,000
	기초이익잉여금 = $150 × ₩940 = ₩141,000
	당기순이익 = $300 × ₩980 = ₩294,000
	해외사업환산이익 = ₩115,000

06 ① **1. (주)갑이 수행할 회계처리**

일자	회계처리			
20×1. 1. 1.	(차) 대여금	1,000,000[1]	(대) 현금	1,000,000
	[1] $1,000 × ₩1,000 = ₩1,000,000			
20×1. 12. 31.	(차) 대여금	100,000[1]	(대) 외화환산이익(NI)	100,000
	[1] $1,000 × (₩1,100 - ₩1,000) = ₩100,000			

2. (주)ABC가 수행할 회계처리

일자	회계처리			
20×1. 1. 1.	(차) 현금	$1,000	(대) 차입금	$1,000
20×1. 12. 31.	N/A			

3. 연결조정분개

일자	회계처리			
20×1. 12. 31.	(차) 차입금	1,100,000[1]	(대) 대여금	1,100,000
	(차) 외화환산이익(NI)	100,000	(대) 해외사업환산이익(OCI)	100,000

[1] $1,000 × ₩1,100 = ₩1,100,000

4. 외화대여금 잔액: ₩0

5. 기타포괄이익에 미치는 영향: $1,000 × (₩1,100 - ₩1,000) = ₩100,000 증가

해설

1. 지배기업이 보유한 대여금과 종속기업이 보유한 차입금은 연결재무제표 작성 시 상계제거된다.

2. 보고기업의 해외사업장에 대한 순투자의 일부인 화폐성항목에서 생기는 외환차이는 보고기업의 별도재무제표나 해외사업장의 개별재무제표에서 당기손익으로 적절하게 인식한다. 그러나 해외사업장이 종속기업인 경우의 연결재무제표에서 이러한 외환차이를 처음부터 기타포괄손익으로 인식하고 관련 해외사업장에 대한 순투자의 처분시점에 자본에서 당기손익으로 재분류한다.

07 ③ 1. 20×1년도 포괄손익계산서

	외화($)	환율	원화(₩)
당기순이익	500	1,100	550,000
해외사업환산이익	₩250,000 - ₩0 =		250,000
총포괄이익			800,000

2. 20×1년 말 재무상태표

재무상태표

순자산 = ($3,000 - $1,500) × ₩1,200 = ₩1,800,000	자본금 = $1,000 × ₩1,000 = ₩1,000,000
	기초이익잉여금 = $0 × ₩1,000 = ₩0
	당기순이익 = $500 × ₩1,100 = ₩550,000
	해외사업환산이익 = ₩250,000

3. 20×2년도 포괄손익계산서

포괄손익계산서

	외화($)	환율	원화(₩)
당기순이익	200	1,150	230,000
해외사업환산이익	₩90,000 - ₩250,000 =		(160,000)
총포괄이익			70,000

4. 20×2년 말 재무상태표

재무상태표

순자산 = ($4,000 - $2,300) × ₩1,100 = ₩1,870,000	자본금 = $1,000 × ₩1,000 = ₩1,000,000
	기초이익잉여금 = $500 × ₩1,100 = ₩550,000
	당기순이익 = $200 × ₩1,150 = ₩230,000
	해외사업환산이익 = ₩90,000

5. 본 문제는 두 보고기간의 외화표시 재무제표 환산과 관련된 문제로서 재무상태표에 대차차액으로 구해진 해외사업환산손익은 자본항목(기타포괄손익누계액)이므로 20×2년의 포괄손익계산서상 기타포괄손익을 계산할 때 기말 해외사업환산손익에서 기초 해외사업환산손익을 차감한 금액으로 계산하는 것에 유의해야 한다.

Chapter 08
주관식 연습문제

기능통화에 의한 외화거래의 보고(1)

01 (주)한국의 기능통화는 원화이다. 다음에 제시되는 물음은 각각 독립적이다. 단, 영향을 묻는 경우에는 금액 앞에 증가(+) 또는 감소(-)를 표기하고, 손익을 묻는 경우에는 금액 앞에 이익(+) 또는 손실(-)을 표시하시오.

[2017 공인회계사 2차]

물음 1 (주)한국은 20×1년 11월 1일에 원가 ₩80,000인 상품을 $100에 수출하고, 수출대금은 20×2년 2월 28일에 전액 수령하였다. 동 거래가 (주)한국의 20×1년 및 20×2년의 당기순이익에 미치는 영향을 각각 계산하시오. 일자별 환율정보는 다음과 같다.

20×1년 11월 1일	20×1년 12월 31일	20×2년 2월 28일
₩1,010/$	₩1,040/$	₩1,020/$

20×1년 당기순이익에 미치는 영향	①
20×2년 당기순이익에 미치는 영향	②

물음 2 (주)한국은 20×1년 9월 1일에 외국시장에 상장되어 있는 (주)미국의 주식(A)을 $200에 취득하고 이를 기타포괄손익공정가치측정금융자산으로 분류하였다. 20×1년 12월 31일 현재 A주식의 공정가치는 $220이며, 일자별 환율정보는 다음과 같다.

20×1년 9월 1일	20×1년 12월 31일
₩1,000/$	₩970/$

A주식의 후속측정(기말평가 및 기능통화환산)이 (주)한국의 20×1년도 ③ 당기순이익과 ④ 기타포괄이익에 미치는 영향을 각각 계산하시오.

20×1년 당기순이익에 미치는 영향	③
20×1년 기타포괄이익에 미치는 영향	④

해답 　물음1

1. 회계처리

일자	회계처리				
20×1. 11. 1.	(차) 매출채권	101,000¹⁾	(대) 매출	101,000
	(차) 매출원가	80,000	(대) 상품	80,000
	¹⁾ $100 × ₩1,010 = ₩101,000				
20×1. 12. 31.	(차) 매출채권	3,000¹⁾	(대) 외화환산이익	3,000
	¹⁾ $100 × (₩1,040 - ₩1,010) = ₩3,000				
20×2. 2. 28.	(차) 현금	102,000¹⁾	(대) 매출채권	104,000
	외환차손	2,000		
	¹⁾ $100 × ₩1,020 = ₩102,000				

2. 20×1년 및 20×2년의 당기순이익에 미치는 영향

　① 20×1년 당기순이익에 미치는 영향: (1) + (2) + (3) = ₩24,000

　　(1) 매출액: $100 × ₩1,010/$ ₩101,000

　　(2) 매출원가: (-)₩80,000

　　(3) 환율변동이익: $100 × (₩1,040/$ - ₩1,010/$) = ₩3,000

　② 20×2년 당기순이익에 미치는 영향: (-)₩2,000

　　환율변동손실: $100 × (₩1,020/$ - ₩1,040/$) = (-)₩2,000

20×1년 당기순이익에 미치는 영향	① (+)₩24,000
20×2년 당기순이익에 미치는 영향	② (-)₩2,000

물음2

1. 회계처리

일자	회계처리				
20×1. 9. 1.	(차) 기타포괄손익공정가치측정금융자산	200,000	(대) 현금	200,000¹⁾
	¹⁾ $200 × ₩1,000 = ₩200,000				
20×1. 12. 31.	(차) 기타포괄손익공정가치측정금융자산	13,400¹⁾	(대) 기타포괄손익공정가치측정금융자산평가이익(OCI)	13,400
	¹⁾ $220 × ₩970 - $200 × ₩1,000 = ₩13,400				

2. 20×1년도 당기순이익과 기타포괄이익에 미치는 영향

　③ 20×1년 당기순이익에 미치는 영향: ₩0

　④ 20×1년 기타포괄이익에 미치는 영향: ₩13,400

　　기타포괄손익공정가치측정금융자산평가이익: $220 × ₩970/$ - $200 × ₩1,000/$ = ₩13,400

20×1년 당기순이익에 미치는 영향	③ ₩0
20×1년 기타포괄이익에 미치는 영향	④ (+)₩13,400

02 (주)갑의 기능통화는 원화이며, 달러화 대비 원화의 환율이 다음과 같을 때 아래의 각 독립적 물음에 답하시오.

[2010 공인회계사 2차]

일자	20×1. 10. 1.	20×1. 12. 31.	20×2. 3. 1.
환율	₩1,000	₩1,040	₩1,020

물음1 (주)갑은 20×1년 10월 1일 미국에 $1,000의 외상매출을 하였다. (주)갑이 20×2년 3월 1일에 동 매출채권 전액을 회수하였을 때 행할 회계처리를 제시하시오.

물음2 (주)갑은 20×1년 10월 1일 미국으로부터 재고자산 $1,000을 매입하여 20×1년 12월 31일 현재 보유하고 있다. (주)갑은 재고자산을 취득원가와 순실현가능가치 중 낮은 가격으로 측정한다. 20×1년 12월 31일 현재 외화표시 재고자산의 순실현가능가치가 $980일 경우에 (주)갑이 기능통화 재무제표에 표시할 재고자산의 장부금액을 계산하시오.

물음3 (주)갑은 20×1년 10월 1일 미국에 소재하는 사업목적의 토지를 $12,000에 취득하였고, 20×1년 12월 31일 현재 토지의 공정가치는 $13,000이다. (주)갑이 20×2년 3월 1일에 토지의 1/4을 $5,000에 매각하였을 때, 원가모형에 의한 유형자산처분이익(또는 손실)을 계산하시오. 단, 손실의 경우에는 금액 앞에 (-)표시할 것

물음4 (주)갑은 매년 재평가를 실시한다고 가정하고, **물음3** 에서 재평가모형에 의한 (주)갑의 유형자산처분이익(또는 손실)을 계산하시오. 단, 손실의 경우에는 금액 앞에 (-)표시할 것

물음5 (주)갑은 20×1년 10월 1일 미국회사가 발행한 지분상품을 $5,000에 취득하였고, 20×1년 12월 31일 현재 지분상품의 공정가치는 $6,000이다. (주)갑은 20×2년 3월 1일에 지분상품 전부를 $7,000에 처분하였다. (주)갑이 지분상품의 공정가치평가손익을 당기손익으로 인식하는 경우, 20×2년 3월 1일에 행할 회계처리를 제시하시오.

해답

물음 1

일자	회계처리				
20×2. 3. 1.	(차) 현금	1,020,000[1]	(대) 매출채권		1,040,000[2]
	외환차손	20,000			

[1] $1,000 × ₩1,020 = ₩1,020,000
[2] $1,000 × ₩1,040 = ₩1,040,000

물음 2

재무제표에 표시할 재고자산의 장부금액
= Min[취득원가, 순실현가능가치]
= Min[① $1,000 × ₩1,000 = ₩1,000,000, ② $980 × ₩1,040 = ₩1,019,200] = ₩1,000,000

물음 3

1. 원가모형에 의한 유형자산처분손익

① 처분대가: $5,000 × ₩1,020 =   ₩5,100,000
② 장부금액: $12,000 × 1/4 × ₩1,000 =   ₩(3,000,000)
③ 유형자산처분이익   ₩2,100,000

2. 회계처리

일자	회계처리			
20×2. 3. 1.	(차) 현금	5,100,000	(대) 토지	3,000,000
			유형자산처분이익	2,100,000

물음 4

1. 재평가모형에 의한 (주)갑의 유형자산처분손익

① 처분대가: $5,000 × ₩1,020 =   ₩5,100,000
② 장부금액: $13,000 × 1/4 × ₩1,040 =   ₩(3,380,000)
③ 유형자산처분이익   ₩1,720,000

2. 회계처리

일자	회계처리			
20×2. 3. 1.	(차) 현금	5,100,000	(대) 토지	3,380,000
			유형자산처분이익	1,720,000

물음 5

일자	회계처리			
20×2. 3. 1.	(차) 현금	7,140,000[1]	(대) 당기손익공정가치측정금융자산	6,240,000[2]
			금융자산처분이익	900,000

[1] $7,000 × ₩1,020 = ₩7,140,000
[2] $6,000 × ₩1,040 = ₩6,240,000

해설 1. **최초인식**: 기능통화로 외화거래를 최초로 인식하는 경우에 거래일의 외화와 기능통화 사이의 현물환율을 외화금액에 적용하여 기록한다.

2. 후속 보고기간 말의 보고는 다음과 같다.
   ① 화폐성 외화항목: 마감환율(보고기간 말의 현물환율)로 환산한다.
   ② 역사적원가로 측정하는 비화폐성 외화항목: 역사적환율(거래가 발생한 당시의 환율)로 환산한다.
   ③ 공정가치로 측정하는 비화폐성 외화항목: 공정가치가 결정된 날의 환율로 환산한다.

3. **외환차이의 인식**
   ① 화폐성항목의 결제시점에 생기는 외환차이(외환차손익) 또는 화폐성항목의 환산에 사용한 환율이 회계기간 중 최초로 인식한 시점이나 전기의 재무제표 환산시점의 환율과 다르기 때문에 생기는 외환차이(외화환산손익)는 그 외환차이가 생기는 회계기간의 손익으로 인식한다.
   ② 비화폐성항목에서 생긴 손익을 기타포괄손익으로 인식하는 경우에 그 손익에 포함된 환율변동효과도 기타포괄손익으로 인식한다. 그러나 비화폐성항목에서 생긴 손익을 당기손익으로 인식하는 경우에는 그 손익에 포함된 환율변동효과도 당기손익으로 인식한다.

4. 둘 이상의 금액을 비교하여 장부금액이 결정되는 항목이 있다. 예를 들어, 재고자산의 장부금액은 K-IFRS 제1002호 '재고자산'에 따라 취득원가와 순실현가능가치 중에서 작은 금액으로 한다. 이러한 자산이 비화폐성항목이고 외화로 측정되는 경우에는 다음의 두 가지를 비교하여 장부금액을 결정한다.
   ① 그 금액이 결정된 날의 환율(즉, 역사적원가로 측정한 항목의 경우 거래일의 환율)로 적절하게 환산한 취득원가나 장부금액
   ② 그 가치가 결정된 날의 환율(예 보고기간 말의 마감환율)로 적절하게 환산한 순실현가능가치나 회수가능액

5. 기능통화를 변경하는 경우에는 새로운 기능통화에 의한 환산절차를 변경한 날부터 전진적용한다.

03 (주)지배는 20×8년 1월 1일에 미국에 소재하고 있는 (주)종속의 보통주 지분 80%를 $2,500 (₩3,000,000 상당액)에 취득하면서 지배력을 획득하였다. 취득 당시 (주)종속의 자본항목은 자본금 $2,000와 이익잉여금 $1,000로 구성되어 있다. (주)지배의 기능통화와 표시통화는 원화(₩)이며, (주)종속의 기능통화는 US$이다. 또한 US$는 초인플레이션 경제의 통화에 해당하지 않는다.

[2011 공인회계사 2차]

(1) 20×8년도 (주)종속의 재무상태표와 포괄손익계산서는 다음과 같다.

재무상태표
20×8년 12월 31일 현재

과목	금액	과목	금액
현금	$600	매입채무	$800
수취채권	$1,800	장기차입금	$1,300
재고자산	$1,200	자본금	$2,000
유형자산	$2,400	기타포괄손익누계액	$500
		이익잉여금	$1,400
자산총계	$6,000	부채와 자본총계	$6,000

포괄손익계산서
20×8년 1월 1일부터 20×8년 12월 31일까지

과목	금액
매출액	$20,000
매출원가	$(18,000)
매출총이익	$2,000
기타비용	$(1,400)
금융원가	$(100)
법인세비용	$(100)
당기순이익	$400
기타포괄이익	$500
총포괄이익	$900

(2) (주)종속의 수익과 비용은 평균적으로 발생한다고 가정하며, 기타포괄이익은 20×8년 12월 31일에 발생한 재평가잉여금으로 법인세 효과를 차감한 순액이다.

(3) 20×8년의 환율정보는 다음과 같다.
- 20×8년 1월 1일: US$1 = ₩1,200
- 20×8년 평균: US$1 = ₩1,100
- 20×8년 12월 31일: US$1 = ₩1,050

물음 1 20×8년 12월 31일 (주)지배가 연결재무제표를 작성하기 위해 (주)종속의 재무제표를 (주)지배의 표시통화로 환산하면서 발생하는 외환차이를 계산하시오. 단, 손실의 경우에는 금액 앞에 (-)표시를 하시오.

물음 2 20×8년 12월 31일 (주)지배의 표시통화로 작성되는 연결재무제표에 계상되는 영업권을 계산하시오. 단, 20×8년 1월 1일 현재 (주)종속의 자산과 부채의 공정가치는 장부금액과 동일하며, 영업권의 20×8년도 손상차손은 없다.

물음 3 (주)종속의 장기차입금 $1,300 중 $600은 20×8년에 (주)지배로부터 차입한 것이며, 차입 당시의 환율은 US$1 = ₩1,150이었다. 동 거래와 관련하여 (주)지배는 20×8년 말 기능통화로 작성된 별도재무상태표에 ₩630,000의 장기대여금을 계상하고 있다. (주)지배는 동 장기대여금이 예측할 수 있는 미래에 결제될 가능성이 낮다고 판단하고 있다. (주)지배가 별도재무제표를 이용하여 연결포괄손익계산서를 작성할 때 어떠한 회계처리를 고려하여야 하는지 그 금액을 포함하여 2줄 이내로 기술하시오.

해답 물음1 20×8년 12월 31일 (주)종속의 재무제표를 (주)지배의 표시통화로 환산하면서 발생하는 외환차이: (-)₩470,000

재무상태표

	외화($)	환율	원화(₩)
현금	600	1,050	630,000
수취채권	1,800	1,050	1,890,000
재고자산	1,200	1,050	1,260,000
유형자산	2,400	1,050	2,520,000
	6,000		6,300,000
매입채무	800	1,050	840,000
장기차입금	1,300	1,050	1,365,000
자본금	2,000	1,200	2,400,000
이익잉여금 ┌ 기초	1,000	1,200	1,200,000
└ 당기순이익	400	1,100	440,000
기타포괄손익 ┌ 당기기타포괄손익	500	1,050	525,000
누계액 └ 해외사업환산손실		대차차액	(470,000)
	6,000		6,300,000

별해

재무상태표

순자산 = ($6,000 - $2,100) × ₩1,050 = ₩4,095,000	자본금 = $2,000 × ₩1,200 = ₩2,400,000 기초이익잉여금 = $1,000 × ₩1,200 = ₩1,200,000 당기순이익 = $400 × ₩1,100 = ₩440,000 기타포괄손익 = $500 × ₩1,050 = ₩525,000
해외사업환산손실 = ₩470,000	

물음2 20×8년 말 영업권: $2,500 × ₩1,050 - $3,000 × 80% × ₩1,050 = ₩105,000

물음3 해외사업장에 대한 순투자의 일부인 화폐성항목인 장기대여금에서 발생하는 외화환산손실은 연결포괄손익계산서를 작성할 때 기타포괄손익으로 회계처리하며, 그 금액은 ₩60,000(= ₩630,000 - $600 × ₩1,150)이다.

해설 해외사업장의 취득으로 발생하는 영업권과 자산·부채의 장부금액에 대한 공정가치 조정액은 해외사업장의 자산·부채로 본다. 따라서 이러한 영업권과 자산·부채의 장부금액에 대한 공정가치 조정액은 해외사업장의 기능통화로 표시하고 마감환율로 환산한다.

04 달러화($)가 기능통화인 (주)한국은 보고목적용으로 원화(₩)를 표시통화로 하여 재무제표를 작성하고 있다. 20×2년 (주)한국의 기능통화로 작성된 시산표는 다음과 같다. [2013 공인회계사 2차]

〈20×2년 요약 시산표〉

과목	금액	과목	금액
현금	$1,200	유동부채	$1,000
재고자산	$1,800	장기차입금	$1,200
유형자산	$2,400	자본금	$2,000
투자자산	$600	이익잉여금	$1,000
매출원가	$2,000	매출	$3,500
기타비용	$700		

〈달러화($) 대비 원화(₩)의 환율 정보〉

일자	환율
20×2년 1월 1일	$1 = ₩1,100
20×2년 평균	$1 = ₩1,080
20×2년 12월 31일	$1 = ₩1,050

(주)한국의 수익과 비용은 연중 균등하게 발생하므로 편의상 평균환율을 적용하여 환산하고, 이익잉여금을 제외한 자본 항목은 해당 거래일의 환율을 적용하여 환산한다. 달러화와 원화 모두 초인플레이션 경제에서의 통화가 아니며 20×2년 중 중요한 환율변동은 없다고 가정한다.

물음1 20×2년 중 자본금의 변동은 없었으며, 20×1년 말 원화(₩)로 표시된 재무상태표상 자본금과 이익잉여금은 각각 ₩2,200,000과 ₩830,000이다. 단, 이하에서 사용되는 '환산차이'는 기업의 경영성과와 재무상태를 기능통화가 아닌 표시통화로 환산함에 따라 생기는 외환차이를 의미한다.

(1) (주)한국이 원화(₩)로 표시되는 재무제표를 작성할 때 발생하는 환산차이는 재무제표상 어떤 항목으로 보고되는지 제시하시오.

(2) 20×2년 (주)한국의 원화(₩)로 표시된 재무제표에 보고되는 다음 항목의 금액을 계산하시오. 단, 환산차이의 경우 손실에 해당하면 금액 앞에 (-)를 표시하시오.

순자산	①
자본금	②
이익잉여금	③
환산차이	④

물음2 기능통화의 정의를 제시하고, 보고기업의 기능통화 결정 시 고려할 사항 중 2가지를 제시하시오.

해답　**물음1**　　(1) 표시통화재무제표를 작성할 때 발생하는 환산차이는 기타포괄손익으로 인식한다.

(2) 환산차이

순자산	① ₩3,990,000
자본금	② ₩2,200,000
이익잉여금	③ ₩1,694,000
환산차이	④ ₩96,000

① 순자산: ($1,200 + $1,800 + $2,400 + $600 - $1,000 - $1,200) × ₩1,050 = ₩3,990,000

② 자본금: ₩2,200,000

③ 이익잉여금(기초 + 당기순이익): ₩830,000 + ($3,500 - $2,000 - $700) × ₩1,080 = ₩1,694,000

④ 환산차이: ₩3,990,000 - (₩2,200,000 + ₩1,694,000) = ₩96,000

별해

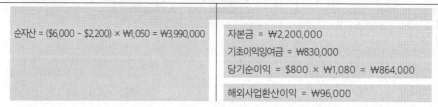

재무상태표

순자산 = ($6,000 - $2,200) × ₩1,050 = ₩3,990,000	자본금 = ₩2,200,000
	기초이익잉여금 = ₩830,000
	당기순이익 = $800 × ₩1,080 = ₩864,000
	해외사업환산이익 = ₩96,000

물음2　　1. **기능통화의 정의**: 기능통화란 영업활동이 이루어지는 주된 경제 환경, 즉 주로 현금을 창출하고 사용하는 환경의 통화를 말한다.

2. 기능통화를 결정할 때는 우선적으로 다음의 사항을 고려한다.

① 재화와 용역의 공급가격에 주로 영향을 미치는 통화(흔히 재화와 용역의 공급가격을 표시하고 결제하는 통화)

② 재화와 용역의 공급가격을 주로 결정하는 경쟁요인과 법규가 있는 국가의 통화

③ 재화를 공급하거나 용역을 제공하는 데 드는 노무원가, 재료원가와 그 밖의 원가에 주로 영향을 미치는 통화(흔히 이러한 원가를 표시하고 결제하는 통화)

해커스 회계사 IFRS 김원종 고급회계

Chapter 09

파생상품

I | 파생상품의 일반론

01 파생상품의 의의

파생상품(Derivatives)은 주식, 채권, 이자율, 환율 등 전통적인 금융상품을 기초자산(Underlying Asset) 또는 기초변수(Underlying Variables)로 하여 기초자산의 가치변동에 따라 가격이 결정되는 금융상품을 말한다. 여기서 기초자산은 주식·채권·이자율·환율 등의 금융상품, 농산물·수산물·축산물 등의 일반상품도 될 수 있으며, 신용위험을 제외한 경제적 현상에 속하는 위험으로서 객관적이고 합리적인 평가방법에 의하여 가격·이자율·단위 등의 산출이나 평가를 할 수 있는 것은 모두 포함된다. 이러한 파생상품을 거래형태에 따라 구분해 보면 선도(Forward Contracts), 선물(Futures), 옵션(Option), 스왑(Swap) 등으로 구분할 수 있다.

K-IFRS에서는 파생상품의 구체적인 회계처리를 별도의 기준서로 규정하지 아니하고, K-IFRS 제1032호 '금융상품 표시', K-IFRS 제1107호 '금융상품 공시', K-IFRS 제1109호 '금융상품'에 파생상품의 회계처리에 내용을 포함하여 규정하고 있다. 따라서 본 장에서는 이 K-IFRS들의 규정에 따라 파생상품의 인식과 측정의 방법, 파생상품의 회계처리 및 위험회피회계의 적용에 대해서 구체적으로 설명하기로 한다.

02 파생상품의 거래형태에 따른 유형

파생상품을 거래형태에 따라 구분해 보면 선도(Forward Contracts), 선물(Futures), 옵션(Option), 스왑(Swap) 등으로 구분할 수 있다. 또한 주식, 채권, 이자율, 환율 등의 다양한 기초변수와 결합될 수 있으며, 파생상품의 특성상 지속적으로 새로운 유형의 파생상품이 개발되고 있다. 또한 파생상품을 기초자산으로 하는 파생상품(옵션선물, 선물옵션, 스왑옵션 등)도 가능하다. 이러한 거래형태에 따른 파생상품들의 정의는 다음과 같다.

> ① 선도: 미래 일정시점에 약정된 가격에 의해 계약상의 특정 대상을 사거나 팔기로 계약당사자 간에 합의한 거래를 말한다.
> ② 선물: 수량·규격·품질 등이 표준화되어 있는 특정 대상에 대하여 현재 시점에서 결정된 가격에 의해 미래 일정시점에 인도·인수할 것을 약정한 계약으로서 조직화된 시장에서 정해진 방법으로 거래되는 것을 말한다.
> ③ 옵션: 계약당사자 간에 정하는 바에 따라 일정한 기간 내에 미리 정해진 가격으로 외화나 유가증권 등을 사거나 팔 수 있는 권리에 대한 계약을 말한다.
> ④ 스왑: 특정 기간 동안에 발생하는 일정한 현금흐름을 다른 현금흐름과 교환하는 연속된 선도거래를 말한다.

전통적인 파생상품은 선도거래에서 발전하였으며 거래형식이 표준화되어 있지 않고 거래당사자들의 협의에 의해 계약규모 및 만기일이 결정이 되었으나, 거래당사자 간의 계약사항이므로 계약불이행 위험(Default Risk)에 노출되는 단점이 존재하였다. 따라서 이를 극복하기 위하여 장외시장에서 거래되는 선도거래를 조직화된 장내시장에서 표준화된 방법으로 거래하게 만든 것이 선물이다. 또한 금융기법이 발전함에 따라 옵션, 스왑 등 새로운 파생상품들이 지속적으로 개발되고 있다.

이러한 거래형태에 따라 구분된 파생상품은 기초변수의 종류에 따라 다시 구분될 수 있다. 기초변수가 주식인 경우 주식선도, 주식선물, 주식옵션(콜옵션, 풋옵션), 주식스왑으로 구분되며, 기초변수가 환율일 경우는 통화선도, 통화선물, 통화옵션, 통화스왑 등으로 구분된다. 본 장에서는 선도거래에서 기초변수가 환율인 경우인 통화선도, 스왑거래에서 기초변수가 이자율인 이자율스왑의 회계처리의 내용을 구체적으로 살펴보기로 한다.

🔆 POINT 파생상품의 의의 및 유형

파생상품		주식, 채권, 이자율, 환율 등 전통적인 금융상품을 기초자산 또는 기초변수로 하여 기초자산의 가치변동에 따라 가격이 결정되는 금융상품
거래형태에 따른 유형	선도	미래 일정시점에 약정된 가격에 의해 계약상의 특정 대상을 사거나 팔기로 계약당사자 간에 합의한 거래
	선물	수량·규격·품질 등이 표준화되어 있는 특정 대상에 대하여 현재 시점에서 결정된 가격에 의해 미래 일정시점에 인도·인수할 것을 약정한 계약으로서 조직화된 시장에서 정해진 방법으로 거래되는 것
	옵션	계약당사자 간에 정하는 바에 따라 일정한 기간 내에 미리 정해진 가격으로 외화나 유가증권 등을 사거나 팔 수 있는 권리에 대한 계약
	스왑	특정 기간 동안에 발생하는 일정한 현금흐름을 다른 현금흐름과 교환하는 연속된 선도거래

03 파생상품의 정의

경제학적 용어로서 파생상품(Derivatives)은 주식, 채권, 이자율, 환율 등 전통적인 금융상품을 기초자산(Underlying Asset) 또는 기초변수(Underlying Variables)로 하여 기초자산의 가치변동에 따라 가격이 결정되는 금융상품을 말한다. 그러나 회계학에서는 파생상품의 특성상 새로운 상품이 지속적으로 개발되고 있기 때문에 선도, 선물, 옵션, 스왑 등의 거래형태별 예시주의로 파생상품을 정의하지 않고 파생상품으로 정의되기 위한 특성을 요건화한 요건주의를 채택하고 있다. K-IFRS 제1109호 '금융상품'에서 파생상품을 다음 3가지 특성을 모두 가진 금융상품 또는 기타계약으로 규정하고 있다.

① 기초변수의 변동에 따라 가치가 변동한다. 기초변수는 이자율, 금융상품가격, 일반상품가격, 환율, 가격 또는 비율의 지수, 신용등급이나 신용지수 또는 기타 변수를 말한다. 다만, 비금융변수의 경우에는 계약의 당사자에게 특정되지 아니하여야 한다.
② 최초 계약 시 순투자금액이 필요하지 않거나 시장요소의 변동에 비슷한 영향을 받을 것으로 기대되는 다른 유형의 계약보다 적은 순투자금액이 필요하다.
③ 미래에 결제된다.

따라서 K-IFRS에서 파생상품으로 분류하기 위해서는 위의 3가지 특성을 가지고 있어야 하는데 이를 보다 자세히 설명하기로 한다.

(1) 기초변수의 변동에 따라 가치가 변동

기초변수는 해당 파생상품의 결제금액을 결정하기 위한 변수로서 이자율, 주가, 상품가격, 환율, 각종 지수 등을 예로 들 수 있다. 따라서 이러한 기초변수들의 가치변동에 따라 파생상품의 가치가 변동되는 특성이 있어야 파생상품의 요건을 충족한다. 또한 일반적으로 파생상품은 보통 화폐금액, 주식 수, 무게나 부피의 단위, 계약에서 정해진 그 밖의 단위를 계약단위의 수량(Notional Amount)으로 한다. 그러나 파생상품의 투자자나 발행자가 처음 계약할 때에 계약단위의 수량을 투자하거나 수취하여야 하는 것은 아니다. 기초변수 및 계약단위의 수량을 예로 들면 다음과 같다.

[기초변수 및 계약단위 수량]

파생상품	기초변수	계약단위	수량	계약단위의 수량
US$10,000를 1,000원/$에 매입하기로 한 통화선도계약	환율 (₩/1US$)	US$	10,000	US$10,000
1,000,000원에 대하여 변동이자율을 지급하고 고정이자율을 수취하기로 한 이자율스왑계약	변동이자율	원	1,000,000	1,000,000원
금1,000OZ를 300,000,000원에 구입하기로 한 금선도계약	금의 가격	OZ	1,000	1,000OZ
CD금리선물 2계약	100 - 유통수익률 (연율)	5억원	2	2계약 (또는 10억원)
주가지수선물 3계약	KOSPI200 주가지수	50만원 × KOSPI200 주가지수	3	3계약 (또는 3 × 50만원 × KOSPI200주가지수)

여기서 유의할 점은 비금융변수의 경우에는 계약의 당사자에게 특정되지 아니하여야 한다는 것이다. 이러한 비금융변수에는 특정 지역의 지진손실지수와 특정 도시의 기온지수 등이 포함될 수 있다. 그러나 만약 비금융변수가 계약의 당사자에게 특정된다면 파생상품의 요건을 충족하지 못한다. 계약의 당사자에게 특정된 비금융변수에는 계약당사자의 자산을 소멸되게 하거나 훼손하는 화재의 발생이나 미발생을 예로 들 수 있다. 공정가치가 해당 자산의 시장가격(금융변수)의 변동뿐만 아니라 보유하고 있는 특정 비금융자산의 상태(비금융변수)를 반영한다면, 해당 비금융자산의 공정가치 변동은 소유자에게 특정되는 것이다. 예를 들면, 특정 자동차의 잔존가치를 보증함으로써 보증자가 해당 자동차의 물리적 상태의 변동위험에 노출된다면, 해당 잔존가치의 변동은 자동차 소유자에게 특정되는 것이므로 이는 파생상품의 요건을 충족하지 못한다.

(2) 최초 계약 시 적은 순투자금액

파생상품으로 분류하기 위해서는 최초 계약 시 순투자금액이 필요하지 않거나 시장요소의 변동에 비슷한 영향을 받을 것으로 기대되는 다른 유형의 계약보다 적은 순투자금액이 필요하다. 자산을 직접 보유하지 않고도 기초변수의 가격변동에 참여할 수 있다는 것은 파생상품의 중요한 특성이다. 예를 들어 상품을 직접 구입하는 경우와 해당 상품에 대한 선물계약을 체결하는 경우에 있어 시장가격변동에 따른 손익은 거의 유사하나 전자는 최초 계약 시에 취득원가 상당액만큼의 순투자금액이 필요한 데 반하여 후자의 경우는 최초의 순투자금액이 필요하지 않다는 것이다.

선도계약과 같이 대부분의 파생상품은 최초 계약 시에 순투자금액을 필요로 하지 않는다. 한편, 직접통화스왑의 경우는 최초 계약 시와 만기시점에 해당 통화를 직접 교환해야 하므로 최초 계약 시에 투자가 필요하지만 이 경우에도 교환대상통화의 공정가액차액인 순투자금액은 '₩0'이다. 또한, 옵션의 매입 시에 소요되는 순투자금액(옵션프리미엄)은 옵션대상자산(예 KOSPI200)을 보유하기 위한 투자금액 전액이 아니며 그 금액보다 적은 금액이며, 이는 내재가치 및 시간가치에 대한 보상의 성질을 갖는 투자금액이다.

한편, 선물계약과 거래소에서 거래되는 매도옵션과 같은 파생상품에는 증거금이 필요하다. 그러나 증거금은 파생상품에 대한 최초 계약 시 순투자금액의 일부가 아니다. 증거금은 거래상대방 또는 청산소에 대한 일종의 담보이며, 현금, 유가증권, 그 밖의 유동성이 높은 특정 자산의 형태를 가질 수 있으며, 증거금은 별도로 회계처리가 필요한 별도의 자산이다.

(3) 미래에 결제

파생상품으로 분류되기 위해서는 해당 상품이 현재시점에 결제되는 것이 아니라 미래에 결제되어야 한다. 여기서 유의할 점은 파생상품의 정의는 총액결제 또는 차액결제의 결제방법에 영향을 받지 않는다는 것이다. 즉 차액으로 결제되더라도 위의 3가지 요건을 충족하면 파생상품으로 분류될 수 있다.

> ──┤ 사례 ├──
>
> 예를 들어 ABC사는 XYZ사와 8%의 고정이자금액을 지급하고, 매분기마다 3개월 LIBOR에 기초하는 변동이자금액을 수취하는 이자율스왑계약을 체결하였다. 고정 및 변동금액은 1억원의 명목금액에 기초하여 결정되며, 두 기업이 당해 명목금액을 교환하지는 않는 경우에 ABC사는 매분기에 8%와 3개월 LIBOR의 차이에 기초하여 결정된 순액의 현금을 수수하거나 결제는 총액기준으로 이루어질 수도 있다.

이 계약은 그 가치가 기초변수(LIBOR)의 변동에 따라 변하고, 최초 계약 시 순투자금액이 없으며, 미래에 결제되기 때문에, 총액결제 또는 차액결제와 무관하게 파생상품의 정의를 충족하게 된다.

⚡POINT 파생상품의 정의

다음 3가지 특성을 모두 가진 금융상품 또는 기타계약
① 기초변수의 변동에 따라 가치가 변동한다. 다만, 비금융변수의 경우에는 계약의 당사자에게 특정되지 아니하여야 한다.
② 최초 계약 시 순투자금액이 필요하지 않거나 시장요소의 변동에 비슷한 영향을 받을 것으로 기대되는 다른 유형의 계약보다 적은 순투자금액이 필요하다.
③ 미래에 결제된다. (단, 파생상품의 정의는 총액결제 또는 차액결제의 결제방법에 영향을 받지 않는다)

(1) 비금융항목을 매입하거나 매도하는 경우

비금융항목을 매입하거나 매도하는 계약을 현금이나 다른 금융상품으로 차액결제할 수 있거나 금융상품의 교환으로 결제할 수 있는 경우에는 그 계약을 금융상품으로 본다. 다만 기업이 예상하는 매입, 매도, 사용의 필요에 따라 비금융항목을 수취하거나 인도할 목적으로 체결하여 계속 유지하고 있는 계약에는 K-IFRS 제1109호 '금융상품'을 적용하지 아니한다.

비금융항목을 매입하거나 매도하는 계약을 현금이나 다른 금융상품으로 차액결제할 수 있거나 금융상품의 교환으로 결제할 수 있어 금융상품으로 보는 경우에, 기업이 예상하는 매입, 매도, 사용의 필요에 따라 비금융항목을 수취하거나 인도할 목적으로 그 계약을 체결하더라도, 그 계약을 당기손익-공정가치 측정 항목으로 지정할 수 있다. 이러한 지정은 계약의 최초 인식시점에만 가능하며, 이렇게 지정하지 않는다면 K-IFRS 제1109호 '금융상품'의 적용범위에서 제외되어 해당 계약을 인식하지 않기 때문에 발생하는 '회계불일치'를 제거하거나 유의적으로 줄이는 경우에만 가능하다.

(2) 대출약정

대출약정(Loan Commitment) 미리 정한 조건에 따라 신용을 제공하는 확정계약이다. 즉, 사실상 이러한 대출약정은 잠재적 차입자가 특정 이자율로 차입할 수 있게 하는, 발행한 옵션(Written Option)이다. 이는 확정기간에 특정 이자율로 대여하기로 한 약정이 파생상품의 정의를 충족하나, 파생상품으로 회계처리하면 대출약정을 공정가치로 회계처리해야 하는 문제가 발생한다. 따라서 K-IFRS에서는 대출약정의 보유자와 발행자의 회계처리를 간편하게 하기 위하여 특정 대출약정을 공정가치 측정 대상의 적용범위에서 제외한다.

그러나 K-IFRS에서는 대출약정의 최초 발생 시에 대출약정을 당기손익-공정가치 측정 금융부채로 지정하여 공정가치의 변동을 당기손익에 반영하는 것을 허용하고 있다. 예를 들어, 대출약정과 관련한 위험 익스포저를 공정가치 기준으로 관리하는 경우 이러한 회계처리가 적절할 수 있다.

현금으로 차액결제할 수 있거나 다른 금융상품을 인도하거나 발행하여 결제할 수 있는 대출약정은 파생상품이다. 왜냐하면 대출약정으로 생긴 자산을 최초 발생 후 단기간에 매도한 과거 실무 관행이 있는 경우를 포함하여, 대출약정의 가치를 현금이나 다른 금융상품으로 차액결제할 수 있다면, 파생상품의 정의를 충족하기 때문이다.

(3) 정형화된 매매거래

정형화된 매매거래는 거래소시장 또는 장외시장에서 매매계약 체결 후 해당 시장규정에 따라 일정기간 내에(일반적으로 계약체결일로부터 3영업일) 결제가 이루어지는 정형화된 유가증권 거래를 말한다. 정형화된 매매거래는 매매일과 결제일 사이에 거래가격을 고정하는 거래이며 파생상품의 정의를 충족하나 계약기간이 짧기 때문에 파생금융상품으로 인식하지 않는다.

⚡POINT **파생상품의 정의와 관련된 특수상황**

비금융항목을 매입하거나 매도하는 계약	① 비금융항목을 매입하거나 매도하는 계약을 현금이나 다른 금융상품으로 차액결제할 수 있거나 금융상품의 교환으로 결제할 수 있는 경우에는 그 계약을 금융상품으로 봄 ② 기업이 예상하는 매입, 매도, 사용의 필요에 따라 비금융항목을 수취하거나 인도할 목적으로 체결하여 계속 유지하고 있는 계약에는 K-IFRS 제1109호 '금융상품'을 적용하지 아니함 ③ 비금융항목을 매입하거나 매도하는 계약을 현금이나 다른 금융상품으로 차액결제할 수 있거나 금융상품의 교환으로 결제할 수 있어 금융상품으로 보는 경우에, 기업이 예상하는 매입, 매도, 사용의 필요에 따라 비금융항목을 수취하거나 인도할 목적으로 그 계약을 체결하더라도, 그 계약을 당기손익-공정가치 측정 항목으로 지정할 수 있음
대출약정	① 대출약정은 잠재적 차입자가 특정 이자율로 차입할 수 있게 하는, 발행한 옵션임 ② K-IFRS에서는 대출약정의 보유자와 발행자의 회계처리를 간편하게 하기 위하여 특정 대출약정을 공정가치 측정 대상의 적용범위에서 제외함 ③ 대출약정의 최초 발생 시에 대출약정을 당기손익-공정가치 측정 금융부채로 지정하여 공정가치의 변동을 당기손익에 반영하는 것을 허용함 ④ 현금으로 차액결제할 수 있거나 다른 금융상품을 인도하거나 발행하여 결제할 수 있는 대출약정은 파생상품임
정형화된 매매거래	정형화된 매매거래는 매매일과 결제일 사이에 거래가격을 고정하는 거래이며 파생상품의 정의를 충족하나 계약기간이 짧기 때문에 파생금융상품으로 인식하지 않음

05 내재파생상품

(1) 내재파생상품의 정의

내재파생상품(Embedded Derivative)이란 파생상품이 아닌 주계약을 포함하는 복합상품의 구성요소로, 복합상품의 현금흐름 중 일부를 독립적인 파생상품의 경우와 비슷하게 변동시키는 효과를 가져오는 금융상품을 말한다. 내재파생상품은 내재파생상품이 포함되지 않았을 경우의 계약에 따른 현금흐름의 전부나 일부를 특정된 이자율, 금융상품가격, 일반상품가격, 환율, 가격 또는 비율의 지수, 신용등급이나 신용지수 또는 그 밖의 변수에 따라 변동시킨다. 이때 해당 변수가 비금융변수인 경우는 계약의 당사자에게 특정되지 않아야 한다. 특정 금융상품에 부가되어 있더라도, 계약상 해당 금융상품과는 독립적으로 양도할 수 있거나 해당 금융상품과는 다른 거래상대방이 있는 파생상품은 내재파생상품이 아니며, 별도의 금융상품이다.

내재파생상품의 가장 대표적인 사례는 전환사채의 보유자 입장에서 전환사채에 포함된 전환권(콜옵션)과 신주인수권부사채의 보유자 입장에서 신주인수권부사채에 포함된 신주인수권(콜옵션)을 들 수 있다.

(2) 금융자산이 주계약인 복합계약

복합계약이 K-IFRS 제1109호 '금융상품'의 적용범위에 포함되는 자산을 주계약으로 포함하는 경우에는 해당 복합계약 전체에 대해 현금흐름의 특성과 사업모형에 따라 상각후원가측정금융자산, 당기손익공정가치측정금융자산, 기타포괄손익공정가치측정금융자산으로 분류한다.

기업이 전환사채 또는 신주인수권부사채를 투자하여 보유하고 있는 경우에 주계약인 사채와 내재파생상품인 전환권 또는 신주인수권을 보유하고 있는 것이다. 그러나 앞서 설명한 대로 복합계약이 K-IFRS 제1109호 '금융상품'의 적용범위에 포함되는 자산을 주계약으로 포함하는 경우에는 해당 복합계약 전체에 대해 현금흐름의 특성과 사업모형에 따라 당기손익공정가치측정금융자산, 기타포괄손익공정가치측정금융자산으로 분류한다. 따라서 전환사채 또는 신주인수권부사채를 투자하여 보유하고 있는 경우에는 복합금융상품 전체에 대해 공정가치변동분을 당기손익 또는 기타포괄손익으로 인식하며, 내재파생상품을 분리하지 않는다.

(3) 그 밖의 복합계약

복합계약이 K-IFRS 제1109호 '금융상품'의 적용범위에 포함되는 자산이 아닌 주계약을 포함하는 경우에는 다음을 모두 충족하는 경우에만 내재파생상품을 주계약과 분리하여 이 기준서에 따른 파생상품으로 회계처리한다.

> ① 내재파생상품의 경제적 특성·위험이 주계약의 경제적 특성·위험과 밀접하게 관련되어 있지 않다.
> ② 내재파생상품과 조건이 같은 별도의 금융상품이 파생상품의 정의를 충족한다.
> ③ 복합계약의 공정가치 변동을 당기손익으로 인식하지 않는다. (당기손익공정가치측정금융부채에 내재된 파생상품은 분리하지 아니한다)

내재파생상품을 분리한 이후, 주계약은 적절한 기준서에 따라 회계처리하며, 내재파생상품은 매매목적이나 위험회피회계를 적용하면 된다. 만약, 주계약과 분리하여야 하는 내재파생상품을 취득시점이나 그 후의 재무보고일에 주계약과 분리하여 측정할 수 없는 경우에는 복합계약 전체를 당기손익-공정가치측정 항목으로 지정한다.

⚡ POINT 내재파생상품

내재파생상품	① 파생상품이 아닌 주계약을 포함하는 복합상품의 구성요소로, 복합상품의 현금흐름 중 일부를 독립적인 파생상품의 경우와 비슷하게 변동시키는 효과를 가져오는 금융상품 ② 특정 금융상품에 부가되어 있더라도, 계약상 해당 금융상품과는 독립적으로 양도할 수 있거나 해당 금융상품과는 다른 거래상대방이 있는 파생상품은 내재파생상품이 아니며, 별도의 금융상품임
금융자산이 주계약인 복합계약	① 해당 복합계약 전체에 대해 현금흐름의 특성과 사업모형에 따라 상각후원가측정금융자산, 당기손익공정가치측정금융자산, 기타포괄손익공정가치측정금융자산으로 분류 ② 전환사채 투자자: 복합금융상품 전체에 대해 공정가치변동분을 당기손익 또는 기타포괄손익으로 인식하며, 내재파생상품을 분리하지 않음 ③ 신주인수권부사채 투자자: 복합금융상품 전체에 대해 공정가치변동분을 당기손익 또는 기타포괄손익으로 인식하며, 내재파생상품을 분리하지 않음
그 밖의 복합계약	다음을 모두 충족하는 경우에만 내재파생상품을 주계약과 분리하여 파생상품으로 회계처리함 ① 내재파생상품의 경제적 특성·위험이 주계약의 경제적 특성·위험과 밀접하게 관련되어 있지 않음 ② 내재파생상품과 조건이 같은 별도의 금융상품이 파생상품의 정의를 충족함 ③ 복합계약의 공정가치 변동을 당기손익으로 인식하지 않음

Ⅱ | 파생상품의 인식과 측정

01 파생상품의 거래목적

기업이 파생상품을 거래하는 목적은 매매목적과 위험회피목적으로 구분할 수 있다.

(1) 매매목적

매매목적(For Trading)은 위험회피목적이 아닌 모든 파생상품의 거래목적을 말한다. 따라서 매매목적은 파생상품자체의 가격의 변동을 예측하여, 위험을 부담하고 가격변동에 따른 시세차익을 목적으로 파생상품을 거래한 것을 일컫는다. K-IFRS에서는 다음 중 하나에 해당하는 금융자산이나 금융부채를 단기매매항목으로 정의하고 있다.

> ① 주로 단기간에 매각하거나 재매입할 목적으로 취득하거나 부담한다.
> ② 최초 인식시점에 공동으로 관리하는 특정 금융상품 포트폴리오의 일부로 운용 형태가 단기적 이익 획득 목적이라는 증거가 있다.
> ③ 파생상품이다. (다만 금융보증계약인 파생상품이나 위험회피수단으로 지정되고 위험회피에 효과적인 파생상품은 제외한다)

따라서 위험회피목적인 아닌 매매목적으로 분류된 파생상품은 공정가치로 측정하고 공정가치변동분을 당기손익으로 인식하여 회계처리한다.

(2) 위험회피목적

위험회피목적(For Hedge)은 위험회피대상항목의 공정가치 또는 미래현금흐름 변동을 부분적 또는 전체적으로 상쇄하기 위해 위험회피수단으로 파생상품을 거래하는 것을 말한다. 이러한 위험회피관계에는 공정가치위험회피, 현금흐름위험회피 및 해외사업장순투자의 위험회피로 구분된다.

① 공정가치위험회피

공정가치위험회피(Fair Value Hedge)란 특정 위험에 기인하고 당기손익에 영향을 줄 수 있는 것으로서, 인식된 자산이나 부채 또는 인식되지 않은 확정계약 또는 이러한 항목의 구성요소의 공정가치 변동 익스포저에 대한 위험회피를 말한다.

② 현금흐름위험회피

현금흐름위험회피(Cash Flow Hedge)란 특정 위험에 기인하고 당기손익에 영향을 줄 수 있는 것으로서, 인식된 자산이나 부채(예 변동금리부 채무상품의 미래이자지급액의 전체나 일부) 또는 발생 가능성이 매우 큰 예상거래의 현금흐름 변동 익스포저에 대한 위험회피를 말한다.

③ 해외사업장순투자의 위험회피

해외사업장순투자의 위험회피(Hedge for A Net Investment in A Foreign Operation)란 해외사업장의 순자산에 대한 보고기업의 지분해당액을 지배기업의 표시통화로 재무제표를 환산하는 과정에 발생하는 환율변동위험을 회피하기 위하여 파생상품을 사용하는 위험회피를 말한다.

여기서 위험회피대상항목(Hedged Items)은 공정가치 변동위험에 노출된 자산과 부채, 확정계약과 미래현금흐름 변동위험에 노출된 예상거래 및 해외사업장순투자를 말하며, 위험회피수단(Hedged Instruments)은 해당 위험회피수단의 공정가치 또는 미래현금흐름 변동이 위험회피대상항목의 가격변동 또는 미래현금흐름 변동과 반대로 움직일 것으로 예상되는 파생상품 및 비파생상품을 말한다. 만약 기업이 위험회피목적으로 파생상품을 보유하고 있다면 매매목적의 회계처리가 아닌 위험회피회계를 적용해야 한다.

⚡POINT 파생상품의 거래목적

매매목적	파생상품자체의 가격의 변동을 예측하여, 위험을 부담하고 가격변동에 따른 시세차익을 목적으로 파생상품을 거래한 것
위험회피목적	특정 위험에 기인하고 당기손익에 영향을 줄 수 있는 것으로서, 인식된 자산이나 부채 또는 발생가능성이 매우 큰 예상거래의 현금흐름 변동 익스포저에 대한 위험회피 ① 공정가치위험회피: 특정 위험에 기인하고 당기손익에 영향을 줄 수 있는 것으로서, 인식된 자산이나 부채 또는 인식되지 않은 확정계약 또는 이러한 항목의 구성요소의 공정가치 변동 익스포저에 대한 위험회피 ② 현금흐름위험회피: 특정 위험에 기인하고 당기손익에 영향을 줄 수 있는 것으로서, 인식된 자산이나 부채 또는 발생가능성이 매우 큰 예상거래의 현금흐름 변동 익스포저에 대한 위험회피 ③ 해외사업장순투자의 위험회피: 해외사업장의 순자산에 대한 보고기업의 지분해당액을 지배기업의 표시통화로 재무제표를 환산하는 과정에 발생하는 환율변동위험을 회피하기 위하여 파생상품을 사용하는 위험회피

02 파생상품의 인식과 측정

(1) 파생상품의 최초인식

금융자산이나 금융부채는 금융상품의 계약당사자가 되는 때에만 재무상태표에 인식한다. 따라서 파생상품도 최초로 인식하는 때에, 파생상품 계약에 따라 발생한 권리와 의무를 공정가치로 측정하여 자산과 부채를 재무상태표에 인식한다.

왜냐하면 파생상품이 그 포지션에 따라 결제시점에서 현금유입을 가져올 수 있는 것은 미래경제적효익에 대한 권리로서 일반적인 자산계상의 요건을 충족하는 것이며, 반대로 결제시점에서 현금지출을 수반하게 되는 것은 미래에 자산을 희생해야 하는 의무로서 일반적인 부채계상의 요건을 충족하는 것이기 때문이다. 또한 자산이나 부채로 재무제표에 계상하여야 할 금액은 계약금액(또는 계약단위의 수량)이 아니라 공정가액(예를 들면 차액결제금액)을 의미하는 것이다. 따라서, 자산 또는 부채를 동시에 총액으로 계상해서는 안 되며 순액으로 계상하여야 한다.

(2) 파생상품의 후속측정

모든 파생상품은 최초인식 후에 공정가치로 측정하여야 한다. 이때, 공정가치란 측정일에 시장참여자 사이의 정상거래에서 자산을 매도할 때 받거나 부채를 이전할 때 지급하게 될 가격을 말한다. 따라서 파생상품의 거래목적에 따라 매매목적의 파생상품은 공정가치로 측정하고 공정가치변동분을 당기손익으로 인식하여 회계처리한다. 한편, 위험회피목적의 파생상품은 공정가치로 측정하고 공정가치변동분을 당기손익으로 인식한다. 단, 현금흐름 위험회피수단 및 해외사업장순투자의 위험회피수단으로 지정된 파생상품의 공정가치 변동분 중에 위험회피에 효과적인 부분은 기타포괄손익으로 인식하고, 효과적이지 않은 부분은 당기손익으로 인식해야 한다.

⚡ POINT 파생상품의 인식과 측정

최초인식	① 파생상품도 최초로 인식하는 때에, 파생상품 계약에 따라 발생한 권리와 의무를 공정가치로 측정하여 자산과 부채를 재무상태표에 인식함 ② 자산 또는 부채를 동시에 총액으로 계상해서는 안 되며 순액으로 계상함
후속측정	① 모든 파생상품은 최초인식 후에 공정가치로 측정함 ② 매매목적의 파생상품은 공정가치로 측정하고 공정가치변동분을 당기손익으로 인식함 ③ 현금흐름 위험회피수단 및 해외사업장순투자의 위험회피수단으로 지정된 파생상품의 공정가치 변동분 중에 위험회피에 효과적인 부분은 기타포괄손익으로 인식하고, 효과적이지 않은 부분은 당기손익으로 인식함

Ⅲ | 파생상품의 회계처리

01 매매목적의 파생상품

파생상품의 회계처리는 앞에서 언급한 파생상품을 거래하는 목적에 따라 매매목적 파생상품과 위험회피목적 파생상품으로 구분된다. K-IFRS에서는 위험회피목적이 아닌 파생상품을 단기매매항목으로 정의하고 있으므로 매매목적의 회계처리는 당기손익공정가치측정금융자산 또는 당기손익공정가치측정금융부채의 회계처리와 동일하다. 그러나 위험회피목적 파생상품의 경우에는 그 위험회피목적에 따라서 그 회계처리가 달라진다. 본 절에서는 파생상품을 거래하는 목적에 따라 매매목적의 파생상품, 공정가치위험회피목적의 파생상품, 현금흐름위험회피목적의 파생상품 및 해외사업장순투자의 파생상품을 차례로 살펴보기로 한다. 또한, 각 예제는 선도거래 또는 통화선도의 사례를 통하여 설명하기로 한다.

매매목적(For Trading)은 위험회피목적이 아닌 모든 파생상품의 거래목적을 말한다. 따라서 매매목적은 파생상품자체의 가격의 변동을 예측하여, 위험을 부담하고 가격변동에 따른 시세차익을 목적으로 파생상품을 거래한 것을 일컫는다. K-IFRS 제1109호 '금융상품'에서는 위험회피목적이 아닌 모든 파생상품은 단기매매항목으로 정의하고 있다. 따라서 위험회피목적인 아닌 매매목적으로 분류된 파생상품은 공정가치로 측정하고 공정가치변동분을 당기손익으로 인식하여 회계처리해야 한다.

만약, 통화선도거래의 공정가치를 산정하는 경우는 잔여만기가 동일한 통화선도환율(Forward Exchange Rate)을 기준으로 하여 산정하며, 이에 따른 공정가치는 해당 통화선도환율 변동액을 잔여만기에 대하여 적절한 이자율로 할인하여 산정해야 한다.

> ⊘ 참고 **통화선도환율과 할인율**
>
> 통화선도환율은 주요 금융기관이 제시하는 통화선도환율을 참고로 하여 금융결제원 자금중개실이 보고기간 종료일에 고시하는 원화 대 미달러화 간 통화선도환율 및 이러한 원화 대 미달러화 간 통화선도환율과 미달러화 대 기타통화 간 통화선도환율을 재정한 원화 대 기타통화 간 통화선도환율을 사용한다.
>
> 통화선도환율변동액은 만기시점의 현금흐름이므로 현재시점의 공정가액을 구하기 위해서는 이를 적절한 할인율로 할인해야 한다. 이 경우 적절한 할인율은 통화선도계약당사자의 신용위험이 반영된 이자율이어야 하나 실무적 적용가능성을 고려하여 계약당사자의 동일신용위험을 가정한 이자율을 사용할 수도 있다. 예를 들어 통화선도계약당사자에 대하여 우대금리 수준의 위험을 가정한다면 원화 대 외화 거래의 경우 주거래은행의 우대금리를 적절한 할인율로 사용할 수 있는 것이다.

매매목적의 파생상품의 회계처리를 예시하면 다음과 같다.

구분	회계처리			
① 계약체결시점	N/A			
② 기말시점	(차) 파생상품	×××	(대) 파생상품평가이익(NI)	×××
③ 결제시점	(차) 현금	×××	(대) 파생상품	×××
	파생상품거래손실(NI)	×××		

① 매매목적으로 분류된 파생상품은 공정가치로 측정하고 공정가치변동분을 당기손익으로 인식함
② 통화선도거래의 공정가치를 산정하는 경우는 잔여만기가 동일한 통화선도환율을 기준으로 하여 산정하며, 이에 따른 공정가치는 해당 통화선도환율 변동액을 잔여만기에 대하여 적절한 이자율로 할인하여 산정함

예제 1 매매목적 파생상품: 통화선도

12월 말 결산법인인 A회사는 20×1년 10월 1일에 통화선도의 계약을 체결하였다. 통화선도와 관련된 계약내용은 다음과 같다.

(1) 통화선도계약정보
- 계약체결일: 20×1년 10월 1일
- 계약기간: 6개월(20×1. 10. 1. ~ 20×2. 3. 31.)
- 계약조건: $1,000을 ₩1,000/$(통화선도환율)에 매입함

(2) 환율정보

일자	현물환율(₩/$)	통화선도환율(₩/$)
20×1. 10. 1.	1,020	1,000(만기 6개월)
20×1. 12. 31.	1,130	1,100(만기 3개월)
20×2. 3. 31.	1,200	–

물음 1 A회사가 $의 가치가 상승할 것으로 판단하여 투기목적으로 통화선도계약을 체결하였다면, 각 일자에 수행할 회계처리를 나타내시오. 단, 현재가치의 평가는 생략하기로 한다.

물음 2 A회사의 통화선도계약이 20×1년도와 20×2년도 당기손익에 미치는 영향을 계산하시오.

물음 3 10%의 현가계수가 $1/(1.1)^{90/365} = 0.97677$이라면 현재가치를 고려하여 A회사가 수행할 회계처리를 나타내시오.

해답 물음1

일자	회계처리
20×1. 10. 1.	N/A
20×1. 12. 31.	(차) 통화선도자산　　　　100,000[1)]　　(대) 통화선도평가이익(NI)　100,000 [1)] $1,000 × (₩1,100 - ₩1,000) = ₩100,000
20×2. 3. 31.	(차) 현금($)　　　　　1,200,000[1)]　　(대) 현금(₩)　　　　　　1,000,000 　　　　　　　　　　　　　　　　　　　통화선도자산　　　　100,000 　　　　　　　　　　　　　　　　　　　통화선도거래이익(NI)　100,000[2)] [1)] $1,000 × ₩1,200 = ₩1,200,000 [2)] $1,000 × (₩1,200 - ₩1,100) = ₩100,000

물음2

① 20×1년 통화선도평가이익: $1,000 × (₩1,100 - ₩1,000) = ₩100,000
② 20×2년 통화선도거래이익: $1,000 × (₩1,200 - ₩1,100) = ₩100,000

별해

일자	통화선도환율	당기손익(I/S)
20×1. 10. 1.	① ₩1,000	
		20×1: ₩100 × $1,000 = ₩100,000(파생상품평가이익)
20×1. 12. 31.	② ₩1,100	
		20×2: ₩100 × $1,000 = ₩100,000(파생상품거래이익)
20×2. 3. 31.	③ ₩1,200	

물음3

일자	회계처리
20×1. 10. 1.	N/A
20×1. 12. 31.	(차) 통화선도자산　　　　97,677[1)]　　(대) 통화선도평가이익(NI)　97,677 [1)] $1,000 × (₩1,100 - ₩1,000) × 0.97677 = ₩97,677
20×2. 3. 31.	(차) 현금($)　　　　　1,200,000[1)]　　(대) 현금(₩)　　　　　　1,000,000 　　　　　　　　　　　　　　　　　　　통화선도자산　　　　97,677 　　　　　　　　　　　　　　　　　　　통화선도거래이익(NI)　102,323[2)] [1)] $1,000 × ₩1,200 = ₩1,200,000 [2)] $1,000 × (₩1,200 - ₩1,000) - 97,677 = ₩102,323

해설 물음1 과 물음3 의 회계처리에서 보듯이 통화선도거래의 공정가치를 측정함에 있어 현재가치를 고려한 경우와 고려하지 않은 경우의 두 보고기간 동안 회사가 인식할 총 손익효과는 ₩200,000으로 동일하며, 손익의 귀속시기만 차이가 난다.

02 위험회피회계

(1) 위험회피회계의 목적과 적용범위

위험회피회계의 목적은 당기손익(또는 지분상품 투자의 공정가치의 변동을 기타포괄손익에 표시하기로 선택한 경우에는 기타포괄손익)에 영향을 미칠 수 있는 특정 위험으로 생긴 익스포저를 관리하기 위하여 금융상품을 활용하는 위험관리 활동의 효과를 재무제표에 반영하는 것이다. 즉, 위험회피대상항목과 위험회피수단 사이에 위험회피관계가 설정된 이후에는 이러한 위험회피활동이 재무제표에 적절히 반영될 수 있도록 해당 위험회피대상항목 및 위험회피수단에 대하여 기존의 회계처리기준과는 다른 별도의 회계처리방법을 적용하도록 하는 것을 말한다. 위험회피활동으로 인하여 공정가치 또는 현금흐름의 변동위험이 상계되었음에도 불구하고 일반적인 회계원칙을 적용하는 경우, 이러한 위험회피활동이 재무제표에 적절히 반영되지 못하는 경우가 발생할 수 있다. 위험회피회계는 이러한 문제점을 해결하기 위한 것이며, 이를 위해서는 기존의 회계처리방법과는 다른 회계처리방법을 적용하도록 해야 한다. 이러한 의미에서 위험회피회계를 특별회계라고도 한다.

> **⚡ POINT** 위험회피회계의 목적
>
> 당기손익(또는 지분상품 투자의 공정가치의 변동을 기타포괄손익에 표시하기로 선택한 경우에는 기타포괄손익)에 영향을 미칠 수 있는 특정 위험으로 생긴 익스포저를 관리하기 위하여 금융상품을 활용하는 위험관리 활동의 효과를 재무제표에 반영하는 것

(2) 위험회피회계의 적용조건

다음의 조건을 모두 충족하는 위험회피관계에 대해서만 위험회피회계를 적용할 수 있다.

> (1) 위험회피관계는 적격한 위험회피수단과 적격한 위험회피대상항목으로만 구성된다.
> (2) 위험회피의 개시시점에 위험회피관계와 위험회피를 수행하는 위험관리의 목적과 전략을 공식적으로 지정하고 문서화한다. 이 문서에는 위험회피수단, 위험회피대상항목, 회피대상위험의 특성과 위험회피관계가 위험회피효과에 대한 요구사항을 충족하는지를 평가하는 방법(위험회피의 비효과적인 부분의 원인 분석과 위험회피비율의 결정 방법 포함)이 포함되어야 한다.
> (3) 위험회피관계는 다음의 위험회피효과에 관한 요구사항을 모두 충족한다.
> ① 위험회피대상항목과 위험회피수단 사이에 경제적 관계가 있다.
> ② 신용위험의 효과가 위험회피대상항목과 위험회피수단의 경제적 관계로 인한 가치 변동보다 지배적이지 않다.
> ③ 위험회피관계의 위험회피비율은 기업이 실제로 위험을 회피하는 위험회피대상항목의 수량과 위험회피대상항목의 수량의 위험을 회피하기 위해 기업이 실제 사용하는 위험회피수단의 수량의 비율과 같다.

① 적격한 위험회피수단과 적격한 위험회피대상항목

위험회피를 적용하기 위해서는 [보론 1]에서 설명할 위험회피대상항목으로 지정할 수 있는 항목과 위험회피수단으로 지정할 수 있는 항목으로 구성되어야 한다.

② 문서화

위험회피의 개시시점에 위험회피관계와 위험회피를 수행하는 위험관리의 목적과 전략을 공식적으로 지정하고 문서화(Documentation)해야 위험회피회계를 적용할 수 있다.

> ⊘ 참고 **문서화**
>
> 파생상품은 그 보유목적인 매매목적, 공정가치위험회피, 현금흐름위험회피에 따라 당기손익과 기타포괄손익으로 인식할 금액의 차이가 존재하기 때문에 경영자의 자의적인 의도로 이익조작을 방지하기 위하여 위험회피 개시시점에 문서화하도록 요구하고 있다. 위험회피관계의 문서화에는 위험회피효과를 평가하기 위해 사용하는 방법을 포함해 위험회피효과에 관한 요구사항을 어떻게 평가할 것인지를 포함하며, 위험회피관계의 문서화는 평가방법의 변경에 따라 갱신되어야 한다.

③ 위험회피대상항목과 위험회피수단 사이의 경제적 관계

경제적 관계(Economic Relationship)가 존재한다는 것은 위험회피수단과 위험회피대상항목이 같은 위험, 즉 회피대상위험으로 인하여 일반적으로 반대 방향으로 변동하는 가치를 가지고 있다는 것을 의미한다. 따라서 위험회피수단의 가치와 위험회피대상항목의 가치는 같은 기초변수 또는 회피대상위험에 비슷하게 반응하는 경제적으로 관련되어 있는 기초변수들(예 브렌트 원유와 WTI 원유)의 움직임에 반응하여 체계적으로 변동할 것이라고 예상할 수 있어야 한다.

④ 신용위험의 효과

신용위험의 효과(Effect of Credit Risk)는 위험회피수단과 위험회피대상항목 사이에 경제적 관계가 있더라도 상계의 정도는 일정하지 않을 수 있다는 것을 의미한다. 위험회피수단이나 위험회피대상항목의 신용위험의 변동이 매우 커서 신용위험이 경제적 관계로 인한 가치 변동보다 영향이 지배적인 경우에는 위험회피회계를 적용할 수 없다. 이것은 위험회피수단이나 위험회피대상항목의 신용위험의 변동이 매우 커서 신용위험이 경제적 관계로 인한 가치 변동보다 영향이 지배적인 경우 발생할 수 있다. 지배적인지를 결정하는 규모의 수준은 기초변수의 변동이 유의적인 경우에도 신용위험으로부터의 손실이 위험회피수단이나 위험회피대상항목의 가치에 기초변수의 변동이 미치는 영향을 압도하는 것을 말한다.

⑤ 위험회피비율

위험회피비율(Hedge Ratio)이란 상대적인 가중치로 표현되는 위험회피대상항목과 위험회피수단 각각의 수량 사이의 관계를 말한다. 위험회피관계의 위험회피비율은 실제로 위험회피를 하는 위험회피대상항목의 수량과 기업이 그 수량을 위험회피하기 위해 사용하는 위험회피수단의 수량에 따른 위험회피비율과 같아야 한다. 따라서 만일 위험회피대상항목의 익스포저 중 100% 미만(예 85%)을 위험회피한다면 그 익스포저의 85%와 이 85%를 위험회피하기 위해 실제로 사용하는 위험회피수단의 수량에 따른 위험회피비율과 같은 위험회피비율을 사용하여 위험회피관계를 지정한다. 이와 유사하게, 금융상품 40단위의 명목금액을 사용하여 익스포저를 위험회피한다면 40단위의 수량과 40단위로 실제로 위험회피를 하는 위험회피대상항목의 수량에 기초한 위험회피비율을 사용하여 위험회피관계를 지정한다.

⑥ 위험회피효과 요구사항을 충족하는지를 평가하는 빈도

위험회피관계가 위험회피효과의 요구사항을 충족하는지 여부는 위험회피관계의 개시시점부터 지속적으로 평가한다. 이러한 지속적인 평가는 최소한 매 보고일이나 위험회피효과에 관한 요구사항에 영향을 미치는 상황의 유의적 변동이 있는 시점 중에서 이른 날에 수행한다. 이러한 평가는 위험회피효과에 관한 예상과 관련되므로 전진적으로만 수행한다.

다음의 조건을 모두 충족하는 위험회피관계에 대해서만 위험회피회계를 적용함
(1) 위험회피관계는 적격한 위험회피수단과 적격한 위험회피대상항목으로만 구성됨
(2) 위험회피의 개시시점에 위험회피관계와 위험회피를 수행하는 위험관리의 목적과 전략을 공식적으로 지정하고 문서화함
(3) 위험회피관계는 다음의 위험회피효과에 관한 요구사항을 모두 충족함
　① 위험회피대상항목과 위험회피수단 사이에 경제적 관계가 있음
　② 신용위험의 효과가 위험회피대상항목과 위험회피수단의 경제적 관계로 인한 가치 변동보다 지배적이지 않음
　③ 위험회피관계의 위험회피비율은 기업이 실제로 위험을 회피하는 위험회피대상항목의 수량과 위험회피대상항목의 수량의 위험을 회피하기 위해 기업이 실제 사용하는 위험회피수단의 수량의 비율과 같음

(3) 위험회피관계의 재조정과 위험회피비율의 변동

위험회피관계가 위험회피비율과 관련된 위험회피 효과성의 요구사항을 더는 충족하지 못하지만 지정된 위험회피관계에 대한 위험관리의 목적이 동일하게 유지되고 있다면, 위험회피관계가 다시 적용조건을 충족할 수 있도록 위험회피관계의 위험회피비율을 조정해야 한다. 즉, 재조정(Rebalancing)은 이미 존재하는 위험회피관계의 위험회피대상항목이나 위험회피수단의 지정된 수량을 위험회피효과에 관한 요구사항에 부합하도록 위험회피비율을 유지하기 위하여 조정하는 것을 말한다. 재조정은 위험회피관계가 지속되는 것으로 회계처리하고, 재조정하는 시점에 위험회피관계에서 위험회피의 비효과적인 부분은 위험회피관계를 조정하기 전에 산정하여 즉시 인식한다.

위험회피관계에 대한 위험관리목적이 바뀌었다면 재조정하는 것이 아니라 그 위험회피관계에 대한 위험회피회계를 중단한다. 이에 불구하고 종전 위험회피관계의 위험회피수단이나 위험회피대상항목을 새로운 위험회피관계에 지정할 수 있으며, 이는 위험회피관계의 지속이 아니라 재시작이다.

위험회피관계를 재조정할 경우 위험회피비율은 다음과 같은 다른 방법으로 조정할 수 있다.

① 위험회피대상항목의 수량 증가나 위험회피대상수단의 수량 감소에 따라 위험회피대상항목의 가중치가 증가(동시에 위험회피수단의 가중치가 감소)할 수 있다.
② 위험회피수단의 수량 증가나 위험회피대상항목의 수량 감소에 따라 위험회피수단의 가중치가 증가(동시에 위험회피대상항목의 가중치가 감소)할 수 있다.

수량의 변동은 위험회피관계의 일부인 수량을 말한다. 따라서 수량의 감소가 반드시 항목이나 거래가 더 이상 존재하지 않거나 더 이상 발생할 것으로 예상되지 않는 것을 의미하는 것은 아니지만, 항목이나 거래가 위험회피관계의 일부가 아니라는 것을 의미한다. 예를 들면, 위험회피수단의 수량 감소는 파생상품은 계속 보유하지만 파생상품의 일부만을 위험회피관계의 위험회피수단으로 유지하는 경우일 수 있다. 이러한 경우는 위험회피관계에서 더 이상 필요 없는 수량을 계속 보유하면서 위험회피수단의 수량을 줄여서만 재조정이 달성될 수 있는 경우에 발생할 수 있다. 그러한 경우에는 위험회피에 지정되지 않은 파생상품의 일부분은 당기손익-공정가치 측정 항목으로 회계처리될 것이다.

① 정의: 재조정은 이미 존재하는 위험회피관계의 위험회피대상항목이나 위험회피수단의 지정된 수량을 위험회피효과에 관한 요구사항에 부합하도록 위험회피비율을 유지하기 위하여 조정하는 것
② 회계처리: 재조정은 위험회피관계가 지속되는 것으로 회계처리하고, 재조정하는 시점에 위험회피관계에서 위험회피의 비효과적인 부분은 위험회피관계를 조정하기 전에 산정하여 즉시 인식함

(4) 위험회피회계의 중단

위험회피수단이 소멸·매각·종료·행사된 경우에 해당하여 위험회피관계가 적용조건을 충족하지 않는 경우에만 전진적으로 위험회피회계를 중단한다. 여기서 유의할 점은 위험회피회계를 위의 사유를 제외하고는 자발적으로 중단할 수는 없다는 것이다. 위험회피회계가 전체적으로 적용조건을 충족하지 못하는 경우에는 위험회피관계 전체를 중단하며, 위험회피관계의 일부만이 적용조건을 더 이상 충족하지 못하는 경우에는 일부 위험회피관계만 중단할 수 있다. 위험회피회계의 일부나 전체가 중단된 종전의 위험회피관계의 위험회피수단이나 위험회피대상항목을 새로운 위험회피관계로 지정할 수 있다. 이는 위험회피관계의 지속이 아니라 재시작이다.

① 정의: 위험회피수단이 소멸·매각·종료·행사된 경우에 해당하여 위험회피관계가 적용조건을 충족하지 않는 경우
② 위험회피수단이 소멸·매각·종료·행사된 경우에 해당하여 위험회피관계가 적용조건을 충족하지 않는 경우에만 전진적으로 위험회피회계를 중단함
③ 위험회피회계가 전체적으로 적용조건을 충족하지 못하는 경우에는 위험회피관계 전체를 중단하며, 위험회피관계의 일부만이 적용조건을 더 이상 충족하지 못하는 경우에는 일부 위험회피관계만 중단할 수 있음

03 공정가치 위험회피회계

파생상품이 앞에서 설명한 위험회피회계의 적용조건을 모두 충족하는 경우에는 위험회피회계를 적용하여야 하며, 그 위험회피의 목적에 따라 공정가치 위험회피회계 또는 현금흐름 위험회피회계를 구분하여 적용해야 한다. 공정가치위험회피(Fair Value Hedge)란 특정 위험에 기인하고 당기손익에 영향을 줄 수 있는 것으로서, 인식된 자산이나 부채 또는 인식되지 않은 확정계약 또는 이러한 항목의 구성요소의 공정가치 변동 익스포저에 대한 위험회피를 말한다. 따라서 위험회피대상항목에서 발생하는 당기손익은 위험회피수단인 파생상품에서 발생하는 평가손익을 반대로 인식하여 공정가치에 대한 변동위험이 당기손익에 미치는 영향을 상쇄시키는 것이다. 일반적인 공정가치 위험회피회계의 회계처리를 예시하면 다음과 같다.

[파생상품평가이익이 발생한 경우]

구분	위험회피대상항목 (자산 또는 부채, 확정계약)		위험회피수단 (파생상품)	
기말시점	(차) 평가손실(NI)	×××	(차) 파생상품자산	×××
	(대) 위험회피대상항목	×××	(대) 파생상품평가이익(NI)	×××

[파생상품평가손실이 발생한 경우]

구분	위험회피대상항목 (자산 또는 부채, 확정계약)		위험회피수단 (파생상품)	
기말시점	(차) 위험회피대상항목	×××	(차) 파생상품평가손실(NI)	×××
	(대) 평가이익(NI)	×××	(대) 파생상품부채	×××

(1) 인식된 자산이나 부채의 공정가치 위험회피회계

인식된 자산이나 부채인 위험회피대상항목과 위험회피수단이 공정가치 위험회피회계의 적용조건을 충족하면 다음과 같이 회계처리한다.

① 위험회피수단

위험회피수단의 손익은 당기손익으로 인식한다. 단, 공정가치의 변동을 기타포괄손익에 표시하기로 선택한 지분상품의 위험회피수단의 손익은 기타포괄손익으로 인식한다.

② 위험회피대상항목

회피대상위험으로 인한 위험회피대상항목의 손익은 위험회피대상항목의 장부금액에서 조정하고 당기손익으로 인식한다. 또한 위험회피대상항목이 채무상품인 기타포괄손익공정가치측정금융자산인 경우에도 회피대상위험으로 인한 위험회피대상항목의 손익은 당기손익으로 인식한다. 만약 위험회피대상항목이 상각후원가측정금융자산인 경우라 하더라도 위험회피회계를 적용하려면 당기손익의 상쇄효과를 위하여 상각후원가측정금융자산의 공정가치변동을 당기손익으로 인식해야 한다.

그러나 위험회피대상항목이 공정가치변동을 기타포괄손익에 표시하기로 선택한 지분상품인 경우에는 그 금액을 기타포괄손익에 남겨둔다. 즉, 기타포괄손익에 표시하기로 선택한 지분상품인 경우에는 위험회피대상항목과 위험회피수단의 손익을 대칭적으로 기타포괄손익으로 인식하여 기타포괄손익에 미치는 영향을 상쇄시키는 것이다.

> ⊘ 참고 **공정가치 위험회피회계의 기타포괄손익공정가치측정금융자산(지분상품)의 적용**
>
> K-IFRS에서는 위험회피대상항목이 공정가치변동을 기타포괄손익에 표시하기로 선택한 지분상품인 경우에는 그 금액을 기타포괄손익에 남겨두도록 규정하고 있다. 왜냐하면 공정가치변동을 기타포괄손익에 표시하기로 선택한 지분상품의 경우 기타포괄손익으로 표시하는 금액은 후속적으로 당기손익으로 재분류하는 것을 금지하고 있기 때문이다. 따라서 처분시점에 당기손익으로 인식할 수 없으므로 위험회피대상항목의 공정가치 변동이 당기손익으로 인식되지 않기 때문에 위험회피효과를 기타포괄손익을 통하여 인식하고자 하는 것이다.

여기서 주의할 점은 인식된 자산이나 부채인 위험회피대상항목이 당기손익으로 인식하는 항목일 경우에는 위험회피회계를 적용하지 않아도 위험회피효과가 인식되므로 위험회피회계를 적용할 필요가 없다는 것이다. 예를 들어, 위험회피대상항목인 외화매출채권(화폐성자산) 또는 외화매입채무(화폐성부채)의 환율변동위험은 위험회피회계를 적용하지 않더라도 해당 위험회피대상항목의 평가손익(외화환산손익)을 인식하므로 공정가치 위험회피회계가 불필요하다. 즉, 위험회피대상항목인 외화매출채권(화폐성자산) 또는 외화매입채무(화폐성부채)의 외화관련손익이 당기손익으로 인식되어 위험회피수단인 통화선도 거래의 평가손익이 계상되는 시기와 일치하므로 위험회피회계가 불필요한 것이다.

⚡POINT 인식된 자산이나 부채의 공정가치 위험회피회계

구분	위험회피대상항목	위험회피수단
원가법 적용 항목	• 공정가치변동분 - 당기손익	• 공정가치변동분 - 당기손익
당기손익인식 공정가치법 적용 항목	• 공정가치변동분 - 당기손익	• 공정가치변동분 - 당기손익 (위험회피회계 불필요)[1]
기타포괄손익인식 공정가치법 적용항목	• 원칙: 공정가치변동분 - 당기손익(채무상품) • 예외: 공정가치변동분 - 기타포괄손익(지분상품)	• 원칙: 공정가치변동분 - 당기손익(채무상품) • 예외: 공정가치변동분 - 기타포괄손익(지분상품)

[1] 예를 들어, 위험회피대상항목인 외화 화폐성자산 또는 외화 화폐성부채의 환율변동위험은 위험회피회계가 불필요하다.

예제 2 공정가치위험회피목적 파생상품: 외화 화폐성자산 또는 부채 & 통화선도

12월 말 결산법인인 A회사는 20×1년 10월 1일에 통화선도의 계약을 체결하였다. 통화선도와 관련된 계약내용은 다음과 같다.

---

(1) 통화선도계약정보
 • 계약체결일: 20×1년 10월 1일
 • 계약기간: 6개월(20×1. 10. 1. ~ 20×2. 3. 31.)
 • 계약조건: $1,000을 ₩1,000/$(통화선도환율)에 매입함
(2) 환율정보

일자	현물환율(₩/$)	통화선도환율(₩/$)
20×1. 10. 1.	1,020	1,000(만기 6개월)
20×1. 12. 31.	1,130	1,100(만기 3개월)
20×2. 3. 31.	1,200	–

물음1 A회사는 20×1. 10. 1.에 재고자산을 $1,000에 매입하여, 20×2. 3. 31.에 구입대금을 지급할 예정이다. A회사가 매입채무의 환율변동위험을 회피하기 위하여 통화선도계약을 체결하였다면, 각 일자에 수행할 회계처리를 나타내시오. 단, 현재가치의 평가는 생략하기로 한다.

물음2 A회사의 재고자산 매입과 통화선도계약이 20×1년도와 20×2년도 당기손익에 미치는 영향을 계산하시오.

해답 **물음 1**

구분	위험회피대상항목 (매입채무)	위험회피수단 (통화선도)
20×1. 10. 1.	(차) 재고자산 1,020,000[1] (대) 매입채무 1,020,000 1) $1,000 × ₩1,020 = ₩1,020,000	N/A

20×1. 12. 31.	(차) 외화환산손실 110,000[1]
	    (대) 매입채무 110,000
	
	1) $1,000 × (₩1,130 − ₩1,020) = ₩110,000
		(차) 통화선도자산 100,000[1]
		    (대) 통화선도평가이익(NI) 100,000
		
		1) $1,000 × (₩1,100 − ₩1,000) = ₩100,000

20×2. 3. 31.	(차) 매입채무 1,130,000[1]
	    외환차손 70,000
	    (대) 현금($) 1,200,000[2]
	
	1) $1,000 × ₩1,130 = ₩1,130,000
	2) $1,000 × ₩1,200 = ₩1,200,000
		(차) 현금($) 1,200,000[1]
		    (대) 현금(₩) 1,000,000
		      통화선도자산 100,000
		      통화선도거래이익(NI) 100,000[2]
		
		1) $1,000 × ₩1,200 = ₩1,200,000
		2) $1,000 × (₩1,200 − ₩1,100) = ₩100,000

물음 2

1. 20×1년도 당기손익에 미치는 영향: ① + ② = ₩(10,000)
   ① 20×1년 외화환산손실: $1,000 × (₩1,130 − ₩1,020) = ₩(110,000)
   ② 20×1년 통화선도평가이익: $1,000 × (₩1,100 − ₩1,000) = ₩100,000

2. 20×2년도 당기손익에 미치는 영향: ① + ② = ₩30,000
   ① 20×2년 외환차손: $1,000 × (₩1,200 − ₩1,130) = ₩(70,000)
   ② 20×2년 통화선도거래이익: $1,000 × (₩1,200 − ₩1,100) = ₩100,000

별해

일자	현물환율	당기손익(I/S)	통화선도환율	당기손익(I/S)
20×1. 10. 1.	₩1,020		₩1,000	
		20×1: ₩(110) × $1,000 = ₩(110,000)(외화환산손실)		20×1: ₩100 × $1,000 = ₩100,000(평가이익)
20×1. 12. 31.	₩1,130		₩1,100	
		20×2: ₩(70) × $1,000 = ₩(70,000)(외환차손)		20×2: ₩100 × $1,000 = ₩100,000(거래이익)
20×2. 3. 31.	₩1,200		₩1,200	

해설   위험회피대상항목인 외화매입채무(화폐성부채)의 환율변동위험은 위험회피회계를 적용하지 않더라도 해당 위험회피대상항목의 평가손익(외화환산손익)을 인식하므로 공정가치 위험회피회계가 불필요하다. 즉, 위험회피대상항목인 외화매입채무(화폐성부채)의 외화관련손익이 당기손익으로 인식되어 위험회피수단인 통화선도거래의 평가손익이 계상되는 시기와 일치하므로 위험회피회계를 적용하지 않아도 된다.

(2) 확정계약

확정계약(Firm Commitment)이란 미래의 특정일에 거래 대상의 특정 수량을 특정 가격으로 교환하기로 하는 구속력 있는 약정을 말한다. 이러한 확정계약의 공정가치위험회피를 하기 위한 수단으로 파생상품을 사용하는 경우에 파생상품의 평가손익이 인식되는 보고기간에 확정계약의 평가손익을 추가로 인식하면 당기순이익에 미치는 영향을 상쇄할 수 있다.

① 위험회피수단

위험회피수단의 손익은 당기손익으로 인식한다.

② 위험회피대상항목

확정계약은 이론적으로 재산의 증가, 감소를 일으키는 사건이 아닌 미이행계약이므로 계약이행시점까지 회계처리를 하지 않는다. 그러나 위험회피 적용조건을 모두 갖추어 위험회피회계를 적용할 수 있는 확정계약인 경우에는 위험회피대상항목의 공정가치 누적변동분을 자산이나 부채로 인식하고, 이에 상응하는 손익은 당기손익으로 인식한다. 공정가치 위험회피회계의 위험회피대상항목이 자산을 취득하거나 부채를 인수하는 확정계약인 경우에는 확정계약을 이행한 결과로 인식하는 자산이나 부채의 최초 장부금액이 재무상태표에 인식된 위험회피대상항목의 공정가치 누적변동분을 포함하도록 조정한다.

③ 확정계약의 외화위험회피

확정계약의 외화위험회피에서 공정가치 위험회피회계나 현금흐름 위험회피회계를 선택적으로 적용할 수 있다. 왜냐하면 확정계약의 외화위험회피에서 통화선도 등을 위험회피수단으로 이용하게 되면 현금흐름위험과 공정가치위험을 모두 회피할 수 있기 때문이다.

✎ 저자 견해 확정계약의 외화위험회피에서 공정가치 측정 시 환율적용

공정가치 위험회피회계를 적용하는 외화위험회피 확정계약의 경우 위험회피대상항목인 확정계약의 공정가치 누적변동분을 자산이나 부채로 인식하고, 이에 상응하는 손익은 당기손익으로 인식하여야 한다. 이때, 현물환율과 선도환율 중 어떠한 환율로 공정가치를 측정할 것인가에 대한 문제가 발생한다. 확정계약의 경우 현재시점에 계약이 이행되는 것이 아니라 미래의 지정된 날짜에 계약이 이행되므로 현물환율이 아니라 선도환율로 공정가치를 평가하며, 확정계약을 현금흐름위험회피로 선택한 경우 위험회피대상항목을 평가할 때도 선도환율을 적용하여 평가하는 것이 이론적으로 타당하다고 생각한다. 따라서 현금흐름위험회피로 지정한 확정계약에서는 위험회피에 비효과적인 부분은 발생할 수 없다는 것이 저자의 견해이다.

⚡ POINT 확정계약의 공정가치 위험회피회계

구분	위험회피대상항목	위험회피수단
확정계약	공정가치변동분 - 당기손익	공정가치변동분 - 당기손익
회계처리	① 위험회피대상항목의 공정가치 누적변동분을 자산이나 부채로 인식하고, 이에 상응하는 손익은 당기손익으로 인식 ② 자산을 취득하거나 부채를 인수하는 확정계약의 최초 장부금액: 재무상태표에 인식된 위험회피대상항목의 공정가치 누적변동분을 포함하도록 조정함	

예제 3 공정가치위험회피목적 파생상품: 확정계약 & 통화선도

12월 말 결산법인인 A회사는 20×1년 10월 1일에 통화선도의 계약을 체결하였다. 통화선도와 관련된 계약내용은 다음과 같다.

(1) 통화선도계약정보
- 계약체결일: 20×1년 10월 1일
- 계약기간: 6개월(20×1. 10. 1. ～ 20×2. 3. 31.)
- 계약조건: $1,000을 ₩1,000/$(통화선도환율)에 매입함

(2) 환율정보

일자	현물환율(₩/$)	통화선도환율(₩/$)
20×1. 10. 1.	1,020	1,000(만기 6개월)
20×1. 12. 31.	1,130	1,100(만기 3개월)
20×2. 3. 31.	1,200	-

물음 1 A회사는 20×2. 3. 31.에 재고자산을 $1,000에 매입하는 확정계약을 20×1. 10. 1.에 체결하였다. A회사가 확정계약에서 발생할 수 있는 환율변동위험을 회피하기 위하여 통화선도계약을 체결하였다면, 각 일자에 수행할 회계처리를 나타내시오. 단, 확정계약은 공정가치 위험회피회계의 조건을 모두 충족하였으며, 현재가치의 평가는 생략하기로 한다.

물음 2 A회사의 확정계약과 통화선도계약이 20×1년도와 20×2년도 당기손익에 미치는 영향을 계산하고, A회사가 20×2. 3. 31.에 재고자산을 구입한 경우 재고자산의 취득원가를 계산하시오.

물음 3 물음 1 과 관계없이 확정계약은 현금흐름 위험회피회계의 조건을 모두 충족하여 A회사가 현금흐름 위험회피회계를 선택한 경우에 각 일자에 수행할 회계처리를 나타내시오.

해답

구분	위험회피대상항목 (확정계약)	위험회피수단 (통화선도)
20×1. 10. 1.	N/A	N/A
20×1. 12. 31.	(차) 확정계약평가손실(NI) 100,000¹⁾ 　(대) 확정계약부채 100,000 1) $1,000 × (₩1,000 – ₩1,100) = ₩(100,000)	(차) 통화선도자산 100,000¹⁾ 　(대) 통화선도평가이익(NI) 100,000 1) $1,000 × (₩1,100 – ₩1,000) = ₩100,000
20×2. 3. 31.	(차) 확정계약평가손실(NI) 100,000¹⁾ 　(대) 확정계약부채 100,000 (차) 재고자산 1,000,000 　확정계약부채 200,000 　(대) 현금($) 1,200,000²⁾ 1) $1,000 × (₩1,100 – ₩1,200) = ₩(100,000) 2) $1,000 × ₩1,200 = ₩1,200,000	(차) 현금($) 1,200,000¹⁾ 　(대) 현금(₩) 1,000,000 　통화선도자산 100,000 　통화선도거래이익(NI) 100,000²⁾ 1) $1,000 × ₩1,200 = ₩1,200,000 2) $1,000 × (₩1,200 – ₩1,100) = ₩100,000

1. 20×1년도 당기손익에 미치는 영향: ① + ② = ₩0
   ① 20×1년 확정계약평가손실: $1,000 × (₩1,000 – ₩1,100) = ₩(100,000)
   ② 20×1년 통화선도평가이익: $1,000 × (₩1,100 – ₩1,000) = ₩100,000

2. 20×2년도 당기손익에 미치는 영향: ① + ② = ₩0
   ① 20×2년 확정계약평가손실: $1,000 × (₩1,100 – ₩1,200) = ₩(100,000)
   ② 20×2년 통화선도거래이익: $1,000 × (₩1,200 – ₩1,100) = ₩100,000

3. 재고자산의 취득원가: $1,000(확정계약 외화금액) × ₩1,000(계약체결 시 통화선도환율) = ₩1,000,000

별해

일자	통화선도환율	당기손익(I/S)	통화선도환율	당기손익(I/S)
20×1. 10. 1.	₩1,000		₩1,000	
		20×1: ₩(100) × $1,000 = ₩(100,000)(평가손실)		20×1: ₩100 × $1,000 = ₩100,000(평가이익)
20×1. 12. 31.	₩1,100		₩1,100	
		20×2: ₩(100) × $1,000 = ₩(100,000)(평가손실)		20×2: ₩100 × $1,000 = ₩100,000(거래이익)
20×2. 3. 31.	₩1,200		₩1,200	

구분	위험회피대상항목 (확정계약)	위험회피수단 (통화선도)
20×1. 10. 1.	N/A	N/A
20×1. 12. 31.	N/A	(차) 통화선도자산 100,000[1)] 　(대) 현금흐름위험회피적립금(OCI) 100,000 1) $1,000 × (₩1,100 − ₩1,000) = ₩100,000
20×2. 3. 31.	(차) 재고자산 1,000,000 　현금흐름위험회피적립금(자본) 200,000 　(대) 현금($) 1,200,000[1)] 1) $1,000 × ₩1,200 = ₩1,200,000	(차) 현금($) 1,200,000[1)] 　(대) 현금(₩) 1,000,000 　통화선도자산 100,000 　현금흐름위험회피적립금(OCI) 100,000[2)] 1) $1,000 × ₩1,200 = ₩1,200,000 2) $1,000 × (₩1,200 − ₩1,100) = ₩100,000

해설

1. 공정가치 위험회피회계를 적용하는 확정계약의 위험회피수단의 손익은 당기손익으로 인식한다.

2. 공정가치 위험회피회계를 적용하는 확정계약인 경우에는 위험회피대상항목의 공정가치 누적변동분을 자산이나 부채로 인식하고, 이에 상응하는 손익은 당기손익으로 인식한다.

3. 공정가치 위험회피회계의 위험회피대상항목이 자산을 취득하거나 부채를 인수하는 확정계약인 경우에는 확정계약을 이행한 결과로 인식하는 자산이나 부채의 최초 장부금액이 재무상태표에 인식된 위험회피대상항목의 공정가치 누적변동분을 포함하도록 조정한다. 따라서 확정계약의 최초인식 시 자산의 취득원가는 확정계약 외화금액에 계약체결 시 통화선도환율을 곱한 금액과 같다.

4. 확정계약의 외화위험회피에서 공정가치 위험회피회계나 현금흐름 위험회피회계를 선택적으로 적용할 수 있다.

04 현금흐름 위험회피회계

현금흐름위험회피는 특정 위험에 기인하고 당기손익에 영향을 줄 수 있는 것으로서, 인식된 자산이나 부채(例 변동금리부 채무상품의 미래이자지급액의 전체나 일부) 또는 발생가능성이 매우 큰 예상거래의 현금흐름 변동 익스포저에 대한 위험회피를 말한다.

(1) 인식된 자산이나 부채의 현금흐름 위험회피회계

인식된 자산이나 부채인 위험회피대상항목과 위험회피수단이 현금흐름 위험회피회계의 적용조건을 충족한다면 현금흐름 위험회피회계를 적용하여 회계처리해야 한다. 예를 들어, 변동이자율 수취조건의 대여금이나 변동이자율 지급조건의 차입금의 경우에는 이자율의 변동에 따라 향후 수취하고 지급할 이자액의 현금흐름이 변동될 위험에 노출되어 있다. 따라서 이러한 경우에도 이자율스왑거래를 통해 해당 위험을 회피할 수 있는데, 변동이자율 수취조건의 대여금은 변동이자를 지급하고 고정이자를 수취하는 이자율 스왑계약을 체결하거나 변동이자율 지급조건의 차입금은 변동이자를 수취하고 고정이자를 지급하는 이자율 스왑계약을 체결하면 미래현금흐름의 변동위험을 회피하여 고정이자로 미래현금흐름을 수취하고 지급하게 된다. 이때 파생상품평가손익 중 위험회피에 효과적이지 못한 부분은 당기손익으로 인식하고 위험회피에 효과적인 부분은 기타포괄손익으로 인식하여, 기타포괄손익누계액(자본항목)으로 계상한 후 향후 대여금 또는 차입금의 이자수취와 지급 시에 당기손익으로 인식한다. 보다 구체적인 회계처리는 이자율스왑에서 설명하기로 한다.

(2) 예상거래의 현금흐름 위험회피회계

예상거래(Forecasted Transaction)란 이행해야 하는 구속력은 없으나, 앞으로 발생할 것으로 예상되는 거래를 말한다.

① 위험회피수단

예상거래의 미래현금흐름변동위험을 감소시키기 위하여 지정된 파생상품평가손익 중 위험회피에 비효과적인 부분은 당기손익으로 인식한다. 반면에, 위험회피에 효과적인 부분은 현금흐름위험회피적립금의 과목으로 기타포괄손익으로 인식하여, 기타포괄손익누계액(자본항목)에 적립한다.

위험회피대상항목과 관련된 별도의 자본요소인 현금흐름위험회피적립금은 다음 중 적은 금액으로 조정한다. 단, 절대금액 기준으로 판단한다.

> a. 위험회피 개시 이후 위험회피수단의 손익누계액
> b. 위험회피 개시 이후 위험회피대상항목의 공정가치(현재가치) 변동 누계액

즉, 위험회피수단의 손익 중 현금흐름위험회피적립금의 변동에 따라 상쇄되는 부분은 기타포괄손익으로 인식하며, 위험회피수단의 손익의 나머지는 위험회피에 비효과적인 부분이며 당기손익으로 인식해야 한다.

사례

파생상품평가이익이 ₩1,200이고 위험회피대상거래의 위험회피대상항목의 현금흐름 변동액의 현재가치가 ₩1,000인 경우에 해당 기간에 파생상품평가이익 중 위험회피에 효과적인 부분 ₩1,000은 기타포괄손익으로 인식하고, 위험회피에 비효과적인 부분에 해당하는 차액 ₩200을 당기손익으로 인식한다. 회계처리를 예시하면 다음과 같다.

일자	회계처리					
결산시점	(차) 파생상품자산	1,200	(대)	현금흐름위험회피적립금(OCI)		1,000
				파생상품평가이익(NI)		200

반면에 파생상품평가이익이 ₩1,000이고 위험회피대상거래의 위험회피대상항목의 현금흐름 변동액의 현재가치가 ₩1,200인 경우에 해당 기간에 파생상품평가이익 ₩1,000은 모두 위험회피에 효과적인 부분이므로 기타포괄손익으로 인식하며, 위험회피에 비효과적인 부분은 없으므로 당기손익으로 인식될 부분은 없다. 회계처리를 예시하면 다음과 같다.

일자	회계처리				
결산시점	(차) 파생상품자산	1,000	(대)	현금흐름위험회피적립금(OCI)	1,000

이와 관련하여 주의할 점은 현금흐름위험회피적립금항목으로 계상해야 할 파생상품평가손익은 해당 보고기간기준으로 산정하는 것이 아니라 누적 보고기간기준으로 산정해야 한다는 것이다.

사례

A회사가 20×1년 중 미래의 재고매입에 대한 현금흐름위험을 회피하고자 파생상품계약을 체결하였으며, 이를 위험회피수단으로 지정하였다. 동 거래에서 발생한 20×1년과 20×2년의 연도별 파생상품평가손익과 위험회피대상의 현금흐름 변동액(현재가치)이 다음과 같다고 가정한다.

구분	20×1년	20×2년
파생상품평가이익(손실)	₩50,000	₩(30,000)
예상거래 현금흐름 변동액의 현재가치	₩(48,000)	₩32,000

위의 파생상품평가이익을 위험회피의 효과적인 부분과 비효과적인 부분으로 분석하면 다음과 같다.

구분	20×1년	20×2년	20×2년 누적
파생상품평가이익(손실)	₩50,000	₩(30,000)	₩20,000
예상거래의 현금흐름변동	₩(48,000)	₩32,000	₩(16,000)
위험회피에 효과적인 부분(기타포괄손익)	₩48,000	₩(32,000)	₩16,000
위험회피에 비효과적인 부분(당기손익)	₩2,000	₩2,000	₩4,000

따라서 20×1년과 20×2년의 회계처리는 다음과 같이 수행되어야 한다.

구분	회계처리					
20×1년 말	(차) 파생상품자산	50,000	(대)	현금흐름위험회피적립금(OCI)		48,000
				파생상품평가이익(NI)		2,000
20×2년 말	(차) 현금흐름위험회피적립금(OCI)	32,000	(대)	파생상품자산		30,000
				파생상품평가이익(NI)		2,000

위험회피에 효과적인 부분으로 계상된 현금흐름위험회피적립금 누계액은 다음과 같이 후속적으로 회계처리한다.

> a. 위험회피대상 예상거래로 인해 후속적으로 비금융자산이나 비금융부채를 인식하게 되거나, 비금융자산이나 비금융부채에 대한 위험회피대상 예상거래가 공정가치 위험회피회계를 적용하는 확정계약이 된다면, 현금흐름위험회피적립금에서 그 금액을 제거하고 관련 자산 또는 부채의 최초 원가나 그 밖의 장부금액에 그 금액을 직접 포함한다. 이것은 재분류조정이 아니며, 따라서 기타포괄손익에 영향을 미치지 않는다.
> b. a가 적용되지 않는 현금흐름위험회피의 경우에 해당 금액은 위험회피대상 미래예상현금흐름이 당기손익에 영향을 미치는 기간(예 이자수익이나 이자비용을 인식하는 기간이나 예상매출이 생긴 때)에 재분류조정으로 현금흐름위험회피적립금에서 당기손익에 재분류한다.
> c. 현금흐름위험회피적립금이 차손이며 그 차손의 전부나 일부가 미래 기간에 회복되지 않을 것으로 예상된다면, 회복되지 않을 것으로 예상되는 그 금액을 재분류조정으로 즉시 당기손익으로 재분류한다.

🔌 POINT 현금흐름위험회피적립금 누계액의 후속적 회계처리

a. 후속적으로 비금융자산이나 비금융부채를 인식하거나 비금융자산이나 비금융부채에 대한 위험회피대상 예상거래가 공정가치 위험회피회계를 적용하는 확정계약인 경우	현금흐름위험회피적립금에서 그 금액을 제거하고 관련 자산 또는 부채의 최초 원가나 그 밖의 장부금액에 그 금액을 직접 포함함(이것은 재분류조정이 아니므로 기타포괄손익에 영향을 미치지 않음)
b. a가 적용되지 않는 현금흐름위험회피의 경우	해당 금액은 위험회피대상 미래예상현금흐름이 당기손익에 영향을 미치는 기간에 재분류조정으로 현금흐름위험회피적립금에서 당기손익에 재분류함
c. 현금흐름위험회피적립금의 차손의 전부나 일부가 미래 기간에 회복되지 않을 것으로 예상되는 경우	회복되지 않을 것으로 예상되는 그 금액을 재분류조정으로 즉시 당기손익으로 재분류함

② 위험회피대상항목

위험회피대상항목이 아직 발생하지 않은 예상거래이므로 해당 예상거래에 대한 평가손익을 인식할 수 없다. 따라서 예상거래가 실제 발생하는 시점까지 예상거래와 관련된 손익은 인식하지 않는다.

🔌 POINT 예상거래의 현금흐름 위험회피회계

구분	위험회피대상항목	위험회피수단
예상거래	예상거래가 실제 발생하는 시점까지 예상거래와 관련된 손익은 인식하지 않음	파생상품평가손익 중 효과적인 부분은 기타포괄손익으로 인식하며, 위험회피에 비효과적인 부분은 당기손익으로 인식함
회계처리	① 위험회피대상항목과 관련된 별도의 자본요소인 현금흐름위험회피적립금은 다음 중 적은 금액으로 조정함(절대금액 기준으로 판단) 　　a. 위험회피 개시 이후 위험회피수단의 손익누계액 　　b. 위험회피 개시 이후 위험회피대상항목의 공정가치(현재가치) 변동 누계액 ② 현금흐름위험회피적립금항목으로 계상해야 할 파생상품평가손익은 해당 보고기간기준으로 산정하는 것이 아니라 누적 보고기간기준으로 산정함	

예제 4　현금흐름위험회피목적 파생상품: 예상거래 & 통화선도

12월 말 결산법인인 A회사는 20×1년 10월 1일에 통화선도의 계약을 체결하였다. 통화선도와 관련된 계약내용은 다음과 같다.

(1) 통화선도계약정보
- 계약체결일: 20×1년 10월 1일
- 계약기간: 6개월(20×1. 10. 1. ~ 20×2. 3. 31.)
- 계약조건: $1,000을 ₩1,000/$(통화선도환율)에 매입함
(2) 환율정보

일자	현물환율(₩/$)	통화선도환율(₩/$)
20×1. 10. 1.	990	1,000(만기 6개월)
20×1. 12. 31.	1,130	1,100(만기 3개월)
20×2. 3. 31.	1,200	-

물음 1　A회사는 20×2. 3. 31.에 재고자산을 $1,000에 구입할 계획을 가지고 있으며, 예상생산량을 고려할 때 구입거래가 이루어질 것이 거의 확실하다. A회사가 예상거래에서 발생할 수 있는 환율변동위험을 회피하기 위하여 통화선도계약을 체결하였다면, 각 일자에 수행할 회계처리를 나타내시오. 단, 예상거래는 현금흐름 위험회피회계의 조건을 모두 충족하였으며, 현재가치의 평가는 생략하기로 한다.

물음 2　A회사의 예상거래와 통화선도계약이 20×1년도와 20×2년도 당기손익과 기타포괄손익에 미치는 영향을 계산하고, A회사가 20×2. 3. 31.에 재고자산을 구입한 경우 재고자산의 취득원가를 계산하시오.

해답 물음1

구분	위험회피대상항목 (예상거래)	위험회피수단 (통화선도)
20×1. 10. 1.	N/A	N/A
20×1. 12. 31.	N/A	(차) 통화선도자산　　　　100,000[1)] 　(대) 현금흐름위험회피적립금(OCI) 100,000[2)] [1)] $1,000 × (₩1,100 − ₩1,000) = ₩100,000 [2)] Min[①, ②] = ₩100,000 　① 수단: $1,000 × (₩1,100 − ₩1,000) = ₩100,000 　② 대상: $1,000 × (₩1,130 − ₩990) = ₩140,000
20×2. 3. 31.	(차) 재고자산　　　　　1,000,000 　현금흐름위험회피적립금(자본) 200,000 　(대) 현금($)　　　　　1,200,000[1)] [1)] $1,000 × ₩1,200 = ₩1,200,000	(차) 현금($)　　　　　1,200,000[1)] 　(대) 현금(₩)　　　　　1,000,000 　　통화선도자산　　　　100,000 　　현금흐름위험회피적립금(OCI) 100,000[2)] [1)] $1,000 × ₩1,200 = ₩1,200,000 [2)] 누적기준 Min[①, ②] − ₩100,000 = ₩100,000 　① 수단: $1,000 × (₩1,200 − ₩1,000) = ₩200,000 　② 대상: $1,000 × (₩1,200 − ₩990) = ₩210,000

물음2

1. 20×1년도 당기손익에 미치는 영향: ₩0

2. 20×1년도 기타포괄손익에 미치는 영향: Min[①, ②] = ₩100,000
   ① 수단: $1,000 × (₩1,100 − ₩1,000) = ₩100,000
   ② 대상: $1,000 × (₩1,130 − ₩990) = ₩140,000

3. 20×2년도 당기손익에 미치는 영향: ₩0

4. 20×2년도 기타포괄손익에 미치는 영향: 누적기준 Min[①, ②] − ₩100,000 = ₩100,000
   ① 수단: $1,000 × (₩1,200 − ₩1,000) = ₩200,000
   ② 대상: $1,000 × (₩1,200 − ₩990) = ₩210,000

5. 재고자산의 취득원가: $1,000(예상거래 외화금액) × ₩1,000(계약체결 시 통화선도환율) = ₩1,000,000

별해

일자	현물환율	미래현금흐름 변동액	통화선도환율	파생상품평가이익
20×1. 10. 1.	₩990		₩1,000	
		20×1: ₩(140) × $1,000 = ₩(140,000)		20×1: ₩100 × $1,000 = ₩100,000
20×1. 12. 31.	₩1,130		₩1,100	
		20×2: ₩(70) × $1,000 = ₩(70,000)		20×2: ₩100 × $1,000 = ₩100,000
20×2. 3. 31.	₩1,200		₩1,200	
20×2년 누적		₩(140,000) + ₩(70,000) = ₩(210,000)		₩100,000 + ₩100,000 = ₩200,000

구분	20×1년	20×2년	20×2년 누적
파생상품평가이익(손실)	₩100,000	₩100,000	₩200,000
예상거래의 현금흐름변동	₩(140,000)	₩(70,000)	₩(210,000)
위험회피에 효과적인 부분(기타포괄손익)	₩100,000	₩100,000	₩200,000
위험회피에 비효과적인 부분(당기손익)	₩0	₩0	₩0

해설

1. 현금흐름 위험회피회계에서 파생상품평가손익 중 효과적인 부분은 기타포괄손익으로 인식하며, 위험회피에 비효과적인 부분은 당기손익으로 인식한다.

2. 위험회피대상항목과 관련된 별도의 자본요소인 현금흐름위험회피적립금은 다음 중 적은 금액으로 조정한다. (절대금액 기준으로 판단)
   a. 위험회피 개시 이후 위험회피수단의 손익누계액
   b. 위험회피 개시 이후 위험회피대상항목의 공정가치(현재가치) 변동 누계액

3. 현금흐름위험회피적립금항목으로 계상해야 할 파생상품평가손익은 해당 보고기간기준으로 산정하는 것이 아니라 누적 보고기간기준으로 산정한다.

05 해외사업장순투자의 위험회피회계

(1) 해외사업장순투자의 정의

해외사업장에 대한 순투자(Net Investment in a Foreign Operation)란 해외사업장의 순자산에 대한 보고기업의 지분 해당 금액을 말한다. 기업이 해외사업장으로부터 수취하거나 해외사업장에 지급할 화폐성항목 중에서 예측할 수 있는 미래에 결제할 계획이 없고 결제될 가능성이 낮은 항목은 실질적으로 그 해외사업장에 대한 순투자의 일부로 본다. 이러한 화폐성항목에는 장기채권이나 대여금은 포함될 수 있으나 매출채권과 매입채무는 포함되지 아니한다.

보고기업의 해외사업장에 대한 순투자의 일부인 화폐성항목에서 생기는 외환차이는 보고기업의 별도재무제표나 해외사업장의 개별재무제표에서 당기손익으로 적절하게 인식한다. 그러나 보고기업과 해외사업장을 포함하는 재무제표(예 해외사업장이 종속기업인 경우의 연결재무제표)에서는 이러한 외환차이를 처음부터 기타포괄손익으로 인식하고 관련 순투자의 처분시점에 자본에서 당기손익으로 재분류한다. 따라서 연결재무제표를 작성할 때 해외사업장에 대한 순투자의 일부인 화폐성항목에서 생기는 외환차이는 연결조정분개를 통하여 당기손익으로 인식된 외화환산손익을 해외사업환산손익의 과목으로 기타포괄손익으로 대체해야 한다.

(2) 해외사업장순투자의 외화환산

해외사업장(Foreign Operation)은 보고기업과 다른 국가에서 또는 다른 통화로 영업활동을 하는 종속기업, 관계기업, 공동약정이나 지점을 말한다. 해외사업을 연결 또는 지분법을 적용하여 보고기업의 재무제표에 포함되도록 하기 위하여 해외사업장의 경영성과와 재무상태를 표시통화로 환산하는 방법은 다음과 같다.

---

① 재무상태표
    a. 자산과 부채: 해당 보고기간 말의 마감환율로 환산
    b. 자본: 역사적환율(거래발생일의 환율)
② 포괄손익계산서의 수익과 비용: 해당 거래일의 환율로 환산 또는 해당 기간의 평균환율
③ 위 ①과 ②의 환산에서 생기는 외환차이: 기타포괄손익으로 인식

이 환율의 변동은 현재와 미래의 영업현금흐름에 직접적으로 영향을 미치지 않거나 거의 미치지 않으므로 이러한 외환차이는 당기손익으로 인식하지 아니하고, 외환차이의 누계액은 해외사업장이 처분될 때까지 자본의 별도 항목으로 표시하며 처분하는 시점에 당기손익으로 재분류한다.

(3) 해외사업장순투자의 위험회피회계

해외사업장순투자의 위험회피란 해외사업장의 순자산에 대한 보고기업의 지분해당액을 지배기업의 표시통화로 재무제표를 환산하는 과정에 발생하는 환율변동위험을 회피하기 위하여 파생상품을 사용하는 위험회피를 말한다. 해외사업장순투자의 위험회피(K-IFRS 제1021호 '환율변동효과'에 따라 순투자의 일부로 회계처리하는 화폐성항목의 위험회피 포함)는 다음과 같이 현금흐름위험회피와 비슷하게 회계처리한다.

> ① 위험회피수단의 손익 중 위험회피에 효과적인 것으로 결정된 부분은 기타포괄손익으로 인식한다.
> ② 비효과적인 부분은 당기손익으로 인식한다.

외화환산적립금에 누적된 위험회피에 효과적인 부분과 관련된 위험회피수단의 누적손익은 해외사업장을 처분하거나 일부를 처분할 때 재분류조정으로 자본에서 당기손익으로 재분류한다.

⚡ POINT 해외사업장순투자의 위험회피회계

정의	해외사업장의 순자산에 대한 보고기업의 지분해당액을 지배기업의 표시통화로 재무제표를 환산하는 과정에 발생하는 환율변동위험을 회피하기 위하여 파생상품을 사용하는 위험회피
회계처리	① 위험회피수단의 손익 중 위험회피에 효과적인 부분: 기타포괄손익 ② 위험회피수단의 손익 중 위험회피에 비효과적인 부분: 당기손익 ③ 위험회피에 효과적인 부분과 관련된 위험회피수단의 누적손익은 해외사업장을 처분하거나 일부를 처분할 때 재분류조정으로 자본에서 당기손익으로 재분류함

Ⅳ | 이자율스왑

01 이자율스왑의 의의

스왑(Swap)이란 특정 기간 동안에 발생하는 일정한 현금흐름을 다른 현금흐름과 교환하는 연속된 선도거래를 말한다. 스왑의 교환 대상에 따라 이자율스왑과 통화스왑으로 구분된다. 이자율스왑은 거래당사자가 일정기간 동안 특정 원금에 대한 고정금리이자의 현금흐름과 변동금리이자의 현금흐름을 교환하는 것을 말하며, 통화스왑은 원금의 통화가 상이한 경우에 이자부분뿐만 아니라 상이한 통화의 원금부분까지 교환하기로 한 계약을 말한다. 여기에서는 주로 이자율스왑을 중심으로 스왑계약의 매매목적회계와 위험회피회계의 적용에 대해서 설명하기로 한다.

사례

은행에서 1,000억원을 차입하고자 하는 A회사와 B회사의 고정금리와 변동금리의 차입조건이 다음과 같다고 가정한다.

구분	고정금리	변동금리
A회사	5%	LIBOR + 1%
B회사	10%	LIBOR + 4%
금리차이	5%	3%

위의 예에서 A회사는 B회사에 비해서 고정금리를 차입하고자 할 경우에는 5%의 금리 우위를 보유하고 있고, 변동금리로 차입하고자 할 경우에는 3%의 금리 우위를 가지고 있다. 따라서 상대적으로 비교해 볼 때, A회사는 B회사에 비하여 고정금리 차입이 상대적으로 유리하며, B회사는 A회사에 비하여 변동금리 차입이 상대적으로 유리하다. 만약, A회사는 시장금리가 하락할 것을 예상하여 변동금리로 차입하고 싶어하고, B회사는 시장금리가 상승할 것으로 예상하여 고정금리로 차입하고자 한다면, A회사는 상대적으로 금리가 우위에 있는 고정금리로 차입하고 B회사는 변동금리로 차입한 후에 이자율스왑거래를 통하여 이자비용을 절감하고 위험회피를 할 수 있다.

즉, A회사가 B회사에게 매년 말 LIBOR를 지급하고, B회사로부터 매년 말 5%를 수취하는 이자율스왑계약을 체결하면, A회사는 실제 LIBOR를 지급하는 변동금리 조건의 차입이 되고, B회사는 9%를 지급하는 고정금리 조건의 차입이 되어 각 회사는 본래 차입조건보다 1%씩 이자를 절감하는 효과를 누릴 수 있다.

구분	차입금 금리	이자율스왑 수취금리	이자율스왑 지급금리	실질부담 차입금리	각 회사의 시장차입조건	이자율 절감효과
A회사	고정금리 (-) 5%	고정금리 (+) 5%	변동금리 (-) LIBOR	변동금리 (-) LIBOR	변동금리 차입조건 (-) LIBOR + 1%	1%
B회사	변동금리 (-) LIBOR + 4%	변동금리 (+) LIBOR	고정금리 (-) 5%	고정금리 (-) 9%	고정금리 차입조건 (-) 10%	1%

또한, A회사는 은행에서 고정금리로 차입하였기 때문에 이자지급의 현금흐름은 고정되었으나, 시장이자율의 변동에 따라 차입금의 공정가치가 변동될 위험을 가지고 있는데, 이자율스왑계약을 통하여 A회사는 고정금리를 수취하고 변동금리를 지급함에 따라 차입금의 공정가치 변동위험을 회피할 수 있게 된다. 한편, B회사는 은행에서 변동금리로 차입하였기 때문에 차입금의 공정가치위험은 회피할 수 있었으나, 향후 지급하게 될 이자지급의 현금흐름이 변동될 위험을 가지고 있는데, 이자율스왑계약을 통하여 변동금리를 수취하고 고정금리를 지급함으로써 미래 현금흐름을 고정시킬 수 있다. 즉, 이러한 이자율스왑계약은 각 회사의 상대적 비교우위가 존재하는 금리조건에 따라 이자비용을 절감하고 위험을 회피할 수 있는 장점이 있다.

02 매매목적 이자율스왑

매매목적의 이자율스왑거래는 스왑거래에서 발생한 권리와 의무를 매 보고기간 말에 공정가치로 평가하여 자산 또는 부채로 인식하며, 공정가치변동분은 당기손익으로 인식해야 한다.

예제 5 | 매매목적 파생상품: 이자율스왑

12월 말 결산법인인 A회사는 20×1년 초에 시장이자율이 하락할 것으로 예상하여 금융기관과 이자율스왑계약을 체결하였으며, 계약체결 당시 프리미엄으로 수수된 금액은 없었다. 이자율스왑과 관련된 내용은 다음과 같다.

(1) 이자율스왑

구분	내용
계약기간	20×1. 1. 1. ~ 20×3. 12. 31.
계약금액	₩1,000,000
변동금리	LIBOR 지급
고정금리	8% 수취

(2) 이자율스왑은 매 보고기간 말에 결제되고, 이를 결정하는 LIBOR이자율은 매 보고기간 초에 확정된다. 확정된 LIBOR이자율은 다음과 같다.

이자율스왑 결제금액 확정일	12개월 만기 LIBOR이자율
20×1. 1. 1.	8%
20×1. 12. 31.	7%
20×2. 12. 31.	9%

(3) A회사가 이자율스왑거래의 공정가치를 평가할 때 적용할 할인율은 LIBOR + 2%이며, 무이표채권할인법(Zero-coupon Method)에 의하여 산정한 이자율스왑의 공정가치는 다음과 같다.

일자	이자율스왑의 공정가치
20×1. 1. 1.	–
20×1. 12. 31.	$₩10,000/1.09 + ₩10,000/1.09^2 = ₩17,591$
20×2. 12. 31.	$₩(10,000)/1.11 = ₩(9,009)$

물음 1 A회사가 각 일자별로 수행할 회계처리를 나타내시오.

물음 2 이자율스왑계약이 20×1년도와 20×2년도 당기손익에 미치는 영향을 계산하시오.

해답 **물음 1**

1. 각 연도별 순현금흐름의 계산

일자	이자율스왑		이자율스왑의 순현금흐름
	고정금리수취(8%)	변동금리지급(LIBOR)	
20×1. 12. 31.	(+)₩80,000	(-)₩80,000	₩0
20×2. 12. 31.	(+)₩80,000	(-)₩70,000	(+)₩10,000
20×3. 12. 31.	(+)₩80,000	(-)₩90,000	(-)₩10,000

2. 회계처리

일자	회계처리
20×1. 1. 1.	N/A
20×1. 12. 31.	
① 순현금흐름	N/A
② 이자율스왑	(차) 이자율스왑　　　　17,591　　(대) 이자율스왑평가이익(NI)　　17,591
20×2. 12. 31.	
① 순현금흐름	(차) 현금　　　　10,000　　(대) 이자수익(NI)　　10,000
② 이자율스왑	(차) 이자율스왑평가손실(NI)　26,600　　(대) 이자율스왑　　26,600[1]
	[1] ₩(9,009) - ₩17,591 = ₩(26,600)
20×3. 12. 31.	
① 순현금흐름	(차) 이자비용(NI)　　10,000　　(대) 현금　　10,000
② 이자율스왑	(차) 이자율스왑　　　9,009　　(대) 이자율스왑거래이익(NI)　　9,009

물음 2

1. 20×1년도 당기손익에 미치는 영향: ① + ② = ₩17,591
   ① 이자수익: ₩80,000(고정금리수취) + (-)₩80,000(변동금리지급) = ₩0
   ② 이자율스왑평가이익: ₩17,591(20×1년 말 공정가치) - ₩0(20×1년 초 공정가치) = ₩17,591

2. 20×2년도 당기손익에 미치는 영향: ① + ② = ₩(16,600)
   ① 이자비용: ₩80,000(고정금리수취) + (-)₩70,000(변동금리지급) = ₩10,000
   ② 이자율스왑평가손실: ₩(9,009)(20×2년 말 공정가치) - ₩17,591(20×1년 말 공정가치) = ₩(26,600)

03 공정가치위험회피 이자율스왑

고정금리조건의 대여금이나 차입금의 경우에는 자산과 부채의 공정가치가 변동될 위험에 익스포저되어 있다. 즉, 고정금리조건의 경우에는 시장이자율의 변동에 의하여 자산과 부채의 공정가치가 변동한다. 이러한 경우에는 이자율스왑거래를 통해 공정가치 변동위험을 회피할 수 있다. 공정가치위험회피 이자율스왑의 경우 위험회피수단과 위험회피대상항목의 회계처리는 다음과 같다.

(1) 위험회피수단

위험회피수단인 이자율스왑거래의 회계처리는 스왑거래에서 발생한 권리와 의무를 매 보고기간 말에 공정가치로 평가하여 자산 또는 부채로 인식하며, 공정가치변동분은 당기손익으로 인식한다.

(2) 위험회피대상항목

위험회피대상항목인 대여금이나 차입금의 평가손익은 위험회피대상항목의 장부금액을 조정하여 당기손익으로 인식하여, 위험회피수단의 손익과 대칭적으로 인식하여 당기순이익에 미치는 영향을 상쇄시킨다.

예제 6   공정가치위험회피목적 파생상품: 이자율스왑

12월 말 결산법인인 A회사는 20×1년 초에 만기가 3년인 차입금 ₩1,000,000을 고정이자 연 10%로 차입하였으며, 고정이자율 연 10%는 차입일 당시의 LIBOR이자율에 A회사의 신용위험이 고려되어 결정되었다. 한편, A회사는 시장이자율 변동에 따른 상기 차입금의 공정가치 변동위험을 회피하기 위하여 동 일자에 고정이자율 8%를 수취하고 변동이자율 LIBOR를 지급하는 이자율스왑계약을 체결하였으며 계약체결일에 프리미엄수수액은 없었다.

(1) 차입금 및 이자율스왑과 관련된 세부사항은 다음과 같다.

구분	차입금	이자율스왑
계약체결일 또는 차입일	20×1. 1. 1.	20×1. 1. 1.
만기일	20×3. 12. 31.	20×3. 12. 31.
계약금액	₩1,000,000	₩1,000,000
변동금리	–	LIBOR 지급
고정금리	연 10% 지급	연 8% 수취

(2) 이자율스왑은 매 보고기간 말에 결제되고, 이를 결정하는 LIBOR이자율은 매 보고기간 초에 확정된다. 확정된 LIBOR이자율은 다음과 같다.

이자율스왑 결제금액 확정일	12개월 만기 LIBOR이자율
20×1. 1. 1.	8%
20×1. 12. 31.	7%
20×2. 12. 31.	9%

(3) A회사가 이자율스왑거래의 공정가치를 평가할 때 적용할 할인율은 LIBOR + 2%이며, 무이표채권할인법(Zero-coupon Method)에 의하여 산정한 이자율스왑과 차입금 공정가치는 다음과 같다.

일자	이자율스왑의 공정가치	차입금의 공정가치
20×1. 1. 1.	–	$₩100,000/1.1 + ₩100,000/1.1^2 + ₩1,100,000/1.1^3 = ₩1,000,000$
20×1. 12. 31.	$₩10,000/1.09 + ₩10,000/1.09^2 = ₩17,591$	$₩100,000/1.09 + ₩1,100,000/1.09^2 = ₩1,017,591$
20×2. 12. 31.	$₩(10,000)/1.11 = ₩(9,009)$	$₩1,100,000/1.11 = ₩990,991$

물음 1 A회사가 각 일자별로 수행할 회계처리를 나타내시오.

물음 2 차입거래와 이자율스왑계약이 20×1년도와 20×2년도 당기손익에 미치는 영향을 계산하시오.

해답 **물음 1**

1. 각 연도별 순현금흐름의 계산

일자	차입금이자 고정금리지급 (10%)	이자율스왑		실질부담이자비용 (LIBOR + 2%)
		고정금리수취(8%)	변동금리지급(LIBOR)	
20×1. 12. 31.	(-)₩100,000	(+)₩80,000	(-)₩80,000	(-)₩100,000
20×2. 12. 31.	(-)₩100,000	(+)₩80,000	(-)₩70,000	(-)₩90,000
20×3. 12. 31.	(-)₩100,000	(+)₩80,000	(-)₩90,000	(-)₩110,000

2. 회계처리

구분	위험회피대상항목 (차입금)		위험회피수단 (이자율스왑)	
20×1. 1. 1.	(차) 현금	1,000,000	N/A	
	(대) 차입금	1,000,000		
20×1. 12. 31.	(차) 이자비용(NI)	100,000	N/A	
	(대) 현금	100,000		
	(차) 차입금평가손실(NI)	17,591	(차) 이자율스왑	17,591
	(대) 차입금	17,591	(대) 이자율스왑평가이익(NI)	17,591
20×2. 12. 31.	(차) 이자비용(NI)	100,000	(차) 현금	10,000
	(대) 현금	100,000	(대) 이자비용(NI)	10,000
	(차) 차입금	26,600	(차) 이자율스왑평가손실(NI)	26,600
	(대) 차입금평가이익(NI)	26,600	(대) 이자율스왑	26,600

	(차) 이자비용(NI)	100,000	(차) 이자비용(NI)	10,000
	(대) 현금	100,000	(대) 현금	10,000
20×3. 12. 31.	(차) 차입금	990,991	(차) 이자율스왑	9,009
	차입금상환손실(NI)	9,009	(대) 이자율스왑거래이익(NI)	9,009
	(대) 현금	1,000,000		

물음 2

1. 20×1년도 당기손익에 미치는 영향: ① + ② + ③ + ④ = ₩(100,000)
   ① 차입금 이자비용: ₩(100,000)
   ② 이자율스왑 순수취: ₩80,000(고정금리수취) + (-)₩80,000(변동금리지급) = ₩0
   ③ 차입금평가손실: ₩1,017,591(20×1년 말 공정가치) - ₩1,000,000(20×1년 초 공정가치) = ₩(17,591)
   ④ 이자율스왑평가이익: ₩17,591(20×1년 말 공정가치) - ₩0(20×1년 초 공정가치) = ₩17,591

2. 20×2년도 당기손익에 미치는 영향: ① + ② + ③ + ④ = ₩(90,000)
   ① 차입금 이자비용: ₩(100,000)
   ② 이자율스왑 순수취: ₩80,000(고정금리수취) + (-)₩70,000(변동금리지급) = ₩10,000
   ③ 차입금평가이익: ₩990,991(20×2년 말 공정가치) - ₩1,017,591(20×1년 말 공정가치) = ₩26,600
   ④ 이자율스왑평가손실: ₩(9,009)(20×2년 말 공정가치) - ₩17,591(20×1년 말 공정가치) = ₩(26,600)

별해

공정가치 위험회피회계의 이자율스왑은 차입금과 이자율스왑의 계약금액이 동일할 경우에는 차입금평가손익과 이자율스왑평가손익이 정확하게 상쇄되어 '₩0'이 된다. 따라서 당기손익에 미치는 영향은 원 차입금의 고정금리 지급금액과 이자율스왑의 순수취금액을 합산한 실질부담이자비용과 같다. 다음과 같이 쉽게 계산할 수 있다.

일자	차입금이자 고정금리지급 (10%)	이자율스왑		실질부담이자비용 (LIBOR + 2%)
		고정금리수취(8%)	변동금리지급(LIBOR)	
20×1. 12. 31.	(-)₩100,000	(+)₩80,000	(-)₩80,000	(-)₩100,000
20×2. 12. 31.	(-)₩100,000	(+)₩80,000	(-)₩70,000	(-)₩90,000

04 현금흐름위험회피 이자율스왑

변동금리조건의 대여금이나 차입금의 경우에는 시장이자율의 변동에 따라 향후 수취하거나 지급할 미래현금흐름의 변동위험에 익스포저되어 있다. 이러한 경우에 이자율스왑거래를 통하여 현금흐름위험을 회피할 수 있다. 현금흐름위험회피목적 이자율스왑의 위험회피수단과 위험회피대상항목의 회계처리는 다음과 같다.

(1) 위험회피수단

이자율스왑평가손익 중 위험회피에 비효과적인 부분은 당기손익으로 인식하고 위험회피에 효과적인 부분은 기타포괄손익으로 인식하고 별도의 자본항목에 누계한 후, 향후 대여금 또는 차입금의 이자수입 및 지출 시에 당기손익으로 재분류한다.

(2) 위험회피대상항목

대여금과 차입금의 명목상 원금과 변동이자부분만 회계처리하고 위험회피대상항목인 대여금이나 차입금의 평가손익은 발생하지 않으므로 추가적인 공정가치평가의 회계처리는 수행할 필요가 없다.

12월 말 결산법인인 A회사는 20×1년 초에 만기가 3년인 차입금 ₩1,000,000을 변동이자 연 LIBOR + 2%로 차입하였으며, 변동이자율 연 LIBOR + 2%는 차입일 당시의 LIBOR이자율에 A회사의 신용위험이 고려되어 결정되었다. 한편, A회사는 LIBOR 변동에 따른 상기 차입금의 현금흐름 변동위험을 회피하기 위하여 동 일자에 고정이자율 8%를 지급하고 변동이자율 LIBOR를 수취하는 이자율스왑계약을 체결하였으며 계약체결일에 프리미엄수수액은 없었다.

(1) 차입금 및 이자율스왑과 관련된 세부사항은 다음과 같다.

구분	차입금	이자율스왑
계약체결일 또는 차입일	20×1. 1. 1.	20×1. 1. 1.
만기일	20×3. 12. 31.	20×3. 12. 31.
계약금액	₩1,000,000	₩1,000,000
변동금리	LIBOR + 2% 지급	LIBOR 수취
고정금리	–	연 8% 지급

(2) 이자율스왑은 매 보고기간 말에 결제되고, 이를 결정하는 LIBOR이자율은 매 보고기간 초에 확정된다. 확정된 LIBOR이자율은 다음과 같다.

이자율스왑 결제금액 확정일	12개월 만기 LIBOR이자율
20×1. 1. 1.	8%
20×1. 12. 31.	7%
20×2. 12. 31.	9%

(3) A회사가 이자율스왑거래의 공정가치를 평가할 때 적용할 할인율은 LIBOR + 2%이며, 무이표채권 할인법(Zero-coupon Method)에 의하여 산정한 이자율스왑과 차입금 공정가치는 다음과 같다.

일자	이자율스왑의 공정가치	차입금의 공정가치
20×1. 1. 1.	–	₩100,000/1.1 + ₩100,000/1.1^2 + ₩1,100,000/1.1^3 = ₩1,000,000
20×1. 12. 31.	₩(10,000)/1.09 + ₩(10,000)/1.09^2 = ₩(17,591)	₩90,000/1.09 + ₩1,090,000/1.09^2 = ₩1,000,000
20×2. 12. 31.	₩10,000/1.11 = ₩9,009	₩1,110,000/1.11 = ₩1,000,000

물음 1 A회사가 각 일자별로 수행할 회계처리를 나타내시오.

물음 2 차입거래와 이자율스왑계약이 20×1년도와 20×2년도 당기손익 및 기타포괄손익에 미치는 영향을 계산하시오.

해답 물음 1

1. 각 연도별 순현금흐름의 계산

일자	차입금이자 변동금리지급 (LIBOR + 2%)	이자율스왑		실질부담이자비용 (10%)
		변동금리수취 (LIBOR)	고정금리지급 (8%)	
20×1. 12. 31.	(-)₩100,000	(+)₩80,000	(-)₩80,000	(-)₩100,000
20×2. 12. 31.	(-)₩90,000	(+)₩70,000	(-)₩80,000	(-)₩100,000
20×3. 12. 31.	(-)₩110,000	(+)₩90,000	(-)₩80,000	(-)₩100,000

2. 회계처리

구분	위험회피대상항목 (차입금)		위험회피수단 (이자율스왑)	
20×1. 1. 1.	(차) 현금	1,000,000	N/A	
	(대) 차입금	1,000,000		
20×1. 12. 31.	(차) 이자비용(NI)	100,000	N/A	
	(대) 현금	100,000		
			(차) 현금흐름위험회피적립금(OCI)	17,591
			(대) 이자율스왑	17,591
20×2. 12. 31.	(차) 이자비용(NI)	90,000	(차) 이자비용(NI)	10,000
	(대) 현금	90,000	(대) 현금	10,000
			(차) 이자율스왑	26,600
			(대) 현금흐름위험회피적립금(OCI)	26,600
20×3. 12. 31.	(차) 이자비용(NI)	110,000	(차) 현금	10,000
	(대) 현금	110,000	(대) 이자비용(NI)	10,000
	(차) 차입금	1,000,000	(차) 현금흐름위험회피적립금(OCI)	9,009
	(대) 현금	1,000,000	(대) 이자율스왑	9,009

물음 2

1. 20×1년도 당기손익에 미치는 영향: ① + ② = ₩(100,000)
   ① 차입금 이자비용: ₩(100,000)
   ② 이자율스왑 순수취: ₩80,000(변동금리수취) + (-)₩80,000(고정금리지급) = ₩0

2. 20×1년도 기타포괄손익에 미치는 영향: ₩(17,591)
   현금흐름위험회피적립금: ₩(17,591)(20×1년 말 공정가치) - ₩0(20×1년 초 공정가치) = ₩(17,591)

3. 20×2년도 당기손익에 미치는 영향: ① + ② = ₩(100,000)
   ① 차입금 이자비용: ₩(90,000)
   ② 이자율스왑 순수취: ₩70,000(변동금리수취) + (-)₩80,000(고정금리지급) = ₩(10,000)

4. 20×1년도 기타포괄손익에 미치는 영향: ₩26,600
   현금흐름위험회피적립금: ₩9,009(20×2년 말 공정가치) - ₩(17,591)(20×1년 말 공정가치) = ₩26,600

별해

현금흐름 위험회피회계의 이자율스왑은 차입금과 이자율스왑의 계약금액이 동일할 경우에는 차입금평가손익은 발생하지 아니하고 이자율스왑평가손익은 모두 위험회피에 효과적이므로 기타포괄손익으로 인식된다. 따라서 당기손익에 미치는 영향은 원 차입금의 변동금리 지급금액과 이자율스왑의 순수취금액을 합산한 실질부담이자비용과 같다. 다음과 같이 쉽게 계산할 수 있다.

일자	차입금이자 변동금리지급 (LIBOR + 2%)	이자율스왑		실질부담이자비용 (10%)
		변동금리수취 (LIBOR)	고정금리지급 (8%)	
20×1. 12. 31.	(-)₩100,000	(+)₩80,000	(-)₩80,000	(-)₩100,000
20×2. 12. 31.	(-)₩90,000	(+)₩70,000	(-)₩80,000	(-)₩100,000

⚡ POINT 이자율스왑

정의	거래당사자가 일정기간 동안 특정 원금에 대한 고정금리이자의 현금흐름과 변동금리이자의 현금흐름을 교환하는 것
매매목적	스왑거래에서 발생한 권리와 의무를 매 보고기간 말에 공정가치로 평가하여 자산 또는 부채로 인식하며, 공정가치변동분은 당기손익으로 인식
공정가치 위험회피	고정금리조건의 대여금이나 차입금의 경우에는 자산과 부채의 공정가치가 변동될 위험에 익스포저되어 있으므로 이자율스왑거래를 통해 공정가치 변동위험을 회피함 ① 위험회피수단: 스왑거래에서 발생한 권리와 의무를 매 보고기간 말에 공정가치로 평가하여 자산 또는 부채로 인식하며, 공정가치변동분은 당기손익으로 인식함 ② 위험회피대상항목: 위험회피대상항목인 대여금이나 차입금의 평가손익은 위험회피대상항목의 장부금액을 조정하여 당기손익으로 인식하여, 위험회피수단의 손익과 대칭적으로 인식하여 당기순이익에 미치는 영향을 상쇄시킴
현금흐름 위험회피	변동금리조건의 대여금이나 차입금의 경우에는 시장이자율의 변동에 따라 향후 수취하거나 지급할 미래현금흐름의 변동위험에 익스포저되어 있으므로 이자율스왑거래를 통하여 현금흐름위험을 회피함 ① 위험회피수단: 이자율스왑평가손익 중 위험회피에 비효과적인 부분은 당기손익으로 인식하고 위험회피에 효과적인 부분은 기타포괄손익으로 인식하고 별도의 자본항목에 누계한 후, 향후 대여금 또는 차입금의 이자수입 및 지출 시에 당기손익으로 재분류함 ② 위험회피대상항목: 대여금과 차입금의 명목상 원금과 변동이자부분만 회계처리하고 위험회피대상항목인 대여금이나 차입금의 평가손익은 발생하지 않으므로 추가적인 공정가치평가의 회계처리는 수행할 필요가 없음

위험회피수단과 위험회피대상항목의 지정

01. 위험회피수단

위험회피수단(Hedging Instruments)은 해당 위험회피수단의 공정가치 또는 미래현금흐름 변동이 위험회피대상항목의 가격변동 또는 미래현금흐름 변동과 반대로 움직일 것으로 예상되는 파생상품 및 비파생상품을 말한다.

(1) 조건을 충족하는 위험회피수단

일부 발행한 옵션[1]을 제외하고, 당기손익-공정가치 측정 파생상품은 위험회피수단으로 지정할 수 있다. 또한 당기손익-공정가치 측정 비파생금융자산이나 비파생금융부채는 위험회피수단으로 지정할 수 있다. 그리고 외화위험회피의 경우 비파생금융자산이나 비파생금융부채의 외화위험 부분은 위험회피수단으로 지정할 수 있다.

그러나 당기손익-공정가치로 측정하도록 지정한 금융부채로서 신용위험의 변동으로 생기는 공정가치의 변동금액을 기타포괄손익으로 표시하는 금융부채는 위험회피수단으로 지정할 수 없으며, 공정가치의 변동을 기타포괄손익으로 표시하기로 선택한 지분상품의 투자도 위험회피수단으로 지정할 수 없다. 기타포괄손익으로 인식하는 금융부채와 지분상품의 투자를 위험회피수단으로 지정할 수 없는 이유는 위험회피대상항목에서 발생하는 당기손익의 변동부분을 위험회피수단에서 기타포괄손익으로 인식하면 위험회피효과가 실질적으로 나타나지 않기 때문에 기타포괄손익으로 인식하는 금융상품은 위험회피수단으로 지정할 수 없는 것이다.

분리하여 회계처리하지 않는 복합계약에 내재된 파생상품은 별도의 위험회피수단으로 지정할 수 없으며, 자기지분상품은 해당 기업의 금융자산이나 금융부채가 아니므로 위험회피수단으로 지정할 수 없다. 위험회피회계의 목적상, 보고실체의 외부 당사자(보고하는 연결실체 또는 개별기업의 외부 당사자)와 체결한 계약만을 위험회피수단으로 지정할 수 있다.

> ⚡ **POINT** 조건을 충족하는 위험회피수단

위험회피수단으로 지정할 수 있는 항목	위험회피수단으로 지정할 수 없는 항목
① 당기손익-공정가치 측정 파생상품 ② 당기손익-공정가치 측정 비파생금융자산이나 비파생금융부채 ③ 외화위험회피의 경우 비파생금융자산이나 비파생금융부채의 외화위험 부분	① 당기손익-공정가치로 측정하도록 지정한 금융부채로서 신용위험의 변동으로 생기는 공정가치의 변동금액을 기타포괄손익으로 표시하는 금융부채 ② 공정가치의 변동을 기타포괄손익으로 표시하기로 선택한 지분상품의 투자 ③ 분리하여 회계처리하지 않는 복합계약에 내재된 파생상품 ④ 자기지분상품

---

1) 당기손익-공정가치 측정 파생상품(일부 발행한 옵션 제외)을 위험회피수단으로 지정할 수 있는 상황을 한정하지 않는다. 발행한 옵션은 매입한 옵션(다른 금융상품에 내재된 매입한 옵션을 포함)을 상쇄하기 위해 위험회피수단으로 지정하는 경우(예 중도상환할 수 있는 부채의 위험회피에 사용된 매도콜옵션)를 제외하고는 위험회피수단의 조건을 충족하지 못한다.

(2) 위험회피수단의 지정

조건을 충족하는 금융상품은 전체를 위험회피수단으로 지정하는 것이 원칙이다. 다음의 경우에만 예외적으로 금융상품의 일부를 위험회피수단으로 지정할 수 있다.

> ① 옵션계약의 내재가치와 시간가치를 구분하여 내재가치의 변동만을 위험회피수단으로 지정하고 시간가치의 변동은 제외하는 경우
> ② 선도계약에서 선도요소와 현물요소를 구분하고 선도계약의 현물요소의 공정가치 변동만을 위험회피수단으로 지정하는 경우. 이와 비슷하게 외화 베이시스 스프레드는 분리하여 위험회피수단으로 지정하지 않을 수 있음
> ③ 전체 위험회피수단의 비례적 부분(예 명목금액의 50%)을 위험회피관계에서 위험회피수단으로 지정하는 경우. 그러나 위험회피수단의 잔여 만기 중 일부 기간에서만 생긴 공정가치의 일부 변동을 위험회피수단으로 지정할 수 없음

옵션계약의 내재가치와 시간가치를 구분하고 옵션의 내재가치 변동만을 위험회피수단으로 지정하는 경우에 거래 관련 위험회피대상항목의 위험을 회피하는 옵션의 공정가치 중 시간가치 변동에서 위험회피대상항목과 관련된 부분을 기타포괄손익으로 인식하고 자본의 별도 항목에 누적한다. 선도계약의 선도요소와 현물요소를 구분하여 선도계약의 현물요소의 가치 변동만을 위험회피수단으로 지정하는 경우나 금융상품을 위험회피수단으로 지정할 때 금융상품에서 외화 베이시스 스프레드를 구분하여 이를 제외하는 경우에는 선도계약의 선도요소와 외화 베이시스 스프레드의 가치변동으로 인한 부분은 기타포괄손익으로 인식하고 자본의 별도 항목에 누적한다.

⚡ POINT 위험회피수단의 지정

> 조건을 충족하는 금융상품은 전체를 위험회피수단으로 지정하는 것이 원칙이나, 다음의 경우에만 예외적으로 금융상품의 일부를 위험회피수단으로 지정할 수 있음
> ① 옵션계약의 내재가치와 시간가치를 구분하여 내재가치의 변동만을 위험회피수단으로 지정하고 시간가치의 변동은 제외하는 경우
> ② 선도계약에서 선도요소와 현물요소를 구분하고 선도계약의 현물요소의 공정가치 변동만을 위험회피수단으로 지정하는 경우
> ③ 전체 위험회피수단의 비례적 부분(예 명목금액의 50%)을 위험회피관계에서 위험회피수단으로 지정하는 경우

02. 위험회피대상항목

위험회피대상항목(Hedged Items)은 공정가치 변동위험에 노출된 자산과 부채, 확정계약과 미래현금흐름 변동위험에 노출된 예상거래 및 해외사업장순투자를 말한다.

(1) 조건을 충족하는 위험회피대상항목

인식된 자산이나 부채, 인식되지 않은 확정계약, 예상거래나 해외사업장순투자는 위험회피대상항목이 될 수 있다. 또한 위험회피대상항목은 단일 항목 또는 항목의 집합일 수 있으며, 단일 항목의 구성요소나 항목 집합의 구성요소는 위험회피대상항목이 될 수 있다.

위험회피대상항목은 신뢰성 있게 측정할 수 있어야 한다. 만약 위험회피대상항목이 예상거래인 경우 그 거래는 발생가능성이 매우 커야 한다.

[연결실체 내의 거래]

위험회피회계의 목적상 보고기업의 외부 당사자와 관련된 자산, 부채, 확정계약 또는 발생가능성이 매우 높은 예상거래만을 위험회피대상항목으로 지정할 수 있다. 연결실체 내의 개별기업 사이의 거래는 연결실체 내의 개별기업의 개별재무제표나 별도재무제표에서 위험회피대상항목으로 지정할 수 있으나, 연결재무제표에서는 위험회피대상항목으로 지정할 수 없다.

그러나 예외적으로, 연결실체 내의 화폐성항목(예 종속기업 사이의 지급채무와 수취채권)이 K-IFRS 제1021호 '환율변동효과'에 따라 연결재무제표에서 모두 제거되지 않는 외환손익에 노출되어 있다면, 그러한 항목의 외화위험은 연결재무제표에서 위험회피대상항목으로 지정할 수 있다. 또한 예상거래가 해당 거래를 체결한 기업의 기능통화가 아닌 통화로 표시되며 외화위험이 연결손익에 영향을 미친다면, 발생가능성이 매우 큰 연결실체 내 해당 예상거래의 외화위험은 연결재무제표에서 위험회피대상항목으로 지정할 수 있다.

[사업결합에서 사업을 취득하기로 하는 확정계약]

사업결합에서 사업을 취득하기로 하는 확정계약은 위험회피대상항목이 될 수 없다. 다만, 외화위험에 대하여는 위험회피대상항목으로 지정할 수 있다. 그 이유는 외화위험이 아닌 다른 회피대상위험은 특정하여 식별할 수도 없고 측정할 수도 없기 때문이다. 이러한 다른 위험은 일반적인 사업위험이다.

[지분법적용투자주식]

지분법적용투자주식(관계기업투자)은 공정가치위험회피의 위험회피대상항목이 될 수 없다. 그 이유는 지분법은 투자주식의 공정가치 변동 대신에 피투자기업의 손익 중 투자기업의 몫을 당기손익으로 인식하기 때문이다. 이와 마찬가지로, 연결대상 종속기업에 대한 투자주식은 공정가치위험회피의 위험회피대상항목이 될 수 없다. 그 이유는 연결은 투자주식의 공정가치 변동 대신에 종속기업의 손익을 당기손익으로 인식하기 때문이다. 반면에 해외사업장순투자의 위험회피는 위험회피대상항목이 될 수 있다. 이는 투자지분의 공정가치 변동에 대한 공정가치위험회피가 아니라 외화 익스포저에 대한 위험회피이므로 위험회피대상항목이 될 수 있기 때문이다.

[통합익스포저]

위험회피대상항목의 요건을 충족할 수 있는 익스포저와 파생상품이 결합된 통합 익스포저를 위험회피대상항목으로 지정할 수 있다. 그러한 위험회피대상항목을 지정하는 경우에 익스포저와 파생상품이 결합된 통합 익스포저가 특정 위험에 대해 하나의 익스포저로 관리되는 다른 통합 익스포저를 창출하는지를 평가하여, 통합된 익스포저에 기초하여 위험회피대상항목을 지정할 수 있다. 예를 들어 15개월 후에 특정 수량을 매입할 가능성이 매우 큰 커피의 가격(미국 달러화) 변동위험을 15개월물 커피 선물계약을 이용해 회피할 수 있다. 위험 관리 목적상 발생가능성이 매우 큰 커피 매입과 커피 선물계약은 15개월 후의 미국 달러화로 금액이 고정된 외화위험 익스포저(15개월 후의 미국 달러화로 고정된 금액의 현금유출)로 볼 수 있으며, 이를 통하여 커피의 가격변동위험을 회피할 수 있다.

위험회피대상항목으로 지정할 수 있는 항목	위험회피대상항목으로 지정할 수 없는 항목
① 연결실체 내의 개별기업 사이의 거래는 연결실체 내의 개별기업의 개별재무제표나 별도재무제표에서 위험회피대상항목으로 지정 가능 ② 사업결합에서 사업을 취득하기로 하는 확정계약의 외화위험 ③ 해외사업장순투자의 위험회피는 위험회피대상항목이 될 수 있음 ④ 위험회피대상항목의 요건을 충족할 수 있는 익스포저와 파생상품이 결합된 통합 익스포저를 위험회피대상항목으로 지정할 수 있음	① 연결실체 내의 개별기업 사이의 거래는 연결재무제표에서는 위험회피대상항목으로 지정할 수 없음 ② 사업결합에서 사업을 취득하기로 하는 확정계약의 일반적인 사업위험 ③ 지분법적용투자주식(관계기업투자)은 공정가치위험회피의 위험회피대상항목이 될 수 없음 ④ 연결대상 종속기업에 대한 투자주식은 공정가치위험회피의 위험회피대상항목이 될 수 없음

(2) 위험회피대상항목의 지정

위험회피관계에서 항목 전체나 항목의 구성요소를 위험회피대상항목으로 지정할 수 있다. 전체 항목은 항목의 모든 현금흐름 변동이나 모든 공정가치 변동을 말하며, 항목의 구성요소는 항목의 전체 공정가치 변동이나 현금흐름의 변동보다 적은 부분을 말한다. 위험회피대상항목으로 지정하기 위해서는 위험 구성요소는 금융항목이나 비금융항목의 별도로 식별할 수 있는 구성요소이어야 하며 위험 구성요소의 변동으로 인한 항목의 현금흐름이나 공정가치의 변동은 신뢰성 있게 측정할 수 있어야 한다.

⚡ POINT 위험회피대상항목의 지정

> 위험회피관계에서 항목 전체나 항목의 구성요소를 위험회피대상항목으로 지정할 수 있음
> ① 위험 구성요소는 금융항목이나 비금융항목의 별도로 식별할 수 있는 구성요소이어야 함
> ② 위험 구성요소의 변동으로 인한 항목의 현금흐름이나 공정가치의 변동은 신뢰성 있게 측정할 수 있어야 함

O, X 연습문제

01 파생상품은 해당 계약에 따라 발생된 권리와 의무를 자산과 부채로 각각 인식하고 이를 총액으로 인식해야 한다. **(O, X)**

02 파생상품에 해당되는지를 결정하기 위해서 거래당사자가 서로 금액을 총액으로 결제하는지 또는 차액으로 결제하는지 여부에 영향을 받지 않는다. **(O, X)**

03 매매목적으로 거래하는 파생상품과 위험회피목적으로 이용하더라도 위험회피요건이 충족되지 않는 파생상품은 당해 계약에 따라 발생된 권리와 의무를 공정가치로 평가하여 자산 또는 부채로 인식하고 파생상품에서 발생한 평가손익은 당기손익으로 인식한다. **(O, X)**

04 정형화된 매매거래는 매매일과 결제일 사이에 거래가격을 고정하는 거래이며 파생상품의 정의를 충족하며, 파생금융상품으로 인식해야 한다. **(O, X)**

05 특정 금융상품에 부가되어 있더라도, 계약상 해당 금융상품과는 독립적으로 양도할 수 있거나 해당 금융상품과는 다른 거래상대방이 있는 파생상품은 내재파생상품이다. **(O, X)**

정답 및 해설

01 X 파생상품은 해당 계약에 따라 발생된 권리와 의무를 자산 또는 부채로 인식해야 하는데, 이때 자산 또는 부채로 인식할 금액은 계약금액이 아니라 계약의 공정가치(차액결제금액)를 의미하는 것이므로 자산과 부채를 동시에 총액으로 인식해서는 안 된다.

02 O

03 O

04 X 정형화된 매매거래는 매매일과 결제일 사이에 거래가격을 고정하는 거래이며 파생상품의 정의를 충족하나 계약기간이 짧기 때문에 파생금융상품으로 인식하지 않는다.

05 X 특정 금융상품에 부가되어 있더라도, 계약상 해당 금융상품과는 독립적으로 양도할 수 있거나 해당 금융상품과는 다른 거래상대방이 있는 파생상품은 내재파생상품이 아니며, 별도의 금융상품이다.

06 위험회피관계의 위험회피비율은 실제로 위험회피를 하는 위험회피대상항목의 수량과 기업이 그 수량을 위험회피하기 위해 사용하는 위험회피수단의 수량에 따른 위험회피비율과 같아야 한다. (O, X)

07 위험회피수단이 소멸·매각·종료·행사된 경우에 해당하여 위험회피관계가 적용조건을 충족하지 않는 경우에만 전진적으로 위험회피회계를 중단하며, 자발적인 중단이 가능하다. (O, X)

08 위험회피대상항목이 공정가치변동을 기타포괄손익에 표시하기로 선택한 지분상품인 경우에는 그 금액을 기타포괄손익에 남겨둔다. (O, X)

09 확정계약의 외화위험회피는 공정가치 위험회피회계만을 적용하여야 한다. (O, X)

10 위험회피대상 예상거래로 인해 후속적으로 비금융자산이나 비금융부채를 인식하게 되거나, 비금융자산이나 비금융부채에 대한 위험회피대상 예상거래가 공정가치 위험회피회계를 적용하는 확정계약이 된다면, 현금흐름위험회피적립금에서 그 금액을 제거하고 관련 자산 또는 부채의 최초 원가나 그 밖의 장부금액에 그 금액을 직접 포함한다. 이것은 재분류조정이며, 기타포괄손익에 영향을 미친다. (O, X)

정답 및 해설

06 O

07 X 위험회피수단이 소멸·매각·종료·행사된 경우에 해당하여 위험회피관계가 적용조건을 충족하지 않는 경우에만 전진적으로 위험회피회계를 중단한다. 여기서 유의할 점은 위험회피회계를 위의 사유를 제외하고는 자발적으로 중단할 수는 없다.

08 O

09 X 확정계약의 외화위험회피에서 공정가치 위험회피회계나 현금흐름 위험회피회계를 선택적으로 적용할 수 있다. 왜냐하면 확정계약의 외화위험회피에서 통화선도 등을 위험회피수단으로 이용하게 되면 현금흐름위험과 공정가치위험을 모두 회피할 수 있기 때문이다.

10 X 위험회피대상 예상거래로 인해 후속적으로 비금융자산이나 비금융부채를 인식하게 되거나, 비금융자산이나 비금융부채에 대한 위험회피대상 예상거래가 공정가치 위험회피회계를 적용하는 확정계약이 된다면, 현금흐름위험회피적립금에서 그 금액을 제거하고 관련 자산 또는 부채의 최초 원가나 그 밖의 장부금액에 그 금액을 직접 포함한다. 이것은 재분류조정이 아니며, 따라서 기타포괄손익에 영향을 미치지 않는다.

11 현금흐름위험회피적립금항목으로 계상해야 할 파생상품평가손익은 해당 보고기간기준으로 산정 　(O, X)
한다.

12 해외사업장순투자의 위험회피란 해외사업장의 순자산에 대한 보고기업의 지분해당액을 지배기 　(O, X)
업의 표시통화로 재무제표를 환산하는 과정에서 발생하는 환율변동위험을 회피하기 위하여 파생
상품을 사용하는 위험회피를 말한다. 여기서 외화환산적립금에 누적된 위험회피에 효과적인 부
분과 관련된 위험회피수단의 누적손익은 해외사업장을 처분하거나 일부를 처분할 때 재분류조정
으로 자본에서 당기손익으로 재분류한다.

13 고정이자율 지급조건의 차입금의 경우에는 시장이자율의 변동에 따라 부채의 공정가치 변동위험 　(O, X)
에 노출되어 있으므로 이 경우의 이자율스왑평가손익은 공정가치 위험회피회계를 적용하여 위험
회피대상항목의 평가손익과 대칭적으로 인식한다.

14 당기손익-공정가치로 측정하도록 지정한 금융부채로서 신용위험의 변동으로 생기는 공정가치의 　(O, X)
변동금액을 기타포괄손익으로 표시하는 금융부채와 공정가치의 변동을 기타포괄손익으로 표시
하기로 선택한 지분상품의 투자도 위험회피수단으로 지정할 수 있다.

15 연결실체 내의 개별기업 사이의 거래는 연결실체 내의 개별기업의 개별재무제표나 별도재무제표 　(O, X)
와 연결재무제표에서 위험회피대상항목으로 지정할 수 있다.

정답 및 해설

11　X　현금흐름위험회피적립금항목으로 계상해야 할 파생상품평가손익은 해당 보고기간기준으로 산정하는 것이 아니라 누적 보고기간기
준으로 산정한다.

12　O

13　O

14　X　당기손익-공정가치로 측정하도록 지정한 금융부채로서 신용위험의 변동으로 생기는 공정가치의 변동금액을 기타포괄손익으로 표
시하는 금융부채는 위험회피수단으로 지정할 수 없으며, 공정가치의 변동을 기타포괄손익으로 표시하기로 선택한 지분상품의 투자
도 위험회피수단으로 지정할 수 없다.

15　X　연결실체 내의 개별기업 사이의 거래는 연결실체 내의 개별기업의 개별재무제표나 별도재무제표에서 위험회피대상항목으로 지정
할 수 있으나, 연결재무제표에서는 위험회피대상항목으로 지정할 수 없다.

01 (주)한국이 아래 자료의 확정계약의 위험회피에 대하여 현금흐름 위험회피회계를 적용한다면, 동 위험회피 거래에 대한 회계처리가 20×1년 12월 31일 현재의 재무상태표와 20×1년도 포괄손익계산서에 미치는 영향은?
[2010 공인회계사 1차]

> (1) 12월 결산법인인 (주)한국은 20×1년 11월 1일에 $20,000,000의 계약을 수주하고 5개월 후 제품인도 및 현금수취 계약을 체결하였다. 동 계약일에 (주)한국은 환율변동의 위험을 회피하기 위하여 5개월 후 $20,000,000를 달러당 ₩1,160에 매도하기로 하는 통화선도계약을 체결하였다.
>
> (2) 환율에 대한 자료는 다음과 같다. (단, 매출계약은 확정계약이고 수익은 제품인도시점에 인식하며 현재가치 계산은 생략한다. 또한 통화선도계약은 확정계약에 대한 효과적인 위험회피수단이며 문서화 등 위험회피요건을 충족한 것으로 가정한다)
>
> | 일자 | 현물환율(₩/$) | 통화선도환율(₩/$) |
> |---|---|---|
> | 20×1. 11. 1. | 1,100 | 1,160(만기 5개월) |
> | 20×1. 12. 31. | 1,120 | 1,180(만기 3개월) |
> | 20×2. 3. 31. | 1,150 | |

	자산	부채	자본	당기순이익	총포괄손익
①	변화 없음	변화 없음	변화 없음	변화 없음	변화 없음
②	증가	증가	변화 없음	변화 없음	감소
③	변화 없음	증가	감소	변화 없음	감소
④	변화 없음	변화 없음	증가	증가	변화 없음
⑤	증가	감소	변화 없음	감소	감소

02 회계시스템을 수출하는 (주)선진은 20×1년 10월 1일에 6개월 후 뉴욕에 있는 고객에게 새로 개발된 회계시스템을 $2,000에 판매하는 확정계약을 체결하였다. 이 확정계약은 법적 강제력을 갖는 계약으로 불이행 시에는 그에 따른 위약금을 지불해야 한다. (주)선진은 환율하락위험을 회피하기 위해 20×2년 3월 31일에 $2,000를 ₩1,060/$에 매도하는 통화선도계약을 20×1년 10월 1일 체결하였다. 환율에 대한 정보는 아래와 같다.

일자	현물환율(₩/$)	통화선도환율(₩/$)
20×1. 10. 1.	1,020	1,060(만기 6개월)
20×1. 12. 31.	1,080	1,130(만기 3개월)
20×2. 3. 31.	1,150	–

확정계약이 (1) 공정가치 위험회피대상으로 지정된 경우와 (2) 위험회피대상으로 지정되지 않은 경우 각각에 대하여, 위 거래가 20×1년 말 순자산에 미치는 영향은 얼마인가? [2015 공인회계사 1차]

	(1)	(2)
①	영향 없음	영향 없음
②	영향 없음	₩140,000 감소
③	₩140,000 감소	영향 없음
④	영향 없음	₩140,000 증가
⑤	₩140,000 증가	영향 없음

03 (주)한국은 20×1년 10월 1일에 제품을 $200에 수출하고 판매대금은 20×2년 3월 31일에 받기로 하였다. (주)한국은 동 수출대금의 환율변동위험을 회피하기 위해 다음과 같은 통화선도계약을 체결하였다.

(1) 통화선도계약 체결일: 20×1년 10월 1일
(2) 계약기간: 20×1년 10월 1일 ~ 20×2년 3월 31일(만기 6개월)
(3) 계약조건: 계약만기일에 $200을 ₩1,100/$(선도환율)에 매도하기로 함
(4) 환율정보

일자	현물환율(₩/$)	통화선도환율(₩/$)
20×1. 10. 1.	1,070	1,100(만기 6개월)
20×1. 12. 31.	1,050	1,075(만기 3개월)
20×2. 3. 31.	1,090	

외화매출채권 및 통화선도거래가 (주)한국의 20×2년 당기순이익에 미치는 영향(순액)은 얼마인가? (단, 현재가치 평가 및 채권의 회수가능성에 대한 평가는 고려하지 않으며, 통화선도거래의 결제와 매출채권의 회수는 예정대로 이행되었음을 가정한다) [2016 공인회계사 1차]

① ₩5,000 증가   ② ₩4,000 증가   ③ ₩3,000 증가
④ ₩2,000 증가   ⑤ 영향 없음

04 (주)한국은 20×1년 중 미래의 재고매입에 대한 현금흐름위험을 회피하고자 파생상품계약을 체결하였으며, 이를 위험회피수단으로 지정하였다. 동 거래에서 발생한 20×1년과 20×2년의 연도별 파생상품평가손익과 위험회피대상의 현금흐름 변동액(현재가치)이 다음과 같다면, 20×2년의 당기손익에 보고될 파생상품평가이익(손실)은 얼마인가? [2014년 공인회계사 1차]

(1) 통화선도계약 체결일: 20×1년 10월 1일
(2) 계약기간: 20×1년 10월 1일 ~ 20×2년 3월 31일(만기 6개월)
(3) 계약조건: 계약만기일에 $200을 ₩1,100/$(선도환율)에 매도하기로 함
(4) 환율정보

구분	20×1년	20×2년
파생상품평가이익(손실)	₩50,000	₩(30,000)
예상거래 현금흐름 변동액의 현재가치	₩(48,000)	₩32,000

① ₩30,000 손실   ② ₩2,000 손실   ③ ₩0
④ ₩2,000 이익   ⑤ ₩4,000 이익

05 (주)대한은 20×2년 3월 말에 미화 100달러의 재고자산(원재료)을 구입할 계획이며, 예상 생산량을 고려할 때 구입거래가 이루어질 것이 거의 확실하다. (주)대한은 원재료 매입에 관한 환율변동위험을 회피하고자 20×1년 10월 1일에 다음과 같은 통화선도계약을 체결하고, 이에 대해 위험회피회계를 적용(적용요건은 충족됨을 가정)하였다.

(1) 계약기간: 20×1년 10월 1일 ~ 20×2년 3월 31일(만기 6개월)
(2) 계약내용: 계약만기일에 미화 100달러를 ₩1,110/$(선도환율)에 매입하기로 함
(3) 환율정보

일자	현물환율(W/$)	통화선도환율(W/$)
20×1. 10. 1.	1,100	1,110(만기 6개월)
20×1. 12. 31.	1,110	1,130(만기 3개월)
20×2. 3. 31.	1,130	

(주)대한은 예상한대로 20×2년 3월 말에 원재료를 미화 100달러에 매입하여 보유하고 있다. 통화선도계약 만기일에 (주)대한이 당기손익으로 보고할 파생상품손익은 얼마인가? (단, 현재시점의 현물환율이 미래시점의 기대현물환율과 동일한 것으로 가정하며, 현재가치평가는 고려하지 않는다)

[2018 공인회계사 1차]

① ₩2,000 손실   ② ₩1,000 손실   ③ ₩0
④ ₩1,000 이익   ⑤ ₩2,000 이익

위험회피회계가 적용되는 위험회피수단 및 위험회피대상항목과 관련된 (주)갑의 자료는 다음과 같다.

〈상황 1〉

(주)갑은 20×1년 1월 1일에 만기가 3년인 차입금 ₩1,000을 연 'LIBOR + 1%'로 차입하였다. (주)갑은 시장이자율 변동에 따른 위험을 회피하기 위하여 동 일자에 LIBOR를 수취하고 고정이자율 연 4%를 지급하는 이자율스왑계약을 체결하였다.

〈상황 2〉

(주)갑은 20×1년 1월 1일에 만기가 3년인 차입금 ₩1,000을 고정이자율 연 5%로 차입하였다. (주)갑은 시장이자율 변동에 따른 위험을 회피하기 위하여 동 일자에 고정이자율 연 4%를 수취하고 LIBOR를 지급하는 이자율스왑계약을 체결하였다.

〈공통사항〉

장기차입금과 이자율스왑 각각의 만기, 원금과 계약금액, 이자지급일과 이자율스왑 결제일은 동일하며, 장기차입금의 이자지급과 이자율스왑의 결제는 매년 말에 이루어지고, 이를 결정하는 LIBOR는 매년 초에 각각 확정된다. 12개월 만기 LIBOR는 다음과 같다.

20×1년 초	20×2년 초	20×3년 초
4.0%	5.0%	2.0%

장기차입금과 이자율스왑계약의 공정가치는 무이표채권할인법(Zero-coupon method)에 의하여 산정하며, 20×1년 초와 20×1년 말 및 20×2년 말의 이자율스왑의 공정가치는 각각 ₩0, (-)₩18, ₩19으로 한다. (주)갑의 차입원가는 모두 비용으로 인식하고, 매년 말 이자율스왑의 위험회피효과는 모두 효과적이며, 법인세효과는 고려하지 않는다.

06 위 <상황 1>에서 장기차입금과 이자율스왑 관련 거래가 (주)갑의 20×2년도 포괄손익계산서의 당기순이익에 미치는 영향과 20×2년 말 재무상태표에 계상될 차입금 금액은 얼마인가?

	당기순이익에 미치는 영향	차입금 금액
①	₩13 감소	₩1,000
②	₩13 감소	₩1,019
③	₩40 감소	₩1,000
④	₩50 감소	₩1,000
⑤	₩50 감소	₩1,019

07 위 <상황 2>에서 장기차입금과 이자율스왑 관련 거래가 (주)갑의 20×2년도 포괄손익계산서의 당기순이익에 미치는 영향과 20×2년 말 재무상태표에 계상될 차입금 금액은 얼마인가?

	당기순이익에 미치는 영향	차입금 금액
①	₩23 감소	₩1,000
②	₩23 감소	₩1,019
③	₩50 감소	₩1,019
④	₩60 감소	₩1,000
⑤	₩60 감소	₩1,019

08 (주)대한은 전기차용 배터리를 생산 및 판매하는 회사이다. (주)대한은 20×2년 3월 말에 100개의 배터리를 국내 전기차 제조사들에게 판매할 가능성이 매우 높은 것으로 예측하였다. (주)대한은 배터리의 판매가격 하락을 우려하여 20×1년 12월 1일에 선도계약을 체결하고, 이를 위험회피수단으로 지정하였다. 관련 정보는 다음과 같다.

- 선도거래 계약기간: 20×1년 12월 1일 ~ 20×2년 3월 31일(만기 4개월)
- 선도거래 계약내용: 결제일에 100개의 배터리에 대해 선도거래 계약금액(개당 ₩12,000)과 시장가격의 차액이 현금으로 결제된다.
- 현물가격 및 선도가격 정보:

일자	현물가격(개당)	선도가격(개당)
20×1. 12. 1.	₩13,000	₩12,000(만기 4개월)
20×1. 12. 31.	12,500	11,300(만기 3개월)
20×2. 3. 31.	10,500	

- 배터리의 개당 제조원가는 ₩10,000이고, 판매와 관련하여 다른 비용은 발생하지 않는다.

예측과 같이, (주)대한은 20×2년 3월 말에 배터리를 판매하였다. (주)대한이 위 거래에 대해 현금흐름위험회피회계를 적용하는 경우 (주)대한의 20×2년도 당기순이익에 미치는 영향은 얼마인가? 단, 파생상품평가손익 계산 시 화폐의 시간가치는 고려하지 않으며, 배터리 판매가 당기순이익에 미치는 영향은 포함한다.

[2023 공인회계사 1차]

① ₩0(영향 없음) ② ₩130,000 증가 ③ ₩150,000 증가
④ ₩180,000 증가 ⑤ ₩200,000 증가

정답 및 해설

정답

01 ③   02 ②   03 ①   04 ④   05 ②   06 ④   07 ⑤   08 ④

해설

01 ③   1. 회계처리

구분	회계처리
20×1. 11. 1.	N/A
20×1. 12. 31.	(차) 현금흐름위험회피적립금(OCI) 400,000,000[1] (대) 통화선도부채 400,000,000 [1] $20,000,000 × (₩1,180 - ₩1,160) = ₩400,000,000

2. 20×1년 12월 31일 현재의 재무상태표와 20×1년도 포괄손익계산서에 미치는 영향

자산: 변화 없음, 부채: 증가, 자본: 감소, 당기순이익: 변화 없음, 총포괄손익: 감소

02 ②   1. 공정가치 위험회피대상으로 지정된 경우

구분	위험회피대상항목 (확정계약)	위험회피수단 (통화선도)
20×1. 10. 1.	N/A	N/A
20×1. 12. 31.	(차) 확정계약자산 140,000[1] 　(대) 확정계약평가이익(NI) 140,000 [1] $2,000 × (₩1,130 - ₩1,060) = ₩140,000	(차) 통화선도평가손실(NI) 140,000[1] 　(대) 통화선도부채 140,000 [1] $2,000 × (₩1,060 - ₩1,130) = ₩(140,000)

∴ 20×1년 말 순자산에 미치는 영향: ₩140,000 + ₩(140,000) = ₩0

2. 공정가치 위험회피대상으로 지정되지 않은 경우

구분	위험회피대상항목 (확정계약)	위험회피수단 (통화선도)
20×1. 10. 1.	N/A	N/A
20×1. 12. 31.	N/A	(차) 통화선도평가손실(NI) 140,000[1] 　(대) 통화선도부채 140,000 [1] $2,000 × (₩1,060 - ₩1,130) = ₩(140,000)

∴ 20×1년 말 순자산에 미치는 영향: ₩140,000 감소

03 ① 1. 위험회피수단으로 파생상품을 이용하더라도 위험회피대상항목이 매출채권, 매입채무 등 화폐성 외화자산·부채라면 위험회피회계를 적용하지 않아도 위험회피효과가 인식되므로 공정가치 위험회피회계가 불필요하다.

2. 회계처리

구분	위험회피대상항목 (확정계약)	위험회피수단 (통화선도)
20×1. 10. 1.	(차) 매출채권 214,000 (대) 매출 214,000[1)] [1)] $200 × ₩1,070 = ₩214,000	N/A

20×1. 12. 31.	(차) 외화환산손실(NI) 4,000[1)]
	   (대) 매출채권 4,000
	[1)] $200 × (₩1,050 - ₩1,070) = ₩(4,000)
		(차) 통화선도자산 5,000[1)]
		   (대) 통화선도평가이익(NI) 5,000
		[1)] $200 × (₩1,100 - ₩1,075) = ₩5,000

20×2. 3. 31.	(차) 현금($) 218,000[1)]
	   (대) 매출채권 210,000
	      외환차익(NI) 8,000[2)]
	[1)] $200 × ₩1,090 = ₩218,000
	[2)] $200 × (₩1,090 - ₩1,050) = ₩8,000
		(차) 현금(₩) 220,000
		    통화선도거래손실(NI) 3,000[1)]
		   (대) 현금($) 218,000[2)]
		      통화선도자산 5,000
		[1)] $200 × (₩1,075 - ₩1,090) = ₩(3,000)
		[2)] $200 × ₩1,090 = ₩218,000

∴ 20×2년의 손익에 미치는 영향: ₩8,000 + ₩(3,000) = ₩5,000 이익

별해

일자	현물환율	당기손익(I/S)	통화선도환율	당기손익(I/S)
20×1. 10. 1.	₩1,070		₩1,100	
		20×1: ₩(20) × $200 = ₩(4,000)(외화환산손실)		20×1: ₩25 × $200 = ₩5,000(평가이익)
20×1. 12. 31.	₩1,050		₩1,075	
		20×2: ₩40 × $200 = ₩8,000(외환차익)		20×2: ₩(15) × $200 = ₩(3,000)(거래손실)
20×2. 3. 31.	₩1,090		₩1,090	

04 ④ 1. 현금흐름 위험회피회계에서 기타포괄손익으로 인식해야 할 파생상품평가손익(파생상품의 평가손익 중 위험회피에 효과적인 부분)은 각 보고기간기준으로 산정하는 것이 아니라 누적기준으로 산정한다.

2. 파생상품평가이익을 위험회피의 효과적인 부분과 비효과적인 부분으로 분석하면 다음과 같다.

구분	20×1년	20×2년	20×2년 누적
파생상품평가이익(손실)	₩50,000	₩(30,000)	₩20,000
예상거래의 현금흐름변동	₩(48,000)	₩32,000	₩(16,000)
위험회피에 효과적인 부분(기타포괄손익)	₩48,000	₩(32,000)	₩16,000
위험회피에 비효과적인 부분(당기손익)	₩2,000	₩2,000	₩4,000

∴ 20×2년의 당기손익에 보고될 금액: ₩4,000 - ₩2,000 = ₩2,000

3. 따라서 20×1년과 20×2년의 회계처리는 다음과 같이 수행되어야 한다.

구분	회계처리				
20×1년 말	(차) 파생상품자산	50,000	(대) 현금흐름위험회피적립금(OCI)		48,000
			파생상품평가이익(NI)		2,000
20×2년 말	(차) 현금흐름위험회피적립금(OCI)	32,000	(대) 파생상품자산		30,000
			파생상품평가이익(NI)		2,000

05 ② 1. 회계처리

구분	위험회피대상항목 (예상거래)	위험회피수단 (통화선도)
20×1. 10. 1.	N/A	N/A
20×1. 12. 31.	N/A	(차) 통화선도자산 2,000[1] 　　(대) 현금흐름위험회피적립금(OCI) 1,000[2] 　　　　파생상품평가이익(NI) 1,000 [1] $100 × (₩1,130 − ₩1,110) = ₩2,000 [2] Min[①, ②] = ₩1,000 　① 수단: $100 × (₩1,130 − ₩1,110) = ₩2,000 　② 대상: $100 × (₩1,110 − ₩1,100) = ₩1,000
20×2. 3. 31.	(차) 재고자산 111,000 　　현금흐름위험회피적립금(자본) 2,000 　　(대) 현금($) 113,000[1] [1] $100 × ₩1,130 = ₩113,000	(차) 현금($) 113,000[1] 　　파생상품평가손실(NI) 1,000 　　(대) 현금(₩) 111,000 　　　　통화선도자산 2,000 　　　　현금흐름위험회피적립금(OCI) 1,000[2] [1] $100 × ₩1,130 = ₩113,000 [2] 누적기준 Min[①, ②] − ₩1,000 = ₩1,000 　① 수단: $100 × (₩1,130 − ₩1,110) = ₩2,000 　② 대상: $100 × (₩1,130 − ₩1,100) = ₩3,000

2. 통화선도계약 만기일에 (주)대한이 당기손익으로 보고할 파생상품손익: ₩(1,000)

별해

일자	현물환율	미래현금흐름 변동액	통화선도환율	파생상품평가이익
20×1. 10. 1.	₩1,100		₩1,110	
		20×1: ₩(10) × $100 = ₩(1,000)		20×1: ₩20 × $100 = ₩2,000
20×1. 12. 31.	₩1,110		₩1,130	
		20×2: ₩(20) × $100 = ₩(2,000)		20×2: ₩0 × $100 = ₩0
20×2. 3. 31.	₩1,130		₩1,130	
20×2년 누적		₩(1,000) + ₩(2,000) = ₩(3,000)		₩2,000 + ₩0 = ₩2,000

구분	20×1년	20×2년	20×2년 누적
파생상품평가이익(손실)	₩2,000	₩0	₩2,000
예상거래의 현금흐름변동	₩(1,000)	₩(2,000)	₩(3,000)
위험회피에 효과적인 부분(기타포괄손익)	₩1,000	₩1,000	₩2,000
위험회피에 비효과적인 부분(당기손익)	₩1,000	₩(1,000)	₩0

06 ④ 1. 변동금리조건의 차입금의 경우에는 시장이자율의 변동에 따라 향후 수취하거나 지급할 미래현금흐름의 변동위험에 익스포저되어 있다. 이러한 경우에 이자율스왑거래를 통하여 현금흐름위험을 회피할 수 있다.

2. 각 연도별 순현금흐름의 계산

일자	차입금이자 변동금리지급 (LIBOR + 1%)	이자율스왑		실질부담이자비용 (5%)
		변동금리수취 (LIBOR)	고정금리지급 (4%)	
20×1. 12. 31.	(-)₩50	(+)₩40	(-)₩40	(-)₩50
20×2. 12. 31.	(-)₩60	(+)₩50	(-)₩40	(-)₩50

3. 회계처리

구분	위험회피대상항목(차입금)		위험회피수단(이자율스왑)	
20×1. 1. 1.	(차) 현금	1,000	N/A	
	(대) 차입금	1,000		
20×1. 12. 31.	(차) 이자비용(NI)	50	N/A	
	(대) 현금	50		
			(차) 이자율스왑	18
			(대) 현금흐름위험회피적립금(OCI)	18
20×2. 12. 31.	(차) 이자비용(NI)	60	(차) 현금	10
	(대) 현금	60	(대) 이자비용(NI)	10
			(차) 현금흐름위험회피적립금(OCI)	37
			(대) 이자율스왑	37

4. 20×2년도 당기손익에 미치는 영향: ① + ② = ₩(50)
   ① 차입금 이자비용: ₩(60)
   ② 이자율스왑 순수취: ₩50(변동금리수취) + (-)₩40(고정금리지급) = ₩10

5. 20×2년 말 차입금 금액: ₩1,000

별해

1. 현금흐름 위험회피회계의 이자율스왑은 차입금과 이자율스왑의 계약금액이 동일할 경우에는 차입금평가손익은 발생하지 아니하고 이자율스왑평가손익은 모두 위험회피에 효과적이므로 기타포괄손익으로 인식된다. 따라서 당기손익에 미치는 영향은 원 차입금의 변동금리 지급금액과 이자율스왑의 순수취금액을 합산한 실질부담이자비용과 같다. 다음과 같이 쉽게 계산할 수 있다.

일자	차입금이자 변동금리지급 (LIBOR + 1%)	이자율스왑		실질부담이자비용 (5%)
		변동금리수취 (LIBOR)	고정금리지급 (4%)	
20×1. 12. 31.	(-)₩50	(+)₩40	(-)₩40	(-)₩50
20×2. 12. 31.	(-)₩60	(+)₩50	(-)₩40	(-)₩50

2. 현금흐름 위험회피회계의 이자율스왑에서 차입금은 변동이자율 조건이고 공정가치의 변동은 없으므로 기말 차입금의 잔액은 ₩1,000으로 변동이 없다.

07 ⑤ 1. 고정금리조건의 대여금이나 차입금의 경우에는 자산과 부채의 공정가치가 변동될 위험에 익스포저되어 있다. 즉, 고정금리조건의 경우에는 시장이자율의 변동에 의하여 자산과 부채의 공정가치가 변동한다. 이러한 경우에는 이자율스왑거래를 통해 공정가치 변동위험을 회피할 수 있다.

2. 각 연도별 순현금흐름의 계산

일자	차입금이자 고정금리지급 (5%)	이자율스왑		실질부담이자비용 (LIBOR + 1%)
		고정금리수취 (4%)	변동금리지급 (LIBOR)	
20×1. 12. 31.	(-)₩50	(+)₩40	(-)₩40	(-)₩50
20×2. 12. 31.	(-)₩50	(+)₩40	(-)₩50	(-)₩60

3. 회계처리

구분	위험회피대상항목 (차입금)			위험회피수단 (이자율스왑)		
20×1. 1. 1.	(차) 현금	1,000		N/A		
	(대) 차입금		1,000			
20×1. 12. 31.	(차) 이자비용(NI)	50		N/A		
	(대) 현금		50			
	(차) 차입금	18		(차) 이자율스왑평가손실(NI)	18	
	(대) 차입금평가이익(NI)		18	(대) 이자율스왑		18
20×2. 12. 31.	(차) 이자비용(NI)	50		(차) 이자비용(NI)	10	
	(대) 현금		50	(대) 현금		10
	(차) 차입금평가손실(NI)	37		(차) 이자율스왑	37	
	(대) 차입금		37	(대) 이자율스왑평가이익(NI)		37

4. 20×2년도 당기손익에 미치는 영향: ① + ② + ③ + ④ = ₩(60)
   ① 차입금 이자비용: ₩(50)
   ② 이자율스왑 순수취: ₩40(고정금리수취) + (-)₩50(변동금리지급) = ₩(10)
   ③ 차입금평가손실: ₩1,019(20×2년 말 공정가치) - ₩982(20×1년 말 공정가치) = ₩(37)
   ④ 이자율스왑평가이익: ₩19(20×2년 말 공정가치) - (18)(20×1년 말 공정가치) = ₩37

5. 20×2년 말 차입금 금액: ₩1,000 + ₩19 = ₩1,019

별해

1. 공정가치 위험회피회계의 이자율스왑은 차입금과 이자율스왑의 계약금액이 동일할 경우에는 차입금평가손익과 이자율스왑평가손익이 정확하게 상쇄되어 '₩0'이 된다. 따라서 당기손익에 미치는 영향은 원 차입금의 고정금리 지급금액과 이자율스왑의 순수취금액을 합산한 실질부담이자비용과 같다. 다음과 같이 쉽게 계산할 수 있다.

일자	차입금이자 고정금리지급 (5%)	이자율스왑		실질부담이자비용 (LIBOR + 1%)
		고정금리수취 (4%)	변동금리지급 (LIBOR)	
20×1. 12. 31.	(-)₩50	(+)₩40	(-)₩40	(-)₩50
20×2. 12. 31.	(-)₩50	(+)₩40	(-)₩50	(-)₩60

2. 공정가치 위험회피회계의 이자율스왑에서 차입금은 고정이자율 조건이므로 공정가치가 변동된다. 다음과 같이 계산할 수 있다. 차입금의 공정가치: ₩1,050/1.03 = ₩1,019

08 ④ 1. 20×2년도 당기순이익에 미치는 영향: ① + ② + ③ + ④ = ₩180,000 증가

① 매출: 100개 × ₩10,500 = ₩1,050,000

② 매출원가: 100개 × ₩10,000 = ₩(1,000,000)

③ 현금흐름위험회피적립금 재분류조정: ₩150,000

④ 파생상품평가손실: ₩(20,000)

2. 회계처리

구분	위험회피대상항목 (예상거래)	위험회피수단 (배터리선도)
20×1. 12. 1.	N/A	N/A
20×1. 12. 31.	N/A	(차) 배터리선도자산　　　70,000[1)] 　(대) 현금흐름위험회피적립금(OCI)　50,000[2)] 　　　파생상품평가이익(NI)　20,000 [1)] 100개 × (₩12,000 - ₩11,300) = ₩70,000 [2)] Min[①, ②] = ₩50,000 　① 수단: 100개 × (₩12,000 - ₩11,300) 　　= ₩70,000 　② 대상: 100개 × (₩13,000 - ₩12,500) 　　= ₩50,000
20×2. 3. 31.	(차) 현금　　　　1,050,000[1)] 　(대) 매출　　　　　1,050,000 (차) 매출원가　　1,000,000[2)] 　(대) 재고자산　　　1,000,000 (차) 현금흐름위험회피적립금(OCI)　150,000 　(대) 매출(NI)　　　　150,000 [1)] 100개 × ₩10,500 = ₩1,050,000 [2)] 100개 × ₩10,000 = ₩1,000,000	(차) 현금　　　　　150,000[1)] 　　파생상품평가손실(NI)　20,000 　(대) 배터리선도자산　　70,000 　　　현금흐름위험회피적립금(OCI)　100,000[2)] [1)] 100개 × (₩12,000 - ₩10,500) = ₩150,000 [2)] 누적기준 Min[①, ②] - ₩50,000 = ₩100,000 　① 수단: 100개 × (₩12,000 - ₩10,500) 　　= ₩150,000 　② 대상: 100개 × (₩13,000 - ₩10,500) 　　= ₩250,000

통화선도

01 12월 말 결산법인인 A회사는 20×1년 10월 1일에 통화선도의 계약을 체결하였다. 다음에 제시되는 4가지 상황에서 선도계약을 이용하고 있으며, 통화선도와 관련된 계약내용은 다음과 같다.

[2006년 공인회계사 2차 수정]

(1) 통화선도계약정보
- 계약체결일: 20×1년 10월 1일
- 계약기간: 6개월(20×1. 10. 1. ~ 20×2. 3. 31.)
- 계약조건: $1,000를 ₩1,000/$(통화선도환율)에 매입함

(2) 환율정보

일자	현물환율(₩/$)	통화선도환율(₩/$)
20×1. 10. 1.	980	1,000(만기 6개월)
20×1. 12. 31.	1,020	1,050(만기 3개월)
20×2. 3. 31.	1,100	–

(3) 다음에 제시되는 4가지 상황은 서로 독립적이며, 현재가치의 평가는 생략하기로 한다.

상황 1 A회사가 $의 가치가 상승할 것으로 판단하여 투기목적으로 통화선도계약을 체결하였다.

상황 2 A회사는 20×1. 10. 1.에 재고자산을 $1,000에 매입하여, 20×2. 3. 31.에 구입대금을 지급할 예정이다. A회사가 매입채무의 환율변동위험을 회피하기 위하여 통화선도계약을 체결하였다.

상황 3 A회사는 20×2. 3. 31.에 재고자산을 $1,000에 매입하는 확정계약을 20×1. 10. 1.에 체결하였다. A회사가 확정계약에서 발생할 수 있는 환율변동위험을 회피하기 위하여 통화선도계약을 체결하였다.

상황 4 A회사는 20×2. 3. 31.에 재고자산을 $1,000에 구입할 계획을 가지고 있으며, 예상생산량을 고려할 때 구입거래가 이루어질 것이 거의 확실하다. A회사가 예상거래에서 발생할 수 있는 환율변동위험을 회피하기 위하여 통화선도계약을 체결하였다.

물음1 **상황1** ~ **상황4** 로 인하여 20×1년도와 20×2년도 포괄손익계산서의 당기손익에 미치는 영향을 계산하시오. 단, 당기손익에 계상될 금액이 없는 경우에는 '해당 없음'이라고 표시해야 한다.

물음2 **상황3** 과 **상황4** 에서 20×2. 3. 31.에 A회사가 재고자산의 취득원가로 계상할 금액은 각각 얼마인가?

물음3 **상황4** 에서 20×1년도와 20×2년도 포괄손익계산서의 기타포괄손익에 미치는 영향을 계산하시오.

물음4 **상황1** ~ **상황4** 중에서 그 성격상 한국채택국제회계기준에 규정되어 있는 파생상품 위험회피 회계의 적용 대상이 되지 않는 경우를 지적하고 그 이유를 4줄 이내로 약술하시오.

해답 **물음1** **상황1**

20×1년도와 20×2년도 당기손익에 미치는 영향
① 20×1년 통화선도평가이익: $1,000 × (₩1,050 - ₩1,000) = ₩50,000
② 20×2년 통화선도거래이익: $1,000 × (₩1,100 - ₩1,050) = ₩50,000

별해

일자	통화선도환율	당기손익(I/S)	
20×1. 10. 1.	₩1,000		
		20×1: ₩50 × $1,000 = ₩50,000(파생상품평가이익)	
20×1. 12. 31.	₩1,050		
		20×2: ₩50 × $1,000 = ₩50,000(파생상품거래이익)	
20×2. 3. 31.	₩1,100		

상황2

1. 20×1년도 당기손익에 미치는 영향: ① + ② = ₩10,000
   ① 20×1년 외화환산손실: $1,000 × (₩1,020 - ₩980) = ₩(40,000)
   ② 20×1년 통화선도평가이익: $1,000 × (₩1,050 - ₩1,000) = ₩50,000
2. 20×2년도 당기손익에 미치는 영향: ① + ② = ₩30,000
   ① 20×2년 외환차손: $1,000 × (₩1,100 - ₩1,020) = ₩(80,000)
   ② 20×2년 통화선도거래이익: $1,000 × (₩1,100 - ₩1,050) = ₩50,000

별해

일자	현물환율	당기손익(I/S)	통화선도환율	당기손익(I/S)
20×1. 10. 1.	₩980		₩1,000	
		20×1: ₩(40) × $1,000 = ₩(40,000)(외화환산손실)		20×1: ₩50 × $1,000 = ₩50,000(평가이익)
20×1. 12. 31.	₩1,020		₩1,050	
		20×2: ₩(80) × $1,000 = ₩(80,000)(외환차손)		20×2: ₩50 × $1,000 = ₩50,000(거래이익)
20×2. 3. 31.	₩1,100		₩1,100	

상황 3

1. 20×1년도 당기손익에 미치는 영향: ① + ② = ₩0
    ① 20×1년 확정계약평가손실: $1,000 × (₩1,000 − ₩1,050) = ₩(50,000)
    ② 20×1년 통화선도평가이익: $1,000 × (₩1,050 − ₩1,000) = ₩50,000
2. 20×2년도 당기손익에 미치는 영향: ① + ② = ₩0
    ① 20×2년 확정계약평가손실: $1,000 × (₩1,050 − ₩1,100) = ₩(50,000)
    ② 20×2년 통화선도거래이익: $1,000 × (₩1,100 − ₩1,050) = ₩50,000

별해

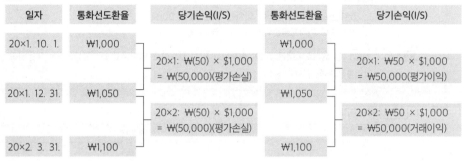

일자	통화선도환율	당기손익(I/S)	통화선도환율	당기손익(I/S)
20×1. 10. 1.	₩1,000		₩1,000	
		20×1: ₩(50) × $1,000 = ₩(50,000)(평가손실)		20×1: ₩50 × $1,000 = ₩50,000(평가이익)
20×1. 12. 31.	₩1,050		₩1,050	
		20×2: ₩(50) × $1,000 = ₩(50,000)(평가손실)		20×2: ₩50 × $1,000 = ₩50,000(거래이익)
20×2. 3. 31.	₩1,100		₩1,100	

상황 4

1. 20×1년도 당기손익에 미치는 영향: ₩10,000
2. 20×2년도 당기손익에 미치는 영향: ₩(10,000)

별해

일자	현물환율	미래현금흐름 변동액	통화선도환율	파생상품평가이익
20×1. 10. 1.	₩980		₩1,000	
		20×1: ₩(40) × $1,000 = ₩(40,000)		20×1: ₩50 × $1,000 = ₩50,000
20×1. 12. 31.	₩1,020		₩1,050	
		20×2: ₩(80) × $1,000 = ₩(80,000)		20×2: ₩50 × $1,000 = ₩50,000
20×2. 3. 31.	₩1,100		₩1,100	
20×2년 누적		₩(40,000) + ₩(80,000) = ₩(120,000)		₩50,000 + ₩50,000 = ₩100,000

구분	20×1년	20×2년	20×2년 누적
파생상품평가이익(손실)	₩50,000	₩50,000	₩100,000
예상거래의 현금흐름변동	₩(40,000)	₩(80,000)	₩(120,000)
위험회피에 효과적인 부분(기타포괄손익)	₩40,000	₩60,000	₩100,000
위험회피에 비효과적인 부분(당기손익)	₩10,000	₩(10,000)	₩0

물음 2

상황 3

20×2. 3. 31.에 A회사가 재고자산의 취득원가로 계상할 금액:

$1,000(확정계약 외화금액) × ₩1,000(계약체결 시 통화선도환율) = ₩1,000,000

상황 4

20×2. 3. 31.에 A회사가 재고자산의 취득원가로 계상할 금액:

$1,000(예상거래 외화금액) × ₩1,000(계약체결 시 통화선도환율) = ₩1,000,000

물음 3

상황 4

1. 20×1년도 기타포괄손익에 미치는 영향: ₩40,000
2. 20×2년도 기타포괄손익에 미치는 영향: ₩60,000

물음 4

상황 1 은 위험회피대상항목이 존재하고 있지 않으므로 매매목적으로 파생상품을 이용하고 있다. 따라서 위험회피회계를 적용할 필요가 없다.

해설

1. **상황 1** 회계처리

일자	회계처리			
20×1. 10. 1.	N/A			
20×1. 12. 31.	(차) 통화선도자산	50,000[1]	(대) 통화선도평가이익(NI)	50,000
	[1] $1,000 × (₩1,050 - ₩1,000) = ₩50,000			
20×2. 3. 31.	(차) 현금($)	1,100,000[1]	(대) 현금(₩)	1,000,000
			통화선도자산	50,000
			통화선도거래이익(NI)	50,000[2]
	[1] $1,000 × ₩1,100 = ₩1,100,000			
	[2] $1,000 × (₩1,100 - ₩1,050) = ₩50,000			

2. **상황 2** 회계처리

구분	위험회피대상항목 (매입채무)		위험회피수단 (통화선도)	
20×1. 10. 1.	(차) 재고자산 980,000[1] (대) 매입채무 980,000 [1] $1,000 × ₩980 = ₩980,000		N/A	

20×1. 12. 31.	(차) 외화환산손실(NI) 40,000[1]
	   (대) 매입채무 40,000
	[1] $1,000 × (₩1,020 - ₩980) = ₩40,000
			(차) 통화선도자산 50,000[1]
			   (대) 통화선도평가이익(NI) 50,000
			[1] $1,000 × (₩1,050 - ₩1,000) = ₩50,000	

20×2. 3. 31.	(차) 매입채무 1,020,000[1]
	   외환차손(NI) 80,000
	   (대) 현금($) 1,100,000[2]
	[1] $1,000 × ₩1,020 = ₩1,020,000
	[2] $1,000 × ₩1,100 = ₩1,100,000
			(차) 현금($) 1,100,000[1]
			   (대) 현금(₩) 1,000,000
			      통화선도자산 50,000
			      통화선도거래이익(NI) 50,000[2]
			[1] $1,000 × ₩1,100 = ₩1,100,000
			[2] $1,000 × (₩1,100 - ₩1,050) = ₩50,000	

3. **상황 3** 회계처리

구분	위험회피대상항목 (확정계약)	위험회피수단 (통화선도)
20×1. 10. 1.	N/A	N/A
20×1. 12. 31.	(차) 확정계약평가손실(NI) 50,000[1)] 　　(대) 확정계약부채　　　50,000 [1)] $1,000 × (₩1,000 - ₩1,050) = ₩(50,000)	(차) 통화선도자산　　　　　50,000[1)] 　　(대) 통화선도평가이익(NI)　50,000 [1)] $1,000 × (₩1,050 - ₩1,000) = ₩50,000
20×2. 3. 31.	(차) 확정계약평가손실(NI) 50,000[1)] 　　(대) 확정계약부채　　　50,000 (차) 재고자산　　　1,000,000 　　확정계약부채　　100,000 　　(대) 현금($)　　　1,100,000[2)] [1)] $1,000 × (₩1,050 - ₩1,100) = ₩(50,000) [2)] $1,000 × ₩1,100 = ₩1,100,000	(차) 현금($)　　　　　　1,100,000[1)] 　　(대) 현금(₩)　　　　1,000,000 　　　　통화선도자산　　　50,000 　　　　통화선도거래이익(NI)　50,000[2)] [1)] $1,000 × ₩1,100 = ₩1,100,000 [2)] $1,000 × (₩1,100 - ₩1,050) = ₩50,000

4. **상황 4** 회계처리

구분	위험회피대상항목 (예상거래)	위험회피수단 (통화선도)
20×1. 10. 1.	N/A	N/A
20×1. 12. 31.	N/A	(차) 통화선도자산　　　　　50,000[1)] 　　(대) 현금흐름위험회피적립금(OCI)　40,000[2)] 　　　　통화선도평가이익(NI)　10,000 [1)] $1,000 × (₩1,050 - ₩1,000) = ₩50,000 [2)] Min[①, ②] = ₩40,000 　① 수단: $1,000 × (₩1,050 - ₩1,000) = ₩50,000 　② 대상: $1,000 × (₩1,020 - ₩980) = ₩40,000
20×2. 3. 31.	(차) 재고자산　　　　1,000,000 　　현금흐름위험회피적립금(자본)　100,000 　　(대) 현금($)　　　1,100,000[1)] [1)] $1,000 × ₩1,100 = ₩1,100,000	(차) 현금($)　　　　　　1,100,000[1)] 　　통화선도거래손실(NI)　10,000 　　(대) 현금(₩)　　　　1,000,000 　　　　통화선도자산　　　50,000 　　　　현금흐름위험회피적립금(OCI)　60,000[2)] [1)] $1,000 × ₩1,100 = ₩1,100,000 [2)] 누적기준 Min[①, ②] - ₩40,000 = ₩60,000 　① 수단: $1,000 × (₩1,100 - ₩1,000) = ₩100,000 　② 대상: $1,000 × (₩1,100 - ₩980) = ₩120,000

02 (주)한국은 20×2년 3월 초에 $300의 재고자산(원재료)을 구입할 계획이며, 예상생산량을 고려할 때 매입거래가 이루어질 것이 거의 확실하다. (주)한국은 재고자산의 매입가격이 환율변동으로 인하여 상승할 위험을 대비하고자 20×1년 10월 1일에 다음과 같은 통화선도계약(C)을 체결하였다.

[2017 공인회계사 2차]

(1) 통화선도계약(C)정보
- 계약체결일: 20×1년 10월 1일
- 계약기간: 5개월(20×1. 10. 1. ~ 20×2. 2. 28.)
- 계약조건: $300을 ₩1,010/$(통화선도환율)에 매입함

(2) 환율정보

일자	현물환율(₩/$)	통화선도환율(₩/$)
20×1. 10. 1.	1,000	1,010(만기 5개월)
20×1. 12. 31.	1,025	1,040(만기 2개월)
20×2. 2. 28.	1,050	–

위 통화선도거래(C)가 위험회피요건을 충족한다고 할 때, (주)한국이 통화선도계약 만기결제일(20×2년 2월 28일)에 당기손익으로 인식할 ① 파생상품평가손익(또는 파생상품거래손익)을 계산하시오. 단, 통화선도의 공정가치를 측정하는 경우 현재가치 할인효과는 반영하지 않는다.

파생상품평가손익(또는 파생상품거래손익)	①

파생상품평가손익(또는 파생상품거래손익)	① (-)₩1,500

회계처리

일자	회계처리			
20×1. 12. 31.	(차) 통화선도자산	9,000[1]	(대) 현금흐름위험회피적립금(OCI) 통화선도평가이익(NI)	7,500[2] 1,500

	[1] $300 × (₩1,040 − ₩1,010) = ₩9,000
	[2] Min[①, ②] = ₩7,500
	  ① 수단: $300 × (₩1,040 − ₩1,010) = ₩9,000
	  ② 대상: $300 × (₩1,025 − ₩1,000) = ₩7,500			

20×2. 2. 28.	(차) 통화선도자산 통화선도거래손실(NI)	3,000[1] 1,500	(대) 현금흐름위험회피적립금(OCI)	4,500[2]

	[1] $300 × (₩1,050 − ₩1,040) = ₩3,000
	[2] 누적기준 Min[①, ②] − ₩7,500 = ₩4,500
	  ① 수단: $300 × (₩1,050 − ₩1,010) = ₩12,000
	  ② 대상: $300 × (₩1,050 − ₩1,000) = ₩15,000			

별해

일자	현물환율	미래현금흐름 변동액	통화선도환율	파생상품평가이익
20×1. 10. 1.	₩1,000		₩1,010	
		20×1: ₩(25) × $300 = ₩(7,500)		20×1: ₩30 × $300 = ₩9,000
20×1. 12. 31.	₩1,025		₩1,040	
		20×2: ₩(25) × $300 = ₩(7,500)		20×2: ₩10 × $300 = ₩3,000
20×2. 2. 28.	₩1,050		₩1,050	
20×2년 누적		₩(7,500) + ₩(7,500) = ₩(15,000)		₩9,000 + ₩3,000 = ₩12,000

구분	20×1년	20×2년	20×2년 누적
파생상품평가이익(손실)	₩9,000	₩3,000	₩12,000
예상거래의 현금흐름변동	₩(7,500)	₩(7,500)	₩(15,000)
위험회피에 효과적인 부분(기타포괄손익)	₩7,500	₩4,500	₩12,000
위험회피에 비효과적인 부분(당기손익)	₩1,500	₩(1,500)	₩0

03 다음의 자료를 이용하여 물음에 답하시오. [2014 공인회계사 2차 수정]

〈공통자료〉

(주)한국은 20×1년 10월 1일에 재고자산을 6개월 후 $1,000에 구입하는 계약을 체결하였다. 동 일자에 (주)한국은 동 재고자산 구입계약의 환율변동으로 인한 위험을 회피하기 위해서 계약 만기 시 $1,000을 수취하고 ₩1,100,000을 지급하는 조건의 통화선도계약을 체결하고 위험 회피수단으로 지정하였다. 통화선도계약의 계약기간은 6개월(20×1년 10월 1일부터 20×2 년 3월 31일까지)이며, 현물환율과 통화선도환율은 다음과 같다.

일자	현물환율(₩/$)	통화선도환율(₩/$)
20×1. 10. 1.	1,080	1,100(만기 6개월)
20×1. 12. 31.	1,120	1,150(만기 3개월)
20×2. 3. 31.	1,200	–

단, 〈공통자료〉에 제시된 재고자산 구입계약과 통화선도계약은 위험회피회계 적용을 위한 조건 을 충족하는 것으로 가정하고, 현재가치평가는 고려하지 않는다. 각 물음은 독립적이다.

물음 1 〈공통자료〉에 제시된 재고자산 구입계약은 법적 강제력을 가지는 계약으로서 확정계약에 해 당된다. (주)한국이 공정가치 위험회피회계를 적용하는 경우 위험회피대상항목과 위험회피수 단에 대한 회계처리가 20×1년 말 재무상태표상 자본에 영향을 미치는 금액을 구하시오. 단, 감소의 경우에는 금액 앞에 (–)를 표시하시오.

물음 2 〈공통자료〉에 제시된 재고자산 구입계약은 법적 강제력은 없지만 발생가능성이 매우 높은 예 상거래에 해당되며, 20×2년 3월 31일에 동 예상거래와 통화선도거래는 해당 계약대로 발생하 였다. 20×1년 12월 31일 및 20×2년 3월 31일에 (주)한국의 위험회피수단에 대한 회계처리가 포괄손익계산서의 각 항목에 영향을 미치는 금액을 구하시오. 단, 감소의 경우에는 금액 앞에 (–)를 표시하시오.

항목	20×1년 12월 31일	20×2년 3월 31일
기타포괄손익	①	③
당기순이익	②	④

물음 3 〈공통자료〉에 제시된 재고자산 구입계약은 법적 강제력은 없지만 발생가능성이 매우 높은 예 상거래에 해당한다. 20×2년 3월 31일에 재고자산 구입 예상거래와 통화선도거래는 계약대로 발생하였으며, (주)한국은 동 재고자산을 20×2년 중에 모두 ₩1,500,000에 외부로 판매하였 다. 매출거래 시 회계처리(계속기록법 적용)를 제시하시오.

물음1

1. 20×1년 말 재무상태표상 자본에 영향을 미치는 금액: ₩50,000 + ₩(50,000) = ₩0

2. 각 연도별 당기손익에 미치는 영향

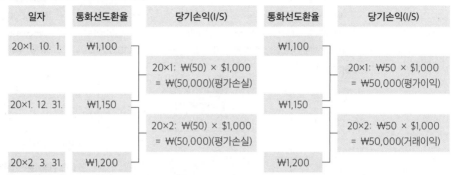

일자	통화선도환율	당기손익(I/S)	통화선도환율	당기손익(I/S)
20×1. 10. 1.	₩1,100		₩1,100	
		20×1: ₩(50) × $1,000 = ₩(50,000)(평가손실)		20×1: ₩50 × $1,000 = ₩50,000(평가이익)
20×1. 12. 31.	₩1,150		₩1,150	
		20×2: ₩(50) × $1,000 = ₩(50,000)(평가손실)		20×2: ₩50 × $1,000 = ₩50,000(거래이익)
20×2. 3. 31.	₩1,200		₩1,200	

3. 회계처리

구분	위험회피대상항목 (확정계약)	위험회피수단 (통화선도)
20×1. 10. 1.	N/A	N/A
20×1. 12. 31.	(차) 확정계약평가손실(NI) 50,000[1) 　(대) 확정계약부채 50,000 1) $1,000 × (₩1,100 - ₩1,150) = ₩(50,000)	(차) 통화선도자산 50,000[1) 　(대) 통화선도평가이익(NI) 50,000 1) $1,000 × (₩1,150 - ₩1,100) = ₩50,000
20×2. 3. 31.	(차) 확정계약평가손실(NI) 50,000[1) 　(대) 확정계약부채 50,000 (차) 재고자산 1,100,000 　확정계약부채 100,000 　(대) 현금($) 1,200,000[2) 1) $1,000 × (₩1,150 - ₩1,200) = ₩(50,000) 2) $1,000 × ₩1,200 = ₩1,200,000	(차) 현금($) 1,200,000[1) 　(대) 현금(₩) 1,100,000 　　통화선도자산 50,000 　　통화선도거래이익(NI) 50,000[2) 1) $1,000 × ₩1,200 = ₩1,200,000 2) $1,000 × (₩1,200 - ₩1,150) = ₩50,000

물음2

1. 정답

항목	20×1년 12월 31일	20×2년 3월 31일
기타포괄손익	① ₩40,000	③ ₩60,000
당기순이익	② ₩10,000	④ (-)₩10,000

2. 각 연도별 당기손익과 기타포괄손익에 미치는 영향

일자	현물환율	미래현금흐름 변동액	통화선도환율	파생상품평가이익
20×1. 10. 1.	₩1,080		₩1,100	
		20×1: ₩(40) × $1,000 = ₩(40,000)		20×1: ₩50 × $1,000 = ₩50,000
20×1. 12 .31.	₩1,120		₩1,150	
		20×2: ₩(80) × $1,000 = ₩(80,000)		20×2: ₩50 × $1,000 = ₩50,000
20×2. 3. 31.	₩1,200		₩1,200	
20×2년 누적		₩(40,000) + ₩(80,000) = ₩(120,000)		₩50,000 + ₩50,000 = ₩100,000

구분	20×1년	20×2년	20×2년 누적
파생상품평가이익(손실)	₩50,000	₩50,000	₩100,000
예상거래의 현금흐름변동	₩(40,000)	₩(80,000)	₩(120,000)
위험회피에 효과적인 부분(기타포괄손익)	₩40,000	₩60,000	₩100,000
위험회피에 비효과적인 부분(당기손익)	₩10,000	₩(10,000)	₩0

3. 회계처리

구분	위험회피대상항목 (예상거래)	위험회피수단 (통화선도)
20×1. 10. 1.	N/A	N/A
20×1. 12. 31.	N/A	(차) 통화선도자산　　　　　50,000¹⁾ 　(대) 현금흐름위험회피적립금(OCI) 40,000²⁾ 　　　통화선도평가이익(NI)　　10,000 ¹⁾ $1,000 × (₩1,150 - ₩1,100) = ₩50,000 ²⁾ Min[①, ②] = ₩40,000 　① 수단: $1,000 × (₩1,150 - ₩1,100) 　　= ₩50,000 　② 대상: $1,000 × (₩1,120 - ₩1,080) 　　= ₩40,000
20×2. 3. 31.	(차) 재고자산　　　　　1,100,000 　　현금흐름위험회피적립금(자본)　100,000 　(대) 현금($)　　　　1,200,000¹⁾ ¹⁾ $1,000 × ₩1,200 = ₩1,200,000	(차) 현금($)　　　　　1,200,000¹⁾ 　　통화선도거래손실(NI)　10,000 　(대) 현금(₩)　　　　1,100,000 　　　통화선도자산　　　50,000 　　　현금흐름위험회피적립금(OCI)　60,000²⁾ ¹⁾ $1,000 × ₩1,200 = ₩1,200,000 ²⁾ 누적기준 Min[①, ②] - ₩40,000 = ₩60,000 　① 수단: $1,000 × (₩1,200 - ₩1,100) 　　= ₩100,000 　② 대상: $1,000 × (₩1,200 - ₩1,080) 　　= ₩120,000

물음 3

일자	회계처리			
20×2. 3. 31.	(차) 재고자산	1,100,000	(대) 현금	1,200,000
	현금흐름위험회피적립금(자본)	100,000		
20×2년 매출 시	(차) 현금	1,500,000	(대) 매출	1,500,000
	(차) 매출원가	1,100,000	(대) 재고자산	1,100,000

04 20×1년 6월 30일에 (주)분당은 만기 3년의 차입금 ₩10,000,000을 연 7% 고정금리로 차입하였다. 고정이자율은 차입일 당시의 LIBOR에 (주)분당의 신용위험을 고려 1%를 가산하여 결정되었다. 같은 날 경쟁업체인 (주)화성은 만기 3년의 차입금 ₩10,000,000을 변동금리로 차입하였다. 변동이자율은 차입일 당시의 LIBOR에 (주)화성의 신용위험을 고려 1%를 가산하여 결정되었으며, 이후 반년마다 LIBOR에 가산금리를 적용하여 조정된다. 동시에 (주)분당과 (주)화성은 다음과 같은 만기 3년의 이자율스왑거래를 체결하였다. (주)분당은 차입금 원금 ₩10,000,000에 대해 (주)화성으로부터 고정이자율 연 6%를 수취하고 6개월 LIBOR에 상당하는 변동이자율을 (주)화성에게 지급한다. 이자율스왑 정산과 관련한 이자는 매해 12월 31일 및 6월 30일에 지급하며, 이를 결정하는 LIBOR는 매기간 초 확정된다. 즉, 12월 31일 스왑결제에 적용될 변동이자율은 6월 30일의 6개월 LIBOR에 의해 결정된다. 차입금과 관련한 이자율스왑의 위험회피효과는 100%이며, 차입 후 1년간 6개월 LIBOR와 이에 근거한 (주)분당의 이자율스왑의 공정가치는 다음과 같다.   [2012 공인회계사 2차]

일자	6개월 만기 LIBOR (연 이자율)	(주)분당의 이자율스왑 공정가치
20×1. 6. 30.	6%	₩0
20×1. 12. 31.	7%	₩(222,591)
20×2. 6. 30.	5%	₩185,855

물음1 한국채택국제회계기준은 위에 제시된 이자율스왑과 같은 파생상품을 이용해 회피할 수 있는 위험을 (a)공정가치위험 그리고 (b)현금흐름위험으로 크게 구분하고 있다. 위의 스왑거래를 통하여 (주)분당과 (주)화성이 각각 회피하고자 하는 위험은 이 두 위험 중 무엇인지 다음의 양식에 따라 제시하시오.

구분	스왑거래를 통해 회피하고자 하는 위험
(주)분당	①
(주)화성	②

물음2 20×1년 7월 1일부터 20×2년 6월 30일까지 차입금 및 스왑과 관련하여 (주)분당과 (주)화성이 지급하여야 할 순이자비용은 각각 얼마인지 계산하시오.

구분	차입금 및 스왑 관련 순이자비용
(주)분당	①
(주)화성	②

물음 3 (주)분당이 위험회피회계를 적용하였을 경우, 위 차입금 및 스왑거래가 20×2년 1월 1일부터 20×2년 6월 30일까지 회계기간의 (주)분당의 재무제표에 미친 영향을 계산하되, 손실이나 감소는 (-)로 표시한다.

당기손익에 미친 영향	①
기타포괄손익에 미친 영향	②

물음 4 (주)화성이 위험회피회계를 적용하였을 경우, 위 차입금 및 스왑거래가 20×2년 1월 1일부터 20×2년 6월 30일까지 회계기간의 (주)화성의 재무제표에 미친 영향을 계산하되, 손실이나 감소는 (-)로 표시한다.

당기손익에 미친 영향	①
기타포괄손익에 미친 영향	②

물음 5 (주)분당과 (주)화성이 각각 위험회피회계를 적용하였을 경우, 20×2년 6월 30일 현재 보유 중인 차입금의 장부금액을 계산하시오.

(주)분당의 차입금 장부금액	①
(주)화성의 차입금 장부금액	②

해답 **물음 1**

구분	스왑거래를 통해 회피하고자 하는 위험
(주)분당	① 공정가치위험
(주)화성	② 현금흐름위험

1. (주)분당은 고정금리조건의 차입금이므로 자산과 부채의 공정가치가 변동될 위험에 익스포저되어 있다. 즉, 고정금리조건의 경우에는 시장이자율의 변동에 의하여 자산과 부채의 공정가치가 변동한다. 이러한 경우에는 고정금리수취 및 변동금리지급의 이자율스왑계약을 통하여 공정가치 변동위험을 회피할 수 있다.
2. (주)화성은 변동금리조건의 차입금이므로 시장이자율의 변동에 따라 향후 수취하거나 지급할 미래현금흐름의 변동위험에 익스포저되어 있다. 이러한 경우에 변동금리수취 및 고정금리지급의 이자율스왑계약을 통하여 현금흐름 위험을 회피할 수 있다.

물음 2

1. 20×1년 7월 1일부터 20×2년 6월 30일까지 지급하여야 할 순이자비용

구분	차입금 및 스왑 관련 순이자비용
(주)분당	① ₩350,000 + ₩400,000 = ₩750,000
(주)화성	② ₩350,000 + ₩350,000 = ₩700,000

2. (주)분당의 순이자비용

일자	차입금이자 고정금리지급 (7%)	이자율스왑		실질부담이자비용 (LIBOR + 1%)
		고정금리수취 (6%)	변동금리지급 (LIBOR)	
20×1. 6. 30.	-	-	-	-
20×1. 12. 31.	(-)₩350,000	(+)₩300,000	(-)₩300,000	(-)₩350,000
20×2. 6. 30.	(-)₩350,000	(+)₩300,000	(-)₩350,000	(-)₩400,000
20×2. 12. 31.	(-)₩350,000	(+)₩300,000	(-)₩250,000	(-)₩300,000

3. (주)화성의 순이자비용

일자	차입금이자 변동금리지급 (LIBOR + 1%)	이자율스왑		실질부담이자비용 (7%)
		변동금리수취 (LIBOR)	고정금리지급 (6%)	
20×1. 6. 30.	-	-	-	-
20×1. 12. 31.	(-)₩350,000	(+)₩300,000	(-)₩300,000	(-)₩350,000
20×2. 6. 30.	(-)₩400,000	(+)₩350,000	(-)₩300,000	(-)₩350,000
20×2. 12. 31.	(-)₩300,000	(+)₩250,000	(-)₩300,000	(-)₩350,000

물음 3

1. (주)분당의 재무제표에 미친 영향

당기손익에 미친 영향	① (-)₩400,000
기타포괄손익에 미친 영향	② ₩0

2. 20×2년 1월 1일부터 20×2년 6월 30일까지 당기손익에 미치는 영향: ① + ② + ③ + ④ = ₩(400,000)
   ① 차입금 이자비용: ₩(350,000)
   ② 이자율스왑 순수취: ₩300,000(고정금리수취) + (-)₩350,000(변동금리지급) = ₩(50,000)
   ③ 차입금평가손실: ₩10,185,855(20×2. 6. 30. 공정가치) - ₩9,777,409(20×1년 말 공정가치) = ₩408,446
   ④ 이자율스왑평가이익: ₩185,855(20×2. 6. 30. 공정가치) - ₩(222,591)(20×1년 말 공정가치) = ₩408,446

3. 20×2년 1월 1일부터 20×2년 6월 30일까지 기타포괄손익에 미치는 영향: ₩0

별해

공정가치 위험회피회계의 이자율스왑은 차입금과 이자율스왑의 계약금액이 동일할 경우에는 차입금평가손익과 이자율스왑평가손익이 정확하게 상쇄되어 '₩0'이 된다. 따라서 당기손익에 미치는 영향은 원 차입금의 고정금리 지급금액과 이자율스왑의 순수취금액을 합산한 실질부담이자비용과 같다. 다음과 같이 쉽게 계산할 수 있다.

일자	차입금이자 고정금리지급 (7%)	이자율스왑		실질부담이자비용 (LIBOR + 1%)
		고정금리수취 (6%)	변동금리지급 (LIBOR)	
20×2. 6. 30.	(-)₩350,000	(+)₩300,000	(-)₩350,000	(-)₩400,000

물음 4

1. (주)화성의 재무제표에 미친 영향

당기손익에 미친 영향	① (-)₩350,000
기타포괄손익에 미친 영향	② (-)₩408,446

2. 20×2년 1월 1일부터 20×2년 6월 30일까지 당기손익에 미치는 영향: ① + ② = ₩(350,000)
   ① 차입금 이자비용: ₩(400,000)
   ② 이자율스왑 순수취: ₩350,000(변동금리수취) + (-)₩300,000(고정금리지급) = ₩50,000

3. 20×2년 1월 1일부터 20×2년 6월 30일까지 기타포괄손익에 미치는 영향: ₩(408,446)
   ① 현금흐름위험회피적립금: ₩(185,855)(20×2. 6. 30. 공정가치) - ₩222,591(20×1년 말 공정가치) = ₩(408,446)

별해

현금흐름 위험회피회계의 이자율스왑은 차입금과 이자율스왑의 계약금액이 동일할 경우에는 차입금평가손익은 발생하지 아니하고 이자율스왑평가손익은 모두 위험회피에 효과적이므로 기타포괄손익으로 인식된다. 따라서 당기손익에 미치는 영향은 원 차입금의 변동금리 지급금액과 이자율스왑의 순수취금액을 합산한 실질부담이자비용과 같다. 다음과 같이 쉽게 계산할 수 있다.

| 일자 | 차입금이자
변동금리지급
(LIBOR + 1%) | 이자율스왑 | | 실질부담이자비용
(7%) |
		변동금리수취 (LIBOR)	고정금리지급 (6%)	
20×2. 6. 30.	(-)₩400,000	(+)₩350,000	(-)₩300,000	(-)₩350,000

물음 5 1. 20×2년 6월 30일 현재 차입금 장부금액

(주)분당의 차입금 장부금액	① ₩10,185,855
(주)화성의 차입금 장부금액	② ₩10,000,000

2. (주)분당의 공정가치 위험회피회계의 이자율스왑에서 차입금은 고정이자율 조건이므로 공정가치가 변동된다.
3. (주)화성의 현금흐름 위험회피회계의 이자율스왑에서 차입금은 변동이자율 조건이므로 공정가치의 변동은 없으므로 기말 차입금의 잔액은 ₩10,000,000으로 변동이 없다.

해설 1. (주)분당의 회계처리

구분	위험회피대상항목 (차입금)		위험회피수단 (이자율스왑)	
20×1. 6. 30.	(차) 현금	10,000,000	N/A	
	(대) 차입금	10,000,000		
20×1. 12. 31.	(차) 이자비용(NI)	350,000	N/A	
	(대) 현금	350,000		
	(차) 차입금	222,591	(차) 이자율스왑평가손실(NI)	222,591
	(대) 차입금평가이익(NI)	222,591	(대) 이자율스왑	222,591
20×2. 6. 30.	(차) 이자비용(NI)	350,000	(차) 이자비용(NI)	50,000
	(대) 현금	350,000	(대) 현금	50,000
	(차) 차입금평가손실(NI)	408,446	(차) 이자율스왑	408,446
	(대) 차입금	408,446	(대) 이자율스왑평가이익(NI)	408,446

2. (주)화성의 회계처리

구분	위험회피대상항목 (차입금)		위험회피수단 (이자율스왑)	
20×1. 6. 30.	(차) 현금	10,000,000	N/A	
	(대) 차입금	10,000,000		
20×1. 12. 31.	(차) 이자비용(NI)	350,000	N/A	
	(대) 현금	350,000		
			(차) 이자율스왑	222,591
			(대) 현금흐름위험회피적립금(OCI)	222,591
20×2. 6. 30.	(차) 이자비용(NI)	400,000	(차) 현금	50,000
	(대) 현금	400,000	(대) 이자비용(NI)	50,000
			(차) 현금흐름위험회피적립금(OCI)	408,446
			(대) 이자율스왑	408,446

05 아래의 〈자료〉를 이용하여 각 물음에 답하시오.   [2023 공인회계사 2차]

〈자료〉

1. 20×1년 12월 1일 (주)대한은 제품의 원재료인 구리 100톤을 20×2년 2월 28일에 매입하기로 하였고, 제품의 예상 판매량 및 생산량 등을 고려할 때 실제 매입거래가 발생할 가능성이 거의 확실하다.

2. 20×1년 12월 1일에 (주)대한은 구리의 시장가격변동 위험에 대비하기 위해, 구리 100톤의 선도계약가격(₩195,000/톤)과 만기 시장가격의 차액을 현금으로 수수하는 조건의 선도계약을 체결하였다. 동 선도계약의 만기는 20×2년 2월 28일이며, 해당 선도계약은 위험회피에 효과적이다.

3. 구리의 현물가격 및 선도가격은 다음과 같고, 현재가치 평가는 고려하지 않는다. 20×1년 12월 31일과 20×2년 초의 선도가격은 동일하다.

일자	현물가격(₩/톤)	선도가격(₩/톤)
20×1년 12월 1일	190,000	195,000
20×1년 12월 31일	197,000	210,000
20×2년 2월 28일	205,000	–

물음1 위 거래가 20×1년에 (주)대한의 당기순이익 및 기타포괄이익에 미치는 영향을 계산하시오. 단, 영향이 없는 경우에는 '0'으로 표시하며, 당기순이익 및 기타포괄이익이 감소하는 경우 금액 앞에 (-)를 표시하시오.

당기순이익에 미치는 영향	①
기타포괄이익에 미치는 영향	②

물음2 20×2년 초 (주)대한의 경영진은 위험회피에 비효과적인 부분을 줄이기 위해, 구리 20톤에 대한 선도계약을 위험회피수단의 지정에서 제외하였다. 이러한 조정은 이미 존재하는 위험회피관계의 위험회피대상항목이나 위험회피수단의 지정된 수량을 위험회피효과에 관한 요구사항에 부합하도록 위험회피비율을 유지하기 위한 조정에 해당한다. 다른 위험관리목적이 동일하게 유지되고 있다면, ① 20×2년 초 위험회피수단 지정에서 제외된 선도계약을 적절한 금융자산으로 분류한 후 그 금액을 계산하고, ② 위험회피수단 지정에서 제외되지 않은 선도계약에 대해 20×2년 2월 28일 인식해야 할 기타포괄손익을 계산하시오. 단, 기타포괄손실의 경우 금액 앞에 (-)를 표시하시오.

금융자산 분류와 그 금액	①
기타포괄손익	②

물음 3   기업회계기준서 제1109호 「금융상품」에서 규정하고 있는 위험회피회계의 적용 조건에는 '위험회피관계는 위험회피효과에 관한 요구사항을 모두 충족한다'는 조건이 있다. 동 기준서에서 규정하고 있는 위험회피회계를 적용하기 위한 위험회피효과에 관한 요구사항 세 가지는 무엇인지 기술하시오.

해답   **물음 1**   1. 정답

당기순이익에 미치는 영향	① ₩800,000
기타포괄이익에 미치는 영향	② ₩700,000

별해

구분	20×1년	20×2년	20×2년 누적
파생상품평가이익(손실)	₩1,500,000	₩(500,000)	₩1,000,000
예상거래의 현금흐름변동	₩(700,000)	₩(800,000)	₩(1,500,000)
위험회피에 효과적인 부분(기타포괄손익)	₩700,000	₩300,000	₩1,000,000
위험회피에 비효과적인 부분(당기손익)	₩800,000	₩(800,000)	₩0

2. 회계처리

구분	위험회피대상항목 (예상거래)	위험회피수단 (선도)
20×1. 12. 1.	N/A	N/A

20×1. 12. 31.	N/A	(차) 원재료선도자산 1,500,000[1)]
		
		    (대) 현금흐름위험회피적립금(OCI) 700,000[2)]
		        파생상품평가이익(NI) 800,000
		
		1) 100톤 × (₩210,000 − ₩195,000)
		   = ₩1,500,000
		2) Min[①, ②] = ₩700,000
		   ① 수단: 100톤 × (₩210,000 − ₩195,000)
		      = ₩1,500,000
		   ② 대상: 100톤 × (₩197,000 − ₩190,000)
		      = ₩700,000

1. 정답

금융자산 분류와 그 금액	① 당기손익공정가치측정금융자산 ₩300,000
기타포괄손익	② ₩240,000

(1) 20×2년 1월 1일 금융자산 분류와 그 금액:
    당기손익공정가치측정금융자산 = ₩1,500,000 × 20톤/100톤 = ₩300,000
(2) 20×2년 2월 28일 기타포괄손익: ₩300,000 × 80톤/100톤 = ₩240,000

2. 위험회피수단의 수량 감소는 파생상품은 계속 보유하지만 파생상품의 일부만을 위험회피관계의 위험회피수단으로 유지하는 경우일 수 있다. 이러한 경우는 위험회피관계에서 더 이상 필요 없는 수량을 계속 보유하면서 위험회피수단의 수량을 줄여서만 재조정이 달성될 수 있는 경우에 발생할 수 있다. 그러한 경우에는 위험회피에 지정되지 않은 파생상품의 일부분은 당기손익-공정가치 측정 항목으로 회계처리될 것이다.

3. 회계처리

일자	회계처리			
20×1. 12. 1.	N/A			
20×1. 12. 31.	(차) 원재료선도자산	1,500,000	(대) 현금흐름위험회피적립금(OCI)	700,000
			파생상품평가이익(NI)	800,000
20×2. 1. 1.	(차) 당기손익공정가치측정금융자산	300,000	(대) 원재료선도자산	300,000
	현금흐름위험회피적립금(OCI)	160,000	파생상품평가이익(NI)	160,000
20×2. 2. 28.	(차) 파생상품평가손실(NI)	640,000	(대) 원재료선도자산	400,000
			현금흐름위험회피적립금(OCI)	240,000

1. 위험회피관계는 다음의 위험회피효과에 관한 요구사항을 모두 충족한다.
    (1) 위험회피대상항목과 위험회피수단 사이에 경제적 관계가 있다.
    (2) 신용위험의 효과가 위험회피대상항목과 위험회피수단의 경제적 관계로 인한 가치 변동보다 지배적이지 않다.
    (3) 위험회피관계의 위험회피비율은 기업이 실제로 위험을 회피하는 위험회피대상항목의 수량과 위험회피대상항목의 수량의 위험을 회피하기 위해 기업이 실제 사용하는 위험회피수단의 수량의 비율과 같다.